检察基层
文化建设的理论与实践
——第三届中国检察官文化论坛文集
Disanjie Zhongguo Jianchaguan Wenhua Luntan wenji

张耕 / 主编

图书在版编目（CIP）数据

检察基层文化建设的理论与实践：第三届中国检察官文化论坛文集/张耕
主编．—北京：中国检察出版社，2015.2
ISBN 978 - 7 - 5102 - 1338 - 0

Ⅰ．①检…　Ⅱ．①张…　Ⅲ．①检察机关 – 基层组织 – 工作 – 中国 – 文集
Ⅳ．①D926.32 – 53

中国版本图书馆 CIP 数据核字（2014）第 288364 号

检察基层文化建设的理论与实践
——第三届中国检察官文化论坛文集
张　耕　主编

出版发行：中国检察出版社
社　　址：北京市石景山区香山南路 111 号（100144）
网　　址：中国检察出版社（www.zgjccbs.com）
编辑电话：(010)68650028
发行电话：(010)68650015　68650016　68650029
经　　销：新华书店
印　　刷：河北省三河市燕山印刷有限公司
开　　本：720 mm × 960 mm　16 开
印　　张：48.75 印张
字　　数：814 千字
版　　次：2015 年 2 月第一版　　2015 年 2 月第一次印刷
书　　号：ISBN 978 - 7 - 5102 - 1338 - 0
定　　价：118.00 元

目　　录

上编　特约论文

中编　获奖论文

下编　优秀论文

立足于检察实践　构建新疆区域特色检察文化

杨肇季[*]

文化是民族的血脉，是人民的精神家园。一个民族只有在文化上自觉自信，才能形成强大的内在凝聚力和外在竞争力，才会拥有海纳百川的从容和尊重差异的胸怀。新疆的区域特色决定着文化在抵制境内外敌对势力渗透破坏、维护民族团结和促进经济社会发展方面发挥着不可替代的作用。从根本上讲，检察机关为实现新疆跨越式发展和长治久安两大历史任务提供强有力的司法保障也是要靠文化支撑。

一、深刻理解区域特色检察文化的内涵

新疆是各民族文化相互吸收共同繁荣的地区，也是各种宗教文化相互影响的地域；既是东方文化和西方文化的汇集地域，也是中原农耕文化与草原游牧文化的交融地带。在这样的地域和人文现实环境中，构建忠诚为民、团结友爱、服务大局、公正廉洁为内容的新疆区域特色检察文化显得尤为重要。深刻理解区域特色检察文化的内涵，是新时期检察工作创新发展的前提和保障。

（一）忠诚为民是区域特色检察文化的思想灵魂

反分裂斗争形势告诉我们，忠诚为民是新疆检察机关凝聚检察人员思想的灵魂。面对艰苦的环境条件和繁重的维稳任务，检察机关始终把忠诚为民作为构建区域特色检察文化的中心和主线，也是培育各族检察人员基本政治品格的着力点和落脚点。正因为如此，引导各族检察人员始终保持对党、对祖国、对人民、对

---

　*　作者简介：新疆检察官文联主席。

法律的忠诚信念。在事关国家最高利益和人民群众根本利益的大是大非面前，始终坚持党的领导不动摇，始终坚持党的利益至上、人民利益至上、宪法法律至上。始终坚持政治立场坚定，旗帜更加鲜明。牢固树立对祖国的认同，对中华民族的认同，对中华文化的认同，对中国特色社会主义道路的认同。进一步增强为人民服务的宗旨意识。

（二）团结友爱是区域特色检察文化的明显特征

民族团结是新疆人民的生命线，全疆检察机关紧紧抓住民族团结教育月活动、敏感节假日和严重暴力恐怖犯罪案件发生节点等时机，组织开展马克思民族宗教观和民族团结教育，引导检察人员始终做民族团结的践行者和维护者。以茶话座谈、歌舞联欢、小品弹唱、诗歌朗诵、体育比赛等多种多样的各民族喜闻乐见的形式，引导各族检察人员增进友谊，和睦相处，团结友爱，相互尊重，汉族离不开少数民族、少数民族离不开汉族、各民族之间相互离不开的思想深深烙印在检察人员的脑海里，"三个离不开"思想已成为检察机关构建区域特色检察文化的明显特征，这一特征在乌鲁木齐"7·5"打砸抢烧暴力事件表现出来的少数民族检察官冒着生命危险勇救受伤的汉族群众、解救无辜群众脱离危险，就是最有力的佐证。

（三）服务大局是区域特色检察文化的思想基础

近年来，境内外敌对势力针对新疆各种分裂、暴恐破坏活动日益加剧，维护新疆社会政治大局稳定的形势更加严峻，任务更加艰巨，意识形态领域已经成为对敌斗争尤其是反分裂斗争的重要阵地。特殊重要的战略地位，决定了新疆检察机关必须把构建区域特色文化放在国际大背景和现实的反分裂斗争形势中去思考，放在新疆改革发展稳定大局中去谋划，引导各族检察人员清醒认识反分裂斗争的长期性、尖锐性和复杂性，始终坚持把维护社会稳定、维护祖国统一作为首要的政治任务，坚持"反分裂、讲法制、讲秩序"，坚持中央提出影响新疆社会稳定的主要危险是民族分裂主义的正确论断，自觉抵制西方错误政治观点、法治观点和价值观点的侵蚀，增强检察人员的法治意识和法律素养，确保各族检察人员政治方向明确，政治立场坚定，永葆忠于党、忠于国家、忠于人民、忠于法律的政治本色。

（四）公正廉洁是区域特色检察文化的时代要求

公正廉洁是新疆各族检察人员坚守的道德底线，开展形式多样的主题教育实践活动，引导各族检察人员树立正确的大局观、权利观和价值观，保持淡泊名利的健康心态和朴实的生活作风，筑牢拒腐防变的思想防线，自觉遵守职业道德和职业纪律，坚持做到不以权谋私，不办人情案和金钱案，严格依法惩治"三股势力"犯罪以及各种严重刑事犯罪，确保所办案件不出问题，确保办案人员不出问题。

二、把准特征提升先进文化引领作用

新形势下实践新疆区域特色检察文化，对于激励和教育各族检察人员感恩伟大祖国、建设美好家园、热爱检察事业、忠实履行职责都具有十分重要的意义。因此，新疆检察机关要准确把握构建区域检察文化的特征，进一步提升引导能力，加强文化阵地建设。

（一）引导检察人员树立核心价值观

面对复杂多变的社情和条件艰苦的环境，各族检察人员履行宪法赋予的崇高职责，必须始终保持清醒的政治头脑和坚定的理想信念，牢固树立"忠诚、为民、公正、廉洁"政法干警核心价值观，努力用独具新疆区域特色的检察文化感染人、塑造人、激励人，引导各族检察人员在任何时候、任何情况下始终坚持做到认识不含混、态度不暧昧、行动不动摇，自觉增强依法严厉打击"三股势力"犯罪活动的责任感和使命感。

（二）引导检察人员保持思想纯洁性

新疆检察机关肩负维护社会稳定的责任重大，使命光荣，必须教育引导各族检察人员经受住商品经济的诱惑，自觉抵制"灯红酒绿"的侵蚀。保持检察人员思想纯洁，这就要求我们必须大力开展内容丰富、形式多样的检察文化活动，寓教于乐，增强各族检察人员的政治鉴别力和政治免疫力，提高检察机关围绕中心、服务大局的能力和处置复杂问题的工作水平。

（三）引导检察人员经受艰苦环境考验

改革开放30多年来，新疆发生了翻天覆地的变化，但从全国改革发展的大环境来看，新疆依然属于"边、穷、少"省区。中央新疆工作座谈会后，中央和全国十九个省市加大了对新疆大开放大开发大建设的投入和援助，由于诸多因素，要缩短东西部之间的差距、实现新的跨越还需要作出不寻常的努力。如何对待"苦与乐"、"得与失"、"贫与富",这是新疆各族检察人员面临的思想考验和人生选择。只有大力倡导和努力实践具有新疆区域特色检察文化,引导各族检察人员树立正确的人生目标和价值追求,扎根边疆甘愿吃苦,爱岗敬业乐于奉献,团结互助开放进取,始终保持旺盛的工作热情,努力做好各项检察工作。

三、精心谋划区域特色检察文化新思路

坚持以检察文化为引领,推动检察队伍和检察业务建设。检察文化是保证检察工作前进方向的坐标,没有正确的思想、先进的文化,检察人员就会失掉主心骨,检察工作就会失去发展方向。因此,在工作实践中,要正确处理好检察文化建设与检察工作的关系,防止检察文化建设与检察工作相脱节的"两张皮"现象,精心策划检察文化建设新思路,着重从三个方面下功夫见成效。

一要在对检察文化建设重要性认识上下功夫见成效。检察文化建设是一项长期、复杂而艰巨的系统工程,具有潜移默化的作用,在短时期内难以见成效。只有全面吃透中央十七届六中全会精神和高检院有关检察文化建设的指示精神,构建区域特色检察文化才能站得高、看得远、想得深、谋得全。新疆的基层检察院都是由多民族组成的,各具特点,开展检察文化建设不能追求形式上的统一,要把检察文化建设与新疆的实际相结合,要根据区域的特点,制定可行的措施,形成特色。同时,要找准检察文化建设与检察工作的结合点,在安排部署检察工作的同时,要通盘谋划检察文化建设,既保证各项检察工作正常进行,又确保检察文化建设工作有声有色。

二要在梳理检察文化建设工作思路上下功夫见成效。清晰工作思路,抓检察文化建设落实才能统筹兼顾、有条不紊。要站在全局的高度把握检察文化建设的各种因素,明确努力方向,把握工作重点,使各项检察工作各占其位,各显其效,良性运转,协调发展。要做到对年度工作有计划、有目标、有措施,对临时性和阶段性工作,做到在人、财、物和时间上与长期建设协调一致。要把着眼点都放在提高区域特色检察文化的建设上,把落脚点都放在提高执法办案能力的建设上,坚决克服和纠正形式主义和短期行为,要保持检察文化建设的连续性和实效性,以区域特色检察文化建设的成果推动检察工作的创新发展。

三要在确定检察文化建设工作重心上下功夫见成效。一个院的建设质量,很大程度上取决于中心任务、重点工作的落实水平。如果检察文化建设重点不明

确，只抓枝节不注重本质，就谈不上检察文化建设落实的质量。因此，一定要有抓检察文化重点的意识、找重点的能力、保重点的方法、攻重点的决心，做到抓重点带全盘、抓落实求质量，切实在检察工作创新发展上见成效，在打击"三股势力"犯罪、维护社会稳定上见成效，在实现新疆科学跨越、后发赶超上见成效。

　　时代是检察文化建设的土壤，顺应时代主流是检察文化发展的根本。新疆处于"古丝绸之路"中段，是民族迁徙的走廊，是东西文化对话、交流、碰撞的地方，一体多元的新疆文化本身就是一个开放创新的体系。新疆检察机关开展检察文化建设，要善于"各美其美"，继承和弘扬各自民族文化之美，并与之俱进；善于"美人之美"，吸纳和借鉴他民族文化之美，并为我所用；善于"美美与共"，交融和整合创造之美，并博采众长，努力走出一条新疆区域特色检察文化建设的新路子。

　　一是主动把检察文化建设融入乡土文化之中。基层院是检察机关联系人民群众的桥梁和纽带，基层院开展检察文化建设离不开当地的地理环境，离不开民间乡俗，离不开各民族人文特色。在检察文化建设上，基层院要主动作为，精心谋划，扎实推进，正确处理检察文化建设与当地民俗文化建设之间的关系，自觉把本院的检察文化建设融入到当地乡土文化之中，只有这样，检察文化才能突出地域特色、才有立足之地、才有源头活水。

　　二是自觉把检察文化建设纳入常态化建设之中。检察文化建设的出发点和落脚点都在基层，这就要求基层检察院必须牢固树立对检察文化长远建设负责的思想，把注意力放在围绕根本性、基础性建设和做好经常性开展丰富多彩的文化活动上。把检察文化建设纳入常态化，打牢检察文化建设的基础，克服"短平快"、"搞运动"、"刮阵风"。

　　三是积极把检察文化建设成果注入检察工作之中。创造性地开展检察文化建设，要注重在引进、吸收、借鉴上下功夫做文章。善于思考，勤于谋划，努力寻找构建区域特色检察文化的切入点和立足点，充分发挥主观能动性，把区域特色检察文化建设的成果运用到各项检察工作之中，为全面推动新疆检察事业科学发展发挥好引领作用。

打造内蒙古特色基层检察文化探析

韦亚力[*]

文化是民族的血脉，是人民的精神家园。党的十八明确提出"全面建成小康社会，实现中华民族伟大复兴，必须推动社会主义文化大发展大繁荣，兴起社会主义文化建设新高潮，提高国家文化软实力，发挥文化引领风尚、教育人民、服务社会、推动发展的作用"。检察文化是社会主义文化的重要组成部分，是检察人员在长期的检察实践中形成的共同的价值标准、思维模式、审美观念和群众趋向，体现了检察机关的软实力。[①] 在推进社会主义文化建设的大潮中，检察机关强化法律监督、建设过硬检察队伍，必须重视检察文化建设。基层检察院是检察系统的主力军，担负着人民赋予的法律监督重任，因而检察文化建设的基础在基层、重点在基层，做好基层检察文化建设是检察事业的重要支撑和内在动力。

内蒙古自治区人民检察院检察长马永胜曾表示："我们建设内蒙古检察文化，就要立足和扎根社会主义核心价值观、政法干警核心价值观和检察职业精神，充分吸纳草原文化的精髓，深入总结提炼富有时代气息、具有草原特色、检察人员普遍认同的检察文化精神，构建检察人员共同的价值追求和行动指南。"其论述诠释了基层检察文化建设的方向，即打造具有草原特色、时代特色、民族特色与法律人文特色的内蒙古检察文化。

基层检察文化建设是一项长期复杂的系统工程，既要严格按照文化建设规律办事，又要充分考虑文化建设与资源条件的关系。在此背景下，基层检察院如何厘清思路，依托当地独特的地域、历史和民俗特点，积极寻求与检察文化建设的契合点，进一步深入开展、纵深推进检察文化建设工作，是内蒙古检察文化建设

---

　* 作者单位：内蒙古自治区人民检察院。

　① 刘源、金大伟：《论我国基层人民检察院检察文化建设》，载《郧阳师范高等专科学校学报》2009年第 29 卷第 4 期。

需要突破的理论瓶颈和实践难点，也是贯彻习近平总书记"守望相助"、"守好内蒙古少数民族美好的精神家园"的时代要求，[①] 切实践行党的群众路线、切实改进工作作风的应有之义。

一、厘清内蒙古特色基层检察文化建设现状

2011 年，为了落实党的十七届六中全会对推动社会主义文化大发展大繁荣作出的新部署，内蒙古检察院下发了《关于加强检察文化建设的意见》，使全区检察文化建设有了纲领性文件。几年来，基层检察院紧紧围绕检察中心工作，以提高检察队伍素质和提升执法公信力为目标，文化育检，以文化人，文化建设工作呈现蓬勃之势。

（一）立足检察工作全局，探索民族地区文化建设之路

检察文化是社会主义文化的重要组成部分，是检察事业不断发展的力量源泉。基层检察院作为检察体系中的基础单位，它所具有的广泛性和工作的具体性、繁杂性，决定了它是承担检察文化建设的主要载体。检察文化建设离开基层，将成为无源之水、无本之木。内蒙古检察院立足于检察工作全局，从提升检察文化软实力、促进检察工作科学发展的高度，服务基层，夯实基础，积极探索民族地区文化建设之路。2012 年 8 月召开的内蒙古第十六次检察工作会议提出了加强"理念、能力、机制"建设；群众路线教育实践活动中，启动了"规范化建设启动年"、"检察信息化建设推进年"和"检察队伍建设强化年"活动。这些工作既抓住了基层工作的重点，又和检察文化建设一脉相承、不可分割。几年来，立足检察文化、面向法治文化、传承民族文化、放眼世界文化，基层检察院在自治区院的引领下，紧贴检察中心工作，运用各种文艺形式，宣传检察工作，弘扬检察精神，展示检察业绩和检察机关良好形象，真正将检察文化植入到了广大干警心中。

（二）扎根内蒙古这片沃土，打造独具地方特色的检察精神

作为边疆少数民族地区，内蒙古历史悠久，早在春秋战国时期就形成了游牧民族文化；作为我国东西部跨度最大省份，内蒙古毗邻黑、吉、辽、冀、晋、

---

① 2009 年 8 月习近平总书记考察内蒙古时首次提到，2014 年 1 月习近平总书记在内蒙古考察时再次强调。

陕、宁、甘八省，接壤俄蒙，形成了独特的历史、民俗、文字、艺术以及由此构成的自然观、宇宙观、天人观、生活观等。近年来，基层检察院将先进检察文化与地域文化融于一体，不断提炼独具内蒙古特色的检察精神。如呼和浩特市检察院把检察文化与民族文化紧密融合，打造"阳光检察"促进了各项检察工作的全面发展。如牙克石院汲取林业工人战天斗地的创业精神，提出了"团结奉献、公正廉洁、求实创新"的"牙检精神"；兴安盟检察分院依托革命老区丰富的历史文化资源，挖掘、提炼具有兴安特色的检察精神；通辽库伦旗院以"安代检察"为主题理念，以"崇法、明德、笃行、竞取"为院训，打造检察文化品牌；赤峰市红山区院以展示、养成、传承红山文化为重点，提高检察人员的文化素养；巴林左旗院以召庙为平台，积累、沉淀、发展辽上京文化；阿拉善检察分院打造"驼乡检魂"文化品牌，将居延文化、骆驼文化融入检察文化建设中；额济纳旗检察院打造出文化品牌"胡杨检韵"，用胡杨特色定位、培养和体现个性检察文化，使检察文化更具生命力。

（三）汲取草原文化养分，开展独具民族特色的文艺活动

习近平总书记强调新时期要坚持党的群众路线，从群众中来，到群众中去，亲近群众，联系群众。在基层检察文化建设进程中，我区各级院也将党的群众路线精神贯穿始终，注重在文艺活动中融合当地优秀民俗习惯、民族文化，眼睛向内、以我为主、因地制宜、量力而行，在工作、生活的全时空上增加特色文化含量、营造检察文化氛围。呼伦贝尔检察官艺术团的蒙古族马头琴说唱表演好来宝《我们的检察官》、鄂温克院"三少民族服饰展"、达斡尔族舞蹈"丰收的喜悦"和布里亚特舞蹈"锡尼河姑娘"等文艺节目成为当地检察文化的精品节目；锡林郭勒盟等地检察机关鼓励干警积极参加地方"那达慕"等富有民族特色的文化活动，亲身体验蒙汉人民共同创造的传统文化氛围……增进了检察人员对文化建设的认可，促进了群众对检察工作的认同。

（四）注重文艺人才培养，建设扎根基层的文艺先锋队

一方水土养育一方人，一批人才带动检察文化。在加强检察文艺人才建设方面，基层检察文化在凝聚人、激励人的同时，更注重培养人、推出人，为检察文艺工作者展现才华、经受锻炼、做出成就提供有利条件，打造了一批优秀的文艺骨干，许多已成为国家、自治区级摄影、书法、作家等专业协会会员。几年来，

扎根于内蒙古本土，原巴彦淖尔市院检察长、中国摄影家协会会员、内蒙古摄影家协会名誉主席赵如意的镜头真实地记录了草原的辽阔、大漠的浩瀚、骏马的追风，其作品多次获国内外摄影大奖；铁路检察分院苗同利始终保持激昂的创作热情，作品不断，其出版的诗集受到了诗坛的瞩目，已成为全国检察系统的知名诗人；锡盟西乌旗检察院的呼木吉勒图（一级棋士）成为内蒙古首届体育大会蒙古象棋亚军、自治区非物质文化遗产蒙古象棋代表性传承人；阿拉善检察分院政治部主任、蒙古族音乐家钢苏雅拉继承蒙古族呼麦、长调艺术，打造了《沙力搏尔》组合……正是这样一批检察人，用特色图片、用草原诗歌、用蒙古棋艺、用民族歌声等多彩的文艺形式丰富了基层检察人员的业余生活，也让社会重新认识了检察人。实践证明，检察文化之所以成为检察机关与人民群众的纽带，基层检察文艺人才在其中发挥着积极的作用。

（五）坚持挖掘基层先进典型，让百姓感受"身边的正能量"

全区检察机关一直坚持把培养、树立、宣传、学习先进典型作为文化建设的重要内容来抓，为先进典型脱颖而出创造条件、提供支撑。近年来，自治区检察院积极培育、选报近百人次基层检察人员参加全国、自治区级先进人物评选活动。全国模范检察官张章宝[①]、孟志春[②]，全国最美青年检察官、"2012年度全区十大法治人物"韩丽春[③]，第四届感动内蒙古人物提名奖、2013年度全区十佳法治人物李秀丽[④]等众多优秀检察官脱颖而出，他们扎根基层，因地制宜、因人制宜，坚守法律精神，履行法律职责，让普通人读到了检察人员的风采，进一步认识了检察机关与检察队伍，而身边的典型也在以文化人方面发挥着示范引领作用，成为检察人员不断向上的动力。打造基层先进典型还要注重加强与辖区党委宣传部、新闻媒体的联系，2013年，自治区党委宣传部选树4名基层检察先进典型在区内外媒体集中刊播；内蒙古电视台持续开启了《最美基层检察官》大型展播活动，播出40人先进事迹。这些报道提升了检察机关的社会形象，营造出了树先进、学先进、赶先进和人人争先的良好氛围。

---

① 张章宝原系包头市土右旗人民检察院控申科科长。
② 孟志春系小黑河地区检察院监所检察室副主任。
③ 韩丽春系鄂尔多斯市院公诉处处长。
④ 李秀丽系赤峰市元宝山区院侦监科科长。

（六）创新文化建设载体，充分尊重基层的首创精神

走进内蒙古各基层检察院，草原文化、图腾文化、游牧文化等文化细节总能展现于走廊、展馆的点点滴滴。在"两房"建设改造完成后，基层院大多实现了一层一个主题、一层一个特色，将文化蕴含于钢筋水泥中，更多的文化建设载体被挖掘出来。近年来，我区112个基层检察院，约有1/5建立了检察官文联，文联成为检察人员共有的精神家园，进一步推动了检察文化建设工作的开展。我院还将网络作为提升基层检察人员素质的新途径。2011年检察内网新建的网上学校浏览量达到12万人次。拥有7000多名会员的侦监论坛成为检察人员业务与文化交流的平台。去年举办的网上文化艺术作品展，上报摄影、书画、文艺表演作品300余幅（个），具有浓郁的地域特色和检察特点，充分展现了北疆检察官的艺术风采。如今，鄂尔多斯市基层院全部开通了"微博微信"，呼伦贝尔市院开通了摄影网，通辽市院、乌海市院上线了《检察手机报》；乌兰察布市集宁区院设立了"亚平工作室"，利用干警书画特长打造、培养、引导干警兴趣爱好、传播检察文化；锡林浩特市院开设"心理疏导室"，依托老检察官的专业优势将心理咨询应用于涉法涉检信访工作，为检察机关控申接待工作增加了科学性、艺术性。来源于基层的检察文化品牌经历了实践的检验具有很强的推广性。我院教育实践活动成果之一"青年干警大讲堂"实现常态化，成为全区认可的文化品牌，正是由鄂尔多斯基层院首创的。

二、内蒙古基层检察文化建设中存在的问题

从我区基层检察院的检察文化实践来看，近年来文化建设呈发展之势，但综观全局，当前检察文化建设与新时期检察工作发展的要求相比，仍有不少差距。特别是我区各地发展不平衡、人员素质的差异化、文化理论研究匮乏、经费投入不足等问题突出。

（一）对检察文化建设重视不够，定位不准

"态度决定高度"。在基层检察文化建设过程中，有些院忽视文化在检察工作和检察队伍建设中的作用，未能充分认识检察文化对干警价值倾向、职业操守、思想观念的指导作用，对文化建设定位失准。有些院虽然认识到文化建设的重要性，但对其认识停留在狭义和肤浅的层面上，对其内涵外延认识不足，文化

活动的感染力和生命力不强，不利于少数民族地区基层检察文化建设的特色化和全面化发展。还有些院对检察文化建设组织领导不力，缺少一个检察文化范畴的内在共同建设目标贯穿始终。[①]

（二）缺乏文化建设的机制保障

在实践中，基层文化建设缺少相关的机制保障。在组织建设上，尚未真正形成"一把手"亲自抓、分管领导具体抓、其他领导结合抓的领导机制；在经费保障上，随着"两房"建设以及配套设施的大量投入，大多数院的文化硬件设施得到改善，但文化建设经常性经费保障则明显投入不足，或无保障渠道；在人员机构上，富有激情、勇于创作的检察文化人才整体上比较缺乏，尤其是基层院编制短缺，业务工作与文化建设顾此失彼。机制的不健全，也影响了检察文化与民族文化、地域文化、法律文化的有机融合，影响了民族文化所特有的心理认同作用的发挥。

（三）缺乏有效的文化建设载体

在文化建设中，还存在只追求短期效果，只愿做表面文章，文化建设只停留在口头上或墙面上，不愿深入研究、打造文化建设的有效载体进行长期扎实的基础建设的问题。把文化建设定位于工作安排与人事管理、政治教育和业务学习层面上，脱离了当地实际；把文化建设等同于对全体干警的思想政治教育和业余活动的开展，而不是放在整体文化建设的大背景下来看待；把文化建设与检察人员的业务工作完全割裂开，限制了检察文化功能的发挥等，这些现象在基层院均不同程度地存在。

（四）缺乏文化建设的首创精神

实践是文化创新的源泉。随着社会主义法治建设的深入，我们的文化建设也要顺应改革，不断增添新的内容。虽然基层检察院能普遍意识到检察文化的重要性，广泛开展丰富多彩的文化艺术活动，但在活动中缺少理论研讨，抓不住检察文化的精神实质，未能研究当地民族文化、地域文化与环境文化建设结合所带来的巨大影响力，吸取民族特色、传统文化较少，照搬现成文化建设经验模式较多，导致各地开展文化建设重复单一，文化建设脱离群众，远离社会，内容空

---

① 陈伦双：《我国西部地区检察文化建设研究》，西南大学 2010 年硕士学位论文。

洞，形式刻板，最终导致活力不足、效果不明显。

三、打造具有内蒙古特色基层检察文化的路径选择

检察文化作为社会主义先进文化的一个重要组成部分，既包括制度、理念、信仰等具有意识形态特征的文化要素，也包括器物、仪式、徽标等具有物质载体特征的文化要素，① 是一项包括检察精神文化建设、制度文化建设、行为文化建设、环境文化建设等方面内容的系统工程。因此，要打造具有内蒙古特色基层检察文化，就要围绕这些内容探析其路径和方法。

（一）在传统与现实的交汇中锻造基层检察精神

美国后现代主义者伊·哈桑说：历史是一张可以被多次刮去字迹的羊皮纸，而文化则渗透在过去、现在和未来的时间之中。基层检察文化建设既要秉承传统文化精华，汲取儒家文化"仁、义、礼、智、信"、周礼文化"风、雅、颂"等可为检察文化批评地承继的优秀传统文化，又要立足于当代，扎根于社会主义核心价值观、政法干警核心价值观和检察职业精神，同时，不断吸纳在精神实质上与检察文化相契合的民族文化，深入学习检察文化建设的理论知识，借鉴检察文化建设的"他山之石"，在传统与现代的交汇中，深入研讨、不断挖掘具有当地特色的精品检察文化，锻造独具内蒙古特色的"北疆检魂"，以此增强检察人员对中国特色社会主义理论的政治认同和情感认同，进而增强检察人员尊崇法治的职业理念、执法为民的职业信仰与清正廉洁的职业操守。

（二）在历史与现代的沉淀中打造制度文化

基层检察文化建设要从自发走向自觉，离不开制度的保障。基层检察文化建设必须从寻找自身制度的缺失上下手，对症下药，建立一整套健全完善、科学合理、切实可行、因地制宜的制度体系。制度的制定要坚持基层检察人员的主体地位和首创精神，立足当地实际与检察工作实际细化党风廉政建设制度、业务办案流程规定、办案质量考评机制等。在发挥制度的刚性功能的同时，注意把文化基因植入管理之中，对民族文化、草原文化、法治文化等兼容并蓄，健全检察人员保障机制，落实奖惩激励机制，激发检察人员自我管理、自我约束、自我提高的

---

① 徐苏林：《当代中国检察文化论要》，清华大学 2005 年法学博士论文。

内在动力，实现他律与自律、规则与引导的有机结合。① 检察官文联是推动检察文化繁荣发展的重要阵地。内蒙古检察官文联成立近两年来，我区仍有 80% 的基层院没有建立文联。组建文联也需要相关制度的保障，如坚持检察机关是主体，检察院党组是领导核心，检察官文联是参谋、是助手；正确处理检察官文联与检察政治部门的关系，检察官文联的重大活动和政治部门沟通等。总之，各级检察院要统筹规划，研究制定本地区本单位检察文化建设的发展规划和具体措施，逐步完善各项工作机制，增强系统性，把握规律性，强化预见性，不断拓展地区检察文化的发展空间。

（三） 在业务与文化建设的平衡中塑造行为文化

社会对检察院的印象常常源于对检察人员行为的认知。因此，基层检察院行为文化建设首先要注重提高检察人员的文化素养。构建学历教育平台、岗位培训平台、理论研究平台。在坚持社会主义法治理念要求下，汲取法律文化精髓，加强法律监督，维护公平正义。建设基层检察行为文化还要注重抓好已经出台的《检察职业行为基本规范》、《检察机关文明用语规范》和《检察机关执法工作规范》等规范的贯彻实施。通过推进各项主题教育实践活动，通过落实廉政责任制、完善一案三卡、健全党风廉政建设工作台账等，加强廉政文化建设。在行为文化建设过程中，要始终凸显检察文化工作主题，始终践行"百花齐放，百家争鸣"方针。要充分发扬艺术民主和学术民主，在文艺创作上提倡不同形式和风格的自由发展，要继承民族地方的文化传统，承认差异，包容多样，最大限度地激发检察文化艺术队伍的创造活力。

（四） 结合地域特色与法文化内涵建设环境文化

环境文化是以实物形态显露于外，可以被人们直接感知的环境实体。威严庄重、沉稳大气的检察办公办案环境，直接向人们展示检察机关的文化底蕴，增强公众对于法的尊崇与信赖。近年来，基层检察院在硬件建设中都注重凸显检察院特色。下一步，要积极利用民族文化、法律文化和地方文化的丰富资源，建设一些具有时代性、实用性和群众性的庭院文化设施和活动场所，精心营造检察文化环境。同时，进一步增加体现人文关怀的服务设施，高度重视检察网络文化建

---

① 叶晓刚：《人民法院文化建设的路径方法与机制保障》，载《首届内蒙古法律文化研讨会论文汇编》。

设，从实际出发建立网络交流平台和联动机制，积极占领网络舆论阵地。通过开办网上学校、网络论坛以及微博、微信等多种方式，充分发挥网络在信息交流、资源共享、舆论引导和文化传播等方面的功能。各基层检察院还要做好检察物质文化遗产的保护工作。要通过建立检察主题展室、发展法制教育基地、举办检察院史图片展、撰写检察史志等方式，继承和发展检察物质文化遗产，为检察事业的发展和检察文化的建设创造条件。

四、结语

作为民族地区的内蒙古基层检察文化建设，要在遵循文化建设共性规律的基础上，紧紧围绕检察机关中心工作，积极致力于检察文化理论研究、检察文化艺术创作和检察文化艺术活动。兼容并蓄，积极将草原特色、时代特色、民族特色与法律人文特色相融合，不断加强检察精神文化建设、制度文化建设、行为文化建设、环境文化建设，以文育检，以文化人，进而增强队伍凝聚力，提升检察公信力，重塑检察机关的良好形象。

当前基层检察文化建设现状、存在问题及对策

郑京水 *

众所周知，文化建设越来越受到中央和各级领导的重视。党的十八大提出了"扎实推进社会主义文化强国建设"的要求，党的十八届三中全会指出"要建设社会主义文化强国，增强国家文化软实力"。十八大召开后，最高检作出了《认真贯彻落实党的十八大精神、切实加强检察文化建设的决定》，福建省检察院也制定了《关于加强全省检察文化建设的决定》。近年来，我省检察机关按照中央、最高检和中国检察官文联的要求，坚持"文化育检、文化强检"的指导思想，重心下移，围绕中心，突出重点，讲求实效，积极开展基层检察文化建设，取得了较好的成效，有 2 个基层检察院被最高检列入"检察文化建设示范院"，有 3 个基层检察院被福建省委政法委评为"基层政法文化建设先进单位"称号，但也存在一些问题。现结合我省基层检察文化建设的现状、存在问题和困难，进行一些探讨，提出有针对性的对策措施，以进一步推进检察文化建设创新发展。

一、福建省基层检察文化建设的现状

2008 年以来，我省各级检察机关按照上级要求部署，结合自身实际，以培育干警社会主义核心价值观为目标，以树立良好职业形象为抓手，以提高检察机关亲和力和执法公信力为根本，着眼于培育检察精神、提升职业素养、规范执法行为、塑造良好形象、陶冶高尚情操，充分发挥检察文化的教育、引导、规范、凝聚和激励等功能作用，大力实施文化育检、文化兴检工程，取得了较好成效，有力地推动了检察队伍建设。

＊ 作者单位：国家检察官学院福建分院。作者简介：中国检察官文联委员、福建省检察文联主席。

（一）领导重视，形成共识

我省各级检察机关充分认识加强检察文化建设的重要性，把开展检察文化建设摆上党组的重要议事日程。省院党组书记、检察长何泽中专门批示，要求全省检察机关进一步加强检察文化建设，围绕"廉政从检、公信从检、亲和从检"开展检察文化建设工作。去年和今年春节前夕，省检察文联举办"写春联·送祝福"活动，何泽中检察长两次亲临现场，亲手为离退休老干部书写大红"福"字，并亲自送给老干部。

在省院党组的重视下，全省检察机关把检察文化作为"软实力"，引导检察人员"强化一个认识、确立一个理念"，树立起"检察文化长盛、检察事业长盛"和抓检察文化建设就是抓大事、谋发展的理念，把思想和行动统一到党的十八大、十八届三中全会和最高检、省院的决策部署上来，端正态度，积极作为。省院采取"以点带面，典型引路，重点指导，全面推进"的工作思路，在全省检察机关开展"检察文化建设示范院"建设活动，选取福州市鼓楼区、厦门市思明区、武夷山市、云霄县等15个基层检察院作为"检察文化建设试点单位"，其中思明、云霄两个基层院被推荐为最高检"检察文化建设示范院"。

（二）载体创新，形式丰富

近几年来，我省检察机关不断加大基础设施建设力度，为检察文化建设创造了有利条件。各地检察院充分利用这一优势，不断丰富检察文化建设的内容和载体，突出检察文化建设的重点，有针对性地开展检察文化建设。

一是注重营造浓厚的文化氛围。各地检察院在建造综合办公大楼时，从外观设计、内部装饰、庭院绿化等方面，都特别重视检察文化元素的打造。有的院在走廊过道间设立"文化长廊"、"文化墙"；有的院在大厅摆放象征"公平正义"主题的鼎、兽等雕塑，在电子屏幕滚动播出廉政格言、警句、名人名言；有的院建立院史馆、荣誉室、电子阅览室等文体活动室，形成浓厚的检察文化氛围，展示了我省检察文化的深厚底蕴和文化传承，激发了广大检察人员的职业使命感、职业荣誉感和归属感。去年，省检察书法绘画协会组织会员在国家检察官学院福建分院举办"文化长廊"建设书法绘画笔会，现场创作书法作品100多幅、绘画作品30多幅，为学院增添了浓厚的文化氛围。

二是文化建设活动比较活跃。各级检察机关广泛开展形式活泼、寓教于乐、深受检察人员喜爱的文化活动，为广大检察干警提供精神食粮。去年底，省院政治部、省检察文联联合举办加强"两提升三过硬"建设摄影作品展，从全省检察干警创作的 1400 多幅作品中精选出 180 幅作品展出。何泽中检察长亲自带领省院班子成员和内设机构负责人参观了展览。省检察文联文学协会与省诗词学会联合举办的全省廉政诗词和"书香八闽检察风"文学创作征文活动，共收到诗词作品 85 首、文学作品 39 篇（首）。福州市检察文联与福州市地方税务局等单位共同举办了"检税伴你同行"福建影友摄影擂台赛，有 80 多名检察干警和税务干部参加，收到摄影作品 800 多幅。莆田市检察文联先后举办了廉政书画笔会和文学创作征文活动，编辑出版《莆检艺苑》书法摄影作品集、《莆田文化历史拾零》和《莆田检察志》等书籍。

三是人才队伍建设取得明显成效。各地检察院重视对文艺人才的培养，增强检察文化建设后劲。目前全省检察机关有 33 名干警为省级以上书法、美术、摄影等协会的会员，其中国家级会员 11 人。去年，组织我省检察干警参加中国检察官文联举办的"以竹喻检"诗词赋和散文作品征文活动，报送征文作品 60 篇，有 6 篇作品获奖，其中一等奖 2 篇、三等奖 3 篇、优秀奖 1 篇；福建省检察文联获得优秀组织奖。参加第二届中国检察官文化论坛论文征集和"第十届中国艺术节·全国优秀美术作品展览"活动均取得好成绩。

（三）特色明显，主题突出

全省各地检察院紧紧围绕著名侨乡、革命传统、人文底蕴等特点，积极打造检察文化，大力弘扬和培育检察职业精神，加强检察职业形象建设。

围绕弘扬革命传统打造检察文化。我省是著名的老区、苏区，"红土地"人口占全省人口的 80% 左右，具有优秀的光荣革命传统，上杭县、永定县等地检察院以"红土地"精神为生动教材，精心培育干警检察职业道德。在开展全省检察机关"忠诚"教育活动中，省院组织三级检察官代表在古田会议旧址前进行宣誓，最高人民检察院曹建明检察长和省委领导参加了宣誓仪式。

围绕树立改革开放意识打造检察文化。我省是改革开放的前沿省份，厦门特区是全国最早开放的城市之一，经过 30 多年的发展，已经有了独特的文化特色。厦门市思明区检察院组织了由 60 名干警组成的检察官合唱团，他们的精彩表演，受到曹建明检察长和参加第八次上海合作组织成员国总检察长会议代表的一致赞誉。

围绕丰富人文底蕴打造检察文化。各地检察院认真总结提炼各具特色的人文文化，作为激励干警奋发向上、爱岗敬业、无私奉献的动力源泉。连城县检察院将"冠豸品质"作为检察文化建设的核心理念。云霄县检察院以"红树林的团结精神、罗汉松的奋进风骨、'成叔'的奉献美德"作为检察文化建设的精神名片。

围绕工作亮点和先进典型打造检察文化。近几年，我省检察文化建设取得了较好成效，各地工作亮点纷呈，先进典型不断。省院政治部、宣传处积极组织新闻媒体广泛宣传这些亮点和典型。根据李彬同志先进事迹创作改编成的小品短剧《鲜水村的回声》、歌曲《真情换得百姓心》和情景剧《好兄弟》，分别在最高检、福建省组织举办的大型文艺晚会上演出；以李彬同志为原型的彩色故事片《使命》在全国公开上映，并获得全国法制类电影评比二等奖。

二、目前检察文化建设存在的几个问题

（一）对检察文化建设的重要性认识不足

个别检察院对开展检察文化建设的重要性缺乏正确认识，有的认为办案才是硬道理，检察文化建设是软指标，可有可无；有的认为把资金用在美化环境、建设文化设施上是奢侈浪费、形象工程；有的认为开展检察文化建设看不到工作业绩；有的认为对检察文化建设工作没有考评和表彰，干好干坏一个样。

（二）对检察文化的内涵和作用理解不全面

把开展检察文化建设等同于写字绘画、唱歌跳舞、文艺晚会、体育比赛等文体活动，没有真正理解检察文化的基本概念、深刻内涵和重要作用，不明白检察文化对于培育干警核心价值观、提高检察机关执法公信力、推动检察事业不断发展的重要作用。

（三）各地工作开展不平衡，成效差距较大

有的检察院对开展检察文化建设较为重视，院领导亲自抓，舍得投入，成效明显。而有的检察院没有把检察文化建设工作摆上重要议事日程，很少开展文化活动；有的检察院仅停留在做表面文章，挂几张字画、开展几项文体活动上，形式单一，缺少载体，没有吸引力，干警不愿参与，不能发挥检察文化的教育、引导和激励等功能作用。

（四）检察文化建设资金困难、人才短缺

开展检察文化建设需要相当数量的人力、物力和财力投入，但各地检察院特别是山区基层检察院资金较为缺乏；同时，具有文学艺术特长的人才比较匮乏，影响了检察文化建设的开展。

三、有效开展检察文化建设的对策措施

一要注意解决"推手"问题。检察文化建设是一项系统工程，是全院性的工作，要有"一盘棋"的思想，全院干警人人参与。各级检察院"一把手"是推动检察文化建设的主要"推手"，要亲自负责、亲自抓这项工作。要把检察文化建设工作提到院党组的重要议事日程上来，制定实施方案，明确目标责任。要尽快成立检察文化建设领导小组，由"一把手"负总责，分管领导具体抓，依托政治部（政治处）或宣传处开展工作，相关部门协同抓，一级抓一级，层层抓落实，形成职责明晰、分工负责、齐抓共管的工作格局。

二要注意解决"定位"问题。要克服"检察文化是个大罗筐，什么都可往里装"的片面认识，明确检察文化的边际，合理定位。检察文化建设的重点是加强职业道德建设、法律监督能力建设、执法规范化建设、纪律作风和自身廉政建设、检察形象建设，主要内容和载体是深化检察文化理论研究、开展各类文化活动、繁荣检察文艺创作、倡导和谐文化、营造文化氛围。当前，要围绕培育政法干警核心价值观和"理性、平和、文明、规范"执法理念，着力提升检察机关执法公信力，塑造良好检察形象。

三要注意解决"机制"问题。必须建立检察文化建设的长效机制，才能保证检察文化的顺利发展。要建立一套行之有效的管理和奖惩机制，每年评比和表彰一批全国、全省检察文化建设先进集体和先进个人，把检察文化建设列入全国、全省先进基层检察院的考评内容，并加大现有的比重；要切实抓好基层检察文化建设示范院工作，树立榜样，以点带面，推进检察文化建设；要开展全国、全省性的文化艺术创作评选活动，以活动促发展；要经常深入基层检察院调研和督促检查，了解掌握各地开展检察文化建设的情况，认真总结推广好的经验做法，有针对性地进行指导和帮助。

四要注意解决"保障"问题。开展检察文化建设需要一定的资金投入，需

要大量的文艺人才。各级检察院要加大对基层检察文化建设的投入，将开展检察文化建设的开支列入单位年度预算中，为检察文化建设提供必要保障和经费支持。要抓紧成立检察文联，以及书画、摄影、文学等协会，配强配齐有关人员，尽快开展工作，为广大干警搭建一个开展检察文化建设的平台。要注意发现、挖掘和培养检察机关内部的优秀文艺人才，为他们提供施展才华的舞台。要拓宽视野，开阔思路，充分利用社会资源，加强与地方企事业单位和文化艺术团体的联系协调，利用他们的演艺人才、文化设施等资源和优势，与他们联合开展检察文化建设活动，提高检察文化建设水平。

基层检察文化软实力建设的路径与探索

张书华[*]

检察文化是检察事业的重要精神支撑，是检察工作科学发展的内生动力，作为社会主义先进文化的重要组成部分，检察文化是检察事业不断发展的重要力量源泉和检察人员共同的精神家园。检察文化通过打造检察工作软实力提升检察机关的公信力和亲和力。

检察文化建设是一项涵盖价值观念、执法理念、行为规范、公众形象等内容的复杂系统工程。检察文化建设的内涵丰富，形式多样，充分发挥好检察文化的作用，对推进新时期检察工作全面科学发展具有十分重要的意义。目前，我国80%以上的检察院在基层，80%以上的检察人员在基层，80%以上的检察工作任务在基层，检察文化建设的重点在基层。基层检察院与人民群众接触最多，直接影响到人民群众对检察工作的印象，也事关人民群众合法权利的实现。基层检察机关是检察文化建设的主力军，如何审时度势，发展繁荣检察文化，提高检察队伍的文化品位和文明境界，打造软实力，提升竞争力，已成为当前基层检察院建设的一个新课题。

一、当前基层检察文化建设的现状及问题

检察文化是通过一定的物质环境和精神氛围使检察人员内化于心、外践于行，从而实现对检察人员的精神、心灵、性格的塑造。随着各级检察机关领导对"软实力"认识的不断提升，检察文化在检察工作发展中的作用得到了重视。但是，由于对检察文化内涵、外延、发展路径认识的局限性，基层检察机关在推进检察文化建设中也出现了一些不容忽视的共性问题。

---

* 作者单位：吉林省人民检察院。

一是忽视文化建设的检察特色，存在文化与检察两层皮现象。检察文化是植根于检察机关和检察人员中的行业文化形态。它所反映的是检察人员这一职业群体共同的价值理念、思维方式、行为习惯和言语体系。有些基层检察院没有厘清文化建设与检察职能的辩证统一关系，没有根据检察人员的文化需求开展文化建设，以大众文化代替检察文化，文化活动的行业特点不鲜明，形成了文化与检察相脱节的两层皮现象。

二是忽视发挥文化的精神功能，存在表层化倾向。检察文化的作用在于坚定检察人员的职业信仰、弘扬检察职业精神、提升检察职业道德、提高检察职业素养、规范检察职业能力、塑造检察职业形象。有些基层检察院在文化建设中没有理清检察文化的内涵与外延的关系，混淆了检察文化元素和文化形态的区别，文化建设停留在文化景观建设和文化活动开展的浅层次上，没有推动文化建设与队伍建设的思想政治工作、业务建设的司法理念以及监督能力建设相结合，有形式缺内涵，存在表层化倾向。

三是忽视文化建设的系统性，存在碎片化倾向。检察文化既需要检察事业发展的长期积淀，又要注重在培育和传播中有序推进，而在检察文化发展的初级阶段，有计划、有目的、有步骤的系统推进非常必要。由于缺乏对检察文化建设规律性的把握，有些基层检察院的文化建设随意性较大，缺乏统筹的规划和具体设计，没有形成与检察工作和检察人员成长相得益彰的文化体系，使文化活动之间、文化活动与检察职能之间缺乏有机联系。

四是忽视文化载体建设，存在标签化倾向。由于缺乏对检察文化的认识，有的基层检察院没有把握检察文化建设的要领，没有注重从文化的视角研究文化育检、文化惠检、文化强检的举措和方法，缺乏文化建设的有效载体和抓手，而是简单化地把检察业务管理中的制度规范和队伍管理中的教育培训、表彰奖励、党建工作等贴上文化的标签，泛化的文化建设导致了检察文化的虚无化。

五是忽视对文化建设的投入，存在摆位不当的倾向。检察文化是检察全局工作中的基础性和先导性工作，是检察机关的塑魂工程。一些检察院存在对文化建设投入不足的问题：一方面是领导注意力投入不足。不善于运用检察文化推进检察业务和队伍建设；另一方面是检察人员参与度不足。文化活动的参与仅限于有文艺特长的少数人，而没有针对最广大检察人员的文化需求开展活动，仅将文化建设作为政治工作部门的工作加以强调，而各业务系统参与文化创建的积极性却没有调动起来。特别是由于个别检察机关领导者的文化素养不高，对文化软实力建设重视不到位，导致了文化建设在人员保障、经费投入等方面严重不足，形成了文化建设滞后的状态。

二、充分认识和把握检察文化建设的规律和方向

（一）把握检察文化建设在检察全局中的定位

从精神层面讲，文化是检察工作的灵魂，是检察工作中的先导性工作；从素能和物质层面讲，文化建设是检察工作的基础性工作。准确把握检察文化在检察全局工作中的地位，有利于在工作中处理好两者之间的关系，使其在检察工作大格局下相互支撑、相互融合、相得益彰、共同发展。

（二）深刻理解检察文化特有的文化元素和形态

检察文化是一种多元素构成的文化形态，而检察机关具有特有的文化元素和文化形态。笔者认为检察文化元素是内涵，主要包括诉讼文化，体现在检察机关的主体业务职能暨侦查、批捕、起诉活动中；监督文化，体现了检察机关宪法的职能定位，贯穿于检察机关的法律监督活动中；廉政文化，在检察文化作用方式上既体现于反腐倡廉的职业活动中，又作用在廉洁自律的自身建设中；管理文化，就是要紧密结合检察工作实际，构建富有行业特色的检察文化体系，并通过检察文化潜移默化的作用和效果，提高干警的参与管理和自我管理。而检察文化形态是外延，主要包括精神文化、行为文化、制度文化和环境文化。

（三）不断形成检察人员的文化自觉和文化自信

文化是一种包含精神价值和生活方式的生态共同体，它通过激励和引导创建集体人格。是否具有高度的文化自觉，不仅关系到文化自身的振兴和繁荣，而且决定着一个检察院的精神境界和发展走向。法治作为制度文明，本身就是一种文化呈现，而身负保障法律统一正确实施的法律监督活动是法治文明的培养和传播者，其鲜明的文化特色是指导和凝聚全体检察人员的精神力量。文化自觉和自信是推进检察事业发展的精神动力，它使检察人员形成凝聚力，要从理念上把握好度，从行业文化、组织文化、法治信仰、团队精神等研究检察文化的内涵式发展之路，以高度的文化自觉和文化自信为促进检察事业科学发展提供有力的精神支撑、智力保障和文化条件。

（四） 不断满足新形势下检察人员的文化需求

笔者认为需要从四方面满足新形势下检察人员的文化需求：一是适应检察官在文化自觉上由文化传播受体向文化培育主体的转变，尊重和发挥检察人员在检察文化建设中的主体地位。坚持为了检察官抓文化，依靠检察官发展文化；二是适应检察官在文化需求层次上由娱乐享受型向内涵提升型的转变，不断提升检察文化的新境界；三是适应检察官文化活动方式上由个体化向团队化的转变，强化文化活动的组织性；四是适应检察官文化特点上由大众文化向职业文化的转变，不断强化检察文化的专业内涵。在不断满足广大检察人员日益增长的文化需求过程中，建设好检察人员的精神家园。

三、基层检察文化建设的培育和传播

检察文化是检察工作之魂，培育和传播检察文化应贯穿检察工作的全过程，要坚持两融合和两促进，以文化建设的手段和成果提升检察机关执法公信力和亲和力，打造检察文化软实力。

一是检察文化与检察业务建设深度融合，为检察业务工作提供理念和能力支持。检察官依法履行职责，依法履行法律监督和办案职责是展现检察官内在品质、能力素养、人格修养的过程。特别是在办案过程中与各方诉讼参与人、当事人、犯罪嫌疑人都有紧密的工作联系。在执法办案中，检察官的执法活动应传递出检察文化所形成的理念、风范和形象，要在执法办案中注重传播检察文化，不断发挥检察文化各元素在检察业务活动中的作用，找准检察文化诸要素与不同业务领域的结合点，发挥监督文化、廉政文化、诉讼文化、管理文化的引领作用，逐渐使检察文化成为检察业务工作的内在依据和内生动力。

二是检察文化与检察队伍建设深度融合，为检察人员管理提供精神和智力支撑。检察文化培育的过程实际上是文化育检的过程。因此，在检察队伍建设和人力资源管理等各项工作中，要在推进检察队伍正规化、职业化、专业化中体现检察文化的内涵作用，使检察文化管理成为最高形式的管理模式，不断提升检察队伍的法律素养和职业能力，促进检察文化建设与检察队伍建设的一体化运行。要用文化的形式开展党建工作和思想政治工作，发挥检察文化春风细雨、润物无声的引导、教育功能。通过加强素质培养，弘扬执法理念，不断提升新形势下检察队伍群众的工作能力、维护社会公平正义能力、新媒体时代舆论引导能力、科技信息化应用能力和拒腐防变能力。适应社会法治方式以暴力强制向法律规制转变，促进检察官从赳赳武夫的武官形象向谦谦君子的文官形象转变，在品位素养方面实现检察队伍公众形象的转型，提升检察机关和检察人员的美誉度。

三是促进检察事业健康发展，体现司法文明在现代法治建设中的作用。要积极探索文化强检、文化育检、文化惠检的发展路径，不断深化对检察文化建设规律的研究和把握，在不断增强检察机关的法律监督能力的同时，不断促进司法走向开放和文明，为实现社会的公平正义，促进检察事业健康发展提供精神支撑。

四是促进检察官成长进步，为检察职业化进程提供内生动力。在检察文化建设中，要坚持以文化人，发挥检察文化在检察人员成长、成才、成功过程中的支撑作用，不断更新执法理念、改进执法方式、规范执法行为，提高检察人员的政治素养、法律素养、综合素养、文化素养和职业道德素养，通过内强素质、外树形象，发挥检察文化的凝聚、导向、规范和激励作用，真正做到内化于心、外化于行，打造凝聚全体检察人员意志的精神之魂。在检察管理中，要通过人文关怀，培养检察人员自我提升、自我完善、自我约束的能力和水平。强化责任意识，提升职业境界。

四、基层检察文化体系的建立和完善

（一）打造检察特色文化品牌

要突出区域文化中的检察特色和检察文化中的区域特色，注重检察文化与历史传统、民族风情、城市精神、人文特点的结合，吸取地域文化的精华，吸收先进的管理理念，加强各地区先进经验和做法的交流，进而形成对检察队伍建设、业务建设、后勤管理建设等各项工作均有指导作用的检察文化理念，把"强化法律监督、维护公平正义"这一检察文化的主题具体化、系统化、特色化，基层院要从本院的现状和实际出发，因地制宜，稳步推进，逐步建立并完善具有检察特色和时代特征的检察文化建设体系。

（二）要建立以精神理念、行为规范、制度管理为内容的精神文化体系

注重内涵式发展，通过提炼检察精神、系统专业理念、院训，倡导理性、平和、文明、规范执法，建立以精神理念、行为规范、制度管理为内容的精神文化体系。通过举办检察开放日和文化大讲堂等活动，宣传检察理念和精神，树立公平正义形象，提升检察机关公信力。

（三）打造检察文化载体平台，发展和培养检察文化人才

在打造载体平台方面：一要与精神文明创建活动相结合。突出检察文化在精神文明创建中的横向拓展和纵向提升作用，以争创有文化品位的检察院、争做有文明素养的检察官为目标，结合文明单位创建活动，积极争创精神文明单位，建设文明行业，争取良好的社会评价，树立良好群体职业形象；二要与学习型检察院创建活动相结合。大力倡导学习风气，打造学习平台，把检察院及各部门建设成学习型组织，通过开展系列读书交流活动，营造学习、思辨、创新的良好氛围；三要与教育实践活动相结合。结合当前开展的党的群众路线、社会主义核心价值观、中国梦等主题教育实践活动，以提高检察队伍素质、提升职业形象和执法公信力为目标，加强职业道德、职业纪律教育，教育干警牢固树立"理性、平和、文明、规范"的执法观，恪守"忠诚、公正、清廉、文明"的检察职业道德；四要与文联各专业协会和地方宣传部门相结合。充分发挥专业协会在检察文化艺术创作和检察文化活动中的组织协调作用，组织不同门类文化艺术爱好者开展系列主题文化活动，活跃机关生活，培养高尚情趣，提升生活品质。积极参加地方宣传文化部门组织的社会文化活动，通过适时参加或独立举办书画展、摄影展和文艺演出等文化艺术交流活动，加强与地方文联、宣传文化部门的交流，宣传检察工作，传播检察文化，提升检察机关和检察工作的辐射力。

基层检察院还要注重培养和发现检察文学艺术人才。把培养、激励检察人员，提高文化素能作为文化建设的重点，通过开展健康有益的文化活动，加强检察文化工作者专业化培训，发掘各类检察文艺人才，引导他们积极投身检察文化建设，使其成为检察文化和检察业务工作两个方面的骨干力量，共同推动检察文化事业繁荣发展。

（四） 建立和完善管理制度，构建检察文化建设长效机制

检察文化建设工作任重而道远，需要我们立足实际，统筹规划，循序渐进，逐步完善各项工作机制，扎实打牢基础，提高检察文化建设水平。一要加强领导、广泛参与。基层检察院文化建设的实践证明，主要领导的文化品味和文化追求往往对全院具有引导和示范作用，领导班子要充分认识检察文化建设的重要性，把检察文化建设纳入检察工作总体发展规划。检察文化的生命力在于检察人员的广泛参与。要真正形成检察机关上下级院联动，各部门、各业务系统齐抓共管，广大检察人员全员积极参与的文化建设新格局。要突出广大检察人员的主体地位，充分调动检察人员的积极性，建立全员参与的机制，引导检察人员关注思考检察文化的基本内涵、要求、作用，使全体检察人员成为推动检察文化建设的主导力量；二要科学谋划，有序推进。要把检察文化建设置于检察工作全局中来思考与筹划，抓好检察文化与各项工作的结合，使检察文化建设成为提高队伍素质、促进检察业务工作的有效载体。要使检察文化与机关党建工作、岗位培训工作一体化运行，开展与业务技能关联密切的演讲与口才训练、廉政文化宣讲等活动，不断创新检察文化建设的内容和形式，增强检察文化建设的吸引力、感召力和实效性；三要整合资源，加大保障力度。要创新检察文化发展模式，多渠道整合各方资源，最大限度地为检察文化的发展提供保障。加强检察机关公用区域的文化设施和文化景观建设，以此作为检察文化建设的物质基础和有形载体；要把检察文化建设经费纳入年度预算，确保逐步提高对文化建设的投入，为检察文化的繁荣发展提供有力的物质保障；要积极探索建立外部联系联络机制，进一步加强与宣传文化部门和教学机构、文艺演出团体的合作，拓展培育和传播检察文化的新阵地。

检察文化是一种"软实力"，文化积淀的形成需要在主动推进文化发展中不断总结，不断完善，要用硬措施来保障软实力的形成。检察文化建设是一项长远发展的战略工程，要长规划、短安排，持之以恒，坚持不懈，一以贯之才能日见成效。因此，基层检察院要充分认识到检察文化建设的重要意义，自觉把检察文化建设作为塑魂工程来抓，不断发挥检察文化在凝聚力量、激励斗志、陶冶情操等方面的功能作用，推动检察工作务实、规范、创新、科学发展。

浅论基层检察院打造
地区检察文化品牌的路径及方法

王汉武*

基层检察文化建设中，确定符合本地区实际发展的工作思路，采取切实有效的工作举措是全面推进检察文化建设的核心任务。而打造地区检察文化品牌是这个核心任务的一个重要载体。打造地区检察文化品牌是一个系统性的工程，不是一蹴而就、一朝一夕就能完成的。呼和浩特市检察院积极探索打造地区检察文化品牌的路径和方法，走出了一条自己的特色之路。

一、基层检察院打造地区检察文化的有效途径探析

路径之一：准确定位检察文化，构建检察文化建设工作格局。

中国政法大学教授刘斌认为："文化是司法的内在动力，法律的实施受人们的心态、意识、观念、情感、行为趋势的影响，文化一旦形成，就根植于人们心中。"有什么样的文化，就有什么样的检察行为，有什么样的文化，就有什么样的检察工作状态。钱穆先生曾说过："一切问题，由文化问题而生；一切问题，由文化问题解决。"所以，重视检察文化是重视检察事业发展的一个重要方面，忽视检察文化建设将影响和制约检察工作的顺利开展和检察事业的继承和发展。

实践证明，将检察文化建设定位在"战略高度"，从打造"战略性"工作格局和"阶段性"工作格局"两个格局"入手打好检察文化建设这个"基础"，对助推检察文化全面发展、创新发展具有重要的现实意义和历史意义。

---

* 作者单位：内蒙古自治区呼和浩特市人民检察院。

（一）对检察文化建设进行"战略性"布局关系到检察文化建设事业的长远发展

检察文化建设是一个"千秋万代"的工程，对检察文化"战略性"谋划和布局时，应当既立足当下，又考虑长远。呼和浩特市检察机关从切实抓好检察文化建设发展规划入手，实施检察文化建设战略工程，出台了《全市检察机关2013—2017年文化建设规划》、《全市检察机关文化建设的意见》等具有基础性、全局性、决定性等属性的战略性文件，以切实加大检察文化机制建设力度为出发点，以狠抓队伍素质建设为根本点，以加强法律监督能力建设为落脚点，明确提出指导思想、基本原则、总体要求、工作目标、主要任务、工作重点、方法步骤等。这些战略性的布局，对呼和浩特市检察机关全面铺开检察文化建设这一巨大工程打下了坚实的根基。

（二）对检察文化建设进行"阶段性"布局关系到检察文化建设的中长期发展

从目前检察机关开展文化建设情况看，仍存在开展不平衡、地区差异、认识程度不同等影响检察文化建设全面发展的客观因素和主观因素，而且对一个地区而言，检察文化建设想在短期内达到一个很理想的程度，也是不现实的。它不可能一蹴而就，也不可能在短期内完成，需要在不同时期，根据不同需要进行必要的安排和部署，进行"阶段性"布局。如根据检察工作服务经济社会发展大局的职能部署检察工作，根据最高检、上级院的重大决定部署进行工作安排，根据社会治安形势，及时调整工作重心和工作重点，根据检察改革确定的内容，有针对性地开展理论探讨及试点工作等。

路径之二：深刻诠释检察文化内涵，形成检察文化体系。

在检察文化建设过程中，形成统一、完整的检察文化体系是检验检察文化建设阶段性成果的一个标准，也是进一步推进检察文化建设的起点。建立检察文化体系过程中，既要探索、建立检察机关共有的、能体现检察职业精神的文化体系，又要在共有文化体系中积极寻求特色检察文化，体现、塑造独立的检察人格。

经过多年的实践经验，我们认识到检察文化不仅是一种理念，也是一种实践，其内涵不单单是改善机关环境，丰富干警娱乐生活，其载体不单单是搞一些体育竞赛、举办一台文艺晚会或制作"文化墙",其形式也不单单是建立院史馆或荣誉馆等,检察文化的内涵丰富广泛、源远流长,且深刻而博远,一个较为统一、完整的检察文化体系应该包括检察精神文化、检察制度文化、检察行为文化、检察物质文化、检察廉政文化等方面内容。

(一) 检察精神文化

检察精神文化是检察文化的核心,是检察机关在检察工作中、组织活动中形成的独具检察特色的价值理念,是社会主义核心价值观的具体体现,它决定和支配着检察人员的价值取向,是检察官的行为准则和内心追求的最高境界。作为"土默川文化"为背景的呼和浩特市检察机关,将草原蒙元民族文化、法律文化融入检察精神文化之中,力争培养和塑造公正、团结、进取、向上的检察人,打造一支有信念、有本领、有担当、有正气、一心谋事、专心干事、用心成事的检察队伍。2013 年初,确立了体现社会主义法治精神并具有时代特征、检察特质的"开拓创新、奋发有为、积极进取、追求卓越"的首府检察精神和"公正、务实、为民、清廉"的院训。各部门还提炼出本部门的工作理念,将检察文化与蒙古民族文化有机结合,如在改版局域网中,将首页背景色确定为蒙古民族的主色调"蓝色",[①] 首页背景选取具有民族特色的"万马奔腾"的草原美景和草原文化传承载体"内蒙古博物院"。打破了多年来的"部门利益"格局,统一了部门负责人的思想,将各部门拧成一股绳,形成一股劲,各部门之间团结一心干事、资源共享谋事、取长补短成事。加强了对普通干警的培训引导,通过有形的活动提升无形的精神境界,如开展"荐好书、精读书、写体会、找差距、见行动"读书学习活动,在《把信送给加西亚》、《用心去工作》检察长荐书活动中,培养检察人员学习"罗文"精神,树立"忠诚、敬业、勤奋、奉献"的检察精神,树立"用事业心、进取心、责任心、专注心、感恩心、宽容心、公正心、平常心去工作"的理念。

(二) 检察制度文化

检察制度文化是检察文化的保障。检察制度文化是检察机关在履行法律监督职能、加强队伍管理、进行检察改革试点过程中形成的与检察职业精神、价值取

---

① 蒙古民族崇拜大自然,信仰长生天,无比敬慕苍天之蓝色,将自己称为"蓝色民族"。

向等意识形态相适应的各项规章制度及相关机制。如制定"呼和浩特市检察官文学艺术联合会"相关制度。对各项检察工作制度进行"废、改、立",修改制定规范性制度146个。探索完善了审查逮捕阶段听取律师意见工作机制,不批捕案件跟踪监督工作机制,捕后羁押必要性审查工作机制,死刑执行活动监督工作机制,庭前会议、非法证据排除、保障被害人权利、未成年人犯罪案件附条件不起诉工作机制,青年检察官组成"法律政策研究小组"为检委会提供决策参考工作方式,提审在押未成年犯罪嫌疑人时合适成年人到场工作方式,检法两院与大学院校共建"青少年发展教育研究基地",开展对未成年人社区矫正等工作方式。

(三) 检察行为文化

检察行为文化是检察文化的载体,是检察文化的集中体现,也是检察文化建设的最终落脚点。它是检察机关在履行法律监督职能、岗位培训、调查研究、人际关系等过程中形成的行为模式、思维模式和文化模式。检察人员作为检察行为主体,是检察行为文化的主要实施者和体现者。长期以来,我市检察人员的"立检为公、执法为民"、"服务大局、服务社会、服务群众"、"爱我检察、兴我检察"的优秀品质已深深积淀于工作之中、办案之中、学习之中、行为之中。两年来,呼市地区无涉检进京访,呼市检察机关年度人大报告均全票通过,人大代表、政协委员、社会各界、人民群众对检察机关的执法行为、执法水平、执法能力给予了积极评价和高度肯定。

(四) 检察物质文化

检察物质文化是检察文化的基础,是检察文化建设顺利开展的条件和途径。检察物质文化方面主要体现在资金的投入和硬件设施的配备,是检察文化建设的"硬实力"。只有检察文化建设的"软实力",没有"硬实力",或者"硬实力"不硬,就是"缺腿",检察文化建设之路就走不稳、走不长、走不好。呼市检察机关克服困难,多方争取,加强了两级院的基础建设,添置了办公设备、相关设施及科技装备,更换电脑,购买查办职务犯罪技术侦查设备、开展文体活动装备、布置院史文化陈列馆等。

(五) 检察廉政文化

检察廉政文化是检察文化的重要组成内容,是实现社会公平正义的根本前提。晏婴云:"廉者,政之本也。"意思是说廉政是执政之本、从政之要。明朝郭允礼在《官箴》中也提出："公则民不敢慢，廉则吏不敢欺。公生明，廉生威。"这些关于廉政的经典论述深深影响了中华廉政文化的发展，成为廉政文化的核心内容，也成为当今检察机关廉政文化建设的主要内容。检察廉政文化建设，重在采取实实在在的举措，因地制宜，探索创新。呼市检察院"公正、务实、为民、清廉"的院训浓缩、提炼、体现了检察廉政文化。"公正"是检察工作的最终目标，"务实"是检察工作的生命力，"为民"是检察工作的检察机关人民性的根本要求，"清廉"是保持检察机关队伍纯洁性的最直接要求。实践中，呼市检察院将廉政文化建设纳入检察机关精神文明建设和党风廉政建设的总体部署，作为岗位目标管理的重要内容，从提高检察人员廉洁从检意识、健全职业保障机制、落实监督预防机制、落实责任追究和奖惩追究、加大制度执行力五个方面开展了廉政文化建设。玉泉区检察院用先进廉政文化树立检察队伍新形象，提出了"慎独"、"慎微"、"慎始"、"慎欲"、"慎权"的"五慎"理念，全院干警精神面貌焕然一新，形成了精诚团结、拼搏进取的新气象。

二、基层检察院打造地区检察文化"品牌"的有效方法探析

方法之一：用唯物历史观指导检察文化"品牌"的建立。

人类社会方式历经了以采集狩猎为主要生存活动的原始的母系社会，以农牧业为主要生存活动的专制的奴隶制、"家天下"世袭等级特权制、政教合一的"人治"的父系社会，以科技工商业为主要生存活动的"在法律面前人人平等"的"法治"社会。现在我国正处于"治国方略从人治向法治转变"[①] 的社会转型期。"把权力关进制度的笼子里"成为我国司法体制改革的一个重要内容。呼市检察机关从当前的时代背景出发，打造了"阳光检察"这一品牌检察文化，它涵盖了各项检察工作内容，涉及各个检察业务领域，主要包括"阳光执法"、"阳光服务"、"阳光管理"、"阳光队伍"四项内容。"阳光检察"是一种公开透明、公平公正、公信诚信、顺应民生的理念；"公开透明"即通过公开法律监督及办案程序，变"秘密办案"为"阳光办案"，变"结果监督"为"全程监督"，以公开促公正；"公平公正"即通过办案流程的科学管理、对办案环节的有效监督，确保办案公平公正；"公信诚信"即通过公开监督、规范办案和公正

---

① 罗豪才：《社会转型中的我国行政法制》，载《国家行政学院学报》2003 年第 1 期。

执法，提高社会对检察机关的认可度，提高检察机关执法的公信度；"顺应民生"即以关注民生、保障民生、服务民生作为检察工作的出发点和落脚点，最大限度维护民生权益，通过阳光执法顺应人民群众的新期待。"阳光检察"是一种工作状态，是检察人员用"阳光心态"、"阳光工作"、"阳光生活"、"阳光学习"，成就"阳光事业"，谱写"阳光人生"。

"阳光检察"品牌的打造，实现了检察文化促学习、促发展、促团结的良好工作局面，也为实现首府检察工作争取跨入全区检察机关第一方阵、争取提升在全国省会城市中检察工作水平、争取跻身全国检察机关先进行列的"三争取"的奋斗目标打下了坚实的基础。

方法之二：用中华民族宝贵的精神财富给养和丰富检察文化"品牌"的内涵。

以儒家文化为主体文化的中国传统文化突出强调人的精神需求。几千年来，中国历史文化中的"团结统一，爱好和平，勤劳勇敢，自强不息"的传统思想和"以德治国、修身为乐"的重德精神，"重人轻神、人贵物贱"的人文精神，"经世致用、实事求是"的务实精神①历经时代的检验，成为当今中华民族的核心精神，也成为检察文化的精髓思想和核心内容。

"阳光检察"其丰富的内涵是中国传统文化的浓缩和凝聚。首先是一种新型管理思想，不是用教条去约束检察人员，也不仅仅用制度去管理检察人员，而是通过文化建设，让每一位检察人员从内心深处了解检察事业的精神实质和检察人的本质，引领、带动和激发检察人员的工作积极性、主动性、创造性，使干警自发、自觉、自控，在工作和学习中释放"正能量"，形成"我爱检察"、"我兴检察"的良好氛围。如集中居住了蒙、回、满、汉等民族的回民区检察院建立良性选人用人机制，开展了"金点子"征集活动，设立了"金点子奖"，鼓励干警对各项工作出主意、想办法，激发干警的进取心和荣誉感，全面推动了检察工作的开展。2014 年第一季度工作实绩考评在全市 9 个基层院中排名第三，与去年同期工作实绩考评相比，上升了五个位次。

其次是一种力量，具有引领作用，引导检察人员将"开拓创新、奋发有为、积极进取、追求卓越"的首府检察精神内化于心，形成共同理想信念和价值追求；具有激励作用，激励广大检察人员忠实履行宪法和法律赋予的职责；具有凝

---

① 梁颂成、周尚义：《中国传统文化思想精华》，中南大学出版社 2005 年版，第 10 页。

聚作用，使检察人员凝心聚力，团结共事，共谋发展；具有规范作用，规范个体的思想、心理和行为，成为个体的行为准则；具有塑造作用，在塑造检察人员高雅的文化品位的同时，也塑造了先进典型和先进人物。如市院评选的 18 名"爱岗敬业之星"，在干警身边树立了先进模范的典型。

最后是传统文化与地域文化的有机结合。如土左旗检察院地处内蒙古革命运动的摇篮，是乌兰夫同志的家乡，该院汲取"坚忍不拔、忠贞不渝、顽强进取、视死如归"的革命传统和优秀的"和为贵、亲为荣，勤劳勇敢，团结互助，和谐共进，多元开放"的敕勒川文化精髓，提炼出"崇德厚法、忠诚公正、奉法求真、务实创新"的检察精神品格。清水河县检察院地处"蒙、陕、晋"经济技术开发区腹地和"呼、包、鄂"乌金三角区，该院以承载"窑洞文化"为主线，依托"瓷器文化、农家旅游文化、红色文化"，确立了"穷困不示弱，拼搏勇当先"的"清检精神"，突出探索和完善了"2＋1＋1"检察工作向乡镇延伸模式，在全县 8 个乡镇、103 个村、6 个社区聘任 117 名检察信息联络员，建立了一套具有特色的农村检察工作制度体系。

方法之三：用"先进检察文化示范院"带动基层检察文化建设全面开展。

赛罕区检察院是全国检察机关"四化建设示范院"、"全国检察文化建设示范院"，2009 年、2011 年连续两届被最高检评为"全国先进基层检察院"。该院秉承"不负重托，永争一流"的赛罕检察精神，坚持将检察物质文化、检察制度文化、检察行为文化、检察建设文化同步推进，充分发掘民族文化资源，构建检察文化建设基本内容，以提供全方位保障为宗旨，营造和谐的办公氛围激发干警工作热情，以创建"学习型检察院"活动、举办辅导讲座、练兵比武等为载体，实现"文化强区"目标。在赛罕区检察院的有力引领下，首府其他基层院相继积极探索开展检察文化建设新途径和新方法，促进了首府检察机关文化建设工作的全面开展。

方法之四：用实践推动检察文化建设"品牌"的发展和完善。

以召开新闻发布会的方式，向全社会公布"阳光检察"的范围和内容。制作"阳光检察"工作流程图、宣传手册、设置宣传墙。拓展检务公开的途径和载体，将检务公开延伸到检察执法办案全过程。创新为人大代表、政协委员、人民监督员及群众代表提供"个性化"监督需求等工作模式丰富"阳光服务"内容。加大对人民群众的人文关怀，在办公楼一层设立了"阳光检察服务区"，进一步优化接待流程。各基层院开通"便民法律服务车"到边远农村地区，为群众提供法律咨询和帮助。充分发挥"检察文艺"、"青城检察"、"检察实践与研究"三个刊物和"呼市检察官艺术联合会"一个办事机构的四个载体的作用。积极推进全市检察机关门户网站、检察博客、检察微博等建设工作，开启检察宣传微时代，拍摄的《边疆阳光惠民生》宣传片获得全国检察机关首届微电影展播三等奖。借助职务犯罪预防警示公益海报，编辑《心有警钟，时刻警醒》预防教育读本。与内蒙古大学法学院、内蒙古农业大学人文学院创建"法学理论与实务研究基地"，深入开展检察理论与实务调研。进一步加强了派驻检察室建设，全市机构编制部门批复了基层检察院 26 个派驻检察室。紧密结合党的群众路线教育实践活动，开展检察行政公文和法律文书的"下评上"活动，积极寻找检察工作"短板"，克服"木桶效应"。

三、结语

检察文化建设事关检察事业的发展，是一项长期的、历史性的工程。基层检察文化建设是检察文化建设的基础。加强对检察文化建设规律的研究和把握，拓展检察文化建设路径，仍是今后基层检察院开展检察文化建设的方向和重点。

全媒体时代检察文化建设路径之考察

——以基层检察文化建设的具体实践为研究视角

王向明 张云霄*

一、关于"全媒体时代"的背景解读

"媒介是社会发展的基本动力，也是区分不同社会形态的标准，每一种新媒介的产生与运用，都宣告我们进入了一个新时代。"① 伴随着新旧媒体的不断发展和融合，我国已进入了所谓的"全媒体时代"。全媒体实质上是采用文字、图像、动画、声音和视频等多种媒体表现手段传播媒介信息，使报纸、杂志、电视、广播等传统媒体与网络、微博、微信、手机等新媒体互相融合，进而形成的一种全新传播形态。其表现为三个主要特点：一是全方位融合，即全媒体不是跨媒体时代的媒体间的简单连接，而是强调各种媒体介质的融合，其可以将传播形式、传播技术以及传播手段进行全方位整合；二是成系统组织，即全媒体强调对新旧媒体进行有序组合和积极融合，并通过统一平台和载体，实现"一次性无缝采集"所有信息，并对各种信息资源统一发布；三是高程度开放，即全媒体传播的最终形态应该是所有人对所有人的传播，真正实现了"内容数字化、渠道网络化、形式多样化和操作人性化"。总之，全媒体能够用更加经济和高效的视角来看待媒体间的综合应用，以求实现投入最小、传播最优、效果最大。可以毫不夸张地讲，全媒体的到来，已经深深影响到我国社会生活的方方面面，并改变着社会公众的生活方式，当然也包括我国检察机关的检察文化建设。在全媒体时代背

---

* 作者单位：北京市朝阳区人民检察院。

① 参见［加］麦克卢汉：《理解媒介》，何道宽译，商务印书馆 2000 年版，第 19 页。

景下如何进一步完善检察文化建设路径，更好地推动检察文化建设，成为摆在检察机关尤其是基层检察机关面前一道紧迫而又重大的课题。

二、全媒体时代背景下检察文化发展的新态势

文化作为一种显性的社会现象和一种潜在的社会准则，关键在于传播，离开了传播，文化会逐渐失去其影响力、生长力乃至生命力，对于检察文化建设而言，同样如此。全媒体作为一项全新的现代化的媒体传播技术和平台，正以前所未有的广度和深度影响并改变着我国检察文化尤其是基层检察文化建设的发展态势，其主要表现为：

（一）全媒体传播渠道的"多元化"引领了检察文化传播的路径选择

全媒体不仅包括诸如报纸、杂志、电台、电视台等传统媒体，而且包括诸如网络、手机、微信、微博等大量新兴媒体，并且日益呈现出新旧媒体交叉传播趋势、口语、文字、图像、音频、视频等形式在新旧媒体及融合媒体上进行全天候、全方位、无缝隙、多维度、立体化的互动传播，[①] 从而导致传播渠道呈现"多元化"的发展特点，而这极大地拓宽和延伸了检察文化传播的路径，致使检察文化传播路径已经不再表现为传统的、单一的、小范围的特点，而是朝着现代的、多样的、大领域、多层次的方向发展，更加强调内容的多样性、形式的灵活性以及渠道的广泛性。以笔者所在基层检察院"检察微博"的应用为例，该院在北京地区率先开通官方微博，并设检察文化专栏，设置研讨专区，积极向社会公众传播先进、健康、积极的检察文化，运行仅4个月，"粉丝"已经突破20万人。

（二）全媒体传播过程的"梯次化"影响到检察文化受众的主观感受

在全媒体时代，信息传播源越来越趋向于新媒体。以微博传播为例，有人曾经做过一形象的比喻："在微博里拥有10万'粉丝'，相当于一个新闻网站；拥有100万'粉丝'，相当于一份全国性报纸；拥有1亿'粉丝'，相当于一个国家级电视台。"[②] 一则新信息、新事物或者新现象首先是借助新媒体予以发布并

---

① 杨永军、张彩霞：《转型期社会舆情的传播规律与特征》，载《山东社会科学》2012年第12期，第83页。
② 转引自周宁：《浅谈公安微博建设》，载《公安研究》2013年第3期，第71—72页。

迅速传播，在形成一定的舆论规模效应之后，传统媒体对此信息作出比较深刻和细致的剖析和分享。而这样的传播过程将深刻地影响到检察文化受众主体的主观感受渐变，主要表现为"梯次化"这一规律性的变化和发展，即检察文化受众主体将随着检察文化传播的不断深入，表现出对检察文化从感性体会到理性信仰、从零碎感知到系统领悟、从行为接受到内心确认，最终对检察文化底蕴和精神做到内化于心、外化于行，形成所谓的"检察文化共同体"。正如有学者而言："聚集成群的人，他们的感情和思想全部转到同一方向，他们自觉的个性消失了，形成了一种集体心理。"① 以笔者所在单位办理的2013年冀某涉嫌首都机场爆炸案以及2014年办理的"秦火火"涉嫌寻衅滋事案为例，该院第一时间向社会公众发布了提起公诉的微博，并附有"释理说法"部分，短短一天时间阅读量达到200万次、评论转发量近千次。

（三）全媒体传播主体的"大众化"扩展了检察文化主体的所属范围

在全媒体时代，尤其是伴随着信息传媒技术的异军突起，信息传播的广度和深度得到前所未有的发展，"人人都是'麦克风'、处处都有传播者"的局面已经形成。以我国网民发展规模为例，从2003年至2013年7月底，我国的网民总数从0.68亿人增长至5.91亿人，其中我国网民规模从0.17亿人增长到4.64亿人，增长了近28倍，截至2013年7月，我国互联网普及率为44.1%，网民中使用手机上网的人群占比提升至78.5%。② 在这样的情形下，社会公众已经不仅仅是单纯的信息接受者，而且日益成为信息制造者、发布者、传播者。此时，社会话语权正在从社会的精英阶层转向社会公众手中，人们可以随时随地、随心所欲地借助全媒体所提供的现代传播技术表达自己的思想、情感和意愿，当然包括对我国检察文化的感知和理解。检察机关应该认识到，检察文化主体不再是所谓的"少数检察工作人员"，而应该为"大多数社会草根阶层"，因为社会公众正在积极利用全媒体技术并以前所未有的规模和速度创造以及分享属于自己理想中的"快餐式"检察文化，他们对于检察文化建设的话语权、参与权以及影响力都正在逐步加强。

---

① ［法］古斯塔夫·勒庞：《大众心理研究》，张好洁译，江苏人民出版社2011年版，第5页。
② 参见中国互联网络信息中心（CNNIC）发布的第32次《中国互联网络发展状况统计报告》［EB/OL］，http：//www.cnnic.net.cn/gywm/xwzx/rdxx/201307/t20130717_40663.htm.2013年9月30日访问。

（四） 全媒体传播内容的"碎片化"促使着检察文化体系的重新塑造

全媒体极大地满足了社会公众不断细分的传播需求，并且以前所未有的互动、实时和快捷方式闯入社会公众感官世界。对于同一问题或者现象，由于个人所站角度、价值观念和利益需求不尽相同，社会公正成为千千万万个"二次信息制造者和传播者"，"数字化传媒改变了以往媒体信息受控严格的局面，使信息的传播流通更为自由"。① 因此，检察文化体系已经不再处于一种封闭的状态，而是呈现出开放式的发展态势，不同的理念、不同的观点和不同的认知既重塑着检察文化体系结构，促使检察文化体系结构由"一元化"向"多元化"方向转变；又极大地丰富着检察文化体系内容，从而使得检察文化呈现出更趋全面、更加大众、更具特色的发展趋势。

（五） 全媒体传播目的的"复杂化"考验着检察文化建设的实际成效

在全媒体时代，社会公众可以更好地借助传统媒体和新兴媒体这一"混搭手段"，依法维护自身对于包括检察文化建设在内的一系列公共事务的知情权、监督权和参与权，但是同时也出现了诸如"网络暴力"、"网络陷阱"等不良甚至违法犯罪现象，从而导致传播目的越来越复杂。因此，检察机关应当认识到检察文化建设不是一帆风顺的，检察文化的建设环境更加脆弱，也更为复杂，检察文化建设很可能受到来自各方的"杂音"影响。正所谓"明者因时而变，知者随事而制"，在这种情况下，检察机关不仅需要坚守检察文化建设的底线，而且更加需要悉心地培育检察文化建设所需要的良好的媒体环境，努力排除检察文化建设过程中遇到的困难和阻碍，方能进一步促使检察文化建设取得实效。

三、全媒体时代检察文化建设路径之完善

在全媒体时代背景下，检察机关尤其是基层检察机关应当在认清检察文化发展新态势的基础上，找准当前检察文化建设与全媒体时代的具体契合点，树立"善待媒体"、"善联媒体"、"善用媒体"的新思路和新理念，将媒体和社会公众纳入检察文化建设的体系中来，不断促使封闭型、自我型、传统型的"一元化检察文化建设路径模式"向开放型、协作型、网络型的"多元化检察文化建设路

---

① 参见聂静虹：《"第五媒体时代"的政府公共关系之议》，载《学术研究》2009 年第 2 期。

径模式"的转变，进一步完善检察文化建设之发展路径，更好地培育检察思维、打造检察理念、塑造检察信仰、提升检察品味和形成检察公信。本文着重以基层检察文化建设相关研究为视角，提出如下完善构想：

（一）完善的核心：深化检察理念文化建设

"检察文化的内在蕴藉体现于检察机关及其人员的思想、价值和情感模式",[①] 这正是检察理念文化最重要的内容，检察理念文化所追求的目标就是形成共同的检察工作思维、公平正义追求、崇尚法治信仰，而这些都属于意识形态的范畴，更加具有长期性、内在性、稳定性和系统性。深化检察理念文化建设要求在全媒体时代背景下检察人员率先自身培养和巩固高品质的检察理念文化底蕴，率先做到对中国特色社会主义检察文化自觉、文化自醒和文化自信，牢固树立监督的权力观、神圣的地位观、淡泊的名利观以及为民的政绩观。

具体来讲：一是加强检察职业道德建设，即积极通过全媒体传播平台展示一个个先进个人事迹，向全体检察人员和社会公众树立"忠诚、公正、清廉、文明"的检察官职业道德形象；二是加强检察职业执法理念建设，即积极通过全媒体传播平台讲述一件件成功案例，向全体检察人员和社会公众展现"理性、平和、文明、规范"的执法理念；三是注重形成检察公共文化模式，即积极通过全媒体传播平台展示一场场文化活动，比如谱写检察官之歌、设计检察标识、拍摄检察题材的文艺影视作品等，不断加强检察人员的职业认同感、自豪感和归属感。

（二）完善的重点：注重检察行为文化建设

"检察文化产生于检察工作实践，同时又服务于检察工作实践"。[②] 检察机关以"强化法律监督、维护公平正义"为主题，依法开展各项检察业务工作，其不仅具有惩治犯罪功能，而且具有预防犯罪功能、警示教育功能以及人权保障功能。因此，在全媒体时代，检察机关不应只是"埋头办案"，而应进一步做到"跳出检察看检察，跳出办案看办案"，注重将"检察行为文化"引入"检察业务工作"中，进一步加强检察文化建设。

检察人员应注重培养全媒体的媒体意识和素养，在执法办案工作中，要善于借助全媒体的广阔平台，改变以往"封闭式"办案模式，促成"开放式"办案

---

① 张建伟：《解读检察文化的表与里》，载《检察日报》2010 年 11 月 12 日第 6 版。
② 郭彦：《正确处理检察文化建设中的五个关系》，载《检察日报》2012 年 7 月 13 日第 3 版。

模式。检察人员应适时通过媒体，向社会公众展示检察机关在执法办案中不仅注重运用刑事法律的强制力来惩治和规范涉案人员的外在行为，而且注重通过展示检察人员依法规范行使检察权的执法行为，向涉案人员展示检察行为文化所蕴含的法治力量和法治价值魅力，"让人民群众在每起案件中都感受到公平正义"的检察行为文化精神，不断积累检察行为文化的"正能量"。在此基础上，检察人员应通过利用自己具有的法律优势和特长，将检察行为文化的外延予以适当拓展，可以考虑通过在办案业务中，借助全媒体技术及时宣讲检察机关的职责，采取"以案说法"的方式，鼓励和引导社会公众通过运用法律武器，依法、理性、文明表达自己的法律意愿和诉求，促使"我的行为我做主，我的行为我负责"的法治社会公民责任意识养成。

（三）完善的基础：加强检察制度文化建设

检察制度文化作为检察文化的重要组成部分，主要以法律、规章和制度等理论成果的形式表现出来。检察制度文化建设不仅有力促进了检察文化的形成和发展，而且反过来为检察文化的其他成果提供了坚实保障。邓小平同志就曾明确指出："克服特权现象，要解决思想问题，也要解决制度问题……制度好可以使坏人无法任意横行，制度不好可以使好人无法做事，甚至走向反面……制度问题更带有根本性、全局性、稳定性和长期性。"① 因此，在全媒体时代背景下，检察机关可以借鉴国外检察机关与媒体之间合作的做法——建立"检察之友"机制来推动检察制度文化建设。

结合我国国情，笔者认为，可从以下两方面着手：一方面，通过加强法律实施调查研究，为党委和政府进一步完善检察制度文化建设建言献策，即检察人员应注重发挥自身的法律优势，并且结合全媒体所提供的舆论分析情况，通过加强对类案的整理、分析和总结，找出带有行业性、规律性、制度性和根本性的问题，形成有关制度文化建设的情况反映或者调查报告，引起各级党委和政府的重视；另一方面，通过开展法治宣传教育，为检察制度文化建设创造良好的社会氛围，这就需要检察人员改变以往"单兵作战"的思路，积极加强与各类媒体的通力合作，联合对辖区内重点领域、行业和单位开展检察业务宣传，既应注重发挥传统媒体的优势，系统宣讲法律常识，又应注重发挥新媒体的优势，引导社会

---

① 参见《邓小平文选》第2卷，人民出版社1994年版，第332—333页。

公众从检察工作视角看问题，促使他们从内心深处树立对检察文化的尊重和信赖，从而为检察制度文化建设提供广泛的群众基础，不断增强检察文化的创造性和内生性。

（四）完善的保障：丰富检察物质文化建设

检察文化建设不是抽象的、虚无的、泛化的，而必须具有鲜活的、显著的、可感知的物质表现形式，检察物质文化其实就是检察文化建设的一项重要物质化成果。在全媒体时代背景下，检察机关进一步丰富检察物质文化建设，不仅揭示检察机关法律监督的内在属性，而且促使社会公众由对涉及检察物质形态的尊重和崇拜产生对检察文化的理解和信赖，具体来讲：检察机关应通过积极利用全媒体多元化的传播渠道和形式，适时进行典型案例讲解剖析、检察办案相关进展情况、发布检察文化最新资讯等，进一步提高社会公众对于检察文化的参与率和支持率。

具体而言：一方面，检察机关应通过加强与传统媒体的沟通、协调和合作，以"检察文化专栏"、"检察文化专谈"、"检察文化论坛"、"检察文化聊吧"等形式，将自身所拥有的检察文化资源呈规模化、系统化和长效化的方式传播出去，从而在深度上不断增强检察文化建设的传播力；另一方面，检察机关应注重加强自身检察网站和检务微博的建设，建立本部门与其他网站及媒体的链接和关注，突破检察网站和检务微博"信息孤岛"的困境，通过积极、自觉、规范运用新媒体，采取"微观察"、"微直播"、"微讨论"等方式，将所拥有的检察文化资源呈碎片化、精细化、微小化的方式传播出去，从而在广度上不断扩展检察文化的传播面和受众面，进一步促使检察文化建设的传播方式朝着动态化、立体化以及高效化的方向发展。

四、结语

全媒体时代给予检察文化建设尤其是基层检察文化建设的启示在于：社会在发展，文化在进步，检察文化既是一种客观存在的社会现象，又是一种不断深化的文化形态。检察文化建设路径的完善既要根植于法治社会建设之中，不断汲取法治社会前进的"养料"，又要服务于社会，努力促进社会公平正义的价值目标实现。与此同时，检察文化建设路径的完善既要找准文化传播的普遍规律和发展模式，又要注意充分挖掘和培育自身的潜质和特色，唯有如此，我国检察文化才能根深叶茂，绿树常青，葆有特色和内涵，保持生机和活力。

吸取汉唐文化精华　探索文化育检之路

——西安市未央区人民检察院文化建设初探

李亚军[*]

就集体人格和团队精神来看，基层检察院构成了一个文化综合体。这个文化体以检察实践为依托，不断吸纳、融合优秀的文化成果，进行自我改造、自我完善。基层检察文化建设可以从寻找优秀的文化基因、对优秀文化进行检察实践嫁接、新的检察文化力的积淀与释放三个环节着力。本文结合西安市未央区人民检察院的文化建设实践对此进行探讨。

一、郁郁乎文哉：寻找优秀的文化基因

文化有根，它不是某种突兀的东西，不是主观臆断或纯粹的理论建构，而是社会实践的产物。检察文化来自并反映着人类检察活动的实践。检察活动以及与检察活动相关联的人类其他活动所积累的一切物质和精神成果，都可以为新的检察实践所借鉴、吸收，它们是检察文化的土壤和养料。

（一）中国特色的检察制度文化

检察文化建设，是中国现行检察制度背景下的文化建设。中国特色的国家政体及其理论、司法体系架构和社会主义法治理念，是中国特色检察制度的基础。人民检察制度80年来探索和固定下来的检察工作理念、制度机制、检察职业道德、执法办案方式，如坚持党的领导、忠实履行法律监督使命、接受人大监督、坚持法治原则、维护公平正义等，是检察文化在精神层面的核心要素，是检察文化的根，需要在实践中坚持、发展和完善。

＊　作者单位：陕西省西安市未央区人民检察院。

（二）时代的主流文化

检察文化建设，从属于追求中华民族伟大复兴的中国梦这一实践背景下的、社会主义的文化建设。当代中国，改革开放是时代的主流，以改革开放为核心的时代精神是社会主义文化的鲜明特征。检察事业是党和国家事业的重要组成部分，因此，检察文化建设要从改革开放和检察工作体制机制改革的实践中汲取最鲜活、最丰富的养料。

（三）优秀的传统文化

检察文化建设，是对中华传统文化扬弃和发展的过程。中华文明绵延五千年，成就了丰厚的传统文化，闪耀着人类改造自然、改造社会、改造自我的智慧光芒。传统文化"礼法合一"、"德主刑辅"、"仁政爱民"、"法不阿贵"等思想政治理念、规则、意识，是社会主义法治文明建设的宝贵财富。中国古代的御史监察制度，在权力制衡、监督司法权、监督官吏等方面，为中国检察制度的建立提供了文化渊源。这些都是检察文化割舍不断的"昨天"，需要传承和发扬。

（四）特色的地域文化

检察文化建设，要立足并融合特色的地域文化以增强活力。基层检察工作在相对清晰的地域范围展开，区域的人文道德状况、群体的法律意识和认知水平、群众的公共参与意识、交往习惯等文化因素，无形中构建着区域的司法、执法环境，在证据收集认定、执法的公信力、矛盾化解等方面影响着检察活动的组织及效果。检察活动既受地域文化的制约，又在无形中被其支撑。可见，地域文化是检察活动的文化土壤，需要充分尊重、合理吸纳，以促进检察工作与区域环境相适应、相协调。

（五）外域检察文化和其他领域的优秀文化

检察文化建设，应吸收一切有利于检察事业发展的优秀文化成果。检察制度史告诉我们，不同法域、不同历史时期的检察文化，大都包含着国家对法律实施活动及官员公务行为进行监督的一般规律性。各国检察制度是在互相借鉴与本土化的过程中不断发展，并最终形成各自的文化传统的，积极借鉴外域检察文化，才能兼容并蓄、完善自我。其他领域的优秀文化成果，如现代企业的人本管理、绩效考核等企业文化，信息时代引发的新传媒文化，为检察业务管理、人才队伍建设、宣传舆论工作带来了新的理念与方法，是检察文化自我完善的"他山之石"，需要借鉴吸收。

二、择善而从之：优秀文化的检察实践嫁接

嫁接是指对优秀文化的甄别、吸纳与融合。其过程，就是寻找优秀文化与检察工作的契合点，进而在精神、制度、行为和环境设施等层面因势利导、无缝对接，使检察文化母体逐渐萌发新的枝叶。本文以未央区检察院融合地域文化的实践为例，予以探讨。

（一）汉唐盛世文化——未央区域最鲜明而独具魅力的地域文化

未央区地处西安城北。历史上，未央是古都西安的核心区。西安作为举世闻名的世界四大古都、中华文化的重要发祥地之一，历史上在此建都的 13 个封建王朝，其中 11 个都城处在今天的未央辖区，周镐京、秦阿房宫、隋大兴城、汉长安城、唐大明宫等遗址遍布。以未央区域为地理中心的古代西安，长期作为国家的政治、经济和文化中心，经历自周至唐以来盛世文明的洗礼，中华历史的大一统、大创造、大繁荣，塑造出大气磅礴的城市品格和文化风韵。未央是汉唐盛世文化的集大成区域，彰显着开放包容的胸怀气度、自强不息的奋斗精神、以民为本的执政理念、崇礼尚学的人文品格、勇于创新的开拓胆魄、诚信规范的规则意识、任人唯贤的用人理念。

（二）对盛世文化的吸纳与融合

近年来，通过参加区委开设的"未央文化讲堂"等各类文化宣讲活动，检察官团队读书交流《大秦帝国》、《贞观政要》等书籍，开展"一社区（村）一检察官"活动使全员下基层，团队更加全面地认识未央区情、区史。特别是立足法律监督职能，主动介入唐大明宫遗址保护、汉城湖建设、汉长安城遗址保护利用和丝绸之路"申遗"这些地方重点工作，在提供司法保障的具体实践中深化了对盛世文化的理解和认同，在发展定位、思路方法、制度建设、行为修养上，为盛世文化所浸染。

精神文化方面。汉唐盛世，历代明君心系社稷，广纳贤才，励精图治，而成就大业，司马迁忍辱写《史记》、张骞出生入死开拓丝绸之路。未央区检察院班子组织调研，借鉴圣明君主的大局思维、深谋远虑的人才战略和士大夫忠于职守

精神，提出检察工作"为未央科学发展服务、为检察事业献身、为干警成长创造条件"的价值取向，进一步明确了团队发展共识。如围绕"为未央科学发展服务"，先后开展了"促拆迁、保回迁、筑和谐"专项法律监督活动，服务保障"百村城改"计划；针对辖区大型国有企业多的实际，先后制定了服务国有企业发展"八项措施"、反贪执法办案"四项机制"，促进查办案件与保障发展的有机统一；在汉长安城遗址区设立派驻检察室，以查办拆迁过程中的职务犯罪、对拆迁工作人员开展预防警示教育、化解拆迁过程中的矛盾纠纷为切入点，为丝绸之路"申遗"工作提供司法保障，《检察日报》以"古遗址上的检察剪影"为题对该做法和经验作了整版报道。在发展定位上，取秦之志在千里、"横扫六合"，唐之"万国来朝"、开放包容的气度，深刻领会市委、区委对未央建设西安国际化大都市中心区的发展定位，在此基础上提出"未央检察工作要与未央区域发展相适应、相协调"的发展目标，抬高发展标杆，激发干警勇于创新、争创一流的热情。全院整体工作连年位列全市前茅，连续十年被区委评为目标考核优秀等次，被评为"全省先进基层检察院"。

制度文化方面。周公制《礼》，是中国历史上的第一部政典，传承不衰；都城与未央一河之隔的秦王朝"书同文、车同轨"，统一文字、货币和度量衡，最早推行标准化和规范化；唐律体例完善、结构严谨，承前启后，影响深远。未央区检察院传承盛世建章立制的治理策略，将其贯穿到规范化检察院建设实践中来。通过确立"执法规范提升年"，开展"抓规范、创品牌、争一流"活动，以争创全国文明接待室等活动为载体，坚持不懈地推进执法规范化、管理规范化建设。近三年来，先后修改制定执法办案制度流程40余项，及时汇编《反贪执法办案规范》等工作手册。修改后的刑事诉讼法颁布以来，围绕贯彻未成年人刑事诉讼特别程序，联合西北政法大学刑事法律科学研究中心开展课题研究，探索未成年人刑事检察"6＋1"工作机制，制定了一整套执法办案规范流程，工作经验在全国未成年人刑事检察工作会议上作了大会交流，其中，《未成年人关护体系运行办法》被最高人民检察院公诉厅转发。在院务管理、信息化建设、后勤保障等方面大力推行制度和规范化建设，修改完善各类制度20余项。如围绕人才队伍建设，出台《加强检察人才队伍建设的决定》，先后建立班子帮带、科长助理、青年干警多岗位锻炼、干警列席党组会、检校合作等制度，提升队伍建设水平。

行为文化方面。秉承盛世文化重伦理倡道德、重和谐求统一、重理性求教养、崇礼治重名誉的人文精神，先后开展我最讨厌的行为、我最有成就感的一件事、我最喜欢的人生格言等征集活动，从正反两方面引导干警增强对提升文明素养的认同。先后召开雷锋精神座谈会，开展政法干警核心价值观大家谈、向院内先进典型学习、赴具有社会责任感的民营企业感受企业文化等活动，将汉唐盛世的人文精神转化为文明从检意识和践行检察职业道德的自觉性。举办清风论坛，邀请著名作家陈忠实共同探讨廉政问题，并录制为节目在陕西省电视台播放。以开展全省文明单位标兵争创活动为载体，通过组织军事训练、拓展训练，磨炼团队意志和协作精神，举办"春之歌"元宵联欢会、"阳光杯"运动会等体验性、参与性的活动，丰富干警文化生活，培养健康的生活情趣。院班子率先垂范，从接待文明用语、建立环境卫生责任制、不乱丢垃圾、公共区域禁烟等小节做起，培育干警文明行为习惯。行为文化涵养着团队的文明素质，未央区检察院先后被省委、省政府授予省级文明单位标兵，被最高检授予"全国文明接待室"等荣誉称号，先后涌现出全国最美青年检察官宣传人选、全国最美检察官候选人、全国妇女创先争优先进个人、全省人民满意的政法干警等标兵人物。

三、学而时习之：检察文化力的厚积薄发

检察文化建设是知行合一的过程，在知与行互相促进、循环往复中推动检察工作科学发展。未央区检察院以团队读书活动为载体，大力加强学习型检察院建设，通过提升团队综合素质推动工作发展，在由内而外的过程中，实现了文化育检的润物无声。

（一）以团队读书积淀文化厚度

文化即以文化人，重在培育和提升检察队伍的思想境界、意志情操、知识经验与良好作风。

2007年，未央区检察院开始了团队读书的探索。团队读书经历了三个阶段，最初是"业余读书"，通过提倡读书营造崇尚学习的氛围；第二阶段是"读书工作化"，将个人读书与集体交流相结合，通过读书交流分享体会、启发工作；第三阶段是"工作读书化"，读书学习成了集体自觉，围绕工作目标阅读、研讨、调研，让检察工作融入学习过程。至今，团队读书活动不间断地开展了八年，开

展全院范围的现场读书交流活动 40 余人次。以读书交流为基础，带动了未央检察讲坛、业务竞赛、业务研讨、课题研究、高端讲座等多种形式的团队学习，编印形成了《奋进的足迹》、《为自己喝彩》等多种学习成果。基本建立了党组中心组、检委会、科室、青年检察官研究会等多层次的团队学习组织体系，以定量阅读、定期交流、检查督促、总结考核等为主要内容的制度体系，以及以图书馆建设为主体的保障体系。

团队读书不断增加着检察队伍的人文气质，积淀着单位的文化力量。近年来，未央区检察院读书交流活动逐步走向社会扩大了影响，先后在西安市图书馆、西安经济技术开发区国税局开展了多次读书交流；西安市图书馆受启发在未央区检察院设立其首个分馆，商子雍等文化学者到院举办讲座，书画家来院开展廉政书画活动；多名干警长期业余研习书画，一名干警业余时间搞文学创作，已出版三部长篇小说，被称为"西部实力派作家"。随着团队读书活动的深入，文化氛围越来越浓厚，2011 年，未央区检察院承办了西安市建设学习型党组织第五次经验交流会，陕西省委讲师团、西安市委党校纷纷前来调研团队学习的做法。

（二）立足实践释放检察文化力

文化具有潜移默化的作用。团队学习不仅提升了检察队伍的综合素养，而且释放出强大的凝聚力、创新力，提升着单位的发展境界。

检察文化释放凝聚力。团队读书营造了崇尚学习的氛围，干警知识、能力、贡献、人格的影响力逐步增强，机关内部的行政命令色彩有所淡化，促进了互敬互信的角色关系的形成和以德服人、以能服人、公道正派、协作共事的团队作风的养成。近年来，院班子组织调研，先后制定了两个"检察工作五年发展规划"推动科学民主决策，全院思想、思路空前统一，干事创业的热情高涨。近年来，面对案件三年翻番、人员严重短缺的实际，通过简易程序集中公诉审理、干警"1＋1"帮急、人员板块化调配等手段，加强内部配合，充分挖掘潜力，院领导坐镇侦查一线，多名干警带病、带伤办案，全面完成各项工作任务，人均办理刑事案件量位居全市第一。

检察文化激发创新力。团队读书培养了勤于思考、善于总结的能力，在交流、研讨、论辩中，碰撞出思想的火花，激发创新的灵感。创意的涌动凸显了干警的主体地位和科室的职能作用，传统的"上推下动"工作运行模式逐渐转变为"下提上肯"的工作模式，推动着工作理念转变和方式方法创新，多项工作形成品牌效应。如牵头辖区 7 家单位建立了刑事特困未成年人救助机制，工作经验被中央政法委《长安》刊发；开展检企合作，形成预防职务犯罪"未央——长庆模式"，2012 年 10 月，该工作模式在全省大型国有企业推广应用；探索新媒体环境下的检察宣传工作，在陕西省率先开通官方微博"@未央检察"，目前拥有 15 万粉丝，先后被评为全国十大检察机构微博、全国十大检察影响力微博和陕西省优秀政务微博。

检察文化引领高境界。团队读书学习全面拓展了视野、开阔了心胸，队伍的责任意识、大局意识、服务意识明显增强。近年来，未央区检察院立足执法办案，积极延伸检察职能触角，以大预防观念为切入点深度参与社会治安综合治理工作，针对辖区高发类犯罪、校园安全隐忧等问题，通过课题研究、检察建议在全区启动了打击黑网吧专项治理活动，开展了"校园安全金点子"征集活动，编印《居民安全防范提示》、《中小学生预防不法侵害手册》、《外来务工人员预防犯罪读本》等系列宣传资料十余种，免费向群众发放近 30 万册。针对未成年人犯罪问题，探索刑事检察环节未成年人社会化关护机制，做法被中央综治办、团中央、中国法学会评为"未成年人健康成长法治保障"制度创新优秀案例。开展涉罪女性帮教工作，联合区妇联、万昱集团设立"姐妹驿站"对涉罪女性进行帮教，被授予"全国维护妇女儿童权益先进集体"、"全国青少年维权岗"等荣誉和称号。

试论人情文化对检察文化的冲击与应对

郭石宝*

当前，基于检察机关在我国司法体系中的特殊身份和地位，司法实践中，"把功夫花在检察院"已经成为相当一部分民众试图干预司法时普遍持有的想法，以至于在这场人情与法治的激烈博弈当中，检察机关已然处于人情浪潮冲击的最前沿。随着越来越多的人情因素的介入，检察人员在执法办案中承受着越来越大的压力。从检察系统内部公布的检察人员违法违纪案例来看，"迈不过人情坎"已经成为检察人员违法违纪的主要原因之一。本文通过对人情文化以及人情文化与检察文化之间的冲突进行剖析，提出检察文化建设中消解人情文化冲击的对策，以期对进一步强化检察基层文化建设有所启示。

一、传统文化视角下的人情与人情文化

我国社会正处于从传统社会向现代社会的深刻变革阶段，一些传统文化、传统观念在这场剧烈的社会变革中逐渐被改变或淡化，但是，人情因素对我国社会生活乃至政治、经济、文化领域的影响力始终没有出现弱化的迹象。当下，老百姓找工作、看病、小孩上学等，首先想到找熟人、托关系；官员想在官场中平步青云，首先想到找靠山、拉帮派；商人之间做生意，首先想到混圈子、攀交情……所有这些在国人看来都是自然而然的事情，可以说，从草根生活到国家管理，人情的影响力已经渗透到整个社会生态的方方面面。

试图揭开人情"魔力"的面纱，就不得不从人情的定义说起。关于"人情是什么"的问题，学者已多有论述。法学名家俞荣根教授指出，在中国传统文化中，"人情"有时说的是私情，但是，在"天理"、"国法"、"人情"这一序列

---

* 作者单位：海南省人民检察院。

关系中,"人情"的主要含义是"民情"、"民心"。① 社会学家金耀基先生认为,人情存在三重含义:一是指宽泛意义上的人之常情,如喜、怒、哀、惧、爱、恶、欲等个人情绪反应;二是礼尚往来中的交换资源;三是指中国社会中人与人相处的"忠恕之道"。② 台湾大学心理学教授黄光国先生认为,人情在中国文化中存在三种含义:第一,人情是指个人遭遇不同的生活情境时产生的情绪反应;第二,人情是指人与人进行社会交易时用于馈赠的一种资源;第三,人情是指社会中人与人相处的社会规范。③ 应该说,学者们从不同的专业视角比较全面地概括了人情概念的内涵和外延,如果说有所疏漏的话,那就是——都没有从文化层面揭示人情的内涵,或者说,都忽略了人情的文化属性。在我国的社会语境中,人情已然是一种文化形态。

之所以说人情是一种文化,不仅仅是因为人情完全具备了作为一种文化所特有的地域性、传承性和延续性等基本属性,还因为,从历史上看,人情文化的形成和发展具有厚重的政治、经济和文化渊源。首先,封建宗法制度奠定了人情文化形成的政治基础。在我国古代封闭的社会体系中,以血缘关系为纽带的家族团体在社会结构中占有特殊地位,整个社会的秩序不是依靠契约来维持,而是依靠严酷的宗法制度。由于这种宗法制度有利于实现国家控制和社会管理,在封建社会中得到历代帝王的青睐,从而在政治层面获得确认和强化。基于封建宗法制度对血缘关系的依赖,人情关系在整个社会层面得到普遍认同。其次,传统小农经济促成了人情文化形成的社会基础。从历史上看,传统小农经济在相当长的历史时期内一直是我国社会的主要经济形态。在自给自足的小农经济模式下,人们以家庭为单位封闭地生产和生活,社会生产不需要复杂的分工和广泛的协作,简单的商品交换也仅仅在固定、熟悉的社会个体之间进行。社会生活的封闭性和生产关系的简单化,使得人们对以家人、族人、乡人为基础的"地缘圈子"以及维系社会交易的人情关系高度依赖。最后,儒家道德伦理中的仁义观念是人情规则的思想渊源。人情文化中的一项基本规则是——个体需要通过维护人情网络内其他成员的利益赢得道德认可,以维系其在人情网络内的地位。此规则与儒家道德伦理所奉行的"长幼有别、尊卑有别、亲疏有别、远近有别"的基本原则如出

---

① 俞荣根:《天理、国法、人情的冲突与整合》,载《中华文化论坛》1998 年第 4 期。
② 金耀基:《中国社会与文化》,香港牛津大学出版社 1993 年版。
③ 黄光国:《中国人的权力游戏》,台北巨流图书出版有限公司 2003 年版。

一辙。具体而言，对危难之中的亲友不施予援手，是为不仁；不分亲疏远近，在利益冲突中不维护亲友的利益，亦为不义。这种仁义观念恰恰就是人情规则的基本内涵。所以说，儒家道德伦理观念正是人情规则的思想基础。

客观而言，人情文化历经千年而传承至今，自有其内在合理性。事实上，在现代社会中，人情文化并不尽如人们所批判的那样一无是处，它在维系社会稳定、促进社会和谐方面同样发挥着积极的作用，至少它所蕴含的仁义、和谐、互助等观念，尽管过于狭隘，其核心思想却与和谐社会的价值理念相契合。例如，人情文化所提倡的互助理念，虽然仅限于"圈子之内"的互助，但是，倘若将这个"圈子"的范围无限放大，完全有可能在整个社会层面形成对互助理念的认同。因此，从某种意义上讲，只有在对公权形成干扰的情境下，人情文化对社会的影响才是负面的。

概言之，只有正确把握人情的文化属性，而不是简单地将人情视为一种负面的社会现象，才能深刻理解人情具有强大生命力和影响力的根源，才能客观评价人情在维系社会关系稳定中的特殊作用，才能正确认识消解人情因素负面影响的复杂性、长期性和艰巨性。

二、人情文化与检察文化的冲突

中国传统文化与西方传统文化的一个重要区别，就是前者"重情"，而后者"尚法"。家国一体背景下的"情义无价"观念与契约社会语境下的法律至上理念的对立，决定了人情文化与法治文化相互冲突的必然性。正因如此，在法治语境下，所有对人情文化的价值评价基本上都是负面的，尽管人情文化的消极性并不在于它本身，而在于人情规则对法治原则的冲击与僭越。由于检察文化是法治文化的重要分支，这就意味着人情文化与检察文化的冲突亦不可避免。从文化冲突的核心层面看，人情文化与检察文化的冲突体现为人情规范与检察职业精神的对立。这种对立主要体现为三个方面：

第一，狭隘的忠诚观念与检察职业忠诚观的对立。古语云，"中心为忠……推至天地位，万物育，其本亦不过尽己心而为忠。"① 换言之，为了维护某种价值追求，而忠实履行义务，甚至不惜牺牲私利，是忠诚的应有之义。传统的忠诚

---

① 《忠经·天地神明章》。

观念与儒家"三纲五常"的道德伦理密切关联，所谓的忠诚，基本上等同于对"三纲五常"的遵从。人情规范下的忠诚观念，亦是继承了这种传统忠诚观念的狭隘性，忠诚仅仅体现于"对'人情圈子'的忠信"。而在检察文化语境中，忠诚是检察职业精神的基石。所谓忠诚，就是忠于党和国家，忠于人民，忠于宪法和法律，以及忠于检察事业。从宏观层面看，忠于党和国家，要求检察人员服从领导、廉洁自律；忠于人民，要求检察人员心系百姓，服务人民；忠于宪法和法律，要求检察人员崇尚法治，捍卫法律；忠于检察事业，要求检察人员恪尽职守，无私奉献。从微观层面看，检察职业精神中的"忠诚"，要求检察人员在具体执法办案过程中，坚持以案件事实为依据，以法律规定为准绳，坚决抵御权势、人情、利益等因素干扰，真正做到严格执法、公正司法，切实维护社会公平正义。可见，虽然人情规范和检察职业精神中都强调"忠诚"，但两者绝非同一层次的概念，认同了人情文化语境下狭隘的忠诚观念，检察忠诚将无从谈起。

第二，"亲疏有别"观念与检察职业价值理念的对立。社会学家费孝通先生曾经指出，我国传统的人伦结构就是从自己推出去的和自己发生社会关系的那一群人里所发生的一轮轮波纹的差序。[①] 费先生提出的"差序格局"理论生动地描述了我国人情社会中"亲疏有别"的差序观念："人情圈子"之中的一轮轮波纹是存在差序的，越靠近中心，人情关系越密切；越远离中心，人情关系越疏远。概言之，在人情文化语境下，不存在所谓的"公正"和"平等"，不仅"圈内人"与"圈外人"之间存在差别待遇，即便是不同的"圈内人"之间，亦存在亲疏之别。但是，在检察文化语境中，公正是检察职业精神的基本宗旨。检察机关作为国家的法律监督机关，肩负着确保宪法和法律统一正确实施、维护司法公正的神圣使命，维护公正是每一个检察人员义不容辞的职责与担当。维护公正的检察职业价值理念，要求检察人员必须树立正确的执法观，依法、正确独立行使检察权，坚持法律面前人人平等，平等地对待每一个当事人，包括至亲挚友在内的任何人都不能享有法律规定之外的特权。可见，根植于人情文化之中的"亲疏有别"观念与检察职业精神所倡导的公正价值理念完全格格不入，检察人员如果带着"亲疏有别"观念执法办案，司法公正将无所依归。

第三，"礼尚往来"规则与检察职业基本操守的对立。古语云，"太上贵德，

---

① 费孝通：《乡土中国生育制度》，北京大学出版社 1998 年版。

其次务施报，礼尚往来，往而不来，非礼也；来而不往，亦非礼也。"① 从词义上看，礼尚往来是指在礼节上注重有来有往，借指用对方对待自己的态度和方式去对待对方。在人情社会中，礼尚往来却有着特别的含义，它强调的是付出与回报之间的"对等"关系：一方面，自己为他人付出，则他人应当回报；另一方面，他人已经为自己付出，则自己必须回报。但是，在检察文化语境中，清廉是检察职业精神的基本操守。检察机关作为国家法律监督机关，同时身处打击腐败犯罪的第一线，保持清廉本色是检察职业精神的应有之义。具体而言，清正廉洁的职业操守要求检察人员要保持物质上和精神上的廉洁，自觉抵御拜金主义和享乐主义的侵蚀，正确对待和运用手中的权力，依法、合理地处理公职与私利之间的关系，划清本职工作与人情往来的界限。只有这样，才能维护检察职业的清廉形象，进而提升司法公信，树立司法权威，维护司法尊严。可见，人情文化语境下的"礼尚往来"规则与检察职业精神中所要求的清廉职业操守是相互排斥的，倘若检察人员也热衷于"礼尚往来"，清正廉洁亦将无置锥地。

当然，人情规范与检察职业精神的冲突，并不仅仅体现为观念的对立和价值的背离，有关司法规范中的具体规定以及司法实践中的鲜活案例，更加直观地折射出两种文化规范的冲突。在司法规范层面，《检察官职业行为基本规范（试行）》和《检察官职业道德基本准则（试行）》中均明确规定：检察官在履职中应当自觉抵制人情因素。② 从司法实践来看，最高人民检察院通报的检察人员违法违纪典型案例中，有多起案例③都是由于检察官在面临"人情与法律的抉择"时"择情而弃法"，进而迷失方向、走向堕落，人情文化对检察队伍建设的冲击力不可忽视。

---

① 《礼记·曲礼上》。
② 《检察官职业行为基本规范（试行）》第9条规定："坚持依法履行职责，严格按照法定职责权限、标准和程序执法办案，不受行政机关、社会团体和个人干涉，自觉抵制权势、金钱、人情、关系等因素干扰。"《检察官职业道德基本准则（试行）》第15条规定："依法履行检察职责，不受行政机关、社会团体和个人的干涉，敢于监督、善于监督，不为金钱所诱惑，不为人情所动摇，不为权势所屈服。"
③ 最高人民检察院编印的《警示与镜戒：检察人员违法违纪典型案例剖析》一书中收录的广东省韶关市人民检察院原检察长杨某受贿案，内蒙古自治区乌兰察布市集宁区人民检察院原检察长付某某贪污、受贿、滥用职权案，湖南省衡阳市石鼓区人民检察院公诉科原书记员蒋某受贿案，等等。

三、检察文化建设中消解人情文化冲击的基本对策

人情文化强大的生命力和无所不在的影响力，决定了完全阻隔人情文化对检察文化的冲击绝非易事。司法实践中，检察人员因办理"人情案"而触犯党纪国法的现象时有发生，就是最好的例证。特别是对长期工作和生活在小县城的基层检察人员而言，个人活动空间狭小、社会关系错综复杂、社交圈子交叉重叠等客观因素，导致他们在执法办案中不可避免地面临更大的"人情压力"。正因如此，如何消解人情文化冲击，已经是当前检察基层文化建设中亟待解决的问题。或许，可从制度构建、思想教育、从优待检和社会宣传等方面探寻有效对策。

首先，通过完善制度设置消解人情文化的渗透力。邓小平同志曾经指出，"制度好可以使坏人无法任意横行，制度不好可使好人无法充分做好事，甚至会走向反面。"① 从司法实践来看，人情文化规范之所以能够轻易地渗透到检察执法办案当中，很大程度上是由于工作制度不健全。因此，在检察文化建设中抑制人情文化的渗透力，必须在制度构建上下功夫，打造严密的执法办案制度体系。通过建立健全办案回避制度、执法公开制度、案件监管制度、说情报告制度、责任追究制度等工作制度，将检察执法办案的全过程置于全方位的制度规制之下，让那些思想上有所松动的检察人员，即便想办"人情案"也无从下手。毫无疑问，在制度设置层面构建起严密的"防火墙"，是消解人情文化渗透的最关键一环。

其次，通过强化思想教育消解人情文化的感染力。人情文化与检察文化的冲突，反映在思想层面，就是人情价值观与检察职业价值观在检察人员的思想领域是一种此消彼长的关系。因此，试图让检察职业价值观牢牢控制检察人员的"思想高地"，就必须采取行之有效的方式强化对检察人员的思想教育。第一，要增强思想教育的现实性和针对性，把抵制人情文化作为一项专门的教育工作来抓，让检察人员深刻认识到人情文化之于检察事业的现实危害性。第二，要增强思想教育的贴切性和实效性，通过大量真实、具体的办理"人情案"违法违纪案例，让检察人员充分认识到"人情"的雷区就在身边，稍有不慎就会"身败名裂"。第三，要延伸思想教育的时间和空间，把对检察人员的思想教育延伸到"八小时

---

① 《邓小平文选》第 2 卷，人民出版社 1994 年版。

之外",让检察人员时刻保持对"人情"的高度警惕。通过强化思想教育,巩固检察职业精神在检察人员思想领域的主导地位,最大限度地阻滞人情文化的感染。

再次,通过落实从优待检消解人情文化的腐蚀力。从司法实践来看,一些检察人员走上腐败犯罪的道路,大多经历了"接受吃请——收受礼品——收受钱财"的过程,所谓的"礼尚往来"正是腐蚀检察队伍的"麻醉剂"和"腐化剂"。当前,检察人员薪资收入不高、工作压力大、生活压力大是一个普遍的现实,这一点恰恰就是检察人员理想信念松动的最薄弱环节。一些检察人员耐得住一时的清贫,却耐不住长期的清贫,理想信念的动摇不是一夜之间突然形成的,"遥遥无期的清贫"才是压倒理想信念的最后一根稻草。因此,从根本上说,只有切实落实从优待检政策,通过建立健全检察官薪资晋升、医疗保障、廉政保证金等各项制度,不断提高检察人员的物质待遇,才能最大限度地对抗人情文化的腐蚀。

最后,通过加大社会宣传消解人情文化的影响力。从实践来看,检察人员在执法办案中陷入公职与私情之间艰难抉择的伦理困境,多因"大义灭亲"通常得不到亲友的理解和支持。在当前的社会环境下,"平时都对人情关系影响社会公正加以指责,自己遇事时又四处托人情找关系"已经成为普遍的社会心态。这种"自相矛盾"的社会心态,亦为通过加强舆论宣传而争取民众对抵制人情干扰的支持提供了可能。通过加强社会宣传消解人情影响,就是要摒弃"家丑不可外扬"的观念,将检察人员违法违纪典型案例大张旗鼓地在公共媒体上公布,要让"人情关系是检察人员不可触碰的高压线"成为"人人皆知"的常识,要让"找谁说情就是害谁"的观念深入人心,从争取包括检察人员的亲朋好友在内的广大群众对检察机关公正严格执法的理解和支持,最大限度地削减人情文化透过特定的社会个体对检察人员进而对检察执法工作的影响。

四、结束语

正如清代学者钱泳所言,"情有公私之别、有正邪之分。情而公,情而正,则至贤也。情而私,情而邪,则禽兽矣。"① 尽管人情文化已经成为我国法治建

---

① (清)钱泳:《履园丛话》,中华书局 1979 年版。

设进程中重要的阻滞因素之一，但是，站在客观的立场，对人情文化全盘予以否定也是缺乏理性的，并且，在当前的社会环境下完全消除人情文化的影响根本就是不可能的。在强化检察基层文化建设过程中，我们既要充分认识人情文化之于检察文化建设的严重危害性，更要深刻认识人情文化与检察文化相互冲突的天然性和长期性。既然现阶段不具备完全消除人情文化影响的主客观条件，与其纠结于此，不如退而求其次，尽最大的可能来防范和消解人情文化对检察文化的冲击。

检察基层文化的三维构建

——以文化结构"三层次"理论为视角

段继涛[*]

文化是一个国家和民族进步的灵魂，包含着一个民族最深层次的精神追求和行为准则。检察文化作为社会主义法律文化的一个分支，在推进法治建设、实现公平正义方面起着引领、保障的重大作用，检察文化本身的研究也越来越受到学界的关注和重视。目前学者多是从实务方面对检察文化的基本内涵、范畴、溯源、方法、建设等方面进行研究，缺乏科学、系统的理论支撑，尤其是对检察基层文化建设背后的深层次文化结构问题着墨不多，在一定程度上影响了检察文化从自发到自觉发展的过程，也为该项事业的践行者提供了进一步思考、总结和完善的空间。

一、检察基层文化内涵之厘定

从语义结构上可以看出，检察基层文化是由"检察"、"基层"和"文化"三个词组合而成，"检察"和"基层"作为"文化"的定语，共同规制着"文化"的范围和平台。其中，"基层"与"检察"相连，特指区、县检察院和一些特殊的派出院，[①] 近年来方兴未艾的社区、乡镇检察室作为检察机关的内设机构也应包含在内。而"检察"又与"文化"契合，预示着我们要在中国特色社会主义检察制度的语境下探讨检察基层文化的内涵。"文化"作为这一词组的核心词语，将检察基层文化最终落脚到检察群体活动的模式以及给予这些模式重要性的符号化结构。

---

[*] 作者单位：上海市徐汇区检察院。
[①] 如林业检察院、油田检察院、铁路运输检察院、开发区检察院、垦区检察院等。

文化现象本身的复杂性和多样性决定了文化概念的多义性，检察文化也不例外。近年来学者针对检察文化概念提出的诸多定义，基本上是从检察文化的主体、内容、形式、范围等方面进行描述性概括。学界在这些方面均有不同程度的争议，其中在检察文化的主体方面，存在检察机关说、检察官说、全体检察人员说、检察机关及检察机关全体工作人员说等几种主张。笔者认为，检察文化的主体应该认定为检察机关和全体检察工作人员。检察机关说只见机关不见人，忽略了检察工作人员的主体地位。检察官说和全体检察人员说排除了检察机关，割裂了整体和个体之间的关系。检察官说还把不具备检察法律职称的检察工作人员排除在外，陷入了以偏概全的误区。而检察机关和检察机关全体工作人员说，看到了检察文化既是一种具有机关特质的文化，也是反映检察人员职业特征的文化，两者具有内在的一致性，又各有侧重，检察机关是抽象的决策者、组织者，检察人员是具体的执行者、实践者，共同推动着检察文化的持续健康发展。

在检察文化的内容上，一些学者从实务角度出发，把检察文化当作一个"筐"，将检察文化等同于检察工作。一些学者明确检察文化只是检察工作的一个部分，将其分为物质文化、制度文化、行为文化、精神文化等方面。一些学者主张从精神成果意义上理解检察文化概念，把物质、制度和行为都理解为检察文化的载体或者表现形式。① 这些对检察文化内容上的分歧，实际上反映的是对检察文化结构功能上的认识差异。

在文化结构层次理论的发展进程中，无论是儒家教义中的"正人心、做制度、制器物"，② 还是共产主义先驱马克思强调的"物质生产、社会关系以及原理、观念和范畴"，③ 抑或著名历史学家钱穆提出的"物质的、社会的、精神的"三个阶层，当代哲学家庞朴主张的"物质层次、心物层次、心理层次"，④ 不约而同地均将文化结构划分为物质、制度、精神三个层次。在这三个层次中，以物化形态表现出来的物质文化为表层文化，以规范制度方式表现出来的制度文化为中层文化，以观念、意识形态表现出来的精神文化为内层文化。物质文化是制度

---

① 谢鹏程：《检察文化的概念重构》，载《国家检察官学院学报》2013 年第 3 期。
② 胡平生、陈美兰译注：《礼记》，中华书局 2007 年版，第 89 页。
③ 田旭明：《马克思文化结构思想中国化的典型成果及其现实启示》，载《甘肃理论学刊》2013 年第 1 期。
④ 转引自姜裕富：《文化结构层次与我国先进文化的历史演变》，载《大连干部学刊》2005 年第 3 期。

文化与精神文化发展的基础和外在表现形式，制度文化是文化发展到一定阶段的必然结果，影响着物质文化和精神文化发展的质量和方向，精神文化是物质文化和制度文化发展的源泉和灵魂，三个层次是一个相互依赖、相互促进、共同发展的有机体。至于一些学者提出的行为文化，笔者认为可以归纳到精神文化一层，因为行为作为人类适应环境变化的一种主要手段，其基本语义是指受思想支配而表现出来的外表活动，[1] 本质上反映的还是文化主体思想意识形态的变化。

依据文化结构三层次理论，可以将检察文化划分为物质文化、制度文化以及精神文化[2]三个层次。其中，检察物质文化为表层文化，是指服务检察机关良性运行而构筑和制作的物质实体，包括建筑、器物、服饰、文化设施等。检察制度文化为中层文化，是反映检察文化内涵、体现法治精神的检察机关准则、章程、规范、法律的总称。检察精神文化为内层文化，是指检察机关及其工作人员在履职过程中形成的具有检察职业内涵的意识形态和价值观念，包含渗透和反映到行为之中的职业精神、思维模式、法治理念等方面。物质文化是检察文化建设的物质载体和外在表现，制度文化确立了全体检察人员共同遵守的行为规范，精神文化通过作用与外在行为，在检察机关和人员内部产生巨大的推动力，指引着检察事业的发展方向。

在上述分析的基础上，笔者尝试着对检察基层文化作一个描述性定义：检察基层文化是在中国特色社会主义法律文化支配下，在基层检察机关全体工作人员履职过程中形成的，与检察制度相关的思想观念、行为方式、制度规范和物质表现的总和。

二、检察基层文化功能之分析

如上所述，检察文化内部存在着相互交织的物质、制度和精神三个层次，分别在个体、群体和社会等方面起着不同的作用。

（一）检察物质文化：彰显司法文明

检察文化建设的物质载体是法治理念的一种外在物质表现，是检察无形文化在有形文化上的展现。基层检察机关处于面对和服务群众的第一线和最前沿，其

---

① 中国社科院语言研究所词典编辑室编：《现代汉语小词典》，商务印书馆 2008 年版，第 541 页。
② 在这里，检察精神文化应包含检察精神文化支配下的检察行为文化。

外在载体最易为群众接触和熟悉。规范的办案场所、庄严的警车警具、专门的器物装饰、深刻的宣传作品都可以用来表达司法理念、彰显法律神圣。这些物化载体一方面可以让检察工作人员拥有一个良好的办公环境，潜移默化地影响价值取向和行为方式。另一方面，通过检察开放日、廉政教育、执法活动等渠道对区域内社会群众产生影响和辐射，在社会上树立检察机关忠诚、公正、清廉、文明的正面形象，提升检察机关的执法公信力。

（二）检察制度文化：整合主体行为

检察制度文化通过制度的建立完善，能够将全体检察工作人员的思想意识统一起来，进而全面发挥检察机关的法律职能。首先是价值整合。检察工作人员入职前在价值观方面存有差异是一种正常现象，但经过检察制度的归拢和梳理，必然在工作和生活中形成大体一致的观念。一个检察制度文化肯定的事物与行为，必定是绝大多数检察工作人员所追求的，一个被检察制度文化否定的事物与行为，则必然要求检察人员所鄙弃。其次是规范整合，对检察工作人员个体而言，检察文化是以一种强制性的行为准则来对行为进行硬性规制，使其在精神理念上确立一种内在的自我控制标准，准确理解法规中"应当"和"禁止"的范围，进而自觉地使自己的言行与检察宗旨保持一致。最后是结构整合。检察机关是一个多元结构的系统，由众多不同职能的内设部门、不同身份的工作人员组成，每一个部门和个体都具有自己的价值，但这种价值的体现，必须和其他部分功能联结起来才能实现。正是由于统一规范的检察规章制度的存在，使检察机关的结构成为一个功能互补、协调运转的体系，从而对整个检察工作的运行发挥作用。

（三）检察精神文化：引领发展方向

检察精神文化所蕴含的价值理念能够在大方向上影响检察工作人员的集体及个体行为。首先是导向功能。文化具有很强的导向作用，基层检察文化通过正确的价值观念和共同信念的确立，可以使检察工作人员在公平正义的高度上理解检察事业的监督性质和为民宗旨，进而指导个体行为朝着正确方向发展。同时将部分异质的检察人员的价值和行为取向引导到正确的轨道上来，跟随检察精神文化所倡导的价值观念来摆正自己的位置和作出合适的行为。其次是凝聚功能。良好的检察文化会使检察工作人员产生强烈的归属感、自豪感，促进个体与个体、个体与全体之间的感性联系和良性互动，在世界观、方法论等方面形成共同的价值取向，将检察工作人员和检察机关捏合成一个团结协作、荣辱与共的有机整体。最后是激励功能。检察文化尊重人在历史活动中的主体地位，以正确的导向满足检察工作人员对实现自身价值的心理需求，使之在内心深处自觉产生为检察事业拼搏终生的奉献精神，以一种朝气蓬勃、开拓进取的创造热情发挥每个人潜在的职业能力，将停留在精神层面的检察文化真正转化为全体检察人员共同的奋斗目标、物化表现和外在行为。

三、检察基层文化路径之构建

（一）营造物质文化，凸显检察属性

基础检察机关是承担检察文化建设的主要载体，要在基层检察机关资源保障的基础上丰富检察物质文化。① 第一，塑造环境文化。"久居芝兰之室不觉其香，久居鲍鱼之肆不闻其臭"。环境文化具有极强的渗透力，会对工作人员的价值取向和行为方式有潜移默化的影响。可以灵活运用各类载体，将格言警句、摄影书画、先进事迹、花草绿化延伸到检察机关的办公室、会议室、荣誉室、大厅、走廊、院落等各个地段，营造一个庄重、优美、和谐的办公环境。第二，结合地域特色。我国国土辽阔、民族众多，各地在长期的发展过程中形成独特的地域文化，将这些文化的积极部分融进基层检察文化的建设之中，一方面可以加快当地民众对检察机关的认识和熟悉进程，另一方面可以促进检察工作人员深入了解当地的风土人情，更好地体现执法为民的检察工作主题。② 第三，树立符号形象。检察机关的符号标志一般包括统一的检察机关建筑风格、统一的象征标志、统一的制式服装。③ 笔者认为，由于历史和现实的原因，统一检察机关的建筑风格并

---

① 检察机关80%的人员在基层，80%的案件也在基层。但当前检察机关的分级经费保障机制，造成了各地检察经费保障极不平衡，严重制约了检察文化的充分发挥。要想使检察基层文化建设具有基本的保障，就必须从根本上改革经费保障机制，将检察经费统一管理，最终纳入中央财政预算。最近，在中央深化司法体制改革的总体部署中，明确提出省以下地方法院、检察院人财物统一管理，并在上海等地开展了试点。

② 在具有地域特色的检察文化建设中，已有部分基层检察院进行了有益探索，如江苏省苏州市平江区院的园林文化、山东省济南市天桥区院的黄河文化、上海市浦东区院的海派文化、广西桂林市七星区院的山水文化、广西柳州市鱼峰区院的柳侯文化、广东省广州市荔湾区院的岭南文化、山东省泰安市岱岳区院的泰山文化等。

③ 徐蔚：《当代中国检察文化的内涵界定及建设路径》，载《山西政法管理干部学院学报》2012年第3期。

不现实。检察标志主要体现在办公大楼外部悬挂的国徽和检察官胸前佩戴的检徽，国徽仅仅表明了检察机关的国家属性，检徽又与国徽过于相近，很难在社会大众中形成有效的区分度，可以考虑设计一种蕴含检察宗旨的雕像或者壁画，增强民众对检察工作的识别度和信任感。而当代检察制服由较早的军警式制服进化到西服，反映了司法理念的嬗变和检察文化的进步，但在弱化军事色彩的同时，也失去了部分检察特色。[①] 尤其是在出庭行使公诉权的场合，与法官的法袍和律师的律袍相比，一身深色西服佩戴一枚小检徽也显得过于含蓄。笔者认为，可以在现有服装制式的基础上，增设检察执法标志，并设计专门用于出庭公诉的检察服装，既便于群众监督，又能体现职业特色。

（二）完善制度文化，规范群体行为

制度建设是实现检察机关执法规范化、管理科学化、队伍专业化的基本手段，也是推进检察制度文化建设的重要保障。第一，注重健全内容。制度文化建设主要包括领导体制、组织机构、规章细则等内容。探索完善检察文化建设的领导机制、工作机制和管理机制，加强对检察文化建设的领导和协调。建立检察文化研究和经费保障机制，结合地域特色因地制宜地开展检察文化活动。健全检察文化建设的考核和激励机制，对优秀检察文化成果进行奖励和推广。二是注重执行落实。制度的生命力在于执行，首先发挥领导干部、先进典型的表率作用，带头践行检察文化规章制度，在全体检察人员投身检察文化建设方面树立标杆。其次发挥政工、宣传、党团组织的职能作用，在开展思想政治工作的同时，让每位检察人员感受到高品位、高质量的检察文化。三是注重督促总结。有效的监督制约是推动检察文化建设顺利进行的重要保障，特别是对外化的物质文化和行为文化有着可量化的督促作用。建立相应的考核评价机制，对模范推行检察文化建设的基层院要及时总结推广经验，对有一定差距的单位也要及时给予督促和帮助，在机关内部形成有令必行、违令必究的良好风气。

（三）提炼精神文化，丰富展现载体

检察精神文化是检察文化建设的核心内容，是检察物质文化和检察制度文化建设的基石。首先要提炼核心价值。与检察物质文化和制度文化已经取得明显效

---

① 当代检察制服明显缺乏执法特征，在颜色和样式上与某些宾馆、金融、房产中介公司从业人员颇为相像，唯一明显的区别就是加上一枚检徽，不能充分展示出检察机关的法律监督属性。

果相比，检察精神文化最核心、最本质的价值理念还需在更高层次上进一步升华。提炼应在社会主义核心价值观、社会主义法治理念、政法核心价值观的语境下进行，将"忠诚、公正、清廉、文明"的检察职业道德、"立检为公、执法为民"的检察宗旨融会其中，最终以公平正义作为检察精神文化建设的核心内容，成为全体检察工作人员的指导思想和精神支柱。其次要内化文化理念。按照马克思主义认识论的观点，物质第一性，精神第二性，物质可以变成精神，精神可以变成物质。① 检察精神文化也具有同样的能动性和创造力，公正的检察精神文化对于检察权的正确行使具有自我调节的潜在功能，是规范、约束检察人员执法行为的内在机制，左右着检察群体的价值目标取向。② 检察精神文化正是通过教育、培训、活动等形式，塑造检察人员忠诚、公正、清廉、文明的精神，提高检察工作人员的办案技能和执法水平，增强检察人员的使命感和荣誉感，打造一支政治坚定、纪律严明、业务高效、作风优良的检察队伍。再次是创新表现形式。在文化结构"三层次"理论中，检察行为文化可以看作是检察精神文化的外在表象和综合反映，此类检察文化载体的建设可以在遵循核心价值理念的基础上，广泛借助各类形式活泼、寓教于乐的征文活动、演讲比赛、书画摄影、文艺汇演载体，组织成立各类文体协会、文艺团体和兴趣小组，通过检察开放日、文化沙龙、电视报刊、警示教育等，使检察人员将纸面上的检察文化内化于心、外践于行，展现检察机关、检察队伍的良好形象，增进人民群众对检察工作的理解和支持。

---

① 参见中共中央文献研究室编：《毛泽东文集》第 8 卷，人民出版社 1999 年版，第 232 页。
② 胡凤英、马长生：《检察环节的人权保障》，载《检察日报》2012 年 12 月 31 日。

论检察职业特色文化的构建培植

阙乃忠*

文化是民族的生命力、创造力和凝聚力，是一个民族之灵魂。"国有魂，则国存；国无魂，则国将从此亡矣"，要使民族振兴，必将复兴其文化，这是历史的经验。党的十七届六中全会把发展社会主义文化定为国策，十八大进一步提出了文化发展的总路线，十八届三中全会又吹响了进一步深化文化体制改革的号角，这一切都标志着我国已经进入文化发展的新时代。①

习近平总书记在 2013 年 12 月 30 日主持中央政治局第十二次集体学习时强调，提高国家文化软实力，关系"两个一百年"奋斗目标和中华民族伟大复兴中国梦的实现。要弘扬社会主义先进文化，深化文化体制改革，推动社会主义文化大发展大繁荣，增强全民族文化创造活力，不断丰富人民精神世界、增强人民精神力量，不断增强文化整体实力和竞争力，朝着建设社会主义文化强国的目标不断前进。习近平总书记在 2014 年 2 月 24 日主持中央政治局第十三次集体学习时再次强调，博大精深的中华优秀传统文化是我们在世界文化激荡中站稳脚跟的根基。中华文化源远流长，积淀着中华民族最深沉的精神追求，代表着中华民族独特的精神标识，为中华民族生生不息、发展壮大的丰厚滋养。习总书记的一系列重要讲话，深邃精辟地概括了当今时代发展中华文化的重要性和紧迫性。检察机关作为国家的法律监督机关，在推动社会主义文化大发展大繁荣的新时代，如何构建培植具有检察职业特色的文化，增强基层检察机关文化创造活力，用先进文化培育职业精神、提升法律素养、规范执法行为、塑造良好形象、陶冶高尚情操，推进检察事业科学发展至关重要。② 本文拟就检察职业特色文化的构建培植

---

* 作者单位：江苏省南京铁路运输检察院。

① 于殿利：《文化自觉与国际竞争力》，载《新华文摘》2014 年第 5 期。

② 参见《上海市人民检察院关于加强检察文化建设的指导意见》。

谈些想法。

一、厘清内涵：构建培植检察职业特色文化之源泉

检察文化是融注在检察人员心底的法治意识、法治原则、法治精神及其价值追求，是检察机关的组织、制度、设施所具有的文化内涵，是检察人员在检察工作和日常生活中的行为方式，是有关检察的法律语言、法治文学艺术作品和法律文书中所反映和体现的法治内涵及其精神。

检察文化是以检察人员为主体、不同于其他职业群体的文化凝聚，是在特定的检察实践活动中，由其特有的司法特性、执法理念、行为规范、价值观念等在全体成员中潜移默化而形成的文化。其具有丰富的内涵：

——检察文化反映检察人员的价值取向。检察文化意在创设一种理念，这种理念是检察机关主流精神与时代要求相结合的产物。理念文化是检察文化的精髓和灵魂，它决定和支配着检察人员的价值取向。构建培植检察职业特色文化，就是围绕检察职业特性，通过文化熏陶、实践养成，汲取中华优秀传统文化的思想精华和道德精髓，深入挖掘和阐发中华优秀传统文化讲仁爱、重民本、守诚信、崇正义、尚和合、求大同的时代价值，深化检察人员的正确人生理念、崇高思想境界和法治信仰追求，促使检察人员的思想理念和核心价值观趋向融会贯通，内化为精神追求，外化为自觉行动，使检察文化成为涵养社会主义核心价值观，坚定道路自信、理论自信、制度自信和坚守职业良知、法治底线的重要源泉。

——检察文化反映检察人员的道德规范。中华传统美德是中华文化精髓，蕴含着丰富的思想道德资源。检察职业道德是检察人员在司法实践和生活中形成的一种约定俗成、普遍认同而又应当自觉遵守的行为规范。它既是对检察人员在职业活动中行为的要求，又是检察职业身份对社会所负的道德责任与义务。构建培植检察职业特色文化，就是围绕检察职业特性，通过文化熏陶、实践养成，积极引导检察人员讲道德、尊道德、守道德，追求高尚的道德理想，提升公正司法、清正廉洁的职业道德操守，树立惩恶扬善、执法如山、公平如度、清廉如水的浩然正气，使全体检察人员都能够自觉地追求、信仰和实践这些符合先进文化前进方向的道德规范，在执法办案各个环节设置隔离墙、通上高压线，以优良的道德操守和职业良知保障公正廉洁执法。

——检察文化反映以人为本的思想理念。文化建设最重要的着眼点是人，是

人精神境界的丰富、文化需求的满足，是为了更好地促进人的发展。构建培植检察职业特色文化，就是围绕检察职业特性，通过文化熏陶、实践养成，把检察人员的价值开发和利用摆上重要位置，通过先进文化的引导、凝聚、协调、教育功能，培育人与人、人与环境、人与社会和谐的关系，营造出宽松和谐的人际环境和想做事、做实事、干好事的良好氛围，使每个检察人员的自身价值与团队群体的整体价值融合统一，达到检察文化与检察中心工作同频共振、协调并进，在良性互动中推进检察事业的改革和发展。

——检察文化反映检察人员的时代风貌。检察文化会对社会产生一定的辐射作用，可以增进社会公众对检察机关的了解，产生亲和力，是保障检察职能充分发挥的精神财富。构建培植检察职业特色文化，就是围绕检察职业特性，通过鲜活生动、形式多样的"塑形"活动，展现检察人员弘扬党的优良传统作风，坚守法治精神高地，坚持党的事业至上、人民利益至上、宪法法律至上，永葆忠于党、忠于国家、忠于人民、忠于法律的政治本色，塑造检察机关公正执法、执法为民的良好形象，增强检察工作的亲和力、感染力和影响力，凝聚推动检察事业科学发展的正能量。

二、凸显功效：构建培植检察职业特色文化之根本

检察文化是社会主义文化重要组成部分的现代法律文化中不可或缺的成分。如果说文化是民族的血脉、人民的精神家园，那么检察文化就是检察事业的血脉、检察人员的精神家园。构建培植检察职业特色文化，对于打造一支信念坚定、执法为民、敢于担当、清正廉洁的检察队伍，提高检察人员的政治站位、思想站位、工作站位和法治精神、职业操守，提升检察机关法律监督能力和执法公信力，促进检察事业科学发展，可以说具有独特的功效。

——检察文化具有灵魂导向功效。检察文化通过对检察人员思想理念、宗旨意识、价值取向、道德操守、职业良知的引导，能够促使检察人员站在更高的层次上认知检察工作的宗旨，准确把握当今时代检察工作发展新趋势，增强政治意识、大局意识、责任意识，找准履行法律监督职能与积极服务保障全面深化改革的切入点，切实肩负起维护社会大局稳定、促进社会公平正义、保障人民安居乐业的神圣使命，在推动检察事业科学发展的历史进程中，实现检察人员自身价值与检察官群体价值的融合统一。

——检察文化具有团队凝聚功效。检察文化成为全体检察人员的共同行为准则后，便会在检察机关内部产生一种强大的向心力，成为增强检察团队的凝聚力和提振检察人员精气神的黏合剂。检察文化通过对检察人员的认识、期望、信念等各个方面的整合沟通，能够增强检察人员对所在单位、所在岗位的认同感、使命感和归属感，形成一个团结协作、荣辱与共的有机整体，去追求共同的目标和价值。

——检察文化具有行为约束功效。检察文化对检察人员的思想、心理和行为具有规范作用，这种规范源于检察机关内部的文化氛围、行为准则、道德规范等无形的精神力量，能够对检察人员的行为进行约束，自觉地实践养成一种和谐的群体意识和规范的执法行为，形成良好的团队作风和群体意识，不断提升检察人员自尊、自爱、自重、自律的自我防控能力和"立检为公、执法为民"的清正廉洁形象。

——检察文化具有精神激励功效。检察文化把管理人、尊重人、关心人、理解人、温暖人的严管厚爱作为中心内容，崇尚以人为本，会在检察人员内心产生一种高昂情绪和奋发进取精神。它不是靠外在的推动，而是一种内在的引导；它不是被动消极地满足人们对实现自身价值的心理需求，而是通过文化熏陶、实践养成，使每个检察人员的内心深处自觉产生为检察事业奋力拼搏、无私奉献的愿望。

——检察文化具有优化形象功效。优秀的检察文化通过检察人员的司法实践活动和公正执法行为，能将其所蕴含的法治意识、法治原则、法治精神及其价值追求融入整个社会主义文化的大发展，扩展到工作以外的公共生活和业余生活中，增加社会公众对检察机关的履职能力、执法行为、服务质量的认知、信赖和赞许，以法律监督工作的感染力、影响力凝聚推动检察事业发展的正能量，不断提升检察工作的亲和力、影响力和公信力。

三、夯实根基：构建培植检察职业特色文化之内核

基层检察机关作为整个检察组织体系中的最基本单元和履行法律监督职能的最前沿阵地，它所具有的基础性、广泛性和具体性，决定了它是承担检察文化建

设的主要载体。① 构建培植检察职业特色文化，就必须夯实其根基，本着检察职业特色文化建设的功能、价值来选择检察职业特色文化内容的塑造，着力构建培植一种切合实际、健康向上、内涵丰富、具有鲜明时代特征和检察职业特色的文化。

——着力构建培植价值取向、职业精神的"价值文化"。核心价值观是文化软实力的灵魂、文化软实力建设的重点，是决定文化性质和方向的最深层次因素。社会主义核心价值观和"忠诚、公正、清廉、文明"的检察职业道德，深刻揭示了检察干警必须遵循的最根本、最核心的价值观念，充分体现了党和人民对检察队伍的根本要求。构建培植检察职业特色文化，就必须以核心价值观为根基、以检察职业道德为载体，充分发挥文化独特的精神感召力、思想影响力和内心驱动力，引导检察人员把"维护社会大局稳定、促进社会公平正义、保障人民安居乐业"作为检察工作的价值追求，坚守忠诚的政治本色和执法为民理念，忠实履行法律监督职责，严格执法、公正司法，以实际行动维护社会公平正义，顺应人民群众对司法公正、权益保障的期待，让人民群众切实感受到公平正义就在身边。

——着力构建培植崇尚学习、精通业务的"知识文化"。随着司法改革的不断深入和法律监督职能的不断拓展，检察人员的知识更新、知识积累、知识储备尤为迫切。渊博的学识、精通的法律、专业的知识是检察人员履行法律监督职能的重要保障。构建培植检察职业特色文化，就必须以"建设学习型检察院，培育复合型检察官"为着力点，以综合素质教育为核心，以知识更新为重点，以在职参加社会教育和本单位学习为主渠道，以组织岗位培训为重要措施，以自学为主要形式，努力营造全员学习、自觉学习、终身学习和人人成才的良好氛围。② 积极引导检察人员把学习作为一种追求、一种习惯、一种常态，形成比学习、比知识，争当学习模范的勤学思进风气，不断提升用新观念研究新情况、用新思路完成新任务、用新办法解决新问题、用新举措开创新局面的能力。同时，要推行"学而能者上、平而庸者下"的用人机制和激励机制，使更多的人才源源不断地脱颖而出、茁壮成长，让检察人员在检察工作中的主体地位得到确立。

---

① 老村民：《浅析基层院如何构建健康向上的新型检察文化》，载中国秘书网，2010 年 8 月 30 日。
② 参见《上海市人民检察院关于加强检察文化建设的指导意见》。

——构建培植和谐共进、甘于奉献的"团队文化"。群体同心、和谐共进的团队精神，是实现检察工作目标的助推器。构建培植检察职业特色文化，就必须从三个层面打造"团队文化"。第一层面要加强领导班子建设，要求班子成员率先垂范、严于律己、以身作则、公平处事、公正待人，以其威信、威望和人格魅力令人折服，形成向心力；第二层面要注重激发检察人员的活力和潜力，在思想心态上高度整合，在实践行动上默契配合，相互尊重、肝胆相照、相互宽容、同舟共济，相互依存、荣辱与共，真正发挥出 1 + 1 > 2 的增值效应；第三层面要倡导增强集体荣誉感和归属感，强化"院兴我荣、院衰我耻"的观念，把强烈的责任感和共同的使命感作为"团队文化"的支柱，保障政令、检令畅通，以精诚团结、群体携手的团队风貌实现检察工作的共同目标。

——构建培植客观公正、清廉严明的"道德文化"。道德文化是检察文化的重要组成部分，客观公正、清廉严明是检察职业的道德底线，突破这条底线就意味着失去职业道德。构建培植检察职业特色文化，就必须把促进公正廉洁执法作为检察文化建设的基本要求，大力营造"营血卫气、怯邪扶正、保证肌体健康"的氛围，增强检察人员抵御风险、拒腐防变的能力，做到自身正、自身净、自身硬；积极培育干警公正、廉洁、诚实、敬业等高尚品格和友善、豁达、克己、奉公等人文精神，从灵魂深处萌生追求公平正义的动机，达到以检察文化滋养职业道德、以职业道德深化检察文化。

——构建培植丰富多彩、充满生机的"环境文化"。环境文化建设是繁荣检察职业特色文化的一种重要方式，它在提升检察人员综合素质、自律八小时以外行为、增强检察队伍向心力和凝聚力等方面有着不可忽视的作用。构建培植检察职业特色文化，就必须结合检察机关自身文化底蕴和文化资源的实际，积极营造具有职业特色和人文气息的文化环境，通过形式活泼、寓教于乐、喜闻乐见的书画摄影、文学创作、文艺表演、球类棋牌等丰富多彩的文体活动，陶冶干警的品德情操，培养干警的兴趣爱好，催唤使命意识，塑造检察形象，让检察人员的自主、自立、自治能力得到充分发挥，让检察人员的自我价值得到充分展示。

四、结语

中国学术界尊之为"一代宗师"的现代历史学家、国学大师钱穆先生曾经说过："一切问题，由文化问题产生；一切问题，由文化问题解决。"文化是司法的内在动力，法律的实施受人们的心态、意识、观念、情感、行为趋向的影响，文化一旦形成，就根植于人们的心中。同时，文化决定着检察行为，有什么样的文化，就会有什么样的检察工作状态。从文化的视野来观察检察工作，用法治的理念来构建检察文化，是法治时代的必然要求。一个有着深厚文化素养的组织，其追求的一定是更好的发展、更新的业绩和更高的目标。检察职业特色文化所具有的强大精神力量和精神资源，能引领并决定检察人员的理想信念、价值取向和精神智慧，能升华并固化为检察人员的人文素养、道德操守和核心价值观，增强历史责任感、使命感和对检察工作及自身工作的自豪感。因此，基层检察机关文化建设，必须立足自身实际，着眼全面深化改革和法律监督工作大局，以理性、务实的精神构建培植检察职业特色文化，使之成为凝魂聚气、强基固本的基础工程，成为推动检察工作科学发展、争先创优的重要抓手。

构建"三位一体"经典阅读机制
推进检察文化建设

尹扬赞[*]

"2012 年 11 月 30 日,中共中央政治局常委、中央纪委书记王岐山主持召开座谈会,听取专家学者对反腐败工作的意见和建议。座谈会结束时,王岐山在总结讲话中讲到反腐'更希望润物细无声,不搞大动静,但是也不能有困难就不做',并推荐了法国思想家托克维尔的《旧制度与大革命》一书,称'我们现在很多学者看的是后资本主义时期的书,应该看一下前期的东西,希望大家看一下《旧制度与大革命》'"。[①] 王岐山虽然身居高位,但是依然不忘读书,他自己正在阅读哈佛大学政治哲学教授迈克尔·桑德尔的名作《公正》、还向下属推荐阅读我国作家王跃文的《大清相国》、观看美剧《纸牌屋》等。王岐山的上述行为正是经典阅读的典范,这对于检察机关正在大力加强的检察文化建设有着十分重要的启迪意义。笔者认为,经典阅读是加强检察文化建设的有效路径。

一、经典阅读的含义

"读史使人明智,读诗使人聪慧,演算使人精密,哲理使人深刻,伦理学使人有修养,逻辑修辞使人善辩。"这是培根在随笔《论求知》中的一段经典阐述。可见,阅读是人们获取知识的重要途径、认知世界的基本方法。从阅读程度来说,阅读可以分为"浅阅读"和"深阅读","经典阅读"属于"深阅读"范畴,是以经典著作作为阅读对象的一种深度阅读方式。什么是经典?《现代汉语词典》的基本解释是:"指具有权威性、典范性的著作。""一言以蔽之,经典就

---

　* 作者单位:重庆市人民检察院。
　① 高斌:《王岐山为什么推荐读〈旧制度与大革命〉》,载《检察日报》2012 年 12 月 18 日第 5 版。

是具有权威性、典范性，经久不衰的万世之作，是经过历史选择出来的最具有价值、最能表现本行业的精髓，最具代表性、最完美的作品。"① 按照我国教育部公布的《学位授予和人才培养学科目录（2011 年）》分类标准，经典可以分为哲学经典、法学经典、教育学经典、经济学经典、文学经典、历史学经典、理学经典、医学经典、工学经典、农学经典、军事学经典、管理学经典、艺术学经典一共 13 类。就检察机关而言，最主要的是法学经典，如孟德斯鸠的《论法的精神》、罗尔斯的《正义论》、贝卡利亚的《论犯罪与刑罚》、林达的《历史深处的忧虑——近距离看美国》、苏力的《制度是如何形成的》、费孝通的《乡土中国》和梁治平的《法辨：中国法的过去、现在与未来》等。随着技术的进步，表现经典的载体也发生了变化，经典不仅包括传统的纸质经典图书，也包括新型的电子经典图书。

二、经典阅读是撬起检察文化建设的一个支点

在建设文化强国的背景下，加强检察文化建设意义重大，② 各级检察机关都十分重视检察文化建设，提出了"文化育检"等理念，采取了许多措施，但是建设效果却差强人意，预期与结果之间的巨大反差，不得不引起进一步的反思，问题到底出在哪里呢？抛开检察文化建设深奥的理论，仅从操作层面来看，检察文化建设的路径主要有两条：一是大处着眼，大处着手，也就是说，从宏观上加强对检察文化的研究，然后整体规划，统筹推进检察文化建设；二是大处着眼，小处着手，也就是说，从宏观上加强对检察文化的研究，然后确定其突破点，以点带面推进检察文化建设。比较检察文化建设的两条路径，笔者认为第二条路径更为可行。这是因为：一方面，检察文化建设的内容是检察文化，从文化学角度而言，"检察文化是法律文化的一种，是一个社会存在的，与检察法律相关的价值观念、规范制度、程序规则和行为方式的总和。在结构上，它由表层的物质文

---

① 李浩：《"浅阅读"语境下推广经典阅读的价值研究及策略》，载《农业图书情报学刊》2014 年第 2 期。

② 最高检在《关于深入贯彻党的十八大精神进一步加强检察文化建设的决定》（2012 年 12 月 21 日）中提出："加强检察文化建设是贯彻落实中央要求、服务建设中国特色社会主义文化强国战略的重大举措，是适应新形势新要求、推动检察工作全面协调可持续发展的重要保障，是强化检察队伍整体素质、提升检察机关执法公信力的重要途径。"

化、中层的制度文化和深层的认知（精神、理念）文化组成。"① 可见，检察文化的内涵十分深刻，外延十分宽广。在此概念下，如果选择第一条建设路径，那么检察文化建设就是一项系统性的工程，在某种程度上说，无疑是一场"革命"，而非"建设"了，在大多情况下，是"心有余而力不足，"或者说是"雷声大，雨声小"。但是，如果选择第二条建设路径，那么检察文化建设就仅是一个小小的"项目"，在某种程度上说，仅是一场"改良"，在大多情况下，可能只是"毛毛雨"，但是恰恰能够起到"随风潜入夜，润物细无声"的效果。另一方面，检察文化建设的主体主要是各级检察机关，从现有法律来看，检察机关是我国法律监督机关，其权限主要包括侦查权、公诉权和监督权等，其权力范围是比较狭窄的。在检察机关权限内，如果选择第一条建设路径，那么在大多情况下是很难单独推行下去的，因为检察机关权力有限，许多建设措施都超出了检察机关的权力范围。如检察官分类管理制度改革属于检察物质文化建设的范畴，但是检察机关自己单独改革了几年还没有见到明显的成效。如果选择第二条路径，那么在大多情况下推行的阻力要小很多，因为检察机关确定的"点"大部分在自己的权力范围内。

"大处着眼，小处着手"应该说是加强检察文化建设较为科学的路径选择，就像阿基米德说过："给我一个支点，我可以撬起整个地球。"检察文化建设好似地球，要想撬起检察文化建设这个地球，则必须找到支点，这个支点是什么呢？笔者认为是经典阅读。

经典阅读对检察文化建设意义重大，最重要的是可以涵养检察文化建设客体的检察精神。检察精神是检察文化建设的根本目的、是灵魂。否则，检察文化建设就会成为行尸走肉、无源之水。检察文化建设的客体是检察官个人，是检察文化建设的落脚点和出发点。检察文化建设最主要的意义在于使检察官个人牢固树立从事检察工作所应该具备的检察精神。经典阅读涵养检察官个人检察精神主要表现在三个方面：

其一，作者写作都需要"心"的投入，特别是经典都是作者将自己对生命、社会体验及其智慧写入了字里行间，非一时之功，而是呕心沥血之作。如曹雪芹在家道衰落、穷困潦倒之际，历时十年，五易其稿，还只是写完了《红楼梦》

---

① 徐苏林：《检察文化的界定、结构和功能》，载《北京政法职业学院学报》2008 年第 1 期。

前 80 回。阅读经典,同样需要"心"的投入,需要静下心来,要将"心"放入书中,甚至需要在夜深人静的环境下,步入一段"孤独"的旅途。如我国古代就有"焚香夜读"的说法。① 可见,通过不断阅读经典,可以逐渐除去检察官身上的浮躁之气,使检察官的心境得以不断打磨、升华,直至达到"宁静以致远"的境界,这为涵养检察精神奠定了心理基础。

其二,经典是万世之作,经得起历史、实践和人们的考验,富有巨大的原创性和持久的震撼力。经典对阅读者的影响是巨大的,就像芝加哥教授艾伦·布鲁姆在《走向封闭的美国精神》一书中写道:"在人们重温柏拉图和莎士比亚的著作时,他们将比其他任何时候都生活得更加充实、更加美满,因为阅读经典将使人置身于无限蕴藏的本质之中。"② 古语云:"……入芝兰之室,久而不闻其香,即与之化矣。……入鲍鱼之室,久而不闻其臭,即与之化矣。"长期与经典为伍,也就是说长期阅读经典,特别是长期阅读某一方面的经典,阅读者也会逐渐被其同化。如检察官通过阅读几本有关"法治"方面的经典后,"法律至上"的理念可能就内化于心了。可见,通过不断阅读经典,检察官逐渐会被经典所蕴含的理念所同化,真正达到入脑入心的境地,而这些理念恰恰是从事检察工作所需要的检察精神,这为涵养检察精神奠定了内容基础。

其三,经典在遣词造句、结构安排、逻辑论证等格式方面都是十分严谨的,许多都会成为一个民族语言的典范。如普希金之于俄罗斯,莎士比亚之于英国,孔子之于中国,他们的经典都远远超越了个人意义,而是上升成为一个民族,甚至是全人类的共同典范。阅读经典,就可以汲取这些内容,不断锤炼语言、释法说理等方面的能力,而这些都是从事检察工作所需要的基本能力,特别是在"检务公开"日益发展背景下,意义尤为重要。可见,阅读经典,对于检察能力的培养是显而易见的,这为涵养检察精神奠定了能力基础。

三、经典阅读缺失阻碍了检察文化建设

在检察机关里,阅读是无时不有、无处不在的,但是从整体上看,目前检察机关的阅读呈现以下一些特点:

---

① 出自王羲之写过的一副对联:"把酒时看剑,焚香夜读书。"
② 王红、韩辉:《大众文化时代经典阅读的尴尬与困境》,载《长春教育学院学报》2014 年第 3 期。

一是阅读目的的功利化。阅读并不是为了充实提高自己的内涵，而是为了某种功名利禄需要而读书。我国古代就有"学而优则仕"的传统，加上现实功利教育的影响以及社会竞争压力的增加等，功利化阅读成为一种社会现象，检察机关的阅读自然也不例外。二是阅读主体的个人化。以检察院或者检察院部门为主导的阅读在有些地方有些实践，如江苏省人民检察院反渎职侵权局在 2014 年 3 月上旬至 5 月中旬期间开展"书香反渎"主题学习活动，推进学习型反渎机构队伍建设，但是相对而言还是比较少的，而且没有形成制度，只是一时而读，检察机关的阅读主要还是以检察官个人自主阅读为主。三是阅读内容的"快餐化"。在机关里面，当然也包括检察机关，流行"一杯茶、一包烟、一张报纸看一天"的说法，以管窥豹，这种说法在一定程度上反映了检察机关阅读内容的现实，喜欢阅读"短、平、快"的东西，讨厌"大块头"，就是人们常说的阅读"快餐化"，特别是随着信息技术的迅猛发展，检察机关阅读"快餐化"的现象呈扩大趋势。四是静心阅读时间不多。检察官白天忙于工作，晚上忙于应酬，自然沉下心来阅读的时间就少了，特别是随着信息获取渠道多样化、便捷化的发展，静心读书可能都成为一种奢侈。

可见，目前我国检察机关的阅读主要是一种"浅阅读"，经典阅读离我们渐行渐远，甚至可以说我国检察机关处于经典阅读缺失的年代。我们可以问问自己："今年我阅读了几本经典著作？"我们的回答可能令自己都感到汗颜，甚至我们可能都不知道一些经典法学著作的书名。经典阅读的缺失，会在很大程度上导致检察官认知文化的缺失，从而阻碍检察文化的建设。因此，要想加强检察文化建设，为建设文化强国作出积极贡献，就必须将经典阅读上升到检察事业发展战略的层面来考量，采取有效措施，推进经典阅读。

四、构建"三位一体"经典阅读机制是加强检察文化建设的重要举措

经典阅读缺失是主客观原因共同作用的结果。一方面，在思想多元化、经济转型、人情化等占主导的社会，人越来越浮躁，越来越世俗，越来越懒惰，不能静下心品味经典，自律日渐松弛。另一方面，阅读还处于个人层面，是一种自主行为，在很大程度上国家只是一种倡导性质的，如在 2014 年我国政府工作报告中首次提出了全民阅读理念，阅读没有刚性的约束力，更别说阅读经典著作了，

他律缺乏。所以，只有构建一种将自律与他律相结合，以他律促自律的机制，才能改变经典阅读缺失的现象。基于上述考虑，构建"三位一体"的经典阅读机制是加强检察文化建设的重要举措。

所谓"三位一体"经典阅读机制是指最高人民检察院、地方各级人民检察院和检察官个人在阅读经典著作过程中的一种相互分工、相互配合、相互制约的加强检察文化建设方式的总和。构建"三位一体"的经典阅读机制，加强检察文化建设，要做到四个明确：

其一，要明确构建该机制的指导思想。思想是行动的先导。科学的思想，是构建好该机制的前提条件。否则，该机制的构建就会偏离正确的航道。检察文化属于中国特色社会主义文化的重要组成部分，而经典阅读是建设检察文化的主要途径。因此，构建"三位一体"的经典阅读机制必须高举中国特色社会主义伟大旗帜，坚持以马克思主义、毛泽东思想、邓小平理论、"三个代表"重要思想和科学发展观为指导，坚持社会主义先进文化前进方向，按照建设社会主义核心价值体系的要求，牢固树立社会主义法治理念，切实保障经典阅读的正确方向。

其二，要明确构建该机制的根本目的。"无目标的努力，有如在黑暗中远征。"只有目的明确，才能做到有的放矢。否则就是万箭齐发，也会无矢而终。"检察文化由物质文化、制度文化和认知文化三部分组成，其中，物质文化是制度文化和认知文化的基础，制度文化规范和制约着物质文化和认知文化，认知文化是前两者的思想基础和保证，它是检察文化的核心。"① 可见，加强检察文化建设，核心就是要加强认知文化建设，也就是精神文化或者理念文化建设。就检察认知文化而言，核心就是在 2011 年年底举行的全国政法工作会议上提出的"忠诚、为民、公正、廉洁"政法干警核心价值观，后来也成了检察干警核心价值观。因此，构建"三位一体"的经典阅读机制的根本目的就是要选择体现检察干警核心价值观的经典，通过检察干警不断阅读，牢固树立起"忠诚、为民、公正、廉洁"的检察干警核心价值观。

其三，要明确构建该机制的主要原则。该机制的主体是最高人民检察院、地方各级人民检察院和检察官个人，而三者地位是不一样的，检察官个人是实实在在的经典阅读主体，其他两个主体是为实现检察官个人经典阅读服务的。而检察

---

① 徐苏林：《检察文化的界定、结构和功能》，载《北京政法职业学院学报》2008 年第 1 期。

官个人经典阅读的主动性和参与经典阅读的程度会直接影响到该机制的实际效果。主动性高，参与程度深，则实际效果好。反之亦然。可见，在设计"三位一体"经典阅读机制过程中，必须以充分发挥检察官个人经典阅读主观能动性为主要原则。

其四，要明确构建该机制的格局。在"三位一体"经典阅读机制中，最高人民检察院、地方各级人民检察院和检察官个人这三个主体处于不同的层面，扮演不同的角色，发挥不同的作用。具体言之为：

最高人民检察院要在最高检网站上建立一个网络电子图书馆。首先，建立网络电子图书馆所需要的网络、资源——电子图书和阅读器等在现有技术条件下完全是可行的，并不存在技术上的障碍。其次，其效益是十分可观的，建立一个统一的电子图书馆，一方面可以避免重复建设，造成不必要浪费，另一方面面向全国检察官，利用效率是很高的。最后，它主要是为构建该机制搭建一个平台，重点是做好经典书目的分类与推荐，在这个平台上，全国检察干警不仅可以搜索、下载和在线阅读经典著作，而且可以进行互动，如建立一个论坛栏目等。因此，在"三位一体"经典阅读机制中，最高人民检察院处于该机制的顶层，其角色主要是搭建一个平台，提供经典著作和交流场所。

地方各级人民检察院要建立一个经典阅读长效机制。首先，长效机制只是面向本院检察官，主要是对本院检察官有效。其次，要成立经典阅读领导小组，采取一系列有效措施，如不定期开展经典阅读沙龙活动、建立院传统图书室、对检察干警经典阅读提供必要的经济资助，与就近大学加强联系，检察干警可以到其图书馆借阅图书等，不断推动经典阅读的开展。最后，将检察干警经典阅读情况纳入年度考核范围，加强对检察官自主经典阅读的督查。所以，在"三位一体"经典阅读机制中，地方各级人民检察院处于该机制的中层，其角色主要是进行监督，保障该机制的有效运转。

检察官个人每年要开展具体经典阅读活动。首先，在每年年初制定一个经典阅读的年度计划，并上报本院经典阅读领导小组备案审查。其次，以年为时间单位，按照计划进行具体经典阅读，并做好阅读摘录。最后，要对所阅读的经典联系工作实际进行思考，撰写阅读心得、论文等，做到阅有所得。因此，在"三位一体"经典阅读机制中，检察官个人处于该机制的底层，其角色主要是进行具体阅读，为该机制的运转奠定基础。

检察机关廉政文化建设的若干思考

任为群　傅　晔*

反对腐败、建设廉洁政治，是我们党一贯坚持的鲜明政治立场，是人民群众关注的重大政治问题，加强廉政文化建设能够挤压腐败文化的生存空间，有利于从源头上预防和消除腐败，是反腐的重要举措。检察机关作为专门的法律监督机关，承担着反腐败的重大职责，同时也面临着自身反腐败问题的巨大挑战，相关廉政文化的建设必须引起我们的重视。实际上，检察廉政文化建设是检察文化建设的重要载体，既是检察事业稳步发展的保障，也是检察事业日趋繁荣的支撑。

一、检察廉政文化的内涵剖析

廉政文化以"廉政"为思想内涵，以"文化"为表现形式，是检察文化的重要组成部分。界定廉政文化的内涵，应该首先分别剖析"廉政"和"文化"。

在我国传统文化中，"廉"是一个十分重要的概念，原意为堂屋的侧边，后引申为品行方正。基本要求是凡不义之财不取，凡不义之利不贪。《管子·牧民》把"廉"连同"礼、义、耻"比作了维系国家的四大纲领。《说文解字》对廉洁注释："不受曰廉，不污曰洁。"也就是说不接受他人馈赠的钱财礼物，不让自己清白的人品受到玷污，就是廉洁。这是历代统治者对各级官吏工作和生活的基本要求。关于"政"，孔子给出了很好的解释，子曰："政者正也。子帅以正，孰敢不正？"这明确指出了"政"的根本要义就是"正"，这里的"正"包括公正和正派两层含义，意思是为政者要做到公平正义，行事光明磊落、不偏不倚；如果执政者带头成为公正正派的表率，自然下面的官员也就纷纷仿效，不太敢以权谋私了。我国历史上第一个提出"廉政"概念的是春秋时期的晏婴。晏

---

* 作者单位：江西省赣州市人民检察院。

婴说"廉政可以长久",好比"其行水也,美哉水乎清清,其池无不雩途,其清无不洒除,是以长久也"。① 《辞海》中所能查到的与廉政一词最为相近的词是"廉政建设",意思是"中国共产党和中国国家机关在廉洁执政方面所进行的思想、政治和法制建设。要求各级干部特别是领导干部清正廉洁,勤政为民,严守法纪,艰苦朴素,不贪污受贿,不以权谋私,不铺张浪费等。除经常开展思想教育外,还必须通过各级组织执行廉政条例,领导班子定期召开民主生活会议,不断开展反腐败斗争,并由组织和群众的监察与监督来实施"。

文化是一个非常广泛的概念,给它下一个严格和精确的定义是一件非常困难的事情。不少哲学家、社会学家、人类学家、历史学家和语言学家一直努力,试图从各自学科的角度来界定文化的概念。然而,迄今为止仍没有获得一个公认的、令人满意的定义。广义上的文化,是指人类在社会历史发展过程中不断创造和积累起来的物质财富和精神财富的总和,涵盖除自然生成物以外的一切社会事物。狭义的文化则是排除人类社会历史生活中关于物质创造活动及其结果的部分,专注于精神创造活动及其结果。我们通常所说的文化,专指语言、文学、艺术及一切意识形态在内的精神产品。文化是一个民族的灵魂,是国家发展和民族振兴的强大动力,随着人类社会发展而发展,具有传承性、时代性、阶级性等特征。

检察廉政文化是检察文化的重要组成部分。检察廉政文化是检察机关以党的重要理论为指导,在检察执法工作和检察管理活动中创造的、符合时代发展要求、具有鲜明检察特色的关于廉政的价值、观念、知识、原则规范、职业道德及其行为模式等物质和精神财富的总称。检察廉政文化建设的核心要求在于严格、公正司法,根本目标是提高检察机关的法律监督能力,其载体是围绕检察权的行使而开展的教育、制度建设和监督,其作用是保障检察权的正确履行。② 检察廉政文化建设必须牢牢把握廉政的内涵和文化建设的普遍规律,同时要兼顾检察机关的特点。

---

① 出自《明史·刘大夏传》:这是"廉政"一词在我国典籍文献上第一次出现。从古到今,贪污腐败祸国殃民,也会累及身家性命。所以,历代人民群众在要求惩治贪污腐败的同时,也期盼统治者的廉政。统治者为了维护其统治,既要采取措施惩治贪污腐败,也要倡导廉政。晏子和齐景公的这一段对话,正是这种思想的反映。

② 张国臣:《检察廉政文化建设及其机制创新》,载《中国刑事法杂志》2002年第1期。

故笔者认为，检察廉政文化是指检察机关通过履行自身职能，在全社会以及机关内部营造的与我国传统廉政文化相契合的检察文化。这一定义包括两个方面：一方面，在对外的意义上，检察机关肩负查办和预防职务犯罪的法律职责，是国家廉政建设的主要职能部门，每年要承担大量的查办与预防职务犯罪工作，社会接触面广、社会关注度高，因此有义务在全社会营造良好的廉政文化氛围；另一方面，在对内的意义上，检察机关作为法律监督机关，行使法律监督权，在执法办案全过程，必须确保廉洁从检、廉洁执法，从而以廉洁促公正、以公正赢公信。正是在对外和对内两个方面，检察廉政文化的双重属性被界定出来，即检察廉政文化兼具了检察文化与廉政文化的双重属性，这也决定了检察机关必须作为廉政文化的培育者、传播者和捍卫者，切实承担起责任来。

二、制约检察廉政文化建设的主要因素

现阶段检察文化建设中还存在一些问题，这些问题若不能从根本上妥善解决，势必会影响我国廉政文化建设的持续、科学发展。

（一）对检察廉政文化建设存在长久偏见和错误认识

一些基层检察院由于检察官断层现象突出，检察任务繁重而对开展检察廉政文化建设的重要性和必要性认识不足、重视不够。有的人认为廉政文化建设对于反腐败缺乏实质性的作用，"华而不实、徒劳无功"，是形式主义；有的人认为廉政文化建设并不务实，而是"务虚"。还有一些人忽视了廉政文化建设的重大现实意义，把廉政文化等同于廉政教育，认为开展廉政文化建设就是"上廉政党课、搞廉政演讲、办廉政书法、作廉政报告、树廉政典型"等活动，没有把这项工作纳入重要议事日程。有的单位甚至把廉政文化建设的对象等同于领导干部，特别是在观看反映党员领导干部腐败问题的影视教育片后，一些同志就认为廉政文化建设的重点是防止领导出问题，自己既不掌权，也不管钱，更不管人，没有腐败的条件，在一般干警中开展廉政文化建设是多余的"形式主义"，导致在工作中存在走过场、跟形势的被动局面，从而不能积极发挥其应有作用，阻碍了基层检察院检察廉政文化建设的发展。笔者认为，检察机关尤其是基层检察院凝聚人心、鼓舞士气、抓好班子、带好队伍的新途径，就是大力开展检察文化建设，

以检察文化引领检察人员的思想和行动，推动高层次、现代化的检察管理。① 而检察廉政文化是其中非常重要的一环。

（二）检察廉政文化建设与廉政制度建设脱位

文化与制度是相通的、相连的，两者是不可分开的。文化作为一种人类心灵的根本取向，必然要落实于制度；反之，文化也必须依靠制度实现。制度作为一种人类的秩序和规则，必然要有一个更高的文化价值、文化精神来支撑。② 因此，检察廉政文化与廉政制度建设之间也必然是相互依存的关系。但现实中检察廉政文化建设与廉政制度建设却存在脱位现象：一是廉政制度建设分散，无法与廉政文化建设相匹配。现有的廉政制度多数也存在原则性过强、刚性约束力不足、执行不到位等问题，难以配合廉政文化建设形式多、覆盖广和具体差异大等实践特点，因而造成廉政文化建设在实践过程中产生了较大的不确定性，无法实现对廉政文化建设制度化的操作、具象化的考评和规范化的运行。二是现实中有将检察廉政文化建设与廉政制度建设分裂开来的现象，不去考虑廉政制度建设在廉政文化建设过程中起到的支撑作用。缺乏量化考核，忽略激励与取消批评，使得廉政制度执行能力每况愈下，用细小腐败行为屡屡挑战制度底线，造成法不责众的错觉，为今后埋下祸根。三是开展检察廉政文化建设的长效机制不够健全。很多基层检察院廉政文化建设既无长远规划，也无年度计划，无单位的自选动作，没有把廉政文化建设放在应有的地位和高度。笔者认为，唯有通过创新，才能保持检察机关廉政文化建设旺盛的活力和生机，唯有通过在内容、方法和制度设计上不断的创新，才能增强检察机关廉政文化建设的号召力、凝聚力和战斗力，使廉政文化建设的效果越来越明显，从源头上治理和杜绝腐败现象在检察机关的产生。

（三）检察廉政文化缺乏特色，内容雷同、方法单一

在一些基层检察院，廉政文化建设普遍存在"四多四少"现象：即会上强调的多，会后抓落实的少；突击性开展工作的多，有计划、有组织开展工作的少；临时性抓的多，长期抓、抓长期的少；可用资源多，真正占领的阵地少。不少检察院的廉政文化建设往往是记在纸上、贴在墙上、停留在口头上、落实在会

---

① 张毅军：《正确认识基层检察文化建设》，载《人民检察》2013 年第 10 期。
② 庞丽峰：《廉政文化建设与廉政制度建设的双向互动》，载《前进》2007 年第 4 期。

议上。表现形式多是标语加口号，再播放一下廉政警示教育片，很多活动只是给传统文化活动贴上"廉政标签"，真正的廉政文化"含金量"太低。另外一些检察机关因为在对廉政文化的理解和把握上存在片面化、表面化的倾向，尚不够科学、准确，所以难免出现认为廉政文化的主要内容仅仅就是反腐败、廉政文化建设就是纪检监察工作等等。这导致对于廉政文化建设方法的选取过于简单，因而缺乏感染力和吸引力。又因为对廉政文化建设的理性思考较为模糊，易造成工作短期性、随意性强，模仿、照搬的现象较多，缺乏创新意识和亮点、特色。笔者认为，基层检察机关应该把检察廉政文化建设贯穿于检察工作实际中，将检察廉政文化建设融入到地方文化建设大环境中，围绕检察工作的特点、检察官的职业需求来开展，确保检察廉政文化建设的实效性，还要密切结合当地实际，吸收、借鉴地方优秀文化，使检察廉政文化与地方文化相交融，这样才能够增强检察人员的认同感、归属感，激发检察人员的工作积极性和创造性，才能够提高检察机关在当地群众心目中的形象和影响力。[①]

三、检察廉政文化建设应重点把握的方面

廉政文化建设是一项长期复杂的系统工程。"强化法律监督、维护公平正义"是人民检察院永恒的工作主题，而廉洁则是实现这一主题的基础保障。检察廉政建设关乎人民检察事业的兴衰成败，容不得有丝毫懈怠。以为民、务实、清廉的工作作风，进一步树立检察机关公正廉洁执法的良好形象是我们的廉政建设的重要目标。

（一）要重视检察职业道德建设

古人云：奢靡之始，危亡之渐。[②] 加强当代检察廉政文化建设，就是要使广大检察人员深刻领会、重视检察职业道德建设，从自身抓起，从现在做起，在执法办案和各项检察实践中，都能自觉坚持忠诚政治品格，铭记为民执法宗旨，坚守公正价值追求，恪守廉洁职业操守，真正实现检察干警的思想纯洁、作风纯洁、队伍纯洁，维护检察队伍清正廉明的良好形象。检察干警要在理论上强化学

---

① 孟莲、宋春光：《论基层检察机关的廉政文化建设》，载山东省人民检察院官网检察研究板块，http://www.sdjcy.gov.cn/html/2014/jcyj_ 0305/10560.html，访问日期：2014 年 3 月 5 日。

② 语出自《新唐书》，为褚遂良向唐太宗的谏言。

习，在思想上加强修养，在实践上严格锻炼，严格要求自己、教育自己、改造自己、提高自己，树立正确的世界观、人生观、价值观和工作观。同时，要从不同层面把"廉洁"的要求融入到立案、侦查、涉检访以及各项法律宣传活动中，实现全方位统筹、全范围覆盖，为弘扬政法干警核心价值观、促进公正廉洁执法提供有力的保障。

（二）以铁的纪律维护检察事业的清廉

廉政文化是廉洁政治与优秀文化的紧密融合，又是廉洁政治与依法治国的紧密融合，具有法治文化的基本属性。检察机关开展廉政文化建设，应当将法治精神贯穿始终，凸显法治的品格和特征。立足检察本职，坚决查处各种违反法律、损害国家和人民利益的案件。加大惩治腐败力度，"老虎""苍蝇"一起打，做到有腐必惩、有贪必肃，塑造公平正义守护者的崇高形象，在检察机关内形成弘扬正气、营造廉洁检察的工作作风。同时，在检察机关内部要强化自身监督，树立对腐败"零容忍"态度，对某种不道德行为、轻微违规等行为持绝不容忍的态度，毫不犹豫、绝不妥协地进行彻底斗争，坚决予以严惩。

（三）要切实加强有效的制度建设

建设检察廉政文化除了需要每一位检察人员自觉、主动地参与并提高自我廉洁从检的意识外，还需要科学规范的管理制度，通过制度建设使广大检察人员养成廉政意识和廉政行为习惯，从而筑牢防腐拒变的坚强防线。为此，基层检察机关要结合实际，从建立健全长效机制入手，坚持一岗双责，从严治检，健全廉政制度，切实规范检察执法行为，不断推进检察改革，加大源头预防，把党风廉政建设渗透到检察工作的各个环节，在机构设置、制度安排、软硬件设施建设方面狠下功夫，形成既分工负责又相互监督的格局。要完善责任追究制度，研究探索查处违纪行为的新机制、新举措，推动违法办案责任追究工作进一步落实，从客观上为检察人员创造"不能为"的良好环境。要制定完善廉政制度，对检察人员遵守各项工作纪律、禁令、职业道德等情况进行督查，从内部管理方面解决检察人员"不能为"问题。进而有力地促进司法公正、高效、廉洁和文明，营造春风化雨、润物无声、充满人情味的和谐、廉政文化氛围。

（四）要丰富和创新廉政文化建设的内容

推进检察廉政文化建设，如果都是千篇一律，那么廉政文化就会失去它特有的魅力，所以需要不断创新廉政文化产品，以灵活多样、生动活泼的形式增强廉政文化的吸引力。充分挖掘各检察机关内部的廉政文化资源，形成廉政文化的特色品牌等，以其丰厚的思想内涵和理性魅力使廉政文化深入人心。首先，要注重将廉政文化同检察文化相融合，从检察文化特色出发，寻找检察文化与廉政文化的融合点，积极构建检察廉政文化。其次，既注重正面激励，又注重反面警示。再次，既注重传统文化和方式的运用，又注重新手段的运用，要坚持与时俱进、开拓创新，结合检察机关的时代特点，充分发挥新兴媒体及技术优势和作用，打造全新的文化传播平台。最后，要实现检察文化资源共享，有效提高检察廉政文化资源的利用率，增强检察廉政文化对社会公众的吸引力和影响力，进一步促进检察廉政文化建设工作。

（五）要自觉接受外部监督

实践中之所以存在执法不严、执法不廉、执法不公、执法违法、徇私枉法等现象，原因是多方面的；但是，其中最主要、最关键的原因在于：监督机制不健全、监督效能不高。反观近年来发生的一些影响恶劣、严重损害司法公信力和司法权威的错案，莫不与外部监督乏力、内部监督失灵、相互制约机制沦为过场有关。在检察机关法律监督职能不断得到加强的今天，强化监督者更要接受监督的意识，对于公正廉洁执法、提高刑事司法能力，使办理的每一起案件经得起法律的检验、历史的检验，具有迫切的现实意义。一方面，要自觉把检察工作置于人大及其常委会的监督之下，这是依法独立公正行使检察权的根本保证；另一方面，要自觉接受人民群众监督，这是促进司法民主、避免检察权滥用的有力保障。大力推行阳光检务，深化检务公开，通过定期召开座谈会、开设检务公开栏、开展便民利民下访巡访活动等形式，虚心听取社会各界对检察工作和检察队伍的意见和建议，自觉接受社会各界的监督。加强与驻区人大代表、政协委员的联系，定期走访，主动汇报检察工作开展情况，虚心征求代表、委员对检察队伍纪律作风建设的意见和建议。变被动的"要我公开"为主动的"我要公开"，提高检务公开的及时性和实效性，切实保障公众的知情权。

把握时代脉搏，以先进理念树立先进典型

李胜昔[*]

树立先进典型是抓队伍建设的基本方法。一个好的典型应当是一个样板、一面旗帜。他承载着时代精神、反映着职业道德、体现着岗位规范。因此，先进典型的内涵从来都不是一成不变，而是与时俱进的。在各种思潮相互激荡、价值多元的背景下，在社会主义法治进程不断加快的新形势下，我们始终面临着把握时代脉搏、不断解放思想，改变习惯思维和定式思维，以先进理念树立先进典型的课题。这个课题与思想政治工作的时代性、针对性和实效性密切相关。

一、对塑造先进典型的理性反思

总体上看，这些年来检察机关树立的先进典型能够体现中国特色社会主义核心价值观，体现社会主义法治理念，体现检察职业道德，在检察机关起到了树立榜样、弘扬正气、提升形象的作用，推动了检察队伍建设健康发展。但毋庸讳言，由于理念滞后、惯性思维、情感倾向等因素的影响，先进典型工作也存在诸多非理性和不合时宜的现象，有的甚至给队伍建设带来负面影响。归结起来，主要存在以下几个方面的缺陷：

（一）迷恋残缺人生

据调查，某省检察系统被授予荣誉称号的检察官中，身患绝症的占相当大的比重。有的政工人员过于迷恋残缺人生体现的美学价值，试图以同情、怜悯等情感因素打动人，有意无意地忽视了其他要求。实际上，这些对象有的不能坚持正常工作，有的工作业绩不算突出，在同事中实属寻常。从总体上看，身患绝症的

---

* 作者单位：湖南省人民检察院。

人员在整个群体中属于极少数，这么高比例树立为先进典型，难免有人为拔高的嫌疑，有的甚至超出生活的理性。因此，一些基础一般的先进典型的推出不能使人发自内心的诚服，其影响力、带动力十分有限。对于这些特殊人员，作为组织，更加科学和人性的管理办法是妥善安排他们的工作，关心他们的生活，积极为其治疗提供必要的条件。要站在全局，理性地、系统地看待检察机关的科学管理和队伍建设。

（二）忽视人文关怀

在不少情况下，总是把先进典型放在激烈的矛盾冲突中，通过主人公的自我牺牲，甚至是自虐的方式，来塑造先进典型的高大全形象。比如我们经常可以从公开发布的先进事迹中看到先进典型只有工作没有休息，直到晕倒在工作岗位上；父母病危不去探望，妻子生产不去陪伴；自己病了不去就医，把病假条锁在抽屉里坚持工作；病还没有痊愈，拔掉针头就要冲上工作一线；等等。在以和平与发展为主题的社会背景下，体现不出组织对工作任务的科学安排，体现不出对检察人员的人性关怀，体现不出基本的人伦常情。"过犹不及"，违背生活理性常情的先进典型，与检察执法的"理性、平和、文明、规范"理念并不契合。即使这种情况存在，亦不应当鼓励推广。

（三）违背法治精神

检察机关的先进典型应当充分展示其职业特点，这样才能弘扬良好的检察执法形象。可是，在一些先进事迹材料中，为了表现主人公的忘我工作精神和斗争谋略而顾此失彼，可以明显地看到不规范执法的情形。如有的先进典型让持久作战的同事休息，自己一个人仍坚持审讯犯罪嫌疑人——实际违反程序法的规定；有的选择特殊时段对执法对象采取车轮战术和疲劳战术——实际是变相的体罚；有的所谓侦查谋略——简直就是诱供、威胁；"放水养鱼"式的"经营"案件——实则是纵容犯罪后果的扩张；有的办案数量之多、办案节奏之快——细致核算就会发现有悖规范办案基本的要求和诉讼规律。违背法治精神的宣传，其效果只能是负面的。

（四）欠缺和谐理念

我们把不少先进典型塑造成了唐·吉诃德式的人物，并且把环境渲染得过于灰暗，似乎只有他一人是正义的化身，孤立地在与周围作斗争，以营造传奇的惊人效果。把岗位和家庭绝对地对立起来，为了工作可以不尽孝道、忽视亲情、不教儿女。实际上，既注重事业追求，又关爱家庭、重视亲情才是现代管理学所提倡的先进理念。有的为了表现主人公坚持原则、严格执法的职业品格，就可以一路黑脸到头，不需要讲究斗争策略，不需要把握配合和协调的艺术，可以肆意伤害其他所有的社会关系。这种概念式的宣传，不但虚假，也缺乏真实的力量，无助于争取好的工作效果，容易把我们树立的先进典型孤立起来，与周围环境对立脱节，不利于其工作的持续健康发展。

二、要以先进的理念树立先进典型

从本质上来说，先进典型就是先进文化的载体。先进典型是从群体中筛选出来的能够反映群体先进精神和职业道德的代表人物，是特定群体的形象代言人。树立先进典型有两个不同层次的目的：一是在群体内发挥其示范和辐射作用，引导其他成员学习效仿，以此为载体落实组织理念、目标和要求；二是通过宣传本群体的先进典型，发挥代言人的作用，在社会环境中提升群体整体形象，提升执法公信力。因此，要树立推出先进典型就是打造本组织文化品牌的理念，始终坚持用先进文化来树立先进典型。只有这样，才能实现以先进的理念引导人、以良好的形象感染人、以优秀的品格激励人。

（一）树立先进典型要以中国特色社会主义核心价值观为灵魂

先进典型必须对组织的核心理论有高度的思想和情感认同，这样才能做到对组织忠诚，承载组织文化。中国特色社会主义理论不仅是党的指导思想，是每个党员必须遵循的行动指南；中国特色社会主义理论还写入了宪法，反映了全党和全国各族人民的共同愿望，在整个国家政治和社会生活中都居于指导地位。检察机关的先进典型必须牢固树立中国特色社会主义理论指导思想，落实"立检为公，执法为民"的执法观，怀有对党、对人民、对社会主义的深厚感情，在检察工作中自觉贯彻执行党的路线、方针、政策。

（二）树立先进典型要以落实检察工作主题为内涵

最高检在新时期提出的"强化法律监督，维护公平主义"的检察工作主题，体现了宪法对检察工作的本质要求，反映了中国特色社会主义理论在检察工作的实践，顺应了人民群众的愿望和要求。检察机关的先进典型应当以落实检察工作主题为己任，敢于办案、善于办案，追求执法办案的法律效果、社会效果和政治效果的有机统一。先进典型是优秀集体和突出个人的结合。先进典型不是个人英雄主义，不是孤立的，都是来自优秀集体。因此，应当从全面履行法律监督职能、工作力度大、工作绩效突出的集体中，选择执法能力强、执法水平高、贡献突出的代表人物树立为先进典型。除非处置突发情况出现的英雄人物，一般应当从业绩突出的集体中来筛选先进典型。这样选出来的典型才能服众，才能更好地发挥示范效应。

（三） 树立先进典型要以诠释法治精神为基本要求

检察机关是以法律监督为己任的专门机关，负有监督其他司法机关公正司法的重要职责。检察机关的先进典型应当是法治人物，是落实法治精神的职业人员。任何有损法治精神、不符法律规范的宣传都是败笔。在树立先进典型时要做到：一是用准确的法言法语来叙述执法过程。检察机关的典型宣传有自己的语言风格和特点，就是要保证涉及执法时用规范的法言法语，不说外行话。对所有执法行为的叙述，要做到法律概念准确，符合程序法和实体法的规定。不能出现办案人员个人决定逮捕犯罪嫌疑人的谬误，不能把"被告人"、"被告"、"犯罪嫌疑人"、"罪犯"、"讯问"、"询问"等概念混用，不能把"批准逮捕"、"决定逮捕"、"提请抗诉"、"提出抗诉"、"建议提请抗诉"等程序不加区分。二是宣传先进典型的执法行为应当符合规范执法的要求。要用宪法精神和程序法、实体法的规定，来审视宣传对象的执法行为，务必使我们宣扬的工作精神、斗争谋略、执行政策等严格符合法律法规的要求。对办案数量的宣传要符合关于办案程序和办案规律的基本要求，不可脱离实际一味攀高。一旦出现法律方面的缺陷，就会成为先进典型的"硬伤"。三是以法治的精神来审视和评价先进典型。从普遍意义上说，我们并不赞成那种自虐式的自我牺牲精神，应当按照法律规定享有必要的休息权和身体健康权。只有关心干警、关爱身体，才能保证队伍建设的健康发展，才能推动检察工作的持续平稳进步。在很多地方，没有按照规定休公休假的不能评先，实际上体现了以人为本和尊重法律的先进理念。

（四） 树立先进典型应当以弘扬检察职业道德为核心

检察职业道德是在检察实践工作中逐步形成的，体现检察工作的指导思想、价值观、法律规范和执业纪律作风等行为准则和规范的总和。检察职业道德是检察官的安身立命之本，是检察文化建设的核心内容。先进典型所有的执法行为都应该遵循职业道德规范，成为恪守检察职业道德的典范。先进典型对群体其他成员的示范和辐射作用，主要不是通过工作经验的传播，而是通过弘扬职业道德（通过检察文化的中介）去感染人、熏陶人、引导人。先进典型对队伍建设的影响具有间接性和长期性，是和风细雨、潜移默化式的影响，不是立竿见影的。但这种影响一旦建立就具有稳定性，成为渗透于情感和思想的内心信念。因此，抓先进典型乃至抓检察机关的文化建设，都要摒弃急功近利的浮躁思想，以长远的战略眼光坚持不懈地抓下去。

（五）先进典型应当闪耀以人为本的光辉

不要把先进典型塑造成不食人间烟火的神，应当还原成有七情六欲的人。先进典型也应当享受各种分内的合法权益、享受组织的关怀。先进典型应当去尽自己作为社会角色的责任，享受属于社会关系中的个人亲情。先进典型要去爱父母、爱爱人、爱孩子，儿女情长无损他的先进形象。先进典型也允许有内心的冲突和纠结。不能用不切实际的超高道德标准去绑架先进典型。如果把先进典型塑造成一个高大全的圣人，作先进典型就会很累，就会难以承受外界强加的道德负担，使他与真实的生活环境隔离。郑培民同志的形象之所以深入人心，与他真挚细腻的爱不无关系。作为省委副书记，他爱自己的妻子，经常把妻子的照片放在自己的钱夹里，亲自为妻子买布鞋，陪妻子散步，还写心情日记；他悉心教育自己的儿子，把他培养成对国家有用的人才；他也去会老家来的朋友，无论身份高低都礼遇有加。往往是这些人性的温情感动着我们。爱使人纯洁和高尚。只要个人亲情不会使执法的天平倾斜，先进典型就会更加温暖和感动我们的内心。

（六）先进典型应当具有可亲可敬的形象

我们习惯在激烈的矛盾冲突和传奇的经历中，去塑造具有英雄主义气概的先进典型。这当然是先进典型的一种。但在和平与发展的时代主题下，英雄主义不可能是先进典型的常态，我们要学会发掘和总结平凡工作中的先进典型。就在我们的身边，有眼界开阔、敢于创新的先锋人物；有深入钻研、思维敏锐的业务专家；有坚忍不拔、攻坚克难的执法能手；有埋头苦干、扎实奉献的岗位骨干……其实这些就是我们这个时代的先进典型。先进典型的树立，要祛除浮躁焦虑，要祛除概念化，要祛除虚假浅薄。这个时代不是缺少先进典型，而是我们缺少发现；不是他们的情怀不感人，而是我们没有找到深入他们内心的契合点。要学会发现平凡工作中的时代精神，学会发现身边人物的闪光点，学会发现不事张扬中的坚守。在建筑中，脊梁往往是被包裹和隐藏着的。正是这些人物，是检察事业的脊梁，构成了检察事业的基础。我对人性中的温暖和光辉抱有坚定的信心。要用真实和理性的力量打动人，用坚守的内心情怀感染人，用职业自信和职业荣誉提升检察人员的思想境界。

正确处理好十个关系　打造基层检察文化升级版

杨新生*

近几年来，在最高检的部署下，全国各地基层检察院检察文化建设活动如火如荼，方兴未艾，检察文化作为一种"软实力"的功能不断展现，对推动基层检察队伍建设和检察工作开展发挥了重要作用。但不可否认的是，我国基层检察文化建设还处在摸索期，存在不少问题，需要我们认真研究，拿出改进办法，让基层检察文化建设朝着正确的方向迈进。

一、基层检察文化建设存在的问题

（一）把握不住方向，基层检察文化建设规划上呈现盲目化

一些基层院对检察文化建设的指导思想、总体目标、基本原则、方式方法把握不准，掌握不住要领。具体表现是：在总体规划上方向不明确、思路不清晰、计划不周密；在建设过程中，主次不分，主观臆断，没有考虑检察文化自身的发展规律，没有与检察工作和检察队伍建设结合起来，致使检察文化建设偏离方向，脱离实际，基层检察干警不买账，人民群众也不认可。

（二）误读检察文化内涵，基层检察文化建设格调上呈现庸俗化

从基层院检察文化建设实践来看，有不少检察干警甚至领导干部对检察文化内涵认识肤浅。有的认为检察文化建设无非就是搞一些政治业务学习、书画展览、体育竞赛活动，有的甚至将检察文化简单地等同于组织干警卡拉 OK、外出游山玩水，没有在培育更高层次的精神文化上下功夫，致使检察文化建设活动格调不高、品位低下。

---

* 作者单位：安徽省怀宁县人民检察院。

（三）缺乏全局整体观念，基层检察文化建设内容上呈现片面化

在开展检察文化建设中，一些基层院没有大局观，只见树木，不见森林，内容单一、枯燥，将检察文化建设局限于形象文化、制度文化、环境文化或者廉政文化的某一个方面，没有做到总体谋划、整体推进。

（四）特色不明，基层检察文化建设形式上呈现模式化[①]

很多基层院机械、被动地按照上级要求来开展工作，或者盲目模仿其他地方的做法，没有因地制宜、科学设计，而是照搬照抄、生搬硬套，致使基层检察文化建设缺乏个性，千人一面，没有凸显本院的检察理念、干警风貌和工作特色，更没有反映本地的民情风俗、文化积淀和历史传统。

（五）重形式轻效果，基层检察文化建设深度上呈现浅表化

一些地方追求形式上花样繁多、轰轰烈烈，但在如何使检察文化"内化于心、外化于行"上办法不多，在如何为干警"铸造灵魂、培育精神"上措施不力。花拳绣腿，中看不中用，检察文化建设深度没有挖掘，检察文化的教化、熏陶作用没有体现，检察文化所倡导的理想信念难以使干警"内化"为信仰自觉、"外化"为行动自觉。

（六）投上所好，基层检察文化建设动机上呈现功利化

一些基层院领导喜爱抓办案、抓检察业务，并不真心热爱检察文化建设。但上级领导倡导，基层院考评项目又被列入，检察文化建设不抓也得抓。在这种功利思想和考评压力的驱使下，就出现了为"建设"而"建设"、为"文化"而"文化"的不正常现象。有的地方只是领导和政工部门的同志关门搞文化建设，文化建设成为几个人的"独角戏"，大多数干警的参与热情并没有调动，全院性的文化氛围并没有形成；有的地方热衷于表面文章，贪大求洋，大搞检察文化形象工程，实际效果并不大，创作的文化作品成为一种摆设，成为领导政绩的象征。

---

① 参见王俊峰：《基层检察机关文化建设创新与实践》，载《正义网》，http：//www.jcrb.com/procu-ratorate/procuratorforum/201206/t20120618_885389.html。

二、出现上述问题的原因

（一） 检察文化建设起步晚，无可借鉴

与西方相比，中国的法文化历史是贫乏的，作为法文化的一个子文化，检察文化更加缺乏人文积淀，[①] 到晚清时期，我国才从西方引进现代意义上的检察制度。新中国检察制度发端于 1931 年江西瑞金中华苏维埃共和国，新中国成立后才正式确立。由于新中国检察制度历史短暂，伴随而生的检察文化也显得稚嫩和苍白，即使与我国的审判机关、公安机关相比，其底蕴也显得非常浅薄和贫乏。直到 2002 年，最高检把检察文化建设写进了《人民检察院基层建设纲要》，真正意义上的基层检察文化建设才正式拉开序幕。白手起家，从无到有，基层检察文化建设的难度可想而知。

（二） 检察文化建设理论研究滞后，基层检察文化建设实践缺乏理论支撑

近几年来，虽然检察文化建设成为检察机关的一个热门话题，也成为基层院投入精力较多的工作，但是相对于热热闹闹的检察文化建设实践活动而言，检察文化建设的理论研究却显得冷冷清清，依然停滞在表层，很少有权威性专家学者在这个领域倾注时间和精力，检察机关本身有志于此项研究的人也廖若星辰。没有理论支撑的实践，是盲目的实践。基层检察文化建设急需科学的理论来指明方向和道路。

（三） 基层院检察文化建设各自为政，缺乏统一协调

目前，在基层检察文化建设上，上级院对基层院更多的是提提要求、搞搞评比，在具体指导和协调上做得很少。各基层院基本上处于自发粗放式建设状态，各吹各的号，各唱各的调，横向交流少，相互取长补短不够，因而事倍功半，效果不佳，甚至造成了人、财、物等资源的浪费。

（四） 市场经济法则和外来文化对检察文化建设形成双重冲击

随着改革开放的深入，我国社会主义市场经济建设步伐的加快，外来文化和

---

① 张凤军、张鑫：《检察文化的反思与重构》，载《检察文化——理念与路径》，中国检察出版社 2008 年版，第 137 页。

市场经济本身的消极因素给社会主义精神文明建设带来负面影响。在一定的人群中，健康向上的主流价值观受到质疑，唯利是图、追求个性自由的文化理念备受推崇。检察干警不是生活在真空中，不良思潮在侵蚀着他们的思想，不良文化在争夺着他们的灵魂。在这场侵蚀与反侵蚀、争夺与反争夺的战争中，检察文化建设面临前所未有的压力。

三、正确处理好十个关系，开辟基层检察文化建设新天地

著名国学大师钱穆指出："一切问题，由文化问题产生；一切问题，由文化问题解决"。① 做好新时期基层检察工作，担负好党和人民赋予的法律监督重任，必须以先进的检察文化来培育高素质的检察干警。因此，检察文化建设只能加强，不能削弱。要想解决当前基层检察文化建设徘徊在低层次的问题，笔者认为必须正确处理好以下十个关系。

（一）处理好检察文化建设理论研究与实践的关系

科学的理论指导正确的实践，正确的实践产生出科学的理论。检察文化建设虽然是一种实践性很强的活动，但不能离开正确理论的指导，任何轻视检察文化理论研究的观念都是错误的、有害的。只有思想上高度重视检察文化建设理论研究，才会舍得投入人力物力，才能吸引更多的专家学者和检察干警投身此项工作，也才有可能产生高水平的研究成果。当前，检察文化研究除了要回答检察文化是什么、为什么、怎么建等基础性问题，更需要对检察文化的内涵、特征、路径等作出深度解析。要把理论研究与实践结合起来，反对闭门搞研究，多组织专家学者深入基层调研，多听取基层干警的意见建议，多总结基层检察文化建设正反两个方面的经验教训，努力寻找检察文化建设规律性的东西，总结出既系统科学、又"接地气"、指导性较强的理论。

（二）处理好长远目标与近期规划的关系

文化是生活在一定地域的人们的共同思维方式和行为方式的积淀，它是一种思维认同和行为认同，需要一个潜移默化、日积月累的过程。检察文化的形成同样是不能立竿见影、一蹴而就的，它是一项具有长期性、艰巨性的系统工程，我

---

① 钱穆：《从中国历史来看中国民族性及其中国文化》，中文大学出版社 1979 年版，第 100 页。

们切不可好高骛远，急功近利，要有打持久战的思想准备。要制订出长远目标和系统方案，并明确近期目标、短期规划和每个时期的任务，做到长计划，短安排，有条不紊，循序渐进。只有通过坚持不懈、持之以恒的努力，只有我们一代又一代检察官的接力传承，检察文化的底蕴才能越积越厚，检察文化建设的宏伟蓝图才能最终描就。

（三）处理好继承传统文化和创新检察文化的关系①

中国有五千多年的文明史，创造出了灿烂的中华传统文化。2013 年 8 月，习近平总书记在全国宣传思想工作会议上指出，"中华文化积淀着中华民族最深沉的精神追求，是中华民族生生不息、发展壮大的丰厚滋养"。开展检察文化建设，不能割断我们的传统文化血脉，要从我国源远流长的传统文化中汲取营养。比如，"格物、致知、诚意、正心、修身、齐家、治国、平天下"的人生志向，"为天地立心，为生民立命，为往圣继绝学，为万世开太平"的道义担当，"位卑未敢忘忧国"、"天下兴亡，匹夫有责"的爱国情怀，"富贵不能淫，贫贱不能移，威武不能屈"的浩然正气，"苟利国家，不求富贵"的气节操守，"治狱如水"、"法不阿贵，绳不绕曲"的执法态度等，是中华传统文化的精髓。对于这些，在区检察文化建设中，我们必须始终秉持，同时要在继承中创新；我们要针对检察官的职业特性，根据目前的社会状况，提炼出既能保持中华传统特色又能体现时代特征的检察文化精髓。

（四）处理好借鉴其他文化与抄袭其他文化的关系

他人的东西，我们该不该借鉴使用，鲁迅先生在《拿来主义》一文中给了明确的答案。每个地方、每个行业都会有自己的独特文化。对于特色鲜明的行业文化（如公安文化、校园文化、企业文化）、独具魅力的地域文化、历史悠久的西方文化等，我们的态度是，借鉴而不能抄袭。当然，要批判地吸收借鉴，不能简单地"拿来"。检察文化好比一棵大树，只有广泛吸收营养，引进"嫁接"其他优秀文化，这棵大树才能枝繁叶茂、硕果累累。我们要紧密结合实际，切忌照搬照抄，囫囵吞枣，要针对检察官的职业特点，去芜存菁，博采众长，大胆地拿来、吸收、消化、创新，培育出具有中国本土特色、彰显检察职业特征的检察

---

① 南东方：《把握三个关系 突出三个特色 统筹推进检察文化建设》，载《检察文化建设网》"检察文化理念研讨"栏目，http://jcwh.spp.gov.cn/whzt/llyt/201207/t20120704_897057.shtml。

文化。

（五）处理好形式与内容的关系

形式是内容的载体，内容要通过具体的形式表现。检察文化建设要重形式，更要重内容。要力戒枯燥乏味的文化形式，力求文化形式的多样化、趣味性，要多选择生动活泼的文化载体，多构筑特色鲜明的文化阵地。比如，建立院史展览室、文化长廊、图书室，为干警找到精神归属；成立文学、法律、艺术、体育等文化社团，丰富干警业余生活；举行读书心得交流会、廉政演讲会、先进事迹报告会，构筑干警的精神家园；建立网上学习交流平台、检察官微博、检察官 QQ 心理热线，接轨现代文化传播方式，拉近与年轻干警的距离。在注重形式的同时，更不能忘记内容的充实。承载深刻内涵的形式，才能发挥检察文化寓教于乐、润物无声的作用。当前，在检察文化各种形式和载体中要注入 24 字社会主义核心价值观，"依法治国、执法为民、公平正义、服务大局、党的领导"的社会主义法治理念，"忠诚、公正、清廉、为民"检察职业道德准则以及"公正、高效、文明"的现代执法观念等核心内容，否则，检察文化建设的形式设计得再好，也只是用华丽的包装装上干瘪的内容。

（六）处理好检察思想文化与检察业务文化的关系

检察思想文化培育的是检察官的政治信仰、道德准则，检察业务文化培养的是检察官的法律素养、岗位技能。毛泽东同志曾经告诫我们："没有文化的军队是愚蠢的军队，而愚蠢的军队是不能战胜敌人的。"[①] 同样的，没有办案能力的检察队伍是愚蠢的队伍，是不能担负好宪法法律赋予的法律监督职责的。因此，"又红又专"是检察队伍两个必备的素质。要注重培养检察官的政治道德素质，不断用社会主义法治理念和"崇德、尚法、忠诚、公正"的执法理念来武装检察干警，用"为民、务实、清廉"主题思想和"三严三实"的为政准则来熏陶干警。同时，要抓好检察官的法律素养。开展教育培训，大力倡导检察人员学习法律、钻研业务，使干警不断拓宽知识面，更新知识结构；开展岗位练兵，提高干警的办案技能和实战水平，建设一支能办案、办好案、办铁案的专业化队伍。

---

① 毛泽东：《文化工作中的统一战线》，载《毛泽东选集》第 3 卷，人民出版社 1991 年版，第 1011 页。

（七）处理好表层的物质文化、中层的制度文化和深层的精神文化三者之间的关系

检察文化的内涵丰富，由理念文化、学习文化、制度文化、物质文化、行为文化、生活文化等组成。但从总体划分，可分为三大类，即表层的物质文化、中层的制度文化、深层的精神文化。其中，精神文化是检察文化的核心，而其中的价值观更是检察文化的灵魂；制度文化是检察文化的固化形式，是检察机关全体成员依法运用检察权的保证；物质文化是检察文化的外在表现。检察文化的三个层面关系密切，相辅相成，缺一不可。物质文化是制度文化和精神文化的基础，制度文化规范制约着物质文化和精神文化，精神文化则是前两者的思想基础与保证，也是检察文化的核心。在开展检察文化建设中，要厘清这三个层面的关系，既要统筹兼顾，又要突出重点，抓住核心。

（八）处理好灌输与内化的关系

灌输与内化是检察文化建设过程中客观存在的一对辩证范畴，灌输是前提，是基础；内化是目的，是结果。1902 年列宁在《怎么办》一书中指出："工人阶级单靠自己本身的力量，只能形成工联主义的意识"，而社会主义思想只能"从外面灌输进去"。在检察文化建设中，我们要重视灌输的作用，要以生动的、渐进的、持续的灌输方式，大张旗鼓地向干警宣讲"大道理"、宣传检察文化。同时，要增强灌输教育的效果，实现由"灌输"到"内化"的转化。要使先进的检察文化内化于检察干警之心，不仅需要改进我们灌输教育的方式，还要提升灌输者、教育者自身的素质。俗话说：说得好不如做得好，只有我们的灌输者、教育者（主要指基层院的领导、从事检察文化建设的检察干警）能率先示范，言行一致，知行合一，被灌输者才能真正做到"入耳、入脑、入心"，才能内化于心、外践于行。

（九）处理好上级院指导与基层院摸索的关系①

基层检察文化建设离不开上级院的正确领导。上级院要经常深入基层院进行调研，查找问题，听取意见，对基层检察文化建设存在的问题及时指出，对发现的典型经验要及时推广，避免基层院检察文化建设走弯路、走岔路、走错路。基

---

① 胡泽君：《繁荣发展中国特色社会主义检察文化》，载《人民检察》2012 年第 14 期，第 9 页。

层院也不能完全处于被动等靠状态，要发挥主观能动性，积极创新，大胆试验，有计划、有步骤地探索基层检察文化建设的新路子，对存在的困惑和问题及时向上级院反映，争取上级院的指导和帮助；对摸索出的成功做法，也要及时向上级院汇报，便于上级院总结推广。只有上下联动，才能形成基层检察文化建设的合力。

（十）处理好检察文化建设和检察业务工作的关系①

党的十七届六中全会《决定》指出："文化是民族的血脉，是人民的精神家园。没有文化的积极引领……一个国家、一个民族不可能屹立于世界民族之林。"检察文化建设与检察业务建设之间是目的与手段的关系，检察文化建设的终极目的是服务、推动检察业务工作健康科学发展，检察业务工作的发展离不开检察文化建设这个手段。检察文化建设抓好了，检察官的素质就能提升，检察工作就会更好地开展。要反对脱离检察业务搞检察文化建设，防止出现检察文化建设与检察业务建设"两张皮"现象。公平正义是检察工作的永恒主题，为民务实清廉是检察工作的基本要求。当前，在检察文化建设中，要围绕"强化法律监督，维护公平正义"这个主题来开展活动，将检察文化建设融入队伍建设、业务建设、制度建设、日常生活之中；要发挥检察文化建设所特有的引领、凝聚、激励、宣传、示范作用，让检察文化逐渐渗透到检察干警的血脉之中。只有检察文化建设抓好了，检察干警的精气神才能得到提升，基层检察机关的正能量才能广泛传播，也只有这样，基层检察文化的软实力才能得到彰显，检察业务工作的硬成果才能获取。

---

① 徐汉明：《推动检察文化繁荣发展的思考》，载《人民检察》2012年第6期，第38页。

深化检察文化建设　提升检察机关软实力研究

杨洪旭　徐光明[*]

"软实力"概念由美国哈佛大学肯尼迪政府学院前院长约瑟夫·奈教授于1990年提出。相对于"硬实力"而言，"软实力"因承载着一个国家或集体的文化、管理、制度以及价值观等更具有影响力和长期性。随着中国特色社会主义法律制度的不断完善，我国检察机关的业务建设、队伍建设以及基层基础建设等都取得了长足的发展，但检察机关软实力建设方面还存在许多薄弱环节。本文以深化检察文化建设为切入点，探讨提升检察机关软实力的途径。

一、检察机关软实力及检察文化的内涵

检察机关软实力，是指以检察人员过硬的政治素质、职业道德、检察执法、群众工作、文化活动以及检察管理等为载体，所呈现出的检察机关的吸引力、感召力、影响力。"硬实力"是检察事业长远发展的基础，"软实力"是检察事业长远发展的根本。

政治素质是检察人员政治立场、政治品德和政治水平的综合表现，它体现了检察人员忠于党、忠于人民、忠于宪法法律的政治品质。职业道德是检察人员在检察执法过程中应当遵守的道德准则、道德情操、道德品质，是职业品德、职业纪律、职业责任的总称。它体现了检察人员的职业道德素养。检察执法是检察人员执法思想、执法原则、执法行为的总和，决定着检察执法行为选择、取舍的意向和态度。它体现了检察执法的价值追求以及检察官严格执法、文明执法、维护公平正义的形象。群众观念是检察工作坚持群众观点、走群众路线、维护群众利益、开展群众工作的总要求，体现着检察工作坚持党的群众路线、维护群众利

益、化解社会矛盾的思想和行为。文化活动是具有检察特色的社会主义文化建设，是检察机关精神文明建设的重要内容。它体现了检察人员共同拥有的、共同追求的价值观体系。制度管理是检察机关运用业务、队伍、保障等方面的制度、机制管理检察业务和检察队伍的总称，体现着检察机关严谨、细致、以人为本的管理理念。

近年来，检察文化建设越来越受到各级检察机关的重视。但检察文化的内涵包含哪些，学界和实务界观点不一。有的认为检察文化包含精神文化、管理文化和物质文化三个层面，① 有的认为检察文化包括检察理念文化、检察组织文化、检察制度文化、检察设施文化、检察行为文化以及有关检察的法律语言与文本文化六个方面的内容。② 2010 年，最高人民检察院下发《关于加强检察文化建设的意见》，最终将检察文化定义为：是检察机关在长期法律监督实践和管理活动中逐步形成的与中国特色社会主义检察制度相关的思想观念、职业精神、道德规范、行为方式以及相关载体和物质表现的总和。③ 从这个含义上看，深化检察文化建设，与检察机关软实力建设的内涵和意义是一致的。

二、检察文化建设存在的问题

经过多年的探索实践，各级检察机关检察文化建设的力度不断加大，并取得了阶段性成果，但实践中还存在许多不足和薄弱环节，检察文化建设仍需不断深化认识和探索创新。

1. 突出直观的环境文化建设多，上升到理念建设的少。对检察文化乃至检察机关软实力建设方面的理论研究不足，没有系统研究中国特色检察机关软实力的内涵究竟是什么，导致一讲检察文化建设，就被简单地理解为搞搞文化娱乐活动或单一的墙壁文化、环境文化。没有注重形成独具特色的检察精神，没有将社会主义法治理念、检察工作理念贯穿检察文化建设的全过程。

2. 继承发扬优秀传统文化、学习借鉴世界优秀文化不够。检察文化是中国特色社会主义文化的有机组成部分，必须汲取中华民族优秀传统文化的精髓，将

---

① 金鑫、段军霞：《探索检察文化，谋求创新发展》，载《人民检察》2007 年第 24 期。
② 刘斌：《检察文化概论》，载《人民检察》2009 年第 21 期。
③ 最高检：《关于加强检察文化建设的意见》（以下简称《意见》）。

其作为检察文化建设的根本和源泉。同时，有中国特色的检察文化还应是开放的，必须吸收和借鉴世界优秀文明成果尤其是优秀法治文化成果，形成既符合中国特色又体现世界法治文化的检察文化。我们在这方面研究和实践的还不够。

3. 对检察文化建设的系统学习研究、统筹规划实施不够。最高检《意见》下发前，没有形成一整套检察文化建设的指导思想、基本内涵、实现方式以及表现形式等，一些相关工作分散在具体工作部署之中，使得检察文化建设既没有突出特色，也没有形成系统、正确的舆论导向。检察文化平台建设不够，体现多样性不够，检察文化的氛围也不浓厚。

4. 检察文化对检察队伍建设的实效性作用发挥不够。检察文化建设的目的是提升检察人员的职业素养、道德修养和执法能力。但由于种种原因，检察人员政治素质、业务水平、执法能力、群众工作等与检察机关面临的新形势、新任务要求相比有较大差距，个别干警时常表现出解决紧急、疑难问题能力不足、群众工作能力不强，不同程度存在"冷、硬、横、推"和执法不文明、不规范等与检察文化要求格格不入的现象。

三、加强检察文化建设，提升检察机关软实力的意义

第一，有利于全面、正确地行使法律赋予的检察职权。加强检察文化建设、提升检察机关软实力，提高广大检察人员的政治、业务素质以及执法水平和服务能力，是增强服务大局、维护稳定能力的基础，有利于全面、正确地履行检察职责。

第二，有利于增强人民群众对检察工作的认同感。加强检察文化建设、提升检察机关软实力，实现执法办案政治效果、法律效果和社会效果的有机统一，提升了检察机关的自身形象和影响力，有利于检察工作得到党和政府的关心和支持，取得人民群众的理解和拥护。[①]

第三，有利于保障司法公正。司法公正是执法办案过程中实体公正、程序公正和形象公正的总和，检察人员在办案中表现出的态度生硬、作风漂浮、霸道特权以及待人接物的细节，都会使当事人产生对检察工作公正与否的质疑。[②] 加强

---

① 陈旭：《以"看得见"的方式实现执法为民》，载《人民检察》2012 年第 5 期。
② 陈旭：《以"看得见"的方式实现执法为民》，载《人民检察》2012 年第 5 期。

检察文化建设、提升检察机关软实力，有利于增强检察人员维护司法公正的自觉性。

第四，有利于提升检察机关形象。深化检察文化建设，不仅提高了检察人员的思想素质和职业修养，提高了办案质量、执法水平和群众工作能力，还通过精彩的文化活动和丰富的环境文化，展现了检察人员良好的精神境界和检察机关精神文明建设成果。

四、深化检察文化建设的途径

加强检察文化建设，提升检察机关软实力是一项长期的战略任务。结合山东省及潍坊市的工作实际，应着重从以下五个方面整体推进：

（一）加强理念文化建设

理念是行动的指南，是指导实践的思想基础。理念文化建设是检察文化建设的灵魂。在我国经济发展、社会转型的关键时期，检察机关面临的挑战也很多，尤其是修改后的刑事诉讼法和民事诉讼法实施，执法理念的转变首当其冲，要求做到正确处理打击犯罪与保障人权、办案数量与质量、执行实体法与程序法、司法公正与诉讼效率等方面的关系，实现法律效果与政治效果、社会效果的有机统一。

一要高度重视正确的执法思想和执法理念的培育和养成。在新形势新任务面前，必须按照最高检曹建明检察长提出的"树立六观、践行六个有机统一"的要求来加强检察人员的思想政治教育。即用推动科学发展、促进社会和谐的大局观，忠诚、公正、清廉、为民的核心价值观，理性、平和、文明、规范的执法观，办案数量、质量、效率、效果、安全相统一的政绩观，监督者更要自觉接受监督的权力观，统筹兼顾、全面协调可持续的发展观来教育、武装干警头脑、指导执法实践，使得检察人员坚定理想信念、强化宗旨意识，努力实现检察工作政治性、人民性和法律性的有机统一，实现检察工作服务科学发展与自身科学发展的有机统一，实现打击、预防、监督、教育、保护职能的有机统一，实现强化法律监督、强化自身监督、强化队伍建设的有机统一，实现执法办案法律效果、政治效果和社会效果的有机统一，实现检察工作继承、创新、发展的有机统一。[①]

二要通过开展提炼和践行院训、部门工作理念和个人工作座右铭活动丰富理念文化建设。组织检察干警开展征集、提炼和践行院训、部门工作理念和个人座右铭活动，是践行社会主义法治理念的具体化。我院部署开展院训征集活动以来，干警积极参与，踊跃投稿。经反复研究论证、总结提炼，最终确定院训为：明德、明辨、惟公、惟民。"明德"即常修为政之德、常思贪欲之害、常怀律己之心，充分彰显光明正大的思想品德。"明辨"即以明睿的心智辨别是非、善恶，努力维护社会公平正义。"惟公"即以国家利益为重，时刻保持秉公执法的政治品格。"惟民"即心中始终装着人民，不断追求"一枝一叶总关情"的境界。明德是思想基石，明辨是工作保证，惟公是价值追求，惟民是根本目的。"明德、明辨、惟公、惟民"八字院训，是潍坊检察文化的核心内容。全体干警以院训为引领，内化于心，外践于行，牢固树立正确的世界观、人生观、价值观和荣辱观，树立优良院风，提升检察形象，砥砺检察品格，推动各项工作"干在实处，干出实效，走在前列"。

（二）加强素质文化建设

素质包含思想素质和职业素质。素质文化建设是检察文化建设的基础。思想政治素养，是思想境界、理论水平、理想信念、道德修养、作风养成的集中体现和综合反映。良好的思想政治素养是检察官正确履职的重要保障。随着国际化、市场化、信息化的深入发展，我国经济体制改革深刻变革，社会结构深刻变动，利益格局调整，思想观念发生变化，这既给我国的经济、政治、社会以及思想文化等领域带来生机与活力，也带来诸多问题和挑战，检察官的思想政治工作也面临多重挑战。[②] 提高检察官思想政治素质是一项系统工程，应秉持改革创新的精神，针对突出问题和关键环节，建立健全以人为本的培育体系，从人的本性出发，以促进人格完善和全面发展为目标，贯穿工作、家庭、社会不同角色不同场合，发挥人的主体性，体现对人的尊重和信任。构建以人为本的培育体系，需在建设理念、建设内容、方式路径、建设机制等方面多管齐下、综合施策。[③]

---

① 黄永茂：《践行政法干警核心价值观，坚持正确发展理念和执法理念》，载《人民检察》2012 年第 20 期。
② 王艳敏：《检察官思想政治素养培育体系之构建》，载《人民检察》2012 年第 11 期。
③ 王艳敏：《检察官思想政治素养培育体系之构建》，载《人民检察》2012 年第 11 期。

业务素质决定执法能力，要眼睛向内，在苦练内功上下功夫，使检察人员树立"终身学习"理念，切实把学习融入工作和生活之中；深入开展大规模岗位练兵，广泛组织模拟法庭、技能竞赛、案例评选等活动，大力培养更多的办案能手和专门人才；认真落实检察职业道德规范，大力开展职业信仰、职业精神、职业道德教育，引导全体检察人员增强职业认同、提高职业素养。

（三）加强管理文化建设

管理分权力管理和制度管理，制度规范管理是新型的现代管理模式，更带有根本性、全局性、稳定性和长期性。[①] 管理文化建设是检察文化建设的保障。传统的检察管理模式更多的是一种经验式、管控型的管理。因此，现代的检察管理应追求三种效率：人的效率、业务的效率和事务的效率。[②] 检察事业的发展进步离不开检察管理工作的加强和创新，必须准确把握五项目标要求：一要坚持以理念更新为先导，树立主动管理、制度管理、文化管理的理念；二要坚持以组织体系为保障，形成权责明晰、协作紧密、运转高效的管理组织体系；三要坚持以统筹兼顾为方法，提升管理的针对性和有效性；四要坚持以信息化为依托，实现检察管理信息化；五要坚持以改革创新为动力，构建科学的检察管理模式。[③]

检察管理要遵循检察规律，突出执法管理、案件管理，促进公正廉洁执法；要立足于强化检察机关领导体制和检察一体化建设，着力优化职能配置；要强化队伍教育、管理和监督，促进检察人员全面发展。[④] 要规范检察队伍管理机制，主要是领导决策机制，上级院对下级院领导管理机制，内部协调机制，干部人事管理机制，工作量化考核和奖惩激励机制和监督制约机制。检察人才管理对检察事业发展至关重要，要把人才建设作为检察队伍建设的核心。检察人才的管理，要突出司法性，体现检察规律，强化职能责任，提高质量效率。检察人才建设，要着眼于提升法律监督能力建设，有针对性地加强类案人才建设。[⑤] 加快"三位一体"管理机制建设，通过实行网上办公、网上办案、网上绩效考核和网上事务

① 国家森：《规范化建设的思考与实践》，载《检察工作思考与实践》。
② 孙光骏：《构建精细化与人本化相结合的科学管理体系》，载《人民检察》2012年第18期。
③ 胡泽君：《进一步解放思想、更新观念，不断提高检察管理科学化水平》，载《人民检察》2012年第3期。
④ 敬大力等：《遵循检察规律，强化执法规范化建设》，载《人民检察》2012年第3期。
⑤ 龚佳禾：《检察人才管理的几个问题》，载《人民检察》2012年第10期。

管理的新模式，实现检察工作规范化管理。以规范化建设为总抓手，积极借鉴现代先进的管理经验，探索实现检察工作科学发展的有效管理方式。检察业务管理要以推行案件集中管理机制为突破口，基本实现对执法办案的规范化、精细化、信息化管理；队伍管理要体现亲情化、人性化，采取教育、启发、诱导、熏陶、激励等多种方式，把检察人员的内在潜能和创造力最大限度地发挥出来；检务管理要符合检察机关特点，注意厉行节约和保障安全，充分体现优质高效。

（四） 加强行为文化建设

行为包含检察人员对内对外的心态和言行。行为文化建设是检察文化建设的内涵。检察人员的行为首先和关键是执法行为。第十一届全国人大五次会议通过的新刑事诉讼法，既赋予检察机关更多新职责新任务，为检察机关履行职责增加了新手段新措施，拓展了检察机关履行职责的空间，为检察工作的发展创造了良好机遇，又对规范检察权的行使设定了许多新程序新制约，限定了行使检察权的边界，对检察执法办案提出了严峻挑战。检察机关要抓住机遇，转变职务犯罪侦查模式，转变审查逮捕、公诉工作方式，转变诉讼监督方式，适应特别程序对检察工作的特殊要求。① 通过严格执法、规范执法，不断提高检察执法公信力。执法公信力，具有双重内涵：其一是执法"信誉度"，其二是公众"信任感"。执法信誉度与公众信任感是一种互动关系，执法是否具有信誉，最终要通过公众的评价得以体现。因此，提升检察机关的执法公信力，首先要从以人为本、执法为民的高度，深刻认识执法的价值取向和根本目的，摒弃特权思想、霸道作风、庸懒散奢、冷硬横推、吃拿卡要等陋习，进一步践行为民务实清廉的群众路线，为公众提供便捷高效热情服务，注重司法人文关怀。②

当前，随着改革开放的不断深化、经济社会的加快发展，必然带来更大范围、更深层次、更多领域的利益调整和变化，也会带来更多更复杂的社会矛盾，必然会出现人民群众的利益诉求多而叠加的问题，解决社会矛盾的综合性越来越强，难度越来越大。③ 检察机关检察执法过程中积极做好群众工作，化解社会矛盾，是践行执法为民宗旨的必然要求。要通过改进和完善代表委员联络工作、推

---

① 童建明：《新刑诉法的挑战与检察执法方式转变》，载《人民检察》2012 年第 11 期。
② 社论：《不断提高执法公信力》，载《检察日报》2013 年 1 月 10 日。
③ 郭彦：《当前社会矛盾的总体态势和解决路径》，载《人民检察》2012 年第 4 期。

进控告申诉检察工作"窗口"建设、完善基层群众联系机制、改进和完善舆情搜集工作等基本渠道，做好检察机关群众意见收集转化工作。① 更加牢固树立接受监督的意识，采取报告工作、通报情况、实地考察、邀请参与执法检查等多种形式，主动听取、广泛征求人大代表、政协委员等对检察工作的意见和建议，将人民群众的要求真正融入检察工作中。开展听庭评议工作，定期组织人大代表、政协委员、人民监督员和特约监督员等对出庭公诉活动进行评议监督，正确认识和对待当事人和辩护律师，认真听取他们的意见和建议。② 要着力塑造检察人员的行为规范，保持健康心态和言行文明；注重培养文明执法行为，确保检察人员在执法办案过程中做到严格、公正、文明；以建设和谐机关为目标，努力实现机关内部、机关与外部执法环境以及检察人员之间的和谐相处。

（五）加强环境文化建设

环境包含工作环境、活动场所环境以及机关环境等。环境文化建设是检察文化建设的载体。良好的文化环境，不仅陶冶检察人员的情操，催生职业自豪感，而且是向社会展示检察文化的重要窗口，是对群众开展法制教育的有效载体。

检察机关的文化建设实践既有成功经验，也有因认识偏颇导致的种种不足。认识浅表化、内容与形式同质化、功能论调极端化等误区在实践中多有反映：有的急功近利，搞形式主义；有的借助牌匾、字画、景观、娱乐设施等形式展现文化内容；有的认为检察文化建设是个筐，什么都可往里装，刻意夸大检察文化建设的功能作用。③ 加强环境文化建设，首先要丰富环境文化所承载和展现的内涵即检察机关精神文化活动，要充分发挥机关党委、工青妇组织以及检察文联等的职能作用，内容既要喜闻乐见，又要出精品、亮点。"喜闻乐见"体现在：因地制宜建造一些具有时代性、实用性和群众性的庭院文化设施和活动场所，建好院史陈列室、荣誉室等检察史教育场所，精心营造良好的文化环境，使大家工作有心情、休闲有去处、娱乐有空间。要注意树立大文化观念，以宽阔的文化视野把检察文化建设与检察队伍建设、业务建设有机结合起来，保持检察文化的生机与

---

① 慕平：《检察机关群众意见收集转化工作研究》，载《人民检察》2012年第23期。
② 陈旭：《以"看得见"的方式实现执法为民》，载《人民检察》2012年第5期。
③ 于天敏：《检察文化建设再认识》，载《人民检察》2012年第10期。

活力。"精品亮点"体现在：推出一批检察文化理论文库，推广一批检察文化建设典型，实施检察文艺创作、文艺评论精品工程，实施"检察文化进基层"、"文化提升公信力"系列工程，实施检察文艺人才"百千万"工程，发展壮大和规范管理检察文化社团组织，积极培育和发展检察文化产业，实施中国特色社会主义检察文化"走出去"战略。①

---

① 徐汉明：《推动检察文化繁荣发展的思考》，载《人民检察》2012 年第 6 期。

东莞市推进检察文化建设的探析与思考

余辉胜　陈　凌　叶颖聪[*]

近年来，检察文化建设在检察机关建设中的重要性日益凸显，已成为引领风尚、推动发展的检察机关"软实力"。各级检察机关相继推出许多有益的探索，形成了各具特色的做法和经验。东莞市检察机关也在 2012 年被确定为首批全国检察机关检察文化建设示范院。本文从文化建设的实际出发，结合东莞和一些兄弟单位的做法，厘清检察文化建设所要达成的目标、应该注意的问题，探索开展检察文化建设的主要路径，进而促进检察文化建设和检察工作更好的发展。

一、检察文化建设的目标思考

检察文化建设不仅包含检察工作"是什么"的价值支撑，而且也蕴含检察工作"应如何"的价值判断。[①] 检察文化建设的目标从解决实际问题入手，不仅克服文化概念模糊、多义、歧义的烦扰（文化的定义从来众说纷纭，有关文化的定义多达 260 余种[②]），同时也是检察文化建设"应如何"的逻辑起点。

（一）提供价值判断，让检察干警形成明辨是非的标准

文化，体现着一个组织最深层的精神积淀，反映着一个团队的理想追求。[③]东莞市检察队伍年轻、思想活跃，如何在案多人少的巨大工作压力下，做到公正廉洁执法、快乐工作和健康成长？单靠说教式的思想教育，效果难以保证。而检察文化可以培育检察人的共同核心价值观和执法理念，引导检察人员在纷繁复杂

---

* 作者单位：广东省东莞市人民检察院。

① 魏启敏：《检察文化建设研究》，载《中国刑事法杂志》2010 年第 7 期。

② ［日］名和太郎：《经济与文化》，高增杰等译，中国经济出版社 1987 年版，第 41 页。

③ 徐汉明：《检察文化建设：理念更新与实践创新》，载《法学评论》2011 年第 3 期。

的社会环境和工作实践中，树立正确的、符合检察职业要求的价值取向，通过教育、引导、熏陶、感化等柔性方式培养检察人员的高尚思想、高雅情操，积极进取的健康人格，促进个人更好地成长成才。

（二）凝聚团队合力，助推检察事业更科学发展

在各级检察机关办公办案条件，基础建设、制度建设、队伍素质、规范化建设已达到一定水平的基础上，如何突破瓶颈，迎来新一轮发展，是摆在众多检察机关面前的重要命题。检察文化作为检察事业的精神支撑，无疑是推动检察工作发展的不竭动力。在各项硬件条件基本成型的背景下开展检察文化建设，可避免重复建设，开拓检察事业发展新领域；更重要的是可依托文化的内在驱动，促进检察机关内部团队精神的形成，引导检察人员自觉践行为核心价值观所倡导的行为，促使检察工作由自发转向自觉，增强检察工作发展的文化软实力。

（三）提高专业素养，为检察业务更高水平发展提供保障

"法律监督是一项高度专业化的工作，专业化是检察机关执法素质能力建设的核心……坚持专业知识的学习积累，不断提高职业精神、职业素养、职业操守和履职能力。"[1] 检察文化在培育专业工作理念、提升专业精神、专业素养和履职能力方面发挥着重要的推动作用，通过检察文化建设树立先进的执法理念，提高检察人员的专业素养和履职能力，提升对法律的理解和驾驭，增强对法理情的领悟和权衡，以更好地满足社会和人民对法治建设的新要求。

总体来说，开展检察文化建设的目的，就在于让干警有一个明辨是非的标准、有一个共同奋斗的目标、有一个提升专业素养的标尺，从而为实现个人成才、团队发展和业绩提升打下坚实的基础。

二、当前检察文化建设存在的问题及原因分析

（一）存在的问题

1. 对检察文化建设的功能认识不清。主要表现为两种极端情形：一是检察文化建设无用论。认为检察文化建设没有实际意义，是务虚工程、花架子。二是

---

① 参见《曹建明在国家检察官学院新任检察长培训班开学典礼上的讲话》，载《检察日报》2013年5月7日。

检察文化建设万能论。认为检察文化建设无所不包、无所不能，从有形到无形，凡是与检察工作相关的事物都标上文化的标签，无限夸大检察文化建设的作用和重要性。

2. 检察文化建设流于形式。一是检察文化建设文娱化，把检察文化工作简单地等同于吹拉唱弹等文体活动。二是检察文化建设物质化，将检察文化建设的重点放在办公大楼、装备设施建设等环境文化渲染上，忽略了管理文化和理念文化的引导。

3. 检察文化建设思想政治化。认为检察文化就是搞些思想教育活动，办报纸、学习文件、教育谈心、思想宣传等。事实上，检察文化建设与思想政治工作虽然在内容上存在交叉，但检察文化建设更注重柔性化，更追求机关与干警趋同的精神价值。

4. 检察文化建设口号化、公式化。目前，不少地方把文化价值体系建设工程变成简单、花哨、空洞的口号、标语或装饰行为，或是将检察文化简单地停留在文本层面，在实际运用中却将"理念"、"精神"束之高阁，造成行为与理念的严重脱节。

5. 检察文化建设一般化。一是没有突出法律监督的司法属性。缺少检察职业特色，忽视对法律监督文化内涵的深层挖掘，等同于一般的机关文化。二是内容和载体同质化。忽视检察文化所依托的基础和环境，无论是建设内容，还是推广方式、培育机制、文化载体均大同小异。

（二）原因分析

1. 对检察文化建设理解不深。"因为文化本身实在是一个纵横于具体与抽象之间的过于宽泛的概念，"① 且关于检察文化的一些基本理论在学术界和实务界有着不少分歧，导致不少单位纠缠于检察文化概念的界定，而没有把精力放在发挥检察文化的引领作用上。

2. 对检察文化建设重视不够。一是投入的资源不足。没有将文化建设纳入检察工作发展战略，在组织、人员、经费、规章制度等方面，没有切实可行的相应配套措施和保障，最后变成"运动式"的走过场。二是没有形成合力。不少地方的检察文化建设存在"上层领导高度重视，职能部门摇旗呐喊，下级部门敷

---

① 孙丽、郑博超：《梳理 30 年检察文化建设》，载《检察日报》2008 年 6 月 18 日第 5 版。

衍应付"现象，这主要是因为对开展检察文化建设的作用认识不足，急功近利、敷衍应付的结果。

3. 没有与业务管理紧密联系。将文化建设与业务管理割裂开来，单纯就文化搞文化。事实上，"检察文化建设并不是终极性目标，而是手段性目标，它必须始终服务于检察事业的发展，体现检察权的本质属性。"① 从目前全国检察文化示范院来看，检察文化建设有特色、有成果的地方，往往检察业务也排在前列。业务、管理、文化就如组织的三个支点，它们相互作用构建起检察事业持续发展的基础。

4. 建设过程中忽视人的因素。检察人员既是检察文化的积极实践者，同时也是检察文化的基本载体和建设对象，检察文化内在要求"以人为目的而不是手段"。每个检察人员都是检察文化建设的主体，检察文化是干警自己的文化，只有让干警充分参与到文化建设中来，承担建设责任，分享文化成果，才能实现个人与团队的相生共长，业绩打造与人才培养齐头并进。

5. 欠缺持续推进。要使检察文化落地生根，被团队真正理解、接受、认同和自觉实践，如果没有长期、动态的推进与巩固，早期的文化建设成果就难以长久维持。"只有针对检察业务和队伍建设实际，通过不断的巩固和调整，才能使精神文化深入人心，制度文化切实可行，行为文化不断发展，物质文化稳步推进，持续、完全、有效地发挥检察文化的作用。"②

三、检察文化建设路径选择探讨

检察文化建设是一个长期的、动态的过程，需要一个科学的路径来指引、发展。通过调研以及结合东莞检察近年开展检察文化建设的一些做法，笔者认为可从八个方面来确定检察文化的建设路径。

（一）抓好顶层设计，确立检察机关核心价值体系

"建设先进检察文化的过程就是确立、追求、培育、贯彻核心理念和核心价值观的过程。"③ 作为顶层设计，提炼核心价值体系，一要进行全面调研、系统

---

① 徐汉明：《检察文化建设：理念更新与实践创新》，载《法学评论》2011 年第 3 期。
② 刘荣九、刘正：《检察文化的塑造及其途径》，载《政法与法律》2007 年第 1 期。
③ 刘荣九、刘正：《检察文化的塑造及其途径》，载《政治与法律》2007 年第 1 期。

谋划，确保所提炼的核心价值体系总揽全局。二要广泛发动，让每位干警都认真思索，争取更多人员参与。三要充分听取各方意愿，以赢得最大认同。说到底，检察文化作为一只"看不见的手"，其建设的重点在于"化"的过程，通过确立彼此认同的价值体系，以"成文化"的方式明确共同目标，促进干警自觉提高思想认识，优化自身的心智、品格、情操等要素，促使这些要素转化为进取动力和工作能力。与此同时，还应建立与核心价值观相呼应的用人导向，坚持用核心价值体系的标准选人用人、评先评优，形成工作导向。

（二）改善心智模式，培育职业化的工作理念

心智模式作为一种思维定式，是人们认识事物的方法和习惯，具有普遍性和导向性等特点。改善心智模式，旨在去除与检察文化不相符合的心智障碍，学会自我反思、换位思考与自我完善，培养积极的心态，使各项工作更有成效地开展，有别于传统的说教。改善心智模式应避免强制灌输、强迫命令的方式，而是根据干警的成长需要，抓住干警的所思所想，采取干警容易接受和便于理解的方式，让干警在自愿参与的过程中接受熏陶和认同。如东莞市检察院开展集体反思活动，武汉市汉阳区检察院推出"改善心智模式交流会"以及宜昌市检察院践行彼得·圣吉"五项修炼"、推行"新概念"的学习方式，都是以柔性举措进行的，此举更有利于培育正向思维，一旦这些职业化理念成为全体检察官共同的基本准则和追求目标，那么这个组织就会形成浓厚的文化氛围。

（三）搭建动态文化活动平台，确保检察文化建设富有活力

尽管检察文化建设不等同于文化平台和文体活动，但从文化发展的角度来看，文化发展载体的多样性，很大程度上决定了文化发展的动力与可持续性。让文化建设持续开展，离不开动态的文化载体的创建，以实现文化建设看得见、摸得着，干警能够参与其中。动态的文化载体主要以读书、研讨、舞蹈、音乐、体育等为内容，以读书会、研究站、宣讲团、青年社为组织形式，旨在加强文化的对话与传播，"培育干警的品味情趣，让每一位成员施展才华、张扬个性"。文化活动平台注重干警的参与，通过增加干警参与检察文化的触点，让文化在参与中渐渐走入干警内心，进而增强文化的自觉与自信。

（四）构筑静态目视文化载体，大力营造浓郁的文化氛围

静态的目视文化载体突出物化和有形化的特征，作为一种可看、可鉴的文

景观，能够以耳濡目染的方式将文化价值观传递给检察人员，对他们的思想、情操、行为、习惯起着熏陶、渗透和影响作用。目视文化的载体很丰富，可通过建设文化长廊、编印文化资料、制作宣传栏等方式，让文化不断显性化；或者建立文体活动室和图书阅览室，为检察人员自主"充电"提供场所；或者在不同区域悬挂名言警句和书画作品，使干警们在潜移默化中接受文化的熏陶。搭建目视文化载体，一是注重其所蕴含的价值理念和文化内涵。不仅要构建一个舒心雅致的工作环境，更要有效宣扬价值理念，彰显文化内涵，以求潜移默化、春风化雨、点滴养成之效。二是注重目视文化载体"以物为鉴"的作用。文化手册、文艺作品、检察内刊、信息文档、摄影书画等静态的文化载体，本身就是再次领会价值理念、谋划文化建设的过程，它们记录着文化建设的真实轨迹，也为日后的发展提供生动有益的借鉴。

（五）细分角色作用，立足全员参与开展检察文化建设

检察文化建设是一项全员参与的工作，不同层级的人员承担不尽相同的责任。一是充分发挥领导的"领头羊"作用。检察文化建设作为"一把手"工程，主要领导充当着"文化倡导者、精心培育者、建设方案设计者、身体力行者和改革创新推动者"的角色，其理想、主张和风格引导着文化的走向和特色，是推动检察文化建设发展的核心力量。而他们的言传身教与先行示范，也直接影响着文化能否深入普通干警的内心，成为共同遵守的内在管理法则。二是要积极发挥先进人物的"排头兵"作用。先进人物是检察文化的体现者，他们有来自一线的岗位能手，有来自管理层的团队中坚，他们在打造工作业绩的同时，也在创造着一个团队的精神文化。要从"榜样示范、舆论导向、目标聚合、矛盾调和以及创新改良"五个方面下功夫，激发他们身上先进文化的活力。三是要依靠普通干警的"主力军"作用。普通干警是检察文化建设的基本力量，他们创造、实践并检验着检察文化的成效。对于这部分成员，要多鼓励参与检察文化建设，重视他们的价值追求，激发他们的工作潜能，发展他们的个人专长，使其成为文化建设的参与者和受益者。四是要注重人民群众的评价和反馈作用。人民群众尽管不直接参与检察文化建设，却是文化建设成效的最终评价者。检察文化建设能否提升执法办案和服务工作成效，人民群众最有发言权。因此，要注重人民群众的意见和建议，根据人民群众的意愿来设计和调整检察文化建设的思路和工作措施。

（六）形成制度和管理，强化检察文化建设深层保障

检察文化必须上升到制度和管理层面，使之成为一个单位的组织意志和行为规则，才能确保文化落地生根。一要建立固化文化的工作制度。正如华为总裁任正非所讲的"文化提倡什么，就让什么成为制度"。[①] 通过建立健全文化建设相关制度，强化刚性保障，能够将检察文化建设引向深入。比如，一些检察机关在提炼自身核心价值体系之后，又出台实施方案、发展纲要、岗位素能标准等刚性制度，不断将检察文化固定下来。值得一提的是，如果只是将原有的制度汇编成册，而没有在核心价值体系的指引下进行增删、修改和完善，这种做法就并非文化的制度建设。二要依托文化提升管理层次。检察文化是一种文化，也是一种管理方式。较之科学管理注重效率导向、绩效管理注重业绩导向，检察文化建设注重的是人性化的自我管理，讲究以核心价值体系为导向，从促进工作、促进人全面发展的角度去优化管理，探索实施自我管理、知识管理、时间管理、质量管理和创新管理等多种管理，不断提高管理的人性化、自动化和科学化。

（七）抓好层级互动，夯实检察文化建设内部基础

检察文化建设除了将检察机关和检察人员作为建设主体之外，还应该强调检察机关内设部门的主动性，将检察文化建设从"全院——个人"变为"全院——部门——个人"三层结构，并以自下而上、先分后合的思路，组织内设部门先行构建自身文化，筑牢检察文化根基。一是大力繁荣部门文化。组织提炼部门精神，增强部门文化凝聚；创建院墙文化和内网展示窗口，丰富部门文化展示载体。二是建立部门文化考评机制。将部门文化建设的成效作为年度评先的条件，让文化成为工作的硬指标，鼓励先行先试，推出各种举措，增强文化的日常运行。三是加强全院认同。以组建法律沙龙、青年论坛、读书会、宣讲团和研究站等文化兴趣小组，打破科层界限，消除部门间的壁垒，拉近领导与干警之间的距离，提升全院团队认同。

（八）明确工作步骤，从长远推进检察文化建设

"一年发展靠领导，三年发展靠制度，十年发展靠文化"，[②] 检察文化推动检察工作发展是长期的，相应的建设过程也要有一定的时间、过程和人力保障。一

---

① 周君藏：《任正非这个人》，中信出版社 2011 年版，第 78 页。
② 最高检政治部编：《关于进一步加强检察文化建设的调研报告》，2011 年 6 月编，第 38 页。

是力求近有举措、远有谋划。比如，东莞市检察院提出"三不"做法即"不闭门造车、不急功近利、不急于求成"。在阶段安排上，通过全院大会、院务会等平台反复灌输讨论，慢慢将文化内化；在中长期规划上，出台《文化建设发展纲要》，把文化建设列入今后较长一段时期的工作重点来抓，以求达到长远效果。二是建立领导机构。检察文化建设时间长、工作多、难度大，既要务虚也要务实，既要创新也要坚持，急需一个领导机构来统筹推进。将有文化建设兴趣、专长的人才揽入其中，成立专项机构，能够形成文化高地，为检察文化建设持续发展提供组织保障。

贯彻群众路线
构架基层检察文化建设基本模式

张秀峰*

72 年前，毛泽东同志在《在延安文艺座谈会上的讲话》中，深刻阐释了文艺"为群众"以及"如何为群众"的根本问题，发展了马克思主义文艺理论，在中国思想史和文艺史上都具有里程碑的意义。2012 年 12 月，最高检把坚持"二为"方向和"双百"方针写入《关于深入贯彻落实党的十八大精神，进一步加强检察文化建设的决定》中，作为一项基本原则进行明确，这是对毛泽东同志《讲话》精神的继承发扬，也是检察文化建设贯彻群众路线的高度概括。当前，以"为民、务实、清廉"为主要内容的第二批党的群众路线教育实践活动正在全国省以下各级机关及其直属单位和基层组织扎实开展，群众观点、群众路线更加深入人心。基层检察机关作为与人民群众接触最密切、办案数量最多的部门，更应在贯彻党的群众路线上有所作为。基层检察文化建设面对的群众，一是全体检察干警，二是广大老百姓。基层检察文化建设根深在群众，发展活力在群众，工作的中心也在群众，必须坚持以群众路线为指引，构架起符合自身实际、有利于大发展大繁荣的模式，概括起来就是"一个核心"、"两条主线"、"三位一体"、"四个平台"、"五项机制"。

一、把握"一个核心"，着力培育符合政法干警核心价值观的"检魂"

以"忠诚、为民、公正、廉洁"为主要内容的政法干警核心价值观是社会主义核心价值体系在政法领域的具体体现，是社会主义法治文化的精髓，是党的

---

* 作者单位：内蒙古自治区赤峰市人民检察院。

群众路线教育实践活动在政法领域的具体要求和生动体现。基层检察文化就是要以此凝聚精气神，形成统一指导思想、共同信念信仰、强大精神力量和基本道德规范的"检魂"，并内化于心、外践于行。

（一） 检魂的政治性要求具有正确的政治方向

"检察机关作为国家法律监督机关，既是社会主义先进文化的建设者和推动者，也是社会主义先进文化的保障者、捍卫者"。政治方向是检察机关的政治责任和重要任务。基层检察人员与人民群众距离最近、接触最广泛，务必在举什么旗、走什么路、以什么样的精神状态、朝什么目标前进等重大问题上统一思想、统一行动，在事关政治方向、事关根本原则的问题上始终保持清醒头脑。基层检察文化建设的首要问题是必须高举中国特色社会主义伟大旗帜，自觉坚持以党的创新理论为指导，坚持社会主义先进文化前进方向，做到文化工作为党的事业服务。

（二） 检魂的先进性要求树立牢固的职业信仰

"强化法律监督，维护公平正义"的检察工作主题要求检察人员树立社会主义法治理念。作为意识形态，社会主义法治理念就是检察人员的职业信仰。社会主义法治理念是系统地反映符合中国国情和人类法治文明发展方向的核心观念、基本信念和价值取向，体现了党的领导、人民当家做主和依法治国的有机统一。基层检察人员遇到的现实困难最多、矛盾最复杂，务必能够从心灵深处保持对检察职业的价值认同和理性回归。基层检察文化建设的核心问题是必须准确定位对检察机关的政治任务、历史使命和社会责任，使全体检察干警充满矢志不渝为之辛勤工作、不懈努力的忠诚和激情，能够应对各种困难和挑战。

（三） 检魂的稳定性要求修养良好的道德品格

庄子说："时势为天子，未必贵也；穷为匹夫，未必贱也。贵贱之分，在于行之美恶。"道德是文化的内在价值判断，道德修养的根本问题，就是按什么标准来修养的问题。检察职业道德，就是符合检察职业特点所要求的道德准则、道德情操与道德品质的总和。基层检察人员大多远离繁华都市，面对的各种诱惑却最具体，务必保持心灵的宁静，把良好习惯养成在履行检察职责、办案和个人的言行举止中。基层检察文化建设的关键问题在于培育符合现代法治精神的职业道德，做到既传承中华民族优秀的传统法治美德，又崇尚当代法治的善治精神；既赞赏法治社会普遍的民主精神，又发扬中国特色的和谐理念；既始终保持高尚的职业追求，又模范遵守廉洁从检的各项纪律规定，坚持自我规范、自我修正、自我约束，坚守公平正义的底线，做到以和平理性的方式解决社会矛盾。

二、围绕"两条主线"，着力发挥文化建设在推进检察工作科学发展中的功能作用

文化如水，润物无声；文化之力，绵延不绝；文化之香，沁人心脾。基层工作的特点，决定基层检察文化建设的谋划和开展必须围绕"两条主线"来进行，即服务检察中心工作和突出检察人员主体地位，解决"依靠谁、为了谁"的问题。

（一）文化之润在于提升干警素质

基层检察文化建设不仅是本机关个别文艺爱好者的自觉行为，还是全体检察人员的共同责任。内蒙古赤峰市元宝山区检察院在这方面的做法具有一定的借鉴性，他们突出"以人为本"的理念，充分发挥基层检察人员在文化建设中的主体作用，不断激发他们的文化创造潜能，提升他们的综合素质，让每一名检察人员都成为检察文化建设的参与者和受益者，成为检察文化成果的展示者和传播者，特别是成立了自治区首家基层检察官文联，使得"铸才、聚才、育才、扶才、优才、引才"工程尽占先机。该院被自治区纪委、监察厅确定为"机关廉政建设示范点"，侦监科科长李秀丽被誉为"爱心妈妈"成为自治区典型。

（二）文化之力在于打造检察品牌

检察文化只有根植于检察业务工作这块肥沃的土地，才能保持旺盛的生命力，才能绽放亮丽的光彩。这方面，内蒙古敖汉旗检察院取得了不俗的成绩。他们在检察文化建设过程中，注重把文化建设融入到各项检察工作实践中，将其具体转化为执法理念的提升、执法能力的提高和执法形象的树立，使其真正落脚于推动检察业务水平和队伍素质能力的不断提升上，向文化软实力要业务工作硬成效。2014年，敖汉旗检察院被国家人社部和最高检授予"全国模范检察院"称号。

（三）文化之香在于传播法治理念

基层检察文化建设不能仅限于检察干警的自娱自乐，更在于面向社会，服务

群众。内蒙古宁城县检察院在这方面做法独特，他们的文化建设不但吸引检察干警亲身参与，在健康、积极、向上的氛围中展现自我、凝心聚力，为检察工作科学发展提供了良好的人文环境，更重要的是直接服务中心工作。他们建设的预防职务犯罪教育基地先后接待了包括周边省市在内的纪检、工商、税务、法院、司法等部门领导干部数万人，被誉为"金色防火墙"。每年结合"五四"、"七一"和元旦等时节组织文艺晚会、读书演讲比赛，或积极参加政法系统举办的文艺演出，以音乐、舞蹈、戏曲、小品等群众喜闻乐见的文艺形式宣传检察中心工作，取得了良好的社会效果。

三、坚持"三位一体"，着力推进基层检察文化建设水平的整体提升

在结构层次上，检察文化分为精神层、行为层和物质层三个层次，并按一定的组合规则构成一个整体，其中：精神层是检察文化的核心，行为层规范检察机关的正常秩序，物质层是价值观念的物质载体，属于检察文化的表层部分。基层检察文化建设不能偏颇，顾此失彼。

（一）凝聚共识，升华检察精神

要在提高本院干警政治素养上下功夫。通过深入学习党的十八大和十八届三中全会精神，抓好以"为民务实清廉"为主题的党的群众路线教育实践活动，始终坚持"政治建检"的工作方针，不断用先进理论成果武装干警头脑，着力解决检察队伍在理想信念、宗旨意识、执法办案等方面存在的突出问题。要在提炼本院检察精神上下功夫。结合检察人员群体思想实际和检察机关发展目标，认真总结和精心提炼具有特色的检察精神或院训，并把载有"精神"、"院训"等内容的牌匾悬挂在醒目位置，让干警们能够时时自勉、自励、自省，使之逐步成为检察人员的价值追求和行动指南。要在挖掘本院先进典型上下功夫。榜样是精神文化的具体人格化。基层检察院应该积极挖掘、培养、树立体现时代精神的先进典型，用时代模范来全面展现检察精神文化的精髓和强大感召力。

（二）突出重点，规范检察行为

加强基层检察文化建设，重点应在规范检察人员的执法行为、言谈举止、

人际交往等，努力培育检察人员符合职业道德要求的行为模式，确立检察人员共同的行为准则。要健全约束行为的制度。全面深化规范化建设，建立规范化管理体系，实现"阳光司法"，开发先进办案软件实现对执法办案每一个程序、环节和流程走向的"过程控制"。要完善监督行为的机制。通过健全教育、引导、监督三点一线的工作推进机制，完善组织、家庭、社会三位一体的责任机制，构筑人大代表、政协委员、人民监督员等外部监督机制，引领检察干警厚道做人、地道做事。要养成文明行为的习惯。在履行检察职能过程中大力倡导"人人争先、项项创优"的工作理念，结合争先创优等活动强化大局意识，在执法办案中强化人本理念，积极探索人性化办案模式，努力养成文明执法的良好习惯与工作氛围。

（三）加大投入，夯实物质基础

要不断完善文化设施的硬件、软件建设：无论是大厅、接访室、讯问室，还是文化走廊、检务公开栏，都让格言、文化墙、座右铭、名言警句随处可见；无论是图书室、荣誉室，还是廉政警示教育基地，到处散发出浓郁的文化气息；无论是健身房、乒乓球室等文体活动场所还是计算机局域网，均体现出独具文化韵味、极富个性色彩的工作环境。要经常举办多彩的文化活动，如迎新年联欢会、趣味运动会、检察论坛、演讲比赛等，丰富干警生活，陶冶干警情操。要不断涌现文化成果，如积极创办本院文化刊物，编辑出版书画集或《制度汇编》；鼓励干警创作摄影、美术、文学等作品，创作廉政公益广告等，并联系媒体进行刊发。

四、搭建"四个平台"，着力开创基层检察文化建设独具特色的大好局面

党的群众路线教育实践活动要求解决形式主义、官僚主义、享乐主义和奢靡之风这"四风"问题。基层检察文化建设由于方兴未艾，缺乏成熟的经验可借鉴，也容易出现"四风"问题。所以，要在创新方法上下功夫，在务求实效上求突破，具体来说，要搭建好以下"四个平台"：

（一）着眼凝聚力，搭建学习教育平台

完善党组理论中心组学习制度，加强领导班子和党员干部的思想政治建设；

开设"道德讲堂",提升全体干警职业道德水平;开展"大学习、大讨论"活动,或组织读书心得交流、演讲比赛等,用党的最新理论成果武装广大干警的头脑;根据行业特点,开展文明窗口、文明接待室、文明检察室创建活动,使文明用语、文明执法进一步规范;举行升国旗仪式,组织检察官宣誓和党员重温入党誓词,到烈士陵园缅怀先烈等,教育干警树立爱岗敬业、恪尽职守、执法为民理念。

(二)着眼感染力,搭建文体活动平台

适时组织开展一些兼顾学习与情趣、知识与娱乐、活动与休闲的文化活动,丰富干警的业余生活,营造宽松和谐的人际环境。坚持每天上班前做一套广播体操或太极拳,利用节假日开展拔河、乒乓球、羽毛球、登山比赛、趣味健身游戏等多种形式的文体活动,结合元旦、"五四"、"七一"等重大节日开展文艺晚会、诗歌朗诵、演讲比赛等大型活动,结合业务工作开展办案能手评选、新《刑事诉讼法》学习交流讲坛,等等。

(三)着眼创造力,搭建创作交流平台

成立检察官协会、检察官文学艺术联合会、读书会、各种兴趣小组等组织,并经常开展活动,发挥作用。为有摄影、写作、书画、音乐特长的干警举办摄影书画展、作品座谈会、个人音乐会等,激发干警的创作热情;创办检察内部刊物,编辑出版干警的理论、文学、书画、摄影等作品,发现和培养文艺人才;建立"两微一站",在局域网和门户网站上开设文化建设专栏,让干警的作品走向社会。

(四)着眼影响力,搭建宣传展示平台

与网络、报刊、电视等媒体建立联系,积极宣传检察好声音,展示检察好形象;与上级院或地方艺术团体合作,把先进典型的事迹搬上舞台,以小品、快板、舞蹈、微电影等形式,充分发挥检察文艺作品教育人、鼓舞人、激励人的作用;在门户网站设置"阳光检务"、"网上接待室"、"检察官便民服务站",把检察机关门户网站建成检务公开和便民服务的权威平台,传递检察机关执法为民的良好形象;利用多种形式和手段,全方位、多角度地反映全院干警的价值追求、思想情操和精神风貌,将先进检察文化蕴含的时代内涵和人文价值充分展示出来,提高检察机关的公信度和社会认知度。

五、规范"五项机制"，着力夯实基层检察文化建设大发展大繁荣的基础条件

检察文化建设是一项长期、复杂的系统工程，不可能一蹴而就。扎扎实实打好坚实基础，是开创基层检察文化建设新局面的有力保证。

（一）规范组织领导机制

进步不进步，群众看干部。基层检察院要成立以检察长为组长、其他班子成员为副组长的领导小组，下设办公室，明确责任分工，形成"一把手"亲自抓、分管领导统筹抓、政治部门具体抓、全体干警积极参与的上下联动工作格局。在此基础上，做到每届有中长远规划，每年有年度工作计划，每个阶段或每项活动都有方案、计划，确保每个工作环节有人管、有人负责、有人落实。

（二）规范人才支撑机制

尽管基层检察院建立一支文化领军人物有一定难度，但也要努力形成广纳群贤、人尽其才、充满活力的局面。一是引进人才，严把招录关，注重选拔文化素养高的人员进院，也可大胆聘用社会上的文化人才为我所用。二是培养人才，立足现有条件，采取请进来教、走出去学等多种手段，大力培养急需人才。三是使用人才，大凡文化人都有知识分子的特点，要看其本质，用其所长，不能浪费人才。四是要留住人才，努力使人才产生认同感、成就感、新奇感、知遇感、归宿感，最终形成内在的持久的人才凝集力。

（三）规范物质保障机制

将检察文化活动经费纳入年初财政预算，为检察官文联、检察官协会的专项支出给予大力支持，为摄影队、文艺队、乒乓球队等文化团队购置队服及相应的器材设备，为运动会、文艺晚会等检察文化活动的组织、开展提供强有力的后勤保障，为检察文化工作的开展提供信息化办公条件，配备必需的设施、设备。

（四）规范奖励激励机制

制定和完善检察文化建设工作的考评制度，将检察文化规范化建设工作进行动态管理，纳入年终目标考核。建立专项奖励制度，及时发现总结检察文化建设工作好的经验做法，树立楷模，表扬先进，鞭策后进。定期分析解决检察文化建设工作中存在的问题，保证检察文化建设工作健康发展。

（五）规范普及提高机制

基层检察官的文化自信、文化自觉和文化自强来源于全体干警的文化普及与提高。要形成氛围，领导班子成员要身体力行、率先垂范，教育、启发、诱导、吸引、熏陶和激励干警积极参与，营造先进检察文化建设浓厚氛围；要挖掘地域特色文化潜力，积极寻求地域文化与检察文化的结合点，将检察文化与传统文化、地方文化交织交融，打造具有特色的检察文化品牌；要积极争取专业指导，邀请当地文化界的作家、画家、记者、歌星、影星等知名人物作为本院文化建设的顾问，经常向他们取经学艺、交流提高。

以科学发展观为指导推进检察文化建设

——兰州市检察机关检察文化建设实践与探索

陈 革 杨 芳*

文化建设的规模及其国民素养的程度是一国综合国力的象征，是民族凝聚力和创造力的重要源泉。检察文化作为社会主义先进法律文化的有机组成部分，是检察机关和检察人员在履行法律监督职责和日常生活中创造形成的具有检察职业内涵的特定文化形态，是以维护公平正义为核心、以提高法律监督能力为要求、以创新检察管理机制为途径、以营造良好法治环境为目的的具有鲜明检察特色的法律文化。检察文化具有教育、导向、凝聚、激励、约束、协调等功能，体现了我国当代法律文明的精神本质，也是检察机关执法和建设的强大推动力。探寻检察文化发展的路径和规律，提升检察文化发展水平，对于推进检察事业健康深入发展具有重要的意义和作用。

一、兰州市检察机关检察文化建设实践

近年来，随着司法改革和检察事业的健康发展，兰州市检察机关各项检察工作取得了明显进步，在全省检察机关绩效考评中连续多年名列第一，但与全国其他先进地区检察院相比，仍存在较大差距，队伍建设中缺乏内在的推动力和精神支撑点成为检察事业进一步发展难以破解的瓶颈问题。进行检察文化建设是解决这个瓶颈的有效措施。全市两级检察院以科学发展观为指导，充分发挥检察文化的引领、带动作用，结合自身实际，锐意创新、求真务实、开拓进取，对检察文化建设进行了积极、有效的探索与实践，取得了一定效果。

---

* 作者单位：甘肃省兰州市人民检察院。

（一）制定完善制度，推动检察文化建设深入开展

制度是先行、是保障。检察文化建设制度是检察文化的重要组成部分，体现了检察文化建设的内涵和法治精神。为确保检察文化建设扎实有效开展，兰州市各检察院积极探索检察文化建设的思路，相继制定了创建"文明单位"实施规划；部分基层检察院制定了《关于开展检察文化建设工作的实施方案》，较为全面系统地提出了本院检察文化建设的指导思想和总体目标、主要内容和措施途径，确立了文化建设的构架；制定了《公务员接待规范及相关礼仪规范》，致力于营造良好的检察文化环境和队伍形象；制定了《创建"和谐单位"实施意见》等，大力倡导爱检如家、上下一体、团结和谐。通过制定实施一系列制度，不断完善检察文化建设的工作机制，进一步明确具体要求和目标，提高检察文化建设水平和规模，有效推动了检察文化建设工作的顺利开展。

（二）坚持检察文化建设与质量兴检相结合

公平正义是检察工作永恒的主题，是检察机关致力于构建社会主义和谐社会的本质要求，是宪法赋予检察机关的重要职责，是检察文化的灵魂。脱离公平正义这个内核去谈检察文化建设，无异于舍本逐末。案件质量是检察工作的生命线。要实现公平正义，必须坚定不移地走质量兴检之路。完善质量管理制度文化，推进队伍和业务管理的规范化，对于建设检察文化，健全权责明确、高效运行的长效工作机制，形成富有活力的动态管理模式起着至关重要的作用。近年来，兰州市各院较好地发挥了检委会和案管中心作用，通过统一业务应用系统，创建完善质量管理制度文化，用制度文化带动检察工作健康发展。健全完善了岗位责任目标管理制度、办案流程制度、案件评价制度、监督制约制度和创新激励制度等，细化了办案质量标准及要求和办案质量跟踪控制制度，建立健全执法档案，形成办案程序专项审查、办案过程全程跟踪、案件质量逐级把关的案件管理制度文化，特别加强了职务犯罪案件质量管理，实行职务犯罪案件审查逮捕上提一级、职务犯罪案件裁判两级审查、侦防一体化、自侦案件两个延伸、自侦及公诉出庭情况定期点评等工作制度。同时，加强对制度的执行力建设，启动检委会跟庭考评工作机制，强化案件质量；制定《精细化管理实施意见》，对检察工作特别是案件办理实行精细化管理，倡导工作态度精心、工作过程精细、工作标准精确、工作结果精品；推行"问题工作法"，倡导"思考问题是素质，发现问题

是水平，解决问题是能力"工作理念，形成了"天天都在解决问题，天天都有问题解决"的良性工作局面。通过开展以公平正义为灵魂的执法文化建设，提高了执法能力和水平，促进了公平正义，维护了人民群众的合法权益，实现了法律效果和社会效果的统一。

（三）贯彻科学发展观，树立以人为本的核心理念，创立以人为本的管理文化

检察文化的精髓是重视人的价值、发挥人的作用，检察文化建设的关键是人的建设。因此，检察文化建设要突出"以人为本"理念，实行人性化管理机制，通过对干警的尊重理解和有效激励来充分发挥其主动性、积极性和创造性，最大限度地挖掘干警的潜能，力求把实现检察机关的整体价值和实现检察官个人价值统一起来，使他们乐于接受检察文化建设的各项措施，使检察文化建设充满生机与活力。近年来，兰州市两级检察机关对人性化管理机制均有不同程度的探索和实践。一是端正用人导向，培育竞争意识。确立"为民、公正、廉洁"的正确用人导向，建立公开、公正、公平的用人制度和激励竞争机制，营造"靠素质立身，凭实绩进步"的良好用人环境，努力为干警提供锻炼和施展才华的机会。二是注重发挥群体智慧，激发干警参政议政意识。严格按照民主集中制原则规范党组活动，凡重要工作决策、人事任免、大额经费开支等重大问题，都集体研究决定；组织干警参与全院方案的讨论制定，引导干警对所制定的方案的认知和认可，使以责任心为核心的执行力成为干部队伍建设的有力保障。三是积极提倡"人人参与管理"，做自己的领导者。激励全体检察人员提升素质、追求卓越，在不断进取中实现由他律向自律的转变。四是从优待检，快乐检察。提倡"领导即是服务的理念"，通过生日送祝福、"五访问、五必谈"等一系列人文关怀，营造快乐生活、快乐工作的氛围，加强干警心理健康教育和疏导。部分院党组坚持在干警生病住院、家庭有困难、发生意外及每年春节对退休老干部及其生活困难家属进行登门探访，对干警思想波动、工作岗位变动、工作出现失误、评先晋级落榜、与同志发生矛盾时开展谈心、沟通和交流，做好思想认识疏导工作，使干警感受到组织的温暖。五是创造宽松环境，构建和谐氛围。营造检察文化环境，绿化美化办公场所，通过办公楼悬挂张贴名人名言、法律格言、廉政警句、书画作品等，创造浓厚的文化气息，使干警在文化环境中耳濡目染，得到熏陶。

建成图书室、健身房、文体活动室、音像资料室、院史荣誉室，让干警在工作之余放松身心，培养健康的生活情趣。

（四）搭建学习平台，加强培训，打牢检察文化基础

学习是提高干警素质，推动检察工作创新发展的必由之路。学习文化不仅包括政治经济理论、法律知识、检察实务及其他综合知识的学习，还包括执法理念、职业道德等的学习。各院结合自身检察业务和队伍建设实际，采取多种措施，搭建学习平台。一是搭建政治理论专题教育平台。兰州市两级院通过社会主义法治理念教育活动、学习实践科学发展观活动、党的群众路线教育等活动不断提高干警政治素质，增强了干警的大局意识、政治意识和服务意识，牢固树立了"立检为公、执法为民"的观念。二是突出培训重点，开展岗位练兵活动。增强教育培训工作的计划性和针对性，以提高业务技能为目标，加强对执法办案人员的岗位技能培训，开展形式多样的实战练兵活动，提升检察文化建设的软实力。三是加大对干警专业综合素质的教育培训。鼓励和支持干警参加国民教育序列学习和司法考试，并为参加司法考试的干警提供充分的政策支持和时间保证，积极开展计算机等级考试培训活动，提高干警的计算机操作能力。四是积极构建网络学习平台。全市各级院均建立了电子阅览室，完善了内部网络交流、学习平台，实现了内部信息资源共享，为干警提供学习、交流、展示的现代化平台。

（五）开展文化活动，陶冶干警情操和品位，培养团队精神

丰富多彩、生动活泼的文体活动是检察文化的艺术载体。健康有益的文体活动，能够在潜移默化中陶冶人的情操，提高人的修养，进而增强检察机关的凝聚力和战斗力。全市两级院在检察文化建设中，通过组织开展丰富多彩、寓教于乐的文体活动陶冶情操，凝聚人心，鼓舞干劲，激励斗志，调动了检察人员的积极性，开阔了检察人员的视野，充实了文化育检的内涵，培养了团队精神，展现了兰州市检察机关良好的外部形象。为进一步加强检察文化建设，实现争先创优目标，2013 年，兰州市院成立了检察官文联，下设法治文化理论、文学、书法绘画、摄影、音乐舞蹈、体育六个协会，发展两级院有文艺专长的 58 名干警为会员，在"寓检于乐"中丰富干警业余生活，培养干警的进取心、荣誉感和团队精神。

（六）加强廉政文化教育，增强廉洁意识

廉政文化是检察干警廉洁从检行为在文化、观念、监督制约以及自律意识等

方面的综合反映，也是检察文化建设的主要内容之一。面对检察队伍建设的需要，兰州市检察机关大力加强廉政文化建设。一是加强廉洁从检教育。通过开展社会主义核心价值观教育、贯彻落实中央八项规定、党的群众路线教育等活动，强化干警自律意识，遏制"四风"，建立"为民、务实、清廉"工作作风，加强对规章制度执行情况的督促检查，提高领导班子成员拒腐防变的能力。二是宣传廉洁自律先进典型人物和事迹。大力宣传、学习"全国模范检察官"祁胜军同志的先进事迹，弘扬英模人物精神风貌，引导全市检察人员把全心全意为人民服务作为自己的职业理想，努力提高干警的思想道德水平。三是结合专项教育活动，提高道德修养。结合开展"三严三实"等专项教育活动，把职业道德教育与推动检察文化建设结合起来，围绕存在问题、改进措施和工作目标等内容，边学习边整改，切实解决存在的突出问题，增强干警廉洁自律的自觉性。四是利用各种载体宣传廉政文化。率先建成了全省首条廉政文化一条街，开辟了首个以公交车为载体的廉政文化宣传平台，达到了惩防结合、宣传检察文化的良好效果。

通过贯彻落实科学发展观，加强检察文化建设，兰州市检察机关保持了良好发展势头，各项检察业务得到创新发展，多项工作走在全省前列。自侦部门实行侦查一体化办案模式，整合力量，高效运转，形成打击合力，保证了办案质量和效果。侦监部门推行不批准逮捕案件答疑说理制度，对所有不捕案件均按照"三横三纵"法开展答疑说理工作，实现了批捕案件零错捕、零复议、零复核的目标。未成年人检察部门积极探索未成年人犯罪附条件不起诉等特殊程序执行制度，以更好地实现刑事诉讼司法制度在惩罚犯罪和保障人权方面的价值目标。公诉部门把加强监督作为切入点，大胆探索实践量刑监督工作，量刑建议采纳率由最初不及50%提高到90%以上，确保了公诉工作高标准、高质量运作。民行部门积极尝试由被动监督向主动监督方式的转变，依据法律采取积极方式将民行监督关口前移，在办案过程中适用民事检察和解制度，达到了办案法律效果、社会效果、政治效果的统一。涌现出感动金城十大政法人物李培林等先进人物，28个先进集体、48名先进个人受到省、市表彰，七里河区检察院、安宁区检察院等基层院被授予"全国先进基层检察院"，城关区院荣获"全国检察宣传先进检察院"称号，市院祁胜军同志被最高检授予"全国模范检察官"。

虽然兰州市检察文化建设取得了一定成绩，但与创建一流检察院的目标要求相比，仍有较大差距。主要表现为：部分检察干警对检察文化及其建设的重要性、必要性缺乏正确认识，仅停留在狭义和肤浅认知层面，真正对其内涵外延研究不深、认识不透；检察文化建设中，仍存在重形式、轻实质的倾向，表现为表层化、简单化、庸俗化、功利化；检察文化建设各院发展不均衡，重点不突出，特色不明显。这些问题虽然存在于局部工作和个别干警身上，但却反映出我市检察机关在检察文化建设中尚存在不深入、不到位的情况，还需要我们不断深化认识、强化创新、扎实推进。

二、兰州市检察文化建设应遵循的原则和方向

根据中央和最高检关于加强检察文化建设的部署要求，结合检察工作实际，笔者认为，我市检察文化建设应遵循的原则和方向主要为：

（一）深入学习实践科学发展观，加强思想政治教育，坚持社会主义核心价值体系

认真组织开展深入学习实践科学发展观活动，着力转变不适应、不符合科学发展观要求的思想观念，着力解决影响和制约科学发展的突出问题以及党性党风党纪方面和执法作风、执法行为方面群众反映强烈的突出问题，着力构建有利于检察工作科学发展的体制机制，更好地服务经济社会科学发展和实现检察工作自身科学发展。社会主义核心价值体系是以马克思主义指导思想为灵魂，以中国特色社会主义共同理想为主题，以爱国主义为核心的民族精神和改革开放为核心的时代精神为精髓，以社会主义荣辱观为基础，是社会主义意识形态的本质体现和中国特色社会主义文化建设的总纲。加强检察文化建设，必须以社会主义核心价值体系为指导，立足检察工作主题和总体要求，适应形势发展需要，把社会主义核心价值理念融入检察文化建设的全过程。

（二）贯彻落实党的群众路线，加强宗旨意识，坚守"为民、务实、清廉"的执法基本要求

党的群众路线，是推动社会科学发展、促进社会和谐的重要保障，是实现党的领导、巩固党的执政地位的重要途径。中国共产党作为最广大人民群众根本利益的代表者和实现者，党的利益、人民的利益与法治信仰，三者具有内在统一性。人民性是中国特色社会主义司法制度的本质属性。检察机关作为党的方针政策和国家法律的忠实执行者和捍卫者，其工作性质具有人民性。"立检为公，执

法为民",是检察机关执法办案的根本宗旨。检察机关要把牢固树立和忠实践行群众路线作为检察文化建设的重要任务,大力践行"为民"理念,把执法为民落实到检察工作的各个环节,使"为民、务实、清廉"成为检察人员履行职责的基本要求。确保检察机关始终坚持党的事业至上、人民利益至上、宪法法律至上,始终保持检察队伍忠于党、忠于国家、忠于人民、忠于法律的政治本色。

(三) 突出检察工作主题,大力加强检察职业道德建设,提升检察队伍的职业素养和职业形象,推动检察机关规范化建设

"强化法律监督,维护公平正义"是检察工作的主题,强化法律监督是立身之本,维护公平正义是价值追求。加强检察文化建设,必须牢固树立和忠实践行"强化法律监督,维护公平正义"的主题思想,使之成为检察人员共同的价值追求,成为检察机关固有的文化特质。检察职业道德是检察人员在从事检察职业活动中应遵循的行为规范和具备的道德品质,是正确行使检察权、防止司法腐败、增强检察队伍战斗力的保证。职业道德建设是检察文化建设的重要内容,要以"忠诚、公正、清廉、严明"为要求,深入开展检察职业道德教育,教育引导广大检察人员把维护社会公平正义作为崇高的职业使命和毕生的价值追求,努力提高检察人员的职业道德水准。检察职业道德建设是长期任务,在加大思想教育的同时,要突出抓好素质养成教育,以确立检察机关共同的行为准则,强化检察人员个体的集体观念、道德观念,引导他们逐步养成良好的职业道德习惯。加强检察人员礼仪规范教育,建立统一威严、文明友善、健康向上的职业礼仪规范,展示检察机关和检察队伍严格、公正、文明执法的职业素养、职业形象和精神风貌。把职业道德建设与执法规范化建设和纪律作风建设紧密结合起来,使检察职业道德的基本要求融入各项制度规范和工作机制中,落实到检察人员的言行举止上。

三、结合检察工作实际,用科学发展观推进兰州检察文化建设

(一) 大力培育和弘扬兰州检察精神,推动全市检察事业创新发展

检察精神是检察文化的重要组成部分,是检察干警精神面貌的总体反映,是

在面对社会、他人、工作尤其是面对困难时表现出来的一种共同的精神状态和作风，是推进检察事业不断创新发展的精神动力。要依据地域文化背景，认真回顾分析我市检察机关恢复重建三十多年来的生动实践，提炼、构建体现社会主义法治文化并具有时代特征、检察特质、兰州特色的检察精神，增强检察机关的凝聚力、战斗力和创造力，激励全市检察人员坚持不懈地为中国特色社会主义检察事业而奋斗。兰州市检察机关倡导的"十二字"机关风尚，是针对兰州检察实际弘扬和培育的兰州检察精神，是兰州检察文化的重要组成部分。它以祁胜军同志等优秀检察官的先进事迹为榜样，教育和引导全市检察干警特别是年轻干警积极践行"爱集体、讲奉献、明事理、懂规矩"的机关风尚，在思想上形成共识，在工作中自觉践行，把检察文化建设与检察职业道德教育、创先争优等活动有机结合，树立了检察机关良好的形象。

（二）坚持以人为本，促进人的全面发展，建设学习型检察院，提升干警的综合素质和执法水平

加强检察文化建设，必须坚持以人为本，着力提升检察人员的素质和能力，包括政治素质、道德素质、文化素质、专业素质、能力素质、身体素质等，促进人的全面发展。开展创建学习型检察院、争做学习型检察官活动，是加强检察文化建设、提升素质的一个重要载体，要引导干警牢固树立学习是生存和发展需要、终身学习、工作学习化、学习工作化、不断创新的理念。学习是塑造自我、完善自我、创新自我、扩充创造性能量的过程，也是变被动接受客观知识为主动提高内在素质，将学习成果转化为创造力的过程。因此，应强调发展"学习"文化，努力营造学习氛围，进一步健全完善学习培训制度和工作机制，加强政治理论学习和正规化教育培训，不断提升检察人员的综合素质和法律监督能力，努力打造复合型、专家型的检察官队伍。以课题制、年会制和检察理论成果转化基地建设为抓手，加强检察理论研究，切实提高检察机关的理论研究水平和检察实务水平。

（三）大力培养和树立先进典型，用模范人物和先进事迹引领队伍建设

先进典型是检察人员学习的榜样，是检察机关的旗帜和标杆，展现检察文化的精髓，对检察文化的成型与强化起着重要的作用。要进一步健全完善树立和推

广先进典型的工作机制，积极探索新形势下培育、总结、宣传检察机关先进典型的新思路、新方法，不断推出反映时代精神、体现检察特色、具有人格魅力和较大影响的先进典型，用榜样的力量不断昭示检察文化的丰富内涵和巨大动力，用先进典型的人格魅力推动检察群体共同意识的形成和发展。

（四）加大检察宣传力度，为检察工作发展创新营造良好的舆论氛围

充分运用报刊、电视、广播、网络等各种舆论工具，积极开展检察职能和检察工作的全面宣传，展示检察机关履行法律监督职责、服务经济社会发展大局的新成绩，展现检察机关从严治检、加强队伍建设的新面貌，让人民群众了解检察机关，支持检察工作，为检察事业的创新发展营造良好的舆论氛围。建立和完善检察机关新闻发布制度，进一步推进检务公开，不断提高检察工作的透明度，扩大检察机关的影响力。

（五）加强自身建设，营造和谐的人际关系和工作氛围，努力构建和谐检察机关

和谐文化是中国特色社会主义文化的重要组成部分，是全体人民团结进步的重要精神支撑。检察机关作为和谐社会的保障者和建设者，要把和谐理念、和谐精神融入检察工作，不仅要坚持做到和谐司法，实现执法办案的政治效果、法律效果和社会效果的有机统一，而且要加强自身建设，努力构建和谐机关，营造积极向上、乐于奉献、诚信友爱、精诚团结、和谐共事、廉洁自律的良好工作氛围，使检察人员保持健康向上的生活情趣和高尚的精神追求。积极培育检察人员胸怀大局、服务全局的政治情怀，敬业进取、择善自律的思想情怀，宽严相济、公正执法的检察情怀，建立兼容、和谐、合作的检察人文关系，不断增强检察机关的凝聚力和战斗力。

（六）积极开展文体活动，陶冶干警情操，提高检察人员的精神文化素养和身体素质

结合检察机关特点，因时、因地、因人制宜，注重开展丰富多彩的文娱、体育活动，推进文化育检的深入进行。如邀请有关专家举办文化讲座，开阔检察干警的视野；利用重要节假日、重大纪念活动，举行演讲比赛、知识竞赛、文艺汇演、体育比赛等各类文体活动，增强检察队伍的凝聚力和战斗力；成立读书、书画、棋牌、摄影、文艺、体育等群众性组织，开展读书心得交流、书画摄影展评、棋牌比赛等活动，激发和挖掘检察干警的潜能；通过丰富检察人员的精神文化生活，提高检察人员的精神文化素质。

（七）加强检察文化环境建设，为检察文化建设提供发展平台

注重检察文化环境建设，构筑形式多样的文化建设载体。既要充分利用各种社会平台开展检察文化活动，又要建立检察机关自己的文化园地。通过创办刊物、网站、媒体栏目，编辑出版书籍、画册，设置文化长廊、专栏、橱窗、电子显示屏，建设图书阅览室、体育活动场所等多种形式，为繁荣检察文化提供活动平台；充分运用检察机关现有科技条件，通过网络推进检察文化建设，建成电子阅览室，开办网络杂志、检察人员论坛等，为检察干警开展文化讨论提供平台，为检察人员展示才华提供用武之地。

（八）坚持党组领导、部门协调、健全制度、创新发展

繁荣和发展检察文化关系到检察工作的全局，各级院党组应当担负起检察文化建设的领导和组织责任，把好检察文化建设的方向。坚持做到"一把手"亲自抓，分管领导重点抓，职能部门具体抓，相关部门协同抓，充分发挥行政、政工、业务、宣传、调研、后勤等职能部门的作用，调动全员参与的积极性，群策群力，形成齐抓共管的工作格局。检察文化是在检察机关长期的执法过程中逐步形成的，是一项长期的系统工程，需要健全制度，营造格局，长期经营，建立促进检察文化建设的长效机制，对检察文化建设进行总体规范和具体工作部署。同时，立足实际，注重检察文化创新，不断丰富检察文化建设的内容、形式、机制，增强检察文化建设活力，以充实的检察实践促进和推动检察文化建设，使全体检察人员共同享有检察文化的成果。

全面推进基层检察文化建设的思考

贺胤应[*]

我们生而为人无不在文化当中。

——题记

检察文化是检察事业不断发展的重要力量源泉和检察人员共同的精神家园。在我国，80%以上的检察院（指县一级检察院，下同）在基层，80%以上的检察干警在基层，80%以上的检察工作任务在基层，基层检察院是检察工作的基础。基层检察机关检察文化建设的成效直接关乎整个检察系统检察文化建设的成败，对基层检察文化建设工作进行专题研讨十分必要，意义重大。

一、基层检察文化建设的误区及根源

近年来，广大基层检察机关立足于社会发展的新形势和检察事业发展的新要求，在检察文化建设方面进行了一些探索和实践，检察文化功能得到了一定程度的发挥，检察文化建设取得了一些成绩。在肯定成绩的同时，也要看到一些基层检察机关在检察文化建设中还存在误区。一是将检察文化建设片面理解为检察机关的文体活动。这是检察文化建设中最常见的误区。一谈检察文化建设，有的基层检察院就列举自己组织干警参加了多少场歌唱比赛，举办了多少场书法摄影绘画展，搞了多少场体育比赛活动，赢得了多少奖励或荣誉等。二是将检察文化建设片面理解为思想政治教育。首先将检察文化建设与党的建设混为一谈。一谈检察文化建设，有的基层检察院就列举自己组织干警瞻仰了多少次红色遗址，聆听了多少场先进党员事迹报告，传唱了多少部红色经典，重温了多少遍入党誓词

---

* 作者单位：新疆生产建设兵团人民检察院。

等。其次将检察文化建设与干警思想教育混为一谈。一谈检察文化建设，有的基层检察院就列举自己搞了多少主题教育实践活动，搞了一个什么院训，培育了一种什么检察精神等。三是将检察文化建设片面理解为检察宣传工作。有的基层检察院狭隘地认为检察文化建设的目的就是为了检察宣传，扩大检察机关的知名度，因而把着力点放在宣传环节。① 一谈检察文化建设，就列举自己发表了多少篇宣传文章，拍摄了多少部电视专题片，举办了多少场论坛或沙龙等。四是将检察文化建设片面理解为可以一蹴而就。有的基层检察院急于求成，在功利心驱使下将检察文化建设作为一项工程来抓，企图以大规模建设在短时间内见到成效，违背了检察文化的本质特征和内在规律。五是将检察文化建设片面理解为"为检察文化而检察文化"。有的基层检察院检察文化建设流于形式，脱离了检察工作实践，形成了检察文化建设与检察工作实践"两张皮"现象，通过检察文化建设推动检察工作科学发展的作用没有充分发挥。

产生这些误区的根源有二：一是对检察文化建设的重要性认识不够。一些基层检察院存在检察文化建设无用论、无关论的思想，认为检察文化建设是务虚的，对检察机关没有实际用处，不搞文化建设，案件照样能办，队伍照样能带，没有真正认识到检察文化建设对于检察事业发展的极端重要性，推动检察文化建设的积极性不高、主动性不强，存在上级院行政命令推动一点，就干一点的现象，推进检察文化建设的创新举措不多。二是对如何搞好检察文化认识比较模糊。这是最主要的原因。文化是一个比较抽象的概念，检察文化也不例外。有的基层检察院也确实想搞好检察文化建设，但局限于认识水平，不能准确地把握检察文化的内涵，对如何开展检察文化建设没有头绪，在检察文化建设过程中只能"摸着石头过河"，不可避免地会产生一些误区。

走出基层检察文化建设的误区，首先必须充分认识检察文化建设的重要性，其次必须准确把握检察文化的内涵。关于第一点。最高检、各省级院及各市级院近年来关于检察文化建设的一些意见、决定已经充分证明，大力加强和改进检察文化建设是当前和今后一个时期一项十分重要的工作，重要性不言而喻。广大基层检察院必须清醒地认识到，今后各个基层院检察工作的发展实质就是检察文化的发展，检察工作的竞争实质就是检察文化的竞争。对检察文化建设的重要性和

---

① 杨启耀：《检察文化建设应避免四种浮躁倾向》，载《检察日报》2011 年 5 月 20 日。

意义本文无须赘述，本文将在阐述检察文化内涵及特征的基础上，重点探讨如何全面推进基层检察文化建设工作。

二、检察文化的内涵及特征

（一）检察文化的内涵辨析

关于检察文化的内涵，理论界和实务界仁者见仁、智者见智，存在不同意见，尚未形成统一认识。有的认为，检察文化作为中国特色社会主义文化的组成部分，是检察机关履行法律监督职能过程中产生的一种具有共性意义上的行业个性，是检察机关的灵魂，是具有检察工作特色的物质文化和精神文化的总和，是文化的本质和人的本质的统一，是意识形态文化、物质形态文化和制度形态文化的复合体。[1] 有的认为，检察文化，即检察机关和全体检察人员在长期的工作、生活及其他社会实践活动中所创造的物质财富和精神财富的体现，是以强化法律监督、维护公平正义为核心的检察精神文明、制度文明、物质文明的总和。[2] 有的认为，检察文化是检察机关在履行法律监督职能过程中，形成的理念、制度、行为和氛围文化的总和。[3] 有的认为，检察文化是中国特色社会主义先进文化的组成部分，是检察机关履行检察职能过程中衍生的法律文化，是文化的本质和人的本质的统一，是心态文化、物态文化、制度文化等的复合体。[4] 有的认为，检察文化是检察机关及其干警履行法律监督职责的理念和原则、思维方法、管理方式、行为模式、工作习惯、运作方式以及相应的物质装备的总和，由精神文化、制度（或行为）文化和物质文化共同组成。[5] 有的认为，检察文化是在社会中存在的，体现检察法律相关的价值观念、规范制度、程序规则和行为方式的一种法律文化，可分为物质文化、制度文化、行为文化、精神文化等层面。[6] 这些论述和观点从不同角度探讨了检察文化的内涵。首先，都承认检察文化由物质文化、

---

[1] 张立东：《以检察文化建设全面提升检察人精神品格》，载《检察日报》2011年11月23日。

[2] 张国臣：《构建中国检察文化发展与管理模式》，载《检察日报》2013年2月6日。

[3] 参见孙光骏：在全国检察文化暨法治文化理论研讨会上的发言，2010年10月30日。

[4] 参见柴国立：在全国检察文化暨法治文化理论研讨会上的发言，2010年10月30日。

[5] 唐正雄：《加强检察文化建设促进检察工作科学发展》，载《检察文化建设网》，访问日期：2014年4月23日。

[6] 李原：《法治语境下的检察文化解读》，载广东省检察院《阳光检务网》，访问日期：2014年4月23日。

制度文化、精神文化组成，对于行为文化是否属于检察文化的内容存在不同认识。检察机关作为国家法律监督机关，履行法律监督职能必须通过一定的执法行为来实现，检察执法行为的理性与否、平和与否、文明与否、规范与否，既直接关乎案件当事人、犯罪嫌疑人、被告人的权利和利益，也直接关乎检察机关的对外形象和执法公信力，更直接关乎宪法法律的统一贯彻实施，因此，严格规范检察人员的日常工作、生活行为，积极塑造以"理性、平和、文明、规范"执法为重点的行为文化是检察文化建设不可或缺的一部分。其次，都承认检察文化的主体是检察机关，对检察人员是否属于检察文化的主体也有不同认识。以检察官为主体的检察人员群体是检察事业发展的具体推动者，是检察业务活动的具体实践者，尽管检察人员履行法律监督职责的行为都被当然视为检察机关的行为，但不能因此忽视检察人员在检察实践活动中的主动性和创造性，因此，检察文化的主体包括检察机关和检察人员。

综上可见，所谓检察文化，是指检察机关和检察人员在履行法律监督职能、维护社会公平正义过程中创造、积累、形成的物质财富和精神财富的总和，包括检察物质文化、检察制度文化、检察精神文化和检察行为文化四个方面。从逻辑关系看，四者相互作用，相互促进，是一个有机联系的统一整体，不可分割，不可或缺，共同构成了检察文化的博大内涵。其中，物质文化、制度文化位居基础性地位，在检察文化建设过程中，物质文化、制度文化往往先于精神文化和行为文化诞生，精神文化和行为文化是物质文化、制度文化发展的必然结果，同时又反作用于物质文化和制度文化，促进物质文化和制度文化的进一步繁荣。

具体来说，检察物质文化是检察机关和检察人员在检察硬件建设过程中形成的文化，是检察机关的"硬文化"。它主要包括三个方面：一是检察基础设施建设文化。这类文化主要体现在基层检察机关的办案、办公用房建设，办案区建设，文明接待室创建，规范化驻场检察室建设，案件管理大厅建设，办案设备装备配备，检察办案、办公车辆，检察机关统一业务应用系统等。二是检察标志性文化。这类文化主要体现在检察制服、检徽、检察工作证件、荣誉室、史料室、检察文化长廊、警示教育基地等。三是检察公文文化。基层检察机关日常工作过程中所制发的公文，以及执法办案中出具的法律文书等都蕴含着检察公文文化。

检察制度文化是检察机关和检察人员在遵守宪法法律、创立制度机制等方面形成的文化。它主要包括三个方面：一是"守法"文化。这类文化主要体现在，基层检察机关和检察人员作为一线执法办案工作者，自觉严格遵守宪法、法律、司法解释、上级院、本院有关办案和管理规定是最基本要求。二是"制法"文化。这类文化主要体现在，为了更好地实现对内管理、提升执法水平和办案质量，基层检察机关需要结合本单位实际制定一些行政管理制度和办案规定，实现用制度管人、管事、管物、管案。三是"异议"文化。这类文化主要体现在，基层检察机关和检察人员在执行有关法律、司法解释和上级院有关规定过程中发现存在问题或错误时，应当及时提出反馈意见，供上级院和有关单位参考；同时对本院制定的制度应当适时进行修订或废止，确保永葆制度的生命力。

检察精神文化是检察机关和检察人员在法律监督活动中形成的意识形态、工作理念和信仰文化。它主要包括四个方面：一是以"三个至上"，"四个在心中"，"政法干警核心价值观"，"为民、务实、清廉"，党的群众路线，党建工作等为核心的社会主义检察政治文化；二是以"立检为公、执法为民"为核心的检察宗旨文化；三是以"忠诚、公正、清廉、严明"为核心的检察职业道德文化；四是以"强化法律监督、维护公平正义"，"六个有机统一"为核心的检察工作主题文化等。

检察行为文化是检察机关和检察人员在日常工作、生活和具体执法办案中形成的文化。它主要包括三个方面：一是检察人员日常生活行为文化。这类文化主要体现在，检察人员应始终谨记自己的检察官身份，做到仪表端庄，穿着得体，打扮适当，举止大方，言行有度，文明礼貌；做到不该去的地方不去，不该见的人不见，严于律己，永葆廉洁，树立和维护检察机关和检察人员社会主义法制捍卫者和公平正义守护者的良好形象。二是日常工作行为文化。这类文化主要体现在，基层检察机关日常工作应当紧紧围绕服务执法办案开展，做到高效、务实，努力为全体干警创造心情舒畅、和谐宜人的软环境，让每一位检察人员都产生强烈的检察归属感和职业责任感。三是执法办案行为文化。这类文化主要体现在，基层检察机关处在执法办案第一线，绝大多数案件都由基层检察机关办理，基层检察机关和检察人员在执法办案中要做到"理性、平和、文明、规范"执法，要尊重犯罪嫌疑人、被告人、案件当事人的主体地位，保障他们的诉讼权利，坚决杜绝冤假错案发生，努力维护司法公正。

（二）检察文化的主要特征

一是抽象性与具体性的统一。检察文化在形态上表现为思想认识、思维观念和群体意识，作为一种精神氛围存在于检察机关和检察人员群体中，是一种抽象的存在，具有无形性，看不见、摸不着，它不像检察机关工作计划那样明确具体，它只给检察人员提供一种指导思想、价值判断和行为规则，让检察人员根据实际情况去处理每个具体问题。但是，检察文化又是具体的，它来源于检察实践，又指导检察实践。检察实践中的各种具体言行都在不同的角度具体体现着检察文化，同时也受到检察文化的导向、激励和制约作用。尽管这种作用是微妙的、原则性的，但在多数情况下，为检察人员提供着目标方向和精神动力，决定着检察人员的行为方式。

二是监督性与法治性的统一。检察机关作为国家法律监督机关的性质决定了检察文化具有监督属性，并使检察文化与"审判文化"、"公安文化"、"律师文化"等形成明显的本质区别。同时，检察机关通过履行法律监督职能、维护社会公平正义，又在积极推动国家法治建设，是国家法治建设的重要推动者，这也决定了检察文化具有一定的法治属性。

三是相同性与差异性的统一。司法权的统一性必然要求不同基层检察院之间的检察文化具有很大程度的相同性，如检察文化中的"忠诚、为民、公正、廉洁"政法干警核心价值观，"忠诚、公正、清廉、文明"的检察官职业道德等。但是，受自然禀赋、地理位置、经济状况等影响，不同基层检察院所处的地区社会文化环境存在差异，不同地域之间有着自己独特的文化背景、文化视角和文化思维，检察文化也或多或少会受到影响，表现出一定的地域性，因而不同的基层检察院之间会有一些检察文化上的差异。这些差异就是基层检察院检察文化建设的个性所在。

四是继承性与发展性的统一。社会在不断发展变化，检察事业在不断发展进步，检察文化也会随着社会的变化和检察事业的发展而发展。检察文化发展的基本规律是，在继承已有的优秀文化传统的基础上，摒弃不适应检察事业发展需要的文化因子，形成新的检察文化内容。因此，继承是检察文化发展的前提和基础。如果没有继承，就没有检察文化的积淀，就没有检察文化的根基，也就没有检察文化的更好发展。

五是吸收性与排他性的统一。检察文化形成后，对于外来的其他优秀文化或域外检察文化仍具有很强的学习吸收能力，它既能够吸收其他社会领域或行业中形成的优秀文化因子为我所用，又能够吸收其他域外检察机关好的文化建设经验和做法以完善提升自我。同时，对与检察文化发展相悖的其他腐朽、落后的价值观或思想意识也会有相应的抵御能力。

三、全面推进基层检察文化建设的几点建议

（一）认清形势，树立基层检察文化建设"持久战"和"攻坚战"的思想

从内容上看，检察文化包括物质文化、制度文化、精神文化和行为文化四个方面，基本涵盖了检察工作的方方面面，推进检察文化建设工作量大、复杂度高；从属性上看，检察文化是一种思想认识、思维观念和群体意识，归根结底是一种精神力量，其功能在于引导、凝聚、激励、规范检察人员的思想和行为，检察文化的形成、发展和发挥作用都有一个潜移默化的渐进过程，不可能在短时间内一蹴而就。因此，对基层检察机关来说，推进检察文化建设既是一项系统性的复杂工程，又是一项长期性的宏大工程，基层检察机关推进检察文化建设应当树立打"持久战"和"攻坚战"的思想，做到一步一个脚印、一年一个主题、一届一个变化，扎扎实实推进检察文化建设。切忌受错误政绩观左右，产生急功近利思想，在检察文化建设上搞一些与检察工作无关、干警不满意、群众反感的面子工程、形象工程。

（二）加强领导，构建科学的检察文化组织领导机构

基层检察院案多、事杂、人手少、工作任务繁重，各院机构编制情况不尽一致。目前，基层院的检察文化工作由哪个部门负责实施，各地做法不一。有的由政工部门负责；有的由办公室负责；有的由研究室承担；在成立检察官协会或检察官文联的单位，由检察官协会或检察官文联负责；还有的处于没有人管、没有部门负责的地步，等等。检察文化属于一项全局性的工作，涉及面广，应当成立专门的检察文化建设领导小组，组长由检察长担任，副组长由班子成员担任，成员由内设机构负责人担任，领导小组下设办公室。办公室设在政工部门，日常工作由政工部门负责，确保形成检察文化建设工作有人领导、有人分管、有人负责的组织领导格局。没有政工部门的基层小院，可以将检察文化建设日常工作放在院办公室。

（三）系统总结，传承已有的检察文化建设成果

列宁说过，忘记过去，就意味着背叛。检察文化继承性和发展性相统一的特征要求我们必须注重传承检察文化，唯有如此，才能创造出新的检察文化成果。自 1978 年检察机关恢复重建以来，经过了 30 多年的发展，基层检察机关作为检察文化建设的探索者、实践者，已经形成了一批宝贵的检察文化成果。在新的历史时期，基层检察机关全面推进检察文化建设，首先，应当深入总结本院在检察文化建设方面取得的成果、积累的经验和存在的问题，对于成果和经验，要进行深度提炼和固化，确保继承和发扬下去，对于存在的问题，就是基层检察机关下一步检察文化建设努力的方向。其次，要以创建"院史馆"、"检察史料室"为载体，将检察史料和检察文化成果用"物态"的形式长期保存下来，使积累、沉淀、传承检察院的历史文化形成一种工作机制，推动检察文化建设迈上新台阶。

（四）科学谋划，制定检察文化建设的发展规划

全面推进基层检察文化建设，关键是制定一个好的检察文化建设规划。基层检察机关应结合本院实际，结合检察改革方向，积极思考和设计检察文化的总体目标、指导思想和具体措施。在目标设计上，要做到近期目标、中期目标和长远目标统筹兼顾；在指导思想上，要以最高检、各省级检察院近年来检察文化建设的规范性文件为指引；在具体措施上，要将措施分解到分管领导、承担部门和具体人头。确保使检察文化建设做到目标清、方向明、措施实，为检察文化建设循序渐进、依次推进打下坚实基础。

（五）立足检察，用检察文化推动检察事业健康发展

检察实践活动是检察事业的具体化。检察文化产生于检察实践活动，同时又服务于检察实践活动，两者相辅相成，相互促进。每一项创新的检察实践活动都可能孕育一种新的检察文化因子，而每一项检察实践活动都离不开一定的检察文化指引。因此，基层检察机关在检察文化建设中要立足检察工作属性，紧密结合检察实践活动，突出检察工作主题和总体要求，彰显法律监督特色，力争使检察文化建设融入各项检察日常工作和执法办案活动中，在日常工作和执法办案过程中培育检察文化，实现检察文化推动检察事业发展的各项功能。只有做到这一点，检察文化建设才不会成为无源之水、无本之木，才能实现推动检察工作科学

发展、保障国家法律统一正确实施和维护社会公平正义的重要目的，才能在不断发展的检察实践活动中汲取营养并发展壮大。

（六）深入研究，制定检察文化建设评价体系

推进检察文化建设，必须构建科学的检察文化建设评价体系，用以评价一定时期检察文化建设的成效，确保使检察文化建设始终沿着正确的方向发展，使检察文化成果真正看得见、摸得着。一是要用检察业务建设的成效来检验检察文化建设的效果，重点要看各项检察职能是否充分发挥，看检察执法办案质量和水平是否上档次，看是否有冤假错案或者其他质量不高的案件发生等。二是要用检察队伍建设的成效来检验检察文化建设的效果，重点要看检察队伍素质是否提高，看检察队伍凝聚力是否提升，看干警违法违纪情况是否归零等。三是要用检察行政管理的成效来检验检察文化建设的效果，重点要看制度建设是否全覆盖并执行到位；看检察行政管理水平是否高效、务实，看检察思想政治教育水平是否提升等。四是要用检察信息化和检务保障的成效来检验检察文化建设的效果，重点看基础设施建设是否满足检察办案工作需要，看统一业务应用系统是否应用到位，看检察文化物质载体是否搭建到位并全面开展工作。考虑到各省、区、市的实际各有不同，检察文化建设评价体系宜以省为单位制定，由省级检察院政工部门负责牵头对基层检察院检察文化建设情况进行考核，考核结果和奖励结果通报全省，力争形成考核规范、奖惩严明的检察文化建设评价机制，全面提升基层检察文化建设水平。

（七）把握重点，统筹协调推进基层检察文化建设

检察物质文化、制度文化、精神文化和行为文化是一个有机联系的统一整体，全面推进基层检察文化建设必须坚持"四位一体"统筹协调推进，不可偏废任何一个方面。同时，又要善于牵牛鼻子，把握重点。一是在物质文化建设方面，应当说经过多年的发展，绝大多数基层检察院的基础设施建设已经到位，可以满足办案需要，下一步的关键是如何围绕检察业务发展需要提升基础设施建设集约化水平，如案件管理部门刚刚成立，怎样在现有的检察基础设施布局内建设标准规范的案管大厅就是一些基层院面临的问题。检察荣誉室、史料室、图书室、检察文化长廊、警示教育基地等检察文化载体的建设许多基层院还没有开展，这也是今后工作的重点。检察标识、检察公文和法律文书的规范化也是一个

需要重点抓的问题。二是在检察制度文化方面，首先是抓好行政管理制度建设，尽可能涵盖基层检察院工作的方方面面；其次是抓好执法办案机制建设，将办案程序和办案环节加以系统化和规范化，构建科学规范的办案操作流程管理机制；最后抓好制度机制的执行力，这是最重要也是最容易打折扣的问题。基层检察院领导干部应当做遵守规章制度的带头人，自觉用规章制度管人、管事、管物、管案，引领检察人员形成良好的"守法"文化。三是在检察精神文化建设方面，要重点抓好"忠诚、公正、清廉、严明"的检察职业道德建设，进一步提升检察人员的职业荣誉感和检察归属感。四是在检察行为文化方面，要重点抓好对检察人员违法违规行为的惩戒，使检察人员不愿、不敢滥用职权、贪赃枉法，不愿、不敢做出有悖检察官职业身份的行为。

检察文化之本

蒙　旗[*]

人类从感悟大自然中启发智慧，形成文化，把文化当成精神财富。人类活动的社会分工越来越精细，每个职业都有自身的专业技能与文化特征并为公众认可。警察职责是保障公共安全，盾牌成为警察文化的标志。人们谈到法律严密时常说："法网恢恢、疏而不漏。"说到法网，或许有人会联想到蜘蛛网。天赋人类强大的感知力，至今仍无法感知蜘蛛吐丝织网、守网擒虫的精神境界及内涵。公平正义的法网需要司法守护。辛勤守护法网的检察官应有怎样的精神境界呢？能否像蜘蛛那样把织网守网当作自己的安身之本呢？检察官如何向大众展示检察职业奉献和检察文化呢？最近几年，检察系统的文化建设可谓风生水起，然而公众对检察官却没有深刻印象，对检察文化了解不多。2014 年 4 月，清华大学法学院张建伟教授在网上发了一篇文章，提到他的疑惑"为什么没有明星公诉人？"检察机关想让公众认知认可检察文化及检察职业奉献，推进检察事业发展，应探寻检察文化之本，并从根本入手，通过务本强本的方法来获取良好效果。

一、检察文化的本质

人类的一切活动都是文化活动。文化是精神财富，通过行为作用于物质的形式体现。钱穆先生说："一切问题，由文化问题产生；一切问题，由文化问题解决。"[①] 当今的政治、社会、经济制度及其实践，文化起了决定性作用。法律制度的本质内涵是文化精神。文化决定着法治，是法治之源，有什么样的文化，就

　＊　作者单位：广西壮族自治区南宁市人民检察院。
　①　钱穆：《从中国历史来看中国民族性及其中国文化》，中文大学出版社 1979 年版，第 100 页。

会有什么样的法治。① 检察制度与文化有着天然的联系，有怎样的检察文化，就有怎样的检察制度及其实践。

建设检察职业文明需要人们探索检察文化的奥秘。最近几年，不少地方检察院提炼本院的检察文化、院训，如"某江检察文化"、"某山检察文化"等，这是狭义的检察文化。有人说，狭义的检察文化，单纯指检察人员的文化、艺术、文体娱乐活动；广义的检察文化，是指检察机关和检察人员的学习、思想、工作、生活、文化、艺术和文体娱乐活动的总称。② 登录"检察文化建设网"，可以看到人们对检察文化的各种表述。

为什么人们对检察文化有不同的说法呢？第一，检察文化看不见、摸不着。文化无形、无色、无味，只能通过它的载体感受它，各人有不同的感受。它如雾中大山——"横看成岭侧成峰，远近高低各不同"。第二，检察文化理论储备不足。当今中华大地有大陆版、台湾版、香港版和澳门版的检察制度，分别有各自的文化涵养。我国检察制度历史不长，对检察文化的研究不深入不系统。第三，检察官有多个面孔。各国检察官职权不同，扮演的角色不一样。我国检察官在公诉、侦监、反贪、民行检察、监所检察等多个领域发挥作用，犹如舞台上的变脸术，让人觉得提炼检察文化本质并非易事。

西方国家检察制度以其文化内核来构建。大陆法系国家以国王代理人、国家代理人或公益代表为文化内核，建立了刑民公诉制度。大陆法系国家建立检察制度的目的，是摆脱警察国家的梦魇，守护法治。英美法系国家以忠诚高贵的法律看门狗、权利守护神为文化内核，建立了以检控职业为内容的检察制度。

我国检察制度的文化内核却不同，它的文化思维、文化内核、文化表达借鉴了苏联模式，甚至连词汇——法律监督，也是从苏联翻译而来的。这个词汇本身是个新生儿，让人们难以认知，甚至被某些学者说成是"怪胎"。可是，新中国宪法确实用这个词汇来表达检察文化内核。法律监督，作为政治词汇、法律词汇的文化含义，应该说包含着检察制度的文化基因。考察检察文化的本质和演变，应该用文化方法来勾画它的真面目，如此才能拨云见日。否则，人们无法感知检察文化与审判文化、公安文化、律师文化、行政监察文化的区别，无法建设具有

---

① 田成有：《文化对法治的意义》，载《法制日报》2009 年 12 月 9 日。
② 张庆建：《检察文化建设的内涵、作用及建设途径探析》，山东省人民检察院网站 2012 年 3 月 13 日发布。

独特文化特征的中国现代检察制度，无法同西方检察制度进行文化识别，无法让民众认同和感受检察职业奉献。同时，检察人员的职业生活也会茫然失本。

如何提炼和勾画它呢？办法是考察宪法文本提供的检察制度基本材料，以文化立场和方法查找检察文化基因的历史源流，并进行文化提炼。这个过程可以这样表述：

——列宁法律监督思想内核是法律监督而使法制统一实施。这种思想的法律基础、法理基础是专门的执法权监督，其文化基因是反对法外特权。在中国，反对法外特权文化的源头是"獬豸文化"（法兽文化）。中国传统法律文化中，獬豸素来被颂为公平正义的象征，它秉性直善，不仅能分是非、判曲直，而且明辨善恶与忠奸，一旦发现奸邪的官绅，便用独角把他刺死。相传，战国时楚王令臣属根据獬豸形象制作专用衣冠，给执法者穿上。秦灭楚之后，秦王把这种衣冠赐给御史穿戴，称为"獬豸冠"。后代作为监察御史、法曹的专用服装，具有公正无私、惩恶扬善的文化意义。《吕氏春秋》所载的"尧有欲谏之鼓，舜有诽谤之木"是检察文化的最初雏形。① "诽谤木"属于公正的建议、规劝、纠劾百官的精神物化形式，经改造变成了华表，谏劾官吏的文化基因通过华表艺术化体现。作为象征国家基本权力的建筑元素，天安门的华表蕴含了监督权力、守护正道、维护和谐的文化含义。②

——独角兽文化衍生法曹制度和钦差巡视制度。秦朝开始设为监察御史，隋唐时期改检校御史为监察御史。明清两朝专设监察御史，隶属都察院，专司纠劾百司、辨明冤枉、提督各道之责。监察御史制度具有治权治官的现代法治文化因子，但它屈从和效忠于皇权及内阁，在行政权包揽审判权、法律监督权的体制内作用有限。反对法外特权的监察御史文化，是中国法律文化的重要部分，融入中国人的文化生活。

——把"司直"改为检察官，开启了近现代的检察制度。中国古代有一种特殊官吏行使的权力接近现代意义的检察权。汉武帝元狩五年（前118年），初置"司直"，隶属丞相府，负责协助丞相检举不法。唐朝设六品司直，奉旨巡察

---

① 参见张雪彦：《浅议古代检察文化的传承与创新》，正义网2012年6月27日发布。

② 传说，天安门前华表上两只名为犼的神兽，叫望君归，发觉国君出巡在外贪图享乐，便高吼国君回朝廷理政。天安门后华表上两只神兽，叫望君出，发觉国君在宫廷内享乐，便高吼国君出去体察民情。监督权力的文化内涵，藏在这个寓言故事里，世代传承。

四方，复核各地的案件，参议大理寺的重大疑难案件。元朝在大理寺设司直六人，"大理寺左断刑"复审各地弹劾朝廷命官及死刑犯以下的疑狱案件，经司直官复核和大理丞详议，由大理正判定。① 司直从隶属最高行政机关过渡到了最高审判机关内设。清末的沈家本，在吸收海外法治成果时，没有把西方的"public prosecutor"译为政府律师，而是译成"检察官"，因为中国没有成型的律师制度，而且古代的司直官与西方公诉职能相近，体现了反对特权的意涵。1906 年 9 月，清朝廷将司直改称检察官，从此，中国有了一种崭新法治职业人。当今我国大陆检察制度同样传承着这种文化。

——在现代，监察御史制度文化、司直制度文化与外来法治文化结合，衍生了现代检察制度，并以反对法外特权为文化内涵。中国传统的反对法外特权文化，与外来诉讼文化结合，衍生了诉讼监督制度，并以反诉讼特权为文化内涵；与官治文化、诉讼文化结合，衍生了职务犯罪侦查制度，以廉洁勤政、反对官吏贪渎为文化内涵；与行政文化结合，衍生了行政法律监督制度，以反对和纠正公共行政服务官僚主义为文化内涵。这些文化内涵，蕴含在现行宪法规定的检察机关性质、检察职权与任务、检察组织制度和检察权运行制度之中，应该为大众认识与认可，成为构建宪政制度的宝贵文化材料。这一独特的文化内涵归宗于"反对法外特权"文化——检察官和检察院在法治国安身立命的文化之本。

我国检察文化的形成与发展经历了以下历程：以獬豸图腾为代表的远古独角兽文化，以华表图腾为代表的古代监察御史文化的形成及其制度成型；清末民初借鉴西方的检控文化，改造御史、司直的"公室告"为检控职能，创立近代检察制度；土地革命时期及新中国初期的苏维埃检察文化的借鉴与移植，人民检察制度创立与初步发展；"文革"时期检察文化被全盘否定；改革开放时期人民检察文化觉醒，包括检察制度及实践的复活、复兴与创新。

新中国成立后，人民检察院这个新名称出现在中华大地上，在保持监督权力和守护正义的传统本性外，又赋予它人民性、人道性、法治性等权力。列宁法律监督思想经与中国监察御史制度文化结合，尤其与中国当代宪政文化结合，产生了既有传统文化内涵，又有苏联及西方权力监督制约文化内涵的新型检察文化。中国当代检察文化是反对法外特权的法律文化，成为检察制度及实践的强大精神

---

① 资料来源于百度网的百度百科"沈家本"条目。

支柱。

检察文化是法治文化的重要部分。宪法让检察权制衡行政权、审判权的文化基础，在于检察文化的独特反对法外特权的法治品质和人文精神。我国检察文化正因为具有了这些独特的法治品质，所以能成为法治建设的文化材料和宪政建设材料。检察权上升为国家基本权力具有深厚的文化基础，不是缺乏文化内涵的无水之源。在"文革"中被砸烂了的检察院为何能浴火重生？主要是它具有循公道、守正义、反特权、护法治、维和谐的文化基因。

有学者指出，"检察文化的本质是检察职业规定性……法律监督是我国检察机关和检察职能的本质属性，是我国检察职业的基本特征。"① 笔者在此基础上进一步提炼，将检察文化本质可以归纳为：在检察制度和检察实践中体现的，以谏劾方式反对法外特权，旨在保护人民、监督权力、守护公道、维护和谐、维护法治的，能成为宪政建设要素的检察精神。它是检察制度的根，是检察实践的魂。

二、检察文化的本然

现在，我们通过媒体可以看到各地检察文化建设的文章。但是，注意观察会发现，不少文章混淆了"检察院文化"与"检察文化"的概念，其实，一字之别，差异很大。检察官团队参加政府组织的篮球比赛、扑克比赛，是"检察文化"还是"检察院文化"活动？从文化内涵上看，不宜说是检察文化活动，因为它跟检察文化本质没有直接关联。举办反映检察官办案工作的摄影作品比赛，直接体现检察官职业精神生活，属于检察文化活动。检察机关的非检察主题的文化活动、非检察题材的文艺创作，常被误为检察文化活动；而社会人士创作的检察题材的文艺作品，却被排除在检察文化活动之外。

"检察院文化"建设包括检察文化建设及其他文化建设。就检察院来说，"检察文化"可称为本属文化，其他文化称为旁属文化。"检察院文化"包括本属文化与旁属文化，两者相辅相成，以涵养及发展检察文化为根本。"检察文化"是核心，始终代表着"检察院文化"的发展方向。"全国检察文化建设示范院"活动应该让检察本属文化扮演主角，并且扩大社会民众参与检察文化建设的

---

① 谢鹏程：《检察文化的概念重构》，载《国家检察官学院学报》2013 年第 3 期。

总体规模。

检察本属文化不能离开旁属文化的滋养。旁属文化是社会文化的大海，本属文化只是汇入大海的一条支流。本属文化需要借助旁属文化的形式、平台来展现自己，赢得自己的文化地位及荣誉。社会公众可以通过文化生活来认知、认同和享受检察文化。在全国开展的党的群众路线教育活动，给检察文化建设加强内修并走入大众"推了一把"，让检察文化沿着延安文艺提出的"民族的科学的大众的文化"方针前进。

分开"检察文化"与"检察院文化"，旨在让人们看清检察文化的本然，进而便于在检察系统内外协调发展本属文化与旁属文化，更加注意检察文化建设本质内涵，提高检察文化的公众认知度和检察职业奉献的愉悦度。2013 年在中央电视台热播的大型电视连续剧《打狗棍》为检察人员创作，但不属于检察题材而属于抗战题材。检察人员热衷旁属文化、冷落本属文化的创作局面需要改变。2014 年 1 月召开的第十四届检察文学笔会提出，拿出钢铁般的作品来塑造检察官的正义形象。

检察文化体现为精神本然，外表不拘一格。时装模特在 T 型台上不断轮换和展示的衣服，不是模特的本然；她的身体及其所含的气质才是她的本然。通过文字、绘画、影像等载体把检察业务所体现的检察文化精神展现给大众，就是基层检察文化建设的本然。1994 年，最高检刘复之检察长给南宁市检察院拍摄的电视片《甘泉》题写片名。当时"严打"轰轰烈烈，反贪热火朝天，刘复之检察长为何关注一部既不讲"严打"，也不讲反贪的电视片呢？原来，电视片展现了检察官坚持不懈地调解吴圩机场与相邻农村闹了几十年的土地纠纷，成功地让冤家成为朋友，吴圩机场出资给村民打了一口水井。这一口水井，深含着新时代检察精神及"社会和合"理念；通过部电视片，检察官守护正义、维护和谐的感人新形象呈现在公众面前。这样的检察实践精神及其题材的文艺创作，就是检察文化的本然。

三、基层检察文化建设的本义

有人认为，检察文化的核心价值，在于让检察官树立"理性、平和、文明、规范"的检察执法理念，具有"忠诚、公正、清廉、文明"的检察官职业道德。① 其实，从宪政、法治、检察制度、检察实践、社会认同等多层境界来考察检察文化的功能与价值，获得的感知有所不同。

检察文化功能与价值主要体现在国家制度建设、检察执法、社会感知认同三个方面。就检察院而言，检察文化建设包括检察文化的内修和外展两方面。因此，检察文化建设的目标要求起码有三个：第一，为检察制度存在与发展提供文化基础和文化动力，巩固检察文化在宪政建设的基础要素作用。第二，为检察人员提供职业文化内涵，让检察人员享受高尚的职业文化生活，通过检察业务活动把人生价值、检察文化精神奉献给社会。第三，向大众展示检察文化，形成检察精神共识，巩固和增强检察文化的社会基础，促进检察制度与社会建设良性互动。

就基层检察文化建设而言，后面两个目标要求才是重要的，而且常见在平时的检察业务活动之中。检察人员职业生活，就是感受、体现、传承检察文化的生活，把检察职业文化奉献给社会。把检察业务当成检察文化生活，让检察人员的生命价值与检察职业生涯紧密结合——基层检察文化建设的真正意义就在这里。全国模范检察官张章宝，把职业生活与人生价值追求统一在检察文化里，在土默川大地用他亲和的"草根"方式展现检察文化，让民众从他办的每一起案件中感受检察文化的法治内涵和人文精神，所以他散发的检察精神能活在民众心中。张章宝检察官的先进事迹的实践、提炼与传播，就是基层检察文化建设的本义。

每个检察院、每个检察官都有检察魂。检察官职业生涯的意义、价值在于体现和传承检察文化。检察文化的优秀传承者，通常是平凡的人做平凡的事，检察文化在凡人凡事中润物细无声般发挥作用，感动当事人，感动社会。检察人员身上饱含检察文化精神，并把这种精神成功地传递给人们，所以他办小案也能成为民众心中的英雄。正如新疆石河子检察官张飚那样，一次次平凡的调阅与核实申诉证据，一次次平凡的转递申诉审查意见和材料，以检察文化精神跟错误的刑事判决较真，最终让真相大白、让公正回归。基层检察文化建设，重点不在检察院办公楼内外的文化装饰，而在于检察业务所体现检察魂的实践、素材采集与提炼，以及向大众传播。

基层检察文化建设的主体是检察人员，核心是检察官。检察业务是基层检察

---

① 张国臣：《试论中国检察文化建设的几个基本问题》，载《中国检察官》2011年第8期。

文化建设的主要活动。一名孝子，带着常年卧病不起的母亲来到东莞市打工，几个月找不到工作，生活陷入困境，他拿刀砍了母亲，然后自杀，要与母亲共赴黄泉，被邻居发现报警。2014年4月，东莞市第二区检察院不起诉这名孝子。检察官面对这一案件需要文化思考，向大众传递检察文化：孝子没有杀母的特权，孝子犯罪不能逃避法律，惩罚不是刑法之目的，孝子和他的母亲应生活在社会关爱体制内，而且检察官应该帮个忙。检察官守护的不只是诉讼法网，更是社会公平正义法网。基层检察文化建设之魂，体现在检察官守护正义法网的职业奉献，这是务本之举。

　　基层检察文化建设，目的就是让检察魂涵养在检察人员心中，通过检察人员的活动体现在每个案件之中，渗透到案件当事人及其密切关系人的心中。社会民众通过检察人员的便民亲民工作，认同检察文化，感受法治社会的温暖和人性光辉——这就是检察文化建设的本义。大至国家政治生活，小至老百姓日常生活，都需要检察人员奉献这种高尚的精神品质。检察人员只要内心涵养着检察魂，以人性关怀为念，以检察职业伦理来展示检察职业技能、体现检察文化，就能时刻激励自己，随处感染和感动别人——这就践行了"明明德"、"亲民"、"止于至善"的大学之道。

试论如何充分发挥基层检察文化社团职能

丁志亚　宋瑜静*

2011 年 6 月，中国检察官文学艺术联合会正式成立。在其积极带动下，全国各地检察官文联及基层检察文化社团相继成立，共同为检察文化建设事业打造了一支重要的新生力量，使全国的检察文化艺术资源得到有效整合，为提高全国检察机关文化艺术创作水平、繁荣和发展检察文化艺术事业打下了坚实的基础。但由于许多地方的基层检察文化社团起步较晚，工作尚有很大的提升空间，本文拟对如何充分发挥基层检察文化社团职能这一问题进行探讨。

一、基层检察文化社团的性质与主要职能

（一）基层检察文化社团的性质

基层检察文化社团是在基层检察院领导下，由单位内部热爱文化艺术、有一定文化艺术特长的检察人员（含离退休人员）自愿组成的群众性文化团体，是基层检察机关加强文化建设、提高队伍素质、推进"文化强检"的重要力量。

（二）基层检察文化社团的主要职能

基层检察文化社团应当认真贯彻落实党的十八大精神和最高检有关工作部署，紧紧围绕检察中心工作，充分发挥联络、协调、服务职能，发挥"检察文艺爱好者之家"的重要作用，团结、组织基层检察文化艺术人才，开展检察文化艺术创作和各项活动，为培育检察精神、凝聚检察力量、提升检察机关形象、促进检察工作全面发展、繁荣基层检察文化营造良好的氛围作出积极贡献。

---

* 作者单位：河南省唐河县人民检察院。

二、当前基层检察文化社团工作存在的问题和原因分析

当前，基层检察文化社团发展态势良好，文艺活动丰富多彩，优秀作品不断涌现，产生了积极的宣教效果，引起了良好的社会反响。在充分肯定成绩的同时，我们也应清醒地认识到，面对经济社会发展的新要求，面对检察文化改革发展的新趋势，面对广大检察干警日益增长的精神生活新需求，基层检察文化社团工作还存在一些不相适应的地方。

（一）存在问题

不少地方的基层检察文化社团起步较晚，发挥职能不够充分，一些工作未能有效运转。一是缺乏检察文艺精品力作和在全省、全国有影响力的检察文艺人才；二是制度规范不健全，工作机制不完善，缺乏长远规划和统筹安排；三是缺乏传播、交流的平台，检察文艺阵地建设和内外、上下联系合作有待加强；四是社团自身建设有待加强，联络、协调、服务的能力和水平还有待提高；五是尚未与地域及民族特色、当地历史文化传统和发展趋势紧密结合起来，所打造的检察文化重点不突出、特色不鲜明。

（二）原因分析

对当前基层检察文化社团工作存在的问题，笔者认为有以下几个方面的原因：一是检察文化属于一种特殊文化，检察文艺工作有其自身特点，不能照搬检察机关或各地文联的工作模式，各项制度规范和运行机制尚待在实践中探索；二是作品创作并非短期之功，不可能一蹴而就，尤其是精品力作，更需要时间才能完成和较为完美地呈现；三是有关人员对基层检察文化社团的职能和重要性缺乏正确认识，甚至理解偏颇，在人、财、物保障上不够支持；四是社团中政工、宣传等综合部门人员居多，业务部门人员偏少，缺少兼通法学与文学艺术的复合型人才；五是基层检察文化社团成立不久，内外部宣传阵地和与各界交流合作局面尚未打开，气候尚未形成；六是缺乏深入群众的学习调研，对地方特色和优势挖掘不够。

三、加强基层检察文化社团工作的建议

（一）提高认识找准位置

基层检察机关要从适应社会主义先进文化发展的要求、提升检察文化软实力的战略高度，深刻认识加强检察文化建设的重要性、必要性和紧迫性，把加强检察文化建设这项工作摆上重要议事日程，纳入检察工作全局研究部署。要形成以基层检察院党组为领导、检察文化社团为主体，政工宣传部门牵头协调、各方面齐抓共管、共同推进检察文化事业蓬勃发展的工作格局，在人、财、物方面为社团的发展提供有力保障。

基层检察文化社团要正确把握自身定位，围绕检察中心工作，找准结合点和着力点，充分发挥职能作用，加强检察文化建设，积极服务检察事业科学发展。

（二）推动文艺精品创作

一是开展检察文艺创作年活动。以社团内各专业协会（或兴趣小组）为单位，积极开展各种创作、展演、交流、比赛、研究、评论等活动，努力提高检察文艺创作水平。

二是引导检察文艺爱好者贴近检察工作实际，把履行法律监督职责的丰富实践作为检察文艺创作的不竭源泉，从中挖掘素材、汲取营养，以艺术视角、多种载体全方位展示检察工作服务大局、执法为民、维护公平正义的丰硕成果，热情讴歌检察队伍的模范典型和先进事迹，增进人民群众对检察工作的理解、信任和支持，为检察事业发展营造良好的工作氛围。

三是科学把握新形势下检察文艺工作的特点和规律，大力营造鼓励创新的环境和氛围，推进检察文艺观念、内容、风格的积极创新，着力实现文艺体裁、题材、形式的充分发展，打造一批体现检察特色的优秀文艺作品，积极筹措用于出版发行的经费。建立可持续利用的本地检察文化资源库，为开创检察文化建设新局面作出积极贡献。

（三）优化文艺活动质量

一是积极开展一系列适合检察机关特点、主题鲜明、格调高雅、内容健康、形式活泼的文化艺术活动，切实把活动专题、检察特色、文化氛围和检察工作有机融为一体，增强各类文化活动安排的整体性、系统性和协调性，彰显检察文化品位和特有魅力。

二是把基层作为检察文化艺术创作的肥沃土壤，把满足检察干警日益增长的文化需求作为检察文化建设的出发点和落脚点，以形式多样的文化宣传、教育实践活动来振奋检心、鼓舞士气，营造良好的检察文化氛围。

三是注重培育根植检察实践，服务检察人员的文化载体和文化样式，充分调动和激发检察干警参与文化建设的积极性、主动性、创造性，打牢检察文化的群众基础，使广大检察干警在文化建设中陶冶道德情操、感受文化气氛、提升文化品位，不断丰富精神文化生活。

（四）加强人才队伍培养

一是加强对检察文艺人才的培养力度，努力提高创作水平。通过召开文学艺术创作会、作品研讨会、举办各种艺术门类的培训班、组织参观考察采风创作、启动重大题材创作工程等有力措施，促进检察文艺爱好者的艺术水平不断提高，由业余向专业化迈进。

二是突出广大检察人员的主体地位，尊重其创造精神，搭建平台、广辟渠道，创造有利于各类检察文化艺术人才发挥才能的空间，加大对中青年文艺人才的支持、推介和奖励力度，努力推出一批检察文艺领军人物。

三是提高队伍整体素质，完善文艺人才信息资源数据库建设，对内部人才优势与不足进行分析，有重点地培养法学与文学艺术相结合的复合型人才，逐步发展和稳定一支结构优化、一专多能的检察文艺骨干队伍，为基层检察文化建设和检察文化社团工作提供人才保障。

（五）促进传播交流与合作

一是加强检察文化阵地建设。通过创办检察报刊，构建检察文化资源信息采集、展示、传播平台，推动纸媒和网络阵地建设，加大优秀作品和人才的推介力度，不断扩大检察文化的覆盖面和渗透力。

二是加强与新闻出版界的沟通联系。采取有力措施，积极做好重点工作、重大活动宣传报道的策划，努力做好跟踪报道、深度报道和特色报道，进一步扩大基层检察文化社团的社会影响和知名度。

三是加强与党政工团、政法院校以及文化部门之间的联系和交流，积极开展形式多样的合作，争取更多的支持和帮助，为基层检察文化社团工作营造良好的外部环境。

四是牢固树立全国检察文化社团工作"一盘棋"的观念，加强与各地检察文化社团及本地文联的交流协作，统筹规划、整合资源，有效凝聚各方力量，充分调动可利用的积极因素，实现工作效能最大化。

（六）打造地域特色和亮点

一是从最高检、省、市院的重大部署中找准工作的结合点，从人民群众普遍关心的热点问题中找准工作的切入点，从检察文艺事业发展的关键环节中找准工作的着力点，围绕工作重点，不断打造亮点。

二是推动检察文艺资源开发和品牌建设相融合，充分利用当地的历史文化、革命文化、民俗文化和现代文化，突出地域特色、检察事业特色、民族特色和时代特色，推出一批立得住、叫得响、传得开、留得下的检察文艺品牌。

三是要立足实际，充分考虑本单位的文化资源、发展条件和检察人员的现实需求，边工作边完善，边探索边发展，加强对本单位检察文化建设经验、做法的总结，为检察文化的发展提供有力的实践支撑。

（七）完善制度，健全机制

积极探索并建立符合群众团体组织特点、符合检察文艺工作特点、充满活力、富有效率的管理制度和运行机制，不断加强内部管理。

一要制定检察文化社团工作手册，明确社团的性质、职能、任务、组织机构和章程。按照精简、规范、高效的原则，设置有关专业协会或兴趣小组，明确分工，落实权责，制定各岗位目标考核评价体系。

二要细化各项工作制度，抓好规范化建设。如制定议事规则、工作规则、财务资产管理办法、接受捐赠资助规定等，形成用制度管人、管事、管物的长效机制。

三要完善发现、吸纳、培养、凝聚、使用检察文艺人才的工作机制，完善"双优"（优秀人才和优秀作品）奖励机制，细化文艺作品发表、入展（选）、获奖等奖励细则，形成富有活力的效能建设机制。

（八）加强社团自身建设

一要加强基层检察文化社团自身思想政治、业务能力、作风纪律建设。加强自我监督，加强对各专业协会（或兴趣小组）的管理，积极营造心齐、气顺、风正的良好氛围，树立新形象、展示新面貌、发挥新作用。

二要积极作为、主动作为。努力发挥新形势下检察文化社团的人才优势、资源优势和群众工作优势，最大限度地凝聚检察文艺爱好者的智慧和力量，更好地指导检察文艺工作的开展。

三要充分发挥联络、协调、服务的职能，提升服务质量。积极探索服务的新途径新办法，对检察文艺爱好者在政治上充分信任、在创作上热情支持、在生活上真诚关怀，使检察文化社团真正成为培养检察文艺人才的重要基地、团结服务广大检察文艺爱好者的温馨和谐之家。

四、结语

当前，各地基层检察文化社团正呈百花齐放、百舸争流的蓬勃发展态势。基层检察文化社团应当坚持紧贴检察工作实际和一切从实际出发，坚持"眼睛向内、重心下移、以我为主、因地制宜、量力而行、规范运行"，充分发挥"检察文艺爱好者之家"的重要作用，突出检察干警主体地位，大力推进检察文化艺术精品创作，积极开展富有检察特色的文化艺术活动，凝聚检察文化艺术人才，努力实现服务大局有新贡献、服务文艺创作有新成果、服务群众有新实效、服务文艺爱好者有新举措，为推动检察文化发展作出积极贡献。

新形势下基层院检察文化构建

丁 嘉 蒋 洁*

检察文化作为一种"软实力"的象征，日益成为各级检察机关建设的重要内容，其在提升检察人员综合素质、推动各项检察工作科学发展方面的重要作用也日益凸显。鉴于基层检察机关所处的基础地位及其在检察文化建设中的主力军作用，最高人民检察院在《2009—2012 年基层人民检察院建设规划》中着重提出了"加强检察宣传和文化建设"。如何积极贯彻科学发展观，推动基层检察院检察文化建设，充分发挥基层检察院在构建和谐社会中的积极作用，是党的十七大提出"推动社会主义文化大发展大繁荣"的背景下检察机关面临的新课题。

一、检察文化的内涵界定

要厘清检察文化的内涵，需要先对"文化"一词进行界定。文化，广义上是指人类在社会历史发展过程中所创造的物质财富和精神财富的总和。[1] 检察文化作为社会主义法治文化的重要组成部分，是检察机关在履行法律监督职责过程中衍生的法律文化，从广义上说，它包括制度、理念等具有意识形态特征的文化要素，也包括设施、仪式、符号等具有物质载体特征的文化要素。[2] 如果从文化——法律文化——检察文化这一路径分析，笔者认为检察文化是指在履行法律监督职能过程中所形成的，为广大检察人员所普遍接受和认同的价值观念、规章制度、行为方式以及与其相适应的物质表现形式的总和。

作为中国特色社会主义文化的有机组成部分，检察文化蕴含在检察工作的

---

* 作者单位：上海市闸北区人民检察院。

① 《辞源》，上海辞书出版社 1980 年版。

② 赵志建：《检察文化的概念需要科学界定》，载《检察风云》2005 年第 20 期，第 54 页。

方方面面，其结构体系可分为精神文化、制度文化、行为文化、廉政文化和环境文化五个层次。它的核心价值在于引导干警自身检察精神的回归，进而确立符合现代法治社会要求的执法司法理念，提升检察人员的综合素质，促进检察工作的不断发展。在内在品质上，检察文化体现法律监督的基本属性。检察机关通过行使职务犯罪侦查、公诉等职能，展示其职能定位，维护司法公正和法制统一。在内容形式上，检察文化体现本质上的统一性与表征上的多样性。具体到一个单位，其检察文化建设必然烙上当地的地域文化色彩和本单位的个性特质。

二、检察文化的价值功能

检察文化是检察工作价值选择的指南针，其不仅包含着检察工作"是什么"的价值支撑，而且也蕴含着检察工作"应如何"的价值判断，以维护和引导中国特色的社会主义检察事业全面、协调、可持续发展，具体来讲，检察文化的功能可以从以下几个方面来阐释。

（一）价值引领功能

有什么样的价值观，就会有什么样的文化立场、文化选择。检察文化，决定着检察人员的价值目标取向，是检察人员价值体系的内在塑造机制。通过开展检察文化建设，基层院可以建立起自己特有的价值和规范标准，通过思想引领、价值导向、道德规范等途径，一方面，培育和确立符合社会主义核心价值体系、体现社会主义法治理念和检察工作规律的检察人员的共同价值体系，形成检察人员奋发向上的精神力量和团结一致的精神纽带；另一方面，又潜移默化地促进着这一共同价值体系在检察人员内心的认知与认同，使之转化为检察人员的群体意识。在新形势下，检察文化的价值引领功能具体体现在以政法干警核心价值观为指导，将"理性、平和、文明、规范"的执法理念融入检察业务工作和队伍建设的全过程，始终坚持"三个至上"[①]，做到"四个在心中"[②]。

（二）行为规范功能

检察文化具有群体性，这一特性决定了检察文化具有行为规范功能。在实践

---

① 即"党的事业至上、人民利益至上、宪法法律至上"。
② 即"党在心中、人民在心中、法在心中、正义在心中"。

中，检察文化的行为规范功能体现在两个方面：一方面是激励功能。其既包括外在的推动，即检察机关通过构建激励机制、典型示范、人文关怀等手段和方式，对检察人员的行为进行规范，也包括内在的引导，即检察文化通过尊重检察人员的主体地位、激发个体的积极性，使其在内心深处自发地产生为检察事业拼搏奉献的精神，并成为推动检察工作发展的自觉行动。另一方面是约束功能，靠制度规范和制度精神来实现。既包括通过既定的机制、规章制度对人的行为的刚性约束作用，也包括检察机关内部的文化氛围、行为准则、道德规范的软性约束作用。

（三）凝结聚合功能

检察文化是检察工作的"黏合剂"，它通过对检察组织结构的调适、检察队伍精神的培养，形成巨大的凝聚力和向心力。它包括结构聚合作用，即理顺检察机关之间、机关内部各种关系，推进组织机构科学管理所发挥的作用。检察系统的内部管理，既要靠制度管理，也要靠文化管理。检察文化能通过组织目标调适、机构和制度的调适、人员行为的调适等，促使检察机关构成一个协调的功能体系，保证检察职能的正确履行。更包括人文凝聚功能，检察文化可以使检察"团队"在同一文化环境中得到熏陶，为"团队"的思维方式、价值观念涂上基本相同的"底色"，形成稳定的群体认同，而紧紧团结在一起，并产生巨大的认同抗异力量。[①] 通过检察文化的灌输、渗透和融合使检察官产生强烈的归属感、自豪感，最大限度地发挥内在潜能和创造力。

（四）塑造辐射功能

塑造辐射功能包括检察机关形象的塑造及其对社会的辐射影响两个方面。检察机关形象的塑造在很大程度上取决于检察文化的塑造，其主要是通过提升检察机关的公信力和扩大检察机关的影响力来体现。它推动检察机关及其检察人员在检察实践中不懈追求"公平、正义、秩序"的价值理念，追求社会主义法制的统一、尊严和权威，并在这一过程中树立检察机关和检察人员社会主义事业建设者、捍卫者和公平正义守护者的良好形象，从而增强检察机关整体形象的认同感和说服力。同时，提高检察机关公信力的过程，也是向社会传达、辐射检察群体

---

① 参见张仪：《文化及其功能》，载 http://class. htu. cn/basiclaw/wlkt/text/ch05/01/sl - 1. html。

的理想信念、道德观念、价值理念、管理理念、群体精神，并在一定程度上对社会产生影响，对普通民众形成完整的健全的法制观念、法治意识同样有积极的意义。

三、当前基层院检察文化建设中存在的主要问题

我国的检察文化建设起步相对较晚，其应有的功能没有引起普遍的关注和重视，再加上行政管理意识、文化虚无主义等因素的影响，造成了基层检察文化发展不平衡，一些基层检察院的文化建设相对滞后于法律监督实践。

（一）对检察文化及其建设缺乏正确认识

基层检察院任务较重，普遍存在人少事多的现实情况，再加上部分检察院和检察干警将检察文化理解为仅仅就是检察系统内部开展的文艺、体育、娱乐等活动，对检察文化建设的认识还只停留在表层化的局限和误区上，存在文化建设无用论、无关论的错误思想，认为文化建设是务虚的东西，对检察机关没什么实际用处，没有文化建设，案件照样能办理，各项业务照样开展。

（二）注重表现形式，忽视其内在本质

在检察文化中，物质文化只是检察文化的形式载体，精神文化才是检察文化的内在本质。但在现实中，存在把检察文化建设等同于美化机关环境和丰富检察人员业余生活的思想，一味强调发展机关环境和娱乐文化，将检察文化建设作为形式主义的载体，花架子多，管用的少，如打几场球赛或搞一次文艺汇演等，事后写一篇信息、简报就了事，没有真正围绕人的全面发展去思考，图表面上的轰轰烈烈，形式上的先进经验，利己主义的荣誉，忽视了检察文化的内在本质，偏离了检察文化建设的正确方向。

（三）形式过于单一，载体不够丰富

检察文化作为一种文化体系、一种检察理念，需要丰富的活动作为载体，通过组织和实施形式多样的检察文化活动，让检察人员在参与中接受教育和熏陶。实际操作中，检察文化建设的形式过多体现于开展文艺、体育活动等形式，片面注重了检察文化对干警娱乐、休闲的功能，没有把检察文化建设放在促进检察工作发展的实质上实施，导致文化建设与干警的年龄结构、业务能力、思想认识、理论素养等方面割裂开来，限制检察文化功能的发挥。

（四）盲目照搬照抄，特色不明显

检察文化既有共性的一面，也有其鲜明的个性特征。基层检察院推动检察文化建设，应当以创新的精神去发现和利用本单位、本部门的检察文化资源，充分发扬自身优势，挖掘自身潜力，抓住重点，形成特色。但实际上，有的基层检察院在推行检察文化建设的过程中，尚未注重体现本地区、本院及检察人员的自身特点、历史传统和发展趋势，形成自己的品牌，而是盲目照搬照抄其他检察机关的经验，使检察文化建设趋于庸俗化、功利化，未能发挥检察文化所具有的独特作用。

四、检察文化建设的路径构建

基层检察机关作为检察体系中的最小单位，它所具有的广泛性和工作的具体性，决定了它是承担检察文化建设的主要载体。概括来讲，基层院文化建设要特别注重突出基层检察特色，结合地方实际，总结出合适的文化建设模式，努力打造检察文化特色品牌。

（一）以打造正确价值观为核心，开展检察精神文化建设

以共同价值体系为核心的精神文化是检察文化的核心，其目标在于培育干警树立坚定科学的世界观、价值观、执法观和方法论，把检察干警的心态引向积极、乐观、健康，从而达到凝心聚力谋发展、团结一致干工作的目的。近年来，检察系统从上到下，开展了"检察职业道德"、"发扬传统、坚定信念、执法为民"等主题实践活动，其目的就是建设正确的价值观，使其成为检察干警内心的坚定信念、执法的行为准则，取得了不错的成效，社会反响良好。

近年，检察机关根据中央政法委的统一部署，开展了"忠诚、为民、公正、廉洁"政法干警核心价值观主题教育实践活动。作为基层检察院，要围绕活动主旨，立足本院实际，通过集中学习、交流研讨和演讲、征文、典型宣传等多种形式，引导检察人员全面把握政法干警核心价值观的丰富内涵和基本要求。尤其是要大力培育和弘扬身边的先进典型，开展诸如"十佳检察官"、"五星评比"等各类先进评选活动，不断推出具有先进性和时代精神、彰显检察特色、富有人格魅力，在全国、全市有较大影响的先进典型。充分发挥先进典型的教育、引领、示范作用，努力营造学习先进、争当先进的良好氛围。

（二） 以规范群体行为为引领，塑造完善的检察制度文化

规范化建设是检察机关实现执法规范化、队伍专业化、管理科学化目标的重要手段之一，同时也是检察制度文化建设的重要载体。

要用文化的力量增强检察文化建设的社会化效益。将《增强检察文化建设的社会化效益》列入深入推进参与加强和创新社会治理工作重点项目。

要不断完善科学化、人性化、规范化的检察工作管理制度和运行机制。认真落实《检察官职业行为基本准则（试行）》、《检察机关执法工作规范》、《检察机关文明用语规则》和《检察人员社会交往行为守则》，推进检察人员执法（工作）档案建设，形成按制度办事、循规范作为的习惯，树立检察人员良好的执法形象。

要自觉地运用制度来管案、管事、管人，重制度的动态管理，增强干警的执行意识。加强对刑检、自侦、控申等对外窗口部门干警的日常工作行为规范检查，努力形成按制度办事、循规范作为的良好氛围。

（三） 以树立良好形象为宗旨，塑造规范的检察行为文化

以共同行为规范的行为文化是关键。要以素质工程为引领，塑造拼搏向上的争先文化。继续开展在线学习和局域网"院领导推荐书、读书"活动，使学习成为大家的自觉行动和工作生活的重要内容。针对不同岗位特点开展相应的岗位技能大练兵，加大业务骨干、办案能手和复合型人才的培养力度。在继续深化公诉"听庭评议"、反贪"案件汇报"、反渎"一案一总结"、民检"案例研讨"等行之有效的传统练兵模式的基础上，拓宽练兵思路，开展公诉实务、侦查技能实务、社会治理创新能力和群众工作能力等专项业务实训。

要充分发挥检察文化的导向作用，加强职业形象建设。注重培养严谨统一、文明儒雅、健康向上的职业礼仪，塑造检察人员良好的社会形象。广泛运用报刊、电视、广播、网络等现代大众传媒，发挥好微博等新兴媒体的作用，大力宣传检察职能、检察工作、检察队伍建设成效，为检察事业创新发展营造良好的社会舆论环境。

（四） 以筑牢队伍的思想防线为底线，抓好廉政文化建设

廉洁是政法干警核心价值观的基石，是承担法律监督职能的检察机关及广大检察人员的最基本职业道德要求，廉政文化建设是检察队伍拒腐防变的思想

防线。

要认真落实党风廉政责任制，开展反腐倡廉教育：学纪育廉。把学习法纪法规贯穿检察文化建设的始终，组织干警认真学习党纪、政纪、警纪规定，切实增强自觉守纪守法意识和廉洁自律自觉性；算账思廉。通过科室廉政讲评，经常性通报政法干警违纪违法案例，使干警算好人生"七笔账"；警示醒廉。组织干警观看警示教育片，通过鲜活生动的典型违法违纪案例，不断提高干警拒腐防变的能力，时刻做到警钟长鸣；签约诺廉。要继续落实党风廉政责任制，完善领导干部"两手抓"工作机制，监督促廉。不断完善各项廉政管理制度，建立内外监督网络。通过院内建立的兼职纪检监察员队伍，及时掌握了解干警的思想和廉洁情况。

（五）以彰显司法文明为目标，塑造和谐的检察物态文化

环境文化为检察文化提供了物质与人员保障，是不可或缺的基础支撑。

要加强办公场所法治文化和廉政文化建设，形成具有职业特色和人文气息的工作环境。鼓励干警精心设计、美化办公环境，突出检察特色，布置充满职业精神、格调高雅清新的办公场所。完善健身房、阅览室、电脑房等场所硬件设施，为干警锻炼身体、学习知识提供物质条件。

要形成检察文化队伍。以全国检察机关成立检察官文学艺术联合会为契机，倡导开展便于检察人员参与、适合机关工作特点的文化活动，基层院可成立书画、摄影、球类、文艺等各类文体兴趣小组，广泛开展形式活泼、寓教于乐、喜闻乐见的文化体育活动，培养干警形成音乐、绘画、收藏等高雅艺术的爱好，形成良好的生活作风和健康的生活情趣。

要加强检察文化阵地建设。要把院史陈列室作为检察文化建设的重要阵地。充分发挥历史文化的启发、借鉴和励志作用，展示和弘扬光荣传统，激发检察人员的职业使命感、认同感、职业荣誉感和归属感。加强检察机关图书馆（室）建设，精心挑选和配置图书资料，充分发挥其在学习交流、沟通信息、积累资料、培养人才方面的作用。积极开展《地方志·检察史》编撰工作，展示检察历史的深厚底蕴和文化传承。

少数民族地区基层检察院
检察文化建设的理论与实践

马连龙* 苗荟**

引 言

近年来，包括广大少数民族地区的基层检察院检察文化建设在检察文化基础理论研究、检察文化物质平台建设、检察文化产品创新、单位内价值理念塑造等方面取得了丰硕成果，包括少数民族地区基层检察院检察人员在内的广大检察人员对新时期检察文化建设有了较为深入的了解，这值得肯定。然而，我们又不得不承认，全国少数民族地区基层院的检察文化建设因地域条件、经济发展水平、文化发展制约等影响仍然存在许多不足。如何促进少数民族地区检察文化事业的发展，在吸取中国传统文化与西方法律文化之精华的同时，将少数民族地区基层院的检察文化建设与当地民族精神、民族文化与地域文化的精髓相融合，构建具有当地民族特色的检察文化，实现检察文化与民族、地域文化相融合的目标，是新时期少数民族地区基层检察院检察文化建设中面临的难题，亦是当前切实贯彻党的群众路线的应有之义。

一、少数民族地区基层检察院检察文化建设的现状与存在的问题

分析少数民族地区基层检察院检察文化建设的现状，首先要明确检察文化的概念。笔者赞同最高人民检察院对检察文化的定义即"检察文化是检察机关在长

 ＊ 作者单位：青海省泽库县人民检察院。
＊＊ 作者单位：内蒙古自治区呼伦贝尔市海拉尔区检察院。

期的法律监督实践和管理活动中逐步形成的与中国特色社会主义检察制度相关的思想观念，职业精神，道德规范，行为方式及相关载体和物质表现的总和，是社会主义先进文化的重要组成部分，是检察事业不断发展的重要力量源泉"。① 其次要明确少数民族地区基层检察院的范围，在本文中所讨论的少数民族地区基层检察院是指以少数民族人民为主聚集生活的地区的基层检察院。主要指我国西部、北部等边疆地区的县区级民族自治地方检察院。笔者认为少数民族地区基层检察院检察文化建设中存在的问题主要有以下几个方面：

（一）检察文化建设的投入力度不够、普遍氛围不浓

少数民族地区基层检察院普遍存在缺人缺编的现象，普遍感到业务任务压力过大，从而工作中把主要的人、财、物投放到执法办案上，忽略了自身的文化建设，检察文化建设停滞不前。多数少数民族地区基层检察院既无检察文化建设的长远规划，也无年度计划，只有上级的规定动作，没有本单位的自选动作；不是"我要做"而是"要我做"；不是主动开展工作，而是被动应付。长期以来，不少少数民族地区基层检察院对检察文化建设认识有偏差，检察文化建设的针对性不强，实践中这些基层检察院检察文化建设互动不够、宣传不力、参与性不强，主要表现为除单位领导和综合部门外，一般业务干警很少主动参与到检察文化建设活动中来，有形式主义等错误观念，影响了这些基层院检察文化建设的长足发展。

（二）检察文化建设的载体不多，过度重视检察文化建设中的物质文化建设，忽视精神文化建设的同步性

综观当前各少数民族地区基层检察院检察文化建设现状，发现部分院对检察文化建设严肃有余、方法不活、创新不够。只满足于一般意义上的写文章、发信息等，人性化的方法和载体不多；满足于参加了上级组织的检察文化活动，本单位有针对性的活动少；满足于短期行为和轰动效应，缺乏长远规划和实际效果等。近年来大多数少数民族地区检察机关按照上级要求对检察物质文化建设较为重视，侧重于对检察文化物质设施的投入，而忽略了检察精神文化在检察文化的结构体系中所具有的核心地位和同步建设，未能充分意识到检察精神文化对检务

---

① 《最高人民检察院关于加强检察文化建设的意见》，载正义网，最后访问日期：2014 年 3 月 13 日。

工作者的价值观念、职业操守、思想理念的指导作用，导致对检察精神文化建设定位失准。另外，有些少数民族地区的基层检察机关虽意识到检察精神文化对构建检察文化事业的重要功能，但对检察精神文化的内在本质产生误解。将其单纯地理解为开展各种文娱文体活动丰富干警的业余生活，未能因地制宜，缺少当地民族精神及地域优势，特色不够明显，从而致使检察精神文化建设相比于检察物质文化建设明显滞后，不利于少数民族地区基层检察院检察文化建设的特色化、和谐化、全面化发展。

（三）检察文化建设特色不明显，质量不高，忽略与民族文化、地域文化相融合

当前部分少数民族地区基层检察院检察文化建设存在盲目照搬他人经验，检察文化建设的特色不明显，例如千篇一律搞警示文化墙，另外有些地区的检务工作者对环境文化建设的内涵产生了误区，在进行检察文化建设时，仅仅依靠物质投入美化办公环境，且建设形式单一，而未能抓住环境文化所体现的精神内涵，尤其作为民族地区，未能发挥民族、地域文化优势，未能研究分析当地民族文化、地域文化与机关环境文化建设的契合点，吸取民族文化、地域优势中的特色较少，照搬其他院文化建设经验模式较多，致使实践中检察文化建设趋于庸俗化、功利化，未能发挥检察文化因具有的独特精神引领作用。在一些少数民族地区的基层检察机关，少数民族干部比例低、对于当地民族文化和地域文化了解层次较浅，单位中负责检察文化建设的专职人员匮乏且培训机会少，文化建设理论研究肤浅，难以开展系统研究去挖掘发挥民族文化所特有的心理认同影响力与约束性。应用现代办公软件与技术设施建设检察文化的少，大都停留于空制度、空文件上。制度文化建设上不足，不仅影响其对精神文化保障作用的发挥，而且导致整个检察文化建设未能完成制度化、规范化的要求，检察文化建设质量不高，尚处于初步阶段。

二、少数民族地区基层检察院检察文化建设存在问题的原因探析

根据马克思哲学原理，事物的发展都受到主观和客观两方面的因素制约。我国广大少数民族地区因受已有历史、地域条件、交通因素等影响至今仍保留

着或多或少的地域性、民族性的宗教信仰、风俗习惯，这些因素也当然地影响着少数民族地区基层检察院的检察文化建设。具体而言，少数民族地区基层检察院检察文化建设尚存在诸多问题的主要原因，可从主观与客观两方面进行探析。

（一）主观方面因素

受部分少数民族地区基层检察院检察文化建设者思想和能力的制约。一是思想上对检察文化建设本质认识不够。如上文所述，少数民族地区一些基层检察院检察文化的建设者对于检察文化的思想认识停留在完成上级交办的任务上，对检察文化建设不够重视，未能从根本上认清检察文化建设在检察事业发展中所具有的功能作用，认识不到其对检察业务本身和检察队伍建设的重要作用，认为检察文化建设本身就是形式主义。二是实践中对于检察文化建设的投入有限。部分基层院不愿花人力、物力、财力去开展检察文化建设，以业务忙、经费有限、维稳压力大等作为借口开脱。三是建设者能力有限。如上文所述检察文化建设中部分院领导层或者执行人员由于个人文化或认识水平有限，对检察文化建设的基础理论、本地区民族文化、地域文化的了解掌握有限，开展检察文化研究层次过于浅显，不能满足检察文化建设的需要，不能完成检察文化建设的工作要求。四是建设方式单一。如上文所述，由于思想认识有限、人员素质有限，部分基层院仍存在照搬其他地区的经验，发挥主观能动性不够，忽视与当地所具有的特色民族文化精髓与地域文化特色的融合、吸收与借鉴，忽视了二者和合所带来的巨大影响力。

（二）客观方面因素

受当地地理环境、人文环境、体制经费等问题的制约。一是我国大部分少数民族地方基层检察院所在地气候环境恶劣，处于山区高原、荒漠林地等地形地势中，例如青海大部分少数民族地区基层院所在地平均海拔在 3500 米左右，外部的环境文化建设严重受所在地气候条件影响，又限于地势偏远、通讯、运输等条件的限制，检察环境文化建设难以开展或者能开展的不多。二是广大少数民族地区基层检察院所在地交通不便，信息技术不够发达，与外界沟通较少。相对封闭的地理环境，在较好地保留当地民族风俗习惯、民族文化精髓的同时，也阻碍了民族地区在思想、文化等方面的发展，民族文化理念认同度高，与现代文化的交流程度低，法治理念相对滞后，所在地基层检察院难免也对检察文化建设理解不透、重视不够。三是建设经费难以有效的落实。实践中也有部分基层院由于受经费的影响，虽然有结合本地区民族文化、地域文化的很好方案，但没有及时给予有效落实，检察文化建设停留在文件和领导讲话中。四是受体制机制制约。少数民族地区基层检察院和其他地区的基层检察院一样，受制于所在地人、财、物的管理体制，开展检察文化建设存在受当地政府机关等干涉的问题。检察文化建设相关的管理机制和执法保障机制仍需完善，人才招录与培养制度尚未健全，造成少数民族工作人员短缺，待遇水平低，影响干警投入检察文化建设积极性的发挥。

三、少数民族地区基层检察文化建设路径探析

我国少数民族地区有其悠久的历史传统，独特的地域文化、民族文化之优势，故在建设检察文化时应从历史的、传统的、现代的、民族的、地域的、国际的角度出发开放思路，从精神文化、行为文化、制度文化、环境文化几个方面融合本地民族文化、地域文化，探析建设路径。

（一）兼容民族精神文化、地域精神文化做好检察精神文化建设

少数民族地区基层检察院的检察精神文化建设要通过与民族个性的融合走进广大群众。检察精神文化是指检察机关在长期的检察工作和管理实践中，为实现检察机关发展目标，由检察干警群体共同创造、为群体成员所共同遵守和认同的共同意识，是检察干警群体本质精神的高度浓缩，是检察院文化的核心与灵魂，是以心理、观念、理论形态存在的检察文化，决定与支配着检察干警群体的价值取向，决定着检察干警群体的凝聚力和战斗力，决定着检察文化的本质。而少数民族地区的民族文化、地域文化在生产和生活实践中，逐步内化为所在地各民族为人处世的个性特征。这些具有地域特色的民族个性和精神，是检察精神文化建设尤其是司法职业道德建设中理念、信仰、道德等核心价值观必须兼容的内涵和渊源。因此，在检察精神文化建设中，应当通过与民族个性的融合提升人民群众对检察干警群体的心理认同和信任感。如蒙古族信奉狼图腾文化，由此塑造了蒙古族人民强悍、劲勇、不畏权势的民族特性；如彝族、纳西族等的射日传说，铸造出民族奋发向上的传统美德。故少数民族地区

基层检察院应在研究学习当地民族文化的基础上，以征求意见、开展研讨会等形式，确定吸收民族文化中的优秀部分，进而为塑造干警刚正不阿、奋发进取、探索奉献等职业道德。

（二）结合民族行为精神文化、地域行为文化做好检察行为文化建设

少数民族地区基层检察院的检察行为文化建设也要从执法态度、待人接物、言谈举止、队伍作风等细节抓起。检察行为文化建设要通过民俗习惯的导入贴近群众，从司法实践来看，不管是民族地区还是非民族地区民俗习惯这种文化现象是情理法的载体，凝结着群众普遍性的价值准则，往往与一定时空条件下人们的认知水平、价值观念、是非观与正义观相契合。检察干警在办案过程中，在执法态度、待人接物、言谈举止、队伍作风方面如果能够充分运用民俗习惯，无疑有助于提高检察机关公信力和亲和力，使得检察活动更接近现实、更易于被接受，更为灵活，有助于检察认可度，这是转变执法观念、创新工作方式的一个具体体现，是检察工作促进社会和谐的一个重要举措。在检察行为文化建设中，在坚持社会主义法治理念与检察工作规范要求下，汲取西方"崇尚民主、追求自由平等、强调人道主义、讲求法治精神"的法律文化精髓，做到铁面无私执法如山、严格文明执法的同时，尊重犯罪嫌疑人、保障其应享有的人权，实现程序公正与实体公正并重。在待人接物上要热情周到，塑造检察官的儒雅形象。可将民族性格纳入其中，如以藏族率直、外露、乐观、浪漫的民族性格对干警进行引导和熏陶。既要秉承传统文化中"廉者民之表也，贪者民之贼也"的廉洁文化精华做好纪律作风建设和反腐倡廉工作，通过开展批评和自我批评的专题生活会，落实廉政责任制，健全党风廉政建设工作台账，建立廉政档案等，增强职业作风建设。吸收民族文化中如土家族人"重道义、贵正直，将团结、上礼让、尊老爱幼、乐于助人"的团队凝聚精神，通过开展本地民族体育竞赛、文娱比赛等团队活动，增强队伍团结协作的精神气质。结合中国传统文化、地域文化、民族文化、法治理念等综合举措，促使干警养成符合检察机关职业特点的行为习惯。

（三）融入民族文化理念、地域文化理念重视检察制度文化建设

检察机关工作制度规范离不开检察文化的理论指导与思想引领，同时检察文化需要检察机关工作制度的坚实保障。少数民族地区基层检察机关要完成从走形

式的完成任务到将加强、规范工作制度和管理制度切实落到实处的转变。在领导体制、组织机构、规章制度制定前，明确统领理念，应当使检察干警学习、了解、掌握、熟悉当地的民俗习惯，并加强对民俗习惯的研究，尤其是对于民间长期沿用、行之有效的民俗习惯，"取其精华去其糟粕"，在制度文化建设中可吸收民族优秀文化精髓，如在制度建设的理念里融入藏族信仰文化中顺从长生天的可持续发展理念，可汲取地域文化精华，如"不拘一格，兼收并蓄"的草原文化特色等，同时要本着实用主义的原则细化党风廉政建设制度，业务办案流程规定，办案质量考评实施办法，车辆、办公用品等后勤管理制度，计算机网络办公应用系统规定等，明确做什么、怎么做，做到事事、时时、处处有规定，为检察工作规范、有序进行提供制度保障。在制度建立后，要完善相应的保障机制。同时，应建立健全人才的选拔与激励保障机制。人才作为主体，应杜绝唯学历、唯资历论资排辈的错误用人观念，选拔政治理论过硬、业务素质过硬、热爱检察文化的优秀人才到文化建设岗位，同时通过设立优惠条件，招录少数民族本地人才在家乡扎根，增加少数民族干警的比例。在有语言文字的少数民族地区，做到制度双语化（汉语与本地民族语言），增强少数民族干警对制度的内心亲和力，增强外部少数民族群众的监督，达到内植于心、外化于形的效果。

（四）植入民族文化元素、地域文化元素加大环境文化建设

环境文化建设是检察文化建设的有形载体，是检察文化的基础和依托，是检察文化的外化表现，它不仅作用于检察干警自身，而且对于社会公众有着重要的感知、影响和辐射作用。少数民族地区基层检察院更要坚持以人为本，落实各项便民、利民措施，使外化的检察文化环境体现历史文化沉积，通过环境、建筑、陈列以及氛围达到潜移默化的教育效果，增加少数民族群众的认同感。环境文化建设分为两方面：硬件设施建设与"软"实力建设。一要加强基础设施等物质文化建设。办公场所是展现检察文化的窗口，在进行建设并完善装备设施时，要本着量力而行，体现时代性、实用性、民族性的原则，同时贯穿地方特色主流，如白族地区所特有的地域文化就体现了"清清白白做事，堂堂正正做人，干干净净做官"的职业操守，外观上体现出庄严大方、儒雅和谐、公正权威的精神风貌。二要进行文化"软"环境建设，进一步提高文化软实力。可在每层楼道建设文化长廊，张贴体现法治精神、宣传法治人物、少数民族检察英雄事迹的图文并茂的海报图片；可在办公室张贴少数民族检察干警事迹、与法制相关的民族精神字画，如在控申科、案件管理办公室、职务犯罪预防展室张贴，就可起到教育干警和拉近群众距离的双重影响，从而达到息诉罢访、实现和合的良好愿景；号召有书法、绘画等特长的干警，撰写民族语言与汉语并行的警示标语、良言警句、法律格言展板，让干警在耳濡目染中接受熏陶，让来访群众找到认同感和归属感；有摄影爱好的干警可拍摄体现民族文化、地域风情、人文景观的壁画，悬挂于文化长廊一角，展现检察文化的开发性和包容性，善于吸收融合其他文化的亲和力；举办具有民族特色的文艺演出、演讲比赛、法律及检察专业知识竞赛等，丰富干警业余生活，充实精神生活；设立民族特色的会议室、接待室，在特定的文化氛围中形成新的思维方式、行为模式、习惯、理念，借助环境文化具有的极强渗透力，潜移默化地影响干警的价值取向和行为方式，促成全机关从上至下改进工作作风。另外，环境文化建设方面还要落实一些便民的措施，如增加在进行预防职务犯罪宣传、法律"五进"活动宣传、举报宣传周等活动中所有印发的宣传材料都应该是双语型材料，既保障了群众知情权又加大了宣传力度。

四、结语

总之，检察文化也是一个民族个性流动的文化。检察文化与民族文化、地域文化有着天然的联系，少数民族地区基层检察文化的形态其民族性、地域性不可或缺，其检察文化建设不是生搬硬套，也不能一蹴而就，既要在遵循检察文化建设的基本规律的基础上，做好检察文化事业发展的共性，又要秉承开放包容的态度，积极与民族文化、地域文化、传统文化等相融合，突出特色，体现鲜明个性。我们要开拓思路、勇于创新，结合少数民族地区基层检察院工作实际，开门建设检察文化，提高少数民族地区基层检察干警的整体素质，接受所在地各民族、各界监督，增强检察机关的法律监督能力，实现社会的公平正义，在检察文化建设中实现法律与民族、地域的融合。

以特色检察文化
助力检察队伍建设的路径研究与实践

——以唐山市检察文化建设的实践为视角

高树勇*

　　检察文化是检察事业发展进步的力量源泉，是推动并提升检察工作的内生动力。唐山市检察机关注重把检察文化的"软实力"变成推动工作的"硬支撑"，倾力打造融会地域文化精髓、彰显时代特征、体现检察风格的特色检察文化，浸润滋养检察队伍，有力促进了检察事业的科学发展。

一、强化信念引领，将文化营养注入精神血脉

　　信仰问题是检察文化建设的核心问题，崇高的检察职业信仰能够为检察人员恪尽职守提供强大的精神动力与智力支持。唐山市检察机关坚持以地域文化培育唐山检魂，用法治精神锻造职业素养，将文化营养注入干警的精神血脉之中，打牢检察队伍执法为民的坚定信仰。

　　传承践行大钊精神，丰厚唐山检察文化底蕴。唐山是中国共产党创始人之一李大钊同志的故乡。李大钊勇于献身的坚定信仰，"铁肩担道义"的担当精神，成为唐山检察人取之不尽、用之不竭的、独特的文化营养。定期组织干警到大钊纪念馆参观，瞻仰事迹、领略风采；每年组织读书月、开展纪念征文，加深对大钊精神的认知；聘请业内专家进行专题辅导，深度解读、全面把握大钊精神实质；举办网上论坛、专题研讨、主题演讲，以大钊精神为镜、查不足、明得失、涤心智，把坚定的理想信念作为检察队伍的政治灵魂。

　　提炼唐山检察精神，凝聚争先创优思想共识。开展励志格言交流、"我的座

---

　　* 作者单位：河北省唐山市人民检察院。

右铭"展示、院训征集活动，组织专人对检察实践中积淀的检察精神进行梳理总结，提炼出了彰显职业特点、体现地域风格、顺应时代要求的唐检精神——忠诚、责任、超越。通过坚持不懈地内修外化，努力把这种精神融入干警的思想深处，形成了唐山检察人员奋发向上、团结一致的精神力量和精神纽带。

培育干警爱民情怀，筑牢执法为民宗旨观念。坚持以有形载体强化宗旨观念教育。紧密结合党的群众路线教育实践活动，注重用文化的情感因子，培养干警发自内心的爱民情怀。班子成员开展了"为民服务在一线"活动，为社会各界提供有针对性的检察服务；中层干部定期接访，在倾听和解决诉求中拉近与群众的距离；"青年志愿者"、"学雷锋服务队"深入农村、社区，着力增强与人民群众的深厚感情，自觉把执法过程变成服务群众的过程。

二、优化路径选择，用文化载体丰厚职业素养

检察文化载体是承载并传递检察文化内涵的客观存在或表现形态，其对于检察文化的创造、传承和发展具有极其重要意义。唐山市检察机关坚持把文化建设作为系统工程，丰富文化载体，营造浓厚氛围，提升职业素养。

以专题研究促进理论提升。成立"检察文化理论研究小组"，形成了《检察文化建设载体初探》、《唐山市检察系统文化建设的传承性与基层检察院文化建设个性化研究》、《检察文化建设的实现路径》等一批调研成果，为推进检察文化建设提供了决策支持。该院以《传承与践行：大钊故乡的检察文化建设的探索与思考》为题，在首届检察官文化论坛上进行了发言交流；《浅谈中国古代廉政制度》一文获评第二届检察官文化论坛征文优秀奖；《以特色检察文化建设助力检察队伍职业化建设》经验被最高人民检察院转发。

以文化活动鼓舞工作士气。将具有检察特色的文化活动寓于节日庆祝之中。"检察情和谐颂"迎新春文艺晚会、"三八"主题演讲、"青春耀检徽，共筑中国梦"五四青春诗会、"迎七一"践行群众路线主题交流等主题鲜明的检察文化活动，凝神聚气，陶冶情操。创建真人图书馆，分享优秀人才的独特经历和人生感悟；定期更新唐山检察文化长廊，展示成果，激发干警的职业归属感和荣誉感；在检察内、外网开辟专栏，在检察干警与社会各界间搭建起更加便捷的文化交流平台。

以文艺创作展示良好形象。注重发挥检察官在文艺创作中的主体作用。拍

摄的《气质若兰 执法如山》郑喜兰先进事迹专题片，获评全国检察系统首届微电影展播活动三等奖；《以敬畏之心从事检察工作》、《以质朴青春织就我们检察梦》等6篇作品分获河北省检察文联"中国梦检察魂"征文活动二、三等奖。

三、遵循厚积薄发，借文化之力推动事业发展

检察文化是推动检察事业科学发展的内生动力。唐山市检察院注重发挥文化的引领、凝聚和导向功能，将检察文化精髓和内涵渗透到检察实践的各个环节，有力推动了整体工作科学发展。

检察文化成为忠诚履职的内燃机。我们牢记忠诚为民使命，以打击犯罪保障民生为己任，增强群众安全感，工作经验被河北省委肯定；以反腐倡廉为天职，在惩防职务犯罪中积极回应群众期盼，市院反渎局被授予"全国检察机关反渎职侵权专项工作先进集体"；以服务大局为要务，在优化发展环境中体现作为，市院多次获评振兴唐山先进单位。

检察文化成为攻坚克难的冲锋号。我们秉持勇于担当的精神，"常规型监督抓深化、特色型监督促强化、新增型监督建机制"，在强化法律监督中提高群众满意度，形成并逐渐完善了具有唐山特色的法律监督工作大格局，得到了最高人民检察院曹建明检察长的批示肯定。

检察文化成为探索创新的加速器。我们秉持超越自我的理念，积极探索服务非公企业工作机制，工作做法获最高检肯定；创建第一个地市级检察院国家认可司法鉴定实验室；加强机关管理，成为唐山唯一获评全国首批节约型公共机构示范单位。工作中涌现出了全国检察系统集体一等功、全国先进检察院、全国优秀公诉团队，党的十八大代表、首届全国检察机关预防素能比武优胜标兵、全国侦监业务能手等一大批先进集体和个人。

春雨润物细无声。检察文化建设已经在唐山检察事业发展中释放出无穷的活力，并将继续以更丰富的文化内涵、更新颖的文化载体，为检察干警构建起更美好的精神家园。

检察文化现代化的战略思考

冯洪明　赵　刚[*]

文化是人类的智慧结晶，文化现代化是文化领域的现代化，文化生活是人类的精神生活。人类生活有两大需要，即物质需要和精神需要。随着物质生活的极大丰富，精神生活需要与日俱增，文化与文化现代化的重要性日益凸显。激发民族创造力，提高文化创新力，扩大国际文化合作，满足人民日益增长的文化生活需要，是新时期中国现代化建设的一个战略重点。本文立此战略层面就我国检察文化的现代化转型以及检察文化的发展规律略陈管见，仅与同仁探讨。

一、检察文化基本内涵阐释

检察文化是检察文化现代化研究的核心概念，研究检察文化概念应从文化—法律文化—司法文化—检察文化这一进路分析，概念之间是属种蕴涵与层层递进的关系。英国文化人类学家泰勒在其著作《原始文化》一书中，将文化的含义首次系统地表述为："文化或文明就其广泛的人种学而言，是一个复杂的整体，包括知识、信仰、艺术、道德、法律、风俗及作为社会成员的人所获得的才能与习惯。"最先建议使用并对法律文化的概念作出明确定义的是美国法律社会学家弗里德曼，他认为："法律文化是指一般文化中的习惯、意见、做法或想法，这些因素使社会势力以各种方式转向法律或背离法律。"笔者在上述学者观点的基础上将文化定义为狭义的小文化，即排除人类社会——历史生活中关于物质创造活动及其结果的部分，专注于精神创造活动及其结果，而法律文化是狭义文化的组成部分，指一个民族在长期的共同生活过程中所认同的、相对稳定的、与法和法律现象有关的制度、意识和传统学说的总体。司法文化作为一种法律文化和组

---

*　作者单位：天津市滨海新区大港人民检察院。

织文化的集合体，是指司法机构与司法工作者在司法工作实践中创造的具有司法职业特色的社会生活方式和精神价值体系。检察文化是检察制度的法律文化性格，与法官文化等同为司法文化的重要组成部分，是指检察机关与检察官（广义上的检察人员）在检察实践中形成的行为模式、思想模式和价值观念，包括表层的检察形式文化、中层的检察制度文化和深层的检察精神文化的三个依次递进、深化的子文化。其中检察形式文化是检察机关及其人员在具体工作、学习、生活中产生的活动文化，它包括检察机关的教育宣传、与社会公众的关系、干警的言行礼仪、文化或体育活动及其产生的文化现象，它是检察机关作风、精神面貌、文明举止、公共关系的动态反映，也是机关精神和检察官价值观的折射和外在表现；制度文化主要包括检察组织和检察机关管理制度等方面内容；精神文化是检察文化的深层次体现，是检察文化的灵魂，在整个检察文化中处于核心地位。它应当包括检察职业道德、检察执法理念等内容，是检察机关意识形态的总和，是检察物质文化、行为文化、制度文化的升华，与各项检察工作相比较属于检察机关的意识形态。

检察文化的基本属性是法律监督，是检察文化区别于其他类型的法律文化的根本所在。检察文化与审判文化不同，不具有中立性、被动性和终局性，其所依托的作为一种具有国家本位和追诉倾向的检察权本身即带有鲜明的法律监督色彩。检察文化的基本价值是公平正义。强化法律监督，维护公平正义是检察工作主题，而强化法律监督的目的在于维护公平正义，公平正义正是法律精神的根本所在，符合我国宪法、诉讼法等法律对检察权的诉讼构造。检察文化的基本功能是文化育检。公平正义的实现，要求检察职业群体不仅需要有反映人类理性和良知的优秀法律和健全的司法体制，而且需要高素质的检察官去执行法律。检察活动的过程实际上就是检察文化作用于整个诉讼进程，一种合理的、符合现实社会发展的理性的检察文化，必然会对检察执法活动产生积极进步的影响，使公平与正义和法律尊严得到最大限度的张扬和维护。

二、检察文化现代化理论研究

（一）对传统检察文化的历史反思与辩证扬弃

检察文化作为一种客观存在，具有历史性，内容随着检察制度的发展变化而变化，不同性质、不同时期的检察制度对检察工作提出了不同的要求，也因此产生了不同内容的检察文化。清晚期的司法制度改革产生的"审检合署"的制度是中国检察制度的开端，也是检察文化产生的起点。辛亥革命揭开了中国法制近代化的序幕，但直至国民党统治时期，其仍然沿袭了晚清以来的司法传统。革命根据地的检察制度也较多地借鉴了自晚清以来所取得的司法改革成果和经验。新中国检察文化是在借鉴其他社会主义国家检察文化基础上，对革命根据地检察文化的继承与扬弃。1949 年 12 月颁布的《最高人民检察署试行条例》确立了检察机关的法律地位，明确了检察机关的法律监督职权，为检察文化建设翻开了新的篇章。但这一时期的检察制度基本上是照搬前苏联的。1956 年开始，检察制度不断受到极"左"思潮的冲击，检察文化建设的苏联模式受到质疑，如对"一般监督"的批判直至 1968 年取消检察建制，经历了模仿—质疑—停滞—消亡的过程。我国检察文化建设的蓬勃发展是在 1978 年宪法重新设置人民检察院以后。1979 年通过的《中华人民共和国刑事诉讼法》和《中华人民共和国人民检察院组织法》进一步明确了检察机关是国家的法律监督机关，并为检察文化注入了新时代的内涵。追溯历史可以看到，我国检察文化经历了从半封建半殖民地到社会主义检察文化的转变，历经反复，其内容也随着时代在不停的发展、丰富之中。历史证明，法律监督是检察文化的基本属性，公平正义是检察文化的核心价值，必须坚持而不能动摇。同时检察文化建设也要与时俱进，抛弃"左"倾教条，突出专业特色，体现司法民主。

（二）检察文化现代化的基本内核

社会主义法律文化的价值应取向于"正义"。当代中国也正在培育和促使社会主体形成普遍的自由、平等、公平、民主和权利至上的观念，正在全社会倡导和弘扬信仰法、崇尚法和尊重权利的法治精神。"依法治国，执法为民，公平正义，服务大局，党的领导"社会主义法治理念的提出，标志着我国社会主义法律文化的成熟与发展，也为检察文化实现现代化转型奠定了坚实的价值基石。以此为基调的现代检察文化基本内核包括：一是政治性。社会主义的检察机关必须要坚持"三个至上"，服务大局。党和国家的总路线和中心任务代表最大多数人的最大利益，代表先进生产力和先进文化，检察工作作为政法战线的一部分，为大局服务就是政治性的集中表现。二是法律监督。检察机关要履行宪法赋予的法律监督职能，维护社会主义法制的统一、尊严和权威。三是公平正义。公正执法是检察执法的核心要素，检察官要秉承忠诚、公正、清廉、严明的职业道德规范，履行客观性义务，在办案中切实体现出对正义价值的不懈追求。四是保障人权。维护人权是以人为本和执法为民理念在检察文化中的具体体现，检察机关要实现人性化办案方式，弘扬疑罪从无、无罪推定、非法证据排除、恢复性司法、刑罚轻缓化等现代法治思想，既严厉打击犯罪，又注重维护和保障人权；既突出办案的法律效果，又注重社会效果和经济效果；既注重实体的公正，又注重程序的公正。五是司法民主。现代检察文化要吸收对抗制诉讼模式的积极因素，在检察官职业实现了从大众化到专业化转变的同时，制度建设要实现从强调司法专业化到强调司法民主化的转变，树立依法服务诉讼相对人意识，尊重诉讼当事人的法律地位，实现法律面前人人平等，在诉讼中实现控辩平等，注意听取犯罪嫌疑人、证人等的合理意见，实现检察工作由控制到服务的转型。

三、检察文化现代化发展战略探讨

（一）实现检察文化的现代化转型要实现我国传统检察文化与西方先进检察文化的整合，体现时代性，突出地域性，富于创新性

当前由于传统的封建监察文化的影响以及对苏联检察制度移植的照搬照抄，在司法改革中对西方检察制度的借鉴存在急功近利的趋向，没有消化吸收它们的文化内涵，没有使它们的文化内涵本土化，导致我国的检察文化仍然相当不成熟。由于国家本位、义务本位的法律价值观、特权思想、人缘、地缘关系等传统文化的影响，仍然偏重于对犯罪的惩罚，忽视对个人自由和权利的保护，检察文化建设也流于形式，检察文化片面等同于检察文体活动。我们要深入地认识到学习和借鉴先进的检察制度是一个文化整合的过程，辩证分析传统文化的积极因素和消极影响，还要学习和研究西方先进检察制度的文化内涵，使之与中国传统法律文化相互渗透和融合，最终完成对传统检察文化的创造性转化。同时要认识到检察文化的现实性和地域性，检察文化建设要体现时代性，把检察文化的内涵与时代精神的精华融合起来，检察文化建设没有固定的模式和标准，但文化主轴离不开检察文化的意识、理念、行为、作风、物质、环境等多方面内涵。在建设过程中要根据时代的发展不拘一格地创新发展检察文化，去适应新形势发展的需要。同时检察文化建设是一项复杂的系统工程，没有固定的模式，也没有统一的

标准。从各地的实践来看，在现行的基础体制框架内确立具有自身特色的发展模式，这是推进检察文化建设的基本途径。检察文化建设的过程，是全体检察官形成共享价值观并内化为行为实践的过程，也是检察院文化制度化、规范化、系统化的过程，要在检察实践中积极探索、持之以恒地不断建设和创新，与时俱进，牢牢把握先进文化的前进方向，适应依法治国基本方略的客观需要。

（二）在全国四级检察机关统一架构系统的检察文化现代化战略规划，制定完整的指导性策略

检察文化作为中国先进司法文化之一，是以检察权以基点、以检察制度为载体、以法律监督为手段、以公平正义为核心、以培育现代检察理念为宗旨、以培育高素质人才为基础、以创新机关管理体制为形式，在履行检察职能过程中形成的一个复杂的文化系统。最高人民检察院为此在全国四级检察机关统一架构系统的检察文化现代化战略规划，制定完整的指导性策略，实现检察文化创建工作的科学发展，具体内容有：1. 检察制度的现代化：在坚持党的领导和人大的监督下，进一步树立专门的法律监督机关、相对独立的司法机关的观念。克服检察文化建设泛行政化、过度地方化的倾向，防止把检察文化建设成纯粹的机关文化或者组织文化。2. 检察法律规范的现代化：以《宪法》、《人民检察院组织法》、《检察官法》、检察司法解释等为基础，检察机关与立法机关精诚同心，制定出一个门类齐全、结构严谨、层次分明、前后照应、相互联贯、和谐一致的严密的检察法律规范体系。3. 检察组织机构的现代化：实现检察机关内部组织机构的精细化、专门化，工作程序的规范化、制度化，履行检察职能的有效化。4. 检察官的现代化：坚持通过公务员考试和司法考试为统一进口，注重教育培训，实现检察官的职业化、专业化和高素质化。5. 检察法律观的现代化：抵制西方单向的"个人本位"的法律观，肃清传统单向的"国家本位"的法律观，树立双向的"国、民本位"的法律观，依法平等维护国家利益、集体利益和个人利益。6. 检察价值观的现代化：树立公正优先，兼顾效率的价值观，在打击犯罪与保障人权二者之间寻求平衡，坚持无罪推定的原则，确立证据是认定事实唯一手段的观念。强化法律监督，保障基本人权，实现控权与维权的有机统一。

（三）文化建院、文化育检是检察文化实现现代化转型的基本路径

检察文化创建要借鉴路径依赖理论，创建主体要了解检察文化的过去，知道

检察文化面临的现实制约、传统影响以及文化惯性，洞察其未来的现代化发展方向，从而遵循检察文化现代化的规律循序渐进：一是现代检察理念的培育。现代检察理念是检察文化的灵魂，检察机关要精心提炼出最适合检察院发展，最体现司法理念，最有特色的检察院精神，加以确立和塑造，同时要在全院范围内广泛宣传倡导，形成共识，贯彻落实。二是检察官职业道德规范建设。努力培养和造就高尚的检察职业道德，是公正执法的必要条件。坚持从源头抓起，从细微处防起，加强对干警八小时内外的遵纪守法教育、廉洁自律教育和职业道德教育。用行之有效的政治教育活动，教育干警，常修检察道德之身，常正执法公正之心，常诚为民服务之意。三是加强制度文化建设。在培育检察官整体价值观的同时，必须健全、完善必要的规章制度。以规章的形式将发展目标、集体道德、行为及其对物质文化的要求（也包括检察文化事业的制度化）加以定型化、具体化，并以一定的强制和道德控制保证其实施，规范成习惯，习惯成文化。四是强化业务建设。必须牢固树立以业务工作为中心的指导思想，检察文化服从和服务检察业务。强化目标管理机制，完善业务流程、办案质量考评体系，进一步完善主诉、主办检察官办案责任制，实行安全文明办案责任制。同时，要坚持文明执法，依法办案，实现检察工作的法律效果、社会效果、经济效果和文化效果的四个统一。五是领导带头，示范践行检察文化。领导首要充分发挥倡导作用、典范作用、推动作用、创新作用，既要注重对检察院文化的总结塑造，宣传倡导，也要表率示范，在每项具体工作中有所体现并不断创新。

基层检察文化建设的实践与思考

刘治文*   徐咏梅**

按照《人民检察院基层建设纲要》规定和上级院的有关要求，黑龙江省佳木斯市检察院结合本地区实际情况，不断加大基层检察文化建设力度，取得了较好成效，对提升检察队伍的综合素质、实现检察事业的科学发展产生了积极的促进作用。笔者结合工作上的收获，就基层检察文化建设的有关问题谈点粗浅认识。

一、检察文化的实践功能

检察文化是中国特色社会主义文化的重要组成部分，是法治文化的重要分支，在检察工作实践中，发挥着引领思想、规范行为、塑造形象、宣传辐射等功能作用。

（一）思想引领功能

检察文化影响着检察干警的价值目标取向，是检察人员思想意识、道德观念的一种内在养成机制。通过检察文化建设，培育和确立起体现社会主义法治理念和检察工作规律的价值体系，对于激发基层检察干警的敬业精神，在政治信仰、执法理念、道德追求等方面形成思想共识具有重要的引领作用。几年来，佳木斯市检察院要求所辖 10 个基层检察院坚持把检察文化建设融入思想政治教育中，融入各项检察业务中，大力倡导爱岗敬业、乐于奉献的职业道德，形成了风清气正、积极向上的良好风气。一是用检察文化理念指导各项学习培训，深入开展创建学习型检察院、学习型科室活动，营造浓厚的检察文化氛围，同时广泛开展具

---

* 作者单位：黑龙江省佳木斯市人民检察院。
** 作者单位：黑龙江省抚远县人民检察院。

有检察特色的岗位练兵、技能培训活动，增强干警的履职素质，不断提高执法办案水平。二是按照上级的部署要求，结合本院实际，认真开展了"恪守检察职业道德，促进公正廉洁执法"主题实践活动，"反特权思想、反霸道作风"专项教育活动，以及"忠诚、为民、公正、廉洁"核心价值观教育实践活动，通过演讲比赛、征文比赛以及专题讨论等形式，把教育实践活动与检察文化建设紧密结合，切实增强广大干警的政治使命感和社会责任感，进一步坚定守护社会公平正义的信念和决心。三是组织开展形式多样、内容丰富的文化活动，发挥检察文化的渗透、熏陶作用，激发干警自身潜能，使干警队伍的凝聚力、战斗力得到极大提升。同江市检察院被最高检授予"全国先进基层检察院"、被省院授予"全省人民满意检察院"，抚远县检察院获"两房"建设先进集体称号，富锦市检察院、前进区检察院、桦南县检察院被市检察院评为全市"标兵基层检察院"，被市政法委评为全市"政法工作先进单位"等。

（二）行为规范功能

检察文化的行为规范功能体现在激励作用和约束作用上，即通过奖励制度、典型示范等方式，激发干警的主体意识，调动其主观能动性，进而转化为履行检察职责的自觉行动；通过各种规章制度所产生的刚性约束，以及检察干警由此所形成的制度意识和责任意识，发挥检察文化所具有的行为规范功能。根据检察文化这一功能特点，我们从三个方面入手，积极探索检察文化的行为规范功能，收到了很好的效果。一是用检察文化规范干警的行为。用规章制度将检察文化的要求转化为具体的行为规范，分别制定了《政治理论学习规定》、《检察干警廉洁自律规定》、《检察礼仪及行为标准》等制度，使干警在执法活动和日常生活中，行有规矩，动有要求。二是用检察文化规范执法办案。以规范工作流程为核心，以建立长效管理机制为目标，精心编制各类规范化操作文件，做到处处有规范、项项有标准，有效提升了办案质量和检察执法公信力。三是用检察文化规范管理。通过检察文化建设，努力培养干警的主人翁意识，调动干警的积极性和主动性，实现自我管理、自我监督。采用科学化、民主化的决策程序，形成集思广益、群策群力的良好工作局面。

（三）形象塑造功能

检察文化的形象塑造功能主要是通过展现检察机关的精神面貌、思想作风、管理水平和工作效率等，树立良好的检察官形象，提升检察机关的社会公信力和影响力。为了充分发挥检察文化的这一功能，佳木斯市检察院坚持外在形象和内在素质两手抓，通过加强检务保障建设和强化"三种意识"，全面塑造检察机关公正、权威、高效、为民的良好形象。在加强检务保障建设方面，一是改善办公、办案条件，全力推进"两房"建设，建设了功能齐全的现代化办公场所。二是根据职能任务要求，进一步规范、加强办案工作区建设，建成了全封闭、全监控、全程同步录音录像的办案工作区。三是按照检察机关职能特点，逐步推进科技装备和信息化建设，以科技创新带动机制创新、工作创新和素质创新，不断拓展检察文化的时代内涵。在强化"三种意识"方面，一是强化岗位责任意识。把工作任务和目标责任分解落实到每个部门、每个人，形成人人头上有指标、件件工作有着落的责任氛围。二是强化优质服务意识。牢固树立执法为民、服务大局的理念，干一流工作，创一流业绩。三是强化自身形象意识。全市检察干警认真遵守检察机关文明用语规则和检察官职业道德要求，从着装到言行，严格要求自己，树立严谨、文明的良好形象。

（四）宣传辐射功能

检察文化的宣传辐射功能具有两个方面的作用，一方面通过法制宣传、执法办案等活动，面向社会传播宪法和法律常识，教育公民增强法治观念，维护国家的法律秩序；另一方面通过政治立场、价值理念、知识体系的宣传灌输，统一意志，凝聚力量，激发检察队伍的创造力和战斗力，推动各项工作卓有成效地深入开展。佳木斯市检察院从这两个方面入手，不断强化检察文化的辐射功能，产生了很好的宣传效果。一是结合检察工作的开展广泛宣传。以开展检察机关"五进"活动为载体，要求两级院检察干警定期或不定期地组织业务骨干深入机关、企业、乡镇、社区和学校，通过走访、接访、定向帮扶等方式加强法制宣传，并把检察室、检察联络室作为对外展示检察文化、促进检务公开的平台，为人民群众提供"一站式"法律服务。二是在文明单位创建活动中大力推进文化育检。一方面在环境建设过程中，从基础设施建设抓起，优化美化绿化环境，推行"阳光检务"，凸显检察特色。另一方面把"内强素质，外塑形象"作为文明单位创建的重点工作来抓，通过电子屏、宣传图片、文明用语等展示检察官的文明守则和礼仪风采，警示干警牢记宗旨，不辱使命，营造忠诚、公正、清廉、文明的检察文化氛围。三是通过媒体和文娱活动扩大影响。充分利用包括网络在内的各类媒体，加强法律常识、检察动态等方面的宣传，并结合节庆纪念活动，积极开展形式多样的文化活动，扩大检察文化的辐射面。

二、检察文化建设需注意的问题

由于种种因素的影响，基层检察院尚存在对检察文化建设重视不够，对检察文化内在本质把握不准确，以及检察文化建设表层化、庸俗化、功利化和经费投放不足等问题，在一定程度上影响了检察文化建设的深入发展，需要认真加以研究解决。

（一）对检察文化建设的重要意义缺乏正确认识

主要表现在对检察文化内涵和外延的理解不够清晰，将检察文化理解为仅仅就是检察系统内部开展的文艺、体育、娱乐等活动，除此之外就是加强政治和业务方面的学习；还有的是将检察文化建设作为法律监督活动的管理方法和管理手段，对检察文化建设的认识局限在表层化和误区上；有的甚至认为开展检察文化是对正常工作秩序的冲击，是浪费时间和经费，是不务正业，搞花架子，是形象工程，没有真正认识到检察文化建设的重要性和必要性。

（二）只注重物质表现形式，忽视检察文化的内在本质

把检察文化建设等同于保障性工作，着重强调其改善检察人员工作、生活、学习条件的物质功能，或者把检察文化建设等同于机关环境的美化和丰富检察人员的业余生活，一味强调发展机关环境和娱乐文化，忽视了检察文化的核心内容和本质要求，偏离了检察文化建设的正确方向。

（三）盲目照搬模仿，重点不突出，特色不明显

检察文化既有共性的一面，也有鲜明的个性特征，但是在推进检察文化建设过程中，有的尚未注重体现本地区、本院及检察人员的自身特点和发展趋势，盲目照搬照抄其他检察机关的经验，使检察文化建设形式单一、视野狭窄，趋于庸俗化、功利化，未能发挥检察文化所具有的独特作用。

（四）对检察文化建设的投入不足

经费保障不足是困扰基层检察院发展的难点之一，也是制约检察文化建设的"瓶颈"。佳木斯市属于经济欠发达地区，在办案、办公经费尚不能完全保障的情况下，检察文化建设所需资金往往更是捉襟见肘。

综合分析上述问题，究其产生的原因主要有以下几点：一是文化底蕴不丰富。检察文化建设之所以存在不尽如人意之处，原因之一是在我国传统文化中，没有形成近代或现代意义上的法治文化，缺乏法治文化传统，缺乏支撑检察文化健康发展的法治文化资源，缺乏依法监督机制赖以发挥效用的文化土壤。二是价值定位模糊。从某种意义上讲，检察文化建设中出现的问题与误区，根本症结之一在于人们思想上对检察文化的价值定位存在模糊认识。由于价值定位的模糊，有的检察机关只是将检察文化作为管理队伍的手段，忽视了法治元素的注入，没有凸显出检察文化的法治核心与法律监督本质；有的过于强调检察文化的法律监督性，弱化了队伍建设，忽视了检察队伍接触消极阴暗面较多，易受落后腐朽文化侵蚀的客观现实。三是干警素质参差不齐，能力水平高低不一。就目前状况看，基层检察机关仍然存在干警知识结构比较单一，缺乏综合素质比较高的研究型人才，工作中表现出重办案、轻调研，重视法律条文的运用，轻视对法理的学习研究等倾向，从而对检察文化建设向深层次发展造成了一定影响。

三、检察文化建设应遵循的原则要点

检察文化作为一种"软实力"，日益成为检察机关建设的重要内容，检察文化建设在促进检察队伍自身建设、推动各项检察工作发展等方面发挥着不可替代的重要作用。基层检察院应当遵循、贯彻《最高人民检察院关于加强检察文化建设的意见》所提出的5项原则，牢牢把握以下几个要点，全面加强检察文化建设。

（一）坚持与时俱进

检察文化是检察工作不断创新发展的精神动力，是时代精神在检察系统的具体化，因此在检察文化建设中，必须坚持与时俱进，注重创新。要本着有利于提升文化底蕴、有利于陶冶干警情操、有利于检察工作开展的原则，大力推动检察文化内容、形式以及方式方法等方面的创新，拓展建设思路，发展建设理论，丰富检察文化建设的内涵，使其内化于干警心灵、外化于检察实践，推动检察工作向前发展。要依据中国特色社会主义文化以及法治文化的要求，科学地整合建设资源，大力构建体现时代法治特征、体现和谐社会要求、富有时代精神的检察文化体系，促进检察机关转变观念、改进作风，展现新时期的良好精神风貌。

（二） 突出以人为本

要以科学发展观为指导，坚持以人为本，寓教于化，有组织、有计划地开展检察文化建设活动。坚持检察干警的主体地位，以检察文化的发展和进步来促进检察干警的全面发展和完善，实现检察机关的整体价值和检察人员的个体价值相统一。突出以人为本思想，实行人性化管理。通过教育、引导、关怀、激励等多种形式，增强干警从事检察事业的责任感、归属感，激发工作主动性和创造力。同时强调以人为本，注重人权，在执法办案中展现人文关怀，探索检察文化与检察业务的深度融合，在确保案件质量同时，强化以人为本的人性化办案思想，依法保护当事人的人格尊严和合法权利，充分体现以人为本的检察文化理念。

（三） 体现检察特色

检察机关开展的政治思想教育、时事政策宣传、文体娱乐活动以及机关的基础设施建设等，都属于检察文化建设的范畴，这些都是社会主义大众文化共性的部分。同时检察文化还具有自己的特质：一是法治性。检察文化属于法治文化范畴，这就决定了检察文化建设要始终凸显其法治特征。二是公正性。"强化法律监督，维护公平正义"是检察工作的主题，也是检察文化建设的重要特色。三是地域性。检察文化和地方文化紧密相连，在检察机关系统内部，各级、各地的检察文化建设都具有各自的地域特色和个性特征。四是多样性。检察文化植根于检察工作实践，涉及打击刑事犯罪、惩治腐败、诉讼监督、促进社会和谐、维护群众利益等方方面面。为此，基层检察文化建设要突出自身特点，彰显检察特色，融合法治文化精髓，在价值取向上反映出检察机关的职责。

（四） 服务检察实践

检察文化建设必须立足并服务于检察实践，大力倡导在工作中培育文化，用文化促进工作，将检察文化渗透到检察实践的各个方面和每一个环节，并在工作实践中不断充实与完善。通过加强检察文化建设，充分发挥检察文化应有的功能，促进检察事业健康发展。尤其要把检察文化建设作为检察机关开展思想政治工作的有效载体，实现政治工作的创新性转变，将刚性约束转变为刚性约束与柔性引导相结合。在传统的主要靠制度硬性约束的基础上，通过检察文化的熏陶、浸润作用，激发干警的自觉性、主动性和积极性，达到自警、自律的良好效果。

基层检察文化建设规范状况的检视与建议

杨宏亮*

基层检察院是整个检察机关的基础，是检察机关联系人民群众的主要窗口。近年来，随着我国检察文化意识的觉醒、检察文化建设的兴起，以及最高检对检察文化建设的顶层设计和整体推动，各级检察机关尤其是基层检察院根据各地各自实际，探索形式多样、开展各自特色的基层检察文化创建活动也取得了可喜的成就。① 但毋庸置疑，注重基层检察文化建设的规范推进，也已经到了一个需要加强研究和提出要求的阶段。

一、规范基层检察文化建设的定义及价值内涵

规范本身就是文化的一种价值取向和实践理念。在名词意义上，规范，即明文规定或约定俗成的标准；在动词意义上，是指按照既定标准、规范的要求进行操作，是某一行为或活动达到或超越规定的标准。② 历史和现实都表明，有什么样的内在的文化自觉，就有什么样的规范实践。规范意识是人们内在的精神活动在社会行为中的自然流露，规范文化则是政治文明的基本体现，符合科学发展观和司法职能特性的规范文化，更是先进文化的重要组成部分。由此，提出"规范基层检察文化建设"的定义，主要是指从有序有效推进基层检察文化建设的必要性出发，通过对基层检察文化建设的主旨方向、内容范围、框架结构、表现形式等予以基本确定，使基层检察文化在适度的规范控制下，形成既按照确定的规则运行，又能够发挥基层文化建设的主观能动性和创造性，尊重基层区域性特色和

---

* 作者单位：上海市宝山区人民检察院。

① 2012 年，由最高检确定的 66 个"全国检察文化建设示范院"多出自基层。

② 百度百科，http://baike.baidu.com/view/113045.htm? fr = wordsearch. 2014 年 4 月 21 日访问。

多样性需求，丰富基层文化建设内涵，增强基层检察文化建设活力的发展局面。由此，规范推进基层检察文化建设具有重要的现实意义。

（一）它是基层检察文化持续有效发展的必然选择

检察文化是法治文化的一种形态和表现。与法治文化一样，检察文化在追求法治价值目标的过程中，是一个动态的过程，也就是说，其价值目标是与时俱进的，其内容随着时代的发展变化而变化。检察文化建设的具体内容和本质规定性，既是历史的，又是发展的。基层检察文化的持续有效发展只有做到按照既定目标、方向和要求运行，才能达到文化的传承和延续，才能形成实践的自觉和能动。对基层检察文化进行适度的规范控制，是保证基层检察文化建设的整体性、有效性和延续性的必要条件和重要基础。

（二）它是提高基层检察文化建设水平的内在要求

虽然，目前检察文化建设在全国检察机关已深入基层、深入人心，在基层检察干警中也耳熟能详。但客观地讲，由于全国基层检察院面广量大，① 各地的经济社会发展水平、检察人员的构成和文化底蕴并不一致，实践中检察文化在基层的发展并不平衡，由于缺乏一定的统一规范指引，一定程度上也影响了基层检察工作的整体发展。重视基层检察文化的适度规范控制，有助于统一基层检察文化建设的思想认识和落实步骤，提升基层检察文化建设的工作标准和建设水准。

（三）它是推进检察职业化管理体系建设的题中之意

检察文化尤其是基层检察文化应该是一个职业群体从精神、行为、形象、物态等方面的集中反映。根据最高检制定的《2014—2018 年基层人民检察院建设规划》（以下简称《规划》）提出的"建构检察职业化管理体系"的目标和要求，从检察文化入手，形成既具有基层工作特点，又符合检察职业规律的基层检察文化，也是检察职业化管理体系建设的内容之一，更是加强基层执法规范化、管理科学化建设的有效抓手。对基层检察文化进行适度的规范控制，通过一定的"顶层设计"，使基层检察文化建设与检察职业管理体系构建相融合，从而促进基层

---

① 据最高人民检察院曹建明检察长 2011 年 10 月 25 日在第十一届全国人民代表大会常务委员会第二十三次会议上的所作的"关于加强人民检察院基层建设，促进公正执法工作情况的报告"显示，全国共有基层检察院 3205 个，基层检察人员 176600 余人，分别占总数的 88% 和 74%，载《检察日报》2011 年 10月 26 日第 3 版。

检察文化建设进一步健全核心要素，体现基层检察职业品质，提升基层检察院建设的总体成效。①

二、目前存在的主要问题

综观全国基层检察文化建设现状，尽管已经取得了可喜的进展和成绩，但从检察文化的长远发展和中央关于加强基层基础建设的决策部署及要求来看，还存在不尽如人意的地方，还有很大的提升空间。

（一）基层检察文化的体系结构尚缺乏统一的理解和确定

根据学界对文化的基本定义及分类，广义的文化包括四个层次，即物态文化、制度文化、行为文化和心态文化。② 具体到检察文化的结构层次，目前的检察文化研究对于基层检察文化应有的体系结构尚未形成统一的认识。有的认为，检察文化应当确定为"检察精神文化、行为文化、物质文化"三位一体的格局；③ 有的把基层检察文化概括为"理念文化、管理文化、素质文化、环境文化、网络文化、和谐文化"；④ 也有从内涵外延以及文化一般构成的角度将检察文化的外延界定为物质文化、制度文化、行为文化、精神文化四个层面构成的复合体；⑤ 还有的则认为，基层检察文化作为法律文化的一部分，检察制度构成其强有力的核心部分，它的外延包括检察物质文化、检察行为文化、检察观念文化、检察管理文化、检察制度文化和检察精神文化等；⑥ 有论者则主张从精神成果的意义上理解和使用检察文化这个概念，检察文化的内容是体现检察职业规定性的检察观念、检察伦理和检察形象等精神成果。⑦ 而从最高检印发的《关于加强检察文化建设的意见》（以下简称《意见》）来看，仅仅对检察文化的含义作

① 根据 2014 年全国人大常委会监督工作计划，最高人民检察院关于人民检察院规范司法行为工作情况将纳入全国人大常委会听取和审议的 9 个专项工作报告之一。
② 百度百科，http://baike.baidu.com/subview/3537/6927833.htm? fr = aladdin. 2014 年 4 月 22 日访问。
③ 徐汉明：《检察文化理念更新与实践创新》，载《湖北日报》2011 年 9 月 22 日。
④ 张庆建：《济宁市检察文化建设的理论与实践》，载《检察文化建设网》2012 年 3 月 13 日。
⑤ 王俊峰：《基层及检察机关文化建设创新与实践》，载《正义网》2012 年 6 月 27 日；张国臣：《构建中国检察文化发展与管理模式》，载《检察日报》2013 年 2 月 6 日第 3 版；唐正雄：《加强检察文化建设促进检察工作科学发展》，载《检察文化网》2013 年 4 月 1 日。
⑥ 汪燕：《探索检察文化建设》，载《教育文化》2012 年 2 月（中）。
⑦ 谢鹏程：《检察文化概念的重构》，载《国家检察官学院学报》2013 年第 3 期。

出了概括性表述，^① 同时指出其涵盖的范围，包括检察思想政治建设、执法理念建设、行为规范建设、职业道德建设、职业形象建设等方面，并未就检察文化的体系结构作出具体的定义。

（二）检察制度的内化和外化工作还有待完善和加强

制度作为文化的一种表现形式，其本身就具有规范人们思想行为的作用。多年来，检察机关以落实中央关于深化司法体制和工作机制改革的决策部署为契机，努力探索建立符合基层特点的执法规范体系、内部管理机制和监督制约制度，确保了检察权依法正确行使，提升了检察机关的执法公信力。但检察制度作为一种特定的职业文化，在实践中由于各种原因仍然存在一些问题和不足。一是在思想认识上。有的干警对纪律作风建设缺乏足够的重视和认识，"庸懒散"现象还有一定的传播力和顽固性；有的较重视执法活动中的规范，而忽视工作之余或日常检察行政事务中的规范。二是在内容载体上。除检察业务制度相对规范外，综合性管理制度还缺乏统一规范的查询数据库；有的还缺乏具体的标准化、精细化要求。三是在落实执行上。表现为重规范制订、轻规范检查，在规范操作上有时较为随意等情况。总之，法治理念、规则意识在基层检察干警中还需常抓不懈、深化教育。

（三）反映基层检察文化基本特质的内容和标识还有待进一步规范

长期以来，检察机关十分重视基层检察文化的规范建设，最高检还专门设立了指导基层建设的机构，通过开展评选、"帮后"等活动，切实把检察工作的主题和总体要求落实到基层，推动基层检察院建设整体水平的提高。比如，在思想精神层面，始终坚持系列教育实践活动的统一部署、统一推进落实；在职业标识方面，从 2000 年起推出了具有时代特征，并与国际检察官着装主流相协调的检察制服；在执法方式上，在全国检察机关推行了统一业务应用软件系统；在执法规范上，围绕修改后"两法"实施，及时出台了执法办案规则，完善了业务规范体系和考评指标体系。但从文化建设的角度看，反映基层检察文化基本特质的文字标语、文化标识还有待规范统一，各地建设的文化长廊、室内配置的标牌内

---

① 即检察文化是检察机关在长期法律监督实践和管理活动中逐步形成的与中国特色社会主义检察制度相关的思想观念、职业精神、道德规范、行为方式以及相关载体和物质表现的总和，是社会主义先进文化的重要组成部分。

容虽然形式多样，但缺乏统一内容和统一形式；蓝色是检察制服的本色，蓝色也是永恒、忠诚的象征，但在规范服装的同时，在基层检察院的建筑物外表以及内部装饰上，不管是远眺还是近视，无法让人民群众一眼就能够识别出那就是基层检察院。

（四）　基层检察文化的组织管理还不适应文化兴院工作发展的需要

根据最高检印发的《意见》，各级检察院应当"成立检察文化建设领导小组，明确专人负责，检察政工部门作为牵头部门和责任部门具体抓，相关部门协作抓，形成职责明晰、分工负责、齐抓共管的工作格局"。但由于检察文化涉及的内容和范围较广，是一项全局性、系统性的工作，事实上，各级院的"一把手"就是检察文化建设领导小组组长，班子其他成员是副组长，各综合部门往往就是承担具体事务的职能部门。这样的组织架构虽然做到全覆盖，但客观上是多余的重复。而另一种情况是，有的地方还将检察官协会和女检察官协会纳入到检察文联之下，作为单位会员。本身都是同样级别的社团组织，又变成你中有我的集合关系。为此，对基层检察文化建设的组织管理还需作重新审视并理顺关系。

三、规范推进基层检察文化建设的思考与建议

（一）　正确把握检察文化建设总体格局和基层布局的关系

检察文化建设是一项长期、复杂而艰巨的系统工程，既涉及最高检的"顶层设计"、统一规划，又涉及下级院的推进落实、创新驱动。规范推进基层检察文化建设的主旨在于有效突出检察职业特征和基层特点，将现代司法文化贯穿于基层检察院建设的始终，使基层检察官群体的职业精神、业务素质、人文修养、外在形象得到整体提升，实现检察工作的持续良好发展。为此，建议在已有的《意见》和《规划》基础上，就深入推进全国基层人民检察院文化建设制定指导性意见，对基层检察文化建设的指导思想、工作原则、体系结构、重点内容、工作范围以及规范要求予以总体明确和具体规范。既应当明确需要规范落实的重点内容和事项范围，又应当强调继续鼓励发挥基层检察院自创特色的能动作用，从而不断提升基层检察文化建设的整体水平。

（二）　明确规范基层检察文化建设的体系架构

检察文化体系架构的确定可以为规范推进基层检察文化建设提供具体的方向

指引和标准尺度。应当依据文化层次理论结构的一般分类，牢牢把握司法文化和基层检察的国情特点，坚持结构的逻辑性、内涵的延伸性和概念的实用性原则。可以将基层检察文化区分为以下六种：检察精神文化、检察制度文化、检察行为文化、检察业态文化、检察物态文化和检察信息文化。其中，前三种是文化层次四分法已有的类别，较好理解。后三种分类是考虑文化层次分类中的"物质文化"内涵较为宽泛，并且根据当前社会发展和司法工作现状而提出的。其中"检察物态文化"比"物质文化"的内涵要小很多，也较好理解，一般是指可触知的具有物质实体的文化事物，如建筑、器皿、衣、食等。① 而"检察业态文化"主要是从司法文化特有的职业特点出发，对检察权运行和检察业务开展中所形成的与文化有关的成果的分类方法。比如：检察法律文书、检察调研成果、检察信息和检察综合性报告等，这些具有检察职业属性的文化载体显然不具有艺术性，不属于文化艺术类成果，但也是检察文化中的一种特有文化表现形态，所以，把它界定为"检察业态文化"，与其他文化类形态具有显著的区分边界。此外，"检察信息文化"，也是顺应当前信息化社会所特有的文化现象所提出的，是指以信息技术为内容的文化成果及形态表现，包括检察网络文化、检察微博文化等，主要具有虚拟性、交互性、开放性等特征，也是与时代同步且运用日益广泛的一种检察文化形态。

（三）适度规范基层检察文化的主要内容及载体形式

对基层检察文化建设中的若干重要工作和重点内容予以统一规范，既是确保检察机关文化建设整体协调发展的需要，又是突出并促进基层检察院文化建设共性和特性的需要。当前，应在坚持规范落实关系检察文化建设正确方向与核心价值、纪律制度与执法规范等内容的同时，在以下三方面作出适度规范：一是重点对基层检察院公共区域文化的内容、载体和形式作出统一规定。在内容上，可以将社会主义核心价值观以及体现基层检察职业精神和要求的"执法为民"、"公平正义"、"忠诚可靠"、"敢于担当"等作为必备文字标语，还可以对制作样式作出统一规定。在载体上，规定必须要有检史院史、荣誉室、阅览室以及管理制度、视听和网络设施等。二是重点对检察机关职业属性的标牌标识作进一步规范。可以利用"基层"与"检察"两个词组开头字母均为"J"和"C"的特

① 百度百科，http://baike.baidu.com/view/1237267.htm? fr=wordsearch. 2012年4月25日访问。

点，统一设计能够展现基层检察的标志性图标，作为今后基层检察院的一种特有"文化符号"，作为基层检察文化的载体和形式。此外，可以规定统一的门头、背景板、灯箱等，作为基层检察院建筑外墙、接待场所、公共区域统一安装的形象标识。还可以对基层检察院建筑内外、办公区域的装饰颜色予以规定，强化蓝色系列在检察机关物态载体上使用的广度。三是重点对基层检察院的内外网作进一步规范。可以对检察院内外局域网版头版色适度予以统一。比如，所使用的主要颜色种类、版头所用颜色类别以及版头单位名称和字体颜色等，通过一定程度的规范，使检察文化的基层特征和优势更为凸显。

（四）完善基层检察文化建设的工作格局和管理关系

检察文化涉及检察机关的人员、业务、财物等各个方面，因此，基层检察文化建设应确立由本院党组、检察长统一领导，以所在院全体人员为主体，职能部门、检察社团和党工青妇等党群组织各负其责、协同开展，社会力量适度参与的工作格局。根据基层检察院人员情况和工作实际，不宜一律要求采取成立院级检察文化建设领导小组的方式来体现其重视程度和工作力度。但在考核表彰基层检察院时，一定要将基层检察文化建设中的基本架构是否确立、文化建设的主要工作是否开展以及检史院史室、荣誉室等教育场所和办公场所的文化类饰品等软硬件设施是否具备、是否规范，作为评价基层检察文化建设的重要内容，以此来推进基层检察文化建设健康协调发展。

对新时期加强基层检察文化建设的若干思考

——以兵团基层检察文化建设为视角

杨英华*

一、加强基层检察文化建设是新时期对基层检察工作提出的必然要求

文化是民族的血脉,是推动各项事业持续发展的精神内核和力量源泉。检察文化是社会主义先进文化的重要组成部分,它属于意识形态的范畴,支配着检察官的意识、理念、行为,是检察机关的"灵魂",具有鲜明的政治性和时代性,随着时代的发展而发展。党的十八大在部署全面建设小康社会的同时,强调了社会主义文化建设的重要性,提出了推动社会主义文化大发展大繁荣的要求。最高人民检察院于 2012 年 12 月 26 日下发了《关于深入贯彻落实党的十八大精神进一步加强检察文化建设的决定》,对检察机关检察文化建设进行了全面部署。2013 年下半年以来开展的"为民、务实、清廉"群众路线教育实践活动,不仅是新时期对检察工作提出的新要求,对新时期检察队伍建设提出的新要求,也是对新形势下加强基层检察文化建设提出的新要求。党的十八届三中全会召开以后,随着检察改革的不断深入,检察文化如何适应检察改革的发展要求,更好地服务检察改革。这些都是新形势下对检察文化提出的新要求。

基层检察院是检察机关全部工作和战斗力的基础,作为检察体系中的最小单位,它所具有的广泛性和工作的具体性,决定了它是承担检察文化建设的主要载体。检察文化建设的基础在基层,重点在基层。所以,加强检察文化建设是适应

---

* 作者单位:新疆生产建设兵团人民检察院。

新形势新要求，深入贯彻群众路线在检察文化建设中的具体体现。

二、我国检察文化的特征

我国检察文化是检察机关在长期法律监督实践和管理活动中逐步形成的与中国特色社会主义检察制度相关的思想观念、职业精神、道德规范、行为方式以及相关载体和物质表现的总和，是社会主义先进文化的重要组成部分，是检察事业不断发展的重要力量源泉。[①] 检察文化是中国特色社会主义先进文化的重要组成部分，它伴随着中国特色社会主义检察事业的发展而不断丰富完善。检察文化建设涵盖检察思想政治建设、执法理念建设、行为规范建设、职业道德建设、职业形象建设等方面，[②] 这一定义确定了检察文化的基本内涵。

（一）检察文化属于职业文化

职业文化是伴随着一个职业产生而来的。它的核心内容是对职业使命、职业荣誉感、职业心理、职业规范以及职业礼仪的自觉认可和自愿遵从。[③] 检察文化从属于职业文化，它是具有检察工作特点的职业文化。

（二）检察文化具有历史性

我国检察文化伴随着人民检察制度的诞生、成长、发展而不断丰富，且随着检察工作的推进而不断发展。因此，检察文化与不同时期的检察制度紧密相连，不同时期的检察工作对检察文化提出了不同的要求。

（三）检察文化是法治文化的一部分

法治文化是以法律为内容的文化。检察文化是检察机关履行法律监督职能过程中产生的法律文化，隶属于法治文化的范畴，是法治文化的一部分。

（四）检察文化体现法律监督属性

我国检察机关的法律监督职能特征决定了中国检察文化的基本属性，检察文化必须反映检察工作的特性，与法律监督职能密不可分。

---

① 2010 年 12 月 1 日最高人民检察院《关于加强检察文化建设的意见》。

② 2012 年 12 月 20 日最高人民检察院《关于深入贯彻落实党的十八大精神进一步加强检察文化建设的决定》。

③ 《中国检察文化发展暨管理模式研究》，载《中国检察》第 22 卷，中国检察出版社 2013 年版，第 60 页。

三、我国检察文化的价值和功能

（一）检察文化的价值

当今，公正正义是我国司法机关的价值追求，检察机关作为国家法律监督机关，检察文化必须突出体现检察工作的法律监督职能。检察制度蕴含着检察理念，检察理念只有体现到检察制度中才能得以贯彻。我国检察文化的核心价值，在于培育和提高与法律监督职能活动密切联系、符合职业特点要求的执法思想及职业道德准则、道德情操和道德品质，树立理性、平和、文明、规范的检察执法理念，培养"忠诚、为民、公正、廉洁"的政法干警核心价值观。

（二）检察文化的功能

1. 引领导向功能。检察文化首先具有导向作用，影响检察人员的思想、观念、道德与精神。通过各种文化培育形式，使全体检察人员都能够自觉地追求、信仰，并充分体现在履行检察职能中。

2. 行为认同功能。在检察文化的作用下，检察人员对检察事业的发展目标等精神要素有了更透彻的领悟和理解，使个人的思想和言行与检察机关整体目标保持相同的价值取向，使全体检察人员同心协力地为检察工作的整体目标而努力工作。

3. 激励凝聚功能。检察文化是社会主义先进文化的一部分，这种独特的检察文化一经形成，激励检察人员产生职业尊荣感和崇高使命感，从而汇集成推动检察机关进一步发展的精神力量。

4. 辐射带动作用。检察文化不仅能在内部发挥作用，而且能影响和带动外部环境。通过检察机关和检察人员的各种执法活动，反映出检察文化所倡导的整体价值观念、文化特点和内涵，展示出检察机关和检察人员良好的社会形象，增进社会对检察工作的理解、信任和支持。[①]

四、兵团基层检察文化建设的现状和存在的不足

目前，兵团 36 个基层（垦区）检察院分布于全疆各地，点多线长，部分基

---

① 《中国检察文化发展暨管理模式研究》，载《中国检察》第 22 卷，中国检察出版社 2013 年版，第 64 页。

层检察院（如第二师乌鲁克垦区检察院、第四师昭苏垦区检察院、第九师叶尔盖提垦区检察院、第十三师巴里坤垦区检察院等）等均地处偏远，且人员编制少、办案任务重，条件相对艰苦。近年来，兵团检察院大力开展了以兵团精神为特色的检察文化活动，各基层检察院在队伍建设中坚持以检察文化建设为抓手，采取各种形式，将以"热爱祖国、无私奉献、艰苦奋斗、开拓进取"为内涵的兵团精神融入到各院检察文化建设之中，体现在检察人员的政治思想教育、日常工作中，体现在对检察人员尤其是年轻检察人员的关心、爱护中。经过多年实践，取得了较好效果。主要做法有：

（一）立足实际，将兵团精神融入到检察文化建设之中

精神文化是检察文化的精髓和核心。兵团在履行屯垦戍边伟大使命中，形成了独具特色的兵团精神和兵团文化。各院把兵团精神融入检察文化建设之中，并立足实际，树立自己独特的文化理念。第六师检察分院坚持把检察文化建设纳入检察工作整体发展规划中，以成立检察官文联为契机，与弘扬"兵团精神"、"亮剑精神"结合起来，在各项工作中勇争第一，逢旗必扛、逢奖必争，努力打造融检察元素和彰显兵团特色的检察文化品牌，营造"风清、气正、业精、人和"的良好氛围。第九师检察分院把"兵团精神"、"龙珍精神"和"小白杨戍边文化"融入检察文化建设中，通过多次组织干警参观孙龙珍烈士纪念馆、小白杨哨所等红色教育基础，对干警尤其是年轻干警进行屯垦戍边创业史和发展史教育。

（二）拴心留人，文化育人

近年来，为改变兵团检察机关人才严重短缺、检察人员青黄不接的困难局面，兵团检察院陆续从内地、高等院校招录了部分大学生，主要用于补充基层检察院工作所需。面对条件较为艰苦的基层检察院，如何做到拴心留人，为兵团检察事业培养后续人才，是基层检察院队伍建设中的一个重要工作。为此，各院在加强对年轻检察人员政治思想教育、业务培训的基础上，工作中压担子，让他（她）们充分施展才华，同时加强兵团精神的教育，加强兵团检察历史传统教育，加大文化、生活设施的配备，加强生活上的关心，创造和谐的文化氛围，使他（她）们乐于扎根基层，为兵团检察工作贡献力量。几年来，这些年轻检察人员快速成长，目前大都已成为基层检察业务骨干，不少人成为兵团优秀公诉

人、办案能手，有的代表兵团检察机关参加最高检举办的全国优秀公诉人论辩赛等业务技能比赛，并取得较好成绩，使得以弘扬兵团精神为内涵的检察文化成为培育人才的"助推器"。

（三）抓"四室一廊"建设，营造浓郁的检察文化氛围

在抓好硬件建设的同时，各基层检察院大力抓好文化"软实力"和"软环境"建设。按照兵团检察院推进"检察文化建设年"的要求，统筹部署了"四室一廊"建设。"四室"即院史室、荣誉室、图书室和活动室，一廊即办公区文化长廊。各院精心筹划办公楼内检察文化布局，走廊上悬挂干警优秀摄影、绘画、书法作品和廉政格言，形成一条条文化长廊，将检察文化进行"物"的固化和"景"的美化，为机关大楼注入"文气"，让干警们在工作之余受到检察文化的浸染和熏陶。第七师奎屯垦区检察院挤出 3 万元经费建成了检察文化长廊，38 块牌匾内容涵盖基层党组织建设、干警学习园地、检察官行为规范、干警文艺创作等内容。

（四）抓基础设施建设，为检察文化提供物质保证

各院在抓"两房"建设时，将检察文化建设纳入统一规划，加强文体基础设施建设。各院普遍建立了电子阅览室、健身活动室等，促进了检察文化硬件建设，为检察文化的开展提供了基础保障。兵团检察机关文化建设先进单位——第四师检察分院先后投资 20 余万元建成了警示教育基地、文化墙，所辖霍城垦区检察院、伊宁垦区检察院分别建成了院史陈列室，受到了社会各界的普遍好评。

（五）抓工作机制建设，促进检察文化建设长远发展

各基层院在检察文化工作中，一是抓机构建设。各级院党组明确一名党组成员分工负责检察文化工作，政工部门人员承担具体工作。二是依托兵团检察官文联，使检察文化建设与兵团检察官文联工作紧密结合。三是成立音乐、舞蹈、书法、美术、摄影专业协会，并指定了各小组负责人。四是加强对文化建设的考核考评。兵团检察院坚持把文化活动与基层院量化考核工作结合起来，与干警创先争优结合起来，使文化建设由虚变实、由软变硬，从而促进了各院检察文化的发展。

通过以上做法，基层检察院检察文化建设工作有力推动了基层检察工作的发展。近年来，多个基层检察院被评为兵团先进基层检察院，并涌现出了图木舒克垦区检察院、五家渠垦区检察院、阿拉尔垦区检察院等全国先进基层检察院。由

此可以看出，弘扬以兵团精神为特色的兵团检察文化成为推动基层检察工作科学发展的有效途径。

兵团基层检察文化建设在取得成绩的同时，也存在一些不足，主要表现在：

1. 部分基层院对检察文化建设缺乏科学规划，制度不完善。

2. 对兵团检察文化建设的探索研究不够深入，在如何深入挖掘兵团检察文化精髓、创作兵团检察文化精品以及用艺术弘扬兵团精神上思考探索不够。

3. 部分基层院只注重检察文化的外在形式，忽视文化的精神内涵，检察文艺创作方面较为薄弱。

4. 总体来说，基层检察文化人才较为缺乏。

五、对新时期加强兵团基层检察文化建设的思考

最高人民检察院《2014—2018 年基层人民检察院建设规划》中明确规定深入加强检察文化建设。日前，兵团检察院已制定了相应规划，对基层检察院文化建设进行了部署。但如何做好新时期兵团检察文化建设，尚需在理论和实践中深入探索。现笔者以兵团基层检察文化建设为视角，从指导思想、目标任务、原则、具体措施方面，对如何在新时期加强兵团基层检察文化建设进行粗浅的探讨。

（一）加强兵团基层检察文化建设的指导思想

坚持以马克思主义、毛泽东思想、邓小平理论、"三个代表"重要思想和科学发展观为指导，坚持社会主义先进文化前进方向，按照建设社会主义核心价值体系的要求，牢固树立社会主义法治理念，以服务和推进检察事业科学发展为根本，以培育和践行政法干警核心价值观为重点，以提高检察队伍素质和执法公信力为目标，以群众性文化活动为载体，以改革创新为动力，紧贴检察工作和队伍建设实际，大力加强检察文化建设，为推动检察事业科学发展提供精神动力、文化保障。[①]

（二）加强兵团基层检察文化建设的目标任务

全面落实最高人民检察院关于加强检察文化建设的决定，立足兵团检察实

---

① 2012 年 12 月 20 日最高人民检察院《关于深入贯彻落实党的十八大精神进一步加强检察文化建设的决定》。

际，建立健全基层检察文化建设内容体系和框架结构，坚持把铸造兵团精神和职业精神作为检察文化建设中心任务，充分发挥检察文化的引领、渗透、融合、凝聚作用，不断提升检察人员的文化素养和精神境界，促进各项检察工作健康发展，为新疆兵团改革发展稳定作出更大贡献。

（三） 加强兵团基层检察文化建设的原则

1. 坚持以人为本，突出基层检察人员的主体地位原则。检察文化的精髓是重视人的价值、发挥人的作用，检察人员是法律监督工作的主体，也是检察文化的主要创造者、承载者和实践者，要充分调动检察人员的积极性、创造性，充分发挥基层检察人员在文化建设中的作用，尊重基层检察人员的首创精神。同时，创造条件，努力提高检察官群体的专业素养、工作技能、道德水平，适应司法体制改革和检察官职业化下的检察队伍建设需要。

2. 坚持围绕中心，突出服务检察工作原则。基层检察文化必须紧密结合检察工作开展，立足于检察实践，这是由检察文化的特征所决定的。

3. 坚持联系群众，突出特色原则。基层检察院区域分布多，与各地文化接触紧密，把检察文化与地方文化结合起来，在检察文化建设中联系当地实际，深入联系群众，把检察文化与群众文化结合起来，开展独具特色的文化活动。

4. 坚持与时俱进，突出创新原则。着力创新兵团文化建设的内容和载体，借鉴内地对口援疆检察机关和其他行业先进文化经验，不断创新工作思路、载体、机制，提高检察文化建设的科学化水平。

（四） 加强兵团基层检察文化建设的措施

1. 进一步加强兵团精神教育。要将维护新疆稳定融入到兵团精神学习教育中，坚决反对民族分裂，立足检察职能，坚决打击暴力恐怖犯罪活动，依法严惩危害国家安全犯罪。坚持履行兵团屯垦戍边历史使命，发挥"三大作用"。不断探索兵团检察文化发展繁荣的有效途径，提高兵团检察文化建设的质量和水平。

2. 进一步加强民族团结教育文化活动。坚持维护民族团结、兵地团结大局，深化兵地共融。以每年开展的民族团结教育月活动、为期三年的"三民"（访民情、惠民生、聚民意）活动为契机，以日常为企业、团场、学校上法制课等为契机，密切联系群众，广泛开展民族团结教育，将检察文化与群众文化有机结合，扩大检察文化的影响力。

3. 进一步加强核心价值观教育。社会主义核心价值体系是检察文化的行动指南，要培育检察人员树立正确的理想信念，增进对中国特色检察制度、检察事业的政治认同、理论认同和感情认同。

4. 进一步加强基层检察廉政文化建设。检察廉政文化是检察文化的重要组成部分，要将廉政文化融入检察工作的全过程。深入开展岗位廉政教育和警示教育，筑牢检察人员拒腐防变的思想防线。

5. 进一步加强具有检察职业特点的文化活动。依托兵团检察官文联，紧密结合实际，突出兵团特色，以重要节日、重大纪念活动为契机，开展经常性文化活动，向社会集中展示检察机关良好精神风貌。

6. 进一步加强兵团检察历史教育。重视对兵团检察历史资料的搜集、整理、研究和利用，通过建立检察历史陈列室、院史馆（室）、荣誉室、编辑出版检察志等多种方式，引领检察人员继承和弘扬兵团艰苦奋斗的优良传统，激发检察人员职业使命感、荣誉感和归属感。

7. 进一步创作具有兵团检察特色的优秀作品。积极组织、鼓励和支持有创作能力和艺术专长的检察人员进行创作，主动邀请社会文化知名人士参与检察作品创作，通过深入挖掘基层检察院近年来涌现出的多个先进集体、个人事迹，创作出具有一定思想性、艺术性、观赏性的文学艺术作品，宣传兵团检察工作，树立兵团检察人员形象。

8. 进一步发展检察网络文化。充分利用新媒体，创新检察文化载体。依托各院检察专线网和局域网，通过建立网上图书室、开设网上论坛、网络课堂等，把检察机关门户网站建成检务公开和便民服务的平台。

9. 进一步营造和谐基层检察文化氛围。良好的人文环境是检察文化的源泉和活力。积极培育人文环境文化，坚持把和谐理念、和谐精神融入文化建设，注重人文关怀和心理疏导，加强心理健康教育，完善检察人员定期体检和心理咨询制度，营造团结信任、和谐共事的良好氛围。

10. 进一步加强与对口援疆检察机关的文化交流。兵团各基层检察院是对口受疆工作的主体，除业务受援、物质受援、人才智力受援以外，要加大检察文化受援力度。检察人员在学习检察业务的同时，要学习内地检察机关先进的文化理念、开展检察文化工作的好做法好经验，加强文化的交流沟通。

浅谈民俗文化与检察基层文化建设

李思阳*

前　言

　　我国是一个统一的多民族国家，有 56 个民族，各个民族既有其民族特色的民俗文化，也有共同的民俗文化。据第六次人口普查统计：全国总人口为 1339724852 人，全国人口分民族构成 2010 年人口普查数据显示，汉族人口 1220844520 人，少数民族人口占 8.49%，下面以两个图表做一简单介绍：

新中国成立后历次人口普查民族构成图表①

历次普查民族构成

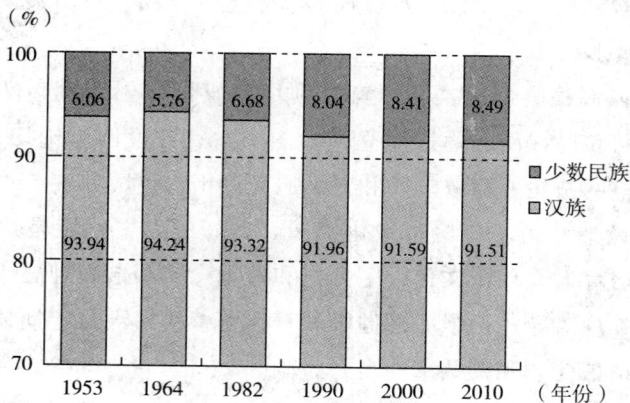

　　*　作者单位：海南省人民检察院。
　　①　《中国少数民族人口及分布区域情况表》，来源于百度百科。

第六次人口普查排名前十的少数民族图表①

民族名称	人口		人口主要分布区域
	人口数量	排行	
壮族	16926381	1	广西壮族自治区，云南省，广东省，贵州省。
回族	10586087	2	宁夏回族自治区，甘肃省，河南省，新疆维吾尔自治区，青海省，云南省，河北省，山东省，安徽省，辽宁省，北京市，黑龙江省。
满族	10387958	3	辽宁省，吉林省，黑龙江省，河北省，北京市，内蒙古自治区。
维吾尔族	10069346	4	新疆维吾尔自治区，湖南省。
苗族	9426007	5	贵州省，云南省，湖南省，广西壮族自治区，四川省，广东省，湖北省。
彝族	8714393	6	四川省，云南省，贵州省，广西壮族自治区。
土家族	8353912	7	湖南省，湖北省，四川省。
藏族	6282187	8	西藏自治区，四川省，青海省，甘肃省，云南省。
蒙古族	5981840	9	内蒙古自治区，辽宁省，新疆维吾尔自治区，吉林省，黑龙江省，青海省，河北省，河南省，甘肃省，云南省。
侗族	2879974	10	贵州省，湖南省，广西壮族自治区。

  笔者大学毕业就来到海南省检察系统工作，至今已整整 26 年了，这 26 年来一直感受着海南文化的深厚悠久，近五年来，笔者工作单位调动至海南西部，这是个小城，竟然蕴含着许多民俗文化，比如调声、公仔戏等所传递的真善美，让笔者想起曾参观过的一个民族博物馆，展示的少数民族服装、器皿、文物、书籍等，反映出不同民族的不同风俗，这种民俗所折射出的文化让人惊叹。笔者所在单位的人员来自 20 多个省市，每个人除了本身的个性特点，还带有非常有意思的地域民俗特色，因此，也让笔者思考民俗文化与检察文化的关系。

一、民俗与民俗文化

（一）民俗

  《汉书王吉传》记载"百里不同风，千里不同俗"，我国有 56 个民族，有很

---

① 《中国少数民族人口及分布区域情况表》，来源于百度百科。

多民俗是相同的，也有很多民俗是相似相近的或者相通的，但也有很多民俗是不同的，可谓"百花齐放"。有学者指出不仅是山沟里有民俗，少数民族部落里有民俗，而且在大城市、繁华都市都有民俗。① 那么民俗是什么呢？

1. 民俗的含义

有学者认为民俗是一种重要的社会文化现象，是生活于某一特定地域的民族或人们共同体在长期的历史发展过程中形成的习俗惯制。②

也有学者认为民俗即民间风俗，指一个国家或民族中广大民众所创造、享用和传承的生活文化，它起源于人类社会群体生活的需要，在特定的民族、时代和地域中不断形成、扩大和演变，为民众的日常生活服务。③

也有学者直接将民俗定义为世代相传的民间生活习俗。④

笔者认为，民俗是依附广大人民群众的生活、习惯、情感与信仰而产生的理念、礼节、习性和传统。

不论哪一种定义，都揭示了民俗的本质都是来源于大众百姓，并根植于本土社会生活，并反映着社会生活。我国从古代开始统治者就注重了解各地的民俗，比如《礼记·王制》称："岁二月，东巡守。至于岱宗，柴而望祀山川。觐诸侯，问百年者就见之。命太师陈诗，以观民风。"这里说的王者巡守之礼，就是国君深入民间，对乡村社会的民情风俗进行一番调查研究。太师是掌管音乐及负责搜集民间歌谣的官吏，他把民间传承的民歌（国风）呈递给国君。国君通过这些民歌，"观风俗，知得失"，制定或调整国家的方针政策。我国古代诗歌总集《诗经》中的《风》，就是古代各民族之间流传的民歌。

2. 民俗的种类

对民俗种类的了解可以有助于后文所阐述的民俗对检察文化的影响及作用，因此，对民俗的种类简单进行介绍。以民俗事项所归属的生活形态为依据来进行逻辑划分，可分为三大类八小类的民俗：一是物质生活民俗，包括生产民俗（农业、渔业、采掘、捕猎、养殖等物质资料的初级生产方面）；工商业民俗（手工业、服务业和商贸诸业等物质资料的加工服务方面）；生活民俗

---

① 参见仲富兰：《民俗文化学》，载《新华文摘》1987 年 12 月。
② 陈立明：《西藏民俗文化论》，载《西藏民族学院学报》2002 年第 4 期。
③ 《试论民俗文化与设计关系》，百度文库。
④ 参见《民俗文化》，百度百科。

（衣、食、住、行等物质消费方面）。二是社会生活民俗，包括社会组织民俗（家族、村落、社区、社团等组织方面）；岁时节日民俗（节期与活动所代表的时间框架）；人生礼俗（诞生、生日、成年、婚姻、丧葬等人生历程方面）。三是精神生活民俗，包括游艺民俗（游戏、竞技、社火等娱乐方面）；民俗观念（诸神崇拜、传说、故事、谚语等所代表的民间精神世界）。①

3. 新民俗

民俗不是一成不变的，而是随社会发展前进而发展着的，发展是其一个重要特征。前几天笔者在中央台看过一个节目，讲述如今在广西某地有一个风俗，就是卖菜的没有卖主，当地都是用一个篮子放菜上面写着多少钱一把，再放一个小袋子放钱，放在街头就可以，买菜的看中了菜把钱放在袋子里，这种淳朴厚重的民风就形成了一种新的民俗。

4. 民俗与习俗

习俗就是习惯、风俗，是个人或集体的传统、传承的风尚、礼节、习性，是文化在日常生活中的一种体现。习俗受文化影响，比如汉族地区的文化以及习俗与少数民族的文化和习俗就有区别。因此，民俗包括习俗，二者是包容的关系。

（二）民俗文化

民俗当中也有恶俗，那么民俗要形成一种文化，就要摒弃民俗中的恶俗，民俗文化仅指良俗文化，指民俗中的先进文化。这里牵扯到另一个问题：文化是不是有良恶之分，本文所持观点当然为文化仅指良性文化，这是另一个问题，在此不做探讨。

1. 民俗文化的含义

有学者认为民俗文化是人类文化中最古老和最具有生命力的文化，一般分为物质民俗、社会民俗和精神民俗。物质民俗指人们日常的衣、食、住、行等生产生活方式及相关的习俗礼仪；社会民俗包含家族村社、婚丧嫁娶及人生礼仪等相关内容；精神民俗则以信仰、节日、民间文学和游艺为其代表。②

有学者认为民俗文化是人们在生产生活过程中所形成的一系列物质的、精神的文化现象，民俗文化具有普遍性、传承性和变异性，往往是一个地方生活的缩

① 参见乌丙安：《中国民俗学》；陶立璠：《民俗学概论》；张紫晨：《中国民俗与民俗学》，百度百科。
② 陈立明：《西藏民俗文化论》，载《西藏民族学院学报》2002年第4期。

影和历史的折射，具有极强的个性，能够体现一个民族的民俗风情。①

有学者认为民俗文化是沟通民众物质生活和精神生活，反映民间社区和集体的人群意愿，并主要通过人作为载体进行世代相传和传播的生生不息的文化现象。它是由历史沿传来的，又在现实生活中生生不息，具有一定特色的风俗、习惯、心态、制度等，是一个内涵相当丰富、外延相当广泛，反映民间文化最一般规律性的概念。②

笔者认为，民俗文化泛指一个国家、民族或地区中集居的民众所创造、共享、传承的生活、习惯、情感与信仰而产生的理念、礼节、习性和传统的一系列物质的、精神的文化现象。

2. 民俗文化的性质和特征

民俗文化具有普遍性、传承性、集体性和变异性、发展性等特征，这些已有共识，在此不再赘述，总之，民俗培育了社会的一致性。它是一个民族在自己的长期历史发展中经过自觉和不自觉地选择与淘汰，承继下来的文化。

二、民俗文化对检察基层文化建设的影响和作用

关于文化、检察文化的含义、性质及特点已有诸多论述，在此不再赘述，本文仅就民俗文化对检察文化的影响及作用做一探讨。

民俗文化作为传承传统文化的载体，作为构成一个国家民族文化的基石，对于文化、对于检察文化有着当然的促进作用。任何文化，总要负载着一定的意识、情感、思想、心理等精神性内涵，它的精神性内涵，必须通过一定的物化符号形式予以呈现。文化包含两个层面含义，一个层面是指人们的观念、意识、精神、心理，另一个层面是表现这种观念、意识、精神、心理内涵的物质符号、媒介、载体。任何文化现象，都是观念和符号的综合体。当代中国检察文化的形成，凝聚着我国各民族的文化，经历了相互矛盾、冲突，又相互渗透、融合的过程，所以，从另一个方面而言，民俗文化有助于培养检察人员的核心价值观，构筑其精神文化。因此，简而言之，民俗文化对检察基层文化建设的促进不外乎两种：一是内在本质，二是外在载体。

---

① 《赏读民俗文化》，中国论文网。
② 仲富兰：《民俗文化学》，载《新华文摘》1987 年 12 月。

（一）民俗文化对检察人员的内在影响和心理引领

检察文化必须以人为本、以价值观为核心在学界已成为共识。① 而凡是有人群生活聚居的地区，都会有民俗，就存在民俗传播，对于当代中国人来说，民俗文化绝不仅仅是一种文物的价值。民俗文化，作为一个民族的传统与习惯，它早已渗透在中国人的血液之中，并镌铸着中国人深层的心理积淀，与今日与未来都是息息相通的。正如近代国学大师梁启超先生所说："凡一国之能立于世界，必有其国民独具之特质，上自道德法律，下至风俗习惯、文学美术，皆有一种独立精神，祖文传之，子孙继立，然后群乃结、国乃成，斯实民族主义之根底源泉也。"② 足见民俗文化与民族精神的改造关系极为密切。

1. 民俗文化对塑成检察人员核心价值观的促进

目前，全国检察系统正在贯彻落实社会主义核心价值观，社会主义核心价值观的基本内容为："富强、民主、文明、和谐，自由、平等、公正、法治，爱国、敬业、诚信、友善。"③ 这与"忠诚、为民、公正、廉洁"检察干警的核心价值观所倡导的信仰取向、道德准则、人格态度等核心价值是一致的。这些内容体现了民俗文化当中的一些基本精神理念，比如"和谐、诚信、友善"等在我国56个民俗文化当中均有体现，笔者工作和生活了26年的海南岛，黎苗文化以及后来的华侨文化、农垦文化等多种民俗文化，都无不体现着"和谐、诚信、友善"的精神理念，具体到笔者现在所工作的海南儋州，有一优秀的民俗文化"调（diao）声"，这是一种临时发挥的曲调层出不穷的对歌形式，深受当地人喜欢，可以说"老少皆宜"，像东北二人转一样随便一个本地人都能唱几句，因为海南话语本就是与普通话完全不同的语种，笔者虽来自于北方，但长期生活在这里对海南话有所了解，但是儋州话又是区别于海南话的语种，所以儋州话的调声外来者初听不懂，但也能感受到那种歌者所表达的美，经多次听和本地人翻译，笔者发现儋州调声所反映的很多内容都是来自于热爱生活积极向上的，倡导人们要"真、善、美"，经笔者了解，调声内容随着社会发展内容也在变化，比如在抗

---

① 参见以下文章：李思阳：《立足检察业务工作 以人为主要载体 以价值观为核心 繁荣和弘扬检察文化》第二部分内容，第二届检察文化论坛优秀论文；刘伟发：《关于检察文化核心价值观之探析》，载渭南市人民检察院网；《浅论检察文化的核心价值观》，载竹溪县检察院网站。

② 梁启超：《新民说》，第三节释新民主义。

③ 参见中共中央《关于培育和践行社会主义核心价值观》。

日战争和解放战争期间，调声成为揭露和打击敌人的有力武器。

如前文所言，由于民俗文化的集体性，民俗培育的社会一致性，民俗文化增强了民族认同，强化了民族精神，塑造了民族品格，这是民俗的核心要素。作为检察人员，其必须具有强烈的爱国主义精神，保持自尊、自信、自强的民族精神。检察人员除了检察职业所带给他的属性外，还作为社会的一分子融入在当地的社会生活当中，换言之，就是他作为社会个体还具有当地社会个体的特性，这种特性就是他所生长的社会环境所日益塑成的他的观念、理念、生活态度等，这些恰恰是当地民俗文化所融入在他的血液里的东西，就像笔者前文所提到的笔者现在工作和生活的海南儋州的"调声"，笔者所在的检察院每位儋州干警都是调声高手，从小都会唱并且深受调声反映内容的影响，比如宽容的心态和积极乐观向上的生活态度。所以说，民俗文化就是通过这种无形的、有形的影响，在塑成检察人员强烈爱国心和民族精神方面起着促进作用。

因此，民俗文化通过对检察人员的影响而提升检察干警思想道德素质、文明素质、职业道德素质，不断引导广大干警牢固树立正确的社会价值观。

2. 民俗文化对检察文化的凝聚和渗透作用

民俗表现着社会自发形成的观念体系，淋漓尽致地体现了群体性的道德规范和价值观。在古代，它一直自动地发挥着为人际交往和民间活动提供秩序的作用。可以说，民俗是一种"潜法典"，它自动再生产着符合社会交往原则的民间社会关系。公序良俗对一个社会很重要，观察一下就可以发现，乡风浓郁的地方，人们重感情、民风淳朴，精神面貌也好，这就是民俗对人们思想行为的引导和教化效果。因此，守护民俗，就是守护国人的精神家园。检察人员作为社会一员，势必也在受公序良俗的影响，文化的日益渗透会引起一个必然的结果——那就是干警内心素质的提升，民俗文化所形成的强大影响力和感染力使得每一位检察干警积极自觉地规范自身的德行、严格履行检察机关的责任、提升执法办案的能力、探索工作中的智慧，从而形成推动检察事业发展的强大矢量，作为一种职业文化，所形成的检察文化当然将会升华和提升。

3. 民俗文化有助于推动检察人员职业道德的塑造

检察人员职业道德是检察文化当中的一项重要内容，检察官职业道德的基本要求是忠诚、公正、清廉、文明。① 这八个字看似简单，但其中所蕴含的内容深厚。其实，这八个字在民俗文化当中也有体现，比如包公文化传递给老百姓的"铁面无私和廉洁公明"的理念，深为老百姓所膜拜，包公文化已经不只是当地民俗文化而是在全国都有影响力的文化，这种民俗文化势必会影响文化及检察文化的发展。当然，还有一些地方的具有地域特色的民俗文化也在体现着为官要清正做人要忠厚，所以"忠诚、公正、清廉、文明"检察人员职业道德的构建离不开当地优良的民俗文化。

（二） 民俗文化对检察文化的外在影响

1. 载体

民俗文化的表现形式或者说载体非常多样，有的时候在一个省但不同的城市也会有不同的表现形式，比如前文提到的海南儋州的调声等，虽然现在因为网络的发展，民俗的表现形式会受到冲击，但是一些传统的传播形式还是受到广大民众的欢迎。民俗文化载体的多样性对检察文化具有启发和借鉴作用。

2. 提炼

文化是需要提炼的，民俗文化对于当地的一种精神与观念的高度提炼也会对检察文化的塑成与发展产生影响。检察文化的理念，检察人员的精、气、神都需要提炼，比如在检察工作当中如何发挥检察文化的作用从而提高检察人员工作主动性和能动性、争先创优等。

三、民俗文化促进检察基层文化的途径

如前文所言，民俗文化对检察基层文化建设的促进主要有内在本质和外在表现两种。因此，民俗文化促进检察基层文化的途径主要应当从这两方面入手。

（一） 内在本质

1. 挖掘本地民俗文化中的优秀传统文化

即使是在当代社会，在大部分少数民族聚居地区还保留有自己传统的宗教信仰、风俗习惯、禁忌等，由此形成了不同的民族特点和地区特点。因此，不同的地区要针对不同的民俗深挖当地优秀的传统文化，以优秀传统文化铸就检察精

---

① 2009 年《中华人民共和国检察官职业道德基本准则（试行）》第 2 条。

神，比如贵州省检察院参加全国检察机关廉政公益海报大赛时获一等奖的"廉根"蜡染版、关于廉政的"微电影"等，这是把检察文化、廉政文化、民族文化融为一体的检察文化佳作。①

2. 充分发挥民俗文化中集聚正能量的理念文化形成检察理念文化

检察文化是在法律监督实践和管理中逐渐形成的思想观念、职业精神、道德规范、行为方式等相关载体和物质表现的总和。在秉承社会主义法治理念、践行社会主义核心价值观的过程中，应当萃取民俗文化内涵，并不断丰富，形成日臻完善的检察理念文化。比如素有"年画之乡"的河北省武强县检察机关所建立的"警净竞检察大观园"，其中有一个三维立体的影壁画，主画面是蓝天白云、巍峨远山、苍松翠柏，警钟长鸣；两侧是当地年画中的两尊门神：手持双锏的秦琼和手持钢鞭的尉迟恭，检察院赋予他们新的含义：一个是反贪局长，一个是反渎局长，既为人民守护公平正义，又擒拿贪渎责无旁贷，这就是不断挖掘当地民俗文化中的清正廉明的艺术形式，用民俗来弘扬"天地有正气，杂然赋流形"，其廉政展室的字画《清风》以年画组字的传统形式创作而成，"清"字为莲花、莲叶构成，以莲花之品格寓意检察干警品格的纯洁高尚，"风"字以在清风中舞动的竹叶巧妙构成，象征检察干警的虚心、有节。②

3. 注重民俗文化的价值观，把坚定理想信念作为检察文化建设的切入点

每一个民族的民俗文化都会体现出其价值观，这种价值观会根植于当地人的内心世界，从而影响其外在表现。检察文化也应当对此进行深入研究，把坚定理想信念作为检察文化建设的切入点在检察人员当中进行传播、锤炼、固定。

4. 对民俗文化的民族精神的萃炼

对民俗文化的民族精神的萃炼，最终凝聚形成检察精神，一脉相承的是民俗文化中的优良导向和思想的光辉。

5. 充分发挥民俗文化渗透作用，提升检察人员的精气神

如前文所言，民俗文化具有渗透作用，这种渗透作用是逐步的缓慢的但又是坚固的根植于内心的，因此，检察机关可以利用民俗文化的渗透作用来提升整体的精神面貌。

---

① 参见黎萍、陈刚：《把检察文化廉政文化民族文化融为一体》，载《检察日报》2014年1月27日。
② 参见《武强检察院借鉴年画文化发展检察文化出特色》，载中国网中国视窗，2014年3月22日访问。

6. 发展民俗文化中的廉政文化

在百度百科中，对廉政文化的解释有这么一句话："博大精深的中华文化本身就是一座丰富的廉政文化资源宝库。"笔者赞同这种说法，中华民族五千年形成的传统廉政文化是宝贵的思想和文化资源，因此，挖掘传统廉政文化的丰富内涵，继承和弘扬传统廉政文化应当作为检察文化当中廉政文化的重要一环。中国的老百姓都知道包拯、海瑞等一大批历史上的清官廉吏，一些廉诗、廉文、廉戏、廉政格言之所以脍炙人口、广为传颂，正是由于传统廉政文化在历史传承中所起到的潜移默化的作用。这些廉诗、廉文、廉戏、廉政格言可以成为检察文化当中建设廉政文化的一个重要方面。

（二）民俗文化的载体

1. 对民俗文化好创意、好载体的利用

民俗文化当中有一些别出心裁的文化创意、引人入胜的文化作品、人性化的文化设施对检察文化很有启迪，检察基层文化建设应当将这些载体结合检察实践，转化为检察文化的有效载体。比如有的检察院结合当地制作仿古作品的民俗，把"六字院训"、"六字理念"、"六心精神"等制作成精致的检察宫灯，图文并茂，色彩绚丽，形式活泼，观之有趣寓教于乐，以文育检，把民俗文化当中丰富的文娱形式搭建为检察文化建设的重要平台。

2. 充分发挥地域民俗文化深接根脉地气优势，充实检察基层文化建设

民俗文化有着坚实的文化传统和丰厚的文化底蕴，检察基层文化建设作为地域文化的一部分，既要借力传统文化，又要突出检察特点。必须因地制宜，依托地域的文化历史资源，在传承中发展，在继承中创新，把检察文化放在历史中汲取营养，才能把握检察文化的发展方向，丰富文化内涵，发挥文化作用。比如前文所提到的我国著名的木板年画之乡，检察院就是利用这些植根在乡土乡情之中的线条粗犷、形象生动、质朴雄健、色彩鲜艳的浓郁年画特色，寓于检察文化内涵之中，集聚知识性、装饰性、趣味性、欣赏性，有着强烈的地方特征和浓郁的乡土气息，形成底蕴深厚的检察文化。

（三）相互作用和良性循环

检察文化一经形成，便会在检察机关内部产生一种强大的凝聚力和推动力，并成为进一步促进检察机关发展的精神力量，这种精神力量也势必对检察人员的

心理产生大的影响，这种影响也会对民俗或新民俗的形成与发展产生助推作用，然后所形成的民俗文化又会助推检察文化。同时，检察机关应当创作一些具有检察文化内涵的文艺节目，进行宣传推广。比如与检察机关共同开展廉政文化建设，组织专家、艺术家以及演员编排一些反映检察机关公正、为民、务实的文艺作品，让广大群众在观赏节目之余受到教育和启迪。这样就又会形成一个往复的良性循环。比如为了向当地人民宣扬"和谐共进、廉洁高效、锐意进取、勇争一流"的检察院精神，元宵佳节期间，通过花灯形式，结合十二生肖组图制作的庄重大气的参展作品，大力弘扬传统民俗文化，吸引众多群众驻足观看、合影留念，有效塑造了检察院良好的社会形象。① 这其实都是在将民俗文化与检察文化相结合相推动的一种尝试。

四、结语

一位笔者视为良师益友的检察同行曾经说过一句话："检察文化是有骨头的文化"。那么新时期如何看待传统文化、如何发展这种"有骨头"的文化应当成为我们思考的问题。关于民俗文化对于检察文化的影响和助推作用，本文只是做了一个初步探讨，因为可借鉴的资料较少且受多地调研的限制，使得本文还有很大局限性，仅是针对海南本土民俗文化的考察研究，因此，还需要全国的专家学者和检察同行对此做进一步调研。

---

① 王文婷：《弘扬传统民俗文化安阳林州塑造检察良好形象》，载大河网，2012 年 2 月 8 日访问。

司法体制改革背景下基层检察文化建设实践与探索

——以广西基层检察院加强检察文化建设为视角

吴家文*

党的十八大对坚定不移走中国特色社会主义文化发展道路，推动社会主义文化大发展大繁荣，建设社会主义文化强国作出了重大部署。[①] 检察文化作为中国特色社会主义文化的重要组成部分，对推动检察工作全面协调可持续发展、强化队伍整体素质、提升执法公信力，将发挥着教育、引导、规范、凝聚、激励等作用。作为全国检察机关的中坚力量，在司法体制改革的大背景下，基层检察院在加强检察文化建设的进程中，既是主要实践者，又是检察文化建设的受益者。但是，由于对检察文化建设认识不足、重视不够、投入不足，以及与检察业务工作结合不好，导致基层检察院在加强检察文化建设中存在形式过于单一、载体不够丰富与业务工作脱节等问题，因此，加强基层检察文化建设的探索与研究显得迫切而必要。

一、检察文化界定

所谓检察文化是指与"检察"有关的"文化"。因此，界定"检察文化"必须从"文化"的定义着手。而由于文化本身的复杂性，使得古今中外的学者对文化有着不同的阐释。美国人类学家阿尔弗雷德·克罗伯和克莱德·克拉克洪做过一个统计，从1871年至1951年的80年间共出现过161种文化定义。[②] 被誉为"人类学之父"的19世纪英国学者泰勒在其1871年的代表作《原始文化》中把文化和文明共用，用列举的方式，描述性的语言，尽可能穷尽文化的内涵，他把

* 作者单位：广西壮族自治区桂平市人民检察院。
① 摘自党的十八大报告。
② 转载自谢鹏程：《检察文化的概念重构》，载《国家检察官学院学报》第21卷第3期。

文化看成一个复杂的整体，指出，"文化，或文明，就其广泛的民族学意义来说，是包括全部的知识、信仰、艺术、道德、法律、风俗以及作为社会成员的人所掌握和接受的任何其他的才能和习惯的复合体"。①《辞海》则用哲学抽象的方法，给"文化"下了一个更符合现代语义用法的定义："文化，从广义来说，是指人类社会历史实践过程中所创造的物质财富和精神财富的总和；狭义指精神生产能力和精神产品，包括一切社会意识形式、自然科学、技术科学、社会意识形态，同时又专指教育、科学、文学、艺术、卫生、体育等方面的知识与设施。"② 尽管对文化的定义林林总总，但是通过比较不难发现，这些概念基本上都是接近的，只是定义的方法、角度和对应物不同而已。

从语义学上分析，检察作为文化的定语，便框定了检察文化的概念，即与检察有关的文化。而检察又涵盖了检察官、检察机关、检察职能等方方面面。因此，对检察文化的界定也层出不穷，但是归纳起来，主要有三种观点：一是检察官说，检察文化是检察官在行使宪法和法律赋予的职权过程中形成的价值观念、思维模式、道德准则、精神风范等一系列抽象的精神成果。③ 二是检察机关说，检察文化是检察机关在检察实践中创造的制度文化、精神文化乃至物质文化的综合。④ 三是检察职能说，检察文化是检察机关和检察人员在履行法律监督职责中形成的价值观念、思维模式、行为准则以及与之相关联的物质表现的总和。中国检察文化是具有中国特色的检察文化，是中国检察机关和全体检察人员在长期的工作、生活及其他社会实践中所创造的物质财富和精神财富的体现，是以强化法律监督、维护公平正义为核心的检察精神文明、制度文明、物质文明的总和，是人民检察官群体通向守卫社会正义基本价值取向的重要路径。⑤ 在 1997 年召开的中共十五大中，江泽民同志明确提出，"依法治国，建设社会主义法治国。"在现代法治的大环境下，检察体制改革在司法体制改革的大潮中摸索着前进，随着检察改革的深入，以文化建设提高检察机关群体素质，促进"强化法律监督，维护公平正义"目标的实现，已成为检察机关的共识。于是，各地检察机关纷纷尝

---

① 转载自陈伦双：《我国西部地区检察文化建设研究》，西南大学 2010 年硕士学位论文，第 8 页。
② 《辞海》，上海辞书出版社 1979 年，第 1533 页。
③ 刘佑生：《在竞争中发展检察文化》，载刘佑生等主编：《基层建设与检察文化》，中国检察出版社 2005 年版，第 355 页。
④ 转载自陈伦双：《我国西部地区检察文化建设研究》西南大学 2010 年硕士学位论文，第 10 页。
⑤ 钟勇等：《国家软实力与检察文化软实力构建研究》，人民出版社 2011 年版，第 28 页。

试加强检察文化建设。2010 年最高人民检察院以高检发政字［2010］120 号文件下发了《关于加强检察文化建设的意见》，明确了加强检察文化建设的意义、指导思想、总体目标和基本原则，指出了加强检察文化建设的方式方法、内容和载体，并对检察文化进行了比较全面的阐释："检察文化是检察机关在长期法律监督实践和管理活动中逐步形成的与中国特色社会主义检察制度相关的思想观念、职业精神、道德规范、行为方式以及相关载体和物质表现的总和，是社会主义先进文化的重要组成部分，是检察事业不断发展的重要力量源泉。"[①]

二、基层检察文化建设存在的问题

据统计，全国检察机关百分之八十在基层，全国检察人员百分之八十在基层，并承担着全国百分之八十的办案数。作为检察机关的基础，基层检察机关的作用举足轻重。因此，加强检察文化建设，重点在基层，推动基层检察文化建设是培育先进检察文化、提高检察机关队伍整体素质的需要。

近年来，全国各级检察机关坚持以中国特色社会主义理论思想为指导，大力实施"文化兴检"战略，不断加强检察文化理论研究、制度创新和机制建设，充分发挥检察文化作用，在打造先进检察文化的探索中，取得了显著成效。但是，受地域、经济、传统文化等各种综合因素影响，基层检察机关在推进检察文化建设的进程中仍存在重视不够、把握不准、浮于表面、流于形式等诸多问题。

一是对检察文化建设认识不足，存在误区。有些基层检察院和部分检察干警对检察文化的认识只停留在狭义和肤浅的层面上，简单地认为检察文化就是花钱组织读书、开晚会、跳跳舞、唱唱歌等，然后总结几条经验，拍几张照片，发表一些文章，办几个板报，是花架子、形象工程，与检察业务脱节，缺少针对性和实效性。认为花大力气，开展检察文化活动，不仅花费大量时间和精力，还要投入大量资金，而且还看不到什么显著效果，还不如加强政治和业务学习、多钻研法律知识、多办几个案子来的实在。

二是对检察文化的精神实质把握不准，文化建设浮于表面。在加强检察文化建设过程中，检察物质文化只是手段和载体，要在检察物质文化中加强检察精神

---

① 摘自 2010 年最高人民检察院以高检发政字［2010］120 号文件下发了《关于加强检察文化建设的意见》。

文化建设，检察精神文化才是检察文化的实质和内核，离开精神文化的支撑，单单加强物质文化建设，检察文化建设就会浮于表面、流于形式。比如，部分检察机关的检察文化建设仅仅是为了搞活动而搞活动，而且每项活动又都是孤立的，没有一个检察文化范畴的内在逻辑联系和共同的建设目标贯穿始终。有的检察院甚至把检察文化建设的意义等同于对机关环境的改善和丰富干警职工的业余生活。

三是检察文化建设的方式方法不够灵活多样，特色不够明显。部分检察机关把检察文化看作检察机关开展法律监督活动的管理方法和手段，把检察文化局限于加强业务学习和政治教育上，偏重强调检察文化的控制功能、激励功能和物质功能。有的把建设学习型检察机关、开展检察机关为民务实清廉的演讲活动、完善检察机关绩效考评机制等工作等同于检察文化。在推进检察文化建设的过程中，忽视了检察文化所依托的基础和环境，未能结合地方历史文化特色以及本院与本院干警的精神特色，未能将检察文化与区域文化相结合，不能打造出体现本土化与自身特色的检察文化。

三、制约基层检察文化建设的原因分析

一是对检察文化建设重视不够。对加强检察文化建设的重要性认识不足。没能充分认识到加强检察文化建设是服务社会主义文化大发展大繁荣的客观需要，是推动检察工作和检察队伍建设科学发展的内在要求。① 而是简单地认为"检察文化建设就是搞花架子，没有什么实际作用"。②

二是对检察文化建设的投入不足。一方面，受制于经费短缺的制约，有些检察院不把检察文化建设从检察业务工作中分离出来，没有给检察文化建设附带的投入，而是将检察文化建设贯穿于检察业务活动中。另一方面，有些检察院将检察文化建设从检察业务工作中分离开来，但简单地认为检察文化只是一种思想层面的工作，与日常法律监督工作不相关联。囿于此，很多检察院没有专门的资金和人力投入到检察文化建设中，即使有也只是临时性的，只有少数部门参与，也

---

① 摘自 2010 年最高人民检察院以高检发政字 ［2010］120 号文件下发了《关于加强检察文化建设的意见》。

② 陈武：《简论检察文化建设》，载《人民检察》2003 年第 4 期，第 12 页。

没有具体明确岗位职责。

三是检察文化建设和检察业务结合不好。检察文化是思想意识的范畴，检察业务是实践的范畴，二者的关系表现在检察文化可以指导、规范检察业务，而检察文化是从检察业务实践中提炼出来的。但是二者的关系很难外在的表现出来，在司法实践中，也很难判断检察业务实践是否符合检察文化的内在要求。所以，在具体的检察业务活动中很难将检察文化建设和检察业务活动很好地结合，导致检察文化建设常常脱离检察业务活动，而浮于表面、流于形式。

四、基层检察文化建设实践——以广西基层检察机关加强检察文化建设为例

一是将检察文化融入基础设施建设。一方面，加强文体娱乐场所建设。以"两房"建设（检察机关办案用房和专业技术用房建设）为契机，高起点谋划，精心定位，周密部署，打造一批立足地方特色又融合现代司法公平、公正、廉洁、清明理念的办案用房和专业技术用房。部分检察机关还结合实际，建立了功能齐全、设施完善的"一房"、"两场"、"三室"（即健身房、灯光球场、室内球场、阅览室、荣誉室、院史展览馆），完善了文体娱乐场所，也为加强检察文化建设夯实了基础。如柳州市柳城县人民检察院建立的院史展览馆，展示了检察制度的历史变革、内设机构及职能的变迁、检察改革、领导关怀、建设成就等内容，彰显了检察工作特色，弘扬了检察精神。另一方面，加强机关环境建设。广西各级检察机关结合"两房"建设工作，精心布置院落、种植各式盆栽花卉，营造优美、健康、和谐、充满活力的环境文化，让干警职工在优美和谐的环境中工作，增强对检察事业和检察工作的归属感和自豪感。比如，荔浦县检察院占地近 15 亩，利用流经院内的小渠，建立了一个池塘，此外，院落后面有一口鸳鸯井，井后有一座小山，该院充分利用这些天然的环境，夯实了检察文化基础。该院办公楼、干警宿舍、文体活动中心外均为绿化带，并充分利用庭院空间，打造竹林、桂花、荷花、池塘、假山等景观，于景观中赋予检察文化。

二是将检察文化融入检察队伍建设。第一，建立系统培育机制，用素养和技能塑造人。如桂平市检察院举办领导干部素能培训、召开青年干警座谈会等，广泛开展岗位练兵、庭审观摩、公诉人辩论赛、法律文书比赛等活动，提高干警学习能力、配合能力、创新能力，开展空缺中层领导干部公开竞聘活动，选拔业务

尖子和办案能手。第二，开展各类文体活动，丰富干警业余生活。成立篮球队、气排球队、合唱队、摄影组、驴友组等，广泛开展球类比赛、主题演讲等活动，通过开展丰富多彩的文化活动激发干警参与热情，利用大家喜闻乐见的形式实现检察文化的无声传播。如贵港市港北区检察院组建合唱团，参加 2009 年贵港市政法机关庆祝建国 90 周年歌唱比赛荣获一等奖。第三，广泛开展主题教育实践活动。桂平市检察院在开展政法干警核心价值观教育实践活动中，组织开展"我是人民检察官"主题演讲比赛，在开展党的群众路线教育实践活动中，组织党员干警重温入党誓词、观看电影《焦裕禄》，通过这一系列活动，使干警铭记革命奋斗历程，感受先进事迹，从历史中、从先进事迹中汲取精神力量，践行"忠诚　为民　公正　廉洁"政法干警核心价值观。

三是将检察文化融入检察宣传。一方面，提炼检察文化理念，打造特色文化品牌。如罗城仫佬族自治县检察院坚持"永远追求最好"的检察文化理念，坚持"高点定位、高位运行、高水平发展"的治院思路，从一个落后的山区检察院成长为"全国文明单位"、"全国先进基层检察院"，其成长历程被誉为"常青树现象"。恭城瑶族自治县检察院依据其茶文化的传统，提出了"清风育检、我伴清廉"的"茶文化理念"，打造当地特色文化名片。柳州市鱼峰区检察院的"柳候文化"则发挥历史优势，把本地优秀的历史文化与检察文化相结合，让检察文化更具感染力和生命力。另一方面，将检察文化建设成果通过电视、广播、报刊、网络等媒体宣传出去，既展示了加强检察文化建设取得的成绩，也提升了检察机关的社会形象和执法公信力。

五、司法体制改革背景下加强基层检察文化建设的建议

党的十八大对坚定不移走中国特色社会主义文化发展道路，推动社会主义文化大发展大繁荣，建设社会主义文化强国作出了重大部署。[①]面对新的形势，在司法体制改革的大背景下，如何加强检察文化建设，尤其是加强基层检察文化建设，以打造先进检察文化，促进检察工作和检察队伍建设不断科学发展？笔者认为应从以下几个方面入手：

---

① 转摘自最高人民检察院下发的《关于深入贯彻落实党的十八大精神进一步加强检察文化建设的决定》。

一是统一思想，正确认识加强检察文化建设的重要性和紧迫性。党的十八大报告指出，文化是民族的血脉，是人民的精神家园，是国家发展和民族振兴的强大力量。① 检察文化是中国特色社会主义文化的重要组成部分，是检察机关的"灵魂"，加强检察文化建设是贯彻落实中央要求、服务建设中国特色社会主义文化强国战略的重大举措，是适应新形势新要求、推动检察工作全面协调可持续发展的重要保障，是强化队伍整体素质、提升检察机关执法公信力的重要途径。加强检察文化建设对促进文化育检，保障"强化法律监督　维护公平正义"检察主题工作的实现，提高检察机关整体素质和工作效能，提升检察人员的综合素质，发挥着规范、指导、凝聚、激励等功能。基层检察院要坚持以人为本，提高对加强检察文化建设重要性的认识，增强全体检察人员参与检察文化建设的积极性和主动性。

二是加强领导，保障并规范检察文化建设投入。一方面，要加强组织领导和责任落实。检察文化建设作为凝聚人心，提升检察形象的重要途径，必须将检察文化建设纳入检察整体工作来部署和谋划，必须与检察业务工作同部署、齐推进，更要将检察文化建设融入日常检察工作中。检察长要带头抓，分管副检察长要具体抓，一级抓一级，层层狠抓落实。要把加强检察文化建设作为考核的重要内容，建立健全目标管理、考核考评机制，由政工部门牵头负责协调，充分调动各部门和广大检察人员的积极性，整合资源，形成合力，推动检察文化建设与检察业务工作协调发展。另一方面，要加大对检察文化建设的经费投入。要将检察文化建设经费纳入年度预算，加与有关部门的沟通和联系，争取财政支持，逐步加大对检察文化建设的投入，完善现代文化娱乐场所和设施建设。

三是突出特色，加强检察文化内涵的提炼。首先，突出检察职能特色。不能将检察文化建设简单地等同于各种主题教育实践活动、政治思想工作和各种文体娱乐，不能浮于表面、流于形式，而要充分突出检察职能特色，要围绕检察工作的特点、检察官的职业需求来开展，在将检察文化建设贯穿于检察工作始终，在审查批捕、审查起诉、打击预防、控告申诉等检察业务工作中提炼"立检为公　执法为民"的检察宗旨文化。其次，突出检察官特色。检察官要

---

① 转摘自党的十八大报告。

树立职业形象，要从职业仪表、接访礼仪、诉讼礼仪、交往礼仪和业外礼仪五个方面加强检察礼仪方面的培训，检察官外在形象上要仪表端庄，穿着得体，打扮适当，举止大方，言行有度，文明礼貌；工作时要按规定穿制服，平时穿便服时，亦应做到整洁、庄重；以礼貌、文明、善意的态度对待举报人、来访人、受害人、证人和诉讼代理人；依法使用规范的语言讯问犯罪嫌疑人和被告人，不得以权压人、以势压人；在出庭支持公诉中模范地遵守法庭纪律等，这些可概括为"检察行为文化"。最后，突出地方特色。结合地方历史文化特点，提炼检察文化精神。

四是不断总结，加强检察文化建设研究和宣传。一方面，要加强检察文化理论研究。要加强检察文化建设人才培养，提高检察文化建设能力和水平，要在检察文化研究方面投入更多的力量、时间和经费，要明确检察文化调研课题，结合检察工作实际，不断总结检察文化建设规律，围绕检察文化内涵与特征、基本范畴、价值功能、实现方式、建设路径以及检察文化与检察业务工作的关系等基本理论和实践问题，开展调查研究，及时把实践升华为理论成果，为检察文化建设实践提供理论支持和科学指导。另一方面，在加强检察文化建设的进程中，要不断总结，加强宣传，将检察文化建设成果通过广播、电视、电台、报刊、网络等媒体宣传出去，以提升检察机关形象，提升检察机关在人民群众中的满意度。

总之，加强检察文化建设是检察机关在司法体制改革背景下适应新形势新要求的必然要求。基层检察院作为检察机关的中坚力量，在加强检察文化建设的过程中，要结合地方特色、争取上级支持，坚持以人为本，统一思想，提高认识，结合检察业务工作，结合党的群众路线教育实践活动等主题教育实践活动，开展丰富多彩的文娱活动，建设温馨和谐的检察院落环境，打造富有检察职能特色和地方历史文化特色的检察文化，以促进检察形象提升，促进检察人员执法公信力的提高。

浅论基层检察文化建设中物态文化的打造

张　林*

近年来，全国各级检察机关从理论和实践两个层面对检察文化建设进行了形式多样的探索，涌现了一批具有开拓价值的理论成果和示范意义的实践样本。理论上，普遍认为检察文化包括检察物态文化、检察制度文化、检察行为文化和检察理念文化等内容。实践中，各级检察机关尤其是基层检察机关对检察文化建设进行了各具特色的探索，尤其在物态文化建设上，更是出现了很多可圈可点的成果，这为检察文化理论研究的精细化发展奠定了实践基础。本文拟以进行基层检察文化建设的实践为依托，细化研究其中物态文化的打造，以期能抛砖引玉，求教方家。

一、何为检察物态文化

所谓"物态文化"，是指人类在长期改造客观世界的活动中所形成的一切物质生产活动及其产品的总和，是文化中可以具体感知的、摸得着、看得见的东西，是具有物质形态的文化事物。① 由此，检察物态文化也就是在检察实践中形成的可以具体感知的文化事物，是检察文化建设的物质载体，是检察"无形"文化在"有形"文化上的显现。概而言之，检察物态文化有以下几个主要特征。

（一）检察物态文化是有形可感的

检察物态文化在整个文化架构中处于最基层和最浅表的位置，担负的是化"无形"为"有形"的功能，这就决定了检察物态文化必须是实实在在的物质载体，是可视可听可触的具体存在。它可以是一幢展示庄严肃穆形象、喻意公平正

---

*　作者单位：重庆市人民检察院。

①　石麟：《中华文化概论》，中州古籍出版社 2007 年版，第 63 页。

义价值的建筑存在，如办公大楼、培训学院等，也可以是一系列具有独特识别价值的器物存在，如印有专门 LOGO 的纸杯、信笺、笔记本，楼道指示牌、公文包、文件夹等，还可以是交通工具、服装等，如印有"检察"标志的警车和各个时期的检察制服等。当前基层检察机关逐渐形成了物态文化建设的"三件套"：院史荣誉室、文化活动室、文化长廊。还有的检察院建设有楼层展示、照片墙、文化交流中心、文化沙龙等，还有的将党组会议室、检委会会议室、多功能会议室等各类型的会议室也纳入了检察物态文化建设范围。更有将庭院园林、入口大厅也一并纳入物态文化，统筹规划、整体打造的。但都无一例外地证明了检察物态文化必须是有形可感的。

（二）检察物态文化是承载价值的

检察物态文化也是一种文化，这就决定了它必须是承载价值、具有意义的。主要包含两方面，一方面是文化的，能带给干警精神愉悦、审美享受和心灵触动，能激发干警对真善美的深入思考和领悟，能引领干警去践行为人处世之道、勤业修身之途，能引导干警建立更高的职业追求和职业荣誉观。如以"儒苑检魂"为主题打造检察物态文化，让干警领略传统儒家文化的厚重，以及其与检察工作的有机契合。以"树根理论"、"木桶理论"等现代管理理念为主线建立文化长廊，意在用现代管理理论引导和武装检察干警。另一方面是历史的，从历史纵向上梳理检察制度、检察机关、检察职业发展历程，用充满历史意蕴的人事物引导干警进一步加深对检察工作的认知、对检察工作发展的理解。有的还建立了"检察简史展览馆"，如井冈山建有人民检察博物馆，这均是极具历史价值的检察物态文化。

（三）检察物态文化是独特可识的

检察物态文化还是独特可识的。这包含两层意思，一方面检察物态文化必须具有鲜明的检察特征，检察物态文化应当反映检察工作，承载检察理念，服务检察人员。有的在文化长廊里全面展示侦监、公诉、职侦各条线业务工作的发展历程和显著成绩，还有的在大厅的浮雕里植入独角兽、正义之剑、著名法典、铜鼎等和司法工作相关的文化符号，还有的镌刻古体"法"字等，这些都是检察物态文化职业特征的具体体现。另一方面检察物态文化还必须具有鲜明的地域特征，每个检察机关所在地都积淀了独特的风土人情和厚重的文化传承，展示这些地域文化是检察机关应承担的责任。如重庆市各级检察机关在打造物态文化时注重吸收巴渝文化、红岩精神、三峡移民精神等重庆地域文化中的有益元素，多个基层检察院成为展示当地地域文化的一扇窗口。

二、检察物态文化的功能

关于检察文化的功能已经有比较多的成熟研究，比较有共识的观点是检察文化具有价值引领、行为规范、结构聚合、辐射传播等多种功能，[①] 这些功能检察物态文化自然也均具备，不再一一赘述。这里要着重研究的是检察物态文化的独特功能，是检察理念文化、检察制度文化和检察行为文化等所不具备的功能。我们认为，从这个角度出发，检察物态文化主要有美化环境、展示形象、凝聚团队等功能。

（一）检察物态文化具有重要的团队凝聚功能

团队凝聚价值不仅仅是检察物态文化所具有的，检察理念文化和检察制度文化同样可以发挥团队凝聚作用，但检察物态文化发挥凝聚作用的方式不同。形式上，作为有形可感的载体，检察物态文化具有较强的直观性和针对性，它直接参与营造了浓郁的文化氛围，烘托了心齐、气顺、风正、人和的机关人文环境，必将有效增强团队凝聚力，不断焕发检察人员的进取精神和工作激情。[②] 内容上，检察物态文化不仅浓缩记录了本院的发展历程，而且还全面反映了很多干警毕生的职业生涯，必将引发资深干警对过往历史的回顾，进一步增强职业归属感和使命感。同时也会让年轻干警更加直观系统地了解本院历史，加深对检察工作的认识，激发对检察工作的职业荣誉感。文化长廊等也可以使干警更形象直观地了解本院的价值理念、发展目标和共同愿景，进一步统一思想认识，增强团队的凝聚力和战斗力。

（二）检察物态文化具有重要的形象展示功能

由于职业接触面较窄等原因，检察机关形象在人民群众眼中有些模糊不清，甚至有些人根本不知道检察机关是做什么的。近几年来，检察机关在塑造自身形

---

① 徐汉明：《检察文化建设的价值功能与发展路径》，载《检察日报》2011 年 10 月 18 日第 3 版。
② 吴春莲：《以提升"四力"为目标　全面加强检察文化建设》，载《检察日报》2012 年 10 月 21 日第 3 版。

象方面做了很多有效探索，如持续开展检察开放日活动、大力推行检务公开等，但这些活动不外乎参观控申接待大厅、办案工作区、观看观摩庭等规定动作，几次下来就没了新内容，且这些活动一般都涉及比较专业的内容，形式也不够直观，不易于为人民群众接受。而系统的检察物态文化，不仅涉及检察职业发展历程、检察工作各项内容、主要业务工作成就等，而且在形式上也具有较强的观赏性，易于理解接受。通过对检察物态文化的参观，人民群众会更准确地理解法律监督工作的职业属性，更加清楚检察机关在诉讼环节的位置和检察机关服务人民群众的方式等，检察机关形象也将更加深入人心，执法公信力和影响力也必将进一步提升。

（三）检察物态文化具有重要的环境美化功能

检察物态文化的有形、艺术化等特征，决定了其具有重要的环境美化功能。具备条件的检察机关用现代园林手法打造前庭后院，充满艺术想象力地种植了各类型的景观树木、果树、四季鲜花、草坪，甚至还打造了山水小景、亭台楼阁、温泉飞瀑等，仿佛打造了一个小型园林公园，机关庭院环境焕然一新，干警工作之余漫步其中自然有了美的享受。打造院史荣誉室、文化长廊、文化活动室等检察物态文化过程中，所有文字、图片都经过反复论证研究，整体设计方案也是集体智慧尽心打磨的，均体现了检察人的审美取向，打造形式也尽量借用声光电等现代艺术表现手法，进一步提升了检察物态文化的审美层次。实践证明，经过系统地打造检察物态文化，每个检察机关的内外部环境都进一步美化。

三、当前基层检察物态文化打造的几个误区

近年来，全国各地涌现了许多优秀的检察物态文化建设成果，形成了很多可以复制的成功经验，有效改善了检察机关的文化环境，也大力提升了检察文化建设水平。但时至今日，对检察物态文化仍有有失偏颇的认识，在打造检察物态文化过程中也存在实践误区，甚至在检察物态文化的使用上也有需继续完善之处。

（一）检察物态文化认识上的误区

检察文化建设推行之始便有不同声音相随，对检察物态文化也存在不少认识上的误区，当前主要表现为两个方面。第一，有人认为检察物态文化打造是烧钱的事儿，只要有钱就可以打造检察物态文化。诚然，检察物态文化是阶段性产

物，是经济发展到一定水平后才出现的，但检察物态文化绝不仅仅是钱的事儿，其最核心的是文化积淀和基层院的发展思路。在经济不发达的偏远地区，只要有心有思路，也可以因陋就简、因地制宜地打造检察物态文化。第二，有的人认为检察物态文化是形式和摆设，只是做做样子。检察物态文化固然表现为外在形式和物质载体，但在内容上其是全院工作风貌的整体反映，是队伍精气神的集中体现，是形式和内容的完整统一。重庆市在指导基层检察文化建设实践中，提出了"内外兼修、形神兼备"的指导思路，明确了检察物态文化的认识标准，有效指导了基层检察物态文化的打造。

（二）检察物态文化打造上的误区

在检察物态文化的打造上也存在误区，主要表现在两个方面。第一，在检察物态文化打造中形式大于内容。过于注重形式上的标新立异，园林、雕塑、绘画、投影等各种形式堆砌，在色彩上也是各种元素交织，仿佛把展览馆、文化馆搬进了检察院，但内容上却不够精致、缺少内在逻辑联系，使检察物态文化出现了"两张皮"现象。第二，检察物态文化打造过程中过于依赖设计公司。有人认为，只要找好设计公司，提供好必要的原始素材，检察物态文化就能成功打造。设计公司对检察工作缺少足够认识，对检察物态文化内容的挖掘和提炼不可能深刻。检察历史梳理、发展愿景提炼、中心思想概括等只有检察机关自己完成，甚至包括文字撰写、图片选择等基础性工作也要亲力亲为，这样的检察物态文化才会全面深刻反映检察工作，才会更有生命力。

（三）检察物态文化使用上的误区

检察物态文化的后续使用上也存在一些误区，主要包含两个方面。一方面，对检察物态文化的功能开发不够深入，往往认为检察物态文化只有展示功能，只有在有领导视察、参观考察和检务公开时才会使用检察物态文化，其他时候都是关门闭户、黑灯瞎火的。对外展示只是检察物态文化的一项功能，更重要是的它还有较强的对内教化作用，利用检察物态文化平台，强化干警思想道德教育，也是创新队伍建设工作方式的重要表现。另一方面，检察物态文化还一定程度地存在着"建成了事"问题。有的基层院是为了基层检察院建设任务达标或文化建设示范院创建而打造检察物态文化，建成之后便"束之高阁"，没随着本院工作和检察工作的发展及时更新。

四、检察物态文化打造的实践路径

检察物态文化是最直观检验检察文化建设成果的窗口,[①] 是整个单位检察文化建设甚至是整体发展水平的映射,如何打造检察物态文化尤为重要。我们认为,在实践路径上,以下四个方面最为关键。

(一) 实事求是,紧扣检察工作客观实际

在打造检察物态文化之前,一定要对本院实际情况有一个全面客观的分析。这里的客观实际是综合指称,它涵盖了本院工作的多个方面。既有本院的发展水平、历史沿革、辉煌成就等宏观方面,这直接关系到检察物态文化反映的内容,还包括本院的人员结构以及干警的精神文化生活需求等微观方面,这关系到检察物态文化的服务对象。既包括本地区的经济社会发展水平和文化发展态势,这事关检察物态文化打造的基础和背景,也包括本院实际办公场所,主要是可用以打造检察物态文化的场地和空间,这是检察文化建设最直接的现实支撑。综合分析考量这几方面因素,方能确定检察物态文化打造的科学思路。有的检察机关可将历史追溯至清末民国时期,并有文字和图片等历史资料佐证;有的以小见大,仅用一些制服照片来勾画本院的历史沿革;有的办公场地宽裕,在文化长廊打造上着墨较多;有的办公场地有限,在物态文化打造上因地制宜、独辟蹊径。

(二) 以人为本,发挥检察人员主观能动性

包括检察物态文化在内的检察文化的实质就是以人为本,旨在激发干警潜力,提高干警全面素质,最大限度地调动干警智慧,实现干警全面发展。因此,在检察物态文化打造过程中,必须从干警实际需求出发,以满足干警的精神文化需求为根本目的。院史荣誉室可以唤醒记忆,体育活动室可以放松身心,文化活动室可以修身养性,文化长廊可以陶冶情操,置身其中,干警的文化品味和审美品格自然得到提升,而优秀成功的检察文化恰恰是通过检察人员表现出来的。同时,检察物态文化打造不仅仅是组织的行为,也不仅是检察机关几个"文化人"的行为,而应是全体干警的自觉行为,要采取发放调查问卷、方案征求意见、有奖征文、现场解说等多种形式,发动、引导尽可能多地干警参与到检察物态文化

---

① 于天敏:《检察文化建设的再认识》,载《人民检察》2012 年第 10 期。

打造中来，充分凸显广大干警在检察文化建设中的主体地位作用。

（三）突出特色，提炼物态文化打造的核心理念

我们认为检察物态文化打造中很关键的一步就是要提炼出核心理念，这既决定着检察物态文化打造的主题，也彰显了检察物态文化的特色。核心理念是检察物态文化提纲挈领的关键所在，确定了核心理念，也就确定了检察物态文化打造的逻辑层次，确保检察物态文化始终沿着既定轨道行进，不至于跑题走偏、失去章法。而核心理念的提炼是一个凝聚集体智慧、从务虚到务实再到务虚的反复过程。一般来说，它包含几个思维向度，首先是地域的，每一个基层院所处的地域都有自己独特的文化，这是核心理念提炼的重要源泉之一。其次是检察的，这要深入挖掘检察职业特征、系统总结本院发展过程中沉淀下来的精神特质，并积极响应时代发展对检察工作提出的新要求，从中寻找提炼核心理念的灵感。如在重庆市检察院第一分院提出的执法理念"护法如山、佑民若水"，即充分体现了重庆山水之城的特征，也体现了法律监督、执法为民的检察职业特征。

（四）做好规划，统筹安排物态文化打造的整体布局

检察物态文化的打造是一项系统工程，施工地点较多、工期较长，会对办公办案环境造成一定影响，因此一定要提前规划，统筹安排好物态文化打造的整体布局。在规划过程中，要注意两个方面，一方面要牢牢把握主动权，以我为主。检察物态文化打造，设计和施工都是由合作公司完成的，但检察机关一定要做好规划，对每一项内容都做到成竹在胸，确保紧扣检察工作展开，避免打造过程中出现偏差，使检察物态文化成为无本之木、无源之水。另一方面是要注意各个主体之间的逻辑联系，一般检察物态文化包括了院史荣誉室、文化活动室、文化长廊等多项内容，在规划时一定要注意它们之间内容和形式上的逻辑联系，尤其要安排好细节上的衔接呼应，和每一个主体之间的起承转合，确保检察物态文化成为一个环环相扣的有机整体。

基层检察院开展检察文化建设
必须把握的若干问题

陈卫宁*

习近平总书记在党的十八大报告中指出："文化是民族的血脉，是人民的精神家园。全面建成小康社会，实现中华民族伟大复兴，必须推动社会主义文化大发展大繁荣，兴起社会主义文化建设新高潮。"最高人民检察院在《2014—2018年基层人民检察院建设规划》中明确要求要坚持以铸造职业精神为核心，深入加强检察文化建设。近年来，许多基层检察院在队伍建设中，坚持以检察文化建设为抓手，文化育检、文化兴检、文化育人，使检察文化真正成为基层院建设核心竞争力的重要组成部分，成为增强队伍凝聚力、提升队伍管理水平、培育检察职业精神、展示良好形象，提升执法公信力和推动基层工作科学发展的有效途径和重要手段。同时，由于检察文化是一种独特的文化，虽然带有一切文化都具有的精神性、社会性、集合性、独特性和一致性的特征，但不能简单地把检察文化看作是社会文化的一部分，只从纯文化的角度去认识检察文化。尤其是在具体实践中，由于开展检察文化建设的时间并不长，对检察文化理论与实践的探索还有待深入，有些基层院对检察文化建设的重要性和必要性存在模糊认识，特别是在运用和把握检察文化的发展趋势和内在规律去指导检察文化的实现过程上存在一些误区，主要表现在方向不明盲目干、照搬照抄模糊干、缺乏规划不会干等方面，已成为影响和制约基层院检察文化建设深入开展的重要因素。笔者认为，基层院开展检察文化建设必须把握好以下几个方面的问题。

一、必须把握检察文化的科学内涵

文化是一个大概念，文化与人类共生，是人类存在和历史发展中生活方式的

---

* 作者单位：湖北省武汉市人民检察院。

表现。检察文化是法律文化的重要组成部分，是检察机关在履行法律监督职能中形成的具有检察特色的文化观念、文化形式和行为模式，是全体检察人员在长期工作、生活及其他社会实践中所创造的物质财富和精神财富的集中体现，是检察机关物质文化、行为文化、观念文化、管理文化、制度文化和精神文化的总和，体现了检察机关及检察人员的价值准则、执法理念、精神道德、行为规范、共同信念及凝聚力。

检察文化具有极其丰富的内容，主要包括发展目标、核心价值观、检察精神、职业道德、规章制度、文体活动等几个方面。其中，发展目标是基层检察院观念形态的文化，具有对整个单位的全部执法活动和各种文化行为的导向作用。目标的确定能够激发干警的动力，集中立志向目标前进。核心价值观是以社会主义核心价值体系为基础，以政法干警核心价值观为主导的群体价值观念。因此，核心价值观是检察文化的前提，它决定和影响着执法精神、执法信仰和执法理念、各项规章制度的价值和作用、检察干警的执法行为，并为全体检察干警形成共同的行为准则奠定了基础。检察文化的价值观、行为准则、检察精神、职业责任等都是检察文化本质的反映，也是人的本质的反映。

二、必须把握检察文化建设中的误区

由于检察文化建设起步相对较晚，对检察文化的探索与研究还有待进一步深入。必须引起高度重视的问题是，当前开展检察文化建设在认识上仍存在一些误区，成为影响和制约全市基层院检察文化建设的重大障碍，主要表现为无用论、万能论、装筐论等 11 个方面。

无用论，表现为错误认为检察文化是务虚的东西，是摆花架子，检察机关关键是执法办案，不搞检察文化案子照样办。万能论，表现为无限夸大检察文化的作用，把检察文化看作队伍建设和队伍管理的灵丹妙药，不管单位出现什么问题都可以用检察文化来"治病"，都可以与检察文化相联系，从而忽视了检察文化真正的意义和作用。装筐论，认为检察文化是个"筐"，什么东西都可以往里装，不管是队伍还是业务，不管是管理还是案件，一切都标上文化的标识，使检察文化背上沉重的负担，使人望而生畏。领导论，认为检察文化有与没有、好与差都是领导的事，于己无关，有什么样的领导，就有什么样的文化。另外，有的领导则把自己的思想、观念、价值取向强加于本单位，无视单位的客观现实和干警现状，造成干警抱着于己无关的心态，缺乏主动参与和主人翁意识。政工论，将检察文化等同于思想政治工作，或者是将检察文化代替思想政治工作。没有充分认识到检察文化虽然可以拓宽思想政治工作的领域、增强工作实效，但绝不能替代思想政治工作。标签论，认为开展检察文化就是给本单位贴上个"文化标签"。热衷于报纸上登几篇文章、电视里播几条新闻，让单位出名、挂彩等，认为这样单位就标有文化了，简单地把检察文化虚化。速成论，认为检察文化可以迅速拥有，无须下功夫，以为检察文化无非就是提出了几种精神、列出几条宗旨、总结几条经验，写到纸上、贴到墙上、编到书上，很快就能搞成，把检察文化表面化、简单化、肤浅化、庸俗化。难办论，对开展检察文化建设有畏难情绪，对搞好检察文化缺乏信心：一怨部门工作忙，干警不参与，难得搞；二怨领导不重视，资金缺少，没钱没人，无法搞；三怨单位基础薄弱条件不具备，不能搞；四怨文化建设太高深，无经验，不会搞，甚至有少数单位存在不愿搞等模糊认识。补强论，认为检察文化只有在发展顺利的时候才能发挥作用，被描绘成"优秀的"、"强有力的"，但在一个单位发展不顺利时，检察文化就起不到作用，或被说成"无用的"、"软弱无力的"。模仿论，认为搞检察文化完全可以学习模仿其他搞的好的检察院，甚至不需要动脑筋直接照搬照抄，拿来就用，一味追求别人的。娱乐论，认为检察文化就是搞好干警的业余文化生活。认为跳跳舞、唱唱歌、组织联欢、搞个体育比赛就是检察文化，应该说文体活动只是检察文化建设中的一个有机部分，但不是主要内容，不能以偏概全。

上述认识上的误区如果不认真改进并纠正克服，必将制约和影响基层院检察文化建设的科学发展。

三、必须把握检察文化的模式及塑造程序

检察文化必须是检察机关自觉完成的结果。这种自觉完成活动是一种有目的、有意识、有计划的活动，因而形成了检察文化模式。不同的单位由于地域、目的、意识、规划不同，就会形成不同的检察文化模式。在检察文化模式建设中，不可能都是同一个模式。一个单位特别是基层院可以学习、借鉴其他检察院先进的检察文化模式，但不能照搬照抄。检察文化模式只能打上自己单位的烙印。检察文化的模式不是一成不变的。随着时代的发展，检察文化也在发展，检察文化的模式也在变化。检察文化模式涉及方方面面，是一个复杂的系统工程，

必须经过一定的程序、步骤、阶段才能逐步建立。

（一）统一思想、明确方向

主要由院党组和相关部门根据本单位内外分工的实际情况和主观因素，提出本单位开展检察文化建设的规划，明确目的意义，通过各种形式教育、发动广大干警（特别是中层负责人和骨干队伍）广泛参与，使他们充分认识开展检察文化建设的重要性和紧迫性，把思想和行为统一到党组开展文化建设总的部署上来。

（二）组织专班，调查研究

在开展检察文化建设时要组织有关人员（政治处、办公室、研究室等）以一定的组织形式对本单位检察文化进行调查研究，使院党组能够准确了解现有的知识结构、文化底蕴，了解干警对文化建设的舆论和心态，为塑造检察文化模式提供科学根据，提高塑造检察文化模式的成功率。调查研究一定要注意遵循客观事实，不能主观臆想；要全面综合，不能以偏概全；要讲时效，不能延误；要有计划，不能漫无边际。重点放在单位特点、文化底蕴、文化建设的内在机制，干警的素质，执法环境，核心价值观等方面。

（三）设计规划，广泛论证

设计规划是根据检察文化的现实和未来文化发展的设想，在调查分析的基础上制定的塑造检察文化模式的规划方案，有助于开展增强文化建设的目的性、计划性、有效性。做到定位准确、指标明确、内容科学简练、措施切实可行。规划制定后，要在全院上下反复论证（讨论），通过讨论和探索寻找具有本单位检察文化特色的突破口，以较小的成本获得理想的结果。

（四）贯彻执行、推进有力

这一阶段是在检察文化建设实施意见和方案被院党组和广大干警认可后，将文化规划转化为现实的过程。这一阶段最复杂、最多变、最漫长，同时也是最关键的一个阶段。在此阶段，政治处及工作专班一定要把党组的意见和决策认真贯彻下去，防止可能出现的短暂无序状态，各个环节一定要各负其责，防止纸上谈兵，必须直接的、实际的、具体的扎实推进。注意在推进中充分发挥广大干警的积极性、主动性、创造性和参与性。

（五）注重实效、评估调整

在推进的过程中，要根据实施方案和规划要求，及时组织人员对实施效果进行衡量、检查、评估，以判断其优劣。调整目标偏差，避开文化负效应，使检察文化建设模式健康稳定，向正确的方向发展。要注意收集信息，加强与干警的沟通，对正在进行的工作进行正确分析，避免调整的盲目性。

（六）确立模式、巩固发展

经过前五个阶段，检察文化模式的框架已初步确立，整体的结构基本确定，检察文化建设将要由浅入深、由粗到细、由横向变纵向开始新的发展。因为检察文化的发展是循序渐进的，检察文化模式也不是一成不变的，还要不断丰富、不断发展，主要是进行体系整理、肯定成果、改善问题、制定第二阶段发展规划，在现有的基础上不断提高、寻找文化发展的新模式。

四、必须把握检察文化模式塑造的基本原则

笔者认为，在检察文化模式的塑造过程中，应遵循八大原则：

以人为本——检察文化必须以干警为中心，充分反映干警的思想文化意识，通过全体检察干警的积极参与，发挥创新精神，检察工作才有生命力，检察文化才能健康发展。

自我塑造——受检察文化的主体性、客观性和社会性所决定，检察文化的模式只能靠各单位自己来塑造。其中，基层检察院是检察文化塑造的主体，没有什么力量能取代这种地位与功能。因为，检察文化各具特色，没有统一的模式可以照搬，人们只能根据本单位的实际状况和文化传统，来确定切实可行的发展目标，提出相应的奋斗口号，形成自己的价值理念和机理原则，从而塑造出具有本单位特色的检察文化模式。

重在领导——基层院检察长既是检察文化模式的缔造者，又是文化建设的组织者和倡导者。因此，检察长在检察文化建设中具有决定性作用。

突出特色——检察文化对于不同的单位，既有共性，又有个性，但在塑造检察文化模式时，除了共性以外，还应坚持本单位的个性特征原则，即要抓住本单位的特点、本单位的具体情况塑造本单位特色的检察文化模式。一是突出地域特点，二是突出工作创新特色，三是突出打造品牌特点，四是突出表现形式特色。

科学求实——检察文化模式的塑造虽然是一项主观的活动，但必须立足于检察机关的客观实际，以科学的态度、实事求是地进行检察文化模式的塑造。一是要面对客观实际，不能脱离检察工作现实人为拔高塑造，也不能想当然提"口号"；二是要保证塑造检察文化模式的准确性；三是要遵循检察文化建设的发展规律，正确对待和解决塑造检察文化模式中遇到的问题，并在实践中逐步积累经验；四是要尊重干警的实践，尊重干警的意见，尊重干警的经验。

追求卓越——追求卓越是一种高品位的劳动品质。塑造检察文化模式不干则已，要干就干好，使干警接受、认同、欣赏这种模式，并在这种体现卓越的检察文化中与团队产生共鸣。

面向时代——塑造检察文化模式必须面向时代、面向未来。起点要高，要有超前意识，体现一种时代感、先进性和生命力。

不断创新——塑造检察文化的模式是一个漫长的实践过程，关键是在实际工作中不断创新，这是检察文化建设具有生命力的源泉。注意三点：一是注重吸收学习中国传统文化中的精华，二是注意融合古今中外先进的法文化、法律文化，三是注意学习借鉴其他单位、优秀企业的先进经验。

五、必须把握开展检察文化建设的基本方法

检察文化建设是一项涵盖检察政治思想建设、执法理念建设、职业道德建设和行为规范建设的系统性工程，必须按照科学的方法扎实推进，主要包括以下10种方法：

领导牵引法——指检察长在检察文化建设中要开阔视野、拓宽思路；用心谋划，提出建议；积极协调、严密组织；舍得投入、科学运作；追求一流、率先垂范。充分发挥检察长及院领导在检察文化建设中的引领作用。

更新观念法——要求我们在开展检察文化建设之前，必须首先确立正确的检察文化理念与思路，运用多种形式和活动系统进行实践引导，统一思想认识，从而实现检察文化观念上的"推陈出新"。

突出中心法——干警是检察文化建设的中心，因此，开展检察文化建设必须突出以干警为中心，真正重视和尊重干警，围绕人来做文章，使队伍教育、管理队伍服务于干警、服从于干警，极大地激发干警参与检察文化建设的热情。

优化载体法——检察文化载体是检察文化建设赖以存在和发挥作用的物质结

构和手段，是检察文化模式的物化形态，不断优化主体载体、组织载体、制度载体、物质载体、活动载体，即提高人的素质、健全组织、完善制度，搞好物质建设和保障，使各种载体充分作用于检察文化，成为检察文化建设的良好物质实体。

稳定结构法——检察文化模式的结构有基础、主体、外在三部分组成。因此，在开展检察文化建设中紧紧抓住基础部分这个核心，强化主体部分，不断改善外在部分，使本单位的检察文化建设成为一个完善、稳定和科学的系统体系。

训练培养法——良好的检察文化离不开对干警的训练培养。在统一思想、培育理念、树立精神等过程中运用授课、集体活动、论坛、交流等形式对干警进行专门的检察文化培训，使其了解、熟悉本单位的历史发展、价值取向、发展目标、掌握执法办案的规范要求、知道应遵循和遵守什么，具有正确的工作态度、精神面貌、礼仪礼节以及应具备的形象，真正成为一名"文化型"检察官。

目标管理法——发展目标对检察文化具有导向作用。院党组要根据本单位开展检察文化建设所要达到的目的，制定相应的目标，包括战略性目标（建设纲要、中长期规划）、策略性目标以及方案（年度实施意见及方案）和任务，把检察文化的内容用目标加以量化和细化（上级院的考核细则），确保检察文化建设各要素功能的充分发挥。

职责挂钩法——开展检察文化建设必须各司其职、各负其责，确定检察文化的责任内容，对于检察文化建设具有独特的作用。具体而言就是将检察文化建设的相关内容、必达目标寓于相关责任人的职务之中，落实到人、分工负责，打破检察文化中"大锅饭"现象，解决"大家负责、无人负责"的问题。

轻重缓急法——开展检察文化建设应采取哪些步骤，没有一定立规，必须根据各单位的实际情况而定。院党组在开展文化建设过程中，要将影响检察文化模式形成的各种因素分类排队，分清轻重缓急和难易，按照先"重"后"轻"、先"急"后"缓"、先"易"后"难"的次序安排步骤。

优势发挥法——检察文化建设必须充分发挥院党组和党政工青妇等群团组织的政治核心作用，从政治上保证检察文化建设沿着正确、科学、先进的方向健康发展。

检察基层文化建设异化倾向及对策

陈长均[*]

检察文化是检察机关的灵魂，是检察事业实现深层次发展的重要保障。优秀的检察文化可以促进检察官角色的塑造，唤起检察官的主体意识，使其从被动的服从对象转变为主动的接受和享用主体。作为推动社会主义文化大发展大繁荣的建设者、保障者，基层检察机关一直非常重视检察文化建设。当前，检察基层文化建设在部分检察机关出现了异化倾向，偏离了检察基层文化建设的正确方向，难以实现预定目标。面对新形势、新任务、新要求，如何进一步加强检察基层文化建设是摆在基层检察机关面前的一项重要课题。本文就检察基层文化建设的异化倾向简要阐述个人观点并提出对策建议，以求教于方家。

一、检察基层文化建设异化倾向表现

（一）检察基层文化建设边缘化

有些基层检察机关和检察人员认为，检察文化建设是一项可有可无的"虚"工作，没有多少实质性意义，只不过是摆花架子、搞形象工程。这种思想倾向没有意识到检察基层文化建设的重要性和必要性。殊不知，一个没有文化的民族是没有根基的民族，一项没有文化的事业也是没有根基的事业。检察文化的培育建设，不仅能够促进检察官角色扮演得更加成功，也会直接或间接地促进检察事业发展和进步。作为"社会医生"，检察官并非单纯的技术人员，其道德追求应优于技术追求，其崇尚正义的文化价值取向比法律技术取向更重要，对检察事业的长远影响也更大。"以正为本，以廉为先"应是检察官的精神价值取向。

---

* 作者单位：山西省太原市人民检察院。

加强检察基层文化阵地建设，开展丰富多彩、活泼多样的检察基层文化活动，构建尊重人、关心人、理解人、帮助人的检察人文环境，营造积极向上的良好文化氛围，有利于检察人员舒缓压力、身心健康，进而能够促进检察人员全面发展、依法公正廉洁履职。广大检察干警应当有超越技术层面的精神追求，而检察基层文化建设正是提升基层检察人员精神追求的有效途径之一。因此，检察基层文化建设是检察机关一项不可阙如的重要工作，必须克服检察基层文化建设虚无化、边缘化思想倾向。

（二）检察基层文化建设娱乐化

一提起检察文化，不少基层检察机关和检察人员认为无非是举办一些娱乐活动，把检察文化与书画、下棋、打球、唱歌、演讲、写作等文体活动联系起来，认为举办一些文体活动，丰富检察干警的业余生活，就是进行检察文化建设。这种片面理解削减了检察文化的价值，淡化了检察文化的导向功能。其实，检察文化建设的形式不仅仅是开展积极向上的娱乐性文体活动，而应是多元的。只有组织创作较多思想性艺术性观赏性相统一、广大基层检察人员喜闻乐见的优秀检察基层文化产品，开展丰富多彩的检察基层文化活动，才能体现检察文化建设的真谛。少数基层检察机关开展的毫无思想性、知识性的娱乐节目徒有检察基层文化之名，而无检察基层文化之实，是无任何正面意义的。特别需要指出的是，那种认为低俗娱乐节目也属于检察基层文化的思想倾向是极端错误的。这种所谓的"检察基层文化活动"对检察文化建设有百害而无一利，甚至玷污了"检察文化"之称谓。检察基层文化，重在持之以恒的有效建设；检察机关软实力，重在潜移默化地逐步提升。

"检察文化不是空中楼阁，它源于检察权的设置和检察制度的运行。因此，凸显检察特质也应当成为检察文化建设的一项基本原则"。[1] 检察文化建设应当突出公平正义的价值引领和法律监督特质。华而不实的"检察基层文化活动"，倡导不出以公平正义为本的奉献精神，塑造不出"铁骨铮铮不畏权贵、诚心拳拳善待贱民"的品格。纯粹娱乐化的作秀型"检察基层文化建设"，追求不到具有永恒意义的信仰、责任、勇气、爱心、公正、宽容和诚信等价值；浅薄、乏味的重复性娱乐活动不但发挥不了陶冶情操、提升素养的作用，可能还会引起诸多基

---

[1] 于天敏：《检察文化建设再认识》，载《人民检察》2012 年第 10 期，第 32 页。

层检察人员的反感，更是与增强基层检察机关文化底蕴、提升基层检察机关软实力的目标背道而驰。因此，坚决纠正检察基层文化建设作秀化、纯粹娱乐化倾向，刻不容缓。

（三）检察基层文化建设教条化

随着检察事业的深入推进，检察基层文化建设已成为检察事业全面、科学发展的一个不容回避、不容忽视的重要课题。然而，如何更好地挖掘优秀文化思想价值，坚持基层检察人员在检察基层文化建设中的主体地位，精心培育根植基层检察人员的文化载体，引导广大基层检察人员在文化建设中自我教育、自我表现、自我服务，满足基层检察人员的精神需求，我们思考的可能还远远不够。

有些基层检察机关不注重学习其他行业文化建设的有效方式方法，不善于借鉴域外好的做法和经验，只是过于强调检察基层文化建设的特殊性和本土化。有的基层检察机关为了加强思想建设，巩固共同思想基础，在检察文化建设中，不是因地制宜地组织基层检察人员乐于参与、便于参与的文化活动，而是反复搞一些内容空洞、枯燥，形式严肃、呆板的说教活动。这种教条式的思维倾向和行为倾向，不但不能丰富基层检察人员的精神世界，而且与加强思想建设的目标南辕北辙。

二、克服检察基层文化建设异化倾向的对策

（一）培养读书习惯带动检察基层文化建设

当前，许多基层检察机关的文化建设进行得可谓如火如荼。检察基层文化的繁荣发展，当然不是坏事。但是，检察基层文化建设决不仅仅是蹦蹦跳跳、说说唱唱，最主要的应该是如何提高队伍素质、提升队伍精气神和人文情怀。实践证明，必须通过读书等方式增加检察机关的文化含量来提升检察队伍的整体素质和执法水平。如果不注重培养检察人员的阅读习惯，特别是阅读与本职工作相关、与培养法治理念和法治精神相关的东西，只是举办一些浅薄、乏味甚至低俗的娱乐活动，如麻将竞赛等，对于基层检察队伍素质的提高、情操的陶冶，几乎没有益处。不是基层检察人员喜闻乐见的娱乐活动不重要，而是阅读对于检察文化建设和检察队伍建设具有基础意义。

莎士比亚说："书是全世界的营养品。"犹太民族是世界上最富有智慧的民

族，而这个民族，就是最喜欢读书的民族。关于读书，很多人都谈过这个话题，包括国家领导人，比如，习近平总书记曾专门讲过领导干部读书问题，他要求领导干部要"爱读书、读好书、善读书"。对基层检察官个人而言，读书是获取真知灼见、培养独立思考能力、想象力、创造力以及修身养性的主要途径；只有读书，才不会使自己沦落为精神世界的卑微者。对基层检察机关而言，一个检察院的竞争力，从根本上说不是取决于它的物质力量，而是取决于它的精神力量等软实力，而精神力量等软实力又主要取决于阅读水平、阅读高度和阅读力量。一个毫无书香气的检察院，绝不可能是一个检察文化繁荣的检察院。因此，建设检察基层文化、强化法律监督，培养基层检察人员的阅读能力和书卷气不可或缺。

倡导阅读习惯、营造阅读氛围，以增强基层检察机关文化底蕴、提升基层检察机关软实力，是检察基层文化建设的重要组成部分。如果不多读书，基层检察官不可能具备渊博而深厚的学识，基层检察机关也不可能具有良好的文化氛围。如此，检察基层文化将失去基础意义的部分，至少可以说检察基层文化是不完整的。诚如季卫东教授所言，法律职业家应"在深厚学识的基础上娴熟于专业技术，以区别于仅满足于实用技巧的工匠型专才"。[①] 检察基层文化建设，应从倡导和培养检察官读书和积累学识的习惯开始。胡适先生曾言："播了种一定会有收获，用了力绝不至于白费。"[②] 只有经过日积月累的阅读，并通过阅读带动检察文化的发展和繁荣，才可能有检察基层文化建设满仓的收获和基层检察工作功不唐捐的硕果。

（二）结合检察业务推进检察基层文化建设

由于检察基层文化的内涵与外延都尚不十分明确，基层检察机关存在盲目模仿其他文化的现象，检察基层文化特色不明显。"从结构上看，检察文化是具有检察工作特色的物质文化和精神文化的总和"。[③] 脱离检察权和检察工作，趋同于一般主体探讨检察基层文化是没有多少意义的。离开检察机关行使检察权的神圣使命和职能，检察文化会失去重心而无群体融合、凝聚人心的文化功能，其文化标志性功能便会荡然无存。检察工作是检察文化的基础，"正是检察工作改造

---

① 季卫东：《法治秩序的建构》，中国政法大学出版社 1999 年版，第 198 页。
② 胡适著、潘光哲编：《容忍与自由：胡适读本》，法律出版社 2011 年版，序。
③ 钟勇等：《国家软实力与检察文化软实力构建研究》，人民出版社 2011 年版，第 28 页。

了检察机关和检察人员，也更新了检察文化，因而只有检察工作才是检察文化的渊源。检察文化是在检察工作中创造和发展的，也是在检察工作中发挥主要作用的。离开了检察工作，检察文化就是无源之水、无本之木"。①

强化基层检察机关业务能力是检察基层文化建设的保障，而执法效果则是检验检察基层文化是否具有先进性的标准之一。检察业务为检察文化提供实践源泉，只有紧密结合检察业务，检察基层文化才能汲取营养，不断发展壮大。反过来说，检察文化又为检察业务提供精神动力，对检察业务具有促进作用。只有将检察基层文化融入日常办案实践中，才能使广大基层检察人员真正做到公正执法、文明执法，取得法律效果、政治效果和社会效果的有机统一。

（三）借助现代传媒手段创新检察基层文化建设

检察基层文化创作和传播的形式很多，既有传统的，也有现代的。基层检察机关要大力繁荣检察文学、艺术、影视等文学艺术品种，充分发挥语言艺术、表演艺术、造型艺术、视听艺术、综合艺术在检察文化建设和法治中国建设中的作用。当前，尤其要在借助现代传媒方面下功夫，创造检察文化创作和传播新途径。

新媒体是在新的技术支撑体系下出现的媒体形态，它是以数字信息技术为基础，以互动传播为特点，具有创新形态的媒体。新媒体是能够对大众同时提供个性化内容的媒体，是传播者和接受者融合对等、相互交流、个性鲜明的媒体。在这个"人人都是麦克风、人人都是新闻发布者"的时代，新媒体对基层检察机关来说，能够拓展检察基层文化的传播空间和传播渠道，加大检察文化的传播活力和影响力，从而为检察文化的传播注入创新的生命力。

广大基层检察人员，尤其是检察系统的作家、艺术家和文学艺术爱好者，要勇于时代担当，创新思维和传播理念，善于运用新媒体创造和传播检察文化作品。基层检察机关要善于运用全媒体的信息流手段，加大检察文化传播服务体系建设，构建与法治中国建设进程相适应的正能量传播服务体系。

（四）借鉴域外法治文化建设经验服务检察基层文化建设

虽然中国和其他国家在文化根基上有些差异，但也存在很多相同之处，如果

---

① 谢鹏程：《检察文化的概念重构》，载《国家检察官学院学报》2013 年第 3 期，第 43 页。

故意夸大差异，有时候于事无补。实际上，现代社会正在摆脱文化偏见的余毒，不同文化之间完全可以合理地期待一些东西。米健教授认为："以迄今历史度之，人类生存发展的必然趋势是越来越普遍深入地相互结合和依赖，经济的全球化和文化的世界化正在相辅相成地迅速演进。"① 所以，基层检察机关要开阔视野，主动打开眼界，突破语言和文化的客观界限，通过不断汲取域外各类法治文化中的有益成分形成具有自身特色的检察文化。

虽然检察基层文化建设存在一些有别于域外法治文化建设的特点，但有许多理念性和方法论的东西是相通的。"他山之石，可以攻玉"。德国法学家耶林曾说："只有傻瓜才会因为金鸡纳霜（奎宁）不是在自己的菜园里长出来的而拒绝服用它。"② 我们应当加强比较研究，以开放的心态学习借鉴其他行业、其他国家和地区的有益经验，采取拿来主义，为我们的检察基层文化建设服务，而不能实行"关门主义"，致使检察基层文化建设教条化。当然，"借鉴可以是各取所需，而不是全盘照搬。借鉴可以是循序渐进，而不是一蹴而就"。③ 鲜明个性是检察基层文化的生命力和魅力所在，检察基层文化建设借鉴域外先进经验的前提必须要立足于本地实际。

（五）加强理论研究深化检察基层文化建设

理论是实践的先导，虽然我们不能将检察基层文化建设现状笼统地归咎于理论研究的"贫困"状态，但是说二者之间存在某种程度的关联却大抵不差。社会变化日新月异、白衣苍狗，不多研究新理论是不行的。尽管在一定意义上说，检察文化是一种规范文化，制度文化建设的重要性不言而喻，但要扭转检察基层文化建设异化倾向，除了在制度和机制层面进行完善外，理论研究也必须要跟进。理论上的探索有助于为现在正在进行的检察文化建设建言献策，避免少走弯路，但任何理论上的创新都必须要立足于我国检察机关的实际，都必须要接受实践的检验。

同时，没有任何一种理论是一劳永逸、"一网打尽"的。所有的理论，无论自认为多么高明，也仅仅只是一个"泥饭碗"，而非"金饭碗"。当前，简单地

---

① 米健：《当代德国法学名著总序》，载［德］齐佩利乌斯：《法学方法论》，金振豹译，法律出版社 2009 年版。

② 转引自周永坤：《法理学》，法律出版社 2004 年版，第 513 页。

③ 李晓辉：《中国式法律移植之反思》，载《国家检察官学院学报》2014 年第 1 期，第 91 页。

围绕检察基层文化建设某一方面的权能讨论，抑或简单地依据检察基层文化建设中的一个或几个问题来进行粗浅研究，可能只是给予复杂问题以简单的答案，效果恐怕不会明显。应从思维的一般规律入手，梳理思路，继而全面、科学地研究检察基层文化建设路径。比如，对"检察基层文化"这一概念的内涵、外延等，在理论上都应加以厘清，进而因地制宜地深入研究，以推动检察基层文化建设的大发展、大繁荣。

论地域文化视野下基层检察文化的建设与发展

陈　燕*

　　党的十八大就文化体制改革、推动社会主义文化发展和繁荣作出了明确的规定，吹响了建设社会主义先进文化强国的号角。最高检《关于深入贯彻落实党的十八大精神进一步加强检察文化建设的决定》进一步掀起了检察文化建设的新高潮，也给基层检察文化的发展和创新带来了新的挑战。但是，开展先进检察文化建设是一项潜移默化的系统工程，不可能一蹴而就。因此，要进一步创新文化载体，以此推动先进检察文化建设的深入发展。同时，在发展和创新之际，如何将地域文化中的精华与检察文化进行融合？如何突破现有基层检察文化发展瓶颈实现创新？都是需要思考的问题。本文拟从地域文化发展的视野出发，研究基层检察文化发展的理论和实践问题，以期更好地为基层检察文化的发展与繁荣服务。

一、检察文化概述

（一）检察文化的概念

　　对于检察文化的概念，在学术界和检察文化实践中尚没有统一的定义。有学者认为，"检察文化是以公平正义为核心，以提高法律监督能力为目的，以创新管理体制为途径，以营造良好的人文环境为使命的具有鲜明检察特色的精神财富。"[①] 有观点认为："检察文化是指在社会主义条件下，检察机关工作人员的检察实践活动及其成果的总和。它包括检察思想、检察规范、检察设施、检察技术

---

　　* 作者单位：山东省烟台市福山区人民检察院。
　　① 陈伦双：《我国西部地区检察文化建设研究》，西南大学 2010 年硕士学位论文。

等诸多方面，是支配检察实践活动的价值基础和基本理念。"① 也有观点认为，检察文化有广义和狭义之分，从狭义上说，检察文化仅包括检察机关的文学艺术创造活动以及思想政治工作等精神领域的内容。从广义上说，检察文化涵盖检察工作的方方面面，是指检察机关在履行法律监督职能过程中所形成的，为广大检察人员所普遍接受和认同的价值观念、规章制度、行为方式以及与其相适应的物质表现形式的总和。②

上述观点从不同的角度分析了检察文化的概念，有侧重从精神层面理解检察文化的，但是主要的观点是认为检察文化应该包括检察物质文化层面与检察精神文化层面两个方面，具有一定的合理性，而上述狭义的检察文化概念将检察文化限定于精神领域的内容，具有片面性。笔者认为，文化本身是指人类在历史实践过程中所创造的物质财富与精神财富的总和，同理，检察文化作为文化的一个重要组成部分，应该包括检察制度在发展的过程中所创造出来的物质财富和精神财富，它既包括制度、意识、理念、行为、管理等意识形态的文化要素，也包括与价值观念、思维模式等相关联的物质载体，如法律规范、组织结构、法律制度和检察设施等。

（二） 基层检察文化建设的合理定位

1. 基层检察文化建设需要与特色地域文化相融合

检察文化是一个历史范畴，它是在长期的历史文化熏陶中潜移默化形成的。笔者认为，基层检察文化更加贴近朴实的百姓群体，具有浓厚的人文气息，它不仅仅是一个历史范畴，更应该定位于地域的范畴内加以理解。毋庸置疑，一种有影响力的检察文化必须根植于美好的地域文化之上，也只有与厚重的地域文化相互借重，相互融合，才能在文化底蕴深厚的地域中凸显检察文化的价值，真正地实现检察事业的长足进步，更好地履行检察职能，保护当事人的合法权益，监督国家权力，科学、公正地追诉各类犯罪，促进全社会文明程度日益提高。③

---

① 覃广雄：《关于加强基层检察文化建设的探讨》，载《法制与经济》2008 年第 6 期。

② 韩清：《基层检察院检察文化建设路径探析》，载《山东行政学院山东省经济管理干部学院学报》2010 年第 105 期。

③ 田崇忠、熊晓燕、胡昌辉：《浅论检察文化地域文化的契合》，http://www.hbjc.gov.cn/jiancha-wenhua。

2. 基层检察文化需要在承继中实现创新

基层检察文化要汲取传统文化中的精华，如"天地之间，莫贵于民"的民本思想、"以和为贵"的和合思想等。除此之外，基层检察文化要结合地域文化特色，采取行之有效的措施，统筹兼顾，开拓创新、与时俱进，从而建设优秀和谐的检察文化，不能够故步自封，停滞不前。例如现阶段有些基层检察机关没有充分重视自身所处的地域人文环境、历史渊源、光荣斗争史以及检察干警的自身特点，造成检察文化建设泛泛化、重复化、低端化、没有鲜明的特点和个性及品味。① 这些都是缺乏创新意识的体现，严重制约了基层检察文化的发展。

二、检察文化与地域文化的融合

地域文化是一种社会意识形态，新时期的基层检察文化如果不能够反映当地地域文化中的物质载体和意识形态，那么，基层检察文化建设也会成为无本之木、无源之水。

（一）检察文化与地域文化融合的理念

在我国，地域文化一般是指特定区域源远流长、独具特色，传承至今仍发挥作用的文化传统，是特定区域的生态、民俗、传统、习惯等文明表现。在不同的国家之间，检察文化也是互相学习和借鉴的过程。比如，在思想体系方面，很多理论的根本要义都是相通的，如司法独立、无罪推定、公平正义等原则和理念。检察权力的运行因国度、地域的差异而不同。但是有一点是肯定的，那就是，各国都在朝着共同的方向努力研究，研究如何更好地保护当事人的权利，监督国家的权力，科学、公正地追诉犯罪。

正所谓"百花齐放，百家争鸣"，都是围绕检察权力服务的，检察权力的运行因国度、地域的差异而不同。例如英美法系国家权力的划分表现为"三权分立"，立法、行政、司法独立，其中司法主要是法院的审判活动，而检察权属于行政范畴，检察机关属行政机关的组成部分，在诉讼活动中与被告人具有同等的法律地位，享有对等的程序权利。② 我国采取的是一元分立体制的权力架构下权力监督制约与非权力监督制约的模式。我国宪法因此明确界定检察机关是我国的

---

① 任晓刚：《和谐社会中检察文化建设的路径探析》，载《宜春学院学报》2011 年第 9 期。
② 邓思清：《检察权研究》，北京大学出版社 2007 年版。

法律监督机关，检察机关代表国家行使监督权力，基于我国社会主义制度的特殊国情，形成了具有中国特色的检察制度和检察文化。而"检察权的产生是为了消除封建割据状态下法制不统一而对追诉活动的不利影响，维护国王制定法律的统一实施，检察权与法律监督从其诞生之日起就是相伴而生的"。①

由此可见，不同的国家因受当地文化传统、政治思想、历史演进等方面的影响，检察文化出现差异是必然的。即使是在政法体制一致的国内，不同地区的检察文化也是深受地域文化的影响，如山东具有丰富历史内涵的齐鲁文化，齐文化讲求革新，鲁文化则尊重传统；黑龙江嫩江有热情慷慨、粗犷豪放的嫩江文化；广东珠海有其独特的细节文化，这些文化的不同导致了检察文化的不同，使其各具特色。如果基层检察文化能够与地域文化结合，发掘地域文化中的精华，那么检察文化将迎来更好的发展。

（二）检察文化与地域文化融合的方式

1. 深挖地域文化自身的特点和内涵

检察文化建设尚处于摸索当中，没有固定的模式可以遵循。但是深挖地域文化自身的特点和内涵则是实现其与检察文化相互融合的前提。各个基层检察院应因地制宜，主动寻找当地地域文化特色，包括地理位置、山水风景、人文历史、风土民情等方面。凡是积极向上的，能够在检察文化的发展中起到积极推动作用的，都可以作为一项文化传播载体进行深挖。这不是一种人力、物力资源的浪费，而是一种思维的发散和创新，是对既有的优秀的地域文化的认可和深层次阐释。

2. 发挥主观能动性，完成有效文化映射

映射有"反映"之义，文化映射是指从地域文化到检察文化的有效反映、衔接。日常生活中所呈现的文化形式基本上都是零散、无序的，我们要做的就是将原有的地域物质文化或精神文化进行提炼加工，并找到与检察文化的契合点，实现二者之间的共荣。比如"果实"可以喻作甜的感觉、甜的生活，体现幸福感；"美食"可喻作美的行为，体现美丽感；"墨香"象征书法的盛行，体现了和谐感。诸如此类地域文化的阐释反映到检察文化中可以是多种多样的，但都是具有积极意义的，可以通过地域文化的传播带动检察干警对生活的满足感，可以

---

① 邓思清：《检察权研究》，北京大学出版社 2007 年版。

促成检察干警积极的工作态度，形成良好的基层检察工作氛围。

3. 组织策划丰富多彩的主题活动

可以说，丰富多彩的主题活动是完成文化映射的载体，它是深挖地域文化自身特点和内涵之后的重要实践阶段。基层检察机关要积极地制定相关的主题活动，将地域文化特色融会其中，并确切落实保障措施，保证检察文化建设的深入开展，只有这样，地域文化才会潜移默化地影响到每一位基层检察干警，才会日渐渗入检察文化之中。因此在前期分析评估、提炼的基础上，本着循序渐进的原则，应制定符合本院实际的检察文化建设战略目标。目标的确立，应遵循以下原则：第一，层次原则。在时间上，将检察文化分解成阶段性目标。在空间上，按照检察文化建设的四个层面制定分目标。第二，适中原则。检察文化建设目标要根据本院的实际情况制定，既要量力而行，也要具有前瞻性。第三，个性原则。找到最切合自身条件的检察文化实施支撑点，突出本单位鲜明的个性，打造特色文化品牌。[①]

三、现阶段基层检察文化建设存在的主要问题

现阶段，基层检察文化的建设还存在许多问题，主要表现在以下几点：

（一）对基层检察文化建设的重要意义认识不够

有些基层检察工作人员认为加强检察文化建设是对资源的浪费，检察机关应该以检察业务为主，致力于打击违法犯罪，维护社会公平正义，而检察文化的建设不具有这方面的作用。

（二）没有深入挖掘地域文化中的精华并使之渗入检察文化的建设之中

导致检察文化建设浮于表面，千篇一律，有的甚至一味追逐其他地方的做法而不懂因地制宜，不懂取舍，检察文化建设出现方向性错误，造成人力、物力资源的极大浪费。

（三）基层检察文化建设思路缺乏创新性、长效性

基层检察文化建设缺乏创新思路，因循守旧，过分依赖于上级下达的计划、

---

① 黄晖丽：《基层检察院检察文化建设问题研究》，载《法制与社会》2011 年第 8 期。

方案或实施意见，工作方式缺乏创新，再加上年年老一套，既无长远打算，又无短期规划，有的甚至流于形式，一年内开展几个一板一眼的活动，实际上只是疲于应付，做表面文章。

以上做法都是不可取的，先进检察文化建设是培育忠诚、公正、清廉、严明的检察队伍的重要之举，是检察事业得以优质发展、和谐发展的有效路径，基层检察机关应该认识到检察文化建设的重要意义，自觉将检察文化与地域文化特色有效融合，不断创新完善，并将检察文化建设作为一项长效工作来抓，才能更好地立足检察职能，发挥检察机关服务社会、服务百姓的重要作用。

四、基层检察文化发展和创新的具体路径

如何挖掘地域文化中的精华与检察文化进行融合，是实现基层检察文化建设突破的关键点所在，笔者以福山区检察文化建设为例，进一步说明基层检察文化发展和创新的具体路径。福山检察事业的发展离不开地域文化的熏陶，其每一个成绩、每一个工作亮点，都是检察干警根植于福山地域文化厚土、汲取地域文化素养的结果，而这种地域文化包括"福天、福地、福山、福水、福景、福物、福人、福文化"等地域文化特征。"福天、福地"指福山优越的地理位置；"福山、福水、福景、福物"指福山依山傍水，景色宜人，且非物质文化遗产众多；"福人、福文化"则是指福山历史名人众多，文化气息浓厚。福山检察正是深挖检察文化中的精华，将其与检察文化进行融合，打造出了具有地域特色的"福检·福文化"。

（一）根植福山"福天、福地"厚土，打造具有向心力的理念文化

"福天、福地"寓意着中华大地风调雨顺、国泰民安，人民生活丰衣足食。围绕为祖国祈福，把检察干警的理想信念、职业道德和核心价值观与"福"文化结合起来，立足"福地"心向祖国，以"祖国平安是吾福，人民幸福是吾贵"的责任感和使命感，在本职岗位上，履行政治责任，勇于社会担当，真正把"祈福祖国"落实到认识和行动上。在全院干警中开展三项活动：一是开展"福在中国，福在福检，福在我家"寻福活动。让干警通过所见所闻的"福事"，体会幸福，明白党领导人民走的是谋"福"之路，解决的是民生问题，增强拥护中国共产党、永远跟党走的信念；二是开展"什么是中国梦，实现中国梦，检察干

警应该做什么"大讨论活动。通过讨论让干警爱岗敬业、热爱人民、热爱工作；三是开展"我为'福检·福文化'建设建言献策"征集活动，发挥干警的主动性，挖掘干警的智慧潜力。

（二）融合福山"福景、福物"底蕴，打造具有影响力的服务文化

"福景、福物"寓意着环境幽雅平和，具有优越的经济发展条件和良好的"人脉"空间。围绕为福山造福，把立足检察职能、服务经济社会发展作为己任，找准法律监督与社会和谐稳定的结合点，做到执法想到稳定，办案考虑发展，监督促进和谐，为建设富美和谐文明新福山，提供有力的法治保障和法律服务。做到履行职责，有效履行检察职能；依法办案，严厉打击违法犯罪行为；强化法律监督，维护社会公平正义。

（三）依托福山"福山、福水"特点，打造具有向心力的管理文化

"福山、福水"寓意着具有"号令如山，坚忍不拔"的管理理念和"滴水穿石，锐意进取"的创新精神。围绕为福检聚福，不断加强队伍管理，提高队伍凝聚力。一是规范管理，完善制度。包括完善自律机制和约束机制、完善考核评价机制、规范业务工作流程、建设"勤俭节约型"机关等，形成完善的制度保障。二是树立形象，在行为文化建设上着力。例如积极救助刑事被害人，并在法律上和精神上予以关怀；积极参与社会公益活动，规范干警言行举止等。三是开拓进取，不断创新检察文化建设。把创新作为推进检察工作科学发展的动力，探索检察工作新模式，建立捕诉衔接新机制；推行未成年人犯罪预防体系和配套建设；打造"服务群众'接地气'"新工作方法；加快派驻检察室职能的探索和研究，拓宽工作领域。四是加强检察廉政文化建设。除通过开展自律演讲比赛、大讨论等活动，倡导干警廉洁自律外，在办案中，严守办案纪律，比如严守对赃款赃物的管理规定，防止办案过程中执法作风、执法行为不良问题发生等。

（四）借助福山"福人聚、福三乡"内涵，打造具有凝聚力的和谐文化

"福人聚、福三乡"寓意着以人为本，和睦相处，生活甜美，共事和顺。围绕为干警谋福，着重在思想上、生活上、情感上对干警加以关心、支持和帮助，提高干警的幸福指数，达到"福至心灵"的境地。一是以"素能文化"建设为基础，为检察工作提供人才保障。定期分析队伍现状，把脉干警思想变化并进行

及时引导；大胆选拔使用年轻干部，使之尽快成为检察机关的中坚力量；加强干警培训，建立培训档案，提高干警技能水平；二是以"物质文化"建设为平台，为检察干警提供后勤保障。做到政治上关心，工作上关怀，生活上照顾；三是以"情感文化"建设为纽带，为检察干警提供共事保障。继续推进"情在共事中"的情感文化建设，倡导"以和为贵"、"宁静致远"、"聚心向力"的工作和生活态度，加强干警之间的沟通交流，为干警的文娱创造积极的休闲场所，形成和谐共处的良好氛围。

"福检·福文化"建设是一项系统工程，是新时代检察文化建设的一个缩影，也是检察工作的"软实力"工程，它有效挖掘地域文化中的精华并将其融入检察文化建设和发展过程中，具有浓厚的地域特色，值得借鉴。文化是互通的，其倡导的检察理念无疑是一致的，文化又是多元的，它不是一成不变的，传播文化的载体也是多样的。只有在坚持特色的同时不断实现创新，才是检察文化发展的不竭动力。笔者认为，深挖地域文化中的精华并借助一定的形式载体将其渗入检察文化建设之中是当前基层检察机关进行文化建设的重中之重，而完成这个过程需要不断思考、不断调查、不断实践、不断坚持、不断对现有文化进行承继和衍生，只有这样，才能使检察文化更具生命力。

对发掘和培育地域特色检察文化的考量

赵志凯[*]

文化是随着人和人类社会的诞生产生和存在的，是人类生存和历史发展的表现，它是一种亘古绵久的社会现象，是一个蕴含丰富内涵的综合体。在我国古代，"文化"一词与"武攻"相对应，泛指文治教化之意，刘向《说苑指武》曰："圣人之治天下也，先文德而后武力。凡武之兴，为不服也，文化不改，然后加诛。"近代以来，人们对"文化"概念的探究日益深入，对其定义也因研究思路或角度的不同而众说纷纭，至今仍未有一个令各家接受的"通说"，但考量众多"文化"概念的定义，至少可以得出一个基本的结论，即"文化"包含物质和精神两个方面，它是特定人群的道德观念、价值理念、思维模式、行为规范及其外在的物质表现的总和。

作为国家法律监督机关的人民检察院，是以检察官为主体和代表的特定人群的集合，必然也会形成一种特定的检察文化。作为中国先进文化的组成部分，检察文化适应检察工作的需要，与检察权的行使交织在一起。它以司法公正为核心、以培育高素质文化为目的、以创新机关管理体制为手段、以营造检察机关良好人文环境为形式，在履行检察职能过程中形成的一个以物质文化和精神文化为核心，以职业文化、学习文化、科技文化、廉政文化和人才文化等为着力点的先进检察文化体系。

检察文化作为一种特殊群体的文化，必然具有这个群体独特的内涵。在探讨检察文化的过程中，我们很容易轻视或忽略文化个体内容的差异性，习惯用一般文化的共性来代替检察文化的特征，这种代替不可能充分发掘出"检察"这个独特的"个体"，只是对文化共性名称的套用，削弱了检察文化对群体外部的影

---

* 作者单位：江苏省南通市人民检察院。

响和作用力。实际上，作为一种文化，其对社会的影响正是由其独特的内涵所决定的，评价检察文化的价值及其功能，不能采用孤立的视角，仅以文化的"共性"来涵盖或阐释检察文化是不够的，应将其置于特定的时空、地域和环境中去深入考量和倡导弘扬。同样，在构建南通检察文化的进程中，我们也要十分注重发掘其在一般文化共性之外独特的内涵。笔者试从特征、特色、特点三方面就如何倡导、发掘和培育、弘扬南通检察文化谈些浅见。

一、彰显时代特征

伴随着时代前进的步伐，文化也在不断地积累与繁荣，文化的演变过程，是一个不断扬弃、不断更新、代代相传、生生不息的过程。检察文化也是如此，它的形成与发展带着强烈的时代特征。回顾历史，检察文化经历了创造、发展、摧毁、修复、再发展这样艰难的历程，改革开放后，随着民主法治观念日益深入人心，尤其是党的十五大提出"依法治国"的基本方略，检察机关才真正回归其法律监督的应然职能，并得以迅速发展和逐步完善。是时，作为根植中国特色文化土壤之中的检察文化方渐显端倪。

当前，和谐社会已成为执政党之重要执政理念而引领政府公共管理及我国现代化法治进程的建设，而要达到这一目标，首当其冲的是要构建和谐社会之中的法治和谐。因此，当前和今后一个时期，检察文化建设必须用和谐的价值观及执法理念来指导检察干警的个体行为以及检察机关的整体行为向着正确的方向发展。同时，检察文化也在实践中不断被创造、发展和流传，以一种崇高的精神力量满足干警们的精神需要。一方面，引领广大检察干警立足检察工作，投身于构建社会主义和谐社会的事业中。具体来讲，就是要在忠实履行职责方面，树立公平正义、执法为民的外部和谐形象。通过积极查办和预防职务犯罪，强化检察机关反腐倡廉和规范化、人性化办案的清正形象；通过严厉打击各类刑事犯罪，强化检察机关维护社会安定和法律尊严的正义形象；通过发挥检察机关的监督作用，强化检察机关保障法律统一正确实施的公正形象；通过切实做好来信来访工作，强化检察机关亲民、便民、爱民、为民的公仆形象；通过不断拓宽法律服务渠道，强化检察机关自觉融入服务大局的主人翁形象。另一方面，充分发挥检察文化的凝聚和激励作用，以人性化管理为主线，以职业道德为基础，以职业纪律为约束，以职业责任为动力，以职业能力为支撑，建立起积极进取、团结拼搏、崇尚奉献、健康文明、和谐融洽的人际关系，把蕴藏在干警中的聪明才智充分发挥出来，把干警的积极性、创造性充分调动起来，营造规范而宽松、严格而宽厚、严明而宽怀的内部和谐形象。

习近平总书记在十二届全国人大一次会议上提出了实现"中国梦"的响亮口号，并且指出，实现中国梦必须走中国道路、弘扬中国精神、凝聚中国力量，令人振奋、感佩。怀揣中国梦的检察人也有自己的梦想和期待。当前，推动检察文化建设必须同弘扬检察官之梦相结合。检察官之梦，就是坚持党的事业至上，加强自身过硬素质建设。检察官肩负着强化法律监督、维护公平正义的重要使命，检察官要增强对中国特色检察制度的理论自信、制度自信；要始终以忠诚的政治本色，坚定理想信念，牢固树立社会主义法治理念，赢得党和人民群众的充分信任；要大力加强检察官职业道德、纪律作风和自身反腐倡廉建设，以积极的态度、饱满的热情和昂扬的精神状态投入工作；"打铁还需自身硬"，要在执法办案工作中做到"自身硬"，无论何时何地都敢说"我是检察官，我是法律与正义的守护神"。检察官之梦，就是坚持人民利益至上，融入平安中国建设。作为人民检察官，必须时刻牢记"人民"二字，始终把人民放在心中最高位置，把为民作为工作的根本出发点和落脚点；要倾听人民群众呼声，查办涉农职务犯罪、保障社会主义新农村建设，查办危害能源资源和生态环境渎职犯罪工作；要努力寻求提高法律监督能力与保障和改善民生结合点，关注和保障民生；要畅通涉检信访渠道，及时排查化解社会矛盾纠纷，认真做好社会矛盾化解工作，维护社会和谐稳定；要加强社会治理创新，结合实际工作，研究通过履行检察职能促进社会治理创新的新途径、新办法，积极融入平安中国建设。检察官之梦，就是坚持宪法法律至上，推进法治中国建设。检察官要全面正确履行宪法和法律赋予的神圣使命，把维护司法公正作为天职，着力于强化法律监督、严格公正执法，努力做到依法监督、敢于监督、善于监督；要坚持法律面前人人平等，做到不畏权、只唯法，不唯情、只唯公，在办案中严格审查案件的每一个事实、证据，办经得起历史和人民检验的铁案；要坚持理性、平和、文明、规范的执法观，强化对自身执法活动的监督，努力提升执法水平和办案质量，为法治中国建设提供强有力的司法保障。

二、融入地域特色

不同地域的检察文化因其植根的土壤与成长的环境不尽相同，从而孕育了各自独特的地域特色。在培育先进检察文化的过程中，我们也必须提倡"百家争鸣，百花齐放"的文化发展方针，大力弘扬地方特色的检察文化发展，才能使其繁荣昌盛、多姿多彩。植根于南通这片沃土的南通检察文化，有着得天独厚的文化底蕴和丰富的文化积淀，更应努力发掘和弘扬南通"中国近代第一城"的文化资源，并将鲜明的江海文化元素注入到检察文化建设中去。

进入 21 世纪，南通市委、市政府提出了高起点推进文化强市建设、高品位打造"文化南通"品牌的目标和任务，并将"包容会通，敢为人先"确定为南通的城市精神。身处这方水土的南通检察人，必须进一步融入南通襟怀宽广、包容万物、兼收并蓄、融会贯通等文化心理，进一步发扬近代南通人勇立时代潮头、引领时代风骚、善开风气之先、敢于争创一流的胆识魄力，使南通的检察特色和文化个性进一步凸显，打造高品位的检察文化品牌。南通检察精神——"崇法明察，敬业争先"就是对南通城市精神的传承和升华。南通检察人既要崇尚法律，执法文明，爱岗敬业，又要能够迎接挑战，在实践中不断自我加压、负重奋进、锐意进取、开拓创新，南通检察精神充分展现了南通检察人打造一流检察队伍、争创一流检察业绩的决心和气魄。

崇法是检察文化发展的坚实根基。法者，治之正也，所谓法是反映统治阶级意志，由国家制定或认可并以国家强制力保证实施的行为规范体系，它规定了人们在相互关系中的权利和义务，这种状态下的法律，是政治上的正义，是世所公认的公正不偏的权衡标准，是理性的体现，又是一个全体国民订立的合同的契约，法的作用和目的在于为了国家的善业，为了善德，为了追求公共福利，增进人类的道德。无规矩不成方圆，淳朴的法制观念折射出人们对良法的天然向往，在现今我国逐步推动和深化建设有中国特色的社会主义法律体系，为依法治国创造了一个良好的外部法治环境，而检察机关作为宪法确立的法律监督机关，在维护法治崇尚法律上应当冲在第一线，充分体现司法机关的作用，崇法应自然成为检察机关的价值追求。而作为检察机关的一分子，检察干警更应该懂得法的基本精神，维护公平正义，使社会生活有序，不断深入理解法的原则和规定，形成正确的是非观念，依照法律的规定规范自己的言行。

明察是检察文化发展的崇高追求。源于明察秋毫，明察即看清楚；秋毫即秋天鸟兽身上新长的细毛，比喻极微小的东西。原形容人目光敏锐，能够看清楚极其微小的东西。后来表示能洞察事理。成语出处："明足以察秋毫之末，而不见舆薪，则王许之乎？"（《孟子·梁惠王上》）。明察是对检察机关办案工作的具体要求，办案是检察机关的主要工作，也是检察机关的职责所在，而明察则是办案工作的标准。明察是对崇法的进一步延伸，要求检察机关对每一个案件都一丝不苟，查明真相，给当事人和社会公正。对于每个检察干警，明察则有更现实的意义，案件只是我们日常工作的一部分，而对于案件当事人，与案件有关的群众则可能是一辈子的大事，因此在办理每一个案件时都要明察秋毫，不允许出现错误。在法治文明的今天，明察既是克服浮躁心态、培养细致入微的执法作风的良方，更是检察干部必须具备的职业素养。细节决定成败，检察人员对办理的每一起案件，都必须保持高度的责任心，做到不放过任何一个疑点，忠于事实和法律；认定事实须一丝不苟，不遗漏任何一个影响定罪量刑的细节；审查证据要明察秋毫，不放过任何一个合理的疑问。只有把好细节，才能达到"铁肩担道义、慧眼察秋毫"的境界，才能使所办的每一个案件经得起历史的检验。

敬业是检察文化发展的根本途径。敬业是一个道德的范畴，是一个人对自己所从事的工作高度负责的态度。道德就是人们在不同的集体中，为了集体的利益而约定俗成的应该做什么和不应该做什么的行为规范。因此，敬业就是人们在集体工作中，严格遵守职业道德的工作态度。社会上有各种各样的职业，由于职业所固有的社会性质和地位不同，决定了每一种职业在道德上都有自己的特殊要求、有自己独特的道德标准，如行医要有医德、经商要有商德。我们作为执行国家法律和履行法律监督职责的人民检察官同样有自己的职业道德，即检察操守。万物人为本，执法者敬业程度的不同，直接影响执法活动的公正与否，正如当代美国大法官奥康纳在北京大学讲学时所说的，"公正的法律并不保证法律的公正"。古人云"己不正，焉能正人"，检察官作为国家权力运行的监督者，责任重大，因为我们的行为更加具有示范性意义。

争先是检察文化发展的不竭动力。检察机关承载着履行法律监督、维护公平正义的神圣职责，在争先创优的道路上应该勇立潮头。面对检察工作的新形式与新挑战，应该多几分勇气、霸气，去拼、去争，展现卓越、超越的气质。南通检察机关一直有争先创优的优良传统，是一个攻坚克难、勇攀高峰的奋斗集体，争先创优最能体现南通检察人的精神品格和价值观。近年来，南通市检察机关在市委和省检察院的正确领导下，以强化法律监督、强化自身监督、强化队伍建设为总要求，连续多年被评为全省检察工作综合考评先进单位，连续三次被市委表彰为全市党建工作先进单位，连续七年被评为市级机关作风建设先进单位，今年2月还被评为南通市市级机关年度作风建设综合绩效考评"最佳办事单位"。全市9个基层院已有3个院获评全国先进检察院，有5个院获评全省先进检察院。南通检察机关坚持以业务工作为中心，以队伍建设为保障，瞄准目标，振奋精神，确保质量，实现了各项检察工作的新发展、新突破。普通干警应该树立争先创优的意识，牢记自己法律监督的神圣职责，并让认真履职成为一种工作习惯，切实做到人在岗位、职责在心，认认真真、兢兢业业完成本职工作，不负国家和人民的期望，时刻培养自己事不避难、勇于担当的精神，迎难而上，争创佳绩。

三、体现检察特点

检察文化不是凭空产生也不是自发形成的，它是在检察机关长期的执法活动中，由其特有的价值观、执法理念、行为规范等性质决定而逐步形成的一种个性文化，是检察机关区别于其他机关的重要标志。因此说，建立检察文化不是照搬照套，不能将其他一些不适合自身发展的文化模式硬性嫁接到检察文化中来。对于检察机关来讲，既要承袭中华传统优秀文化的精髓，又要凸显检察工作的特点；既要不断完善中国检察制度的基础，又要引领检察工作创新创优发展。

当前，公平正义已成为社会主义法制的本质要求，也是实现依法治国的关键所在，更是检察机关履行法律职能的永恒主题。依法治国方略为促进公平正义创造了良好的外部条件，检察文化的积累和创新为实现公平正义提供了强有力的内在动力，公平正义已成为检察文化内涵中标志性的核心内容。

建立以公平正义为主题的检察文化，就必须首先建立以公平正义为核心的检察职业道德体系和价值体系。所谓检察职业道德，是指检察人员在从事检察职业活动、处理法律、人际社会关系，履行法律监督职能中应遵守的规则和行为准则，是检察人员应当具备的最基本的素养。作为检察干警，应该做到忠诚、公正、清廉、文明。忠诚是检察职业道德的本质要求，公正是检察职业道德的核心内容，清廉是检察职业道德的职业本色，文明是检察职业道德的必然要求。道德体系以忠诚为基础，以公正为核心，以清廉为标准，以严明为尺度。作为检察机关的价值体系，应当是：维护社会正义，维护司法公正，对党和检察事业的绝对忠诚，诚实信用的处事原则，廉洁自律的行为标准以及与时俱进的创新精神。作为检察机关的道德准则，应当是：正确处理依法办事和依情办事之间的关系，正确处理自己所把握的权利与所承担的社会义务之间的关系，正确处理国家利益、集体利益与个人利益之间的关系，正确处理作为执法人员和广大人民群众之间的关系。

建立以公平正义为主题的检察文化，还必须自觉地把"加强法律监督"贯彻落实到各项检察工作中去。把"依法办案"作为检察工作的重要标准，把"从严治检"作为检察机关严格自律的手段，把"服务大局"作为检察工作的根本目的。结合本地区、本系统的实际，抓重点热点，抓薄弱环节，全面构建起有血有肉、生动活泼的检察文化框架体系，全面实现检察工作的价值追求。坚持公平正义，就必须坚定不移依靠党的领导，把检察机关自觉置于党的领导之下，置于人大、政协和人民群众的监督之下，把服从、服务于党的中心工作作为检察工作的出发点和落脚点。通过公正执法，为发展先进生产力服务，为弘扬先进的社会文化服务，为保障最广大人民群众的合法权益和根本利益服务，积极创造良好的社会环境和法治环境。只有坚持公平正义，自觉把人民满意、社会和谐作为衡量检察工作的根本标准，才能赢得广大人民群众的拥护和支持；只有坚持公正执法，正确运用宽严相济的刑事司法政策依法打击各类刑事犯罪、积极查处各类职务犯罪，为社会安定、经济繁荣扫清障碍，增强经济推动力，促进生产力进步，确保法律既定目标的实现，才能维护国家和人民的根本利益。

检察文化建设刍议

——以辽宁盘锦检察文化建设为例

胡　斌* 　梁　斌**

　　文化是社会历史的积淀物，也是一个国家精神架构的具体体现，它一方面反映了国家或民族被传承的历史、地理、风土人情、传统习俗、生活方式、文学艺术等，另一方面也体现了人类在被认可的传承下所体现的行为规范、思维方式、价值观念等。检察文化是社会主义文化的重要组成部分，它体现的是检察机关在履行法律职能时所形成和表现的价值理念、行为规范和思维模式的统一体。党的十七大提出要激发全民族文化创造力，提高国家文化软实力，推动社会主义文化大发展大繁荣。最高检就加强检察文化建设作出重要部署，强调要把检察文化建设摆在更加突出的位置来抓，其原因就在于检察文化对于凝聚检察队伍向心力、提升检察队伍软实力和增强检察公信力上具有不可替代的作用。

一、检察文化的应有之义

（一）检察文化的内涵

　　对检察文化的定义，现有学说主要从主体和内容两个方面进行了界定。

　　对于检察文化的主体，现有学说主要将其界定在检察机关和检察人员两个方面，例如原最高人民检察院党组副书记、常务副检察长张耕在 2007 年 11 月 27 日在广州举办的"全国检察机关文化巡礼"活动开幕式讲话中指出，检察文化是中国特色社会主义先进文化的组成部分，是检察机关在履行法律监督职能过程

---

　　* 作者单位：辽宁省盘锦市人民检察院。
　　** 作者单位：辽宁省盘锦市大洼县人民检察院。

中衍生的法律文化，伴随着中国特色社会主义检察事业的发展而不断丰富完善，① 就是站在检察机关的角度对检察文化进行了阐述。而国家检察官学院党委书记刘佑生认为，检察文化是检察官在行使宪法和法律赋予的职权过程中形成的价值观念、思维模式、道德准则、精神风范等一系列抽象的精神成果。② 则是以检察官作为检察文化的主体，与此相近的还有"检察人"、"以检察官为主体的全体检察人员"、"检察工作人员"等等。

在检察文化的内容上，目前普遍存在四种通说。1. 文体活动说，即简单地把检察文化与唱歌、下棋、书画、打球、写作等文体活动等同起来。这种学说混淆了检察文化建设的手段与检察文化的概念，将检察文化庸俗化。2. 硬件说，即将硬件设施建设、制度建设理解为检察文化的内容，这种学说将检察文化建设的关注点集中在办公环境改进、规章制度的完善上，将检察文化建设片面化。3. 理念说，即将检察理念、检察精神等作为检察文化的重要内容。中国政法大学人文学院副院长、博士生导师刘斌教授提出检察理念文化是检察文化的六大范畴之一。检察理念文化除了包括法制文化的基本概念如法、法制、法治、民主、自由、公平、正义、权利、义务等外，还包括检察文化体系中的特有基本概念、基本关系和基本理论。③ 4. 综合理解说，即把检察文化当作物质和制度、精神的总和。例如，"检察文化是检察机关在检察实践中创造的制度文化、精神文化乃至物质文化的总和"。④

对检察文化的界定不应以传统的机关文化的模式为局限，应当将检察文化作为检察机关和全体检察人员在履行法律监督职能中的一种积淀，渗透在检察事业的方方面面，以区别于其他职业的根本和精髓的层面来对检察文化进行界定。因此，笔者认为，所谓检察文化应当是检察机关及全体检察人员在履行法律监督职能和管理活动过程中逐渐形成的价值观念、思维模式、行为准则、制度规范以及相关的物质表现的统一整体。

（二）检察文化建设的意义

第一，开展检察文化建设是检察事业可持续发展的需要。不论是经济发达地

① 张耕：2007 年 11 月 27 日在广州举办的"全国检察机关文化巡礼"活动上的讲话。
② 刘佑生：《论中国检察文化》，2005 年 7 月 22 日在昆明第二届全国部分中心城市检察长论坛上的演讲。
③ 刘斌：《检察文化概论》，载《人民检察》2009 年第 21 期。
④ 徐苏林：2010 年 10 月 30 日在"全国 2010 检察文化暨法制文化理论研讨会"上的发言。

区还是欠发达地区，检察机关硬件建设基本都已经形成，在这种情况下，今后发展比的是软实力。软实力是什么？就是文化建设，这是新的历史起点上检察机关发展的重要基础。从这个意义上看，检察文化建设就是检察机关可持续发展、向更高层次迈进的必由之路。

第二，开展检察文化建设是提高检察机关整体素质、执法能力的需要。提高检察干警的法律素养，提高检察干警对法律的理解和驾驭能力，不断树立先进的执法理念，这是我们在新形势下面临的任务。这个任务的完成就要靠文化建设。从这个意义上说，开展检察文化建设是检察事业的迫切需要。

第三，开展检察文化建设是检察官全面发展的需要。科学发展观的核心是以人为本。马克思说人的发展是全面自由发展。说到底，检察事业的发展核心就是检察官的全面发展。在构建和谐社会这个历史背景下，检察官的发展不单单是每个检察官具有严格执法、刚正不阿、向邪恶挑战的职业理性，更要有爱心、良知和更全面的知识素养和个人能力。也就是说，每名检察官要懂生活、会生活，要有深层次的文化底蕴，要有高尚的情操、高雅的情趣、丰富的知识和健康的体魄，通过开展检察文化建设，要使检察官逐步具备这样的完美人格。

二、现阶段检察文化建设存在的主要问题

自全面开展检察文化建设以来，文化兴检对于提升检察队伍形象，提高检察公信力具备明显的成效。但是，在检察文化建设过程中，仍存在诸多问题，比如检察文化理论研究不足，缺乏纲领性引导；检察文化建设流于形式，缺乏以环境为基础的个性化等，使检察文化建设流于形式，暴露出检察文化建设的简单性、功利性。

（一）检察文化理论基础薄弱，缺乏纲领性文件的指引

当前，对于检察文化理论的研究比较少，大部分对于检察文化的论述仍集中在基础设施建设的成就、文体活动的效果、教育培训情况、装备配置状况的概要性陈述，多以信息、简报的形式发表，真正理论分析研究的很少，缺乏对检察文化从不同视角、多层面分析和特色研究，使检察文化建设缺乏坚实的理论支撑。

这种理论上的缺失使检察文化的开展缺乏统一的纲领性的引导，从而导致检察文化的建设缺少系统性和体系性，各地检察机关则根据自己的实际情况零散地

开展检察文化建设，对文化建设的工作思路、指导思想、基本原则、地位作用、实施步骤、分工要求、战略目标等方面都没有明确，使文化建设工作杂乱无序，重点不突出，方向不明确，不利于检察文化建设事业的长期发展。

（二） 对检察文化建设的认识不全，重视不够

目前，仍有很大部分的检察干警对检察文化及其建设的重要性和必要性缺乏正确的认识。认为检察文化建设过于务虚，只是形象工程，对正常的检察业务的开展存在时间和精力上的冲击。而一些地区的检察机关在这种认识下，将检察文化建设等同于摄影、打球、跳舞等文体活动，使检察文化建设与检察权运行割裂开来，从而和检察文化"无用论"形成了恶性循环，不利于检察文化的开展。

（三） 检察文化建设缺乏体系性

目前，部分检察机关的检察文化建设，存在敷衍了事，仅是为了响应上级精神，以搞活动为目的而搞活动。每项活动都是孤立的，没有将检察文化建设的实质和精神内涵贯彻在活动当中，使检察文化建设的开展没有系统性，仅是点与点的割裂性开展。比如，只关注到物质文化建设的办公楼、办公环境、行装设备的建设，及行为文化建设中的文体活动建设层面，而没有真正理解检察文化建设还包括制度和精神文化建设层面。检察文化建设是包括物质文化建设、制度文化建设、行为文化建设、精神文化建设四位一体的建设格局，物质文化建设只是基础，文体活动建设也只是行为文化建设的其中一部分，而检察文化最核心、最本质的精神层面没有得到贯彻，检察人员共同的价值认同没有形成，共同的价值体系没有构建，势必会导致检察文化的建设流于形式。

（四） 检察文化建设特色不明显，方法措施单一

"检察文化既具有社会文化的共性，又因其特殊的职业内涵而具有鲜明的个性，这正是检察文化具有无限生命力，对检察干警具有巨大的号召力、感召力的根源所在"。[①] 部分检察机关在推进检察文化建设的过程中，忽视了检察文化所依托的基础和环境，尚未能根据本院及本院干警的自身特点和历史地理优势，挖掘出体现自身特色的价值观和文化理念，缺少检察文化与区域文化的整合以及检察文化的创造性转化，没有使文化建设内涵本土化，文化建设的形式单一、内容

---

① 缪军：《检察文化建设刍议》，载《青海检察》2011 年第 1 期。

枯燥，趋于一般化，特色不明显，从而不利于发挥基层文化建设的主观能动性和创造性，不利于检察文化品牌的打造。

三、以盘锦检察文化建设为例，开展检察文化建设的几点意见

（一）检察文化建设的开展必须以明确的纲领性文件为引导

检察文化建设的开展需要有具有引领性的文件为指导，明确检察文化建设开展的意义和目的，规划一个时期内开展的层次和效果，统筹文化建设开展的模式和机制，由此才能确保检察文化建设的开展摒弃"点"式的开展模式，使检察文化建设的开展具备体系性。

盘锦市检察机关检察文化建设的开展以《盘锦检察文化建设纲要（2010—2015年）》和本年度《盘锦市检察文化建设年度实施方案》为指导，统筹全市两级院实行一体化工作机制加强检察文化建设。

《纲要》明确了检察文化建设的基本原则：一是紧密联系检察工作实际的原则。使各类文化建设活动渗透到检察工作的各个环节之中，并通过检察工作的成果来检验文化建设的成效，促进检察文化建设的深入开展。二是以人为本原则。检察文化建设根本目的就是使检察人员职业道德、执法理念、法律素养、执法能力、品格修养得到全面提升，树立全员学习、终身学习的理念，促进检察官的全面发展。三是盘锦检察地域特色原则。要坚持盘锦地域文化特色，激发检察人员热爱家乡、建设家乡的热情和责任感，把握盘锦检察的历史和现状，挖掘、归纳、提炼出具有盘锦检察鲜明特点的文化内涵和团队精神，走出一条具有盘锦特色的检察文化建设之路。四是统筹安排、循序渐进，实施一体化原则。形成既突出市院的组织领导，又重视发挥各基层院和各部门的作用；既有长期规划，又有近期具体安排的以条为主、条块结合的模式，推动了盘锦检察文化建设的扎实推进。

（二）必须提炼检察文化建设的理念，打造检察文化建设的品牌效应

检察文化建设的开展要以社会主义核心价值理念为根本，构建符合检察机关宗旨和职能的检察文化。通过检察理念、价值观念、行为模式的引导，使检察干警站在更高的层次上认知检察工作的实质与发展前景，更有效地把检察人员的思想统一到检察工作所确立的总体目标上来，实现检察干警自身价值与检察官群体

价值、检察机关整体价值的融合统一。

盘锦市检察院以中国传统文化为表现形式，以法治理念为精髓，提炼了以明德、尚法、中和、笃行为内容的盘锦检察院训。院训以时代特征和检察特质，从人文修养和执法理念上体现了全体检察人员共同的价值追求。同时，在检察文化建设中，在物质文化、行为文化、精神文化和制度文化的开展中，都以这八字院训为主题，利用不同形式展现盘锦检察人的精神追求。例如，在精神文化建设中，开办检察官国学研习班，采取视频授课、课前诵读、研讨座谈、听国学大师演讲等形式学习国学经典，每周学习一次。从四书中的大学、论语、孟子、中庸开始研修。在检察局域网上开设了国学欣赏，从丰厚的中国文化积淀中，汲取精神营养，提升检察官人文素养。在物质文化建设中，在市院办公楼内修建以院训为主题内容的文化墙，通过玉雕、油雕、沙雕、铜雕等形式展示院训"尚法、明德、笃行、中和"的精神内涵，解读院训之精髓。

（三）检察文化建设的开展必须和检察业务紧密结合

检察文化建设的目的是使检察干警的使命感、归属感、认同感、责任感和角色意识明显增强，使检察队伍的凝聚力和战斗力明显提高，从而推动检察业务的全面提升。检察文化的触角要延伸到检察业务的全过程，使检察工作变得和谐亲切、生动具体，不仅实现精神文化向物质文化的转化，而且要丰富文化的内涵，体现文化的价值，使履行法律监督的"软实力"能够有效增强，促进执法水平和办案质量的明显提高。

在文化建设的推动下，盘锦检察机关把服务大局、保障民生和履行职责有机结合起来，自觉地把检察工作置身于全市工作大局中来审视和谋划，紧紧抓住人民群众反映强烈的问题，下大气力查办职务犯罪，推动反腐败斗争深入开展。在土地征用、拆迁、社会保障、国有资产出让等群众关注的问题上，查办出来的系列职务犯罪案件在社会上引起强烈反响。同时把查办涉农职务犯罪作为重点，连续查处了乡村干部侵吞农民占地补偿款、贪污粮食直补款的窝案、串案，维护了农民群众的利益。

同时，坚持每月初的"检察开放日"活动，先后接待了来自盘锦市各机关、社区、乡镇、企业等四面八方的各界群众、领导干部、人大代表、政协委员数千人次。它的持续开展，拉近了检民之间的距离，加深了广大人民群众对检察工作的了解，提高了群众对检察机关的满意度、信任度，检察机关的公信力明显提高。

论"大冶模式"检察文化

姜新奎　刘家云*

　　湖北省大冶市人民检察院是全国检察文化建设先进院。其以"铜鉴之光"为主题的检察文化，被《检察日报》誉为"大冶模式"，成为全国检察机关七大模式之一，在全国推广。该院检察文化建设自 2011 年建成以来，最高检和 120 余家地方检察机关及其他部门慕名前来视察或考察。该院的检察文化建设已成为青铜故里新的"文化名片"。

一、"大冶模式"检察文化体系完整、特色鲜明、内涵丰富

　　文化是一个大概念，它是人类为了生存对环境作出的适应方式的长期积累与沉淀，是人类社会发展过程中创造出来的全部物质财富和精神财富的总和。文化对人类起着巨大的感召作用，影响人类的生活与行为方式。检察文化作为继法治文化之后出现的一个新概念，自然属于文化范畴。它是检察群体在长期的法律监督工作实践和内部管理活动中，逐渐形成的具有检察机关特点并得到全体人员共同遵循的价值观念、思维模式、行为准则及与之相关的物质整体的总和，为全体检察人员所共有，是检察群体的灵魂与精神支柱。

　　检察文化存在于检察机关，存在于每个检察个体身上，是检察从业人员的思维、行为、履职方式和优秀品质的长期积淀。正是基于这一认识，大冶市院启动检察文化建设，注意深入挖掘、总结和提炼这些文化精华，逐步形成了体系完整、特色鲜明、内涵丰富的"大冶模式"检察文化。

　　"大冶模式"检察文化的体系。检察文化属意识范畴，是指导广大检察从业人员行为的价值观体系。检察文化价值观体系虽系检察机关局部的、带有行业特

---

　　* 作者单位：湖北省大冶市人民检察院。

征，但它必须与社会主义核心价值观、社会主义法治理念和政法干警核心价值观相吻合，并成为这三者的有机组成部分，而不能搞所谓的创新"自成一家"。这样的检察文化才没有跑题，也才能激发检察从业人员奋发向上的精神力量。大冶检察文化由三大体系组成：一是由"九种精神"和法制文化长廊为主要表现形式的社会主义法治理念教育体系；二是由"铜鉴之光"综合展厅和地方文化长廊为主要表现形式的政法干警核心价值观教育体系；三是由职务犯罪预防警示教育基地为主要表现形式的廉政文化教育体系。三大体系都契合了社会主义核心价值观。如以增强干警法治意识为主题的法制文化长廊，体现的是"自由、平等、公正、法治"社会层面的价值取向；以集中反映检察工作成果和价值追求的"铜鉴之光"综合展厅，将"富强、民主、文明、和谐"国家层面的价值目标和"爱国、敬业、诚信、友善"公民个人层面的价值准则囊括其中；以警示教育为主题的廉政文化教育体系，则重在体现公民个人层面的价值准则。可以这样说，大冶检察文化是社会主义核心价值观的"大冶检察版"。

"大冶模式"检察文化的特色。大冶检察文化之所以能被《检察日报》誉为"大冶模式"，最关键的是其特色鲜明。大冶检察文化的特色除了体系完整、内涵丰富外，还有重要一点就是主题突出，找准了检察职能与大冶地域文化特色的切入点，并由此铺开，加上浮雕、雕塑、展板、声光电技术、书法、油画、内外环境等多种展示模式，形成一个有机的整体，无不给人以震撼。大冶市院为了找到适合自己的检察文化主题，经历了从务虚到务实且不断升华的过程。他们最初选择"飞越"、"超越"、"奋进"之类的主题，这类主题空泛、无特色，不仅检察文化可用，其他行业文化同样可用。随后又选用"监督"或"矿冶"带行业或地域特色的主题，同样有只侧重于一面而忽视另一面之弊。最后，从唐太宗李世民的名言"以铜为鉴，可以正衣冠；以人为鉴，可以明得失；以史为鉴，可以知兴替"中产生灵感，找到了"铜鉴之光"这个特色鲜明的主题："铜"即青铜，体现的是大冶作为青铜故里的地域特色；"鉴"有三层意思：镜子，照、观看、审察，其所具有的含义都和检察机关的法律监督职能完全融合。"铜鉴之光"将检察职能与大冶地域特色融为一体，无不让人叫好。

"大冶模式"检察文化的内涵。最高人民检察院检察长曹建明曾就检察文化建设作出重要批示，称"检察文化是社会主义文化的重要组成部分，是检察事业不断发展的重要力量源泉，是全体检察人员的精神家园"。检察文化要成为"全体检察人员的精神家园",其内涵必须健康向上、富有感染力,且能为全体检察人员认可并接受。大冶检察文化的内涵主要包括"采冶域之铜,铸乾坤之鉴,辨曲直善恶,护正义公平"的 20 字院魂;"惟公、惟民、惟德、惟先"的"四惟"院训;干警自己创作的《忠诚献祖国》的院歌;手握火炬整体造型的文化标识;铜斧精神、榴花精神、香樟精神、蜜蜂精神、竹笋精神、奥运规则、劲牌理念、雁阵理论、斜口杯思维"九种精神";工作求为、学习求博、管理求序、执法求度、侦查求睿、监督求格、反思求鉴、安全求慎、待人求和"九求理念"。所有这些,无不彰显全体检察人员的精神风貌和价值追求。尤其是行为文化,以"九求理念"为特色,对其中"每一求"的内涵都进行了深度挖掘。譬如"侦查求睿"。该院结合工作实际,将其含义拓展为:深邃的思想,过人的胆识,敏锐的洞察力,聪明的才智,是正义与邪恶较量时的制胜法宝;察微析疑,见微知著,不断增强预防职务犯罪的能力,提高惩治犯罪的水平;日臻完备办案格局,日益娴熟办案技能,让一切腐败难逃检察人法眼,无藏身之地,无遁迹之所。正是在"侦查求睿"理念的引导下,该院更加自觉和深入地运用"系统抓,抓系统"和"智慧办案"策略,向"就案办案"和"孤立办案"行为告别,每年办案数量和质量在黄石市检察机关遥遥领先,在全省检察机关也有一定的位置,执法办案水平实现了跨越式的飞跃。

二、科学对待"拿来"和"借脑",坚持以"我"为主,做好"融合"文章

检察文化建设是一项全新的工作,没有现成的模式可套,可以"拿来",也可以借用"外脑",而且对初涉这项工作的人来说,"拿来"和"借脑"还是十分必要的。但如何对待"拿来"、如何"借脑"却是一门学问,当科学对待。

"拿来"和"借脑"不是照搬照抄、当甩手掌柜。早在 80 年前,鲁迅先生在杂文《拿来主义》中,针对当时社会上对外来文化和中国封建文化流行的两种截然不同的呼声:即闭关主义和全面西化,作为新文化运动旗手的鲁迅先生主张,既非被动地"送去",亦非不加分析地"拿来",而是要通过实用主义的观点,有选择性的"拿来"。鲁迅先生的这种有选择性的"拿来",实际上就是"取其精华,去其糟粕",为我所用。学习借鉴外地先进院检察文化建设也和如何对待外来文化和中国封建文化一样,既不能一概拒绝,也不能不加分析地照搬

照抄、"复制粘贴",剽窃别人的智力成果。这种"拿来",如同嚼别人嚼过的馍,不仅索然无味,而且即使"拿"得再好,也是千人一面,没有自己的东西、自己的思想,如同一具没有灵魂的空壳,不会引起干警们的兴趣,更不可能奢望它能起到什么效果。同样,"借脑"亦不是找高人设计,或像建筑工程一样全发包给设计方,自己只当看客、当甩手掌柜。因为"高人"即使再高,他们对检察职能或对地域文化的理解,毕竟没有在一个地方、一个检察院生活、工作多年的"检察人"参悟得那么深、那么透。这种全指望他人、全依靠他人的"借脑",同样"借"不出自身的特色来。

"拿来"和"借脑"是创造性的吸收。"拿来"是"拿"别人先进的理念和科学的思维模式,"借脑"是"借"别人的知识和点子,并创造性地吸收,最终为我所用。如何"拿"和"借",做好"融合"文章是关键。

一是借鉴别人的好创意,"思维融合"。创意来源于思维。创意是否高明,直接关系着检察文化建设能否彰显出特色。学习借鉴别人的经验,最主要的就是学别人的思维,学别人的创意,以启迪自己的智慧,开阔自己的思路。如大冶市院"铜鉴之光"检察文化主题的提出,就得益于山东邹城市院和东营市东营区院依地域特征确定主题的创意。邹城是孟子的故乡,其检察文化主题取自孟子的一句名言中的"人和"二字,表明该院志在打造和谐检察;东营处在祖国版图的最东边,太阳最先从那里升起,他们取名"朝阳"检察,寓意检察事业如朝阳般充满生机与活力。他们的创意,给了大冶市院考察人员以启迪,并在他们创意的基础之上,更进一步,将地域特色和检察职能有机结合在一起,最终将该院检察文化主题定为"铜鉴之光"。

二是借鉴别人的好点子,"理念融合"。"好点子"就是财富,"好点子"往往能起到"柳暗花明又一村"之效。俗话说旁观者清,"好点子"往往在民间、在旁观者,这就需要从事检察文化建设的人俯下身去,以谦逊的心态去挖掘、去获取。如大冶市院"九求理念"的提出,就得益于大冶本地一位文化名人的好点子。武汉市汉阳区院提出"肃、爱、智、辨、水、容"六字院训,大冶市院在探讨本院的文化理念时,提出了"为、博、序、度、睿、格、鉴、慎、和"九字。在一次邀请大冶本地文化名人座谈会上,其中一人建议,不如将这九字和所要表达的意思直接连起来,不仅可有效避免与汉阳雷同,而且更明了、更具指导性。他的建议当即被采纳,于是就产生了工作求为、学习求博等"九求理念"。

三是借鉴别人的好经验，"行为融合"。如何让检察行为文化更具指导性，是检察文化建设必须重点考虑，也是较为棘手的问题。大冶市院在开展行为文化建设时，借鉴外地的好经验，围绕"九求理念"中的"每一求"，结合检察职能和工作实际，分别提炼出先贤们的格言、如何指导工作的百字诠释，同时邀请大冶市诗词楹联学会和本院有这方面爱好者撰写对联，分别张贴于院党组、检委会和不同部门的会议室，使"九求理念"得以进一步升华，也为如何落实"每一求"起到了引领作用。

三、积极探索专文结合机制，稳步推进"文化育检"向"文化管理"转变

检察文化如果只停留在纸中、挂在墙上，停留在办公场所装修的档次和品位上，充其量只能算作文化空壳，与开展检察文化建设的初衷格格不入。当前正在开展的群众路线教育实践活动，其重点就是要整治群众深恶痛绝的"四风"，检察文化建设不能沦为一种文化空壳、沦为一种徒有虚名的形式，必须使其从纸中、墙上走进干警心中，真正内化于心、外践于行，发挥出其润物细无声的潜在作用。大冶市院在启动检察文化建设初期，就把"让文化唤醒心中的力量"确定为开展检察文化建设的宗旨。其目的很明显，就是要让检察文化成为广大干警干事创业的一种精神力量。在随后又积极探索检察专项工作与检察文化即专文结合机制，努力寻求一条从"文化育检"向"文化管理"稳步迈进的新路子。

为此，必须做到"两构建"、"三跟进"。

一是"两构建"。即共性构建和个性构建。要通过发展先进文化的引导、协调、教育等功能，努力营造鼓励广大干警干事创业的良好环境，把实现检察机关的整体价值和实现检察人员的个人价值有机统一起来。在共性构建方面，要做好制度规范和理念管理文章，从文化管理角度出发，紧密结合检察文化建设内容，完善各种管理制度，促进制度管理和文化管理的互补和互动；要继续弘扬"九种精神"和落实"九求理念"，全面开展各项检察工作。在个性构建方面，既要重视检察人员的个人因素在检察工作中的决定性作用，充分调动检察人员的积极性、创造性；又要从理解、尊重、培养人才的角度出发，关心检察人员的个人生活，实现和满足他们的物质和精神需求。激励检察人员围绕"九种精神"和"九求理念"开展富有岗位性、明显个性化特征的争先创优工作，鼓励检察人员

围绕各自的工作目标制定各种具体措施，创造性地开展工作。

二是"三跟进"。这是落实"两构建"的具体方法措施。

跟进专文结合的网格化管理。要研究检察专项工作与检察文化之间所形成的互相交叉、全面贯穿联结的关系，充分运用检察业务应用软件，并申请开发文化管理软件，推动检察业务和检察文化在网格这个基本单元上的聚集整合，创新检察基础管理平台，分块落实管理责任，形成全方位、动态式、便捷高效的检察工作网格化管理格局。

跟进统一指挥的扁平化管理。要借助内部整合改革和主办检察官办案责任制试点改革之机，减少管理层次，压缩职能机构，建立紧凑、高效、灵活、富有弹性的以智力资源为主体的管理组织，通过目标、机构和制度、人员行为的调适等，达到各部分的协调与行动一致，实现科学管理与有效制约，增强检察机关的内部团结和检察机关之间的协作协调，以保证检察职能的良性运行。

跟进评价客观的痕迹化管理。推行课题式设计、项目式管理、工程式推进、台账式督查、绩效式考核管理模式，通过电子监控系统，全过程记录各部门工作流程和工作质量。工作流程图对不同工作预先设计相关完成时限，从服务指令下达开始，管理系统逐步记录每个执行环节的工作"痕迹"、工作对象相关评价，工作部署与跟踪督办同步进行，部门考核、干部评价以日常"痕迹"为依据，有效确保检察工作全面推进。

同时，注重专文结合，打造检察工作的文化品牌。近几年，大冶院在制定年度工作目标、思路和具体工作部署中，总要相应融入不少检察文化元素。如2012年提出的三大奋斗目标之一，就有争创全省一流文化管理单位。在这一目标超额实现即跻身全国检察文化建设先进院后，2013年，为了使"九求理念"落到实处，又提出了着力打造查办和预防职务犯罪的"智慧"品牌、诉讼监督工作的"格力"品牌、检察改革和检察管理的"有序"品牌、群众工作和队伍建设的"人和"品牌。对此，人大代表及社会各界均给予了高度的关注和普遍好评。

如今，大冶检察院的检察文化建设潜移默化的作用逐渐显现出来，检察人员的思想观念不断升华，团队精神不断提升。经常性开展的文娱体育活动，使广大干警的身心更愉悦，队伍的凝聚力不断增强，并得到了最高检、湖北省院和黄石市院的高度重视，其经验被大力推广，得到了最高检检察长曹建明的充分肯定。

检察文化发展方向研究

——以宁夏中卫检察文化建设为视角

郭孟强*

党的十七届六中全会提出了建设社会主义文化强国的奋斗目标和宏伟蓝图，标志着我国的文化改革和发展进入新的历史时期。检察机关作为国家法律监督机关，既是社会主义文化大繁荣大发展的建设者和推动者，也是社会主义文化大繁荣大发展的保障者、捍卫者。党的十八大把建设和发展中国特色社会主义文化又提到了一个新的历史高度，强调建设社会主义文化强国，关键是增强全民族文化创造活力。为此，各级检察机关以深入学习贯彻十七届六中全会、十八大精神为契机，更加注重检察文化建设，不断丰富检察文化载体，为检察文化的发展进步作出了积极探索。宁夏回族自治区中卫市人民检察院推出一系列创新举措，大兴检察文化建设，以文化建设的成果带动检察工作发展。

一、中卫检察文化尝试及成果

检察文化建设是加强检察机关自身建设和检察队伍建设的一项重要内容，也是发展和推进检察事业的必然选择。自 2008 年以来，中卫市检察院大兴"文化育检"，弘扬检察文化，汇聚团队力量，鼓舞队伍士气，推动检察文化建设达到了一个新的层面。

（一）加强机关文化建设，增强环境感染力

中卫市检察院以 2008 年 6 月 18 日入住新的办公大楼为契机，创新举措，加强机关文化建设，努力营造"健康生活、快乐工作"的机关文化氛围。一是在各层楼道、走廊里悬挂励志明理的书法字画和体现当地特色的摄影风光照，使人

---

* 作者单位：宁夏回族自治区中卫市人民检察院。

如临其境般陶醉、醍醐灌顶般启迪。二是在六楼设置图书、电子阅览室，宽敞明亮，干净舒适，搭建起了干警求学"充电"、愉悦身心的平台。三是在3—4楼的楼道玻璃橱窗上依次镌刻着全国、全区、全市的检察工作主题，让干警看在眼里、记在心里、落实在行动中。四是新建的案件管理中心，实现了案件的统一受理、统一分流和网上全程监控、动态巡查，将案件管理推进信息化时代。五是安装室内外 LED 显示屏，幻灯式展播检察文化作品及检务公开内容，将文化氛围的营造从室内向室外拓展，不断扩大文化影响力和辐射面。

（二）加强形象文化建设，增强对外亲和力

形象是执法者能否具有亲和力、执法公信力的外在保证。中卫市检察院历届领导班子高度重视检察形象文化建设，不断拉近检察机关与群众的距离。一是2008 年以来连续五年在 6 月 18 日举办"检察开放日"活动，分批分次邀请人大代表、政协委员、企事业单位职工、离退休干部及镇（乡）、村（社区）基层组织人员等参观检察机关的办公办案环境设施、听取检察工作情况介绍、座谈交流心得体会，不断拉近社会各界与检察机关及检察干警的距离；2013 年变一年一次的"检察开放日"为两月一次的"检察观摩日"，分批邀请社会各界群众观摩检察机关办公办案设施及工作情况，切实满足不同行业及层次对检察工作的知情权、参与权和监督权，同步开展警示教育和职务犯罪预防工作。二是将举报中心改建为"阳光检察服务中心"，清爽式装修室内空间、配备硬件设施，在该中心门口墙面竖排张挂"有话好好说，有事依法办"的雕刻大红字通俗提醒语，控告申诉举报信访知识彩图和醒目的举报控告申诉工作流程图，缓和了来访群众的激动情绪。三是将检察举报电话更名为检察服务热线，设置 QQ 检察官，开通检察门户网站、中卫检察微博，受理案件举报、控告申诉，开展咨询服务、解答法律疑问，加强与网络的互动交流，用群众喜闻乐见的方式消除顾虑、化解矛盾。四是设计并在二楼大厅入口两侧摆放全体检察干警形象墙，展示每位检察干警的生活照片和由本人创作提供的生活感悟或工作感言，增强了解、互相监督、比学赶超。五是设计并在二楼大厅楼梯两侧摆放一对检察官卡通形象大使，以形象逼真、活泼热情、仪表端庄、和蔼可亲的卡通形式改变以往严肃威严的检察官形象，增强检察机关及检察人员的对外亲和力。

（三）加强书香文化建设，增强学习驱动力

学习是加强修养、提升素质、强化技能的根本保证。中卫市检察院创新了学

习形式，丰富了学习内容，坚持"学习型、知识型、书香型"检察院建设，努力营造浓厚的书香文化氛围。一是自 2008 年初启动并推行"每周一人，每人一讲"学习活动。每周安排一名干警结合各自所学知识和专长自选讲题，精心备课、讲前演练、进行授课，为干警搭建起了学习、交流平台，培育了干警"勤思、善写"的习惯，锻炼了干警"会说话，敢说话"的能力。二是自 2009 年 4月开始，每年举办数次"法律大讲堂"，邀请检察业务骨干和区内外司法系统及高校法学专家就法学理论、检察实践问题开办系列专题讲座，为干警研究业务、增长知识搭建了新平台，对提高检察队伍整体素质和执法水平起到了积极作用。三是自 2009 年开展"我荐大家一本书"活动，启动并推行"干警买书、单位埋单"读书新机制，鼓励干警根据自己喜好，选择购买书籍，通读并撰写读书笔记，报经政工部门审批后，将该书作为藏书存进该院图书室，以供其他干警学习，增强了藏书的可读性。四是成立了由院机关团支部书记为会长的读书会，牵头组织会员们集中或者自行读书，每年年底整理干警撰写的读后感，统一汇编，结集出版，并在检察局域网开辟个人文化专栏，干警可以上传个人文学作品、体会文章等创作成果，互相学习、互相交流。五是自 2009 年以来成立了中卫检察官协会，吸纳中层以上检察官为协会会员，发挥其办案经验丰富、理论功底扎实的优势，确定每届理论研讨主题，开展理论研讨、学术交流，表彰优秀调研成果，激发全市检察机关的学术理论研究热情。

（四） 加强廉政文化建设，增强防控执行力

廉政文化是预防职务犯罪的重要形式。中卫市检察院结合检察职能不断探索创新形式，大力推进廉政文化建设。一是把廉政文化建设放到重要位置抓部署、抓落实，做到了廉政文化建设与业务工作同部署、同检查、同考核、同落实。二是相继开展了向先进人物学习活动，将廉政教育图片设置成每位干警的计算机屏保，在机关楼道、走廊张挂廉政预防画册，营造了文明、健康的廉政文化氛围。三是自 2010 年启动实施"3 + 6 廉政教育工程"，"3"指开展"廉内助、廉管家、廉助手"教育；"6"指开展"个人承廉、家庭助廉、单位考廉、媒体颂廉、警示促廉、社会尊廉"教育，增强检察人员拒腐防变的免疫力。四是 2010 年启动实施"四个二""廉洁从检工程"，即就执法办案和勤政廉政，制定风险防范管理"两个办法"，推行黄、橙、红"三级防范"风险预警和责任捆绑"两个机制"，实施扣罚廉政勤政保证金和全年目标管理考核分"两项保障措施"，建立

干警"两个档案"，实现了有效预防、控制和处理执法办案和廉政勤政风险。五是 2013 年底建成并投入使用中卫市职务犯罪预防警示教育基地，分批安排市、县各级领导干部到基地接受警示教育，不断增强治理腐败工作"软实力"。

（五）加强诚信文化建设，增强执法公信力

诚实守信是一个机关和个人取信于民、赢得拥戴的关键。中卫市检察院在诚信文化建设方面作出了积极努力和探索。一是推行涉检信访案件"双向承诺"制度，阳光化解矛盾纠纷。办理涉检信访案件时，签订《双向承诺书》，检察机关向信访人承诺办案时限，信访人承诺不再多头重复信访，有效防控越级上访和多头上访。二是推行"一二三四"信访接待工作方法，在工作中始终做到"一张笑脸相迎"；"不推不拖"当场办、主动办、积极牵头联合办；来访人的权利、解决问题的方法和时限"三告知"；线索分流、反馈结果、答复"三及时"；接待来访"热心"、听取诉求"专心"、处理问题"诚心"、解释疏导"耐心"，做到受理快、调查快、处理快、反馈快。三是 2009 年 4 月分别与同级劳动保障、工会、团委、妇联等部门联合出台了《意见》，结合执法办案共同发起开展刑事特困受害人和因生活所迫涉嫌轻微刑事犯罪不捕、不诉的犯罪嫌疑人帮扶救助、就业指导活动，从根本上消除社会不和谐因素，预防犯罪、取信于民。四是推行"检察公告"制度，规定凡进驻涉案单位查办职务犯罪案件须张挂《检察公告》，公布案由、办案人员、监督电话、举报电话，增强了查办案件的透明度，赢得了涉案单位及相关群众对职务犯罪侦查工作的信赖和支持。五是建立"举报奖励"制度，对群众举报职务犯罪线索查实的予以 3000 元至 20000 元奖励，2008 年对一名举报有功群众兑现了 3000 元奖励，以兑现对群众的承诺展示检察机关的诚信形象。

（六）加强精神文化建设，增强团队凝聚力

理念意识决定出路，精神状态关系成败。2008 年以来，中卫市检察院高度重视精神文明建设，积极开展精神文明建设先进单位创建活动，充分发挥精神的引领导向作用。一是确立了"以创新保持荣誉，以质量强化办案，以管理提高绩效，以实干服务大局，以素质提升形象"的发展理念，树立起了全市检察干警的价值追求和检察理念。二是倡导树立"五个意识"、克服"五种思想"，即树立永不止步、勇于进取的意识，克服小成既满、盲目乐观的思想；树立知难而进、

抢抓机遇的意识，克服畏难不前、碌碌无为的思想；树立善于变革、敢于创新的意识，克服因循守旧、僵化滞后的思想；树立求真务实、实干苦干的意识，克服形式主义、浅尝辄止的思想；树立干净干事、清白做人的意识，克服贪图安逸、拜金主义的思想。为干警明航导向、鼓劲加油，焕发队伍的生机与活力。三是在成立中卫检察官艺术团的基础上，创作完成了《中卫检察官之歌》、《家乡的守护神》等歌曲，并将《中卫检察官之歌》确定为中卫检察官艺术团团歌，这首歌围绕检察主题，突出地方特色，关注民生社会，讴歌塞上古城，颂扬花儿古乡，赞美红枸杞，描绘大漠风光，以文化艺术的无穷魅力凝聚团队力量，鼓舞、激励检察队伍士气，展示检察官风貌。四是扎实开展"恪守检察职业道德，促进公正廉洁执法"、"反特权思想，反霸道作风"、"发扬传统，坚定信念，执法为民"、"为民务实清廉"群众路线教育实践等主题教育实践活动，着力构建文化兴检机制，打造中卫检察精神，凝聚团队力量。五是在全市检察干警中组织开展"爱岗敬业，争先创优"为主题的大讨论活动。通过主题大讨论，进一步增强每位检察人员的职业自豪感、责任感、使命感，做到爱检敬业、恪尽职守，严格执法、文明办案，守法遵纪、清正廉洁，刚正不阿、护法为民。

二、检察文化建设发展方向

从中卫检察文化建设来看，始终注重措施创新、始终注重统筹谋划、始终注重以人为本、始终注重精神文化，在不同的层次上推动检察文化建设上台阶、上水平，用检察文化建设成果带动了检察工作发展。但毕竟在探索中创新，在创新中发展，在发展中探索，从中映射出检察文化建设面临的新形势、新任务和新的发展方向。

（一）检察机关文化建设要氛围化

氛围是一种生产力，文化氛围更是检察工作的助推力。检察机关文化建设的根本是营造一种浓厚的文化氛围，使检察工作在浓厚的文化氛围中推进，使检察干警在浓厚的文化氛围中发展，用一种浓厚的文化氛围培养规范的执法办案行为、孕育先进的文化修养、塑造良好的职业形象、陶冶高尚的情操。

（二）检察形象文化建设要习惯化

习惯是一种力量、是一种自觉行动、是一种惯性作为。检察形象文化建设，从本质上来说，就是一种行为习惯的养成、一种自觉行动的历练、一种内在素养的加强。良好的行为习惯会在实践中成为自觉行动，受良好行为习惯影响和指导下的自觉行动展示和体现着一个机关和个人的形象。只有将检察形象文化建设定位到习惯的养成，才能把住检察形象文化建设的脉搏，对症下药，因地制宜，实现科学发展。

（三）检察书香文化建设要区别化

书香文化，即学习文化。检察学习文化事关检察队伍素质的提升、法律监督能力的增强、理想信念的形成、党性修养的加深、核心价值观的养成。其内容丰富，形式多样，对象各异。只有建立区别化的学习机制，建立适合不同专业技能、业务素质、兴趣爱好的队伍培养学习方案，实现学习文化的差别化发展，以学习文化的差别化培养行业人才、专业人才、骨干人才、专家人才，不断为检察学习文化发展注入新活力、新动力。

（四）检察廉政文化建设要制度化

廉政文化是预防职务犯罪、加强干部廉洁自律教育、推进反腐倡廉建设的重要举措。其在本职上属于管理文化，通过多样的廉政文化形式宣传廉政纪律、强化内部防控、严肃党纪国法、促进廉洁履职。其具有预防、警示、教育、管理等职能作用。只有将廉政文化制度化，用制度化的廉政文化管人、管事，才能体现廉政文化的严肃性、实践性、规范性、实效性。

（五）检察诚信文化建设要规范化

检察诚信文化，表现为检察干警在日常工作和执法办案过程中兑现承诺的内在涵养和行为习惯。受法律法规规范、配套制度约束的检察诚信文化，才能将为民诚信、执法诚信内化于心、外践于行，充分体现检察机关的"人民性"，使检察机关和检察干警更好地围绕人民群众的新需要、新期待来开展工作，用宪法和法律赋予检察机关的法律监督权来维护民权、保障民利，赢得人民群众的充分信赖和大力支持。

（六）检察精神文化建设要职业化

精神文化是检察文化的灵魂，反映了检察队伍一体践行的整体精神、共同遵守的价值标准、合乎时代的职业道德和追求发展的文化素质，正确的价值观是精神文化建设的基石。检察精神文化具有"检察"职业性，应该充分体现检察机关和检察工作的职业特点，充分挖掘和弘扬检察精神内涵，形成全体干警共同遵守的检察价值观和检察理念，塑造检察"灵魂"。

三、检察文化建设构想

检察文化是检察人员在履行法律职责的工作中逐步形成的、为全体检察人员所认可并遵循的精神成果和物质成果的总和。① 结合中卫检察文化建设的探索和实践及新时期检察文化建设的新任务、新要求、新形势，笔者就检察文化建设构想如下。

（一）抓检察机关文化建设，营造良好发展环境

检察文化建设的内容之一是检察物质文化建设，其中机关文化是检察物质文化建设的重要载体，体现着检察物质文化的层次和水平。因此，抓检察机关文化建设，要紧盯检察物质文化需要长远谋划、突出特色、全面强化。一是办公大楼及其内部硬件设施的新建和改造，必须围绕检察工作主题来设计，突出检察特色、突出人民特色、突出地方特色，将建筑艺术、设计艺术、雕塑艺术、绘画艺术、美化艺术、民族艺术等艺术形式转化为检察文化，既体现威严、端庄的检察职业形象，又要体现地方特色文化艺术，更要体现检察机关亲民、为民的职业理念。二是要合理布局、分块管理、分类建设机关内设施。机关内分设综合区、办案区、窗口区、公共区。将后勤服务、技术保障、政治人事、综合协调、议案议事等职能部门设置在综合区，将业务办案部门集中在办案区，将信访接待、案件管理等便民服务部门分设在窗口区，将学习、院史、荣誉等职能场所分设在公共区，建设既体现检察特色共性又展示不同区划个性的检察机关文化，形成管理有序、和谐发展、创先争优的良好氛围，努力为检察工作又好又快发展营造开拓进取、务实创新、富有活力的发展环境。

（二）抓检察诚信文化建设，强化执法为民意识

检察诚信文化建设事关检察机关的执法公信力。在执法办案活动中要做到案结事了、息诉罢访、群众认可，必须加强检察诚信文化建设。一要紧扣检察职业特点和检察机关人民性的要求，探索创新载体形式，加强技能培训、职业教育、

---

① 官柳、廖东明：《检察文化之"道"》，载中国网，2010年11月5日。

岗位练兵，加强职业诚信教育，引导检察人员牢固树立契约意识、人权意识、法治意识、为民意识，培育检察权运行过程中对犯罪被害人的救济、对司法权的监督、对职务犯罪人的权利保护等富有人民性、检察性的诚信文化。二要加强全员诚信意识培养，组织开展诚信检察官、诚信书记员评比活动，严格程序标准，深挖诚信典型、推广典型事迹，揭发失信典型、全面警示教育，鼓励引导、示范引领检察人员诚信执法、诚信办案、诚信履职。三要加强案件回访力度，由纪检监察、案件管理等部门组成回访组，定期开展案件当事人及其家属、公安机关、人民法院案件承办人回访活动，听取他们对具体案件承办部门及承办人的评价和意见，并将回访意见纳入对个案的评查和个人的考核，进一步强化全体检察人员的诚信意识。

（三）抓检察廉政文化建设，彰显制度管人绩效

检察廉政文化建设是检察廉政建设的一项重要内容，对预防检察人员职务犯罪、促进廉洁履职、维护司法权威，有着重要作用。检察廉政文化建设要紧扣廉政建设的核心，以鲜活的形式建立起一套行之有效的防控机制，强化廉洁意识、提升自律能力、净化价值追求。一要从制度建设入手，注重从制度和规范层面加强检察廉政文化建设，建立健全检察廉政规范制度，建立起一个管用、实用、有用的检察廉政规范体系，促进廉政理念、执法理念、工作理念内化于干警的心灵、外化于干警的行为，使各种无形的制度产生有形的力量，强化干警的廉洁意识、责任意识、规范意识、自律意识。二要加强对业务运作、队伍建设、检务保障等检察规范的审查和修改，建立健全符合本院实际的，以目标管理、绩效管理、基础管理、流程管理等为主要内容的规范化管理体系，做到职责明确化、工作流程化、质量标准化，使工作有导向、衡量有标尺、考核有标准、奖惩有依据，[①] 以制度文化建设带动廉政文化建设。三要结合现有法律规定和修订建立起检察规范规章制度，设计制订各项工作流程图和各岗位职责，并将工作流程图、岗位职责分块上机关墙、上局域网、上宣传栏，实现办公办案事事有章程、时时有提醒、处处有监督，促成检察廉政文化建设制度化、理念化、习惯化，使其成为检察人员开展工作的安全阀、警戒线、指示灯。

---

① 乔汉荣：《对进一步推进检察文化建设的思考》，载《检察日报》2011 年 3 月 15 日。

（四）抓检察书香文化建设，打造素质过硬队伍

坚持不懈地开展"书香型"检察院和"学习型"检察官建设，带动检察队伍素质能力不断改善、领导干部不断成长、检察事业不断发展。一要坚持开展"书香型"检察院建设，要加强对学习环境的改善，借鉴引进先进的阅览室、图书室建设和管理经验，进一步完善电子阅览室、图书阅览室的功能作用，创新图书采购和管理机制，配备门类齐全、可读实用的各类书籍，实现查阅读书便捷化、读书管理规范化、学习活动经常化，建成宽敞明亮、安静适读的检察官书屋，使检察人员有愉悦身心、陶冶情操、读书学习的文化平台，激发鼓励检察人员善读书、多读书、读好书。二要科学推进"学习型"检察官建设，在坚持中心组学习、每周集中学习、党员轮训、网络培训等学习活动的基础上，研究制定符合检察工作发展需要的教育培训方案，精心制定教育培训计划，科学设定教育培训内容，加强对检察人员的学习教育、业务培训，引导检察人员更新自身观念、更新知识结构，树立善于学习、终身学习、全面学习、创新学习、团体学习的新理念，做敬畏法律、快乐工作、无私奉献、处世和谐、廉洁自律的"学习型"检察官，促进公正、规范、文明、廉洁执法。三要加强检察理论研讨和文艺创作。成立检察官协会、检察官文联、检察官艺术团、理论研究课题组、文艺创作兴趣小组等理论研讨和文艺创作组织，开展理论研讨会、有奖征文、检察官笔会等理论研讨和文艺创作活动。创办地方检察报刊，开辟理论研讨和文艺创造专栏，刊载检察理论文章和文艺创作精品，营造浓厚的学术创作氛围，激发检察人员的创作热情，促进书香文化建设。

（五）抓检察形象文化建设，培养文明执法行为

要大力加强思想政治教育、不断深化执法规范化建设、重视检察人员群众工作能力培养，塑造良好的检察职业形象、促进公正、规范、文明、廉洁执法。一要重视思想政治教育，创新性、针对性、实效性、经常性地开展检察队伍思想政治教育，把先进的文化理念融入思想教育当中，加强道德修养、人格修养、职业修养，培养核心价值观、职业道德观、执法为民观、廉洁自律观，为检察形象文化建设提供思想保证。二要加强执法规范化建设，创新载体促规范、典型示范促规范、瑕疵评查促规范、问题查整促规范，教育、引导、监督检察人员严格遵守执法行为规范、用语规范、礼仪规范，以规范行为、规范用语、规范礼仪塑造规

范的执法形象。三要结合开展党的群众路线教育实践活动，不断培养检察人员的群众工作能力。建立新老干警"结对"帮带机制，分批选派年轻干警到基层一线挂职锻炼、信访窗口轮岗锻炼，察民情、访民苦、问民需、护民利，不断增强检察人员对基层群众的了解、理解和情感，整体提升检察人员的群众工作能力和执法亲和力。

（六）抓检察精神文化建设，激发干事创业热情

检察精神文化指的是检察工作人员在检察活动中体现的思维方式和价值体系，它是检察文化的核心所在。[①] 检察精神文化建设，要坚持以人为本、突出理念创新、注重凝心聚力。一要确定富有检察特色和地方特色的发展理念。结合各地各院实际，紧盯检察职业特点、紧扣检察工作主题，征集提炼并形成具有普遍指导性、全面激励性、积极进取性的检察精神、院训、发展理念、干警座右铭及其他文化理念，并全面深入地诠释其内涵，使其成为干警认同和遵守的基本理念、价值标准和行为准则。[②] 二要培育检察人员共同核心价值观。结合全国正在开展的社会主义核心价值观教育实践活动，分别建成体现本院检察特色的院史、荣誉陈列室，集中组织干警观摩学习，增强干警的职业荣誉感、自豪感、使命感。同时，创新载体积极开展丰富多彩、健康向上的文体活动、竞赛活动、练兵活动、实践活动，陶冶检察人员情操、丰富检察人员精神生活、加强检察人员理性修养，使社会主义核心价值观入脑入心、切实践行，凝心聚力、团结共事、和谐发展。三要坚持以人为本的管理理念，兑现人文关怀。在从严治检的同时，坚持从优待检，建立定期体检、生日送暖、困难救助、分类管理、领导谈话、竞争上岗等管理机制，使干警的尊严得到维护、人格得到保障、价值得到体现、才艺得到展示、个性得到包容、生活得到关心，以人性化的管理培育感恩心、激发上进心、加深检察情，汇聚智慧、争先进位、共谋发展。

四、结语

此文是笔者通过学习《人力资源开发与管理》这门课程后，紧扣中国检察官文联这次征文主题，结合组织文化理论和自身职业实际，对检察文化建设进行

---

① 徐汉明：《检察文化理念更新与实践创新》，载《湖北日报》2011 年 9 月 15 日第 13 版。
② 《海南省检察机关检察文化建设实施指导意见》，载海南省人民检察院网，2009 年 5 月 13 日。

的总结和思考，旨在强化对组织文化理论的学习和理解，并为检察职业文化建设提出建设性建议，更好地发挥所学知识在实践中的应用。在此，感谢中国检察官文联各位老师的不吝赐教。通过撰写此文，我更加深入地学习了人力资源开发和管理理论，增强了对人力资源开发和管理实践性、重要性的认识，并使自己形成了比较系统的检察文化建设思路，为下一步开展工作和深入学习奠定了基础。

法治思维下加强基层检察文化建设思考

黄凯东　　张建兵[*]

党的十八大报告指出，要"提高领导干部运用法治思维和法治方式深化改革、推动发展、化解矛盾、维护稳定能力"。[①] 法治思维和法治方式蕴含着依法治国的新方针，法治思维是从思想层面实现"依法治国"的重要方式。在法治作为治国理政基本方式的历史条件下，检察机关在运用法治思维创新办案模式、化解社会矛盾方面发挥着举足轻重的作用。检察文化是检察工作人员以中国特色社会主义检察制度及检察权的运行为依据，在检察工作实践中所体现出来的群体性思维方式、行为方式和外在表征的总和。检察机关作为维护国家法制权威的重要司法部门，作为建设社会主义法治国家的重要力量，其文化建设理应体现法治思维和检察机关的独特精神品质。然而，当前各级检察机关特别是基层检察院在检察文化建设中普遍存在一些问题，如对检察文化定位不清楚、检察文化建设工作流于表面化等，笔者拟从法治思维角度对检察文化的认识，以及如何加强基层检察文化建设方面谈些粗浅看法，以期抛砖引玉。

一、法治思维与检察文化

法治思维是针对人治思维提出的概念。所谓法律思维，是一种从法律的角度、用法律的眼光来看问题、想事情的思维方式，也就是遇到问题首先想到用法律来衡量、依法律来处理。法治思维是在坚持法治理念的前提下，与道德思维、政治思维、经济思维、行政思维等其他思维不同的一种思维模式。法治思维可以

---

　　[*] 作者单位：江苏省南通市通州区人民检察院。
　　[①] 胡锦涛：《坚定不移沿着中国特色社会主义道路前进为全面建成小康社会而奋斗》，2012 年 11 月 8 日在中国共产党第十八次全国代表大会上的报告，人民出版社 2012 年版，第 28 页。

归纳为"合法性思维、权利义务思维、公平正义思维和责任后果思维"四个主要方面。[1] 合法性思维，是规则思维，也是制度思维，按制度办事，用制度管事管人管权，就是这种思维的表现。权利与义务思维指公民、法人、其他组织在法律上是权利义务主体，而不是可以随意侵犯的客体，对他们的权利应予以尊重、维护和保护，漠视、蔑视其权利，任意剥夺、侵犯其权利，就不是法治思维，而是典型的人治思维。公平正义思维指在决策工作中不应忽视公众意见和利益，不能刻意袒护个别利益群体，在执法中不能随意执法、选择性执法。责任后果思维指要对行为后果承担相应责任。法律思维的养成，是一个累积和渐进的过程，其中法律知识是客观基础，法制观念是主观要素。不尊重、不信奉法律的人就不可能用法律的方法来处理问题。只有从根本上树立法治的思维，当法治成为一种自发的思维习惯和心理需求，建立起比较稳定的依法行使权力和履行义务的常态思维模式和行为模式，才能真正实现依法治国、建设社会主义法治国家的目标。著名国学大师钱穆老先生曾指出："一切问题，由文化问题产生；一切问题，由文化问题解决。"[2] 文化相对于政治、经济而言，是人类改造自然和社会过程中形成的一种精神产品和精神成果。"文化是民族的血脉，是人民的精神家园"。[3] 文化每时每刻都在影响我们的工作、学习和生活，是内化心灵，提升道德，塑造灵魂、品质和形象的不竭源泉。文化是法治之源，文化决定法治，有什么样的文化，就会有什么样的法治状态。法治文化的熏陶将使公民逐渐养成与法治社会相适应的法治人格。

就检察工作来说，无论是执法思想、执法理念，还是贯穿于执法办案全过程的职业道德、执法行为和执法效果，都或多或少地体现着中华文化、法治文化和检察文化。在执法办案、工作学习和生活中，我们也自觉不自觉地实践和创造着文化。检察机关的基本职能和自身特点，决定了检察机关是全面推进依法治国中的中坚力量。检察文化是社会主义法治文化的一个重要组成，具有引领、规范、聚合、塑造、辐射等潜移默化的法治建设功能。检察文化是检察事业的灵魂，是凝聚检察力量的旗帜，是公正廉洁执法的支柱。检察文化的价值导向作用，可以

① 刘洪林：《多重视角理解法治思维》，载《检察日报》2013 年 10 月 15 日第 3 版。
② 钱穆：《文化学大义》，台湾中正书局印行 1981 年版，第 3 页。
③ 胡锦涛：《坚定不移沿着中国特色社会主义道路前进为全面建成小康社会而奋斗》，2012 年 11 月 8 日在中国共产党第十八次全国代表大会上的报告，人民出版社 2012 年版，第 30 页。

使检察干警在长期熏陶下潜移默化地接受检察机关倡导的价值观念，并积极追求这种价值观念的实现；检察文化的凝聚作用，可以使检察干警改变以自我为中心的价值取向，自觉将个人思想、情感、行为融入检察集体、检察事业之中，形成强大的向心力、凝聚力；检察文化的激励作用，可以使检察干警产生强烈的进取心和持久的驱动力，在追求个人价值实现、追求事业成功、追求奉献社会的过程中，形成推动检察事业发展的不竭力量；检察文化的约束作用，可以使检察干警在行为准则、行为方式上自觉顺应检察机关的共同规范，避免产生检察执法活动中的不良行为、不当做法。

二、当前影响和制约基层检察院文化发展的问题

检察文化是通过一定的物质环境和精神氛围使检察人员潜移默化地在思想观念、心理因素、行为准则、价值取向等方面经受洗礼，从而实现对检察人员的精神、心灵、性格的塑造。但是，在检察文化建设的实际操作中，基层检察机关普遍存在对检察文化建设意义认识不高、对检察文化内涵了解不深、忽视检察文化所依托的基础及环境影响，暴露出检察文化形式单一、被动应付、效果不理想等问题。

（一）检察文化建设认识上的片面化

一些基层检察院并未对检察文化有过全面的了解，导致把检察文化简单化、功利化。有的基层检察院内部整体精神状态不佳，争先创优意识不强，简单地认为开展几次文体活动，组织几次书画展览就是建设检察文化了，或者花点钱装饰一下办公楼，挂出几幅带"文化味"的标语，把文化建设当作"花瓶"，把搞文化建设当成一种"随大流走过场的运动"。由于文化建设效益呈现滞后性，往往被一些领导当成软任务，没有紧迫感，有的甚至认为有时间就抓一下，应付一下任务，案子多了就无暇顾及了。一些基层检察院对于抓文化建设总是不太主动，有的甚至存在畏难情绪，认为耗时耗资意义不大。这些对检察文化建设的重要性缺乏全面的认识，导致检察文化建设和检察业务无法形成互动，忽略了检察文化对促进检察工作的功效，严重影响了检察工作的持续、协调、全面发展。

（二）检察文化建设实践上的盲目性

实践中一些基层检察院不考虑自身的条件、环境，也不管是否适合自身的个

性，采取照抄照搬其他院的做法，其硬性嫁接的结果必然导致"怪胎"，检察文化的功能显然不能得以体现。每个检察院都有一定的文化积淀，检察文化建设要创建适合本身的特色文化，完全照抄照搬建设检察文化，自然是欲速则不达。

（三）检察文化建设的表面化

一些基层检察院一味追求物质层面的建设，而忽视精神层面的建设，或以文化的物质形式替代精神内容，如认为建造一座充溢"检察文化"气息的现代化的检察大楼就标志着检察文化已经实现。正是在这种错误思想的指引下，部分基层检察院的检察文化建设已经偏离了文化建设的轨迹，造成检察院、检察官主流文化和精神的缺失。

（四）检察文化活动的形式化

部分基层检察院错误地将检察文化建设等同于检察院普通的文娱活动，将开展"文化年"、"文化节"和各种竞赛、展览甚至体育活动或用一些格言警句装饰一下检察院、喊一些口号当作检察文化的全部，忽视了检察文化的特质内涵，导致检察文化建设畸形发展的局面。

产生这些问题的思想根源就是一些基层检察院对检察文化建设的重要性认识不足，没有充分认识到检察文化建设的重要作用，没有切实摆正检察文化建设在检察院整体建设中的位置。检察文化建设不是一件可抓可不抓的小事，而是关系到检察官整体素质的提高和检察院整体形象提升的大事，是推动基层检察院建设的精神支柱，是维护法律权威、实现公平正义的重要前提。

三、法治思维下检察文化的发展要求

党的十八大首次提出了法治思维模式。其精髓就是"限制权力，保障权利"。限制权力就是限制公共权力不得自由泛滥，保障权利就是公民权利不受侵害。在目前社会转型、矛盾高发的态势下，用法治思维和法治方式规范和约束权力，就是要让法治思维成为司法权力良性运转的根本保障。公正的司法是社会和谐发展的底线保障，人们对司法活动的公正性满怀期待。因此，检察文化就应当以"法治思维"方式来定位担负起法治国家建设的全面推进探路的职责。在新形势下要实现检察文化的健康发展，首先要对检察文化进行科学的价值定位，我们认为，检察文化的价值定位应为"法治文化、监督文化、廉洁文化"的"三位一体"。这种三位一体的定位，既突出了检察文化的内在规定性，又从根本上与法院文化、公安文化、律师文化等法律文化区别开来。具体而言，作为现代的法治文化，检察文化必须体现法律监督的属性，通过廉洁有效的权力监督制约，在维护司法公正、化解社会矛盾、参与社会治理中积极发挥职能作用。或者说，基于检察工作实践及检察权的特性而产生的检察文化的法治性，是检察文化的独特品性，是检察文化建设必须始终牢牢把握的重点与核心，即要在法治文化的框架内构建先进的检察文化，用先进检察文化提升检察官的权力监督制约意识。检察文化要求作为检察权人格化身的检察官在监督制约侦查权、审判权，维护公平正义的同时，以更严格的标准加强廉政建设及执法公信力建设，切实做到自身净、自身硬、自身正，公正廉洁执法，切实发挥出检察文化的廉洁性，真正取信于民。构建先进的检察文化是一项庞大的系统工程，绝非通过简单的、短期的措施就可以实现，必须着眼于检察文化的法律属性以及检察权的价值构造和职能定位，立足长远、循序渐进。笔者从法治思维的角度归纳出检察文化的发展要求：

（一）坚持并完善中国特色社会主义检察理念与检察制度

法律监督是检察文化的基本属性。要进一步树立检察机关是专门的法律监督机关的理念，完善中国特色社会主义检察制度。当代检察文化的建设必须在强化法律监督理念，完善中国特色社会主义检察制度的基础上，克服检察文化建设行政化、地方化的倾向，防止把检察文化建设成纯粹的机关文化或者组织文化，防止检察文化为其他文化所湮没。

（二）树立符合现代法治精神和刑事诉讼法本质的检察法律观

当代中国正在培育和促使社会主体形成普遍的自由、平等、公平、民主和权利至上观念，正在全社会倡导和弘扬信仰法、崇尚法和尊重权利的法治精神。公平正义是检察文化的核心价值。随着我国民主与法制进程的加快，刑事立法也开始注重诉讼中的权利保障。但由于我国传统法律文化中缺少个人的独立价值，因此，在检察文化建设中，要用符合时代发展要求的司法理念、价值观念来规范检察人员的思想认识，牢固树立社会主义法治理念，在坚持"党的事业至上、人民利益至上、宪法法律至上"的基础上，树立公平与正义第一的价值观，在打击犯罪的同时保障人权，坚持无罪推定的原则，确立证据是认定事实唯一手段的理念，完成由国家本位一元化的法律观向国家本位、社会本位和个人本位并重的多元化的法律观的转变。

（三） 检察文化主体的高素质化

文化的核心是以人为本，检察文化建设的核心同样是人的因素。一要有神圣的法律信仰和强烈的职业荣誉感。检察文化首先要培育一批对法律有着宗教般信仰的检察官，建立起对检察官的身份认同。二要有深厚的法律专业素养。检察机关的法律监督属性除主动地追诉犯罪还担负着完成抗诉职能，保障法律正确统一实施的神圣使命。这就决定了检察官们必须具备较高的法律素养，成为法律上的专家。三要有高尚的道德品质。法律是要由人来执行的，执法者的素质在很大程度上决定着执法行为、影响着执法效果。四要有全面的个人素质。检察文化建设对检察官的个人素质要求不仅体现在法律素养上，还体现在个人综合能力上。

（四） 实现检察文化现代化转型

现代检察文化作为中国先进司法文化之一，"依法治国、执法为民、公平正义、服务大局、党的领导"社会主义法治理念的提出，标志着我国社会主义法律文化的成熟与发展，也为检察文化实现现代化转型奠定了坚实的价值基石。检察文化现代化应包括：检察制度的现代化、检察法律法规的现代化、检察组织机构的现代化、检察官的现代化、检察法律观的现代化和检察价值观的现代化。检察活动的过程实际上就是检察文化作用于整个诉讼进程，一个合理的、符合现实社会发展的理性的检察文化，必然会对检察执法活动产生积极进步的影响，使公平与正义和法律尊严得到最大程度的张扬和维护。

四、以法治思维推进基层检察文化建设思考

文化是潜移默化的深层次积淀，检察文化作为法治文化的下位概念，检察院和检察官，应当率先做法治思维的实践者、法治方式的推进者、法治文化的传播者。先进检察文化不仅理所当然地成为社会主义先进文化的重要组成部分，还会以先进检察文化促进当代中国法治文化的形成，推动社会主义先进文化的法治性、现代性建设。基层检察院要把铸造检察职业精神作为检察文化建设的首要任务，强化教育引导，增强理论共识和感情认同，着力培育符合科学发展观、社会主义核心价值体系要求，体现社会主义法治理念、政法干警核心价值观和检察工作规律的检察职业精神，构建检察人员共同的价值追求和行动指南。坚持把提高

职业素质作为检察文化建设的重要内容和关键环节，塑造良好职业形象、提升执法公信力。坚持把物质环境建设作为检察文化建设的基础和保障，按照检察职业的价值取向，努力营造检察人员积极向上、干事创业的环境氛围。坚持以改革创新的精神，不断丰富和拓展文化活动载体和内容，切实增强检察文化活力，推动检察文化建设繁荣发展。

（一）要以服务和推进检察事业发展为基层检察文化建设根本

检察文化的功能体现在价值引领、行为规范、结构聚合、形象塑造、辐射传播等方面。加强检察文化建设，需以服务和推进检察事业发展为目标，通过各种文化培育形式，使全体检察人员都能够自觉地追求、信仰和实践这些符合先进文化前进方向的精神和理念，并充分体现在履行检察职能、办案和个人的言行举止中。我们必须把检察文化建设作为检察工作发展的一种宏观战略，作为检察事业发展的动力源泉。通过检察文化建设，调动人、凝聚人、激发人的积极性、主动性、创造性，形成"思想持续进步，制度持续改进，工作持续创新"的良性机制，使检察文化建设紧紧围绕检察中心工作、服务检察队伍建设，促进检察工作科学发展。

（二）要以培育和践行政法干警核心价值观为基层检察文化建设核心

法治理念是法治思维与法治方式的基础。社会主义法治理念的内涵包括依法治国、执法为民、公平正义、服务大局以及党的领导五个方面，体现了党的领导、人民当家做主和依法治国的有机统一，是培树法治思维、运用法治方式的根本前提。"自由、平等、公正"的法治精神在党的十八大报告中被确立为社会主义核心价值体系的重要内涵。我们要以社会主义核心价值体系和社会主义法治理念为指导，以"立检为公、执法为民"的执法观、"强化法律监督、维护公平正义"的检察工作主题、"忠诚、公正、清廉、文明"的检察官职业道德规范，以及检察工作整体性、统一性和检察官客观义务的要求为核心内容，不断建立和完善检察人员共同的价值体系，形成检察人员奋发向上的精神力量和团结一致的精神纽带，并将这一共同价值体系融入检察队伍建设的全过程，贯穿于检察工作的各个方面，转化为检察人员的自觉追求，从而使全体检察人员的理想、信念和价值追求融会贯通，坚定政治信仰、强化法治理念、统一执法思想，始终坚持"三个至上"，做到"四个在心中"，以切实保证检察工作的正确发展方向。

（三）要以提高检察队伍素质和执法公信力为基层检察文化建设目标

在检察文化建设过程中，必须坚持以检察人员主体性的发挥为原则，从而促进检察人员的全面发展，促进检察队伍整体素质的不断提高。突出"以人为本"的管理思想，实行人性化管理机制，紧紧把握检察文化建设的核心内容。采用教育、启发、诱导、吸引、熏陶和激励等多种方式提高干警的思想道德修养，积极培养复合型人才，促进干警的全面发展和进步。从素质文化建设入手，加大人才培养力度，强力推进人才兴检战略。加强学习，既要学习先进的理论，尤其是邓小平理论、"三个代表"重要思想和科学发展观，不断增强政治上的坚定性，又要按照法理精通、业务娴熟、技能过硬的专业要求，学习与本职工作密切相关的检察实务，提高执法水平；既要学习先进的科学文化，又要从我国源远流长的传统文化中汲取营养，从人类文明共同成果中博采各国文化之长，自觉抵制各种腐朽思想文化的侵蚀。坚持把提高职业素质作为检察文化建设的重要内容和关键环节，塑造良好职业形象、提升执法公信力。

（四）要以物质环境建设作为基层检察文化建设的保障

检察文化是检察机关精神与物质文化的高度概括，它同时体现着物质文明和精神文明的成就和标准。系统走科技强检之路，推进检察文化建设现代化升级。大力开展"两房"附属文化设施建设，营造浓厚的检察文化氛围。全面启动办公办案自动化、信息化建设，提高检察工作的科技含量。进一步加强"软件"建设，提高干警的思想文化素质，干警不仅是通晓法律的办案能手，也是多面手，在计算机局域网、多媒体示证、侦查技术装备维护使用等方面能够驾轻就熟，对此，检察文化建设必须发挥其应有的作用。充分利用网上论坛的功能，开辟丰富多彩的法律热点、社会焦点、文化思想等网页，传播有关检察文化的信息，发挥先进科技文化对干警的潜移默化作用和正确的导向作用，使正气能够永远立于不败之地，歪风邪气没有生存的环境。

（五）要以机制、载体、方式方法创新作为基层检察文化建设的动力

一方面，要不断推动检察文化建设的组织领导、理论研究、考核评价、成果转化与传播等方面的机制和制度创新。另一方面，注重制度建设，不断完善执法办案的规则体系和运作机制，不断强化制度执行的自觉精神和激励机制。使各种无形的制度产生有形的力量，成为推动工作的强大动力。注重抓载体创新，讲求检察文化建设的有声有色、喜闻乐见。要把检察文化建设同丰富多彩的活动形式相结合，通过开展丰富多彩的文化活动，开阔广大干警的视野、充实文化育检的内涵。开展一专多能文化活动，鼓励干警发展多方面的才能，引导干警在专业知识上下功夫。积极开展各类文体活动、美化办公环境，使干警工作有热情、娱乐有怡情。要通过积极开展"创学习型检察院、做学习型检察官"等活动，不断加强检察文化的载体建设和方式方法创新，不断增强检察文化的吸引力、感染力，使检察精神文化内化于心，检察制度文化外化于行，检察物质文化稳步推进，不断拓展检察文化建设的深度和广度，为检察事业的科学发展提供强大的精神动力和智力支持。

论基层检察文化建设的模式与路径抉择

薛 培* 杨辉刚**

引 言

检察文化是中国特色社会主义先进文化的重要组成部分，体现社会主义法治文化的发展水平，对于改善检察机关管理现状，完善检察形象，建构检察权威，树立检察公信，孕育制度文明，进而促进社会主义法治国家建设，具有不可替代的作用和价值。在当代中国经济高速运行、体制改革不断深化、社会利益矛盾形式日趋多元的背景下，加强检察文化建设既是时代前进的应然要求，也是司法发展的必然规律。2010年12月13日，最高人民检察院发布《关于加强检察文化建设的意见》，成为我国检察机关建设史上首部以检察文化建设为主题的文件，表明了最高人民检察院对加强检察文化建设的高度重视，也标志着全国检察文化建设将整体向前推进。然而，囿于认知混沌、定位模糊，当前检察文化建设尤其是基层检察文化普遍存在实践性不足、可操作性较弱等浅层化问题。有鉴于此，笔者拟以概念解读着手，梳理检察文化的逻辑层次，提炼文化建设的应然价值，分析、考量建设实践中存在的相关问题，并结合检察文化的内涵要素，从信仰化、管理化、人文化、保障化的四维角度就基层检察文化建设方向进行探索。

一、本体透视：检察文化建设题中之意

（一）概念溯源

"文化"一词较早见诸于中国古籍，但其强调"文治教化"，同今义相去甚

---

* 作者单位：四川省成都市温江区人民检察院。

** 作者单位：四川省崇州市人民检察院。

远，也与学术研究对象大相径庭。现代文化概念源于西方，自 17 世纪起用以隐喻人类发展，亦为其进入学术视野创造了语义学上的可能。① 人类学家认为，"文化是一个群体或社会所共同具有的价值观和意义体系，它包括这些价值和意义在物质形态上的具体化"，② 即认为"文化"包括物质文化、制度文化和精神文化。部分社会学家认为文化是人类所创造的精神财富总和，包括社会的意识形态以及与社会意识形态相适应的制度和组织机构；一些心理学家则认为文化是指社会的意识形态或观念形态，核心概念是"观念形态"或"意识形态"，等等。有关资料反映，美国著名人类学家克莱德·克鲁克洪在 1950 年代末期搜集了 100 多个文化的定义。③ 英国学者泰勒曾如此定义："文化或文明，就其广泛的民族学意义来讲，是一复合整体，包括知识、信仰、艺术、道德、法律、习俗以及作为一个社会成员的人所习得的其他一切能力和习惯。"④ 我国的《辞海》则将"文化"界定为："从广义上说，指人类社会历史实践过程中所创造的物质财富和精神财富的总和。从狭义上说，指社会意识形态，以及与之相适应的制度和组织机构。"⑤

　　法律文化是文化的衍生，检察文化是法律文化不可或缺的重要组成部分，三者之间具有明显的种属关系。作为一种文化现象，检察文化不同于其他职业群体的文化凝聚，它虽然具有"文化"的共同属性，但是更有其独特的内在质量。首先，检察文化是法律文化的重要组成部分，其发展进步能够推动法律文化的整体进步，其先进程度也能够影响法律文化的全局。其次，检察文化是一个历史范畴，自有检察官和检察制度以来，自然产生检察文化，自然衍生也好，有意构建也好，只要存在检察官和检察制度，就不可能阻止检察文化的生长。检察机关和检察人员在法律监督实践中总结出了许多经验，那些经过积淀并被实践检验是正确的、积极向上的思想观点和思想方法，成为检察文化持续发展的源泉。再次，检察文化的内在本质是指融注在检察人员心底的法治意识、法治原则、法治精神及价值追求。既然是内在的，其展示需要通过检察机关的组织、制度、设施，检

---

① ［美］菲利普·巴格比：《文化：历史的投影》，夏克等译，上海人民出版社 1987 年版，第 87 页。
② ［美］戴维·波普诺：《社会学》，中国人民大学出版社 1999 年版，第 63 页。
③ ［美］克莱德·克鲁克洪等：《文化与个人》，浙江人民出版社 1986 年版，第 8 页。
④ ［英］泰勒：《原始文化》，连树声译，上海文艺出版社 1992 年版，第 1 页。
⑤ 参见蒲坚主编：《中国法制史》，光明日报出版社 1987 年版，第 301—305 页。

察人员在工作和日常生活中的行为方式、职业修养、业务水平和文化品位等一定的载体表现出来。基于概念逻辑的种属关系，笔者认为，检察文化可理解为以检察官及检察机关其他成员在特定时期所共同的观念、行为，以及相应存在于检察机关物质发展中对社会进程所产生的精神动力，以及检察机关制度对群体观念、行为指引的载体显像的整合体，具体包括观念意识、行为模式和物质化影响力、制度化载体显像。

（二）内涵厘定

按照基本的文化学理论，文化一般由三要素构成，即物质要素、行为要素和心理要素，分别表达文化的物质实体、行为方式和精神观念，以上共性之外，检察文化具有组织化的个性特征，其内涵要素包含六个层面：其一，精神文化要素，包括检察机关在执法、管理、组织活动中形成的独具自身特征的意识形态、司法理念和价值观念等；其二，组织文化要素，包括检察机关在法律监督进程中形成的具有自身特点的结构性精神财富，主要包括行为准则、历史传统、组织结构、文化环境、仪式符号等；其三，制度文化要素，包括检察机关在从事执法办案、检务管理、内部管理等形成的与司法精神、价值理念等司法意识形态相对应和匹配的制度规范和组织机构等；其四，物质文化要素，包括检察机关的建筑、设施、办案用房的布局、检察装备以及包括检察人员着装、检察工作环境的安排等；其五，行为文化要素，包括检察人员群体在执法办案活动、学习培训、生活娱乐和工作交往中的积极的文化因素；其六，语言文本要素，是指检察机关和检察人员在执法办案过程中开展法律监督所形成的具有自身特色的交流、符号、概括、传递、媒介、反馈、转换信息的特定法律语言文本。其中，检察理念文化是精髓、灵魂和基础、核心，它决定和支配着检察人的价值取向；组织、制度、物质文化是构成检察文化体系的主体；行为文化是检察文化最集中的体现，也是检察文化建设的落脚点；检察语言与文本则是检察文化的载体。①

检察文化的形成和发展过程，就是检察机关共同价值观念、群体精神、现代司法理念的发育和成熟的过程。由此我们可以说，置于检察视域下的检察文化是以检察人为主体，在行使宪法和法律赋予的法律监督职能过程中，逐渐形成并共同遵循的理想信念、执法理念、价值判断、道德涵养、兴趣品位等精神生活的抽

---

① 张敬博：《大力加强检察文化建设，积极推动检察工作深入发展》，载《人民检察》2011 年第 17 期。

象集合，及由此表现出来的行为、物质形象等。它是检察机关群体的灵魂，决定和支配着检察机关群体的价值取向，指引与制约着检察现代化的制度性和物质性安排。

二、应然之理：检察文化建设的时代价值

钱穆先生说："一切问题，由文化问题产生；一切问题，由文化问题解决。"① 作为检察机关自身管理、检察官群体素质和外在文化环境等方面的一个综合体现，倡导检察文化，就是倡导符合现代法治的检察机关状态。先进的检察文化能够成为影响、约束检察官的内化而柔性的非正式控制规则，引导检察官自控或自律言行，放弃不合时宜的行为习惯和价值取向。

（一）功能意义上的检察文化价值

1. 导向功能。检察文化通过整体的价值认同，引导检察人员形成正确的人生观、价值观、权力观等，使他们在文化深层次上自觉结成一体，朝着共同的目标努力。检察文化的导向功能可从三个层面来理解：一是阐释、明确国家法治建设、检察机关建设的长远目标，法律以及检察机关在建立和谐社会中的作用；二是逐渐确立检察机关执法办案的价值取向；三是规范引导检察官个体的思想行为。

2. 凝聚功能。通过对检察官的习惯、知觉、信念、动机、期望等文化心理沟通，使检察官树立以检察院为中心的共同理想信念、目标追求和价值观念，产生强劲的向心力和强烈的团队精神；同时通过改变检察官的思想和态度，把检察机关的宗旨、理念、目标和利益等铭刻在检察官内心深处，使检察官对其产生认同感、使命感、归属感和自豪感，并自觉付诸行为。

3. 激励功能。检察文化为检察官提供了统一的价值观念和明确的目标追求，形成了一套完整的行为规范与准则，为检察官实现自我人生价值提供机会，亦最大限度地激励和培育检察官个体的潜能，从而使检察机关群体成员深知其所在组织及自身存在的社会价值，进而产生职业尊荣感和使命感，激励检察官发挥自身潜能勤奋工作。

---

① 季金华：《理性司法观的培养：司法权威的观念支持》，载《法律适用》2004 年第 4 期。

4. 约束功能。在组织文化影响下，检察机关群体对其社会责任感和未来发展等有了更透彻的领悟和理解，促使检察官将思想感情和行为方式与检察机关整体价值目标保持相同取向。文化感召力催生一种更高层次的精神约束，使检察官自觉地约束个人的行为，有效防止违法违纪事件的发生。

5. 辐射功能。检察文化能够体现检察官内在的价值观、执法理念和精神境界，并通过检察工作渗透到社会中，传达到社会公众。通过公开庭审公诉、公开法律文书、公开执法办案等能够昭示法的精神和法的权威，对社会产生深远影响。

（二）实践意义上的检察文化价值

1. 昭示公正。检察机关以执法办案践行正义，检察文化辐射向社会昭示公平。这种集检察文化中道德观念和价值取向于一体的群体精神意志，必将对社会公众产生广泛而强大的潜移默化的影响，引导社会公众自觉地以检察机关昭示和倡导的公平正义模式为参照，调整自己的行为，以与社会主流意志保持一致。

2. 示范崇法。检察文化中的群体精神一定程度上必须仰仗检察官的具体行为加以表现，只有籍检察文化之力，把检察官的正义升华为一种文化现象渗透到社会意识的每一个角落，在人们的心目中形成"理应如此"的认知时，检察官才能获得崇高的权威和普遍的信任。

3. 宣扬程序。现代社会崇尚规则之治，公正的法律程序不仅能够吸收和释放公众对司法机关尤其是检察机关执法办案的猜测、疑问和不满情绪，而且能够最大限度地防止和限制恣意专断的裁量，对于检察机关和检察官而言，程序正义是维护司法公正的最佳选择，更应该成为检察文化着力宣扬的一种功能。

三、实然之态：基层检察文化建设的实证考察

在最高人民检察院的积极倡导与各地检察院的努力践行下，当前检察文化尤其是基层检察文化建设取得了一定成效：

1. 检察文化的基本价值观念得以初步确立。检察文化的积极实践一般都是从长期的检察官职业感受中提炼、概括职业理念开始的，如上海市徐汇区检察院

将"公正、包容、责任、诚信"作为检察文化的核心内容；① 而安徽省巢湖市检察院则认为"人民、国家、法律、责任、荣誉、良知"是检察文化的精神本质；② 大连市瓦房店市检察院则以"以德为本、以民为先、以法为上、以廉为公"作为院训；江苏省昆山市检察院坚持"崇法明理、诚信厚德、清正廉明、创新卓越"是检察官的至高追求，③ 都在检察文化上强调了检察官的职业理念等等。

2. 现代司法理念不断得以明确。建国以来，我国关于司法理念的论述，往往以一种意识形态化的方式出现。最高人民检察院 1994 年的工作报告，第一次出现了"客观公正"的表述，执法理念开始向司法活动的特有规律回归。1996年的报告中开始出现"提高办案质量和效率"，并且第一次使用了"司法公正"的概念。2002 年的报告则第一次将"强化法律监督，维护公平正义"提到全国检察机关工作主题的高度。其后，"客观、公正、平等、透明、独立、高效、文明"等现代司法理念逐步在全国检察机关推广、弘扬。

3. 检察机关物质表现与司法礼仪彰显检察文化。各地检察院充分认识到物质文化建设的重要性，努力改善硬件设施。如上海市人民检察院通过开发、应用微信通知平台促进检务公开；成都市人民检察院将办公大楼穹顶会议室顶部造型巧妙地设置成圆形，表达了"没有规矩，不成方圆"的法治理念等。

4. 检察官职业道德行为准则得到确立和推行。最高人民检察院颁布的《检察官职业道德基本准则》，从保障执法公正、提高工作效率、保持清正廉洁、遵守检察礼仪、加强自身修养、约束业外活动等方面，确立了对检察官"忠诚、公正、清廉、文明"的职业道德要求，为检察官职业行为提供了一般评价标准。

然而，检察文化建设尤其是基层检察文化毕竟尚处于初始阶段，加之受到客观条件制约，与其他职业文化建设相比，其"浅层化"问题较为明显，抽象化有余、实践化不足，文本性过强、可操作性较弱，深刻制约着自身长足发展与价值发挥，主要存在以下问题：

一是精神文化的浮而不实。受发展周期、经验、环境限制，加之部分基层检察院急于求成、急功近利，对精神文化建设知识不够、认识不足、方法不当，出

---

① 《徐汇区人民检察院》，http://baike.baidu.com/view/8902754.htm，2014 年 3 月 26 日访问。

② 《巢湖市人民检察院》，http://baike.baidu.com/view/9310304.htm，2014 年 3 月 26 日访问。

③ 《院训：内化于心的理念追求》，载《检察日报》2011 年 3 月 5 日第 17 版。

现了精神文化建设口号化、形式化、虚浮化、行政化的弊端，而缺乏调查研究、缺乏长期规划、缺乏持之以恒、缺乏提炼总结。① 精神文化建设脱离实践，很难充分调动广大检察官参与检察文化建设的热情。

二是行为文化的多而不厚。许多基层检察院在文化建设中缺乏核心价值观的深入分析和实际结合，精神文化空洞、制度文化抽象、物态文化形式，整个检察文化建设的目标和方向不明，导致检察行为文化建设的随心所欲、盲目混乱。一些检察院开展了摄影、书画、棋艺等多种活动，但以上活动常常不能与本院所在地的条件相适应，不能与检察官的年龄、经历、职业、学历相结合，停留在外在活动的认识层面。如果将行为文化与精神价值等内涵割裂，将行为文化与所处的现实环境割裂，则会造成检察文化的边缘化以及功用化。

三是制度文化的空而不力。当前，一些基层检察院在制度建设上只是将上级部门相关规章直接适用或不加区分的套用，并未对本院的实际情况进行充分调研，进而摸索适合自身发展的思路，使很多制度不科学、不完备，问责程序不明晰、缺乏可操作性，难以贯彻落实。

四是物态文化的硬中失软。各地过分注重外在的场所化建设，以大、高、新为目标，千篇一律。物态文化形式大同小异，忽视本地经济条件、自然风貌、文化风俗、群众感受，其所承载的精神内涵空洞、虚浮、单一，没有将检察精神文化之"软实力"真正融入。

四、模式路径抉择：基层检察文化的落地生长

检察文化演进不仅仅存在于检察院组织自我发展、自我完善的过程，更见证于法治社会发展与完善的过程。鉴于各地、各级检察院个体差异性、区域不平衡性，以及法治进程阶段性特点，中国特色检察文化建设尤其是基层检察文化将是一个庞大的、复杂的、长期的系统工程。笔者认为，现阶段应当采取全面推进、分步渐进、重点促进的路径选择，即全面启动检察文化建设工程，长远规划、统筹安排，根据社会发展的状况分步制定近期、中期和远期检察文化建设目标，在实践进程中，重点促进自身条件、所处环境、文化建设水平较好的检察院，以形成示范，实现共同进步、共同提高。

---

① 彭林：《大国文化发展的文化战略思考》，载《新华文摘》2009 年第 21 期。

（一）检察文化的信仰化方向

检察精神制约着检察文化的整体发展趋势，以精神文化凝聚坚强内核。公正、廉洁、为民的司法核心价值观，是社会主义核心价值体系在司法领域的集中体现，是检察机关精神文化的本质内涵，是检察文化的精髓和灵魂。要把加强对司法核心价值观的研究、教育、实践，作为检察文化建设的首要任务，确保融入思想、体现行为。

1. 积极开展教育培训和特色主题实践活动。各级检察院应秉承"服务大局、执法为民"的宗旨教育，在全体检察官中广泛开展司法核心价值观教育活动，不仅要紧密结合执法办案、检察改革及队伍建设，更要结合纪律作风建设、人民检察为人民、社会主义法治理念再学习再教育等主题实践活动，在创新教育形式上狠下功夫，通过喜闻乐见的形式，引导检察官牢固树立正确的权力观、金钱观、地位观，加深对检察工作的人民性的认识，大力弘扬司法核心价值观，切实增强感染力。

2. 结合本地特色和检察院实际确立检察精神。检察精神文化是对司法核心价值观的总结提炼，决定和支配着检察官群体的价值取向，是激发检察官群体事业心、责任感的内在动力，各地检察院可结合本院的优良传统、所处地区的文化特色和队伍实际提炼属于自身的检察院精神，积极宣传和展示精神文化风貌。如四川省都江堰市检察院结合本地环境、历史、人文等地缘特色建构了融"山、水、堰、道、情"为主题的检察文化，倡导形成良性的检察情节和氛围，在执法办案过程中做到：山：执法如山似青城，水：和谐包容平于水，堰：建章立制保廉洁，道：开拓创新增活力，情：铭恩记情促公正。[①] 而山东省滕州市检察院则结合自身地处齐鲁文化中心地带，历史文化源远流长，历史文化名人辈出的优良条件，在典故传承中寻根问理，在概括总结的基础上凝练出了以"正、廉、容、和、实"五字理念为依托，围绕职能、突出重点、强化自律的检察文化，着力加强精神文化、规范文化、物质文化、人文文化、传统文化、廉洁文化等方面建设。[②]

[①] 刘德华等：《四川都江堰：地缘检察文化的探索与实践》，载《检察日报》2012 年 7 月 18 日第 10 版。

[②] 《山东省滕州市人民检察院》，http//www. jcrb. com/zhaunti/jczt/shx/grb/mfjchy/201002/t20100226 - 325406. html，2014 年 3 月 26 日访问。

（二） 检察官文化的管理化方向

无以规矩，不成方圆——制度是组织管理的基础，以制度文化规范基本执法办案活动，检察机关制度文化建设并非就制度论制度，而应深刻研究规章制度在形成过程中的文化原因、在实施过程中的文化环境、在修改完善过程中的文化因素、在提升适用过程中的文化积淀。运用文化的形式把在长期实践中创造出来的检察工作管理制度确定下来，通过规范每个个体行为，营造井然有序的工作氛围，形成规范从容的秩序之美。

1. 组织人事管理制度。组织人事管理上，可制定《部门岗位目标管理考核办法》、《检察官业绩考核办法》等涵盖检察院所有人员的考核细则，严格分类考核，并把考核结果作为评优、评先、奖惩及晋升的重要依据，在干部的选拔任用和考核上引入量化考核机制，按照绩效高低提拔干部，实行竞争上岗，启用具有真才实学、群众认可的干部。

2. 检察业务管理制度。在检察管理方面，为切实提高检察管理质效，可根据自身实际成立检察业务管理机构，配备专门工作人员负责案件流程管理，通过明确职责任务，确立上下联动、全员参与、评调结合、管控有效、机制健全、保障到位、专门机构管理与部门分工管理相结合的检察业务管理体系，以执法办案质效为中心，不断加强检察业务流程管理、案件质量管理、工作效率管理、检察绩效管理、协调配合机制等制度建设，引导检察官树立均衡结案理念，强化办案时限实时监控和跟踪管理，严格案件时限变更报批的条件程序，加大预警、催办、督办力度，解决"隐性"超时限问题。

（三） 检察文化的人文化方向

行为文化承担了对外展示检察文化精神、对内凝聚人心的双重作用。以行为文化抒写人文关怀，要重视检察行为的制度化建设，以明确的制度规范约束和指引检察官言行，严格规范检察机关文明用语，形成用制度管人、按制度办事的长效机制，努力塑造规范、文明的执法办案行为规范。

在文明执法方面，可以"礼仪促规范、规范保公正"为出发点和落脚点，从检察官职业形象、接访接诉、出庭公诉等环节入手，邀请礼仪培训专家讲授检察礼仪知识专题讲座、发放文明检察礼仪培训教程等增强检察官对检察礼仪的感性认识，着重培养规范得体的着装礼仪、庄严规范的执法礼仪、廉洁严谨的社交礼仪和文明热诚的服务礼仪"四大礼仪"。

（四）检察文化的保障化方向

检察文化建设尤其是基层检察文化不仅只是让检察机关及检察队伍精神面貌改变，更要为检察机关在整体文化氛围方面提供充实保障，并把保障融入管理来提高职业化水平，就物态文化而言，应确保检察机关基础设施、物质装备和办公办案现代化、信息化建设等物质保障与检察工作相适应，通过图书馆建设、检察刊物和信息化建设、院史荣誉室建设、办公和办案场所的文化形象塑造、公用区域烘托等营造崇尚学习、积极进取、特色鲜明的文化氛围，借助有载体的辐射作用，向社会彰显公平正义，逐步形成与检察工作相适应、与精神文明建设相需要、用现代化手段管理的物质保障体系。

检察文化和地域文化契合的思考与实践

——以辽北地区为视角论述

马　英*

　　检察文化的重要特征是具有法律属性，但同时带有明显的地域符号，地域文化对检察文化有着深刻的影响，如何将二者进行融合与包纳，是一个值得思考的课题。笔者所处辽北，试以辽北地区为视角，对检察文化与地域文化有效契合做初步的阐述。

一、辽北地域文化的主要特征

　　辽北地域文化具有淳厚质朴的黑土地文化特色，主要体现在：

（一）粗犷豁达、热情慷慨、容纳融合、尚勇重义的辽北人性格

　　这种粗犷豪放表现在文化性格上富有生命的冲力，豪爽痛快，缺乏耐心与细致。先民多为精于骑射的马背民族，尚勇重义是其固有的遗风，也造就出辽北人无畏、不屈的民族性格。天辽地宁的自然环境孕育了辽北人天然的亲和力，形成了兼收并蓄、容纳大度、不排外的开明精神。

（二）不屈不挠、敢于抗争、勇于创新、宽容大度的闯关东精神

　　人们一直颂扬在艰苦跋涉中取得辉煌业绩的闯关东精神。在清末和民国后期，几百万人前往关东谋生，他们跋山涉水、勇往直前，把生命融入了关东，把青春和智慧融入了黑土地，推进了东北的富庶和繁荣。

（三）诚信、务实、创新、卓越的现代理念观

　　诚信是现代辽北人安身立命之本，不但讲求个人诚信、服务诚信，还讲求社

---

　　* 作者单位：辽宁省昌图县人民检察院。

会诚信、产品诚信；务实是当代辽北人一以贯之的政治品格、思想作风和工作作风，包括说实话、办实事、求实效，脚踏实地真抓实干，在本职岗位上建功立业，有一股咬定发展不放松、一门心思干到底、顽强拼搏百折不挠的劲头；创新是现代辽北人弃旧纳新、自觉求变的内在品质，始终保持不渝的创新激情；卓越是辽北各项事业发展壮大的最高价值追求和目标指向，它意味着辽北人民不断超越、不断完善、饱含激情、勇攀高峰的意志。

（四）开放、务实、快乐、文明的新时期辽北精神

开放就是开放包容的胸怀、改革创新的精神、昂扬向上的斗志；务实就是脚踏实地、真抓实干、攻坚克难、胸怀全局、创新思维、开拓进取；快乐就是辽北人民笑对生活、乐观向上、追求美好精神风貌的真实写照；文明就是文明礼让、诚信友善、遵规守纪，体现的是辽北经济繁荣、社会和谐、环境优美、人民幸福的美好愿景。

二、检察文化应与地域文化进行有效的契合

检察文化的魂是"正义"二字，检察文化的核心价值是公平正义，检察文化的实质是检察事业的文化标识，是一种检察精神，是一种精神力量，这种力量，往往在潜移默化中深深熔铸在检察干警的生命力、创造力和凝聚力之中，成为检察队伍坚强堡垒的重要标志。这种力量完美释放的最佳条件是与当地的传统文化相整合、相借重，以地域文化为载体和形式，利用地域文化的传播力和影响力拓展检察文化的发展途径，创新检察工作方式，从而实现检察文化的价值内涵。

由于地域文化的差异，导致检察文化不尽相同。比如重庆有重庆检察文化、湖北有湖北检察文化、北京有北京检察文化等。从县级院到市级院再到省级院，因所处的行政区域不一样，检察文化也表现出诸多不同，各级检察机关特别是基层检察机关总是在当地的物质文化和精神文化的浪潮中，挖掘检察文化的价值内涵，谋求检察文化与地域文化的契合。试想，如果一个辖区的检察机关，远离当地的风土人情、民俗地理，而盲目地代表国家进行公诉、追诉犯罪。那么，它就很难融入这里的风土人情，难以更好地履行法律监督职责，维护公平正义。相反，如果在检察文化建设中突出地域文化特色，对内就会增强广大干警的凝聚

力、战斗力和荣誉感，使地方检察事业不再故步自封、千篇一律；对外就会得到区域内社会各界的认同，取得广泛支持，从而实现检察工作的多赢。

三、检察文化与地域文化契合的有效实践

检察文化要彰显时代特征，必须融入地域特色，辽北检察文化就应该有辽北的本土特色。辽北精神也应该作为检察文化的基本要求、应该作为辽北检察文化的根基，也应该是辽北检察文化的根本途径。

（一）因地制宜，提升检察文化品位

应依托辽北文化底蕴深厚的地域文化，按照"政治建检、办案立检、规范治检、科技强检、文化兴检"的工作思路，开展创建"学习型、管理型、创新型、科技型"为载体的四型检察院建设，秉承文化强服务、促发展，文化强队伍、塑形象，文化出创新、推特色的理念，把检察文化放在检察事业和地域文化的大背景下来建设，把检察文化与辽北风土人情、善良民俗地理相衔接，与检察干警的年龄结构、业务水平、文化背景、自我认知、政治素养等结合起来，通过检察人事管理手段、法律监督实践活动的管理方法开展具有一方特色的检察文化建设，充分利用文化育检的生命力和号召力，根据辽北实际和检察干警的自身特点，创造以人为本的文化氛围，激励干警扎实工作，提高地域文化在检察事业中的内化作用。

一切检察活动都体现出辽北检察文化的魅力，通过这些活动营造公正执法、廉洁办案、积极进取、开拓创新的氛围。检察业务中，通过点滴渗透，潜移默化地培养干警的精神文化素养和自身素质，让干警的检察心理进一步深化，感性成分减少，理性成分增加，从而增强干警的积极性和主动性，为更好地开展检察业务提供价值引导。

（二）规范运作，建立长效发展机制

要制定检察文化建设方案，明确检察文化建设的指导思想、总体目标、工作措施。出台规章制度，做到工作讲规范、办案讲程序，推行绩效管理机制，建立干警执法档案，切实把干警的业绩与待遇和评先任用挂钩，把无形的抽象概念化为有形的具体规范。在组织全体干警深入学习《检察职业道德读本》的基础上，以社会公德教育、职业道德教育、家庭美德教育为主要内容，丰富干警生活，陶

冶干警情操，活跃检察文化，提升文明形象，彰显检察风采。坚持"以人为本"贯穿于检察文化建设的始终。始终注重干警创新意识的培养，千方百计激发干警创新的热情，保护干警创新工作的积极性。检察机关各部门工作应该在创新中求发展，在发展中再创新，以创新来争创一流检察业绩。尊重广大检察人员的主体地位和首创精神，为他们提供良好的工作、学习环境，以充分发挥检察干警的聪明才智和工作热情。鼓励干警在职深造，尽可能地给干警提供学习的机会。秉持社会主义法治理念，开展社会主义荣辱观教育、保持共产党员先进性教育、社会主义法治理念、阳光执法年、发扬传统、坚定信念、执法为民、争做雷锋式检察干警、政法干警核心价值观教育、群众路线教育、机关作风建设等多项主题实践活动，认真落实院党组中心组学习制度、党支部学习制度和干警政治学习制度，把依法治国、执法为民、公平正义、服务大局和党的领导时刻摆在更加突出的位置，在讯问犯罪嫌疑人时，耐心聆听，掌握"诚心、真心、耐心、热心"的"四心"群众工作法，用忠诚、公正、清廉、文明的检察风范，扎实开展法律监督业务，认真贯彻宽严相济的刑事政策，将检察文化"内化于心、外践于行"，体现在执法办案的过程中，也把检察形象树立在群众的心目中。

（三）多措并举，拓展检察文化内涵

检察文化内涵的多样性，决定了检察文化表现形式的多样性，也需要用不同的载体、空间来支撑和发展不同的检察文化形式及其内涵。笔者认为，应搭建如下 10 个有效载体：

1. 搭建提升干警素质平台。要重视学历教育，丰富知识储备。建立奖励机制，积极引导、鼓励和支持干警参加培训学习和司法考试，举办业务大赛、知识竞赛、法律辩论赛、演讲比赛、百题测试等活动，全方位提高干警素质。

2. 搭建文化基础设施平台。建成计算机三级局域网，图书室、文体活动室、电子阅览室、多功能会议室、健身房等文化学习阵地，添置摄像、照相器材和业务工具书，为干警学习文化知识提供场所。同时在局域网开辟检察业务知识探讨专栏，让干警们积极参与业务知识网上互动交流，为干警搭建崭新的学习平台。

3. 搭建文化体育活动平台。举行演讲比赛、知识竞赛、文艺汇演等活动，成立羽毛球协会和篮球队及其他体育队伍，鼓励干警利用节假日和每周五的下午开展体育锻炼。组织开展乒乓球赛、篮球赛、棋赛，成立读书会、书画摄影、文学艺术、电脑爱好等兴趣小组等形式多样的群众性组织，开展读书心得交流、书画展评等活动，成立检察官文学艺术联合会，吸收会员，设摄影、书法、表演、文学等分会。

4. 搭建检察理论研讨平台。检察理论研究工作是检察工作不可缺少的重要组成部分，是较高层次的检察工作。根据最高检理论调研课题和法学会的调研重点，确立调研范围和重点课题，积极发表调研文章，举办讲坛，由干警和领导分别上台进行研讨和宣讲。

5. 搭建名师名家授课平台。聘请名家名师就党的会议精神、核心价值观、群众路线教育、修改后的党章、新的干部任用条例等多方面的内容进行讲授，通过专家学者的精彩授课，开阔干警眼界，增强工作责任感，无论是在检察业务还是职业道德方面都会受益匪浅。

6. 搭建外界沟通联系平台。加强与外界联系，展示文化育检成果。利用七一、八一、国庆、元旦、春节等节日，邀请多家单位联合举办文体活动，让更多的人了解、认识检察机关，也通过这种形式更好、更充分地展示干警风采，陶冶干警情操，营造浓厚的检察文化氛围。

7. 搭建创作文化精品平台。辽北是生产快乐的地方，是著名的小品喜剧之乡，笔者所处的昌图县院，注重培养检察文艺骨干、鼓励创作文艺精品，由党组副书记创作的反映检察官清正廉洁的节目二人转《铁面青天》获第四届全国检察机关精神文明建设"金鼎奖"；由政治处指导并拍摄的微电影《山村里来了检察官》已报送最高检参赛。近日由广电部门报送参赛、由年轻干警编排的民鼓表演《关东雄风》获得一致好评，关东大鼓类的说唱节目《检察新歌》等歌舞类节目，内容向上，形式新颖，质量较高。

8. 搭建检察精神文化平台。利用电子显示屏播发格言警句，每个月的月初向大家推荐一本好书，开展学习传统文化系列活动，举办传统文化讲坛。开展学习型检察院建设，掀起学习新高潮。开放图书阅览室、电子阅览室，开展主题征文活动，观看警示教育片、专题片。

9. 搭建廉政文化监督平台。拒腐防变是对每一个人的最基本职业道德要求，廉政文化建设是检察文化建设的一项最基本内容。开展公正执法教育、职业道德教育、警示教育等一系列廉政教育活动，组织干警参观廉政警示教育基地和交通肇事警示教育基地，用反面事例时刻警醒干警。

10. 搭建为民服务社会平台。检察文化最终要体现在为人民办实事上。组织干警开展捐资助学、扶贫帮困、义务劳动等，开展学雷锋、学郭明义、做志愿者，鼓励干警见义勇为、扶危解难，关心群众疾苦，关爱弱势群众等多项活动。

昌图县院将辽北地域文化和检察文化有效契合，带来了徐徐清风，该院检察队伍的整体素质和战斗力不断提高，检察工作与时俱进。连续六年两次蝉联全国精神文明建设先进单位，两次被最高检荣记集体一等功，连续九年三次蝉联全国文明接待窗口，被最高检评为全国先进基层检察院，涌现出全国模范检察干部曲长春等一大批国家、省、市、县先进个人。有六项工作经验先后在全省领先，连续十二年无涉检进京去省上访，三年来，中央、省、市、县各类新闻媒体 106 次报道了昌图县院的经验和做法。

检察机关借重地域文化进行检察文化建设，让地域文化的优势资源渗透到检察业务中间来，用地域文化的力量鼓舞干警斗志，凝聚干警力量，探寻检察文化规律，并将无形的文化转化为有形的制度、规范等，实现检察文化的人本价值、正义价值、导向价值和实用价值等，这是一项值得深入研究的新课题。

打造特色检察文化　提升检察人员素养

马京宁*

基层检察机关的文化建设，是整个检察文化建设基础中的基础。近年来，宁夏回族自治区灵武市人民检察院认真贯彻落实最高检《关于加强检察文化建设的意见》，正确把握检察文化发展规律和检察工作规律，紧密结合地域文化特色和检察工作实际，大力实施文化育检战略，用检察文化引导、约束、凝聚和鼓励干警，提升了检察干警的职业素养，促进了检察工作的科学发展。该院先后被评为"2011—2012 年度全区先进基层检察院"，连续三年被评为银川市检察机关"先进检察院"，同时获得"自治区文明单位"、"全区政法综治工作创新奖"、"全国、全区检察机关文明接待室"等各类表彰。2014 年，该院被最高人民检察院荣记"集体一等功"。

一、理念引领，构筑本土化精神文化

灵武为黄河文明发祥地之一，是一座拥有"亿年历史、万年文明、千年古都"的城市。在检察文化建设中，该院充分汲取优秀本土文化精华，以"三个坚持"努力打造本土化灵武检察特色文化。

（一）坚持以文化理念提炼核心价值追求

该院紧紧抓住"理念出于精神文化的核心层，正确的理念是行动的先导"这一文化特征，结合灵武地域文化和检察工作实际，组织全体干警开展了"灵武检察文化理念"征集活动，经过反复讨论、研究、总结、升华，归纳提炼出"笃学、修德、惟民、卓越"八字院训，"团结忠诚、务实奉献、公正清廉、超

---

* 作者单位：宁夏回族自治区灵武市人民检察院。

越创新"的"灵检"精神和"公平正义、执法为民、快乐工作、健康生活"的"灵检"理念,并将此作为该院检察文化的价值核心。通过发挥检察文化理念的熏陶渗透作用,增强了检察队伍的向心力、战斗力和创造力,成就了该院全国基层检察院一等功的辉煌。

(二) 坚持以文化本土化助推理想信念养成

积极探索红色文化、黄河文化、民族文化、城市文化与检察文化的结合点,融入地方生态、民族风情等文化元素,努力打造以坚定理想信念为主旨的"地域特色检察文化"品牌。开展"重温一次入党誓词、读一部红色经典、看一部革命电影、唱一首红色歌曲、进行一次军事训练"等红色教学课程,接受革命传统教育;以观反映宁夏狼皮子梁移民将荒漠变为绿洲的"幸福之路"展厅,听全国治沙英雄王有德讲党课,访市爱国主义教育基地了解灵武历史和发展历程,办"传承黄河文化,忠诚检察事业"、"讲文明、守规矩、铸和谐"民风民俗教育、"发扬传统、坚定信念、执法为民"等系列主题实践活动,进一步提高干警的文化素养,在检察队伍中弘扬不畏艰难、艰苦奋斗、心系群众、执法为民的公仆精神。积极将灵武市"唐韵、绒都、枣乡、生态"城市风格和市委提出的建设开放富裕美丽和谐新灵武的发展理念引入检察文化,着力打造绿色、优美、整洁、低碳的检察机关生态环境。充分发挥检察文化的引领作用,培育检察工作服务大局品牌。积极服务和保障全市城乡环境综合整治活动,制定实施意见,主动跟进服务;参加城市美化绿化建设。通过"体验式"育化,培育干警的忠诚情感、本色意识和爱土爱乡的情怀,使检察文化建设成为干警的内心需求和自觉行动。

(三) 坚持以文化引领筑牢职业道德建设根基

加强社会主义道德观和检察职业道德规范教育,引导检察干警模范践行社会主义荣辱观,讲党性、重品行、作表率,做符合党和人民要求的品德高尚的新一代检察官。紧密结合检察工作实践和队伍建设实际,扎实开展"坚定职业信念、促进执法为民"、政法干警核心价值观等教育实践活动,组织青年干警听老检察官讲院史、学规章。结合检务督察,经常对办公、办案场所环境卫生、着装礼仪、言谈举止等进行监督,促进工作规范和干警道德养成。以党建工作促进精神文明建设,深入开展专题讲座、道德讲堂、党日主题实践等经常性教育活动,引导干警牢固树立、自觉践行"忠诚、为民、清廉、文明"的检察职业道德。该院党支部由于在党建工作中的突出表现，连续两年被灵武市命名为"四星级党支部"。

二、岗位练兵，构建规范化素质文化

灵武市检察院在形成全院干警价值共守、精神共通的文化自觉的同时，着力发挥检察文化凝心聚力的作用。注重以创建学习型检察院为载体，教育和引导干警学习先进文化，全方位提高队伍凝聚力和综合实力。

（一）着眼于业务水平提高

以执法能力建设为核心，针对青年干警在学习和工作中遇到的难点、热点问题，科学规划教育培训，积极组织干警参加最高检、国家检察官学院和区市院的各类专项、专题培训。以执法规范化建设活动为抓手，进一步强化公正、规范、证据和责任意识。成立重大疑难案件议案小组，开展疑难案例研讨评析，并将讨论情况整理成册，方便干警学习借鉴。严格落实案卷季度评查制，及时发现解决执法办案过程中存在的问题和不足，进一步提高干警的实战技能和办案水平。抓好常态化检察实务练兵，每年举办"四优"（优秀侦查能手、优秀批捕能手、优秀公诉人、优秀办案能手）活动，针对业务工作特点开展法律文书说理竞赛、公诉人辩论赛、庭审观摩、自侦审讯技巧训练、技能考核等岗位练兵和业务竞赛活动。在银川市检察机关自侦部门模拟审讯技能竞赛中，该院干警取得第二名的好成绩。

（二）着眼于互动平台搭建

秉持"分享、交流、团结"的育检理念，营造积极向上的文化氛围。倡导好读书、读好书，每年为每个科室购置 6000 元图书，开展读书沙龙活动，打造引导干警集体学习的活动品牌。建立健全《调研、信息、宣传工作激励机制》，以科室为单位成立调研课题组，鼓励青年干警勤思考、善总结、多动笔。定期召开"青年干警座谈会"，加强交流。建立"回传培训教育"，外出参加学习培训的干警将所学内容向全院干警传授，达到一人学习全院受益的目的。以持续创建区级文明单位为抓手，充分发挥文化活动的精神引领作用。成立院篮球队、足球队、乒乓球队、书法协会等，经常组织开展书画、摄影、体育、文艺等青年干警喜闻乐见的文体活动，陶冶干警情操，培养高雅情趣，加强协作交流，提高各方面综合素质。

（三）着眼于人才培养选拔

制订干部教育培训计划，注重高学历教育和高层次人才培养，鼓励干警参加司法考试，接受在职研究生以上教育，并在复习时间、学杂费等方面给予支持。以执法办案为中心，在人员配置上往办案一线倾斜，目前，该院业务部门与综合部门青年干警比例为4.6∶1。构建跨部门锻炼平台，对中层领导干部进行轮岗，有意识培养中坚力量；在自侦、侦监、公诉案件量集中激增的特殊时期，直接跨部门抽调青年干警参与办案，提升青年干警的综合业务能力。在干部选拔任用上克服论资排辈，形成"能者上、平者让、庸者下"的竞争机制，营造风清气正的用人环境。对空缺的中层领导职位采取竞聘上岗，促进实干苦干、实绩突出的青年干部脱颖而出。实行科长助理制度，选择部分个人综合素质突出的青年干警担任科长助理，协助部门领导开展工作，培养青年干警的组织领导和综合协调能力。目前，该院具有研究生学历人数占全院总人数的10%；中层领导中40岁以下4人，占中层以上干部领导职位总人数的16%；科长助理4人。

三、作风建设，构筑理性化公信文化

在检察文化建设过程中，该院坚持把"公信文化"作为检察文化的基本内容融入各项检察工作，充分发挥文化独特的精神感召力、思想影响力和内心驱动力，形成检察人员共同行为取向，以强化法律监督的具体实践和公正廉洁执法的实际行动，促进执法公信力的整体提升。

（一）强化为民的文化理念，践行服务群众之责

始终把群众满意作为检察工作的出发点和落脚点，在"走基层"中做好群众工作，在"接地气"中增进检群关系。深入开展以为民务实清廉为主要内容的群众路线教育实践活动，推动检察官进社区、进乡镇、进企业、进学校经常化、制度化。认真贯彻执行中央、市委关于改进工作作风、密切联系群众的规定，结合实际制定细化落实措施，着力解决和整治庸懒散奢、形式主义等不良作风，树立检察队伍形象。连续多年开展"五送两带一帮"、"检察官进千家门、访千家事、解千家难"等活动，完善群众意见收集研究和转化机制。进一步推进综合服务平台、民生服务热线、派出检察室建设。促进转变执法方式，牢固树立

"理性、文明、平和、规范"的执法理念，发挥控申服务窗口矛盾调和作用，创新开展涉检信访点名接访制度，注重司法人文关怀，重视在执法办案中消除、减少群众对立情绪，进一步提高检察工作亲和力，增强执法公信力。

（二）树立清正的文化风尚，培育干警良好品格

针对当前检察机关执法办案质量明显提高与涉检信访和负面网络舆情不断发生并存、先进典型不断涌现与违法违纪时有发生并存的客观实际，切实加强对干警的经常性教育管理和监督。坚持用制度文化引导行为取向，近年来，该院先后建立了"党风廉政建设责任制"、"执法办案责任追究制"、"廉洁从检十项纪律、五条禁令"等规定，并以"检务督察制"等规定为依据狠抓贯彻执行。加强警示教育，开展"反特权思想、反霸道作风"、"整肃交通违规，树文明驾驶新风"等专项整顿活动，适时召开反面案例剖析会、组织参观警示教育基地，筑牢思想防线。建立思想动态分析、谈心谈话、八小时外行为监督等制度，筑牢机关、社会、家庭联动监督体系。

（三）打造特色的文化窗口，展示检察公信形象

突出抓好信息媒体文化建设，把互联网、电视、报刊作为传播检察文化、提供检察服务、丰富精神文化生活的主阵地，建立完善涉检网络舆情的监测、报告、研判和预警机制，加强检察门户网站与群众的互动交流，在宁夏检察机关率先开通灵武检察微博，依托电视台打造灵武"检察同期声"品牌栏目，编辑"灵武检察"小报、年报，制作检察宣传片，全方位、多渠道展示检察工作业务和文化建设成果。创新"阳光检务"，通过举报宣传周、人大代表联络工作"三问"法（即问意向、问意见、问建议）为检察机关执法公信力注入新活力。

四、氛围营造，构筑人文化环境文化

该院汇集全体检察干警的智慧，把和谐理念、和谐精神融入检察文化建设，坚持从严治检的同时，从优待检，努力营造机关和谐人文环境。

（一）硬环境强化物质保障

以检察文化核心价值体系为主题，用心打造机关文化物态。建立了图书室、文化活动室、心理疏导室，订制检察纸杯、检察手袋，建设文化走廊。坚持"两房"建设与检察文化同规划、同建设。在该院新建办案技术及办公用房，建设了

信访接待大厅、司法办案工作区、预防警示教育基地，以规范的办案场所凸显司法礼仪，彰显司法庄严；建设检察文化展示墙、院史陈列室、荣誉室等文化阵地，进一步丰富检察文化建设的内涵。

（二）软环境突显人文关怀

注重从得人心、暖人心、稳人心的实事做起，落实交心谈心制度，做到五个环节必谈，即发生矛盾必谈、情绪波动必谈、遇到困难必谈、新进人员必谈、工作变动必谈。建立定期体检等制度，为退休干部制作履历相册，在感情上贴近融入干警，从细节处有效激发干警的职业自豪感和荣誉感，为检察事业不断前行汇聚起强大的精神力量。

五、对基层检察文化建设的几点思考

"文以载道，文以化人。"基层检察文化，是基层检察机关实践社会主义核心价值体系的具体体现，是基层检察队伍建设的灵魂工程，是构建基层检务工作者共有精神家园的根本所在。检察文化建设并非一项单纯的业务工作，而是一个系统工程。抓好基层检察文化建设，笔者认为，要在宏观上把握以下四个方面：

（一）明确目标，突出特色

基层检察文化有共性，但更需要有个性。各个基层检察机关各有不同，应因地制宜，从所处的地理环境、人文风俗、历史渊源、革命传统、人员性格等各方面综合考虑出发，辩证性地汲取传统文化中的精华的同时，充分萃取地域文化中的积极成分，并与检察工作相结合，创新载体，培育检察文化品牌，全面提升检察文化品位和吸引力。

（二）将文化建设贯穿于检察工作始终

始终坚持树立检察文化建设服务于检察工作大局的建设思路，使检察文化成果真正成为推动和促进检察工作发展的强心剂、催化剂，把检察文化建设作为检察队伍建设乃至检察工作进步的使命性任务抓实抓好。要将文化建设有机融入检察工作和队伍建设的每一个方面、每一个细节，充分发挥打击、保护、预防等检察职能对检察文化建设的助推作用，坚持在履行检察职能和开展司法实践中培育和提升文化。

（三）坚持以人为本

　　检察文化是一种理性文化，它内在地要求"以人为目的而不是手段"，反对将检察干警物化、客观化、工具化。检察文化以检察人员的自由和全面发展为重要目标，以检察人员主动性、积极性的调动和创造精神的激发为重要特征。因此，在检察文化建设过程中，必须坚持以人为本，以检察人员主体性的发挥为原则，从而促进检察人员的全面发展，促进检察队伍整体素质的不断提高。在实践中，要善于发现和利用机关的检察文化资源，发掘各类检察人才，激发文化创造力，充分挖掘自身文化潜质，积极投身检察文化建设。

（四）创新宣传

　　作为基层检察机关，要高度重视新媒体的应用，不断提高新媒体时代应用能力。要做好对外网站的建设，在公共平台上开博客、微博、微信，及时传递基层检察文化理念及公平正义思想，既是一种与时俱进态度的体现，更是抓紧进行基层检察文化宣传的机会。同时，要显现基层检察机关的业务水平与宣传公平正义的理念，提高队伍创新力。

加强检察文化建设的几点思考

马国武[*]

党的十七届六中全会提出了"推动社会主义文化大繁荣大发展"的战略目标，最高人民检察院高瞻远瞩，适时出台《关于加强检察文化建设的意见》，并成立了全国检察官文学艺术联合会，掀起了检察文化建设的高潮。然而，检察机关和检察人员对检察文化的内涵、功能和建设还存在认识上的偏差和实践上的误区。为此，笔者从检察文化的概念入手，解析检察文化的内涵和功能，并结合存在的问题，就如何进一步推进检察文化建设作粗浅的探讨。

一、检察文化的概念及内涵

"文化"一词，最早是由 19 世纪英国学者泰勒提出的，他说："文化，或文明，就其广泛的民族学意义来说，是包括全部的知识、信仰、艺术、道德、法律、风俗以及作为社会成员的人所掌握和接受的任何其他的才能和习惯的复合体。"后来的文化定义，都没有超出泰勒把文化看成一个复杂的整体的基本观念。我国《辞海》对文化是这样定义的：文化通常是指人民群众在社会历史实践过程中所创造的物质财富和精神财富的总和，也指社会意识形态以及与之相适应的制度与组织机构。

检察文化是伴随着检察制度的产生而出现的，是检察机关及全体检察人员在长期工作、生活及其他社会实践中所创造的精神财富和物质财富的集中体现，是检察机关思想理念建设、执法能力建设、制度规范建设等方面的高度概括，因此，其具有丰富的思想内涵和精神内涵。

---

* 作者单位：宁夏回族自治区吴忠市人民检察院。

（一）检察文化反映了检察人员的价值取向，是检察工作不断创新发展的精神动力

检察文化通过培育干警集体主义思想、团结协作精神、团队意识等主流精神和基本理念，使其内化为干警的共同愿望和价值取向，外化为全体人员的追求和自觉行动，从而使检察人员的理想、信念和价值趋向融会贯通，达到全面提升人员素质和文化品位，增强检察机关凝聚力、向心力，推动检察工作创新发展的目的。

（二）检察文化反映了检察官的道德规范，是积淀于工作实践中的高尚精神境界

检察职业道德是检察人员在司法实践和日常学习、生活中形成和发展起来的，从伦理上调整检察机关同国家、法律之间，检察人员同检察机关之间、检察人员之间相互联系的行为准则。检察文化建设的目的就是通过各种文化培育形式，使全体检察人员都能够自觉地追求、信仰和实践这些符合先进文化前进方向的精神和理念，并充分体现在履行检察职能、办案和个人的言行举止中。

（三）检察文化反映了"以人为本"的理念，是检察干警在特定的环境中形成的人与人、人与环境、人与社会和谐关系的精神体现

检察文化把人的价值的开发和利用摆在了重要位置，通过发展先进文化的导向、凝聚、激励、约束功能，努力营造鼓励人才干事业、帮助人才干好事业的良好环境，使机关每个成员实现自身价值与检察系统实现自身价值融合统一，使系统中的个人能与组织和谐发展。

（四）检察文化反映了检察机关及其干警积极进取的精神风貌，是保障检察职能充分发挥的精神财富

检察文化通过美化外在环境，营造文化氛围，以及培育干警理想、信念、道德情操等，塑造美的心灵，树立公正执法理念，造就符合时代要求的检察官，树立检察机关良好形象。同时，检察文化会对社会产生一定的辐射作用，可以使社会公众对检察机关增进了解，产生亲和力，推动中国法治进程。

二、检察文化的功能

（一）导向功能

优秀的检察文化集中体现了检察职业的崇高理想和价值追求，它是通过检察干警接受和认同而形成和确立的。因此，它引导检察干警规范自己的行为，激发检察干警把自己的理想与检察事业的具体发展目标结合起来，进而把检察职业目标与个人目标融为一体，并自觉为实现这一目标而努力工作。

（二）凝聚功能

检察文化可以增强检察机关的凝聚力。这种凝聚力主要是通过塑造检察人员积极向上的共同的价值观，在检察人员的内心深处形成一种内在的、深层的心理目标和精神力量，使广大检察人员的思想、行为自觉地统一到积极工作的总体目标上来，这样就形成了一个团结协作、荣辱与共的有机整体，去追求共同的目标和价值，从而在检察人员之间形成强大的凝聚力和向心力。

（三）激励功能

积极向上的检察文化在满足干警基本文化需求的基础上，更能体现对干警的人文关怀，以及尊重和信任，从而激发其积极性、主动性和创造性，使每个干警自觉地为检察事业而奋斗。通过分享集体的成果，干警的自我价值得以体现，个人需求得到满足，并进一步受到激励。

（四）约束功能

检察文化的约束不是制度式的硬约束，而是一种软约束。这种约束产生于检察机关的文化氛围、行为准则和道德规范。群体意识、社会舆论、共同的习俗和风尚等精神文化内容，会造成强大的使个体行为从众化的群体心理压力和动力，使干警产生心理共鸣，继而达到行为的自我约束。

三、当前检察文化建设存在的主要问题

（一）对检察文化及其建设缺乏正确认识

有的认为检察文化建设是务虚的东西，对检察机关没有实际用处，有没有文化建设，检察工作照样开展，认为开展检察文化活动是干扰正常工作，是玩花

样、不务正业，是浪费时间，对检察文化建设缺乏理论认同、情感认同和价值认同；有的认为把有限的资金用在美化机关环境、建设文化活动设施、开展检察文化活动上是奢侈浪费、是花架子、是形象工程等。

（二）忽视检察文化的精神内涵

在检察文化当中，物质文化只是检察文化的载体，精神文化才是检察文化的核心内涵。检察机关的物质文化建设的目的是为检察文化建设提供基础，并使它成为承担精神文化的载体，物质文化的建设不是目的，而是手段。但是，有的把检察文化建设的意义等同于机关环境的美化和开展娱乐活动，一味强调发展机关环境和娱乐文化，忽视了检察文化建设的法治性、精神性和制度性，以致出现重硬件设施建设，轻"法治理念培育、监督能力提升、人才培养使用"等文化"软实力"问题，从而使检察文化建设走上了一条极端片面的道路。

（三）检察文化建设的局限性过强

有的把检察文化建设附属于工作安排和人事管理；有的把检察文化建设等同于对全体干警的思想政治教育、业务学习和业余活动的开展，把一切工作都落实在政治部（科）以及工青妇的名下，参与度不高；有的把检察文化建设与检察干警的实际需求割裂开来，限制了检察文化功能的发挥。

（四）检察文化建设缺乏特色

检察文化既有共性的一面，也有其鲜明的个性特征，这正是检察文化具有巨大号召力、感召力的根源所在。但实际工作中，有的检察院在推进检察文化建设，尤其是促进本院精神形成中，结合本地实际和自身实际不够，没有注重体现本地特色和单位、干警的自身特点以及历史渊源和发展趋势，趋于一般化，个性不明显。

四、检察文化建设的路径构思

（一）坚持以思想建设为先导，着力打造理念文化

在开展检察文化建设中，核心价值观是关键。打造先进理念文化，要坚持不懈地进行中国特色社会主义理论体系和社会主义法治理念教育，进一步统一执法思想，更新执法观念，更好地解决法律监督不到位，执法不规范、不文明，执法能力和办案质量不高等与社会主义法治理念不相适应的突出问题，促进严格、公

正、文明和廉洁执法。要突出"立检为公、执法为民"的检察工作宗旨和"强化法律监督，维护公平正义"的检察工作主题，从思想上树立职业自豪感和责任感，把心思和精力用在检察事业上，坚持宪法、法律至上，依法进行监督，切实维护法制的统一和尊严。要积极总结和提炼具有地方特色的检察精神和检察院院训，打造具有地方检察特色的法律监督文化，使之成为检察人员的价值追求和行动指南。

（二）坚持以机制管理为主体，着力打造制度文化

检察制度文化是检察文化的基石。加强制度文化建设，是推动检察文化发展和繁荣的关键所在。要坚持从严治检、以法治院、以规治院，强调"用制度管人，按制度办事"的制度文化理念，健全工作机制，狠抓制度落实，实现管理工作的科学化、规范化、制度化。首先，要建立健全业务工作运行规范、执法质量保障规范，完善执法责任制和错案责任追究制，坚持以制度管人、管事、管物、管案件，将执法的每一个环节置于规范化运行的轨道，增强执法行为的透明度，保证公正廉洁执法。其次，要从强化检察效能入手，建立健全业务工作运行机制、目标管理机制、选人用人机制、内外监督制约机制、创新激励机制等，用机制来规范干警的行为，调动干警的主观能动性和工作积极性，推动各项检察工作的规范运行、有序开展。最后，要增强干警的执行意识。领导干部要率先垂范，做模范遵守和执行规章制度的带头人，带动全体干警养成照章办事的良好习惯，从而营造良好的制度执行文化氛围。同时，要建立制度执行的监督保障机制，保障制度的严格、正确执行。

（三）坚持以文明规范为原则，着力打造行为文化

行为文化是检察人员在长期的检察实践和工作学习中，形成的具有检察特色的职务行为和其他行为模式。检察人员的一言一行、举手投足，不仅反映了自身的价值观念、品质修养、工作水平，而且反映了检察机关的纪律、作风和管理水平。因此，加强检察文化建设，必须把行为文化建设摆上重要位置，建立统一威严、文明友善、健康向上的职业行为规范。要顾全大局、令行禁止。检察机关的上下级领导体制，决定了检察机关下级必须服从上级、个人必须服从组织、局部必须服从全局；检察工作的复杂性和艰巨性，决定了检察人员必须听从命令，服从指挥，有令即行、有禁即止，保持高度的凝聚力和战斗力，确保各项法律监督

工作规范有序开展。要仪表端庄，严正威仪。检察人员着装要整齐，举止要稳重，待人接物不卑不亢，办公办事严肃认真，廉洁高效，执法办案文明礼貌，以理服人，尊重法律，不以势压人、骄横霸道。要勤勉认真、爱岗敬业。检察职业的特殊性，要求检察人员在工作时间要安心本职，爱岗敬业，勤奋工作；在人情来往中要谨慎交友，严谨持重，一言一行都要符合法律和程序的规定。

（四）坚持以物质建设为保障，着力打造环境文化

环境文化包括检察机关的院容院貌、机关绿化、工作条件、学习环境、文体设施等。加强检察文化建设，要努力营造浓厚的文化氛围和人文环境。要健全文化活动设施，建立图书室、电子阅览室、检察文化室、荣誉室、健身房等，营造出一个庄严、美观、大方、富有精神内涵的办公、生活环境，使检察干警工作有心情、休闲有去处、娱乐有空间。要大力繁荣检察文学艺术，创建检察机关自己的杂志、报纸、电视专栏，培养一批检察宣传工作者和检察文学创作者，真实地反映和再现检察事业业绩和检察队伍风采。要以提高科技强检能力和信息化应用水平为目的，扎实推进网上办公、网上办案、网上绩效考核、网上事务管理。建立检察微博、门户网站等网络交流平台和联动机制，积极占领网上舆论阵地。充分利用互联网、局域网，拓展检察文化新空间，为干警提供学习、交流、展示的现代化平台。要坚持"以人为本"理念，实行人性化管理机制，提高和培养检察人员的工作积极性和创新精神。要组织开展丰富多彩、寓教于乐的文体活动，调动检察干警的积极性，开阔检察干警的视野，充实文化育检的内涵。要注重人文关怀和心理疏导，坚持谈心谈话制度，加强心理健康教育，引导检察人员正确认识自己，正确对待挫折和荣誉，保持内心和谐平衡，增强事业进取心和工作责任感。

（五）坚持以提升素能为目标，着力打造学习文化

牢固树立"学习工作化、工作学习化"的理念，大兴"学习文化"。以创建"学习型检察院、学习型（处）科室、学习型检察官"等活动为载体，激发干警创先争优热情，引导干警牢固树立"学为终身所需"的理念。要深入推进岗位练兵活动，大力强化专业化建设。在抓好学历教育和司法考试工作的同时，注重业务学习教育培训的针对性和实用性，不断由知识型教育向素质型教育转变，由单纯学历教育向培养复合型高层次人才的教育转变。本着"缺什么补什么，需要

什么学什么，干什么钻研什么"的原则，由政工部门会同各业务部门制定各类人员岗位练兵计划，明确训练内容、方法及应达到的标准，积极开展岗位练兵活动，形成了钻研业务的浓厚氛围。要坚持"传、帮、带"和"学、练、赛、用"相结合，推行主题式岗位练兵，开展案例研讨评析、审讯庭审观摩点评、技能演练交流等活动，突出实战、实务技能训练。要适时组织开展各类业务考试和竞赛，达到以考促学、以考促练、以考促用的目的。

（六）坚持以公正廉洁执法为要求，着力打造廉政文化

"公生明，廉生威。"检察人员担负着法律监督职责，在监督别人的同时，首先要做到自身正、自身硬、自身净。要加强廉政教育，警钟长鸣，防微杜渐，帮助检察人员自觉树立正确的权力观、地位观、利益观，坚持正确的事业观、工作观、政绩观，始终保持如履薄冰、如临深渊的审慎态度，做到清正廉洁。要加强监督管理，建立健全对执法办案全过程的动态监督和预警机制，及时发现和纠正执法不规范问题，保证每个执法环节都体现严格、公正、文明执法的要求，提高公信力；建立和推行廉政谈话、任职谈话等工作制度，使倡廉教育经常化、制度化；建立健全决策、执行、监督既相互制约又相互协调的机制，有效防止违法违纪的发生。

检察文化建设是一种全新的管理理念，涵盖检察思想政治建设、执法理念建设、行为规范建设、职业形象建设等，是一项宏大的系统工程。检察机关必须顺应时代潮流，在检察工作实践中不断创新检察文化建设的载体和机制，弘扬先进检察文化，着力塑造检察干警核心价值观，建设好检察干警共有的精神家园，推动检察工作创新发展。

浅谈基层检察院如何建设
有地方特色的检察文化

王宁山*

随着社会发展，文化越来越成为民族凝聚力和创造力的重要源泉，成为综合国力竞争的重要因素。党的十八届三中全会提出了建设社会主义文化强国，增强国家文化软实力的号召。检察文化是社会主义文化的有机组成部分，当前检察机关应以社会主义核心价值观为指导，把检察文化繁荣发展作为推动检察事业全面深入发展的战略性目标，弘扬先进检察文化主旋律，培育政法干警核心价值观，实现检察文化建设服务检察事业科学发展与自身科学发展的有机统一，进而提升检察文化建设围绕中心、服务大局的实际成效。基层检察院作为检察机关的基本组成部分，是全部检察工作的基础，是承担检察文化建设的重要载体，因此，加强基层院检察文化建设显得尤为重要。

本文中，笔者主要以宁波市北仑区人民检察院为蓝本研究。近年来，北仑区人民检察院依托宁波市北仑区国际港、冠军城、生态区的港口文化深厚底蕴，积极探索检察文化建设路径，丰富检察文化建设形式，着力打造宁波特色的检察文化活动品牌，达到了检察业务与检察文化相互促进、相互发展的目的。结合该院检察文化建设的初步探索及经验，本文就基层检察院检察文化建设中的一些问题及措施进行探讨。

一、检察文化的内涵及现实意义

文化，是人类在其社会历史发展中不断创造、总结、积累下来的物质财富与精神财富的总和。检察文化是中国特色社会主义文化的组成部分，是检察机关及

---

* 作者单位：浙江省宁波市北仑区人民检察院。

其干警在履行职责和日常生活中创造的，以维护公平正义为核心，以提高法律监督能力为目的，以创新检察管理机制为途径，以营造良好法治环境为形式的具有鲜明检察特色的法律文化，包括学习文化、物质文化、制度文化、行为文化、廉政文化和精神文化。检察文化的核心价值在于引导干警检察职业精神的回归，进而确立符合现代法治社会要求的执法司法理念，提升检察人员的综合素质和执法能力，增强检察机关的凝聚力、向心力，推动检察工作创新发展。要想推动社会主义文化大发展大繁荣，为和谐社会的实现保驾护航，就必须大力加强检察文化建设，充分发挥其保障检察职能的强大精神动力。

检察文化反映了检察人员的价值取向，是构建和谐社会的客观要求，是检察机关的灵魂。检察文化把人的价值的实现摆在突出位置，通过先进文化的引导、凝聚、协调、教育作用，努力营造鼓励人才干事业、帮助人才干好事业的良好环境，使检察人员自觉地追求、信仰和实践符合先进文化前进方向的法治理念，从而保障"强化法律监督、维护公平正义"目标的实现。

检察文化内容丰富、辐射面广，其核心内容就是"忠诚、为民、公正、廉洁"的政法干警核心价值观，它主导和支配着检察文化的各个方面。检察精神是检察官的思想和灵魂，是检察价值观、奋斗目标、道德规范、行为准则的熔铸，是检察文化总和的高度浓缩、升华和集中反映。检察精神的本质内涵综合体现检察群体爱国主义、爱岗敬业、严格执法、优质服务、开拓创新、追求卓越等精神，是检察事业发展进步的精神支柱和动力源泉。

二、当前基层检察文化建设存在的问题

检察文化是一种新型的管理思想和法律文化，是检察机关在长期的执法活动中逐步形成的。检察文化建设越来越受到检察机关的重视，不断在实践中摸索前进。但是，目前在实践中，由于受地域、经济、文化传统等各种综合因素的影响，基层检察院尚存在对检察文化重视不够、对检察文化内在本质把握不准以及检察文化建设表层化、庸俗化、功利化的问题。

（一）认识不深，重视不够

部分检察院和检察干警对检察文化内涵和外延的理解还不够全面、准确，将检察文化理解为仅仅就是检察系统内部开展的文艺、体育、娱乐等活动，认为只

要加强政治和业务方面的学习、努力工作、圆满完成各项任务就可以，对检察文化建设的认识还只停留在表层化的局限和误区上。甚至还有部分人认为开展检察文化活动是对正常工作秩序的冲击，是浪费时间，是不务正业；也有一些人认为把有限的资金用在美化机关环境、建设文化活动设施、开展检察文化活动上是奢侈、是浪费、是搞花架子、是形象工程等，未意识到检察文化建设的重要性和必要性。

（二）重名轻实，忽视内涵

在检察文化当中，物质文化只是检察文化的载体，精神文化才是检察文化的核心内涵。检察机关物质文化建设的目的是为检察文化建设提供基础，并使它成为承担精神文化的载体，物质文化的建设不是目的，而是手段。但是，有的检察院甚至把检察文化建设的意义等同于机关环境的美化和丰富全体干警的业余生活，一味强调发展机关环境和娱乐文化，离开了检察机关的精神文化建设。这样，单纯的物质文化建设就失去了文化建设的意义。

（三）形式单一，载体不够

有的检察院把检察文化建设附属于工作安排和人事管理，着重强调其控制功能、导向功能、凝聚功能、激励功能以及改善工作、生活、学习条件的物质功能，只把检察文化建设看作法律监督活动的管理方法和管理手段。有的检察院把检察文化建设等同于对全体干警的思想政治教育、业务学习和业余活动的开展，并没有把检察文化建设放在整体检察事业的大背景下来实施。有的把检察文化建设与检察干警在年龄结构、文化背景、心理因素、业务能力、工作投入、思想认识、政治素养等方面割裂开来，限制了检察文化功能的发挥。

（四）照抄照搬，特色不明

检察文化虽有共性，但是由于不同地区的文化、历史、民俗和经济发展水平不同，检察文化建设的内容和形式也应有所不同，这正是检察文化具有无限的生命力，对检察人员具有巨大的号召力、感染力的根源所在。很多基层院更多的是根据上级院的具体建设措施和方案进行检察文化建设，或者是盲目模仿其他地方的做法、经验和形式，未结合本院的实际情况，致使措施不当，流于表面，趋于一般化。应结合基层院实际情况和当地特点，建设有特色的检察文化，这样才能使检察文化具有活力，从而创造以人为本的氛围，激发干警潜力，提升检察队伍综合素质水平。

三、基层检察院加强检察文化建设的几点措施

检察文化建设是一项涵盖检察思想政治建设、执法理念建设、行为规范建设、职业道德和职业形象建设的复杂的系统性工程。基层检察机关作为检察体系中的最小单位，它所具有的广泛性和工作的具体性，决定了它是承担检察文化建设的主要载体。基层检察院在开展检察文化建设过程中，要特别注重突出基层检察特色和地方特色，具体应从以下几个方面进行：

（一）充分发挥党组织的模范带头作用

要把检察文化建设提上重要工作日程，纳入决策目标。检察文化是检察机关的灵魂，文化建设是检察队伍建设的重要内容之一，需要全员参与，全方位配合，齐抓共管，共同落实检察文化建设规划。领导班子成员在检察文化建设中要身体力行、率先垂范，努力提高素质，做一个优秀的领导者和倡行者。坚持以人为本的文化育检理念，使检察文化充满人文关怀，使队伍在工作生活中感受到集体的力量和温暖，增强领导班子在团结领导和管理队伍中的亲和力、感召力。

（二）确立检察文化建设思路和目标

检察文化建设是一项事关检察事业固本强基的系统性工程，也是一项事关检察工作长远发展的战略工程，必须紧紧围绕"强化法律监督、维护公平正义"的检察目标，坚持"立检为公、执法为民"的基本观念，以提高检察队伍整体素质，确立社会主义法治理念、推进司法体制改革和检察职业化建设为核心。以培育检察精神、强化检察职业道德、营造团结向上的良好氛围为着力点，全面规划，逐步实施，整体推进。基层检察院要以倡导检察精神为契机，努力营造积极向上、精诚团结、勤于工作、乐于奉献、敢为人先的工作氛围；要以强化检察职业道德为切入点，确立共同行为准则，推动检察机关规范化建设；要以确立社会主义法治理念为核心，强化检察官的责任意识和角色意识。就当前来说，要以党的群众路线教育实践活动为契机，进一步加强作风建设，努力构建廉洁型检察机关。廉政文化是中国特色社会主义文化的重要组成部分，是检察文化建设的重中之重，是机关作风建设的重要保障。因此，必须从源头抓起，从细微处防起，加强对检察人员的遵纪守法教育、廉洁自律教育和职业道德教育，在思想上筑起检

察人员的道德防线，增强检察人员拒腐防变能力。

（三） 突出基层检察特色和地方特色

检察文化建设不能流于表面化，不能被简单地等同于各项文体活动。业余文体活动、政治思想工作属于检察文化的范畴，但不是检察文化的核心和主体，检察文化建设应该突出检察特色，围绕检察工作的特点、检察官的职业需求来开展。在检察文化建设中，基层检察院要结合本地实际，突出地方特色，不断强化文化育检的理念，突出检察特色和地方特色，构筑和完善以"以人为本、和谐创新、公平正义、廉洁高效"为核心的检察文化内涵。"东方大港"北仑三面环海，拥有优良的港口资源，是"海上丝绸之路"的重要通道，以"创新、争先、包容、守信"为核心的港口文化特色鲜明，"港口文化"已经成为北仑城市软实力建设的最强音。为此，北仑院依附北仑得天独厚的港口文化，实施"文化育检"、"文化强院"战略，着力打造独具北仑特色和时代气息的检察文化活动品牌，还结合检察工作实际，提炼出"廉洁、高效、务实、创新"的院训。结合当地实际，该院深入开展"大调研、大舞台、大品牌"的文化建设模式，通过不懈努力，内修外化，激励精神，形成了人文和谐之气、干事创业之风和蓬勃发展之势。

（四） 不断提高检察队伍的整体素质

文化是社会的文化，而社会又是人的总和，因此检察文化建设的关键是人的建设。基层检察院要突出"以人为本"的理念，实行人性化管理机制，提高和培养检察人员的工作积极性和创新精神，紧紧把握检察文化建设的核心内容。要采用教育、启发、诱导、吸引、熏陶和激励等多种方式提高检察人员的思想道德修养，积极培养复合型人才，促进检察人员的全面发展和进步；要注重对内营造文化氛围，树立文化建设理念，高唱文化建设调子，组织开展丰富多彩、寓教于乐的文体活动，调动检察人员的积极性，开阔检察人员的视野，充实文化育检的内涵。在这方面，北仑院以建设"六种文化"（即环境文化、学习文化、调研文化、创新文化、行为文化、廉政文化）为突破，不断提高检察文化建设的水平和层次。环境文化——加强"文化长廊"建设，每层办公楼突出一个主题，设置"廉洁篇"、"史鉴篇"、"法萃篇"等7个篇章，悬挂反映执法理念、职业道德、廉政要求的箴言警句和图片，彰显了检察机关的司法属性和文化品位。学习文化——深入开展公诉人论辩赛、"公诉夜校"等"建设学习型党组织、创建学习型检察院"活动，倡导"工作学习化、学习工作化"的理念；与华东政法大学共建教学研究实践基地，并先后被确定为全省"检察理论研究成果转化基地"、国家检察官学院教学示范基地。调研文化——成立由检察长任组长、召集研究生干警和业务骨干50多人组成的课题调研组，提倡"领导带头先行，当好干警表率"，营造全员调研的浓厚氛围；坚持"大胆设想、小心求证、积极实践"的方针，每年组织开题动员会、提纲研讨会、初稿辩论会、成稿调研笔会等活动，邀请樊崇义、陈瑞华、刘宪权等知名专家来院授课，提升课题研究层次。创新文化——秉承"理念创新、机制创新、实践创新"的思路，培育"创新无止境"等文化理念，立足破解司法实践难题，形成了"边实践、边摸索、边总结、边改进"的创新模式，先后在全国首创了"行贿人黑名单"制度、"北仑模式"量刑建议制度、附条件不起诉制度等多项在检察系统影响重大的创新成果。廉洁文化——定期组织干警观看反腐倡廉专题片，参观烈士陵园，进行检察官宣誓等；坚持每天在大厅电子显示屏滚动播放廉政警句和励志格言，自主研发了廉政风险自动预警手机短信平台，每周五将原创的优秀廉政短信发送到全体干警手机。行为文化——成立篮球、摄影等10个兴趣小组，除经常性开展干警喜闻乐见的歌咏朗诵、球类比赛、新年联欢会等活动外，还有计划地组织龙舟赛、登山赛等活动，不断提振队伍的"精气神"，凝聚工作的"正能量"。

（五）着力打造"品牌"检察文化

加强检察文化建设的出发点和落脚点在于促进各项检察工作平稳健康发展。北仑院始终注重检察业务与检察文化的紧密结合，相互促进、相互发展，打造了"北仑"特色品牌。2009年以来，该院先后荣获"全国文明接待示范窗口"、"全国检察宣传先进单位"、"全省政法系统'学枫桥、保平安、促发展'先进集体"、"浙江省先进基层检察院"、"浙江省基层检察院'四化'建设示范院"、"全省检察文化建设示范院"、"宁波市先进检察院"、"宁波市文明单位"等一系列国家级、省级、市级荣誉，并荣立集体二等功1次、集体三等功2次；2010年、2013年两次被评为"全国先进基层检察院"，2014年4月被最高人民检察院记集体一等功。典型经验和先进事迹先后被《检察日报》、《民主与法制时报》、《北京青年报》、凤凰网、正义网等媒体多次予以宣传报道。

（六）注重塑造检察机关的良好形象

强化检察职业道德建设和纪律作风教育，不但是检察队伍建设的永恒主题，也是检察文化建设的根本所在。为此，该院在检察干警职业道德素养、改进纪律作风上下功夫，深入推进检察文化建设。一是加强职业道德建设，培养职业精神和高尚情操。按照爱国、敬业、诚信、友善等公民道德规范和"公正、忠诚、清廉、严明"的检察职业道德要求，采取召开先进典型报告会、学习会、专题讲座等多种形式，坚持开展经常性教育活动，使广大检察干警常修为检之德，自觉恪守公民道德和职业道德要求，做品德高尚、品行优良的模范。二是加强职业纪律教育，强化自律意识和廉洁意识。要按照时代发展和检察工作的总体要求，坚持正面教育的同时，充分运用反面典型特别是检察机关违法违纪干警案件剖析相结合的办法，加强警示教育和廉洁自律教育，使广大检察干警常思贪欲之害，保持高尚的职业追求，做遵守廉洁从检各项纪律规定的模范。三是加强执法作风建设，坚持严格管理和从严治检。按照中央八项规定和党的十八届三中全会提出的有关要求，通过组织中心组学习和支部学习会，引导和教育党员特别是领导干部大力倡导联系群众、一心为民、公正执法、清廉严明的优良作风，不断提高检察队伍的素质。坚持从严治检，做到严格教育、严格管理、严格监督、严格追究，做体现优良执法作风和工作作风的模范。

总之，多年的基层院检察文化建设实践形成这样的共识：检察文化是检察机关的一个重要组成部分，是一种"软实力"，对促进检察工作有着重要作用，但检察文化建设也是一项庞大的系统工程，必须经过长期不懈的努力。在检察工作实践中，要高度重视基层检察院检察文化建设，尊重广大基层检察人员的主体地位和首创精神，弘扬和谐文化，创新文化载体和机制，突出体现地方特色，不断提高检察队伍的整体素质，从而增强检察机关的法律监督能力，实现社会的公平正义。

谈先进检察文化的建设

王宪峰　杜　剑[*]

文化是民族的血脉，是人民的精神家园，是国家发展和民族振兴的强大力量。检察机关作为国家法律监督机关，既是社会主义先进文化的建设者和推动者，也是社会主义先进文化的保障者、捍卫者，要从全局和战略的高度，切实加强和改进检察文化建设，用先进检察文化为促进经济社会科学发展提供有力的司法保障。

一、先进检察文化的概念和内涵

（一）先进检察文化的概念

西方国家的检察文化，起源于西方法制理念，其后反映于司法公权对检察制度的定位。西方国家经过长期的法治完善过程，形成了以比较成熟的检察制度为基础的检察文化，而我国也在吸收西方以及亚洲部分国家先进经验的基础上，结合本国的司法实际，形成了具有自身特色的检察文化。

在当今我国文化建设大背景下，先进检察文化建设已是大势所趋。笔者认为，先进检察文化是检察工作人员以中国特色社会主义检察制度及检察权的运行为依据，在检察工作实践中所体现出来的群体性思维方式、行为方式和外在表征的总和，是检察机关政治建设、执法理念建设、监督能力建设、职业道德建设、制度规范建设、社会形象建设、检务管理和环境文化建设等方面的具体实践。

（二）先进检察文化的内涵

先进检察文化是检察机关及其检察人员在履行职责和日常生活中创造的，以

---

* 作者单位：浙江省永康市人民检察院。

维护公平正义为核心，以提高法律监督能力为目的，以创新检察管理体制为途径，以营造良好人文环境为形式的具有鲜明检察特色的精神财富，其具有丰富的思想内涵和精神内涵。

核心价值观。司法价值观是检察文化中最重要的组成部分，检察文化通过培育干警集体主义思想、团结协作精神、团队意识等主流精神和基本理念，使其内化为干警的共同愿望和价值取向，外化为全体人员的追求和自觉行动，从而使检察人员的理想、信念和价值趋向融会贯通，达到全面提升人员素质和文化品位，增强检察机关凝聚力、向心力，推动检察工作创新发展的目的。我国检察机关的核心价值观体现为"忠诚、为民、公正、廉洁"。

道德规范。道德规范是积淀于工作实践中的高尚精神境界。检察职业道德是检察人员在司法实践和日常学习、生活中形成发展起来的，从伦理上调整检察机关同国家、法律之间，检察人员同检察机关之间、检察人员之间相互联系的行为准则。检察文化建设的目的就是通过各种文化培育形式，使全体检察人员都能够自觉地追求、信仰和实践这些符合先进文化前进方向的精神和理念，并充分体现在履行检察职能、办案和个人的言行举止中。

执法公信力。执法公信力是检察机关的立身之本，是检察队伍职业素质和职业形象的集中体现。要坚持不懈地用先进文化武装检察队伍，在春风化雨、润物无声中提高检察人员的思想境界、职业操守、法律素养、执法能力，树立理性、平和、文明、规范的良好执法形象。

改革创新。改革创新是当今时代的鲜明特征，也是检察事业保持生机、蓬勃发展的关键。必须遵循检察发展规律和工作规律，必须坚持解放思想、实事求是、与时俱进，使检察工作体现时代性、把握规律性、富于创造性。

司法思维。作为一种职业化的群体，司法思维主要指检察人员在检察工作中的思维方式，即按照法律的逻辑来观察、分析和解决问题的模式和习惯。

司法礼仪。司法礼仪是可以直接被观察到的司法活动中的行为模式和规范，包括检察人员的法言法语、衣着打扮以及为了表达对于法律的信仰或态度的一些仪式性的做法。

检察氛围。检察氛围是检察院的组织成员相互之间以及在与外部人员进行接触过程中所传达的检察院内部的风气和情感，是检察院展现于社会大众的一种面貌。检察文化通过美化外在环境、营造文化氛围以及理想、信念、道德情操的培育，塑造美好心灵，树立公正执法理念，造就符合时代要求的检察官，树立检察机关良好形象。

二、先进检察文化的表现形式

检察理念文化。主要包括检察意识和检察观念。检察意识主要包括法律意识、监督意识、人权意识、廉政意识和预防前置意识等；检察观念主要包括"立检为公、执法为民"的执法观念、"忠诚、公正、清廉、文明"的职业道德观念和"强化法律监督、维护公平正义"的核心价值观念等。

检察精神文化。是检察人员在检察活动中体现的思维方式和价值体系，是检察文化的基础和核心所在。社会主义核心价值体系是我国指导思想、共同理想、民族精神、道德观念的集中体现，是社会主义精神文明建设的基本内容。建设社会主义核心价值体系，形成全民族奋发向上的精神力量、团结和睦的精神纽带，是增强民族凝聚力和国家软实力的客观需要。

检察行为文化。是检察人员在检察实践活动中彰显的文化，包含在执法行为、管理行为、教育行为、交往行为等行为中，是检察人员在日常工作、学习、生活中体现出来的与检察职业工作相适应的态度和行为。

检察制度文化。检察制度文化的主要作用是对检察干警的行为进行管理和规范，检察制度不仅是检察文化的外在表现形式，而且也体现着检察的内在精神。检察机关在建立各种制度时要体现先进检察文化的精神，赋予检察制度以先进的文化内涵。

检察环境文化。是由检察建筑、设备、服饰等具体物质所表征出来的文化，是特定时期检察文化传承的外在载体和反映，是借器物形状、服饰与建筑设计风格以表达法治理念的文化符号。

检察创新文化。改革创新精神是改革开放培育造就的伟大精神，也是推进改革开放须臾不可缺少的奋斗精神。只有锐意改革、不懈创新，才能不断开拓检察事业发展的广阔前景和不断增添发展进步的蓬勃活力。检察改革要通过改进执法办案方式，加强执法规范化建设和创新管理举措进行。

检察地域文化。检察文化建设与一个民族的历史文化传统、自然地理条件、社会生活习惯等息息相关，它代表着一个民族的法治文化传统，标志着一个民族的法治状况，反映着一个民族对于法治的态度。要将检察文化与传统文化、地域文化中的精华交织交融，形成特色文化。

检察廉政文化。加强廉政文化建设是提升执法公信力的重要保证。

检察管理文化。实施科学管理，坚持从严治检与从优待检是提升队伍凝聚力、战斗力的必然要求。

三、先进检察文化的功能

（一）价值引领功能

先进的检察文化，通过思想引领、价值导向、道德规范等途径，一方面，培育和确立了符合中国特色社会主义理论体系、符合社会主义核心价值体系、体现社会主义法治理念和检察工作规律的检察人员的共同价值体系，使它内化于检察人员的心灵，激发检察人员的职业使命感、职业荣誉感和归属感；另一方面，又潜移默化地促进着这一共同价值体系在检察人员内心的认知与认同，使之转化为检察人员的群体意识，从而形成一种氛围、一种精神力量、一种价值期望、一种理性目标，陶冶、熏陶着检察人员。

（二）行为规范功能

检察文化具有群体性，是历史积淀和现实形成的且被检察职业群体所共同遵守或认可的共同的行为取向和行为模式。某种行为模式一旦形成，就对检察人员具有了特定的约束力，这种约束力，也正是检察文化力的具体体现。这一特性，决定了检察文化具有行为规范功能，它使得检察人员的行为被限定在法律、检察职业道德规范及规章制度等所许可的范围内。向检察人员传达什么样的行为是被许可的、什么样的行为不被许可。这种约束，既体现为制度规范的刚性约束作用，即固化的机制、规章制度对人的行为的规范作用；也体现为制度精神的软性约束作用，即源于检察机关内部的文化氛围、行为准则、道德规范的无形规范作用，这里的制度精神，具体体现为检察人员在严格、公正、文明、廉洁执法方面所具有的制度意识、责任态度和执法水平。

（三）形象塑造功能

检察机关的形象特指检察机关展现给外界的精神面貌、思想作风、管理水平和工作效率等印象。由于"形象"是通过人的感官在头脑中形成的整体印象，所以检察机关的形象并不仅指检察机关的外在面貌，同时也包含社会各界对检察机关的认可度、支持度、满意度等方面的评价。简而言之，就是指检察机关的公信力。检察形象是检察文化作用于社会的外观表现，检察机关形象的塑造在很大程度上取决于检察文化的塑造。

（四） 辐射传播功能

检察文化的辐射传播功能，对外主要体现为通过检察实践活动，在与社会成员间的互动过程中，对法治理念、正义理想、行为规范等的传播作用，并进而产生的"教化"效应。如检察机关通过法制宣传、执法办案等活动，向社会成员传达宪法和法律对个体（包括单位和个人）行为的评价原则和准则，从而教育公民增强法治观念，进而维护国家的法律秩序。对内主要体现为先进的检察文化对检察人员的激励和感召，及其在检察人员内心产生的职业认同感和自豪感，以及由此所激发的工作积极性、主动性和创造性。它促使检察官成为具有良好的政治修养、法律素质，具有崇高的正义感和使命感的一种职业群体，通过政治信仰、知识体系、制度规范和价值理念等凝聚力量，激发创造力，规范执法行为，推动检察事业持续繁荣地向前发展。

（五） 改革创新功能

检察文化具有改革创新的作用。检察事业的发展离不开各项检察工作的不断创新，而检察文化是检察工作不断发展不断进步的动力和源泉，检察文化作为我国社会主义先进文化的一部分，对检察事业的发展有极大的促进作用，检察文化要保持其先进性，必然要随时代的发展要求而不断赋予其新的内涵和鲜明的时代特色。特别是在当前塑造与发展中国特色检察制度的过程中，在社会主义文化大发展、大繁荣的背景下，为繁荣检察文化提供了良好的发展机遇和发展空间，检察人员要通过不断的实践，发展和创新检察文化，在对民族文化的传承中积极变革，在对外来文化的吸纳中积极创新，使检察文化更具中国检察特色和时代精神，进一步推动检察事业的发展和繁荣。

四、先进检察文化建设的路径

（一） 明确检察文化建设的目标任务

通过检察文化建设，调动人、凝聚人、激发人的积极性、主动性、创造性，形成"思想持续进步，制度持续改进，工作持续创新"的良性机制，使检察文化建设紧紧围绕检察中心工作、服务检察队伍建设、促进检察工作科学发展。这就要求检察机关必须把检察文化建设作为检察工作发展的一种宏观战略、作为检察事业发展的动力源泉。我院牢牢把握检察文化建设的正确方向和核心，确定了"以检察精神为核心文化，以创新为主导文化，以人才为品牌文化，以廉政为教育文化，带动检察文化建设全面发展"的"永检文化"体系，文化建设对检察履职带来明显效果。

（二）把握检察文化建设的核心

加强检察文化建设关键是在"以文化人"上下功夫，坚持把培养人、教育人、激励人、造就人作为文化建设的核心和任务。当前，最重要的就是要引领检察人员弘扬社会主义核心价值体系，牢固树立社会主义法治理念，培育政法干警核心价值观，努力践行正确的检察发展理念和执法理念。实践证明，核心价值就是凝结在文化中，决定文化立场、文化取向、文化选择的最深层要素，最终决定文化的生命力、凝聚力。

（三）倡导先进检察文化理念

只有坚持用先进检察理念文化直接引领执法工作实践，才能适应形势的发展，引导干警转变执法观念，把公平正义、保障人权、平等保护、无罪推定、关注民生、宽严相济、和谐执法、检务公开、有理推定、首办责任等理念自觉运用到执法办案之中，使其内化为干警的共同愿景和价值取向，外化为全体人员的追求和自觉行动。

（四）服务和保障检察中心工作

服务党和国家工作大局，服务检察中心工作，是检察文化建设必须始终坚持的基本原则，偏离这一点，检察文化建设就将迷失方向、失去重心。检察文化建设只有与各项业务工作有机融合，才具有可持续的生命力。检察文化创新的根本目的是促进工作，效果检验标准也是工作，所以检察文化创新与工作紧密结合既是切入点，也是落脚点。我院用文化智慧思维培育检察创新能力，通过文化途径将提升法律监督能力和执法公信力内化为领导班子和广大干警的内在追求。一是改进执法办案方式，加强执法规范化建设。建立"检察办案智库"，强化以"信息支撑侦查、信息提升监督、信息推进预防"理念。出台检察工作流程、差错责任评定与追究办法、执法办案跟踪监督办法，使每位干警、每道执法环节、每个执法岗位都有监督、有制约。二是创新管理举措，深入扎实推进检察改革。建立行政执法检察监督机制、外来人员犯罪依法平等办理机制、听证式逮捕审查机制等，确保检察职能的充分发挥，真正体现公平正义的主题。三是完善矛盾纠纷排查化解机制，积极维护社会和谐稳定。建立健全预警、会商、及时报告制度，重大敏感案件、热点问题分析研判制度，检民互动机制，执法办案风险评估预警机制等，把排查、预防和化解社会矛盾纳入执法办案各个环节。四是倡导实践文明理性的办案作风，树立执法为民良好形象。使办案干警真正做到以法服人、以理服人、以情待人，真正地融法、理、情于一体，达到人民群众满意的社会效果，树立文明理性办案的良好形象。

（五）突出检察人员主体地位

最高人民检察院曹建明检察长反复强调，检察文化建设必须"眼睛向内、重心向下、以我为主、因地制宜"，要求把注重突出和充分发挥检察人员的主体作用，作为检察文化建设必须牢牢把握的重要原则。我院用素质教育培育检察行为文化，通过提升职业素养和道德修养外化为检察人员的外在行为。一是实施劝导型勤政廉政建设。在全国检察系统首推《勤政廉政劝导词》、《勤政廉政场景指引》，从立志、交友、情感、心理、工作、廉洁等不同角度引导干警自行自律，使检察职业精神和道德理念真正内化为干警的内在信念和行为准则。二是广泛开展文明创建活动。编印《检察文明礼仪规范》，对执法、接待、检务等方面的文明礼仪作出详细规定。以"文明细胞"育"文明之花"，广泛参与文明城市、文明社区、文明家庭、检民共建等群众性精神文明创建活动。积极开展文明科室、文明干警、文明家庭创评活动，夯实文明单位基础。三是优化干部队伍知识结构。出台检察人才队伍建设实施意见、检察人才培养办法，充分利用检察系统业务尖子、专家型人才选拔评选机制，积极引导年轻干警向业务拔尖人才发展，使青年干警有成就感、归属感。四是民主科学管理营造人文关怀的舒心环境。制定关心干警职工工作生活及谈心谈话若干规定，切实做到关心人、理解人和爱护人。五是丰富干警业余文化生活。成立文学、书画、摄影等文艺兴趣小组，开辟"检察文化长廊"，展示干警在书画、摄影、篆刻、工艺品制作、文学、调研论文创作等方面表现出的才华和成就。

（六）赋予改革创新精神

一方面，要不断推动检察文化建设的组织领导、理论研究、考核评价、成果转化与传播等方面的机制和制度创新；另一方面，要通过积极开展"创学习型检察院、做学习型检察官"等活动，不断加强检察文化的载体建设和方式方法创新，不断增强检察文化的吸引力、感染力，使检察精神文化内化于心，检察制度文化外化于行，检察物质文化稳步推进，不断拓展检察文化建设的深度和广度，为检察事业的科学发展提供强大的精神动力和智力支持。

（七）加强文化建设组织保障

一是健全完善齐抓共管的组织领导体系。要建立完整的检察文化建设工作组织体系，坚持检察长全面抓，分管检察长分头抓，政工部门积极协调，各内设机构和党、工、团、妇组织密切配合的工作网络，把检察文化建设与执法规范化、队伍专业化、管理科学化、保障现代化相结合，并进一步明确实施检察文化建设的措施方法、组织保障，形成齐抓共管的检察文化建设工作格局，确保检察文化建设循序渐进，有重点分步骤地持续推进。二是强化推动检察文化建设的经费及物质保障。积极争取地方党委政府的支持，加强与相关职能部门的沟通协调，将检察文化建设经费纳入财政经费预算，为开展经常性文化活动提供有力的经费保障。

对进一步推进检察文化建设的思考

王　婷[*]

文化是一个民族的根基，也是一项事业发展的根基。任何一种文化之所以能够维系而且不断发展，外部环境和内在的动力是决定其合理存在的必然因素，但事物发展的根本原因乃是其自身矛盾演化的结果。马克思主义认为，事物的内因最终决定事物的发展。某种文化的核心价值观显然决定其内部矛盾的主导方面。检察文化亦是如此。要巩固和推动检察事业的创新发展，就必须构建属于检察事业的文化。近年来，各地检察机关立足于社会发展的新形势和检察事业发展的新要求，把检察文化建设作为提高检察人员素质和推动检察工作发展的新动力，不断探索、创新检察文化建设的途径与方法，充分发挥先进检察文化的引导、教育、凝聚、塑造等功能，有效促进了检察工作的健康持续发展。

在检察文化建设取得一定成绩的同时，也要清醒地看到，当前检察文化建设中仍然存在一定的问题。主要表现在：部分干警对检察文化及其建设的重要性、必要性缺乏正确认识；相当一部分干警对检察文化的认识仅停留在肤浅认知层面，对其实质研究不深、不透；检察文化建设中，仍存在重形式、轻实质的倾向，文化建设表层化、简单化、庸俗化、功利化；检察文化建设各院发展不均衡，文化建设重点不突出，特色不鲜明。这些问题的存在进一步证明，检察文化建设是一项长期、复杂的系统工程，不可能一蹴而就，既需要立足当前，认真探索；又需要着眼长远，常抓不懈。要站在新的起点上，在实践中探索，在继承中创新，在开展检察文化建设中要着力做好以下几方面工作。

---

*　作者单位：西藏自治区林芝县人民检察院。

一、检察文化建设必须树立和坚持正确的文化发展观

坚持正确的文化发展观，就是要坚持用全面的、实践的、群众的观点去看待、检验文化工作的成败得失。检察文化建设不仅要把文化建设的价值定位于为检察事业发展提供思想保证、智力支持，而且要把文化建设定位于不断满足最广大检察人员的文化需求；必须充分尊重中国的国情，必须充分尊重各地各级检察机关的具体情况，充分发挥和挖掘各地的文化资源，制定出长期的检察文化发展规划，做到既不急于求成又不消极等待，既积极又稳妥，保证检察文化建设的全面性、协调性和可持续性。

二、检察文化建设必须突出以人为本

检察文化的精髓是重视人的价值、发挥人的作用，因此，应当力求把实现检察机关的整体价值和实现检察官的个人价值统一起来。既要重视检察官个人因素在检察工作中的决定性作用，充分调动检察官群体的积极性、创造性，又要从理解、尊重、培养人的角度出发，关心检察官的个人生活，支持检察官的进取精神，满足他们的物质和精神需求。在检察文化建设中要坚持检察人员的主体地位，把服务检察人员作为检察文化建设的出发点和落脚点，充分发挥检察人员的主体作用，调动检察人员参与文化建设的积极性，激发其文化创造的潜能，让检察人员在文化建设中充当主角，更加自觉、主动地推动检察文化的创新发展。要始终自觉地关注以文化的发展和进步来促进检察人员的全面发展和完善，努力体现最广大检察人员的文化利益。要从检察人员的现实需要和长远需求出发，切实加强基本队伍建设、基本活动内容建设和基本活动方式建设，使全体检察人员得到更多的文化福利。要把管理建立在人的自我管理和内心醒悟的基础之上，力求实现检察机关的整体价值和检察人员的个体价值的有机统一。同时，检察文化建设的各项措施也应当是以人为本，并被广大检察人员所乐于接受的，这样才能使检察文化建设充满生机与活力。

三、检察文化建设必须要立足并服务于检察实践

检察文化和检察实践是相辅相成、相互促进的。检察文化为检察实践提供精

神动力，检察实践为检察文化提供创作源泉。只有紧密结合检察实践，检察文化建设才有立身之本，才能在不断发展的检察实践中汲取营养并发展壮大。因此，要大力倡导融检察文化建设于办案实践之中，在工作中培育文化，用文化促进工作，使检察干警真正做到公正执法、规范执法、文明执法，取得法律效果、政治效果和社会效果的统一。要逐步将先进检察文化的精髓和内涵渗透到检察实践的各个方面和各个环节，使其在工作实践中不断充实与完善，不断向纵深延伸和发展。要通过检察文化建设，努力实现文化在推动工作上的导向、规范、凝聚、激励和辐射功能，进而促进检察实践的不断健康发展。

四、检察文化建设必须要突出个性与特色

检察文化既有共性的一面，也应有其鲜明的个性，这正是检察文化具有无限的生命力、对检察干警具有巨大号召力的根源所在。部分院的检察文化建设之所以重点不突出、特色不鲜明，根源就在于文化理念的形成中不注重体现本地的自身特点、历史渊源和发展趋势，使文化建设趋于一般化，个性不明显。文化的优势在于个性与特色，在检察文化的建设上必须要坚持自己的个性。要紧紧围绕检察核心灵魂、本单位检察文化主题，加强本院特色文化品牌的总结提炼、开发推广。要加强对本地特色文化的研究，把本地优秀的文化与检察文化相结合、相融合，借本地文化提升个性检察文化。要加强特色文化活动的策划和开展，用特色活动培养和体现个性文化，从而使检察文化更具个性化、本地化，更具生命力。

五、检察文化建设必须要加强制度建设

制度需要文化做支撑，文化离不开制度的保证，制度是文化的根基所在。要从制度建设入手，注重从制度和规范层面加强检察文化建设，真正使其内化于干警的心灵，外化于干警的行为，使各种无形的制度产生有形的力量，成为推动工作的强大动力。要健全制度，营造格局，将制度建设作为保障检察文化健康发展的重要工作来抓，建立促进检察文化建设的长效机制。要尽可能地用制度将一个院的发展目标、集体道德、行为要求等进行定型化、具体化，逐渐形成先进检察文化的养成机制。要着力于总体规范的制定和工作部署，着力于部门之间的组织协调与具体活动的督导检查，着力于在文化实践中调查问题和总结、升华经验，

不断巩固和提升检察文化成果。为保障检察文化建设的顺利进行，要建立健全符合本院实际的，以目标管理、绩效管理、基础管理、流程管理等为主要内容的规范化管理体系，做到职责明确化、工作流程化、质量标准化，使工作有导向、衡量有标尺、考核有标准、奖惩有依据。制定制度时要坚持以人为本，真正从促进工作、促进人的发展的角度去制定和完善制度，使各项制度真正为干警所接受并执行。在制度建设上要注重系统性，体现和谐性，使各项制度之间互相配合，互相补充，从而形成完整的制度体系，促进检察文化的养成。

六、检察文化建设必须要注意创新

创新是检察文化建设的内在要求，也是推动检察工作持续发展的不竭动力。检察文化会随着时间的推移和检察实践活动的深入而不断丰富与发展。要使检察文化真正体现出现代法制社会对检察官职业的要求以及对司法活动的规制，必须在文化思维理念和工作实践中与时俱进，使检察文化的内涵不断创新发展和富于时代性。要从社会发展要求和检察文化使命出发，以党的新时期科学理论为指导，不断促进法治观念、执法观念、价值观念、行为方式、道德准则等文化内涵的丰富与发展。在检察文化创新上，必须立足于社会主义法治建设和检察实践，深入检察工作第一线，搜集第一手检察资料，要从实践中汲取营养，并深刻生动地表现检察实践。要清醒认识检察文化建设中存在的问题与不足，大力推动检察文化内容、形式、体制、传播手段的创新，丰富检察文化内涵，增强检察文化活力，以丰富的检察实践来繁荣和推动检察文化建设。检察文化的创新不能脱离现有的检察制度和固有的检察文化，要紧密结合当前检察工作的实际进行。要注重结合本地区和本院的实际，在开展共性检察文化的基础上，找准自身文化建设的着力点，创新文化内涵，构建具有本地特色的检察文化体系。

试析"三位一体"检察文化建设格局的构建

王燕鹏　王　凯*

党的十八大指出，文化是民族的血脉，是人民的精神家园，充分阐释了文化对于一个民族和国家的重要性。对于检察机关和检察官而言，检察文化的重要性也是不言而喻的，对此，无论是理论界还是实务界，都给予认可。但是，如同"文化"一词的概念众说纷纭一样，检察文化的具体内涵、外延，仍然属于理论界和实务界重点研究并富含争议的课题，尚未形成统一的认识，进一步引发了关于如何加强检察文化建设的不同讨论视角。本文旨在通过理论分析和实践总结相结合的方式，从检察职业文化、检察机关文化和检察特色文化三方面，对检察文化的内涵和外延进行界定，以期能够为检察文化建设的理论和实践提供一些思路和借鉴。

一、检察文化的基本内涵

(一) 何谓"文化"

正如林林总总的文化现象一样，"文化"一词的概念，感性认识比理性认识来得容易得多。我们很容易区别具体的文化现象，却难以明说文化的具体概念。在文化的概念界定上，较为经典的概念，当推爱德华·B. 泰勒和莱文·A. 怀特的论述。泰勒指出，"所谓文化或文明，在其广泛的民族学的意义上来说，是知识、信仰、艺术、道德、法律、习惯及其他人作为社会成员而获得的所有能力和习性的复合的总体"。① 怀特认为，文化是"依赖于符号的使用而产生的现象的综合—行为（各种类型的行为），物体（工具，由工具制成的产品），观念（信

---

* 作者单位：北京市人民检察院第一分院。

① ［英］爱德华·B. 泰勒：《原始文化》，连树声译，上海文艺出版社 1992 年版，第 1 页。

仰、知识）和感情（态度、价值）"。① 细究可以发现，前者比后者更加包罗万象，后者比前者更加层次分明。本文探讨的"文化"概念，正是基于上述两种定义，既强调文化内涵的广泛性，也注重区分内涵的层次性。

（二）"检察文化"的概念评述

目前对检察文化概念的具体表述中，有的将文化的概念略作变动，直接套用为检察文化，如根据上述怀特提出的文化的心理要素、行为要素、物质要素三个层次，将检察文化定义为由检察精神文化、检察行为文化、检察物质文化三要素所构成。② 有的将法律文化的概念进一步细分进而引出检察文化，如提出"检察文化是法律文化的组成部分。检察文化首先是文化，其次是法律文化，要放在法律文化的大背景下来研究检察文化"。③ 可以看出，检察文化的概念同样纷繁，不一而足。但归纳这些观点，主要是从检察文化与文化、法律文化的从属关系的认定上得出的，即"文化＞法律文化＞检察文化"这样一个基本结论。

（三）本文所采观点

中国检察官文联主席、原最高人民检察院常务副检察长张耕 2007 年 11 月在全国检察机关文化建设巡礼上指出，"检察文化是中国特色社会主义先进文化的组成部分，是检察机关履行法律监督职能过程中衍生的法律文化，伴随着中国特色检察事业的发展而不断丰富完善。检察文化建设涵盖检察思想政治建设、执法理念建设、行为规范建设、职业道德建设、职业形象建设等等"。④ 最高人民检察院《关于加强检察文化建设的意见》中也明确，检察文化是检察机关在长期法律监督实践和管理活动中逐步形成的与中国特色社会主义检察制度相关的思想观念、职业精神、道德规范、行为方式以及相关载体和物质表现的总和。考虑到目前检察文化概念的官方认定具有普遍意义，同时，与"文化"的通行概念存在较为清晰的内在联系，本文采取如是观点作为进一步论述检察文化的基本出发点。

---

① ［美］莱文·A. 怀特：《文化科学：人和文明的研究》，曹锦清等译，浙江人民出版社 1988 年版，第 133 页。

② 徐汉明：《检察文化建设：理念更新与实践创新》，载《法学评论》2011 年第 3 期。

③ 刘宇红：《浅谈检察文化建设》，载第四届国家高级检察官论坛论文集。

④ 见《深入学习贯彻十七大精神推动检察文化繁荣发展 全国检察机关文化建设巡礼活动在广州举行》，载《检察日报》2007 年 11 月 28 日第 1 版。

二、"三位一体"检察文化体系的引出

在明确检察文化基本内涵的基础上,有必要对检察文化的外延进行探讨。笔者认为,检察文化的划分,可分为两个层次:首先,进行一般性和特殊性的划分,即一般性检察文化和特殊性检察文化,笔者将后者称之为检察特色文化。其次,再对一般性检察文化进行第二次细分,区分出不同检察文化主体,即检察人员和检察机关,① 分别对应检察职业文化和检察机关文化。基于上述考量,本文将检察文化分为检察职业文化、检察机关文化、检察特色文化三个方面。下面,笔者通过几组概念的对比,力图更加直观地展现和界定这三个方面的基本内容:

(一) 检察职业文化区别于企业职业文化

在社会职业文化中,企业文化占据着重要地位。而优秀的企业文化,甚至会超出企业范围之外,深刻影响到社会的发展。企业文化本身包含很多内容,作为企业文化的分支,企业职业文化具有一定的代表性,因此这里侧重选择其中涉及职业文化的部分作为对比:从职责内容看,检察人员的职责属于法定职责,企业职员的职责属于月底给职责;从职业追求看,检察人员追求的是法治、公平、正义等方面内容,企业职员本质上是逐利。这两方面的显著区别,奠定了检察职业文化与企业职业文化在具体内容和目标价值上的明显差异。

(二) 检察机关文化区别于其他团队文化

从广义角度来看,任何一个组织的文化或许都能纳入团队文化的范畴。检察机关文化自然也属于团队文化。但检察机关与其他组织之间的区别,也会折射到检察机关文化与其他团队文化的关系上来。具体来说,检察机关首先是机关,机关和其他团队,在事务管理、人事管理等方面存在不同;其次,检察机关又不同于其他党政机关,作为国家法律监督机关,具有职责刚性较强、自由裁量范围较小等特性。上述这些不同之处,就决定了检察机关文化与其他团队文化在内部氛围和外部环境方面的迥异。

---

① 徐汉明:《检察文化建设的主体性和规制性》,载《检察日报》2013 年 7 月 12 日第 3 版。文章中提出检察文化建设的主体有三个层次的划分:检察机关、检察人员及其群体组织。考虑到检察官群体组织本质上是检察人员的联合,故本文不予单列。

（三）检察特色文化区别于一般性检察文化

作出这个区分的出发点是要明确检察文化是一般性与特殊性的内在统一。虽然检察官和检察官之间、检察机关和检察机关之间都大同小异，但这并不意味着不同地域、不同层次的检察文化之间就应该是千篇一律的。恰恰相反，如果说检察文化是由检察官和检察机关主导下产生，那么在检察文化的后续发展中，也必然会受到来自检察官和检察机关外部的各种因素的影响，最为典型的例证就是具有地方特色的检察文化的产生。[①] 因此，正是由于这些不同因素的介入，实现了检察特色文化与一般性检察文化之间的分流。

三、"三位一体"检察文化体系的进一步论述和阐释

笔者认为，从实际操作层面而言，检察职业文化、检察机关文化、检察特色文化"三位一体"的检察文化格局的形成，主要应依托两条路径：一是顺势而为，即按照检察文化建设的内在规律相应地开展工作；二是精心培育，即积极探索符合基层实际、突出自身特色的检察文化建设模式。统一性和多样性并存，是不断加大检察文化建设的应有之义。检察文化建设，一方面，应当紧紧围绕检察人员、检察机关的法律职责要求和法律监督属性，完成必备的规定动作，这是检察文化建设的内在规律；另一方面，也应当处理好不同检察机关、不同地域检察机关各自独有的传承和创新之间的关系，这就需要特定的检察人员和检察机关的不懈求索。

（一）检察职业文化

所谓检察职业文化，就是以检察人员的法定职责、执法理念、职业道德、执法行为等为主要内容的文化分支。检察职业文化在检察文化的整体格局中，突出的是其主体性。这里的主体性应该从两个方面理解：一方面，检察职业文化本身，具有主体地位。也就是说，检察职业文化虽然隶属于检察文化的大框架下，但检察职业文化具有一定的独立性。这种独立性的来源很明晰，就是检察职业的独立性。因而，检察职业文化在整个检察文化体系中，占据着龙头地位，并能够

---

① 可参考王维新：《新形势下如何建设地方特色的基层检察文化》，载《陕西社会科学界第 3 届学术年会辉煌 60 年中国特色社会主义理论与道路专题论坛文集》；王殿宏、张平：《检察文化品牌建设与发展》，载《人民检察》2013 年第 8 期。

从检察文化的体系中适当分离，却并不因此而丧失自身的存在价值和完整性。在这方面，检察机关文化和检察特色文化的主体地位则明显不及检察职业文化。检察机关文化，究其根源，仍然需要具体的检察人员依据职责去创造、去发展，因此，检察机关文化必然难以超越检察职业文化而独立存在；检察特色文化，则完全依赖于特定的检察人员和特定的检察机关，也难言独立性。另一方面，检察职业文化根植于检察人员这个主体，也因此可以从主体性来加以界定。通过对检察职业文化主体性的两个方面的把握，可以进而深刻理解，检察职业文化建设对检察文化建设整体水平的带动和牵引作用。换言之，检察职业文化的主体性地位，从其自身来看，是整个检察文化体系的动力火车头；从其根植的对象看，是整个检察文化体系的造血干细胞。

（二）检察机关文化

检察机关文化是"检察机关在对机关的人和事进行管理的过程中形成的管理文化"。[1] 检察机关文化在检察文化的整体格局中，突出的是其组织性。主要可以从对内和对外两个方面来把握：检察机关文化的对内方面，指的就是检察机关内部的各项规章制度、组织人事纪律、监督制约机制等内部的管理及其制度，还包括营造风清气正的机关环境以及"尊重老同志、培养年轻同志"等团结和谐的机关氛围，这些都是通常意义上检察机关文化所具备的基本内容。检察机关文化的对外方面，则首先要求从整体的角度看待检察机关，其次要积极树立起检察机关良好的整体形象。之所以强调检察机关文化的重要性，既是考虑到检察机关作为一个整体，在检察文化建设中的主体位置；也是由于检察机关自身作为一个组织，必然有其特定的组织文化。同时，如上所述，组织文化进而可以细分为组织内部文化、组织外部文化。检察机关文化的内外两个方面，彼此之间属于相辅相成的关系。简言之，检察机关文化反映出的检察机关内部人和事的管理成效，会促进树立检察机关良好的社会形象；而检察机关文化反映出的检察机关外部的良好社会形象，也同样能够强化检察机关的文化自觉和自信，有助于进一步优化内部的管理。

（三）检察特色文化

检察特色文化指的是不同检察机关所呈现出的立足自身实际基础上的具有明

---

[1] 陈茜倩：《我国检察文化建设现状及其完善建议》，广西师范大学 2012 年硕士学位论文。

显独特性的检察文化。如前所述，检察文化的培育，不排斥甚至是鼓励创造性行为。千篇一律的文化是没有生命力的。尊重和保持文化的多样性，具体到检察文化体系中，就是检察特色文化的形成。应当认为，检察文化的丰富多彩和蓬勃朝气，在较大程度上取决于检察特色文化的建设成效。只有检察特色文化的层出不穷，才会有检察文化的高潮迭起。检察特色文化，突出的是其自主性。而在自主性的含义下，就意味着检察特色文化必然是和特定的检察人员和检察机关捆绑在一起的。检察特色文化自主性的来源，主要有三个方面：一是历史的传承。文化是一脉相承的，检察特色文化同样如此。二是当下的实践。立足于自身实际的源源不断的鲜活经验，是检察特色文化的经受住时间考验的重要保障。三是未来的创造。检察特色文化的发展要想不定格在过去，放眼未来就是必须坚持的方向。检察特色文化的特色可以进一步细分为工作特色、地域特色、历史特色等。这些不同类别的特色文化，不要求全都具备，只需其一就可以认定为是检察特色文化的组成部分。

四、加强检察文化建设的几点思考

根据检察职业文化、检察机关文化、检察特色文化的格局，就加强检察文化建设提出以下几点看法：

（一）加强检察职业文化建设

总体思路是要依据检察职业的内在要求来构建。如果将检察职业视作一种特殊身份，那么它至少应当有以下一些内在要求：政治性、法律性、公共性。所谓政治性，指的是从事检察职业的检察人员，应当具备较高的思想政治水平，在思想和行动上能够同党和国家的方针政策时刻保持一致，这就要求检察人员牢固树立大局意识。因此，强化大局意识的树立，主动将检察工作纳入党和国家工作大局中来谋划和推进，确保执法办案的政治效果，是加强检察职业文化首先需要做的。所谓法律性，指的是检察职业是一种法律职业，检察人员就是法律工作者。因此，提升严格规范执法的水平，真正树立起法治理念和法律权威，是检察人员责无旁贷的使命。这需要检察人员在从事执法办案过程中，能够坚持以事实为根据、以法律为准绳，真正将这种要求内化于心、外化于行，确保执法办案活动的法律效果。所谓公共性，指的是检察人员通过执法办案等活动，与社会上的其他组织、民众有着深入接触，检察人员的行为对社会能够产生较为直接的影响，这就要求检察人员在履职过程中，应当充分考虑社会受众的诉求和反应。因此，检察职业文化应该注重在检察职业与社会的良性互动上有所作为，确保执法办案活动的社会效果。

（二）加强检察机关文化建设

总体思路是要依据检察机关的基本性质来构建。检察机关文化本质上是一种管理文化，直接来源于检察机关内外部的管理实践，并受到检察机关基本性质的深刻影响。我国宪法对检察机关性质的定位是国家法律监督机关。首先，法律监督意味着检察机关的司法属性。因此，在检察机关文化建设中，应当突出司法这个属性，促进完善体现公正司法的一系列体制机制。如在推进主任检察官改革过程中，一个重点课题就是要实现在履行法律监督职责过程中去行政化，而相应的制度设计和配套措施，是否能够真正落地，很大程度上取决于检察机关文化能否有效吸收并促进传统的行政审批式管理到依法独立行使检察权理念的转变。一方面，检察机关文化建设应当及时转变观念，实现与时俱进；另一方面，检察机关文化也应当具备前瞻性，通过检察机关软实力的提升促进主任检察官改革的有序推进。其次，法律监督意味着提升执法公信力、树立检察机关良好社会形象等课题。这些课题的共同特点就是更加凸显检察机关在对外交往方面的相关规则，也就同样需要通过检察机关文化的构建来营造良好的对外形象和交往氛围。

（三）加强检察特色文化建设

总体思路是要依据检察工作的实践特色来构建。检察特色文化建设，深深根植于不同检察机关、不同检察人员的辛勤劳作之上。相较而言，检察职业文化、检察机关文化的建设上，不同检察机关之间的差别并不十分明显，这两种检察文化共性成分更多一些；而检察特色文化则恰恰相反，个性成分占据着主导地位。因此，检察特色文化建设成效，直接反映了特定检察机关、特定检察人员的独特气质，是一个辨识度较高的检察文化分支。在强化检察特色文化建设时，应当着重处理好几对关系：一是文化传承和文化创新的关系。传承的是检察特色文化的历史积淀，创新的是检察特色文化的现实发展。二是工作实践与深入挖掘的关系。检察特色文化虽来源于检察工作，但两者并不等同，从检察工作实践到检察特色文化的形成仍然需要提炼和升华。三是保持特色与加强交流的关系。检察特色文化的形成不是闭门造车，需要在对外交流中汲取养分，并做到与自身特色的有机结合，从而实现本土化。四是地域特色与工作特色的关系。无论是地域特色，还是工作特色，都是检察特色文化的重要来源，两者之间可以彼此影响、相互融入。

党的十八大和十八届三中全会以来，我国法治建设力度持续加大、司法改革步伐不断加快，检察机关面临许多新的课题。笔者认为，检察职业文化、检察机关文化、检察特色文化三位一体检察文化建设格局，有助于使检察文化建设的节奏顺应检察改革的实际需求和检察工作的实践规律，能够在正确把握机遇、有效应对挑战、促进检察机关软实力提升等方面发挥出积极的成效。

对基层检察文化建设困境的几点思考

方　荔*

　　基层检察文化建设应该是我国文化建设中的一支生力军，应在我国社会主流文化建设中充分发挥积极的引导作用。但是，作为基层检察机关的一员，笔者从不同基层检察院的检察文化建设格局、表象、作用和影响来看，深切地感觉到目前我国基层检察文化建设还远远不能担负起引导社会文化建设的重担。不仅如此，仅在基层检察院的内部来看，检察文化建设也更多地只停留在有一层"文化"的外衣上。

　　一是基层检察文化建设大多流于形式、停在表面、止步于概念。

　　通过各种检察新闻，我们经常可以了解到某一基层检察院的检察文化建设情况，大多是流于形式、止步于概念。一种是把检察文化与当地的历史、古迹、人文进行"嫁接"，总结出几个字的文化精髓或精神，作为本院检察文化建设的经验和成果，之后就囫囵吞枣般地向外面进行推广，其实，这些经验和检察院的联系并不紧密，仅仅只是形成了一个个概念，把概念偷换成实质或者精神层面的性质，是一种"偷梁换柱"的做法。还有一种是把检察文化完全物化，以"文化墙"、"文化园"或"文化室"等诸如此类的表现方式予以展示，认为建立了这些物质化的实实在在的载体，就是一个基层检察院在检察文化建设方面有了突破，有了成绩，就值得推广。这也是一种对如何建设文化的误读，并且这种误读非常广泛，已经形成了普遍情况。不是说检察文化建设不能有物质化的载体、不能进行物质化的建设，但不能以此完全替代精神层面的建设和工作，不能以物质化的载体和建设作为衡量一个单位检察文化建设工作突出不突出、优秀不优秀的重要指标或唯一指标，这个只能是指标之一。

---

　　*　作者单位：四川省西昌铁路运输检察院。

二是基层检察文化建设工作不细、作风漂浮，有一点成绩就沾沾自喜，不图进步。

按照党中央现在"照镜子、正衣冠、洗洗澡、治治病"的总要求，检察机关都在深入开展党的群众路线教育实践活动。其实，在很多基层检察机关都存在检察文化建设工作不实、不细的问题，只注重表面文章，没有深入细致地研究落实，也缺乏专门人才持续深入地开展此项工作，没有真正把检察文化建设从物化外化转变为内化。基层检察文化建设工作从整体上显得作风漂浮、流于形式。大多数基层检察院的这项工作只有一个大框架，起不到多大的作用，实际效果自然也就没有。检察文化建设工作不实的具体表现就是重复活动，包括重复活动内容、重复活动项目、重复活动主题等，重复导致的结果就是干警对检察文化建设活动产生疲倦，疲倦导致反感和抵制，那么活动越多只要内容和实质没有太大变化，也就起不到应有的效果。检察文化建设工作不细的具体表现在于简单化活动，包括简单化学习、简单化过程、简单化总结等，最后导致的效果就是干警都不认为检察文化建设工作重要，认为这是一种负担，与业务工作无关、与检察工作无关。

三是基层检察文化建设难以持续发挥作用，载体落后，时代感不强，缺乏全局性、总体性思考和建构。

由于大多数基层检察院案件量较大，人手紧张，加上长期以来对检察文化建设缺乏一种全局性、总体性的思考和建构，也就导致基层检察文化建设难以持续性发挥应有的作用。在目前的信息化时代，很多基层院的门户网站平台还没有发挥文化信息的推动作用，就已经面对微博、微信等新媒体信息平台的冲击。当更多的人选择了微博、微信等来补充和更新自己的文化信息的同时，我们的基层检察院还停留在过去的陈旧的载体方式时代，这样时代感不强的文化建设明显滞后于时代，也就更加难以在信息化时代里取得文化建设引导的主动权，最终也就难以使检察文化在社会文化中持续性地发挥其应有的作用。

面对这些瓶颈，如何改变基层检察文化建设的困境，应该引起大家的重视、研究和思考。笔者在此谈谈自己的几点看法。

自 2013 年以来，中央对新闻战线提出了"走、转、改"即"走基层、转作风、改文风"的活动要求，笔者认为，把这个"走、转、改"应用到基层检察文化建设当中也非常贴切，不过这个"走、转、改"的含义与新闻战线的含义是有所不同的，在基层检察文化建设中的"走、转、改"的含义应该落实到"走向细节、转入日常、改变定位"三个方面。

首先，要让基层检察文化建设工作走向细节。这其中包括丰富的内容，比如理念设计上的细节、内容形式上的细节、媒介载体的细节等。在当前已经建立起一个大的粗糙的检察文化建设的框架之上，再细细地经营，添砖加瓦，使其真正成为一栋能够遮风避雨、能够住人的"房子"。通过细节的追求，使基层检察文化建设真正为干警营造出强烈的归宿感和职业荣誉感；通过检察文化建设为干警打造出一座精神的心灵的家园，这样的检察文化才会具有生命力，才会具有传承性，才能在社会中起到引导主流文化的作用。细节决定成败。基层检察文化建设工作必须梳理细节、把握细节、创造细节、经营细节，在细节中把每一项工作做得踏踏实实，落到实处，而不是飘在空中。

文化建设本来就是潜移默化地对人的精神层面起着作用，因此检察文化建设也要符合文化建设的规律性，不搞"假、大、空"，要从小事、小处入手，从细枝末节方面入手，以小见大、显微阐幽。比如：在检察文化建设的物质载体方面，有条件的检察院可以在微博、微信平台上，搞一个群，发送佳美文章、诗歌图片、廉政警言警句、健康知识等方面的文化信息内容，进行文化信息的共享。当然，这需要经费和专业人员的大量投入，仅仅依靠基层检察院很难办得起来或维护下去。又比如：在检察文化建设的内容形式上，可以建立一个区域性的检察文化论坛，定期或不定期地开展交流，或者请一些专家学者来做主题文化讲座，或者针对本院干警喜好的书法、绘画等文化项目开展一些专项的文化主题辅导。文化的特点就是需要多交流、多分享，由此形成文化的浓厚氛围，逐步熏陶和影响人的行为和性情。

其次，要让基层检察文化建设转入日常化，成为日常工作的一部分。和检察机关的各项业务工作一样，只有把检察文化建设也作为一项日常工作，才能使基层检察文化建设变得正常起来，而不是一种浮在表面的花样工作，仅仅作为一种锦上添花的点缀，而最终应该使其成为基层检察事业的牢固基石。

日常化检察文化建设，就是要让检察文化从工作、学习、生活三个层面深入检察机关中去，实现文化加工作的文化工作性渗透、文化加学习的文化学习性渗透、文化加生活的文化生活性渗透。只有做到这三项渗透，检察文化建设工作才能在真正意义上进入日常化，也只有这样基层检察文化建设才能进入良性循环的轨道。可以说，把基层检察文化建设工作日常化起来，才能真正实现文化的效用，顺利推动各项检察业务工作深入开展，并让每一名检察干警从"不得不做"转变为"我想要做"，把工作上升为职业，把职业再提升为事业，从而实现由量到质的根本转变。我们不是搞了不少"文化墙"、"文化室"吗？为什么不把每一间办公室都直接作为检察文化建设的重要载体？反而舍本求末地去做一些"皮毛文章"、面子工程，其实只要把干警的每一间办公室都渗透入文化建设的细节性建设，就是在把检察文化建设日常化起来。文化的含义和内容是极其丰富的，不要拘泥于形式上的局限，也不要拘泥于物质化的追求。比如：用干警自己的书画、摄影、手工作品等美化办公室，形成个性的办公室文化氛围；或者植入各种绿色植物，既能美化办公室又能有益身心健康，形成优雅的办公室文化情趣等，这些都是属于检察文化建设的日常化表现，应该倡导和鼓励。不一定花大钱来打造文化，文化是点点滴滴渗透在日常工作当中的。只有把检察文化建设变成了日常化，才能把检察文化变成我们的生活必需品，当把文化变成了必需品，也就实现了文化促发展、文化促进步的根本目的。

最后，要让基层检察文化建设具有一个总体建构，使其定位和定性更加准确，改变目前把基层检察文化建设定位成一种"速食主义"的"快餐文化"，改变目前把基层检察文化建设定性为单一一项文化活动的性质。在生活和工作节奏加快的今天，我们可以明显地感觉到快餐文化对人的思想和精神的侵蚀，快餐文化的流行是这个时代的弊病，它虽然可以快速地短暂地饱腹，却不能提供给我们更多更好的营养，也不能深层次地提供给我们以精神的人文积淀。最致命的是这种快餐文化更多地带来的是低俗和娱乐化，看似热闹和丰富，其实实质很苍白无力。我们在基层检察文化建设中的粗糙构建、简单概念化、流于形式等情况，其实都是这种"速食主义"的"快餐文化"造成的影响与后果，这在初始化文化建设过程中不自觉地受到的影响，将在不断深化建设中使我们遭遇到瓶颈和困境，应该引起足够的重视和警惕，并及时纠正，否则这样的文化建设只能是南辕北辙。

一是要从定位和定性上把基层检察文化建设从"快餐文化"建设转变成精神食粮建设。文化从根本上来说就是精神食粮，我们在内心需要这种精神食粮，这使得我们与动物区别开来，拥有丰富的人文素养。二是要从定位和定性上把基层检察文化建设从"糕点型"的文化建设转变成"大米饭型"的文化建设，使文化建设彻底摆脱点缀的附属性质，成为日常化的需求，从而得以深入。三是要从定位和定性上把基层检察文化建设从"年夜饭"性质的文化建设转变成"一日三餐"的文化建设。从笔者所在的基层铁路检察院来看，就是深刻认识到了这种"年夜饭"性质的文化建设的局限性和弊端，并努力尝试把一年一度一周时间的"检察文化周"改为了每月一个检察文化主题的主题文化月，这样既解决了"年夜饭"的问题，又使文化建设向日常化迈进了一步。有转变才能有进步，才可以使文化建设始终保持蓬勃的生命力，才能进一步开花结果，起到良性循环的作用。

基层检察院文化建设的实践探析与理论思考

方复东　马梦艺*

引　言

检察文化是检察机关在长期法律监督实践和管理活动中逐步形成的与中国特色社会主义检察制度相关的思想观念、职业精神、道德规范、行为方式以及相关载体和物质表现的总和，是中国特色社会主义先进文化的重要组成部分，是推动社会主义文化大发展大繁荣的必然要求，是检察事业不断发展的重要力量源泉。① 开展检察文化建设是社会主义核心价值体系的具体实践，是检察机关队伍建设的灵魂工程，是构建检察机关共有精神家园的根本所在。

党的十八大指出，"文化是民族的血脉，是人民的精神家园。全面建成小康社会，实现中华民族伟大复兴，必须推动社会主义文化大发展大繁荣"。检察文化作为检察事业的重要精神支撑和检察工作发展的内在动力，新时期、新形势、新任务对检察文化建设提出了新的更高要求。最高人民检察院先后采取一系列有力措施深入推进检察文化建设，2002 年，颁布《人民检察院基层建设纲要》，明确提出了"检察文化建设"的任务；2010 年，专门下发《关于加强检察文化建设的意见》；2012 年，召开全国检察文化建设工作会议；2014 年，颁布《2014—2018 年基层人民检察院建设规划》，明确提出了"提升检察文化建设层次，深入加强检察文化建设"的要求。各级检察机关紧紧围绕"强化法律监督，维护公平正义"检察工作主题，着眼于检察事业的创新发展，以提高检察人员综合素质为目的，认真贯彻最高人民检察院的"文化育检"战略部署，在检察文化的理

---

*　作者单位：青海省西宁市城西区人民检察院。
①　青海省人民检察院《关于加强检察文化建设的实施意见》。

论研究、组织推动、制度创新、机制建设等方面不断探索，创新推进，检察文化建设取得了显著成效。但检察文化建设如何不断满足检察人员的文化需求，如何突出特色、增强生命力，如何在繁荣发展的同时发挥其社会功能等问题，正随着检察文化建设的深入推进逐步成为各级检察机关实践探索中急需解决的一项重要任务。本文以青海省西宁市城西区人民检察院近年来开展检察文化建设实践为着眼点，结合各地基层检察院开展检察文化建设的实际，就基层检察院检察文化建设实践探索中的不足及引发的理论思考作一些阐述，以抛砖引玉。

一、基层检察院检察文化建设的实践探索

检察文化建设的探索发展过程，是一个对检察文化和检察文化建设的认识和实践不断深化的过程。西宁市城西区人民检察院坚持把检察文化建设作为实现检察工作自身科学发展的"助推器"，以社会主义核心价值体系为引领，制定了《关于加强检察文化建设的实施意见》，确定了"理念文化提素质、廉政文化树形象、制度文化促规范、日常文化添活力、群众文化增公信"的检察文化建设思路，积极探索以文化聚人心、以文化激活力、以文化促发展的发展模式，成立检察官文学艺术联合会，以多元化的方式把检察文化建设充分体现到执法公信力建设、队伍建设、业务建设、管理制度建设以及日常生活中，深入挖掘文化建设的引领导向、凝心聚力、鼓舞激励、宣传辐射作用，促进检察工作创新发展，检察文化建设成果得到了全体干警的一致认同。

（一）理念文化建设与思想教育相结合，促进执法理念转变

重视政法干警核心价值观、现代执法理念的培养，强调思维方式和执法观念的转变，把社会主义核心价值体系、社会主义法治理念作为理念文化建设的核心内容，以举办演讲比赛、理论研讨会、专家讲坛、检察官论坛、公诉论辩等文化活动促进队伍执法理念的转变。提出了"拼搏创新、永争一流"的院训，使其成为凝聚力量、推进工作和激励干警奋发向上的精神支柱。把检察理念文化所培育出的公正廉洁、爱岗敬业、开拓创新等精神追求，作为推动工作不断创新发展的精神动力，不断推进检察工作。

（二）廉政文化建设与廉政教育相结合，促进公正廉洁执法

坚持以廉政文化推动廉洁从检、勤廉履职教育的深入，通过举办廉政警示讲

座、廉政警句上墙、发送廉政短信等文化活动形式，对干警进行身份提醒。并与干警家属签订《廉政倡议书》，让干警家属也参与到干警的廉政教育之中，每年对涌现出的干警"廉内助"进行表彰，切实将廉政教育融入干警的工作圈、生活圈和社交圈，使廉洁从检、规范执法的要求内化于心、外化于行。

（三）制度文化建设与规范化建设相结合，推进规范化进程

坚持从实际出发，把制度文化作为构建科学管理机制、规范和约束干警行为、推进规范化建设进程的重要保障，加强管理机制建设，逐步形成了以业务流程、执法监督、办案质量管理为主的管案制度，以队伍管理、廉政教育、人才培养、目标责任、考核激励、司法礼仪为主的管人制度和以信息化建设、车辆管理、财务管理、后勤服务等为主的管事制度。归纳梳理编印成制度汇编、业务工作手册、干警教育手册等，使管理由制度和机制层面上升到了文化层面，由内而外对干警产生影响，使干警在思想上高度重视，在工作时严格执行，在生活中模范遵守。

（四）日常文化与节日文化相结合，启迪心智陶冶情操

注重发挥检察文化"润物细无声"的导向作用，利用日常文化和节日文化与干警生活密切联系，坚持在重大节日期间，开展主题文化活动。建立检察乐队和检察文艺宣传队，推出以思想教育、业务学习、道德修养、国学赏析、养生保健等为主要内容的"检察大讲堂"系列活动，开设书法、绘画、摄影艺术培训班，通过举办歌咏比赛、宣讲竞赛和趣味运动赛等活动，既丰富干警的生活，又陶冶情操，释放工作压力，增强队伍凝聚力。修建了"尚法惟正"、"围腐"等造型独特、寓意深刻的检察文化浮雕，建立了院史荣誉室、电子阅览室、干警图书室、文体活动室、文化走廊等文化设施，实现办公环境和检察文化相结合、相统一，使无形的文化有形化、环境化，让干警在充满活力和生机的办案办公环境中充分感受检察文化的熏陶和教育。

（五）群众文化与提升检察公信力相结合，促进群众满意度提升

注重发挥检察文化服务群众、联系群众、宣传检察工作的功能，创办了《城西检察》院报，开通了官方门户网站、微信平台、检务微博，加强与网民的沟通和互动，组建了预防职务犯罪宣讲团，通过开展"检察开放日"，检察人员"进机关、进企业、进社区、进学校、进农村"，修建社区检察廉政宣传文化墙、检

察官参与社区群众文艺演出，检察官志愿者模拟法庭进社区等群众喜闻乐见的文化形式，密切与群众的联系，拉近与群众的距离，最终达到了宣传工作、普及法律、服务群众、群众满意的目的。

二、当前基层检察文化建设中存在的不足

实践证明，检察文化建设与检察工作相辅相成，检察文化是引领检察工作科学发展的强大精神动力，检察工作是丰富检察文化的重要实践载体。各级检察机关的探索实践为检察文化建设积累了大量有益经验。但是，检察文化建设作为一项长期、复杂的系统工程，既要不断总结积累、创新发展，还要着眼长远、常抓不懈。当前，检察文化建设与党的十八大和新时期检察工作发展的要求相比，还存在一些差距和需要改进之处。

（一）个别检察人员对检察文化建设认识片面

一是个别检察人员对检察文化建设的重要性、必要性缺乏正确认识，对检察文化的认识不够深入、不够透彻，往往认为检察文化建设就是搞花架子，没有什么实际作用；也有的认为，开展检察文化活动是对正常工作秩序的冲击，是浪费时间、不务正业。二是无限夸大检察文化的作用，把检察文化看作队伍建设和队伍管理的灵丹妙药，不管单位出现什么问题都可以用检察文化来"治病"，都可以与检察文化相联系，从而忽视检察文化真正的意义和作用。三是对于检察文化建设的内涵理解不透彻，认为检察文化就是唱歌跳舞搞活动，对检察文化的认识停留在狭义和肤浅的层面上。

（二）检察文化建设特色不鲜明、个性不突出，缺乏文化品牌意识

检察文化既有共性的一面，也应有其鲜明的个性特征。但是，在实际中的检察文化建设中，很多基层检察院没有充分注重检察院的地域人文环境、历史渊源、光荣斗争史以及检察干警的自身特点，造成检察文化建设泛泛化、重复化、低端化，没有鲜明的特点和个性及品位。[①] 检察文化建设中，学习借鉴的多，总结整合的少，存在似曾相识又千篇一律的现象。另外，对检察文化缺少积累、传承、创造和总结提升，创造文化品牌、打造精神名片的意识淡薄。

---

① 任晓刚：《和谐社会中检察文化建设的路径探讨》，载《宜春学院学报》2011 年第 9 期。

（三） 推进检察文化建设的专业人才缺乏

检察文化建设并非一项单纯的业务工作，而是一个庞大的系统工程。检察文化建设中涉及的文艺方面、组织协调方面、管理方面等，都需要有一批有激情、有思路、敢创新、能干事的检察文化人才，才能推进检察文化建设的长足发展。然而，现实情况却是各个基层检察院该类人才缺乏，使得文化活动开展乏力。

三、加强基层检察文化建设的理论思考

习近平总书记在中共中央政治局就提高国家文化软实力研究进行第十二次集体学习时强调，提高国家文化软实力，关系"两个一百年"奋斗目标和中华民族伟大复兴中国梦的实现。因此，作为检察机关，要紧紧围绕"强化法律监督，维护公平正义"的检察工作主题，大力加强检察文化建设，以检察文化建设的新成果推动检察事业的飞速发展。

（一） 加强检察文化人才队伍建设，深入挖掘文化建设的引领导向、凝心聚力、鼓舞激励、行为约束作用，促进检察工作科学发展

当前检察文化建设形式多样，载体丰富，但是，检察文化在队伍建设和检察业务建设上发挥应有的推动促进作用还有待于进一步挖掘，因此，要在深入挖掘检察文化对队伍建设和业务建设的促进作用和增强文化自觉、提高文化自信、实现文化自强上下功夫。一是以建设专业检察文化人才队伍为着力点，繁荣检察文化，队伍是根本，人才是关键。做好新形势下检察文化工作，关键在于培养和造就一大批高素质的检察文化人才。要把思想政治坚定、组织协调能力强、具有开拓精神、懂检察业务、熟悉文化工作、热爱检察文化的优秀干部和文艺人才选调到文化建设岗位上来。要善于发现和利用本单位的检察文化资源，发掘各类检察人才，激发文化创造力，充分挖掘干警文化潜质，为检察文化建设提供人才力量。二是以构建检察人员共同的价值体系、树立政法干警核心价值观为着力点，将检察文化建设与执法公信力建设、职业道德建设、思想政治建设、党风廉政建设等紧密结合，把"三个至上"、"四个在心中"和理性、平和、文明、规范执法等先进理念融入检察文化建设当中，并以此确定文化活动的主题，以文化的形式开展理念教育，注重由表及里、由浅到深，发挥文化潜移默化、润物无声的功效，将先进理念植入干警思想深处，形成一种文化自觉，由内而外促进干警执法

理念的转变，促进干警为民、务实、清廉。三是以促进严格执法、公正执法、规范执法、文明执法为着力点，把检察文化建设与干警执法素能建设、检察管理机制建设、执法规范化建设相结合，通过文化的形式深入开展岗位练兵、培训教育，有效提升干警执法素能，进而从促进工作、促进人的发展的角度完善检察管理机制和执法办案标准，使各项制度真正为干警所接受并严格执行，约束干警执法行为，由内而外地对干警产生影响，进而深化规范化建设。

（二）加强检察文化传播推广，发挥检察文化的社会功能

检察文化作为社会主义法治文化的重要组成部分，要自觉融入社会主义文化建设大局中，既要实现推动检察工作科学发展的对内功能，又要发挥检察文化的社会功能。[①] 要发挥检察文化在培育全社会法治精神和广泛宣传检察工作上的功能，将检察文化建设和普法教育、检察宣传、密切联系群众有机结合，坚持以法治、法律监督和服务群众为主题，既要通过制作卡通动漫、拍摄警示教育电影、传唱检察歌曲、表演文艺节目、编印检察书籍等群众喜爱、易于接受的文化形式增强检察文化的吸引力、感染力，又要不断创新文化的传播方式、表现形式，注重运用网络增强检察文化产品的影响力，大力发展网络检察文化，努力把互联网建设成为传播检察文化的新平台，使更多的群众认可、参与、支持检察文化活动，从而更好地密切与群众的联系，传播法治和正义之声，同时，展示检察机关可亲可敬的社会主义建设者、捍卫者和公平正义守护者的形象，不断扩大检察机关影响力，让更多的群众了解检察工作、支持检察工作、监督检察工作。

（三）突出检察文化的个性与特色，不断满足检察人员的文化需求

检察文化建设不仅要把文化建设的价值定位于为检察事业发展提供思想保证、智力支持，而且要把文化建设定位于不断满足检察人员的文化需求。[②] 一是坚持以人为本，发挥干警在检察文化建设中的主体作用。干警是检察文化的共建共享者，要让干警增强干警的责任意识、主人翁意识和集体主义精神，树立正确的文化发展观，充分认识检察文化建设的长期性和复杂性，把干警认可不认可、

① 江苏省常州市人民检察院副检察长李乐平：《检察文化建设要以核心价值观为内核》，载《检察日报》2012年2月21日第3版。
② 甘肃省人民检察院检察长乔汉荣：《对进一步推进检察文化建设的思考》，载《检察日报》2011年3月15日第3版。

满意不满意作为评判文化建设质量的重要标准，尊重干警的文化创作，让干警在检察文化建设中充当主角，释放潜能与智慧，升华情操与品位，努力做到检察文化建设在形式和内容上深受干警喜爱和乐于接受，在效果上体现干警利益和文化需要，让文化建设更好地贴近实际、贴近生活、贴近干警，增强干警投身检察文化建设的积极性、创造性，使检察文化建设充满生机与活力。二是坚持立足本地，建设符合本地文化实际和干警文化需求的特色检察文化。文化的优势在于个性与特色。首先，检察文化与其他文化的区别在于其鲜明的政治性和法律监督性，必须坚持法治特色，突出检察特色。其次，在检察系统内，也并不意味着检察文化个性的丧失，由于地理环境、历史文化、民族结构、社会资源、发展历程的不同，决定了每个院都具有自身不同的实践探索和文化个性。检察干警生于斯、长于斯，已经与当地文化深入融合，也深受当地文化的熏陶。只有弘扬地方文化优势，将检察文化与传统文化、地方文化交织交融，才能打造具有地方特色的检察文化，形成干警共有的精神家园。因此，检察文化建设既要从本地和外地、历史和发展以及检察系统内部和外部多个角度学习借鉴各种优秀文化，取长补短，又要保持自身特色，充分挖掘本地的文化资源，把本地优秀的地方文化、民族文化与检察文化相结合、相融合，建设适应地区文化、民族文化发展要求的特色检察文化。最后，要善于积累、传承和总结提升，不断推进文化创新，积极创造体现本院全体干警价值追求的特色文化品牌，形成全体干警奋发向上、团结和睦的精神纽带。

四、结语

检察文化建设是一项全方位、长期性、基础性、前瞻性系统工程，需要全员参与、全方位配合。新时期新形势下，我们要握紧检察文化建设这柄"利器"，不断充实检察文化的思想内涵和精神内涵，丰富载体，创造品牌，大力建设优秀和谐的检察文化，以检察文化建设的新成效推动检察工作新发展。

检察文化特质浅析

邓佛围[*]

检察文化是检察人员为主体的检察机关群体在长期的法律监督工作实践和管理活动中，逐渐形成的具有检察机关特点，并得到共同遵循的价值观念、思维模式、行为准则以及与之相关联的物质载体的总和。随着中国文化建设的深入推进与发展，检察文化在检察工作科学发展中的地位与作用备受重视与关注。"文化乃是内涵丰富的复杂整体"，[①] 如何透视种种复杂关系去理解和把握检察文化，引发检察干警深层次的"文化自觉"，成为当前检察文化建设中迫切需要研究解决的问题。为此，围绕检察文化建设主题，以民族文化传承、检察制度渊源、时代文化背景等方面，分析其特质，供同仁们讨论。

一、检察文化承载着中华民族的优秀文化传统

综观中华历史文化，许明等学者概括为历经"两次大的震荡与整合"，[②] 形成了许多优秀的文化特质。摒弃历史与阶级的局限，中国传统优秀的文化特质给今天的检察文化建设以丰富的启示。

（一）检察机关"执法为民"宗旨体现了传统文化中"民本思想"的扬弃

在中国历史长河中，对民众基础性乃至根本性作用的认识，逐步形成了深厚

---

* 作者单位：湖北省嘉鱼县人民检察院。

① 梁治平：《寻求自然秩序中的和谐》，中国政法大学出版社2002年版，再版前言VI。

② 许明等：《当代中国文化的发展》，中国大百科全书出版社2008年版，第2页。"两次大的震荡和整合"：第一次是在秦汉以后的魏晋南北朝时期，历时五百余年，直到隋唐在新的高度上整合成恢宏博大的伦理本位为核心的文化模式，而它的理论论证要拖后到宋明时代才完成。宋明以后，经五百余年一直到清末民初，中国文化在外来文化的强烈冲击下，终于迎来了第二次文化转型，第二次迄今没有完成。

的民本思想。经典的论述有荀子的"民水君舟"之说，即"君者，舟也；庶人，水也。水则载舟，水则覆舟"。① 孟子提出，"乐民之乐者，民亦乐其乐；忧民之忧者，民亦忧其忧。乐以天下，忧以天下，然而不王者，未之有也"。② 历史上也涌现出了一批重视与民休息的帝王，也造就了许多体恤民情、敢于为民请命的贤臣良吏。古代的明君贤臣、清官良吏体谅民众疾苦，关心百姓生活，一定程度上反映了人民的某些利益和愿望，有利于人民的生存与发展。尽管这种中国古代"家天下"历史背景下形成的民本思想中，"为民"只是手段，"保君"才是根本，带有浓厚的历史与阶级局限性，但对于检察机关深化"人民性"的认识，强化"执法为民"宗旨，牢记公权民授，根除特权思想和霸道作风，依法保护民生，有着积极的意义。

（二）检察职业道德建设体现了传统文化中"道德教化"的扬弃

中华文化是建立在宗法社会结构之上的伦理政治型文化，因对血缘关系的重视，衍生出对传统的极端尊重，形成了中华文化共同体所特有的历史心理，③ 特别重视道德教化作用，即所谓"以身训人是之谓教，以身率人是之谓化"。④ 中国传统文化中伦理道德的地位和力量巨大，道德法律化与法律道德化相互交融，充分展示了德性文化的灿烂光辉。当前，我国正处于由传统社会向现代社会转型时期，经济快速发展，但与之相匹配的制度安排却相对滞后，发展中暴露出诸多社会问题，一些人类文明所共通的、不证自明的具有普遍意义的道德成分受到冥落和破坏。⑤ 检察机关肩负着国家法律监督使命，每一位检察干警都有借鉴传统文化中"道德教化"之功能，对照新时期检察官职业道德要求进行全面反思的必要。

（三）检察机关对现代法治理念的追求体现了对民族传统中"礼法文化"的扬弃

"礼"是中华文化世代相沿的主要形态。古人在通过"礼"正面、积极规范人们言行的同时，对一切违背礼的行为用"刑"处罚，推崇"礼之所去，刑之

① 《荀子·王制》。
② 《孟子·梁惠王下》。
③ 许明等：《当代中国的文化发展》，中国大百科全书出版社 2008 年版，第 3 页。
④ 管同：《与朱干臣书》，载《因寄轩文初集》卷六。
⑤ 许明等：《当代中国的文化发展》，中国大百科全书出版社 2008 年版，第 242 页。

所取，出礼则入刑，相为表里"。① 正是这种"礼"与"刑"的"唇齿"关系，形成了中国传统"礼法"文化。随着"礼法"文化的发展，人们一直把"礼"奉为最高的价值评判标准，其中也酝酿着依法治理国家思想的演化进程。作为国家的法律监督机关，我们要通过与传统礼法文化的对比，领会社会主义法治理念的深刻内涵，与时俱进，将现代法治建设的各项要求转变为依法正确履职、维护国家法制的统一与尊严的自觉行动。

（四）检察机关服务和谐社会建设体现了传统文化中"和谐思想"的扬弃

和谐乃是文化的最高价值。在中国传统文化中，和谐思想经历了孕育、萌芽、形成和发展的历史过程，先秦诸子各家学派，特别是儒、道、法、阴阳等家，都不约而同地表达了对"和谐"的追求与向往。如"乾道变化，各正性命，保合太和，乃利贞"，② 道出了"和合"思想的内涵和精神实质，意思是事物发展变化尽管错综复杂、千姿百态，但在整体上却始终保持着平衡与和谐。孔子曰：大道之行也，天下为公，那是何等美好的社会，处处都透着和谐。孔子的弟子们从多个角度、多个层面提出"中"、"和"理想，倡导仁、义、礼、智、信，追求实现社会和谐。除了儒家以外，道家创始人老子提出"人法地，地法天，天法道，道法自然"，③ 就是强调人要以遵循自然规律为最高准则，以崇尚自然、效法天地为终生依归。墨家创始人墨子所谓"兼相爱，交相利"④ 的爱利相兼主张，力倡道德与功利协调一致，个人与社会和谐有序，也是集中阐发人际与社会和谐。我们所倡导的和谐文化，不是"君仁臣忠"、"父慈子孝"式的纲常伦理，也不只是"和气生财"、"中庸平和"式的修身秘诀，而是建立在现代公民身份和平等人格基础上的文化。⑤ 检察机关肩负着服务和谐社会建设的历史使命，应充分汲取传统和谐思想精华，更加充分发挥检察职能作用，依法妥善处理群众诉求，为社会发展营造公正高效的法治环境与和谐稳定的社会环境。

---

① 《汉书·陈宠传》。
② 《周易·乾卦》。
③ 《老子·二十五章》。
④ 《墨子·兼爱》。
⑤ 许明等：《当代中国的文化发展》，中国大百科全书出版社2008年版，第258页。

二、检察制度渊源及检察机关恢复重建 30 多年来蕴含着丰富的文化积淀

中国当代检察制度是对中外历史文化、制度模式等进行辩证扬弃的一种选择。① 特别是检察机关恢复重建 30 年来形成了较为丰富的检察文化积淀。总体上看，这种文化积淀主要表现在以下几方面：

（一）工作理念与时俱进

1978 年检察机关恢复重建后，第七次全国检察工作会议提出了党委领导、群众路线、执法必严、违法必究、保障民主、加强专政、实现大治、促进四化的检察工作方针；六届全国人大期间，随着全党工作重心转移，政治、经济和社会治安形势的变化，检察机关坚持四项基本原则，严格执行法律和政策，认真履行法律监督职责，积极开展各项检察业务，打击严重经济犯罪和其他刑事犯罪活动；七届全国人大期间，检察机关突出贯彻执行党的"一个中心、两个基本点"的基本路线，遵循宪法和法律的规定，坚持为社会主义现代化建设服务的指导思想；八届全国人大期间，检察机关确定了坚持以邓小平理论和党的基本路线为指导，坚持"严格执法、狠抓办案"的工作方针；九届全国人大期间，确定了"公正执法，加强监督，依法办案，从严治检，服务大局"的检察工作方针；2003 年以来，最高检确立了"强化法律监督，维护公平正义"的工作主题，以此统一思想、凝聚力量、推动工作。②

（二）制度建设逐步完善

1979 年 7 月《人民检察院组织法》颁布实施后，检察机关主要恢复设立了刑事检察、经济检察、监所检察等职能机构。伴随着我国经济社会迅速发展和民主法制建设深入推进，检察机关职能不断拓展，法律监督的范围从刑事诉讼扩大至民事审判、行政诉讼领域，检察组织体系不断健全。检察工作机制不断完善，建立了内部制约、讯问职务犯罪嫌疑人全程同步录音录像、检务公开、检务督察、专家咨询、特约检察员、人民监督员、执法规范化、检察工作一体化等一系列机制和制度，促进了执法的规范和公正。

---

① 徐汉明：《中国当代检察制度的特色及其优越性》，载《人民检察》2008 年第 15 期。
② 朱孝清：《检察理论研究 30 年的回顾与展望》，载《人民检察》2008 年第 16 期。

（三）职能作用有效发挥

各项检察工作职能特别是职务犯罪侦查使法律监督由"软"变"硬"，促进了法律监督全面加强和法律监督权威的树立。以反贪污贿赂工作为例，恢复重建之初，主要开展对贪污贿赂以及偷税抗税、假冒商标等经济犯罪检察工作；1993年中央作出加大反腐败斗争力度的重大决策以后，以查办发生在"三机关一部门"的贪污贿赂犯罪案件为重点，集中力量查办大案要案；1998年后，依法治国基本方略、国家尊重和保障人权等相继入宪，司法体制改革不断深入，反贪侦查在管辖范围、执法要求等方面均发生了重大变化，通过积极推进侦查机制改革，依法查办了一大批贪污贿赂犯罪大案要案，为维护社会公平正义、促进社会和谐和反腐倡廉建设作出了积极贡献。

（四）检务保障不断加强

检察经费保障水平不断提高，中央和省转移支付、专项补贴及国债资金投入比重加大，办案用房、专业技术用房等执法条件明显改善，"收支两条线"的财政管理制度不同程度地在执行。特别是即将启动的省级以下检察机关人财物统一管理体制改革，将为推动基层检察事业发展发挥积极作用。

三、社会主义文化大发展大繁荣给检察文化建设提供了科学发展的沃土

当今时代，文化逐渐从幕后走向前台，在社会生活中扮演着日益重要的角色，社会主义文化由此呈现出大发展与大繁荣趋势，形成了传统中国文化、狭义的西方文化与马克思主义的社会主义文化三分天下的格局。① 这不仅给国家经济社会平稳较快发展提供了不竭动力，也给检察文化建设提供了良好的发展沃土。

（一）传统文化、民族文化的回归越来越形成共识

近年来，在思想文化界兴起了一股传统文化、民族文化回归热，特别是"国学热"得到广泛提升。中央电视台《百家讲坛》栏目陆续播出的《于丹说论语》、《诸家百子》、《秦始皇》、《清史》、《刘心武解读红楼梦》、《胡雪岩的启示》、《钱文忠解读〈三字经〉》等，受到广泛好评，在人们的价值观、审美观、

---

① 许明等：《当代中国的文化发展》，中国大百科全书出版社 2008 年版，第 22 页。

教育观等方面，慢慢地、全面地恢复它的影响力，对凝聚民族精神、增加民族认同都有积极的作用。

（二）西方文化有机融入

如网络技术、市场规律、股市经济、破产制度、公司管理等西方先进科学技术、经营管理理念、法律规范制度，对中国经济社会生活发挥了巨大影响。除了在政治观念、经济伦理和科学技术方面表现突出外，在军事、哲学、体育、音乐、影视、生活方式与价值观念等诸多方面都有西方文化的影响。例如中美军事交流活动频繁，西洋音乐美术在中国生根开花，中西联合办学形式多样等。这充分表明当代中国文化正在高速地吸纳西方等域外文化，以不断丰富和越超自我。

（三）马克思主义文化引领

回顾近一百年中国思想文化的精神历程，马克思主义在中国"落地"并产生积极性的效应的过程，是艰难的。① 在20世纪20年代至30年代马克思主义中国化的最初岁月中，以毛泽东同志为代表的共产党人，把马克思主义的基本原理同中国革命的具体实践结合起来，创立了毛泽东思想；十一届三中全会以来，以邓小平同志为代表的中国共产党人，总结新中国成立以来正反两方面的经验，创立了邓小平理论，是马克思主义在中国发展的新阶段；十三届四中全会以来，以江泽民同志为主要代表的中国共产党人，积累了治党治国新的宝贵经验，形成了"三个代表"重要思想，是对马克思主义、毛泽东思想、邓小平理论的继承和发展；党的十六大以来，以胡锦涛同志为代表的共产党人，坚持理论创新与实践创新，创立了科学发展观，是当代中国的马克思主义；党的十八大以来，以习近平同志为总书记的党中央，提出实现中华民族伟大复兴的"中国梦"，为坚持和发展中国特色社会主义注入了新的内涵。在当代西方，马克思主义的普世性品质不仅没有减弱，反而加强了在全世界各国的传播。曾多次访问中国的法国哲学家德里达说："我挑上一个好时候向马克思致敬！"② 21世纪的中国文化，仍是以马克思主义文化为引领的文化形态。

（四）社会主义文化大发展大繁荣

文化越来越成为民族凝聚力和创造力的重要源泉、越来越成为综合国力竞争

① 许明等：《当代中国的文化发展》，中国大百科全书出版社2008年版，第332页。
② 许明等：《当代中国的文化发展》，中国大百科全书出版社2008年版，第333页。

的重要因素，丰富精神文化生活越来越成为我国人民的热切愿望。近年来，中国共产党坚持以邓小平理论和"三个代表"重要思想为指导，深入贯彻落实科学发展观，全面加强以社会主义核心价值体系为根本的和谐文化建设，文化氛围更加积极活跃，"文化下乡"等文化产品日益丰富，服务质量不断提高，文化建设与政治建设、经济建设、社会建设协调发展，文化领域大团结、大繁荣、大发展的良好局面已初步形成。为进一步推动这一文化发展局面，党的十七大提出，要坚持社会主义先进文化前进方向，兴起社会主义文化建设新高潮；党的十八大提出，倡导富强、民主、文明、和谐，倡导自由、平等、公正、法治，倡导爱国、敬业、诚信、友善，积极培育和践行社会主义核心价值观，为新时期检察文化建设进一步指明了发展方向。

有学者在总结中国历史上的教训时认为，文化生命的强盛与衰败是国势盛衰的本然原因。同时指出，一个没有信仰的时代是荒谬的时代，一个没有信仰的人是不真实的人。[①] 我们有理由相信，只要我们遵循历史文化的发展规律，坚持以社会主义先进文化为指导，全面加强新时期的检察文化建设，就一定能编织出一张"意义之网"，[②] 引领全体检察干警树立社会主义核心价值理念与信仰，为检察事业全面协调可持续发展注入新的更大的活力。

---

① 许明等：《当代中国的文化发展》，中国大百科全书出版社 2008 年版，第 341 页。
② "意义之网"源于吉尔兹对文化的定义，他认为文化是人们自己编织并且生活其中的所谓"意义之网"。摘转自梁治平：《寻求自然秩序中的和谐》，中国政法大学出版社 2002 年版，再版前言 Ⅱ 。

检察基层文化建设的困境与出路

石慧东[*]

文化，是一个群体在一定时期内形成的思想理念、行为习惯、价值追求，及由这个群体整体意识所辐射出来的一切活动。[①] 检察文化包容的精神内涵和价值追求如何，作为检察文化形成、发展、熏染的源头和一线，基层检察院在检察文化建设上有什么困境和挑战，拥有哪些优势资源，革新和完善的路径又在何处，笔者将尝试沿着这样的追问对检察基层文化展开探讨。

一、检察文化的应有内涵

把握一项事物的内涵、外延是开展工作的前提，其起到引导方向、厘定边界的作用。弄清楚检察文化的范畴，才能保证文化建设有目标、不偏倚。综合而论，检察文化包括制度、理念、信仰等具有意识形态特征的文化要素，以及包括器物、仪式、符号等具有物质载体特征的文化要素。分而化之，有学者将检察文化罗列为检察理念文化、检察组织文化、检察制度文化、检察设施文化、检察行为文化和检察语言文本文化6个子系统。[②] 笔者认为此种体系构建全面科学，故引而论之，并简要分析基层检察院在每个子系统建设中可能施展的空间。

1. 检察理念文化是检察工作人员"精神之核"，既包括法治、民主、公平、正义、权利、义务等法治文化的一些基本概念，还包括专属于检察工作人员的意识（如监督意识等）、观念（如"立检为公、执法为民"执法观念等）和原则（如检察权独立行使原则等）。检察理念文化建设有较强的自上而下的统一性特

---

 * 作者单位：上海市长宁区人民检察院。

 ① 见"文化"，互动百科，www.baike.com。

 ② 刘斌教授在《大力加强检察文化建设积极推动检察工作深入发展》中的发言，载《人民检察》2011 年第 17 期。

征，在检察文化建设中具有基础性地位，基层检察院在此处只能贯彻强化或进行方式创新，而不能在其内容上"百家争鸣"。

2. 检察组织文化是指检察机关依据法律规定，在长期实践中形成的行政体制、运作体制和管理方法所具有的文化内涵。组织是指由诸多要素按照一定方式相互联系起来的系统。① 要素的多样性和排列组合的复杂性决定了组织样态的千变万化，不同组织间的差异应运而生，而当某种组织样态具有一定的专属性时，其就具有了深刻的文化"味道"。检察机关组织建构、职能划分基本属于自上而下的刚性安排，但这并不表示，基层检察院对检察组织文化建设无能为力，其完全可以通过类型化办案组、项目化运作重点工作项目等方式调配人员、组合部门，塑造具有本院特色的检察组织文化。

3. 检察制度文化是指检察机关依法制定的规范性文件、章程制度所具有的文化内涵和所彰显的精神。有学者指出，"讲制度文化实际上就应当是讲与制度相关联的意识形态和与制度相关联的社会心理"，② 从这个层面来讲，检察制度在很大程度上是抽象检察理念的具体化，检察制度文化和检察理念文化互为表里，比如主任检察官制度便是检察权独立行使的制度表达。那么，两种子体系是否有重复之嫌？笔者认为，单列制度文化是必要的，单一的抽象常常可以塑造为多样的具体，正是在这多样的差异中，产生了专属性和特色性。基层检察院在检察制度文化建设上大有可为。

4. 检察设施文化是通过与行使检察职权行为所凭借的相关器物结构、形状与色彩、符号标识、物品陈设等客观化的形式来表达我们对检察院的职权特性、形象塑造以及工作目标的价值期待和追求。③ 除了检察制服、检徽等统一制式安排外，基层检察院可以在机关建筑设计、环境布置、办公区域安排，尤其是司法办案用房整体规划和布置上做些文章。

5. 检察行为文化是指检察行为所具有的精神内涵、所秉持的价值取向、所体现的文化特征。权利告知、讯问、控申接待、律师接待、心理测试、检察决定公开宣告、检察宣传等外化的行为体现出的是内化的文化浸染，常见的检察机关行为规范便是这种文化的载体。

---

① 见百度百科"组织"词条。
② 贺育培：《论制度文化》，载《河北学刊》1990 年第 2 期。
③ 张启江、王俊波：《检察文化建设的"变与不变"》，载《时代法学》2013 年 4 月第 11 卷第 2 期。

6. 检察文本语言文化中，文本包括综合检察文稿与检察文书文本两类。综合检察文稿包括检察信息文字、检察宣传文字等内容，是运用公文风格或文学艺术手段和表现手法来反映检察工作与生活、弘扬法治精神的作品。检察文书是检察机关在诉讼活动中依法制定和使用的法律文书，此外，笔录也是一种重要的检察文书。检察语言是贯穿于检务活动过程中所使用的语言，主要包括司法讯（询）问语言、法庭语言、检察决定宣告语言等。

二、检察基层文化建设的成效及困境

2010 年 12 月，最高检下发了《关于加强检察文化建设的意见》，2011 年 6 月，中国检察官文学艺术联合会成立，在自上而下的决策推动下，近年来，基层检察院检察文化建设发展势头良好。总体表现为：一是检察文化建设团体建立。如上海市检察官文联于 2012 年 4 月成立，并在各基层院成立分会，文联下设文学、书法美术、摄影、音乐舞蹈、影视和体育 6 个专业委员会，共有会员 466 名，其中基层检察院会员 250 人，占比 53.6%，这些会员成为各自院文化建设的主要推动者。二是检察文化阵地纷纷建立。以上海市为例，16 个区县院中，12 个院的内网专设"检察文化"专栏，其余 4 院网站虽无专栏设置，但也包含论坛、检察风采、站内微博等形式多样的检察文化内容。除此之外，各院院史馆、文化长廊纷纷亮相，官方微博、检察微信陆续上线，营造起良好的文化建设氛围。三是检察文化建设章程规范不断推出。如上海市长宁区检察院出台《长检文联志趣团体成立及活动实施办法》，从团队成立及开展活动规则、组织保障、经费支持等方面予以了详细规定，为丰富本院文化建设提供了制度依据。

然而，毕竟检察文化建设全面推进还是新近以来的事情，加之基层对自上而下的决策落实存在无可避免的时滞，致使检察基层文化仍然存在一些亟待改进和完善的地方。主要表现在：

1. 对检察文化内涵和外延的理解还不够全面、准确。将检察文化理解为检察工作外的、业余的、依托个人兴趣的、陶冶情操的各种文艺、体育、娱乐等活动，目的在于宣传队伍风采，可能在一定程度上增强队伍凝聚力。这种理解导致对检察文化内涵认识表层化、简单化、娱乐化。①

2. 对检察文化的功能认识不足。"文化无用论"在基层检察院或多或少存在,有人认为开展检察文化活动冲击了正常工作秩序,影响了执法办案主业,抓小放大,不务正业;有人认为投入财力、人力、精力在建设文化活动设施、开展检察文化活动上,是花拳绣腿、形象工程等;甚至有人认为过多的文化活动影响检察机关威严性,弊大于利。种种论调都凸显出对检察文化功能的认识浅薄。有学者将文化功能概括为教化功能、控制功能、调节功能、凝聚功能、审美功能。② 具体到检察文化的功能,笔者认为,一是引领检察人员思想和行为。检察人员如何思、如何为,既有职级、待遇等正向激励,也有规章、制度等硬性约束,但当激励遭遇"天花板",约束因"不逾矩"而弱化,真正起引领作用的便是检察文化。二是实现更高级的、有效的管理。相比制度压、纪律管、检查督的刚性管理方式,文化管理更注重氛围管理和内化管理,其强制性是内生的,管理更具柔性,也更高效。从"检察工作,一年发展靠领导,三年发展靠制度,十年发展靠文化"③ 中,得见检察文化的管理功力。三是打造全体检察人员共同的精神家园和价值体系。我们常说的"共同体"、"职业荣誉感"等,都属于一个集体精神体认和价值感受,检察人员的精神家园核心就是在执法等活动中展示的理想信念、价值标准、执法理念、职业修养等,体现检察事业最深层的精神积淀,同时也是检察队伍的凝聚力之源,是检察事业可持续发展的动力之源。

3. 检察文化建设形式单一,内容枯燥,影响了检察干警参与的积极性。检察文化是一种职业群体文化,其建设也必须是全员参与的、群策群力的,而不是部分人的舞文弄墨和搭台唱戏。但当下的检察基层文化建设遭遇发展困境:因对检察文化内涵理解不深、重要性认识不足,工作多停留在被动完成上级检察机关布置的任务,创新性、感染力不足,难以提升检察干警认同感,很多干警抱着"与我无关"的态度,使文化建设不断沦为"鸡肋"。反过来,离开大多数检察干警的献计献策、全情投入,仅有部分专职干部"一头热"、"作坊化"作业,

---

① 张中豪、黄静:《浅议如何加强和推进基层检察院检察文化建设》,载《法制与经济》2012 年 9 月总第 324 期。

② 叶志坚:《文化功能论》,载《中共福建省委党校学报》2003 年第 10 期。

③ 徐尉:《当代中国检察文化的内涵界定及建设途径》,载《山西省政法管理干部学院学报》2012 年 3 月第 25 卷第 1 期。

很难酝酿出文化精品，更难吸引检察干警自觉参与，一个恶性循环由此形成。

4. 检察文化建设缺乏相应的制度保障。检察文化建设是一项系统、长期的工程，系统性决定了其必须有完善的组织、经费、管理、评价等配套机制，长期性决定了制度必须长远规划，保持稳定性。而当下，相当多的基层检察院文化建设呈现"游击战"、"一阵风"特点，经费一活动一申报，活动只有宣传没有总结，更无正式的评价体系，检察文化难以得到健康的可持续性发展。

三、检察基层文化建设的路径

检察基层文化建设虽然暂时存在不少误区，建设动力、原创力、持续力都略显疲软，人、财、物、机制间的良性运转还远未形成，但是，笔者认为，通过走出思维误区，用好优势资源，完善配套机制，检察基层文化建设依然大有可为。

（一）智识准备

思想是行为的先导，要使检察基层文化建设进入快车道，首先要打破思想藩篱。笔者认为，检察基层文化建设的智识准备，主要在于把握好以下几个维度的关系：

1. 以文化人与由人化文

文化是逐步积淀而后自然流露，还是需要主动培育并自觉体认？这又是一个"鸡与鸡蛋"论题。在检察文化建设中，确实存在这样一种论调，认为文化是一个群体在日积月累的日常行为中和关系协调中酝酿并彰显出的一种行为规范和价值追求，所以，文化不是一个刻意的产物，不是任凭部分人发挥主观能动性进行塑造就可为的。这种论调在现实中挫伤了文化建设的积极性和能动性，其错误在于没有认识到文化多元化的形势以及文化作用的间接性。因为文化多元化，所以需要引导，弘扬主流检察文化；因为文化作用的间接性，所以需要培育，不仅要宣传教育，还要有活动载体和制度规范，通过日常工作、生活一点一滴抓起。所谓"由人化文"，是指文化的培育、引导、弘扬无一能离开人的自觉行为。之后，再通过文化的引导、凝聚、控制等功能，感染人、引导人、提升人，完成"以文化人"。

2. 检察实践与检察文化建设

在检察基层文化建设实践中，有人认为这是"务虚的噱头"，一定程度上是对检察工作的冲击，影响了执法办案主业，检察工作的威严和检察文化的多彩是不相容的。这种见解错误在于一方面狭隘化理解检察文化，另一方面是对检察实践与检察文化的关系把握不准。检察实践为检察文化建设提供素材和载体，检察文化为检察工作的创新发展提供精神动力和智力支持。检察实践是检察文化的骨骼，检察文化是检察实践的血肉，离开检察实践的检察文化是无所附着的海市蜃楼，而离开检察文化的检察实践是僵化无灵性的机械操作。唯有正确把握两者关系，才能同行共建，形成良性互动格局。

3. 主导检察文化与特色检察文化

检察工作作为国家司法体系的重要部分，具有较强的政治性，其更加强调服从上级、步调一致、严谨规范。所以，有人指出，检察文化也应该是统一发声，而不是百家争鸣。作为基层检察院，严格按照上级部署安排建设检察文化就行了，任务不落还确保政治正确，何必自找麻烦。笔者认为，这种论调只看到检察文化之"核"，而未看到其表现形式以及地域性、时代性，而这些才是得以耳闻目见的检察文化。检察文化应该是有主导文化支撑、引导方向，同时也有特色文化各自精彩、拓展周延。特色的发挥主要体现在形式多样性、地域性和时代性，形式多样性是指检察文化的表现方法、宣传载体多样化，譬如当下一系列检察官方微博、检务廉洁微信开通就是这样的尝试；地域性是指检察文化建设要结合地域传统及区域发展大局，如上海市长宁区检察院结合长宁"精品城区"发展理念，提出"队伍精英化、案件精品化、管理精细化、文化精彩化"的工作方针，就是挖掘检察文化地域特色的好例子；时代性是指检察文化建设紧扣时代脉搏，遵循检察工作发展新规律、新方向，譬如当前结合司法改革等内容推进的检察文化建设，便富有极强的时代性。

（二）检察基层文化建设优势资源

在清楚"欠缺什么"基础上，更要明白"拥有什么"，才能扬长避短，推进工作开展，检察基层文化建设也是如此。基层检察院作为检察基层文化建设的主阵地，其"拥有的"是什么呢？

1. 丰富的检察工作实践。基层检察院处在检察实践第一线，拥有丰富的实践经验和案件资源，更有条件梳理、总结检察实践，进而从中凝练出精神内核和文化内涵，推进检察文化建设。

2. 距离群众最近。检察文化的培育不是一蹴而就的，也不是"真空世界"

的产品，其必然经历反馈、修正、完善而不断臻于成熟的过程。基层检察工作人员最经常地与群众接触，最频繁地实践检察行为，更有条件从群众反馈中、往而复次中评估并调适行为，梳理总结形成经验性成果，逐步变成本院集体行为方式。

3. 庞大的青年检察干警队伍。检察文化虽说是全体检察工作人员的共同精神家园和价值体系，但在文化精彩化的建设过程中，青年干警因为精力充沛、对新事物好奇心强、运用新媒体能力强等特点，理所当然成为检察基层文化建设的生力军。而随着新招录检察人员的逐年增加，基层检察官队伍呈现年龄结构持续年轻化趋势，以上海市长宁区检察院为例，现有 35 岁以下青年干警 65 人，人数占比约 40%。调动起青年干警的积极性，发挥其创造力，检察基层文化的蓬勃发展可以期待。

4. 多样的基层地域特色。特色往往发生在分割化的情形下，在行政区划的语境下，基层地域便是特色的凝聚点，包括传统特色、人文特色、因地制宜的政策特色等，检察基层文化建设就是要充分挖掘、拓展、凸显这些特色。相对省、自治区而言，直辖市城市发展呈现同质化，基层较难从传统、历史的脉络中寻求人无我有的特色，但结合区域经济社会发展大局和当下发展理念、政策挖掘特色，不失为检察文化特色发展"另辟蹊径"的好方法。

（三）检察基层文化建设的路径

检察文化建设的总思路应该是：以服务和推进检察事业发展为目标，以构建检察人员共同价值体系为核心，以检察人员主体性发挥为原则。检察基层文化要实现发展，需从以下几方面着力：

1. 以人为本。真正做到检察基层文化建设依靠人、为了人，这是检察文化发展的力量保证和目标引导。一是以最基层检察干警感情体验为基础，通过举办各种文体活动、关爱行动，以及成立各类兴趣小组，拓展干警间交集，增加默契，培养职业荣誉感、集体归属感和文化认同感。二是依托现有岗位，加强机制创新，构筑人才进步、成长、发展及晋升的顺畅渠道，在人人有望的工作氛围中，凝聚检察工作及检察文化发展的强大战斗力。

2. 理念先行。首先，着重塑造检察职业理念。抓好任前、岗前、晋升等重要环节，通过大家谈、专题讲座、老检察官讲堂等多种方式，开展检察职业理念教育，引导检察官以公平正义为不懈追求，尊重权利，强化监督，立检为公，执法为民。其次，以加强检察官职业道德建设为基础，着重塑造检察官清正廉明的文化人格，建设一支纯洁、高尚的检察官队伍。最后，用符合时代发展要求和历史进步潮流的法律理念、价值观念来规范、协调检察官的思想认识，铸造符合时代要求的检察文化。

3. 行为引导。文化引导行为，行为彰显文化，检察官的行为在一定程度上反映了所在院的文化。基层检察行为文化建设主要从两方面着手：一是规范检察官的语言。通过窗口接待考评、听庭评议、审讯督察等多种方式，总结检察官语言使用中的成功经验及需要整改的问题，形成制度规范指导检察用语。同时，充分利用检察干警一线实践、下基层挂职锻炼中提炼出的群众语言，在强化检察语言规范性的同时，不失其通俗性。二是规范检察官外在形象和行为。通过观看讯问、出庭等录音录像，编导检察题材小品，制作检察行为规范微电影等鲜活的表现方式，使本院干警认识到不文明检察行为之弊，从维护司法公信力的高度，自觉规范自身行为，使每一名检察干警都成为公平正义的形象大使。

4. 环境改善。检察机关的办公、办案环境在"硬配置"之外，无处不传达一种"软文化"，因此，在当前推进"两房"建设进程中，基层检察院要多做思考、广征意见、强化设计，让庄严、公正、清廉、先进、为民、法治的理念和信息从中传达出来，提升检察干警的职业荣誉感和自豪感，督促其恪尽职守；威慑罪犯改过自新遵纪守法，感受到法律之尊严；向未成年犯罪嫌疑人、控告申诉人、刑事救助人等传递温暖，树立为民形象。如未检工作室可以摆放花草饰件等生活气息浓厚的物件，营造温馨氛围，缓解未成年犯罪嫌疑人紧张感，方便心理疏导等工作开展。

5. 机制完善。文化的建设、维系、发挥作用均需要良好的体制机制的运行来实现。通过学习型组织建设、创先争优、信息化建设等方式，不断丰富管理手段；通过人才培育、教育培训、外部引进、考评机制改革等多种方式，不断提升队伍建设的科学性，促进人力资源竞争力的实现并推动基层院的全面建设；完善文化建设的组织、财务、纪律等配套机制，实现检察文化建设系统化、规范化，进而实现可持续发展。

加强检察文化建设　打造优秀检察品牌

——南昌市东湖区检察院检察文化建设实践探索

卢伟俐　刘天龙*

检察文化建设是党的十八大报告提出"扎实推进社会主义文化强国建设"的大背景下，各级检察机关面临的新课题。基层检察院作为检察机关的基本组成部分，是全部检察工作的基础，是承担检察文化建设的重要载体，因此，如何推动基层检察文化建设，探讨检察文化的发展途径，是当前基层检察院的一项十分重要的任务。

一、检察文化的概念及内涵

检察文化是中国特色社会主义先进文化的组成部分，是检察机关及检察人员在履行法律监督职责和日常生活中创造的，以维护公平正义为核心，以提高法律监督能力为目的，以创新检察管理机制为途径，以营造良好法治环境为目的、具有鲜明检察特色的法律文化。具体来说，检察文化是指检察机关及其检察人员的工作、生活、学习、思想、文化、艺术和文体娱乐活动的总称，包括物质文化、制度文化、行为文化、精神文化等层面。检察文化是检察机关主流精神与新形势新要求相结合的产物，它伴随着中国特色社会主义检察事业的发展而不断丰富、完善，形成了具有鲜明检察特色的丰富的思想内涵和精神内涵。

（一）检察文化反映了检察人员的价值取向，是检察工作不断创新发展的精神动力

检察文化通过培养检察人员集体主义思想、团结协作精神等主流精神和基本理念，使其内化为检察人员的共同愿望和价值取向，外化为全体检察人员的追求

---

* 作者单位：江西省南昌市东湖区人民检察院。

和自觉行为，达到全面提升检察人员素质和文化品位，增强检察机关的凝聚力、向心力，推动检察事业蓬勃发展的目的。

（二）检察文化反映了"以人为本"的理念，是检察人员在特定的环境中形成的人与人、人与环境、人与社会和谐关系的精神体现

检察文化把人的价值的开发和利用摆在了重要位置，通过发挥先进文化的引导、凝聚、协调、教育等功能，努力营造鼓励人才干事业、帮助人才干好事业的良好环境，使检察机关每个成员实现自身价值与检察系统实现自身价值融合统一。

（三）检察文化反映了检察人员的道德准则和行为标准，是提高检察人员整体素质的基本保证

检察文化通过开展各种活动，强化检察人员职业自律，陶冶职业情操，不断提升检察人员的整体素质和业务能力，努力构建一支政治坚定、廉洁高效、业务精湛、执法公正的检察队伍。

（四）检察文化反映了检察机关及其检察人员积极进取的时代风貌，是保障检察职能充分发挥的精神财富

检察文化通过净化环境、营造氛围以及精神培育，不断激发检察人员的积极性、主动性和创造性，通过履行检察职能和检察人员的言行举止，在社会上树立检察机关"公平正义"的良好形象。

二、当前加强检察文化建设的重要作用

检察文化是检察机关的灵魂，加强检察文化建设，对培育一支忠诚、公正、清廉、严明的检察队伍，推动各项检察工作创新发展，有着极其重要的意义和作用：

（一）引导作用

检察文化集中体现了检察职业的崇高理想和价值追求，它是检察人员普遍接受和认同的价值取向，因此对检察人员的行为具有导向作用。先进检察文化能够引导广大检察干警进一步加深对中国特色社会主义的理论认同、政治认同和感情认同，坚定理想信念，树立正确的世界观、人生观、价值观，自觉增强党的意

识、宗旨意识、大局意识、责任意识，增强为党的事业、人民事业、检察事业不懈奋斗的自觉性和坚定性。

（二）凝聚作用

检察文化可以增强检察机关的凝聚力。检察文化通过培养检察人员的集体主义思想、团结协作精神、团队意识等，加强检察人员对检察事业的认同感、自豪感和归属感，增强凝聚力和向心力，促进结成全体检察人员荣辱与共的命运共同体，努力形成团结一致、心齐劲足的良好氛围，为增强检察机关战斗力提供不竭的源泉。

（三）激励作用

检察文化崇尚"以人为本"，因此会在检察人员内心产生一种高昂斗志和奋发进取精神，积极向上的检察文化会在满足检察人员的基本生活需求的基础上，更加注重对他们的尊重和信任，从而让他们树立强烈的主人翁意识，激发其积极性、主动性和创造性，检察人员的自我价值和个人需求得到体现和满足，就会积极主动地为检察事业贡献自己的智慧和力量。

（四）约束作用

检察文化的约束作用不仅仅表现在通过制度规范等形式约束检察人员的行为，更主要的是对检察人员产生一种"无形的精神约束力"，通过先进检察文化的影响和熏陶，提高检察人员的职业素养和自律能力，使每位干警加强自我修养、强化自我约束，时刻做到自重、自省、自警、自励，克服对硬性规章制度的抵触情绪，转为自觉自愿地遵从法律法规、工作纪律等制度要求，并推动形成检察职业自律机制。

三、南昌市东湖区检察院检察文化建设的实践探索

近年来，南昌市东湖区检察院始终把检察文化建设作为检察事业发展的支撑点和动力源，立足当前，着眼长远，大力实施检察文化建设战略，着力打造优秀检察品牌。该院通过培育"五种文化"，从内容和形式上保证检察文化建设真正落到实处，"变无形的文化之手为有形的战斗力"，实现了队伍素质明显提升、业务工作整体加强、全面建设稳步提升的良好局面。

（一）培育"理念"文化，注重价值取向，挖掘检察文化的深刻内涵

检察理念文化是检察文化建设的灵魂，检察文化要有生命力，必须在内涵创新上下功夫，开发出适合新时期检察工作特点的检察文化。

1. 厘清检察文化的核心价值观。我院党组紧紧围绕检察文化的内涵和外延，把牢固树立正确的价值取向和检察文化核心价值观作为培育检察理念文化的基础，通过举办各类专题研讨会，邀请专家、学者与干警展开文化"对话"，提出了培育检察精神、提升职业素养、陶冶高尚情操、规范执法行为、树立良好形象的检察文化建设要求，明确了树立正确的大局观、价值观、执法观、业绩观、权力观、发展观的"六观"目标。

2. 积极探寻东湖检察精神。东湖区是省会南昌的中心城区，是一座既蕴藏着深厚文化积淀的历史名城，又是一块散发着红色革命传统精神的热土，我院将"凝聚文化积淀，传承革命精神"作为培育检察理念文化的依托，通过网络评选、主题论证、精神解读等方式，结合东湖悠久的历史文化和高扬的革命精神，全院干警人人参与、个个担当，确定了"以人为本、敢为人先，无私奉献、追求卓越"的检察精神。同时，组织人员创作了反映东湖检察精神的《东湖检察院之歌》，以此来激励和鼓舞全体检察干警。

3. 提炼符合实际的工作生活理念。我院充分使用"廊、室、网"和画册、宣传片等载体，有力发挥检察文化的感染力、冲击力和震撼力，从而提炼出具有时代特征的检察理念文化："激情高效工作、健康快乐生活"，是东检人总体工作生活理念；"每一件平凡的事做好就是不平凡，每一件简单的事做好就是不简单"，表现的是立足本职、尽职尽责；"平时言行看出来、实际工作干出来、关键时刻站出来"，凸显的是共产党员保持先进性的精神；"查明犯罪只是开始，证明犯罪才是目的"，时刻提醒职务犯罪自侦部门干警不仅要具有侦查意识，更要有证据意识；"困难告诉我，满意带回家"，彰显控告申诉部门干警真挚的为民情怀。

（二）培育"制度"文化，注重行为规范，夯实检察文化的坚实根基

制度文化是检察文化的重要组成部分，制度文化是检察文化的根基所在。我院从制度建设入手，注重从制度和规范层面加强检察文化建设，真正使其内化于干警的心灵，外化于干警的行为，使各种无形的制度产生有形的力量，成为推动

检察工作的强大动力。

1. 健全制度，建立促进检察文化建设的长效机制。近年来，结合工作实际，我院先后对涉及业务工作、队伍建设、内部管理等方面的制度进行了"立、改、废"，先后制定、完善了《检委会议事规则》等十几项制度，通过建立党组、检委会《议事规则》、《院务会制度》、《主要工作项目推进责任制》，规范了班子科学民主决策行为；通过建立以目标管理、绩效管理、基础管理、流程管理等为主要内容的规范化管理体系，做到职责明确化、工作流程化、质量标准化，使工作有导向、衡量有标尺、考核有标准，既实现了管理的精细化，又促进了执法的规范化。

2. 明确目标，提出要求，形成先进检察文化的养成机制。我院始终把职业道德的养成作为检察制度文化的重要环节，将学习检察官职业道德《基本准则》上升到"行为养成"的高度加以落实。通过各种形式，组织干警广泛开展"检察官应该说什么、不应该说什么，哪些应该做、哪些不应该做"专题大讨论，同时将检察礼仪融入检察文化之中，从基础做起，从细节抓起，制定了全市检察机关首份《办案人员公正廉洁执法文明礼仪》，提出了细致、具体、完整的检察行为礼仪规范标准；制定了精美的《干警文明用语和工作忌语》手册，干警人手一份，置于案头，随时翻阅提醒，促使干警语言文明、行为亲民、执法为民。

3. 细化考评，狠抓落实，完善检察文化建设的推进机制。我院始终坚持将检察文化规范化建设工作进行动态管理、考评考核，纳入年终目标考核，使检察文化建设工作有计划、有内容、有措施、有创新。同时，十分注重总结检察文化建设的好经验、好做法，注重进行全面推广、树立榜样、表扬先进、鞭策后进，建立了通报表彰、舆论宣传等激励机制。近年来，我院先后推出了"为民解忧、为民解困，十几年如一日勤勤恳恳奋斗在信访接待岗位一线的控申科干警仲凤霞"，"秉公执法、维护正义的全省'三八'红旗手公诉科副科长周敏"，"不畏强权、敢于碰硬的全市'五一'劳动奖章获得者反贪局长姚平"等先进人物，有效发挥了典型引路的作用，营造了良好氛围，扩大了社会影响。

（三）培育"学习"文化，注重素质提升，提供检察文化的有力支撑

创建学习型检察院，是大力提高队伍素质和执法能力的迫切需要。在建设学习型检察院的过程中，我院党组把学习当作一种文化来培养，进行精细安排，强化激励机制，努力营造人人想学、人人参与、人人共享的学习氛围，取得了较好

的效果：

一是精细安排学习。为了使学习不流于形式，我院在三个方面进行了细化，即在学习的组织形式上，把"学习型检察院"细分为"学习型科室"、"学习型党组"、"学习型检委会"、"学习型党支部"、"学习型办案组"等若干个学习型组织，每一个组织既相互关联又相互独立；在学习的硬要求上，明确规定每位干警每月要撰写一篇信息，每季度要自学一篇理论文章，每年要研读一本好书；中层干部每年要带头撰写一篇以上调研报告，每个办案人员要讲一个精品案例，每位院领导每年要上一次党课；在学习计划的制定上，既有长期的教育培训计划，又有年度计划，进而具体安排每月、每周的学习内容和学习形式，推行了"双月一课"制度，请专家学者、本院业务骨干登台授课。

二是平台促进学习。针对青年干警比例较大的特点，我院成立了以青年干警为骨干的"东检沙龙"，并以此为平台，开展形式多样的活动，从而营造了"比业务、比成效、比进步"的"比、学、赶、超"的浓厚氛围。多次召开了以检察官沙龙骨干成员为主的检察理论专题研讨会，青年干警们紧紧围绕当前检察理论的热点、难点问题广泛开展了理论研讨，提高青年干警学习能力。以"检察官沙龙"为依托，以沙龙成员为骨干，自办了《东检沙龙》刊物，定期组织沙龙成员撰写相关稿件，为丰富刊物版面，该刊物还不定期地开设了"检察官风采"、"沙龙之星"等栏目，营造创先争优的氛围。

三是机制激励学习。大力推进"三个四"的岗位竞赛活动，即每年定期举办"四优"（优秀侦查员、优秀侦监能手、优秀公诉人、优秀接待员）活动，开展"四赛"（业务知识竞赛、规范庭竞赛、自侦案件质量竞赛、法律文书写作竞赛）活动，组织"四评"（点评一个公诉庭、讲评一个自侦案件、析评一份法律文书、论评一个民行抗诉案件）活动，引导干警在干中学、在学中干，做到"两学、两思、两练"即学政治、学业务；思收获、思规律；练品格、练技能，实现"做人成才，做事成功"的目标。

（四）培育"和谐"文化，注重以人为本，突出检察文化的凝聚功能

检察文化的精髓是重视人的价值、发挥人的作用，因此，我院把实现检察机关的整体价值和实现检察官的个人价值统一起来，教育引导干警学会快乐工作，善于欣赏他人，懂得感恩社会，充分体现检察文化的和谐性。

1. 以人为本，让检察文化有"情"。院党组非常重视干警的心理健康问题，

日常工作中加强心理辅导，引导干警用正确的方式处理人际关系，保持内心和谐，增强进取心和责任感。坚持做到"五必访"、"六必谈"，即干警及家人生病必访，干警长期在外办案必访，干警家发生重大矛盾必访，干警家有红白事必访，退休老干部逢年过节必访；工作岗位变动前必谈，提拔任职前必谈，发现不廉洁苗头必谈，相互发生矛盾摩擦时必谈，思想有明显波动时必谈，干部工作出现失误或受到处分时必谈。每年组织干警进行一次体检，干警家属就业、子女入学等遇到困难时，院领导积极出面协调，使干警时时处处感受到"家"的温暖，营造出浓厚的"亲情文化"，充分调动了大家干事创业的积极性。

2. 寓教于乐，让检察文化含"趣"。根据干警特长和兴趣爱好，全院成立了写作、摄影、绘画、文体等兴趣小组，不定期开展读书心得交流、书画、摄影展评等活动；定期组织开展爬山比赛、摄影比赛、扑克比赛、趣味运动会等多种文体活动，既丰富了干警业余文化生活，又陶冶了干警的思想情操。每年结合国庆、春节等重大节日，组织干警举办联欢会，创作了反映"仲大姐热线为民解忧"短剧，说身边人，演身边事，在加强感情交流的同时，文化素养也明显得到了提升。

3. 注重实践，让检察文化染"色"。充分利用特有的红色革命资源，院党组经常组织干警参观八一起义纪念馆、八一起义纪念塔、江西革命烈士纪念堂、方志敏烈士广场等，广泛进行革命传统教育、理想信念教育和核心价值观教育，同时根据时代特点，不定期地开展如学习江西入选"中国好人榜"人物、全省检察机关"执法标兵"、全省"十大法治人物"等活动，不断激发干警爱岗敬业的检察情怀。

（五）培育"廉政"文化，注重形象塑造，强化检察文化的思想保证

廉政文化是检察机关建设的重要保证。我院十分重视把廉政文化建设有机地融入检察工作之中，培养干警高尚的道德情操、价值观念、敬业精神、人品操守，使廉政文化建设渗透到检察工作的方方面面，从而推动检察事业健康发展。

1. 教育倡导，增强思想免疫力。认真贯彻党风廉政建设责任制，以班子成员和中层各部门负责人为各自职责范围内的党风廉政建设第一责任人，把反腐倡廉教育贯穿于检察工作的各个环节、各个层面，签订党风廉政建设责任书，公开领导班子和领导班子成员的廉政承诺，增强全院党员干部和检察干警拒腐防变、廉洁自律的自觉性。

2. 活动兴廉，营造活动氛围。积极开展"八个一"的廉政文化建设活动，即在院史陈列室做一块警示教育栏、在办公区通道口设置一块警示牌、在办公桌上摆放一块文明办案警示牌、在中层以上干部办公桌上摆放一块勤政廉政语录牌、每年组织一次廉政教育、每年编印一本《廉文美文荐读》、每年组织观看一部廉政教育片、每年开展一次"廉内助、贤内助"评比活动。同时，定期组织全院干警前往豫章监狱等地开展警示教育活动，组织新进人员和入党积极分子在方志敏烈士广场开展检察官宣誓活动，以此筑牢全院干警廉洁自律、公正执法的思想基础。

3. 谈话促廉，强化法制观念。实行任职谈话。就是对上岗前的检察人员和新任中层干部进行谈话。制定了《实行中层干部任职谈话制度的规定》，规定由本院纪检组长与新任中层干部，本院监察室主任、部分负责人与新进检察人员进行一次以落实党风廉政建设责任制为主要内容的谈话，提出相关要求，落实相关责任；实行提示谈话。针对一定时期内检察工作、检察队伍在党风廉政建设方面出现的苗头性、倾向性问题，由本院分管领导和部分负责人对相关人员进行及时谈话，提出问题、分析原因、研究对策，努力把问题解决在萌芽状态；进行诚勉谈话。对群众举报但经调查未发现问题的干部，由本院纪检监察部门对其提出廉政要求，其本人向组织作出廉政承诺；对于那些自身存在一定问题，但情节较轻、不够立案处分的干部，由相关部门责成本人说明情况，指出问题，限期改正。

检察文化建设是一项庞大的系统工程，必须经过全体检察人长期不懈的努力。我们要坚持以社会主义核心价值体系为指导，从组织上、思想上、行为上与检察文化接轨，在检察工作实践中加强和改进基层检察院检察文化建设，尊重广大基层检察人员的主体地位和首创精神，弘扬和谐文化，创新文化载体和机制，不断推动检察文化建设和检察工作向前发展，充分发挥基层检察院在构建和谐社会中的积极作用。

浅析基层检察文化育"检风"中的若干问题

冯桂彬*

自从党的十七届六中全会明确提出了深化文化体制改革、推动社会主义文化大发展大繁荣的目标任务以来，检察机关大力加强检察文化建设，充分发挥检察文化的引领、凝聚、激励作用，文化育检、文化强检的方针和举措通过多年实践，取得了显著成效，但也遇到了许多新的挑战和难题，特别是今年党的群众路线教育实践活动第二阶段工作开展以来，基层检察机关作风建设方面还是查找出了不少问题，其中很多老毛病都急需找出新方法来破解。

一、基层检察文化育"检风"工作中存在的主要问题

（一）重抓业务执法作风，忽视综合服务作风

现代组织管理理论认为，在现代管理分工不断细化的背景下，担任后勤辅助作用的部门和人员要视为高于直接提供产品和服务的执行部门，是作为介于上层领导和基层工作的中层管理阶层来看待的。① 对基层检察院来讲，业务执法作风当然是"检风"建设的首要问题，但从工作实际看，起后勤辅助作用的综合服务部门却在一定程度上决定着业务执法作风的质量和效率，而很多基层检察院的文化育检工作却集中于业务培训、执法规范学习、群众工作能力提高上，忽视了综合部门的服务作风培养，甚至有时"大军已动，粮草未行"。

（二）重抓平台载体创新，忽视深挖应用实效

在几乎所有的基层检察文化经验中，都有一条"创新文化载体"，各种读

　＊ 作者单位：甘肃省嘉峪关市人民检察院。

　① ［英］约翰·S. 奥克兰多：《卓越组织：实现一流的绩效水平》，李伟译，经济管理出版社 2011 年第 2 版。

书、文体、宣传、外联等活动都成为检察文化的新载体，但是却没有太多的院愿意对原有的大家已经熟悉的旧文化载体进行深入挖掘，寻求新应用，要知道新的载体是需要不断的推广才能为大家所熟知和认同的，需要推广时间、精力和物质的大量投入。只是盲目开通新载体，不深入推广，像"僵尸"QQ群、"死"微博网站等一样，只是没有实效的作秀。平台载体的创新一定要从实效出发，统筹新老载体的有效选择，做好与原有载体的协调衔接，并进行有计划的配套推广，不能盲目创新，跟风尝试。

（三）重抓整体队伍建设，忽视个性品格培养

一是重抓检察文化的整体建设，对个人性格培养不足。基层检察文化不同于高层级的检察文化，需要有普世性、指导性的要求，它更需要直接作用于每个检察干警的可行性，这就需要基层检察文化必须充分尊重人的性格差异性。可一些基层检察文化却偏偏缺乏分类指导、个别发展的内容，缺乏对本单位、具体工作岗位、个体干警的工作实际的联系和研究，做检察文化不是在搞"建设"，而是仅仅局限于"传达和贯彻"上级活动精神和要求，文化建设上下一般粗，检察文化培育的内容、方式僵化。二是检察文化学习和活动的视野狭窄。提起检察文化就是廉政纪律文化，管理考核多，引导教育少，对作风建设中的程序性工作抓得过细，效果事倍功半。

二、存在上述问题的主要原因

（一）文化的"外发"不到位

2010年最高人民检察院《关于加强检察文化建设的意见》（以下简称《意见》）中明确指出检察文化建设的重点有五项，即加强职业道德建设、加强法律监督能力建设、加强执法规范化建设、加强纪律作风和自身廉政建设、加强职业形象建设，其中前四个建设重点是强化检察文化的内在修炼，着重在文化的"内积"；第五项职业形象建设，着眼于营造良好的社会舆论环境，树立检察机关良好的执法形象，属于检察文化的"外发"。实际工作中，很多基层检察机关的"内积"其实很到位，清廉、理性、文明执法的内容贯彻也很扎实，但是因为不专业、缺时间、乏精力等各种原因导致基层检察机关执法形象的宣传和树立不到位，群众不了解，甚至因不了解而对检察机关产生作风方面的误解，导致文化育

"检风"的成效不高。

（二） 实现的方式不鲜活

文化首先是一种认同。在当前多元文化的背景下，要有效实施文化育检的目标，基层检察文化不但要有时新的内涵，还必须具有鲜活的实现方式。一些基层检察机关的检察文化建设的方式依然停留于演讲、讲座、开会传达、活动心得、摆桌法治宣传、媒体刊发信息等互相抄袭①的简单层面，工作强调的也是干警写了多少心得、多少人参加了演讲、发放了多少宣传资料等内容，重视的还是群众和干警对文化活动的参与度，忽视了群众和干警对文化活动的美誉度，尤其是对于绩效考核而言，检察宣传项目也只是单一考核媒体刊发稿件篇数、版次、媒体名称等硬性指标，而稿件引用次数、信息阅读量等真正能体现宣传效果的指标却因为不好统计等原因不能进行考核，对于更加鲜活有效的微博、微信等方式却因为种种原因没有纳入考评体系，不利于鼓励检察文化的鲜活实现。

（三） 文化的基础不深厚

基层检察文化归根结底属于精神文明的范畴，其所扎根的物质、精神土壤都不能太贫乏。而我国的人民检察制度建设历程曲折、历史起步较晚，三十多年的建设依然是底子薄，很多群众甚至连检察机关的职能依然不了解，检察机关所处的社会舆论环境不够有利，精神营养不够足。此外，物质基础决定上层建筑。虽然《意见》规定"要把文化建设经费纳入年度预算"，但对于基层检察机关来讲，物质保障有时并不充足，而首先保障执法办案是必然选择，对于文化建设的物质保障就可能出现被挤占的情况，不利于检察文化的健康有序发展。

三、对策研究

（一）"软"问题要"软"解决

"检风"是检察机关的作风形象，其内容既包括硬性的执法办案规范，也包括软性的服务群众作风。随着社会文明程度的增强，百姓要求的提高，有更多的软性的服务群众作风问题需要解决；很多群众的要求不是硬性的考核指标能够机械规定的，不是执法办案等硬实力能够解决的，需要通过检察文化这个"软手

---

① 蒋江陵：《浅谈基层院检察文化建设》，载《永州检察调研》2012 年第 1 期。

段"来解决。例如，假如规定要文明执法、微笑服务，那么文明、微笑的标准就无法具体，一个精神状态不好的人，微笑也会变成"皮笑肉不笑"。所以要明确认识到文化育"检风"的必要性和重要性，工作中也要明确"不能用提高硬实力来解决软问题"的思路，不以抓队伍建设代替作风建设，不以抓执法办案代替文化建设。

（二）"软"文化要"硬"约束

检察文化具有独特的教育、引导、规范、凝聚、激励等功能，总体上是软要求，但是这些功能的实现却不能仅仅靠渗透、感化、熏陶等"软"约束，相反，要有文化的"硬"约束。一是制度约束。充分发挥制度保证作用，以制度文化建设为契机，深化检察文化固定化、常态化建设，以中央廉洁从政要求和最高检廉洁从检规定为蓝本，围绕转变干警执法作风和工作作风，制定一系列系统性的教育、激励、考核等规章制度，做到文化活动有规划、有方案、有落实、有验收，以刚性约束为先导保证文化育"检风"的效果。二是文化约束。优良的检察文化一旦形成，其自身所具有的约束力、渲染力和感召力，能够规范干警的执法行为，培养干警良好的工作习惯，提高干警的综合素质。检察机关要从检察事业发展的本质要求出发，准确把握检察文化建设的规律和特点，充分发挥文化约束的教育、引导、批评、激励、疏导等功能，深化"检务公开"、"阳光检察"、"检察开放日"等活动，以公开求公正，不断提高检察工作的透明度，树立检察机关良好的执法形象。

（三）"检"文化要"群"衔接

检察文化是社会精神文明的一部分，与社会大众文化相互渗透、相互影响。要以优良检察文化培育优良检察作风，必须以群众文化为根基和动力源泉，坚持检察机关特有的执法为民文化和党的群众工作作风相结合，在时间上坚持继承创新，大力弘扬中华民族优秀传统文化和人民检察优良传统；在空间上坚持因地制宜，依托当地文化、历史等资源，借鉴其他行业先进文化和国外法治文化，开展独具特色的文化活动；在思想上坚持以人为本，突出检察官的主体地位，贴近检察人员思想、工作和生活实际，促进人的全面发展；将基层检察文化融入传统法治文化、城市特色文化、社会人本文化中推进和发展，尊重基层的首创精神，充分发挥基层文化建设的主观能动性和创造性，不断创新工作思路、载体、机制，提高检察文化建设的科学化水平。

（四）"检"文化要"人"为本

要发挥检察文化的塑造功能，不断丰富检察人员的精神家园，为检察人员成长进步奠基，促进检察人员全面发展。为此，检察机关要把加强检察文化建设摆在检察工作的重要位置，及时研究检察文化建设中的重大问题，不断加强和改进检察机关思想政治工作，为紧张工作的检察干警减压，丰富检察人员的精神生活，积极创造条件为检察人员成长进步提供广阔的空间。坚持人才培养，贴近检察实际、贴近基层一线，使优秀人才不断脱颖而出；坚持定期组织开展群众性的理论调研活动，创办理论研究刊物，举办理论研讨活动，汇集出版优秀论文，奖励优秀研究成果作者，积极鼓励检察人员塑造自我、展现自我、发展自我；加强优秀文艺作品创作，加强优秀传统检察文化思想价值的挖掘和阐发，通过新闻喉舌向社会宣传检察人员恪尽职守、无私无畏、积极奉献的感人事迹，向社会展示检察人员良好的群体形象；坚持适时组织开展丰富多彩的文化、体育、娱乐活动，通过健康有益的集体交往，培养和塑造检察人员良好的群体意识和行为时尚，使检察人员在积极参与中受到熏陶、得到锻炼、有所感悟，为检察人员成长进步奠定坚实的道德基础。[1]

（五）"检"文化可"专"落实

在科技日益发达、产业分工日益细化的今天，检察工作也正面临新的机遇和挑战，在政治立检、业务树检、改革兴检的同时，专业强检、科技强检之路是21世纪发展的必然要求。对于检察机关，尤其是人力不充足的基层检察机关来说，检察文化不一定全部要依靠自己内部人员的工作来完成，完全可以把一些项目进行产业化的"外包"，让更专业的文化传播公司等外界力量来介入是一个很好的办法。毕竟文化的发展和传播是一个专业的工作，专业的人员、专业的设备可以提高检察文化发展的专业化、科技化水平，在做好保密等工作的前提下，可以取得更好的效果。

---

[1]　张幸民：《检察文化建设实践与相关理论问题的思考》，载北京市人民检察院内网。

让廉政文化成为基层检察机关的一种时尚

闫同芳[*]

党的十八大吹响了重拳反腐的号角，习近平总书记在十八届中央纪委二次全会上发表重要讲话强调要更加科学有效地防治腐败、坚定不移把反腐倡廉建设引向深入；中央纪委书记王岐山同志在十八届中央纪委三次全会上的工作报告中要求：加强党风廉政建设宣传工作，坚持正确舆论导向，推进廉政文化创建活动，营造风清气正的良好氛围。与此同时，广大人民群众对建设风清气正的社会环境也提出了新要求、新期盼。面对国情党情新形势、廉政建设新任务、人民群众新期待，基层检察机关廉政文化建设也面临着新的机遇和挑战，如何让廉政文化成为反腐倡廉建设的重要支点，让检察机关廉政文化在社会上蔓延开花，蔚然成风，成为一种社会时尚，成为反腐倡廉的强有力的思想武器，是当前检察机关需要探索和思考的重要课题。

一、检察廉政文化对推进反腐倡廉的意义

党的十四届六中全会和十七届六中全会先后讨论了思想道德和文化建设、深化文化体制改革的议题，其战略部署和政治意义备受关注，由此可见，文化建设之于廉政建设的意义。廉政文化作为一种无形的、潜在的力量，在反腐倡廉建设工作中发挥着不可替代的作用。马克思主义哲学认为，物质是第一性的，意识是第二性的，物质决定意识，意识反作用于物质。作为思想意识领域的廉政文化，对人们的廉政行为有着极其重要的影响和作用，因此，新形势下检察机关大力推进廉政文化建设十分重要且必要。

---

* 作者单位：云南省镇康县人民检察院。

（一）指引评价作用

检察机关肩负着监督宪法和法律的正确实施、查办职务犯罪和维护公平正义的光荣使命，由此形成的廉政文化具有价值、观念、知识、原则、行为规范等物质和精神财富的总和，已经得到了社会的广泛认可和追随。我们在此基础上进一步借助文学艺术、传媒平台等手法，指引广大基层检察干警和社会成员该做什么、不该做什么，起到弘扬正气、巩固清廉、鞭挞腐败、遏制歪风的正面作用，是对检察干警和广大干部群众的世界观、人生观、价值观和思想境界的评价尺度。

（二）统一价值观念

通过大力建设和全面推广检察廉政文化，使社会成员尤其是广大领导干部在同一类型和模式的文化氛围中受到熏陶、教化、培养，"外化于行，内化于心"，形成共同的价值观念和行为准则，从而自觉践行廉政勤政规范和准则。这也是检察机关廉政文化的外在追求。

（三）宣传教育作用

检察机关廉政文化在廉洁的属性上融入了鲜明的法制特色，对人的思维模式有着不可替代的潜移默化、润物无声的影响功能，通过各种教育方式和途径，用先进的文化理念、发人深省的案例来教育、警醒全体干部群众，在全社会营造崇廉尚廉、羞于腐败、耻于腐败和不愿腐败的良好氛围，使广大干部群众的思想在廉政教育中得到升华。

（四）压制腐败文化

大力弘扬检察机关廉政文化，是阻挡腐败文化渗透和蔓延的重要途径。当前，一些腐败行为、"潜规则"思想已经成为得到部分民众认可的社会风气和生活方式，并且日益渗透到一些人的行为模式中，成为一种"文化"现象，腐蚀着社会成员的价值观、人生观和世界观。因此，需要大力倡导廉政文化建设，增强人们的是非观和荣辱观，提高整体社会的正义感和正能量，巩固拒腐防变能力。

二、基层检察机关廉政文化建设存在的问题

（一）形不成完整的体系

改革开放以来，党委政府和干部群众普遍存在"经济发展是硬道理，文化建设是软任务"的观点，受此影响，基层检察机关对文化特别是廉政文化建设投入不足、重视不够，普遍缺乏廉政文化教育观念。工作往往注重查办职务犯罪案件，不注重廉政文化的系统化建设，即使有部分投入和建设，也往往是应付上级工作部署，或根据各部门需要建设一些形式上的走道文化、墙壁文化、院落文化，没有一整套集宣传、教育、警示、自省功能于一体的完整的廉政文化体系，缺少固定的楼馆场所开展廉政文化活动，从而在社会上和系统内部形不成"文化促廉、文化倡廉、文化筑廉"良好氛围，也没有形成"崇尚廉政、褒扬廉政、以廉为荣"的社会风尚。

（二）各自为政分散建设

以县级行政单位为例，各单位与上级和县政府的关系大多数是"条"、"块"结合的行政领导体制，有的以"条"为主、有的以"块"为主，在廉政文化建设中，有的单位根据县委、县纪委要求开展，有的根据上级要求开展，按照各单位喜好在本单位开辟一角或一室建设廉政文化，各自为政分散建设。虽然体现出了一定的地方特色、行业特色，显现出了一定的文化氛围，但是盘不出活力，形不成合力，达不到目的。以镇康县为例，2011—2012 年各单位投入廉政文化建设经费约为 60 万元，如果集中由检察机关牵头建设，具有突出的社会效果，但分散到各单位，其效果微弱，有的甚至将廉政文化的教育警示功能异化为内部装饰、美化功能。

（三）形式主义成分突出

主要体现在：一是封闭建设。建设廉政文化，是我党的执政理念、执政目的和执政方式的内在追求和外在表现，也是检察机关强化法律监督、维护公平正义的具体体现，需要面向最广大的人民群众，需要人民群众的智慧，需要与群众展开互动。但大多数基层检察机关将廉政文化建设在本单位走道、墙壁或办公室、会议室内，与社会和群众隔离开来，闭门造车搞形式主义，自己建给自己看，甚至自己建自己不看，群众也看不到。长此以往，不仅起不到宣传教化作用，还引

起干部职工审美疲劳。二是本末倒置建设。检察机关承担着查处职务犯罪、维护社会公正的光荣职责，肩负着反腐倡廉、弘扬正气的神圣使命，但实际工作中，查处的职务犯罪案件往往不善宣传，甚至不愿作为反面材料、典型案例丰富廉政文化公开宣传，局限于圈内人员知道，给人一种神秘色彩，让群众感受不到正能量。而廉政文化建设却本末倒置，放着现有的、群众高度关注并想看到的发生在身边的腐败案例不用，却侧重于书法艺术字画、格言警句和名人故事。

由于近几年检察机关没有形成有效的廉政宣传氛围，占据不到强有力的舆论制高点，没有从思想上、心理上打击职务犯罪行为，导致被查办对象的家族、圈子对职务犯罪行为无负罪感。社会上也有许多群众对检察机关查办职务犯罪工作不理解，抱有"事不关己高高挂起"的心态，甚至有人认为检察干警查办职务犯罪是"做臭事"、"招人恨"。被查办的工作对象树大根深，家族势力、圈子势力庞大，甚至出现反查办职务犯罪宣传，无中生有抹黑检察工作，或诽谤检察干警。

三、对基层检察廉政文化建设的几点思考

廉政文化是廉政思想的源泉，廉政思想是廉政行为的指南。越是触及人的思想意识和精神领域的工程越难以短期完成，需要有"一盘棋"观念和高屋建瓴、高瞻远瞩的打算，要用发展的眼光谋发展。

（一）创新廉政文化理念，引领廉政文化思潮

检察机关廉政文化作为旗帜鲜明的社会文化之一，是检察文化的重要组成部分，是我党服务人民根本宗旨和反腐倡廉建设的内涵和外延，具有鲜明的正面性、正义性和群众性，在反腐倡廉建设中具有不可替代的作用。基层检察机关在建设廉政文化过程中，要树立大廉政文化和大品牌意识，依托检察机关内部现有资源（如文明接待室弘扬服务人民的理念、查办职务犯罪案件工作区展示反腐倡廉的决心、案管大厅宣扬公平正义的思想），把执法宗旨、工作主题、检察职业道德以及检察干警核心价值观融入其中。在突出检察机关廉政思想和文化品牌的同时，广泛整合纪委、监察、法院、公安等反腐倡廉资源，依托传媒手法，做大做强基层检察机关廉政文化，使之成为全社会反腐倡廉文化建设的"龙头"。

（二）以基地建设为中心，整合资源形成合力

由党委、政府牵头，检察机关主抓，纪委监察等部门协作，整合本区域反腐

倡廉建设资源，使之形成合力，聚焦党风廉政建设和反腐败斗争，建设集巡展、宣传、参观、教育、警示、自省功能为一体的廉政文化教育基地，使之成为地区性反腐倡廉建设工程的一面旗帜。向党委政府提出建议，制定廉政文化教育制度，每年定期组织各级领导干部、家属和群众到检察机关廉政教育基地接受廉政教育、观看警示教育、上廉政课堂、感受失去自由的滋味、谈廉政体会等，系统性地开展廉政文化活动，烘托"谈廉、说廉、倡廉、守廉"的社会氛围。展出发生在本地的有影响的腐败案件，因势利导主导社会舆论，激发群众参与反腐倡廉的积极性和主动性，放大贪污腐化行为的原罪感；与领导干部和家属展开互动，使领导干部筑牢廉政底线和红线，使家属亲友成为廉政建设的助手。建立科学有效的廉政文化教育考核评估机制，使用考评的手段推动廉政文化深入开展。

（三） 开辟电视宣传专栏，打造廉政文化品牌

在广大基层和农村，电视仍是群众获取信息和了解动态的首要工具，也是党委政府传递声音的重要渠道。2009 年以来，笔者先后参加制作了几期县电视台定期播放、反映侦破刑事案件和服务群众的"平安边陲"电视栏目，每期节目一经播出，就成为群众茶余饭后谈论的主要话题，也是县电视台有史以来的收视率最高峰。贪污腐败、渎职侵权、不作为、乱作为等，历来是令人深恶痛绝的社会现象，也是整个社会关注的焦点和热点。基层检察机关在廉政文化建设中，要充分认识到电视媒体传播思想的力量，把发生在干部群众身边的腐败案例和渎职侵权案例制作成"法治政府"或"正义的力量"电视专题片进行宣传，大力弘扬正气，凝聚社会力量，高调反腐倡廉，用检察机关廉政文化的影响力推高反腐倡廉的主旋律。

（四） 推进网络阵地建设，主导网络社区舆论

全民网络时代，人人都是意见领袖，网络深刻影响和改变了人们的生活方式、思维形式、社交方式和发言方式，已成为当今社会聚散热点、焦点问题的主要平台。据悉，党的十八大以来，中央纪委、中央组织部、最高人民法院、最高人民检察院等部门官方举报网站日均浏览量增加了 2 倍多，举报数量和举报受理数量增加 1 倍多。同时，中央纪委向十八大作的工作报告强调要"建立完善反腐倡廉网络舆情收集、研判、处置、引导机制"。据中国互联网络信息中心（CNN-IC）第 33 次《中国互联网络发展状况统计报告》称，截止到 2013 年 12 月底，

我国网民规模已达 6.18 亿人，互联网普及率为 45.8% 。我们应高度重视互联网络在廉政文化建设中的地位和作用，创新廉政文化网络运用理念，用发展的思想推动网络阵地建设，建立健全廉政文化网络工作制度保障，加强基层检察机关网络应用基础设施，大力推进廉政文化网络阵地建设（如检察门户网站、论坛、微博、微信宣传举报平台等），让"廉政教育基地"和"网络廉政教育基地"形成现实社会和虚拟空间相辅相成、共同推进的良性态势。

中国共产党自成立以来开展反腐败工作的经验表明，反腐倡廉建设，建设干部清正、政府清廉、政治清明的社会环境，离不开思想动员和舆论引导，离不开廉政文化的培育和支撑。党风廉政建设和反腐败斗争越深入，廉政文化越要抓紧抓实。基层检察机关要紧紧抓住机遇，回应人民群众的新期待新要求，建设大检察文化，打造大廉政品牌，让基层检察机关廉政文化蔚然成风，成为一种社会时尚，成为反腐倡廉的"涡轮发动机"！

基层检察文化建设指标体系的构建

朱文瑞　陈　烜*

从党的十七大、十七届六中全会到十八大，中央对推进社会主义文化大发展大繁荣作出了一系列战略部署，服务文化建设和推进检察文化自身繁荣发展已成为检察机关应当承担的重要使命。最高检于 2010 年 12 月下发了《关于加强检察文化建设的意见》，从职业道德建设、能力建设、规范化建设、自身廉政建设及职业形象建设五个方面进行了部署。2012 年 6 月，全国检察机关首次文化建设工作会议在吉林长春召开，胡泽君常务副检察长作了重要讲话，进一步明确了文化建设的重点，将核心价值观和检察职业精神建设作为文化建设的首要任务；坚持把提高职业素质作为重要内容和关键环节，把物质环境建设作为基础和保障，通过改革创新，不断丰富和拓展文化活动载体和内容。2013 年底，最高检又发布了《2014—2018 年基层人民检察院建设规划》，将检察文化建设作为六项重点任务之一，突出了铸造职业精神这一核心目标。总结近年来基层检察文化建设的成功经验，将检察文化建设目标任务进行指标量化，建立一套符合检察工作需要和文化建设规律，导向明确、体系科学、可操作性强的指标体系，以引导和保障基层院检察文化建设的方向，巩固已有成果，提升基层检察文化发展水平，是一条可供选择的发展路径。

一、构建基层检察文化建设指标体系的必要性

（一）是推进基层检察工作科学发展的客观需要

从一般发展规律看，当前无论是国家竞争、城市竞争还是一个单位相互之间

---

* 作者单位：江苏省苏州市吴江区人民检察院。

的发展和竞争，都从侧重于硬实力的比较更多地转向软实力的竞争，文化竞争已成为一个无法回避的问题。从检察工作发展规律看，检察工作和职业化建设除了制度保障外，检察职业共同体的形成主要依靠文化建设来推进。从基层检察工作发展规律看，注意挖掘具有职业化、本土化、多样化的检察文化因素推进基层工作开展，是保障基层院持续健康发展的重要支撑，也是融合检察工作发展"自上而下"推动与"自下而上"参与两条道路的基础平台。从基层检察文化建设的自身规律看，科学设立指标体系，有助于促进文化建设"由虚入实"，进一步科学合理、务实有效。

（二）是推进基层检察文化建设科学化的实践需要

当前，对检察文化建设规律、重点和内容的研究和论述很多，基本路径有四条：一是从文化概念入手。从文化概念引申到检察文化概念，广义上认为检察机关、检察人员的一切精神和物质产品都是检察文化，较为空泛；狭义上侧重于精神文化，如核心价值观、检察职业精神等，实践中对建设成效也很难评估。二是从渊源入手。检察制度本身就是舶来品，对中国来说，先有检察制度，再有检察文化，因此认为检察文化主要是制度文化。检察制度文化当然是检察文化的重要组成部分，但也难免以偏概全，在基层实践中也易与制度管理以及管理科学化建设相混淆，难以突出文化属性。三是从文化类型入手。从文化—法治文化—检察文化层层推进，检察文化作为法治文化的一种子类型，既具有法治文化的一般特征，也有检察机关特有的属性。如何与法院审判文化、律师文化等其他法治子文化类型进行区分还有待进一步深入研究，包括如何在价值追求、职业文化特点、文化建设规律、文化表现形式等方面区别于其他机关文化、其他法治子文化，在实践中难以准确把握。四是从文化内容入手。认为文化包括精神文化、行为文化、物质文化，有的论者还涉及环境文化、制度文化等，此类研究较为具体、贴近基层检察文化建设实践，也易于在实践中把握和推进。当然，这些关于检察文化建设的研究和论述都对指导和推进基层检察文化发展起到了积极的作用，但对基层院来说，在如何结合自身实际推进检察文化建设方面，也存在过于宏大叙事、过于侧重理论等问题。在这些研究的基础上，归纳出一些直观的、可量化可评估、可操作性强的文化建设指标，以推进实践工作的开展，是当前基层检察文化建设的重要方向之一。

（三）是走出当前检察文化建设误区的现实需要

缺乏评估标准和一套可量化、可测评、可操作的指标体系，基层在推进检察文化建设中往往会存在一些模糊认识：一是脱离检察属性，将检察文化混同于机关文化；二是脱离检察工作，将检察文化建设等同于一般文体活动；三是脱离检察干警，将检察文化建设局限于对个别文化精英人物的培养和使用，等等。这些都不利于基层检察文化的繁荣和发展。克服这些弊病，构建以定量评价方法为主的评估标准和指标体系就更有必要。这也是探索解决文化建设示范院评价标准缺失问题，推动示范院模范引领作用得到真正发挥的重要途径。2013 年，最高检已针对这一问题专门组织"检察文化示范院标准问题"的课题研究。基层检察院在积极参与的同时，探索通过构建基层检察文化建设指标体系，努力破解检察文化建设示范院标准难题，既为上级决策提供实践样本和经验，也有利于推动自身检察文化建设的发展。

二、构建基层检察文化建设指标体系的基本途径和方法

指标体系源于经济学领域，而后逐步扩大应用到其他领域。指标体系的建立是进行预测和评价研究的前提和基础。检察文化是检察机关在长期法律监督实践和管理活动中逐步形成的与中国特色社会主义检察制度相关的思想观念、职业精神、道德规范、行为方式以及相关载体和物质表现的总和。思想观念、职业精神、道德规范均从属于检察精神文化范畴，精神文化本身难以量化，但对检察精神文化建设成效可从其作用发挥程度设定指标，进行定性或定量评估。检察行为方式属于检察行为文化范畴，在检察人员根据检察精神文化的指导，在实践中表现出的具有职业特点、符合职业要求的行为规范及其外在表现形式，包括检察制度完备程度、行为规范程度、机关文明程度、检察人员参与程度等，选择相应指标进行定性或定量测评。检察文化载体和物质表现形式属于检察物质文化范畴，进行指标量化不存在实践方面的障碍，经费保障、文化设施和场所建设等方面均可进行指标化、量化评估。因此，按照最高人民检察院推进检察文化建设的目标要求，分解出可量化的指标，并赋予相应的权重，构建一个导向清晰、科学合理、可量化可评估的指标体系既有必要，也具有可行性。

（一）构建基层检察文化建设指标体系的基本依据

主要依据最高人民检察院《2009—2012 年基层人民检察院建设规划》、

《2009—2013 年全国检察信息化发展规划纲要》、《检察人才队伍建设中长期规划2011—2020》、《关于加强检察文化建设的意见》、《县级人民检察院基本业务装备配备指导标准（试行）》、《关于进一步深化检务公开的意见》等文件，以及2012 年首届全国检察机关文化建设工作会议精神以及基层人民检察院科学发展指标体系等。

（二）基本原则

一是合法性。严格依法，同时与检察机关已出台的相关意见、文件精神不相冲突。二是科学性。遵循检察工作规律和检察文化建设的特点和要求，符合最高检相关意见以及首次全国检察机关文化建设工作会议的精神，从而科学确定指标体系和评价办法。三是务实性。贴近基层检察文化建设实际，指标选择可比较、可量化、可评价，便于实践操作，在实践中真正发挥作用。四是前瞻性。以发展的眼光和适度超前的理念来选择指标体系，特别是在评价过程中，将现有全国检察文化示范院作为参照坐标，既考虑客观条件和现实可能性，又考虑发展潜力和主观能动性。

（三）基本方法

最高检 2010 年出台的《关于加强检察文化建设的意见》，首先从文化概念入手，兼采文化内容说，将检察文化定义为思想观念、职业精神、道德规范、行为方式、相关载体和物质表现等。根据这一定义，参考广州、武汉、苏州等全国检察文化示范院的做法和基层院实践探索的成果，从精神、行为、物质及综合评价四个层面设立一级要素指标，再延伸设立具体指标，是实践中易于形成共识、推进建设的一条现实路径；从建设指标体系角度看，也容易进行指标量化工作，可以为软实力通过硬指标来评估和实现提供基本方法。

三、基层检察文化建设指标体系的构成

构建指标体系主要目的是为了科学有效测评基层检察文化建设水平，指导检察文化建设实践。同时，检察文化建设并不是终极性目标，而是手段性目标，它必须始终服从和服务于检察事业的发展。因此，选择文化建设指标重点不在于文化形式、文化活动之有无、多少等简单标准，应侧重于对文化功能发挥情况的评估和促进。本指标体系分基本要素层和具体指标层两个层面。其中基本要素层包

括：检察精神发展程度、检察行为规范程度、检察氛围成熟程度、检察形象满意程度四类，分别与检察精神文化、行为文化、物质文化建设水平及社会对检察文化建设总体评价一一对应。具体指标层含有 22 个基本指标，均为基层检察文化建设的重点和核心，体现了基层检察文化建设的实际成效。

（一）检察精神发展程度

该要素指标反映检察精神文化建设水平，指检察人员在检察活动中体现的思维方式、价值体系和职业精神，这是检察文化建设的核心所在。包括 5 个指标：

1. 检察精神与检察工作融合度。该指标主要反映检察机关贯彻落实社会主义核心价值观、在检察工作中牢固确立检察职业精神的基本指标。主要考察检察干警核心价值观渗透度，检察职业精神纳入检察人员教育培训体系程度，具有检察特点、本土特色的检察精神建设水平。

2. 检察职业道德建设认可度。该指标主要反映社会各界对检察机关"忠诚、公正、清廉、文明"检察职业道德素养和形象评价程度，是衡量检察职业道德建设水平的重要指标。重点选择与检察工作和诉讼过程联系紧密的单位和人员来反馈评价。

3. 社会主义法治理念培育机制健全度。该指标是主要反映检察机关牢固树立和自觉践行社会主义法治理念水平的重要指标。根据最高人民检察院《关于加强检察文化建设的意见》规定，评价内容包括四个方面：社会主义法治理念经常性教育制度、"以案析理"制度、巡回宣讲制度、考核激励制度。

4. 检察职业认同度（检察官占比）。该指标是反映检察职业的感召力及检察机关对检察官职业首位度重视程度的重要指标。主要选择基层院检察官占比来测评。检察官是检察职业的典型形象和集中体现。通过测评基层院检察官占比，既较为客观、具体，也利于在不同基层院之间横向比较，能反映出对检察官职业首位度的认同程度。

5. 先进示范创建率。该指标是反映检察精神文化建设对检察工作推动、促进程度的重要指标。检察精神文化建设成效，最终要体现在对工作的推动、体现在检察机构和人员先进示范和战斗堡垒作用的发挥方面。

（二）检察行为规范程度

该要素指标主要体现检察机关行为文化建设水平，指检察机关和检察人员在检察实践活动中彰显的具有检察职业特点、符合检察职业要求的行为规范及其文化表现形式。从检察文化指导、规范检察行动的一般规律看，将检察行为文化建设活动细分为检察文化政策、制度的制定和传播、接受与传递、规范与参与等环节。包括 8 个指标：

6. 检察文化政策完备度。该指标是主要反映检察机关推进检察文化建设的政策指导能力的重要指标。参照首届全国检察文化示范院做法，评价内容包括三个方面：（1）有无全院性推进文化建设的实施意见或办法；（2）有无全院性整体文化建设目标；（3）有无具体实施举措。

7. 制度建设覆盖率。检察制度文化是检察行为文化的重要组成部分。该指标主要反映检察机关在各项检察工作中制度建设水平，是衡量检察机关检察行为规范程度的基础指标。根据最高检、省院历年来下发的制度规范予以对照，可以反映出基层院制度建设的全面性和规范性水平。

8. 检察执法行为规范化建设达标率。该指标是主要反映检察机关执法制度和规范在工作中的全面应用程度，是衡量检察机关在各项检察工作中执法行为规范化水平的核心指标。评价内容主要以最高人民检察院《检察机关执法工作基本规范》为依据。

9. 检务公开率。该指标主要反映检察机关深化检务公开的水平，是检察行为文化向外传播和发布，体现检察机关公开、透明和法治文明的程度。根据最高人民检察院《关于进一步深化检务公开的意见》规定，对 22 项检务公开内容，是否做到应当公开的全部公开，实现检务公开全覆盖。

10. 机关文明创建等级。该指标主要反映检察机关创建文明单位、文明行业的层级和水平，是反映检察文化建设规范、引领作用的基础指标。根据现行文明单位、行业评价标准，分为国家级、省级、地市级和县级四个等次。

11. 检察文化品牌年度创建数。该指标是主要反映检察机关在一定期限内文化品牌建设情况，侧重于评估检察机关文化建设的典型成效，是体现检察机关文化建设活动进展状况的重要指标。可以通过上级检察机关或地方党委政府在年度内评定、授予的文化品牌项目、称号来测评。

12. 检察文化活动参与率。该指标主要反映检察机关干警参与检察文化建设的活跃度和参与比率，是衡量检察干警在检察文化建设中主体作用发挥的重要指标。最高人民检察院《关于加强检察文化建设的意见》和全国检察机关首届检察文化建设工作会议要求，应当坚持以人为本、全员参与，突出检察人员主体地位的原则。

13. 检察人员年度受教育培训学时数。该指标主要反映检察人员每年人均参与各级教育培训活动的情况，是衡量检察机关文化教育工作水平的重要指标。根据最高人民检察院《2009—2012 年基层人民检察院建设规划》规定，检察人员每年轮训累计不得少于 100 学时或 12 天。目标值为 100 学时或 12 天。

（三） 检察氛围成熟程度

该要素指标主要反映检察物质文化建设水平，指检察文化载体建设和检察建筑、设备、场所等具体表现形式，是检察文化建设的载体和外在反映。包括 6 个指标：

14. 检察文化经费投入占比。该指标是指检察机关年度检察文化建设经费支出在检察机关公用经费总支出中所占的比重。根据最高人民检察院《关于加强检察文化建设的意见》，检察文化经费应纳入年度预算。

15. 检察干警人均文化场所面积占比。该指标主要反映检察干警人均检察文化活动场所面积在检察机关人均办公面积中所占的比重。

16. 院史室、档案室建设达标度。该指标主要反映检察机关基本文化场所建设水平达标程度，是衡量检察机关检察文化基本物质载体建设水平的重要指标。院史室、档案室是根据最高检规定，所有基层检察机关必备的文化建设场所，是基层院开展检察文化建设最基本的物质载体之一。

17. 检察文化场所建设完善度。该指标主要反映检察机关办公场所法治文化建设状况，是衡量检察机关检察文化物质环境建设水平的重要指标。评价内容包括 3 个方面：（1）院内文化橱窗、文化长廊、文化墙等法治文化环境建设情况；（2）院内检察文化活动室建设情况；（3）向社会公开的开放场地或在公共场所法治文化、检察文化主题公园、教育基地等建设情况。

18. 检察文化刊物创建发行数。该指标主要反映检察机关文化创作和载体建设情况。检察文化刊物是检察机关干警从事文化活动的重要载体，也是衡量检察机关文化建设表现形式的一项重要指标。

19. 检察宣传工作推进度。该指标主要反映检察机关检察文化宣传工作的进展状况，是衡量检察机关检察文化宣传载体建设水平的重要指标。该指标根据最高人民检察院《关于加强检察文化建设的意见》和全国检察机关首届检察文化建设工作会议精神相关要求而确立，参考首届全国检察文化示范院情况设立目标值。包括3个子项目：（1）传统媒体平台文化宣传利用程度。（2）新媒体平台手段利用程度。该子项目主要考察基层院顺应时代要求和形势发展需要，贯彻中央、最高检及全国检察机关首届文化建设工作会议精神，利用新媒体等载体推进检察宣传工作的程度。（3）检察网站建设利用程度。该子项主要反映检察网站建设水平和影响力，主要通过年平均点击量测算。

（四）检察形象满意程度

该要素指标主要体现检察机关内外部对检察文化建设和检察形象的总体满意程度。因检察文化建设成效在社会评判方面难以直接设定适合的指标，但检察文化和检察形象建设成果可以通过检察工作间接反映，且当前对检察工作满意度的社会测评开展较为普遍，故本指标体系予以借用，以反映检察机关内外对检察文化建设成效的综合评价。包括3个指标：

20. 群众测评满意率。委托第三方中介机构，采取问卷调查等方式，开展社会调查，获取统计数据。也可直接采用江苏省检察院每年度人民群众对基层院检察工作满意度的测评数据。

21. 同级人代会检察院工作报告通过率。可直接通过每年人代会审议检察院工作报告时的会议表决结果来测评。

22. 干警测评满意率。该指标主要反映检察机关全体干警对检察文化建设的满意程度。可采取问卷调查方式对全体干警进行民主测评，统计测评结果。

探索务实铁检文化　建设过硬检察队伍

朱南斌*

党的十八大对坚定不移走中国特色社会主义文化发展道路，推动社会主义文化大发展大繁荣，建设社会主义文化强国作出了重要部署。最高人民检察院为深入贯彻落实党的十八大精神，进一步加强检察文化建设，促进检察工作和队伍建设不断科学发展，号召各级检察院加强检察文化建设，为繁荣社会主义文化添砖加瓦。我院作为铁路基层检察院，在不断改革中积累实践经验，探索建设出属于合肥铁检院的铁检文化。

一、检察文化和铁检文化的内涵

检察文化是检察机关及全体检察人员在长期工作、生活及其他社会实践中所创造的精神财富和物质财富的集中体现，是检察机关及其干警履行法律监督职责的理念和原则、思维方法、管理方式、行为模式、工作习惯、运作方式以及相应的物质装备的总和。

铁检文化重在"铁"字，即铁的思想、铁的作风、铁的纪律、铁的行为。我们要打造的是一支追求忠诚、作风过硬、纪律严明、抓铁有痕、踏石留印的队伍。习近平总书记提出的"三严三实"，应当是合肥铁检院要追求探索建设的，以责任、担当、为民、清廉为内涵的铁检文化精神所在。我们的责任文化就是在工作中将岗位职责放在首位，将其作为衡量人生价值的重要因素；担当文化就是勇于承担责任，不计得失，不为保全自己、害怕承担责任而推脱推诿；为民文化就是将人民群众利益置于一切工作的出发点和落脚点；清廉文化就是坦坦荡荡，清正廉洁，抵制不正之风，不以权谋私。

---

* 作者单位：安徽省合肥铁路运输检察院。

二、开展铁检文化建设的重要意义

文化是一个单位的核心竞争力，是一个单位凝聚力的体现。检察文化是检察形象的重要体现，对检察事业的推动力是巨大的，作用是长期的、潜移默化的。检察机关要坚持锻造检察干警共同遵循的行为准则、全力提高检察队伍整体素质，着眼于文化的挖掘、提炼、传承、升华，努力提升检察工作发展的软实力。

（一）有利于坚定理想信念、增强队伍凝聚力

价值观构成了检察文化的核心，一个有着自身特色文化的单位，不论单位结构、领导如何调整，它们的文化是基本不变的，或者说，其核心价值是不变的。建设铁检文化就是打造有铁检特色的价值观，形成共同的理想信念。理想信念会为全体检察干警提供共同的行为准则和价值追求。

（二）有利于强化队伍整体素质、提升检察机关执法公信力

执法公信力是检察机关的生命线，是检察队伍职业素质和职业形象的集中体现。以责任、担当、为民、清廉为内涵的铁检文化有其强大的生命力，通过一系列教育实践活动融入每个干警的心中，内化于心，外化于行，最终在执法中体现。实践证明，文化的作用更具渗透力和感召力、更具持久性和实效性。一个单位的工作如何，关键在人。

（三）有利于促进履行专门检察职能，提高业务水平

检察机关作为国家法律监督机关，担负着加强法律监督，维护社会公平正义，促进社会主义法治国家建设的重要职责。拥有责任、担当、为民的理想信念是做好工作的前提与保障，它能焕发出强大的精神力量，在工作中督促干警们勇挑重担，不畏艰难，永守岗位职责。

三、建设铁检文化的实践探索

目前，在我院干警思想中已普遍树立起忠诚、责任、担当文化，"只为成功找方法，不为失败找理由"已深入人心。党组将文化建设贯穿到工作的方方面面，内化为干警的共同愿望和价值取向，外化为全体干警的追求和自觉行动，使责任、担当扎根于每个干警心中。

（一）打造理念文化，发挥先进文化的引领功能

理想信念是一个单位文化建设的灵魂，引领着文化建设的方向。大力开展政法干警核心价值观教育，结合检察工作，培育良好的检察职业道德价值观，用全体干警广泛认同的这些核心价值观凝聚战斗力，使全体干警在工作中始终保持饱满的热情和旺盛的斗志。在实践工作中，我院不把政治思想工作做在表面，而是了解每个干警的切实想法，将理念文化深入每个干警的心中。院领导做表率，带头与全院干警普遍开展谈心，通过推心置腹地沟通思想，了解干警的想法和需求。党组每半年召开一次思想分析会，专门研究队伍的思想状况，提出针对性的解决措施，并将理念教育与解决干警实际问题相结合。我院在做各项工作时都着力于打造理念文化，比如我院坚持八年开展的"积极履行铁检职能，服务平安铁路春运"的专项活动，在为平安铁路、法治铁路建设作出贡献的同时积极打造责任、担当、为民的铁检文化。在任用选拔干部时，各个环节都秉持公开、公平、公正，既选出了大家信任的好干部，又让大家在过程中充分感受到我院坚守公平、公正的理念文化。

（二）打造学习文化，发挥先进文化的激励功能

深入开展"创建学习型检察院，争做学习型检察官"活动。我院在抓好党组中心组和干警理论学习的同时，积极参加各类专题研讨会、知识讲座、业务培训等活动，提高能力素质，为规范执法打牢坚实基础。当干警培训后我院组织相关会议分享心得体会，如1月份参加钢铁激励营培训的同志回来后从责任方面交流学习培训的体会和感受，全院同志深受教育和启发，纷纷表示要在今后的工作中，进一步树立责任意识，敢于担当。我院已选送两批四人参加钢铁激励营培训，新招录的公务员分别选送省院检办和合肥市检察院基层院锻炼学习。

（三）打造行为文化，发挥先进文化的凝聚功能

我院干警积极踊跃创作名言警句等书画作品，在办公楼每层走廊间悬挂，建设了内容丰富、形式多样的法治文化长廊，在办公场所加强了法治文化建设，营造良好氛围。文化是一个单位软实力的体现，而活动是载体，通过活动逐步形成一个理念，通过活动形成团结、活泼的局面，提炼出责任、荣誉、团结、担当等价值观。我院积极开展各项活动，如定期召开中心组学习会议，不断巩固和夯实思想信念。我院还举办"读书月"系列活动，党组推荐《把信送给加西亚》、

《西点军校》等书给广大干警，干警们利用课余时间拜读学习，并纷纷通过书写读后感的形式畅所欲言，交流心得体会。年前干警们积极参加省院联欢活动，通过在联欢会上优异的表现，展现了我们铁检和铁检人的风采，扩大了铁检的影响力，激发了铁检的荣誉感。去年我院分别组织了素质拓展训练营活动以及冒着酷暑进行登山比赛，迎着寒冬进行健步走，通过夏练三伏、冬练三九锻炼了干警的意志。今年5月份我院参加省院合唱团和代表省院参加省直工委运动会广播体操比赛，通过活动增强团体意识、增强凝聚力、增强荣誉感。通过形式活泼、寓教于乐的文艺活动，营造浓厚的文化氛围，培养检察干警健康的工作生活情趣。

（四）打造制度文化，发挥先进文化的规范功能

十八届三中全会确定的改革目标是推进国家治理体系和治理能力现代化，治理现代化就是要实现各项事务治理制度化、规范化、程序化。我院从制度的制定到执行都严格按照规范和程序办事。

制度的生命力在于执行，我们去年共制定十几项制度，都紧紧结合我院实际，具有较强的可操作性。如车辆管理制度、考勤制度，都严格狠抓落实，让制度不再只写在纸上挂在墙上，而是成为有效管理的真正手段。党组决定每个月由党组成员带队进行检查1—2次，加大效能建设力度。这一系列制度出台、完善和执行，让各项工作在制度设计的轨道上规范运行。

（五）打造廉政文化，发挥先进文化的约束功能

"打铁还需自身硬"，做好检察监督工作，自身正、自身硬、自身净是根本前提，只有这样，监督才有公信力，检察权才不会滥用。我院严格落实中央八项规定、《检察人员八小时外行为禁令》等制度规范，组织全院干警参观蜀山监狱接受警示教育，定期开展廉政教育，对上级传达的有关政法干警违法违纪案例及时通报。如今，我院风清气正，人人思干，人人思进，充满了无限的生机和活力。

由于我们坚持致力于打造"责任、担当、为民、清廉"的铁检文化，干警的责任、担当、进取意识明显增强。去年在上海分院业务考核中，多项业务名列前茅，在省院四个派出院考核中，被省院确定为优秀单位。我们在工作实践中也深深感受到检察文化的重要性，并尝到了检察文化的甜头。

贫困山区小院开展检察文化建设初探

刘子华　马　麟*

2011 年 10 月 18 日，党的十七届六中全会审议通过了《中共中央关于深化社会主义文化体制改革，推动社会主义文化大发展、大繁荣若干问题的决定》，全面提出坚持中国特色社会主义文化发展道路，深化文化体制改革，推动社会主义文化大繁荣、努力建设社会主义文化强国。可见，新时期的文化建设已经摆上国家的议事日程。检察机关作为国家的法律监督机关，如何形成一套具有自身特点的检察文化，显得尤为重要。最高检在《人民检察院基层建设纲要》中提出要加强基层检察院的检察文化建设。这也给基层院检察长们提出了新的工作要求，本文就我院几年来开展检察文化建设工作所取得的成绩及做法，做一次小结，权当一次探索。

松溪地处福建闽北山区，全县人口 16 万，2013 年全县财政收入 3.07 亿元，其中地方公共财政收入 2.28 亿元，是福建省十二个经济欠发达山区县之一。我院编制 46 人，目前在岗 45 人，下派 1 人。其中本科学历 38 人，研究生学历 2 人，大专 5 人、高中 1 人。就我院情况来看，属全省最小山区小院之一，人少、院小、人才少、财力弱，又偏隅一方，如何贯彻落实检察文化建设工作，成了我院党组一个大的难题。但我们并没有被困难吓倒，院党组迎难而上，经过几年的努力，我们成功地探索出一条适合我院的检察文化创建之路。检察文化建设从无到有，从弱到强逐渐深厚。更加可喜的是，2013 年在文化部和山东省人民政府联合主办的第十届中国艺术节全国美术优秀作品展中，由我院法警大队长创作的版画《鸣秋》入选。这是我院检察文化工作首次与这场反映中国当代绘画艺术成就"视觉盛宴"的第一次握手；"这次展览的入围作品展示了最近几年来我国

---

* 作者单位：福建省松溪县人民检察院。

美术创作的最高水平。"中国文联副主席、中国美术家协会主席、此次展览评委会主任刘大为在终评结束后评价说。文化部艺术司副司长张凯华表示："此次参展集中了各个画种具有影响力和代表性的艺术家,以及众多崭露头角的青年艺术家,体现了全国性大展应有的实力和面貌。"我们一个山区小院干警创作版画作品,能入选国家专业性艺术大展,可谓是我们全院干警的喜事;2014 年 1 月,《鸣秋》还被"十艺节"主委定为赴京在中国美术馆展览作品。在 2013 年福建省人民检察院组织的"书香八闽·检察风"读书征文活动中,由检察长撰写的《修身立德 凝聚人心——读〈礼记大学〉有感》一文获全省检察机关"书香八闽·检察风"读书征文活动一等奖;《亚洲美术》、《闽北日报》也先后刊登过我院干警创作的文艺作品,福建省美术馆、中国民主促进会收藏了我院干警创作的美术作品四幅。几年来,我院有一人加入福建省美术家协会、有一人加入南平市书法家协会、有一人加入福建省南少林文化研究会、有一人获全省检察机关乒乓球比赛第四名、有一人代表省院团参加第十二届全省运动会羽毛球比赛,有七人五次获得全市检察系统运动会羽毛球、乒乓球、跳远、百米跑等项冠军。我们还在院里建起了图书室、电子阅览室、版画、书法、油画长廊、羽毛球场、健美操活动室、乒乓球室等场地。回顾我院在检察文化建设工作中走过的历程,我们认为,基层检察院在开展检察文化建设工作中应处理好以下几个关系。

一、在指导思想上,要处理好"创"与"建"的关系

贫困山区检察院,由于其地理位置和经济基础的制约,人的开放意识,物力、人才、财力等方面都不可能与发达地区的基层院相比,因此,在开展检察文化建设工作时,要紧紧抓住一个"创"字不放松,按照"强化法律监督,维护公平正义"这一检察工作的主题,充分发挥山区干警朴实、宽厚、特别能吃苦这一优势,以创新长效管理机制为原则;以培养检察团队为重点;以创新活动载体为动力,不断推动检察文化建设的繁荣和发展。围绕"建"字开展工作,把先进的检察文化价值观念、思维方式、行为作风等传达给全体干警,树立检察人员的良好形象,增进社会对检察工作的理解、信任和支持。

几年来,我们按照这个指导思想,通过开展制度文化建设,建立了一套适合我院发展的制度体系,对检察工作的各个方面严格规范,确实做到用制度管人、管事、管物,使各项工作不因领导的改变而改变,保证"软环境"的稳定,净

化制度执行力，强调制度执行的刚性特征，远离制度不落实的各种借口，又注重落实制度的人性化要素，以温馨的提示、关怀式的告诫增强制度的亲和力，使干警由被动服从变为主动执行，引导干警充分认识到制度既约束人也保护人。自觉地把制度内化为日常工作和生活的行为准则，把素养文化建设作为开展检察文化建设的重点，着力提高我院干警的政治素养、法律素养、职业素养和文化素养。采用教育、引导、吸收、熏陶和激励等方式，提高全院干警的素养，以适应现代法治文明的要求。几年来，作为一个基层山区小院，我们先后被福建省委组织部授予"先进基层党组织"，被所在设区市授予"先进政法工作单位"，被市院评为"党风廉政建设先进单位"，市"文明单位"，有一名干警被评为"全国检察机关装备工作先进个人"，35人次被评为省、区、市先进个人。控申接待室被评为省级"文明接待室"，反贪、监所、宣传、信息、调研等项工作多次名列全市前茅。

二、在检察文化建设定位上，要处理好"虚"与"实"的关系

"文化"两字有着很大的外延。通常来讲，文化是指人类活动的模式以及给予这些模式重要性的符号化结构。不同的人对"文化"有不同的定义，主要包括文字、语言、地域、音乐、文学、绘画、雕塑、戏剧、电影等，大致上可以用一个民族的生活形式来指称它的文化。文化在汉语中实际是"人文教化"的简称，前提是有人才有文化，意即文化是讨论人类社会的专属语"文"是基础项，包括语言或文字。"教化"是这个词的真正重心所在。作为名词"教化"是人群精神活动和物质活动的共同规范。作为动词的"教化"是共同规范产生、传承、传播及得到认同的过程和手段。由此可见，检察文化是由其宪法的定位特殊性所决定的，我们认为，基层院在检察文化建设上的定位，应处理好"虚"与"实"的关系。从大的层面来讲，检察文化是社会主义先进文化的重要组成部分，对推进社会主义民主法制建设，建立社会主义法治国家具有重要的作用。而作为基层院这个层面，在检察文化的定位上，应着重在"实"字上下功夫，重点开展好法治文化、监督文化和廉政文化建设，即讲究"虚"一面，但更重要的是扎扎实实地开展"实"的工作，这样才能走出一条适合基层院的检察文化建设之路。

几年来按照这一思路，我们通过深入开展政法干警核心价值观教育等一系列

专题教育活动，使干警明确自身的责、权、利关系，树立正确的职业态度和遵守职业规范意识，使职业道德的培养上升为全院干警的自觉行动，在全院倡导实事求是的工作作风、文明的执法行为、高尚的品行修养、和睦的人际关系、得体的言谈举止。通过开展礼仪讲座、艺术鉴赏、英模报告、入党宣誓、瞻仰革命烈士陵园、参观路下桥暴动纪念馆等一系列活动，引导干警远离是非之地，远离是非之人，远离不良的生活方式，养成有益于身心健康、格调高雅的良好生活、学习习惯，推行"能者上、平者让、庸者下"的用人机制，更广泛、更扎实地挖掘人才，做到知人善任，促进每一个干警把内在的潜力和创造力最大限度地发挥出来，成为推动检察工作的强大动力。

几年来，我们有多项工作走在全市乃至全省的前列，受到了社会好评，成为我院检察工作的一个又一个亮点。一是率先在全省创新"刑事和解制度"，积极构建和谐的社会执法体系。二是探索创建"检察官维稳工作站"，为维护松溪稳定服务，有效化解社会矛盾，《福建日报》做了专题报道，此新闻还被评为全省好新闻。三是组织撰写了《关于充分发挥检察职能，为推进松溪科学发展跨越发展服务的意见》，得到了松溪县委、政府、人大的充分肯定。县委书记专门做了批示，号召全县机关单位向检察机关学习。四是通过了《关于充分发挥检察职能，积极推进国家级生态县建设的若干意见》，为我县建设国家级生态县，造福松溪人民提供了强有力的司法保障。今年，我们又确定了"充分履行检察职能，服务保障民生"的服务专题，不断从人民群众的新要求、新期待来加强和改进检察工作，使我院的检察文化建设深深地打上了松溪的烙印。

三、在人才培养上，要处理好"远"与"近"的关系

检察文化建设的人才，是基层院尤其是贫困山区检察院最缺乏的，人才的缺乏是基层院在开展检察文化工作中最头疼的事情，特别是山区小院，许多同志在山区工作十几年甚至几十年都没有走出去过。有的老干警常常开玩笑讲：出县到东平（我县与政和县相邻的一个乡镇），出省到新窑（我县与浙江省庆元县相邻的一个乡镇），在这种惯性思维下，表现出许多干警对"文化"这一词特别陌生，他们很怕在公开场合去表现自己的才华，更缺少创新意识和夺标精神，即使是科长们到省市院开会学习，也都是坐在最后一排。这种精神状况与检察文化建设所需要的活泼、热情、主动、跳跃性思维、勇于表现自我等形式相去甚远。于

是，培养检察文化人才摆在了我们面前。在人才的培养上，党组成员意见不一。有的认为，在人才培养上应就近、就急，院里有什么样的人才就培养什么样的人才，有的认为要花大力气全面长期地培养综合性的检察文化人才。经过讨论，我们认为在检察文化人才的培养上，要处理好"近"与"远"的关系。"近"就是要调动干警对检察文化的积极性与参与性，进而去发现和挖掘干警对检察文化的兴趣和潜力。另外，要从检察文化建设的长远性去考虑，把那些有些基础、热爱检察文化工作的干警组织起来，成立相应的兴趣小组，采取走出去、请进来的办法，做到有目的、有计划进行培养，进而让优秀者脱颖而出，同时要结合区位和地域特点，培养出具有本院特点的检察文化人才。为此，我们制定了《松溪县人民检察院检察文化建设五年实施计划》，成立了篮球、羽毛球、乒乓球、版画、书法、演讲、摄影、诗歌、散文等兴趣小组，干警们自愿参与。邀请中国美术家协会会员到我院教授版画的制作及鉴赏课，请省书法家协会会员及我县书法协会人员到我院办笔会，邀请县诗词联协会到我院采风、座谈，提高干警对美的追求和审美情趣，大力营造文化氛围。充分利用走廊、办公室、活动室等地悬挂干警们创作的版画、油画、书法作品，在内网上开设文学专栏和"绘画、书法、摄影"等固定专栏，发表干警的调研文章、诗歌、随笔、书法、绘画、摄影等作品，为干警学习、交流、展示提供一个平台。几年来，我们先后举办了"松溪县人民检察院检察官之夜"文艺晚会、"演绎青春风采、献身检察事业"演讲比赛、"祖国在我心中"诗歌朗诵会、优秀《检察建议》评比活动和"预防杯"体育竞赛周等活动。通过这些活动，涌现出一批热衷于检察文化建设的干警。他们有的自发组织活动，有的自费去参加书法培训，有不少同志加入了当地各种艺术协会，成为各个协会的骨干力量，真有百花争艳的景象。几年来，仅版画兴趣小组就有五幅作品入选全国性专业美展，还有最高检二等奖、省院金奖及福建省第五届青年美展二等奖、第三届全国农画书画展三等奖、第二届全国农民书画民展优秀奖，书法作品也有七幅入选省、区、市"职工书画展"。

四、在经费保障上，应处理好"多"与"少"的关系

贫困山区基层院的经费保障，就目前来讲还是长期困扰着检察长们的问题，就我县而言，全县各个机关的人头办公经费一年仅300元，作为检察机关县里特批人头经费600元。从2013年开始，我院的经费保障才有了好转，这是发达地

区检察长们无法想象的。但不能因为经费缺就不做工作，所以在检察文化建设经费保障上，贫困山区基层院应处理好"多"与"少"的关系，在制定目标时必须要高，要有排除万难、不达目的誓不罢休的雄心壮志，同时必须立足现有的条件，以实事求是的态度周密部署，精心组织，把每一分钱都用在刀刃上，把一个铜板分成两半花。这几年我们在检察文化的投入上，较好地处理了"多"与"少"的关系，能省的钱不多花一分。比如举办"检察官之夜"文艺晚会，一台晚会下来，一个半小时 15 个节目，从舞台设计、服装、道具、灯光、音响，我们是能借的坚决不买，能不花钱的就坚决不花钱，整台晚会结束总共花了 6000 多元，获得了全县好评，县委书记、县长、人大主任都亲自登台高歌一曲，取得了绝佳的社会效果，也把我院干警的精神风貌向全县人民做了一次很好的展示。6000 元一台晚会，宣传部长了解情况后，都竖起大拇指。但是该花钱的地方，我们是一个仔也不省，比如干警们创作时需要的材料、邮寄费用、外出培训的经费等，再比如邀请一些大师们到我院里传经送宝等。现在，我们已经形成了一个节省的好习惯，干警们都知道向检察长申请创作经费，要考虑再三，能省的不能多报一分。

总之，检察文化是需要长期的积淀才能最终形成的，需要一代人甚至几代人的不断努力，不可能一蹴而就，需要立足当前，认真探索；更需要着眼长远，常抓不懈，要站在新的起点上，在实践中探索，在传承中创新，切实抓好、抓出成效，努力打造具有时代特色的文化精品。

基层检察文化建设初探

刘兴华[*]

人民检察院是国家的法律监督机关，依法监督执行法律和遵守法律的情况，维护法律的正确统一实施。近年来，在检察机关的法律监督实践中，检察文化这一社会现象已引起广泛关注。建设先进检察文化，提高检察人员素质，增强法律监督能力，逐渐成为基层检察机关的共识，一股"文化育检"热潮方兴未艾。基层检察人员分别占88%和76%，约90%的案件由基层检察院办理。检察文化建设的重点在基层。然而，一些基层检察院和检察人员没有真正理解检察文化的内涵，故而对检察文化建设存在认识上的偏差和实践上的误区。为此，笔者从基层检察文化建设的现状、检察文化建设的路径思考作一探讨。

一、基层检察文化的现状调查

近年来，一些基层检察院都在积极探索和实践检察文化建设，并取得了不菲的成果。如"全国先进基层检察院"云南陆良县检察院大力提倡树立"服务精神"、"进取精神"等四种精神，用"法治文明"的执法理念、以"以人为本"的德治理念、以"讲实话、做实事、求实效"的工作理念来规范干警行为，让检察文化这只"看不见的手"，成为检察工作发展创新的原动力，创造出了基层检察文化建设的"陆检文化模式"。陆良县检察院融合"爨乡"文化精髓于检察文化之中，开展了以弘扬"爨氏"文化思想为核心，以传承"爨龙颜精神"、"爨乡文化"为载体，以关注民生、保障民生、改善民生、服务民生为目标的特色文化建设活动，着力培育"严谨、务实、和谐、创新"的陆检院训。但是，由于检察文化建设起步相对较晚，其现状没有引起普遍的关注和重视，再加上行

---

* 作者单位：云南省陆良县人民检察院。

政管理意识、文化虚无主义等因素的影响，造成了基层检察文化发展不平衡，一些基层检察院的文化建设相对滞后于法律监督实践。

笔者曾针对陆良县检察院的检察文化建设现状进行了一次简单调查，调查采取走访和问卷的形式，被调查的基层检察人员为50人。其中，领导班子成员5人，占10%；中层干部15人，占30%；一般检察人员30人，占60%。调查发现，虽然基层检察人员对检察文化有所了解，基层检察院开始对检察文化建设予以重视，但对某些关键性问题仍存在认识上的偏差和实践上的误区。

调查一：对基层检察文化建设的总体评价。44%的人认为基层检察文化建设成效一般，38%的人认为较好，但没有人认为基层检察文化建设成效很好，而且还有18%的人明确认为不好。检察人员是检察文化建设的主体，检察人员对检察文化的感受和认同直接反映检察文化建设的成效。调查表明，有些基层检察院的文化建设成效不明显，没有得到检察人员的普遍认同。调查发现少数基层检察院的检察文化建设存在目标上盲目化，不考虑自身的条件、环境，盲目地照抄照搬其他检察院检察文化建设的做法，硬性嫁接，致使检察文化建设没有发挥应有的作用，检察文化建设的成效得不到广大检察人员的认可。

调查二：基层检察文化建设滞后的主要原因。22%和36%的人认为主要原因是领导不够重视和没有形成工作网络，30%的人认为是因为检察人员的素质偏低造成的，12%的人认为上级检察院引导不够。这说明，有些基层检察院的领导对检察文化建设的重要性认识不足，没有切实摆正检察文化建设在检察院整体建设中的位置。同时，基层检察人员的整体素质偏低也是影响基层检察文化建设的一个重要因素。特别是当前有些基层检察院检察人员年龄结构老化、检察官断层等问题较为突出，制约着检察文化建设。

调查三：检察文化建设与检察人员直接关联度的认可。回答有直接关系的占62%，回答没有直接关系的占22%，有8%和4%的人回答"不知道"和"无所谓"。广大检察人员是检察文化建设的力量之源，检察文化建设要做到人人参与。调查了解到，一些基层检察人员甚至有少数中层干部认为检察文化是领导关心的事，与自己无关，不关心、不干预、不参与。

调查四：对检察文化建设重要性的认识。34%的人认为检察文化建设很重要，38%的人认为重要，12%的人回答不清楚，16%认为不重要。作为当代先进文化的重要组成部分，建构和发展检察文化意义重大。然而基层检察人员中相当一部分人认为，抓检察文化建设是务虚，检察工作搞得好不好主要看执法办案工作，案件办得多、质量好、队伍不出问题就行。

调查五：对检察文化内涵的了解。22%回答"了解"，44%回答"了解一些"，34%回答"不了解"。调查发现，基层检察人员对检察文化的内涵缺乏全面、正确的理解，甚至有一部分人简单地认为检察文化就是开展一些文娱体育活动，喊几句口号。"简单认为检察文化建设就是说说唱唱、蹦蹦跳跳，与业务工作脱节，是对检察文化内涵表层化的理解。"

调查六：对基层检察院办公环境和办案条件的评价。34%的人回答很好，42%的人回答较好，24%的人回答一般，没有人认为差。回答较好和一般的人认为，虽然近年来基层检察院的办公环境和办案条件得到了很好的改善，但是文化品位不高，没有形成与检察机关法律监督性质相一致的风格。

调查七：对基层检察人员行为规范性的评价。8%的人认为很规范，54%的人认为规范，26%的人认为一般，12%的人认为欠规范。近几年通过开展"规范执法行为，促进执法公正"专项整改活动、"作风建设年"活动等一系列活动，基层检察人员的行为规范性得到较大提升，但调查发现仍存在不足，需要进一步规范检察人员的执法行为、言谈举止、人际交往等，努力培育检察人员符合职业道德要求的行为模式。

调查八：对基层检察人员精神状态的评价。检察人员的精神状态，是检察人员所尊奉的法制思想在精神层面上的外在表现，是检察人员所具备的品质、学识和能力等综合素质在精神风貌上的展示，是以感召力、凝聚力和吸引人等为核心内容的精神特征。然而，走访调查中认为基层检察人员精神状态很好的仅8%，好的有32%，一般的44%，有16%的人认为基层检察人员的精神状态不佳。这表明，在基层检察院，精神文化建设还任重道远。

调查九：基层检察文化建设应更注重的层面。此问题给出了三个选择：A. 改善办公办案环境，提升物质文化品位；B. 规范检察人员行为，加强行为文化建设；C. 注重精神文化建设，培育具有人文特色的检察精神。回答A的占14%，回答B的占36%，回答C的占50%。在检察文化建设过程中，物质文化只是检察文化的基础，精神文化才是检察文化的核心内涵。离开了检察机关的精神文化建设，单纯的物质文化建设就失去了文化建设的意义。但调查发现，有的基层检察院把检察文化建设等同于机关环境的美化和丰富检察人员的业余生活，一味强调发展机关环境和娱乐文化。

二、基层检察文化建设的路径思考

在目前基层检察院所处的现实状况下，如何选择一个适当的路径，理性培育基层检察文化，是必须面对并予以回答的现实问题。基于对检察文化内涵、构成要素和功能的解析，针对基层检察文化建设的现况，笔者认为首先至少应明确四点：一是建设基层检察文化仅有基层检察院自身的热情和努力是不够的，尚需上级检察院的指导和引领；二是基层检察文化建设是一个复杂的、长期的系统工程，必须长远规划、统筹安排，不懈努力；三是检察文化建设要形成党组统一领导，检察长负总责，各部门齐抓共管，政工部门协调，广大检察人员积极参与的组织网络；四是基层检察院与上级检察院、不同基层检察院之间存在差异性、区域发展不平衡性，基层检察文化建设不能强求一律。结合检察文化的物质、行为、精神三个层面，笔者认为，基层检察文化建设应突出"三个加强"：

（一）加强检察物质文化建设，打牢基础

物质是基础。威严庄重、布局合理、沉稳大气的有形物质环境不仅会对检察人员公正执法产生无形的积极影响，而且会对社会公众产生无以替代的感知作用。一是办案工作区建设要规范。检察院恢复重建以来，特别是经过 20 世纪八九十年代的快速发展，基层基础建设取得了一定成效，形成了一定规模，但规范不够，特别是办案工作区规范化建设有待进一步加强。要加强和规范办案工作区建设，逐步把办案工作区建成全封闭、全监控、全程同步录音录像的具有现代特征的规范化办案工作区。二是办公环境和办案条件要改善。要争取地方党委政府的支持，推动基层检察院公用经费保障标准的全面落实。要着力改善办公环境和办案条件。办公环境应当庄重典雅，体现出检察机关的公正、权威、和谐的精神风貌；办案要做到交通便利、通讯畅通、环境舒心。三是科技装备和信息化建设要推进。要高度重视现代科技在基层检察工作中的应用，按照"统一规划、统一规范、统一实施"的原则，推进科技装备和信息化建设，不断提高基层检察工作的科技含量，以科技创新带动机制创新、工作创新和素质创新，切实将先进的科技转化为文化力。

（二）加强检察行为文化建设，把握关键

检察人员作为社会公平正义的守护者，需要具有良好的职业道德。加强基层

检察文化建设，必须切实规范检察人员的执法行为、言谈举止、人际交往等，努力培育检察人员符合职业道德要求的行为模式，确立检察人员共同的行为准则。这是基层检察文化建设的关键。一是不断加强职业道德建设。"忠诚、公正、清廉、严明"是检察官的职业道德规范。检察人员的职业道德水平不仅要靠自律和锤炼，更要靠先进文化的熏陶和引领。要坚持从源头抓起，从细微处防起，加强对检察人员的遵纪守法教育、廉洁自律教育和职业道德教育，在思想上筑起检察人员的道德防线，增强检察人员拒腐防变的能力，自觉养成忠于党、忠于人民、忠于法律、忠于事实的职业操守。二是高度重视检察礼仪。检察礼仪的真正意义在于它不仅通过一种形式，激发出一种心理冲击，使社会公众产生敬畏和尊崇，而且强化了检察人员对公正执法的角色感知，时刻提醒检察人员规范自己的行为，谨慎履行自己的职责。检察礼仪规范应包括仪表礼仪规范、接待交往礼仪规范、公共场所礼仪规范、生活礼仪规范等。如武汉市青山区检察院制定了检察人员礼仪规范，规定了日常工作和生活的基本礼仪。这一有益的尝试得到湖北省人民检察院政治部门的充分肯定，并在全省推广。三是切实强化制度建设。制度是检察行为文化的重要组成部分，它通过对检察人员群体的行为设定一定的准则，对执法行为和心理进行合乎目的性要求的调整，以达到规范执法行为之目的。要进一步巩固"规范执法行为，促进执法公正"专项整改活动成果，不断健全、规范、落实检察机关的各项工作制度和管理制度，稳步推进检察机关的规范化建设，切实规范检察人员的职业行为，促进公正执法，增强社会公众对检察机关的认同感，维护和树立执法权威，提升检察机关形象。

（三）加强检察精神文化建设，培育核心

检察精神文化是检察先进文化的核心和精髓，加强检察文化建设重在培育检察精神文化。一是培育具有人文特色的检察精神。检察精神是检察群体精神同质化的高度概括，具有传承民族文化精华、吸收世界先进文化、追求共同价值理念的文化特征。检察精神能够激发检察群体的责任感、使命感和尊荣感，增强检察群体的凝聚力、战斗力和向心力。在建设先进检察文化过程中，应结合检察人员群体思想实际和检察机关发展目标，认真总结和精心提炼具有特色的检察精神，使之成为检察人员的价值追求和行动指南。比如陆良县检察院根据当地实际，积极倡导的"陆良检察精神"。二是树立现代检察执法理念。现代检察执法理念是检察群体为达到维护公平正义的目标，在对检察权本质特征及其运行规律进行理

性分析的基础上，通过内心自主选择的、坚定信服和推崇的，并在法律监督实践中奉为最高行为准则的基本观念。理念文明是实现公平正义的前提和先导。在检察精神文化建设过程中，应积极教育和引导广大检察人员自觉树立宪法法律地位至上、依法独立行使检察权必须坚持党的领导、执法活动为经济建设服务、打击犯罪与保障人权并重、程序公正与实体公正并重、强化法律监督与主动接受监督并重等现代检察执法理念，并以此指导检察工作实践。三是坚持用先进典型引导基层检察文化建设。先进典型是精神文化的具体人格化。作为榜样，先进典型以实际行动来诠释检察文化的灵魂，对建设先进检察文化起着重要的促进作用。基层检察院应该积极挖掘、培养、树立体现时代精神的先进典型，用时代模范来全面展现检察精神文化的精髓和强大感召力，用先进典型的人格魅力来推动检察人员群体同质理想信念的形成与发展。四是精神文化建设需要活动载体。文化的核心是精神，而精神属于意识形态的范畴，必须依托一定的载体来反映，一定的精神需要在一定的活动中提炼并塑造。要依托载体开展文化活动，积极打造检察文化的构建平台，为检察人员展示才艺和精神风貌提供条件，为检察人员的自我发展与自我实现创造良好的环境。

检察基层文化建设的理论与实践

刘培莹*

文化是一个民族的灵魂和血脉，是一个民族的精神记忆和精神家园，也是一个民族发展的活力源泉和民族凝聚力的核心因素。检察文化作为社会主义先进文化的重要组成部分，是检察事业不断发展的重要力量源泉，是全体检察人员的精神家园。近年来，各基层检察机关认真贯彻落实最高人民检察院《人民检察院基层建设纲要》中"将基层检察文化建设作为基层检察院建设的主要内容"的精神，大力推进以政法干警核心价值观为精髓的检察文化建设，不断增强检察文化软实力，激发和凝聚了检察正能量，增强了检察机关的执法公信力，为检察工作的科学发展提供了良好的人文环境。

然而，检察文化建设毕竟是一项处于探索之中的复杂系统工程，而且由于各种主客观因素的影响，各基层检察院对检察文化建设的理解和认识也不尽相同，以致当前检察基层文化建设中还存在一些不尽如人意的地方。笔者试结合所在基层检察院检察文化建设的实践就如何推进基层检察院检察文化建设做粗浅探讨。

一、检察文化建设的内涵及主要功能作用

要正确把握检察文化的内涵，首先要从文化的定义入手。广义上的文化是指人类在社会历史实践中所创造的物质财富和精神财富的总和，狭义上的文化是指社会的意识形态以及与之相适应的制度和组织机构。①

那么，什么是检察文化呢？2010 年 12 月最高人民检察院出台的《关于加强检察文化建设的意见》对检察文化的内涵作出了权威界定，即"检察文化是检

---

* 作者单位：陕西省宝鸡市陈仓区人民检察院。

① 《辞海》：上海辞书出版社 1989 年版，第 1723 页。

察机关在长期法律监督实践和管理活动中逐步形成的与中国特色社会主义检察制度相关的思想观念、职业精神、道德规范、行为方式以及相关载体和物质表现的总和，是社会主义先进文化的重要组成部分，是检察事业不断发展的重要力量源泉"。2012 年 12 月，最高人民检察院出台的《关于深入贯彻落实党的十八大精神，进一步加强检察文化建设的决定》中强调："检察文化建设涵盖思想政治建设、执法理念建设、行为规范建设、职业道德建设、职业形象建设等方面，是提高检察队伍法律监督能力、促进检察工作创新发展的重要载体和有效抓手。"可见，检察文化是检察机关及检察人员在长期法律监督实践和管理活动中形成的，且经过实践检验为正确的精神理念以及外在形式的集合，是检察事业科学发展的底蕴和沃土。

作为一种蕴含检察职业品质的特殊文化现象，检察文化必须立足于检察制度和检察人员的检察工作实践，符合检察权的运行规律。其从实践中来，在实践中发展完善，又在实践中指导实践。作为社会文化的一个分支，检察文化具有以下功能作用：

（一）价值引领作用

检察文化集中体现了检察职业的崇高理想和价值追求，就如同大海航行中的指南针，通过思想引领、价值导向、道德规范等途径，指引广大检察人员自觉向共同的检察事业目标迈进，始终不偏离正确的航向，从而实现检察机关价值、检察人员群体价值和检察人员自身价值三者的有机统一。

（二）行为规范作用

检察文化的行为规范约束作用一方面表现在通过严格的执法准则、行为标准、道德规范及规章制度等形式约束检察人员的行为，使检察人员的行为被限定在法律、检察职业道德规范及规章制度等所许可的范围内。另一方面表现在通过构建激励机制、典型示范、人文关怀等手段和方式，对检察人员的精神形成一种无形的压力，使检察人员在自律中产生为检察事业拼搏奉献的自主精神行为。

（三）凝心聚力作用

当一种价值观被检察人员群体共同认可并转化为全体检察人员的共同行为准则后，它就会成为一种黏合剂，从人们的认识、期望、信念等各个方面进行整合沟通，使检察人员形成强烈的安全感、归属感和群体意识，从而促使全体检察人员同心协力地为检察机关的整体目标而努力奋斗。

（四）形象塑造作用

检察文化一旦形成较为固定的模式，它不仅会在检察机关内部发挥作用，成为增强检察机关战斗力的不竭源泉，而且也会通过各种渠道对社会产生影响，从而提高社会各界对检察机关精神面貌、思想作风、执法办案、管理水平和工作效率等的认可度、支持度、满意度，树立起检察机关的良好社会形象。

（五）辐射激励作用

一方面，检察机关在执法办案、法制宣传等检察实践活动中形成的检察文化会向社会成员辐射传播宪法和法律对个体行为的评价原则和准则，在潜移默化中增强公民的法治观念，进而维护国家的法律秩序。另一方面，积极向上的检察文化会使检察人员内心产生职业认同感和自豪感，从而激发其工作的积极性、主动性和创造性。

综上，基层检察院一定要认识到加强检察文化建设是培育时代精神、建设高素质、专业化检察队伍的需要，是促进公正执法、构建和谐社会、提升检察机关执法公信力的需要，是推动检察事业科学发展的需要。

二、当前检察基层文化建设中存在的突出问题

（一）对检察文化及其建设的重要性认识不足

一些基层检察院和检察干警对检察文化内涵和外延的理解不到位，错误地认为检察文化是务虚的形象工程，进行检察文化建设无非就是搞搞琴棋书画、文艺汇演、球赛等文体活动，或者提出几种精神、总结几条经验、开展一下思想政治、检察业务学习、美化发展一下机关环境、加大一下宣传报道等。检察文化流于表层化和形式化。

（二）盲目"拿来"，创新不足

受地域、级别、文化、历史、民俗、经济和社会发展水平等各种综合因素的影响，基层检察文化既有共性的一面，也应有其鲜明的个性特征，这也正是检察文化的生命力、号召力、感染力所在。但是，有的基层检察院在推进检察文化建设过程中，不注重体现本地区、本院及检察人员的自身特点、传统和发展趋势，一味盲目照搬照抄其他检察机关的经验，在检察文化建设方面囿于陈规，方式陈

旧，形成自有风格品牌的不多。

（三） 检察文化建设缺乏规划制度，不能紧贴实际

检察文化建设是一项系统和长期的工程，没有具体的规划和制度难以保障其长足发展，更难以保障其取得实实在在的成效。最高人民检察院《关于加强检察文化建设的意见》下发后，一些基层检察院制定了相应的检察文化建设实施意见，但也有一些检察院并没有制定相应的制度予以规范和明确。同时，一些基层检察院没有真正将检察文化建设与本地社会经济发展实际相协调，检察文化离时代需要和人民群众的期待和要求还有一定的距离。

三、宝鸡市陈仓区检察院检察文化建设的实践探索

近年来，宝鸡市陈仓区检察院坚持"文化育检、文化强检"的指导思想，把检察文化建设作为凝聚士气、提升素质、推动检察工作创新发展的重要抓手，挖掘本土文化底蕴，突出基层特色，最大限度地激活了每位干警的创造力，取得了明显的成效。该院不但连续多年实现了无干警违法违纪、无办案安全事故、无错案责任追究的"三无"记录，还先后被最高人民检察院表彰为"全国先进基层检察院"，被最高人民检察院命名为"检察文化建设示范院"，被陕西省委、省政府命名为"文明单位标兵"，被陕西省检察院表彰为"先进基层检察院"、"纪检监察工作先进集体"，被宝鸡市检察院表彰为全市"先进检察院"、"群众满意度先进院"，被区委、区政府表彰为"目标责任考核优秀单位"等。

（一） 植根本土，打造具有地方特色的理念文化

作为周秦文化发祥地的宝鸡，有着五千多年的悠久历史和丰富的文化底蕴，该院吸纳周礼、易经、诗经、石鼓文等周秦文化中"天人合一"、"道法自然"、"民胞物与"、"自强不息"、"厚德载物"、"一言九鼎"、"和而不同"等伦理文化观，着眼于巩固"忠诚、为民、公正、廉洁"的政法干警核心价值观的主导地位和践行"强化法律监督，维护公平正义"的检察工作主题，制定了检察文化建设规划，确立了"融合周秦文化、践行法治理念、突出检察特色、反映和谐要求"的检察文化建设定位，着力打造检察人员的社会主义法治理念和"理性、平和、文明、规范"的执法理念。

（二） 注重细节，打造具有公信力的行为文化

该院从细节入手，着眼于提高规范化建设水平。要求干警认真学习并严格按

照《检察机关执法工作基本规范》、《检察官职业道德基本准则（试行）》、《检察机关领导干部廉洁从检若干规定》，中央《关于改进工作作风、密切联系群众的八项规定》，最高人民检察院《禁酒令》、《检察机关文明用语规则》、《人民检察院检察制服着装管理规定》、《检察礼仪宣教片》等要求，规范执法行为和自己的日常言行，做到工作讲规范、办案讲程序、行动讲准则。制定《干警八小时以外管理办法》，把对干警的管理监督延伸到八小时以外，延伸到干警的生活圈、社交圈，使干警八小时以外也动有规、行有矩。注重典型引路，在干警中积极开展向张宝新、刘宝奇等全国模范检察官学习的同时，积极发掘和宣传本院的先进典型，以身边的榜样激励和引导干警追求卓越、不断进取。

（三）以人为本，打造具有感染力的环境文化

该院着眼于增强干警的归属感和自豪感，注重发挥环境文化的凝聚力。设立图书室、电子阅览室、荣誉档案室、检察文化展室、警示教育基地、乒乓球室、棋牌室、健身室等文化设施；在走廊、办公室、会议室摆放绿化盆栽，张挂名言警句等文化标语；在办公楼一楼大厅安装电子报栏，利用电子滚屏滚动播出法律名言、廉政格言，在检察内网设立廉政文化专栏，在办公电脑上统一安装廉政屏保，为每位干警制作廉政座右铭桌牌，用先进文化占领干警的思想阵地；举办运动会、越野赛、书画、摄影展览、篮球比赛、文艺汇演等文体活动，丰富干警的业余文化生活；开展家访、谈心、普通干警列席党组会、金点子征集等活动，及时帮助干警解决各种困难，增强干警主人翁意识；每年都组织干警进行体检、对生病干警或家里有红白事的干警主动上门慰问、给干警送生日礼物，使干警处处感受到组织的温暖；构建"能者上、平者让、庸者下"的竞争用人机制，实现由"伯乐相马"到"赛场选马"的转变，为有真才实学的干警提供发展平台，激发整个队伍的生机与活力，营造干事创业氛围。

（四）更新理念，打造具有推动力的素质文化

该院着眼于提高法律监督能力，以"建设学习型党组织，创建学习型检察院"为载体，通过组织干警参加上级院举办的全员信息化培训、新法规培训、反渎、反贪、公诉等检察业务培训、检察信息、调研宣传写作培训，组织干警收听收看《陕西检察讲堂》、名家讲座视频，开展庭审观摩、案件质量评查、疑难案件及检察理论研讨、公诉论辩、主题征文、知识竞赛、演讲比赛等岗位练兵活动

并大力鼓励在职学习，不断提升干警执法办案能力和调研、宣传能力。通过开展检察长向干警推荐赠送《细节决定成败》、《致加西亚的信》、《做最好的党员》等图书活动，培养干警的学习实践和创新能力，增强干警工作责任心和历史使命感，提高队伍的整体综合素质。

（五）创新载体，打造具有警示力的廉政文化

该院精心建成了公正廉洁执法教育室，将检察职业道德、检察官宣誓词、廉政格言警句、廉政宣传漫画图片等廉政文化融入其中，强化对干警的反腐倡廉教育；向干警家属发放廉政监督卡，通报检察工作，了解干警情况，鼓励家属当好"廉内助"。

认真执行领导干部个人重大事项报告、收入申报、收受礼品登记等制度，建立和完善了党风廉政建设责任制、岗位目标责任制考核办法、"一把手"末位表态、领导干部述职述廉、中心组学习和请示报告等领导干部廉洁自律制度，强化对领导干警的监督；建立廉政风险防控机制和自侦案件纪检组定期回访及"两表三卡"廉洁办案监督制，强化对检察权运行的内部监督；开展检察开放日活动、聘请 5 名人民监督员、5 名特约检察员、12 名公正廉洁执法监督员，自觉接受社会各界监督；建立规范标准的警示教育基地、编印《预防职务犯罪警示录》、加强检察新闻宣传和网络宣传、开展举报宣传周等活动积极进行预防职务犯罪宣传。

（六）紧接地气，打造具有影响力的亲民文化

该院找准法律监督工作与社会和谐稳定及保障与改善民生的结合点，将检察工作置于保民生、保稳定、促发展的工作大局中，强力推进检察文化建设"接地气"。

实行"点名接访制度"，将院领导和各部门负责人的姓名、职务、照片、分管工作、联系方式予以公布，方便群众自主选择接访领导，以及时解决群众诉求；开展"检察干警走千家访万户，送法律送服务"活动，"下基层接地气转作风促发展"活动，"法律六进"大走访活动，"三进三解三促"群众路线主题实践活动，机关干警进社区"听民声、知民情、解民意"活动，"三官一律"（即法官、检察官、警官、律师）进村（社区）活动，以"为民、务实、清廉"为主要内容的党的群众路线教育实践活动，宣传检察机关职能、了解社情民意、倾

听群众呼声、为群众解难题办实事；借助镇检察工作室和法制宣传日等活动，设立法制宣传点、发放宣传资料、接受群众咨询，为群众解答法律疑问，增强群众的法律意识；在辖区 10 个中小学校、职业中专学校设立法制副校长和法制辅导员，为学生传授法律知识；实行不起诉公开宣布暨说理、联合法院选择典型案件开展庭审进社区、进乡村、进校园活动，为群众现场普法；在虢镇阳光广场等地举办"检察之歌"文艺晚会，在城区和全区 18 个镇巡演干警自编自演的以该院公诉科办理的一起附条件不起诉案例为题材的小品《感化》，与电视台联合制作并多次在宝鸡电视台、陈仓电视台播出全面反映该院检察工作的电视专题片《执法为民铸检魂》等，以群众喜闻乐见的方式进行检察职能、廉政文化宣传，展现检察干警良好形象，密切与群众的联系。

服务民生检察职业精神刍议

——从宜丰县检察院"一月六访"谈起

刘志成*　　黄　胜**

近三年来，江西省宜丰县检察院在履行法律监督职责中重视做好群众工作，实施服务民生"一月六访"工作机制，获得了人民群众的赞誉，提升了检察机关执法公信力，在 2013 年全省县级政法机关公众满意度测评中，平均满意度列检察系统第 3 名。其主要做法包括：一是常态走访。将全院科室分成 11 个群众工作组，分别对应全县全部乡镇（场区）划分的 11 个片区，每月至少一次到片区内走访六类人员，即检察联络员、基层政法庭所工作人员、村组社区群众、人大代表政协委员、困难群众、案件当事人。走访时送上《检察服务宣传卡》，发放《征求意见表》，主要任务是收集群众意见与诉求，包括倾听群众诉求、解答法律疑问、化解涉检矛盾、宣传检察工作、增进群众感情等。为确保服务群众工作扎实有效，建立了检查与考评考核制度，力求坚持下去，形成自觉的长效机制。二是真情回应。对群众意见与诉求认真梳理，逐一回应。工作组能够答复解决的问题，立即办；涉及相关职能部门联动处理的诉求，积极反映，协调沟通，引导依法维权；确实不符合政策法律规定的诉求，也真情关注，热心解答，化解心结。三是配套服务。认真履行检察职权，查办群众身边的腐败案件，保障群众合法权益；积极行使检察建议权，督促纠正和解决行政执法瑕疵以及工作失误，削减群众的利益损害；将群众所盼、所忧、所急、所想汇编成《民情报告》呈报县委县政府等领导，提醒领导和有关部门重视社会焦点问题、群众难事及情

---

　　* 作者单位：江西省人民检察院。
　** 江西省南康市人民检察院。

绪，有效解决与应对，促进和谐稳定。①

我们工作的宗旨是为人民服务，我们做工作要以人民群众的需要为出发点和落脚点，衡量我们工作好坏的标准是看人民群众是否满意……这是我们经常听到的、讲过的。但事实上，我们很多地方很多人做得还很不够。宜丰县检察院实行的"一月六访"工作法并不是什么高深莫测的东西，能取得如此明显成效，其实也就是"三真"，即真抓、真情和真劲。真抓，就是院领导重视精心组织安排实施"一月六访"工作；真情，就是全院干部从要求到自觉自然地坚持深入群众倾听；真劲，就是把群众的盼与忧当作自己的事来办。

"文化"是什么？我们认为，文化乃一定群体文明进步之理念与行为融化而自然展现的精神和物质的面貌。对于公职人员而言，履职过程中表现出来的服务精神状况，就是人民群众眼中最重要最需要的文化。检察文化建设是个大课题，它包括检察机关及其工作人员的思想观念、职业精神、道德规范、行为方式以及相关载体和物质的建设。检察院作为国家权力机构、法律监督机关，检察文化建设应该围绕法定职责进行，充分履行法律监督责任，努力维护公平正义。对时时处处与人民群众直接打交道的基层检察院而言，教育引导检察官树立牢固的为民服务意识，坚持真情实意为民办事精神，就是最基本最重要的检察文化建设。宜丰县检察院的做法和效果足以证明，培育服务民生的检察职业精神是基层检察文化建设的重要内容，是促进地方社会经济发展和公平正义、获得人民群众满意的有效方法。

一、心系民生——提升服务意识

改革开放三十多年，人民群众生活普遍提高，但仍有相当部分群众没有同步享受到发展的成果与实惠，加之贫富差距拉大，公平正义难彰，不少群众忧虑、困难缠身，怨气、怒气难消，影响了社会和谐。之所以如此，虽然主客观原因很多，但政府有责任分析和改变。检察院具有结合法律监督职责使命关心、帮助、改变、提高民众幸福快乐之义务。贯彻"人民利益至上"原则，对检察机关而

---

① 该院的做法促进了当地社会矛盾化解，不仅群众满意，也得到了地方党委政府的肯定，中央和地方媒体有多次不同角度的报道。《检察日报》和正义网报道可见：2011年10月12日、2012年4月28日、2012年8月3日、2012年8月14日、2013年8月1日、2014年1月15日等。

言，既要保障公民权利的有效行使，又要关心帮助人民群众享受到改革发展的成果。这就要求我们不仅仅是说得好、讲得多，还要切切实实上心，认认真真做好。

人民群众是我们的衣食父母，关怀关心群众冷暖、化解群众生活忧愁困难是我们的天然使命。无论从诉讼法的角度看，还是从法律监督的职责讲，检察机关是社会法制秩序的守护者，既有监督公权力依法行使的职权，又有依法保障私权利"有形"实现的责任。民生问题或许琐碎，但对当事人而言，多有"最后一根稻草"之危险，公职良心不容漠视；民生问题也许与检察职责关系不直接，但其演变多涉国家法治的公平正义，监督责任绕不过去；民生问题的产生可能不在检察机关，但关乎党和政府的声誉，社会的和谐稳定，职业使命不可回避。检察机关及其工作人员践行为人民服务最基本的就是心中牵挂民生冷暖，把服务民生问题摆上日常工作的相当位置，有布置有检查。不论问题太小，不管诉求关联与否，我们都要关注、关心、关怀，应该解决的积极办或反映、协调、监督办，不符合法律政策规定解决不了的，也要释疑解惑顺民气、暖民心。宜丰县检察院之所以在群众中获得高满意，主要原因就在此。

说得好更要做得好，尤其需要各级领导干部带头作表率。心系民生的认识摆正提高了，但还有更重要的——是大家真行动；布置安排动员了，但还有更关键的——是领导作表率。任何事情号召要求"我们"如何如何，是简单容易的，但如果这个"我们"不仅仅是别人，也完整地包括真实的"我"，就不那么简单容易了。扪心自问，稍事搜索——现实中"我们"是指别人，不包括真实的"我"的毫无意义的"空、假、秀"是不胜枚举的。为民服务不可动摇，心系民生不能忽悠。"我们"就是"我"和大家，"我们"就是"我"和你们。领导是标杆、旗帜，特别需要行动中完整地加入"我们"之列，以崇高的心系民生、化解民忧的素养和精神，展现真理民生事、实解民众难的风范和作为，领引大家都毫不犹豫地加入"我们"之列，推动心系民生、服务民生风尚形成，并转化为自觉，升华为精神，才是永恒的根本。

社会在发展变化，民生新问题、新诉求永远存在，特别是新的改革政策出台、征地拆迁、自然灾害、基层干群矛盾尖锐等涉及面较广的时候，带有普遍性的问题很多，更需要我们关心关注，早深入群众，细听取意见，及时反映解决。我们的工作也许很忙，而且各个时期可能有不同的侧重点，但为人民服务的宗旨意识是永远不能变的；我们的人事或许更替，而且各个人的工作方法、关注重点可能有所不同，但心系民生、服务民众的职业精神是永远不能丢的。这就要求我们各级检察院将服务民生工作制度化，坚持常抓不懈；将心系民生行为纳入激励项，敲打与催促习惯养成；将为民解困成效作为奖励、晋升考量因素，引导为民服务职业精神的积聚和良性循环与提升。心系民生只要形成制度并坚持执行下去，就会慢慢变为自然自觉的精神力量，不烦不厌，取得巨大效果。

二、倾听民声——发扬亲民作风

社会经济的发展，带来了资信的发达、交通的便利，但很多地方却没有同步带来人民群众诉求的通畅与关注和解决，公仆们与人民群众的心反而远了、生了，不少边远、底层群众，弱势群体的呼唤，被湮没在灯红酒绿的喧嚣中，淡漠在急功近利的吹捧里，阻碍在官僚利益的皮球间。这就是近些年一些恶性群体性事件爆发的真实原因，这必须引起我们的反思、重视与改进。

我们提出以人为本的执法理念，把实现好、维护好、发展好群众的根本利益当作检察工作的根本出发点和落脚点，把强化法律监督、维护公平正义作为检察工作主题，至关重要的还是从实实在在的基础性工作做起。那就是：切实帮助解决群众最关心、最直接、最现实的利益问题，让广大群众都有尊严的快乐生活。而其最基本最重要的就是沉下去，真情倾听群众的忧愁与诉求。一个生活有忧愁的弱者，不管原因何在，没有倾诉就难以解开心结，没有聆听就得不到哪怕是肢体语言的宽慰和化解，忧愁之坎就难以跨越，其结果是危及自身，也殃及家庭邻里，甚至累及社会。作为现代文明社会，宣誓为民服务的公仆们绝不应视而不见。一个有不平或冤屈的诉者，没有办法以自身的力量维护权利、抗衡侵权时，需要找人倾诉与帮助，哪怕仅仅是获得道义上的声援。如果连诉求倾诉的对象都没有，或者具有接受倾诉义务的机构与人员拒绝倾听，那就是失望、绝望。绝望深处是爆发，还可能是歇斯底里的、鱼死网破式的极端。这是我们谁都不愿看到的。公仆们应该努力帮助避免，设身处地倾听群众诉求，了解群众疾苦，尤其是倾听了解那些合法权益遭受非法侵害的维权申诉。在倾听中了解窘境，在理解中服务需要，在服务中融解心结，让希望的曙光抚慰维权者受伤的心灵。

倾诉是释放，最需要的是获得理解。理性认知群众诉求，真情聆听群众诉愿，积极回应群众呼声，是做好检察工作的基本前提。倾诉是对聆听的释放、信任，也许不分场合，不讲方式方法，诉说条理不清晰、言辞偏激，甚至不正确，但最重要最基本的是获得聆听者的理解、同情及帮助。权利遭受侵害向检察人员倾诉，既说明其理性的光辉尚未泯灭，也说明对检察机关的信任没有迟疑，不管如何倾诉，都寄托着倾诉者的期望。我们不应冒险挑战信任的极限，不要等待理性星火的摇曳。对每一位倾诉，都要让其尽情诉说冤情，释放怨恨，在理解中认真听取诉愿，仔细阅看诉求，弄清问题原委、真实想法、心中结怨，并给予梳理、引导。让尽情的倾诉在理解中保持理性，让满怀期待的倾诉增长希望。

倾听是接受，最重要的是展现真诚。改革开放 30 多年了，社会阶层发生了深刻变化，思想多元，认识多维，尊重不同的价值观念，倾听不同的利益诉求，是履行检察职责的基本要求。倾听是对倾诉的接受、容纳，不管申诉什么问题、理由如何，也不论是初次申诉还是重复诉求，都要认真接待，耐心倾听诉愿，分析责任状况，指点维权方法。倾听诉求非小事，一定要重视，做到诚心、真情、善言，在心理上亲近、情感上理解、言语中同情。接待情绪激动的诉求，也要换位思考，多予理解，避其激昂、解于平稳。对属于检察职权可以直接处理的问题，要立即报告交办，定期答复；不在职权范围内的事情，认真转办，并根据实际提出检察建议。让真诚的倾听理疗倾诉者的伤痛，不弃希望。

三、化解民难——担当护法使命

民众的疾苦与诉求或多或少与公权力的不作为、误作为、乱作为有关。法律监督机关肩负着维护国家法律统一实施的使命，监督制约公权力行使在法律法规规定的轨道上，纠正违法和错误的行为，促进法治和社会和谐具有义不容辞的责任。深入基层关心了解民生疾苦与诉求的最终目标是认真回应与解决。我们应该勇于担当，积极履职，急人民之忧愁，解民众之困难，查民生之侵权。凡法律规定检察机关直接立案管辖的侵权行为要迅速查处，不属于直接管辖的侵权，或者够不上侵权但有失误和瑕疵的问题，也要依法转办并监督解决，对于问题或诉求不符合法律政策规定的，也要尽可能解释说明，让权利实现在法治里、收获在正义中。

1. 加大职务犯罪查处力度。检察机关是反腐败斗争的重要职能部门，负有对公职人员违反法律规定的腐败犯罪进行查处的重要使命。要坚持有案必查，查案规范有效。突出查办发生在人民群众身边的损害民生权益，侵犯人权、侵吞国家集体财产、充当黑恶势力"保护伞"以及渎职失职酿成重大责任事故、引发群体事件、造成环境破坏的案件。同时，要加强基层干部预防职务犯罪工作，一方面帮助相关单位提高法律意识，完善并执行好规章制度，防范漏洞与风险，从源头上遏制和减少职务犯罪发生，防止"前腐后继"。另一方面教育公职人员依法履行职责，清醒认识腐败得不偿失的前车之鉴，自觉坚守清廉品格，抵制私欲膨胀，防范岗位风险，保持廉洁形象。此外，还要重视和加强民众与腐败作斗争的引导，宣传腐败可耻、清廉光荣，遏制腐败、人人有责可为的观念，依法认真行使监督、管理权利，举报职务犯罪活动，协助查处职务犯罪行为。

2. 依法加强诉讼监督。诉讼的价值在于公平正义看得见的彰显，如果纷争裁决、是非褒贬不能当然地体现公平公正，那以防止私自暴力为使命的诉讼一文不值。诉讼的生命在于公平正义摸得着、看得见，如果权利保护、侵权惩处不能自然地昭示公平正义，那以维护法治秩序为职责的诉讼无人信奉。检察机关既是诉讼活动合法性的监督者，又是刑事诉讼活动全程参与者，肩负着维护公平正义的重要使命。要坚持惩治犯罪与保障人权并重，既敢于监督又依法规范监督，坚持公正，兼顾效率。一是加强刑事立案监督，使违法犯罪行为得到应有的法律惩罚，让无辜守法公民免受司法追究；二是加强侦查活动监督，保障案件当事人合法权益，防止和纠正、查处刑讯逼供、暴力取证以及滥用强制措施办案行为；三是加强刑事审判活动监督，进一步依法规范抗诉工作，有效行使检察建议权，制约和限制审判权滥用；四是加强刑罚执行和监管活动监督，保障被羁押、监管、改造人员合法权利，检察处置非正常死亡、伤残事件及其责任事故，确保刑罚执行变更以及减刑、假释等依法进行；五是加强民事行政诉讼检察，积极依法规范抗诉、提出建议，在办案中宣传法制，既维护当事人权利，又维护法制的尊严和审判权威。

3. 督促纠正和处理行政违法行为。在行政管理执法中，由于法律理解、认识差异、管理缺陷、私利作祟以及外部干扰等原因，常常出现错误。这种错误虽然违反法律规定，但严重程度不足以构成渎职犯罪，检察机关要依法提出纠正意见或建议，要求相关单位及主管部门注意、纠正和依法依纪处理。民生问题是大事。检察机关必须提高纠正意见或建议的效率，除了严格执行有关"纠正违法通知书"等检察意见的发出条件，提高检察建议的正确性外，应探索创新督促纠正和处理违法行为的方式方法：一是院领导出面约谈检察意见接受单位主要领导，讲明利害程度，提高重视力度，尽可能依法依规纠正错误、处置违纪，化解矛盾；二是主动将检察意见抄送受理单位的上级主管机关和人事任免等机关，既引起上级机关对相类似问题的警觉，又借助他们的管理权威纠正处理问题；三是探索检察意见公告机制，对正确的检察意见不予理睬，特别是违法行为不予及时有效纠正的单位，应当在适当的范围、以适当的方式曝光（包括领导参阅件、新闻媒介等），予以谴责和鞭挞，督促纠正落实；四是严格查处因纠错不力引发的严重事件和案件。若因主观原因对检察意见不予纠正或者纠正不力，违法行为发展为犯罪行为，侵权行为演变成影响稳定的群体事件或案件的，对相关人员应以渎职进行追究。

加强检察文化建设的五个着力点

刘彩娥　刘　娟[*]

文化是一个民族的精神和灵魂，是国家发展和民族振兴的强大力量。检察文化作为文化的一部分，是检察机关的精神和灵魂所在，是检察机关发展的促推器，亦是检察队伍建设的一个重要方面，是检察队伍软实力的象征。笔者认为，加强检察文化建设须从构筑检察"精神文化"、"精英文化"、"精心文化"、"精细文化"、"精品文化"五个方面着手。

一、以创新"精神文化"为重点，注入工作动力

要重视思想政治教育。思想政治教育是推进检察文化建设的重要手段。要将检察官的个人价值和检察机关的整体价值统一起来，结合检察职业道德教育，有针对性、经常性、有效性地开展；要把先进的文化理念融入思想教育当中，注重与当地一些历史、人物精神相结合，充分利用当地人文特色和历史资源，引导干警加强职业道德修养，树立服务理念。如怀化芷江和通道的红色文化、袁隆平精神、洪战辉精神都值得检察官汲取，值得检察精神文化建设借鉴。

要注重厚德修身。"修心养性"是中国传统文化精髓，是人生修养的一项重要内容。先进的检察文化归根结底是通过文化的熏陶，在无形中陶冶和影响干警的修养和素质。针对不同的干警，通过不同的方式，缓解他们的心理压力，减轻思想负担，教育他们通过实现社会价值来体味人生，让他们拓宽文化宽度，体现文化厚度，达到修心养德的目的。

要丰富表现形式。要将检察机关的每一处、每个细节都彰显出文化理念，形成别具特色的组织风格。这要求我们进一步规范执法方式、思维模式、行为习

---

　　* 作者单位：湖南省通道侗族自治县人民检察院。

惯，建立检察机关重大典礼、仪式、纪念日、检察机关公众开放日等制度，通过开展文学、书法、摄影、唱歌等干警喜闻乐见的多层次、多形式的文化艺术活动，让干警从中得到人生启迪、精神升华。

二、以培育"精英文化"为手段，树立工作标杆

西方社会评论家列维斯认为，精英文化是以受教育程度或文化素质较高的少数知识分子或文化人为受众，旨在表达他们的审美趣味、价值判断和社会责任的文化。它表现为一个地区或一个领域知识群体、学术思想、科学教育的状况，最能反映一个领域的文化水平和文化成就。笔者此处的"精英文化"主要指检察机关应培育、发掘出一批精英，把他们的示范带动作用融入检察行为建设之中，以他们的行为影响或引导其他检察干警，从而打造一支精英检察队伍。这要求我们重视榜样和标杆的作用，通过对模范事迹的宣传来激励感染干警，推动检察人员行为的改善。一方面要大力发掘和宣传精英，引导干警积极向上、不断进取；另一方面要围绕打造"精英队伍"，积极创建"学习型检察院"，花大力气打造专业型、复合型检察官，要提升广大干警的综合素质。同时，我们不仅要学习全国、全省的先进典型，更要善于挖掘和学习身边的典型、精英。我们每个检察院都要有自己的模范，每个部门要有自己的行家里手，要以他们为标杆，多向他们学习，从而提升队伍整体素质。

三、以构筑"精心文化"为关键，培养工作活力

"精心"是一种态度，而态度本身就是一种文化。只有态度端正了，工作才会有动力、有活力。

要转变观念。目前我们在检察文化建设上还存在一些错误观念：如文化建设无用论，认为检察机关业务建设搞好就行了，文化建设都是虚的东西，没有实际意义；文化建设无关论，认为文化建设是领导的事，是办公室、政工部门的事，与自己无关；检察文化"难为论"，检察文化的发展缺乏专业引导，管理和运行机制还不完善，干警素质有高低，思想难统一，步调难一致，一定程度上影响和制约了检察文化的深入开展。这些观念在一定程度上制约了检察文化建设的健康发展。因此，必须从思想根源上摒弃这些错误观念，充分认识文化建设对检察工

作的重要意义。

要强化责任意识。做不做是态度问题，做得好不好是能力问题。态度决定一切。如果一件事情以你本身的能力是能办好的，但如果不去做，不想做，那永远也做不好。一个组织内，如果所有的干警都能心往一处想、劲往一处使，本身就是这个团队良好精神面貌与心态的折射。能让所有的干警都认同某个目标，并肩作战，就会很投入，能把事情做得更好。所以，文化可以让人充分发挥主管能动性和主观潜力，甚至达到"一加一大于二"的效果。

四、以建设"精细文化"为主导，规范工作管理

"精细化"管理是一种理念，是一种认真的态度，是一种精益求精的文化，它要求更加注重过程控制和细节规范，要求每个环节、每个步骤都要置于制度和规范的控制之下。

要强化制度管理，建立一套切实可行的工作运行机制。要让管理行为用规章制度说话，用规章制度规范管理行为，才能保证执行正确、有效。实践证明，一套合理有效的规范，能够造就人、改造人。因此，在加强观念引导的同时，必须建立一整套规范来支撑价值理念体系，并起到约束行为的作用，让检察人员明确知道自己该做什么、不该做什么，使他们的行为活动自觉符合检察机关的价值取向，通过把行为准则变为有形的、具体的、可操作的行为规范，从而构建起完整的行为规范体系。如加强执法规范化建设，建立健全业务工作运行规范、执法质量保障规范，保证各项制度和规定落实到每一个执法环节、每一个具体案件和每一个办案人员，有效解决执法办案活动中监督制约不严密、责任不明确等突出问题；加强检察机关内务管理，小到各办公用品、水电费都要有制度管理。

要强化流程管理，实现办案工作精确化。细化办案流程，严格办案环节的制约，使办案工作项项有规定、事事有标准、环环有监督，每个执法环节和执法行为都处在科学严密的制度和约束之中，实现执法公正规范化。每个部门都将工作细化，并制作出工作流程，严格按流程操作。这样也许开始会有些不习惯，甚至影响工作效率，但是只要在精细与效率之间找到一个恰当的平衡点，形成习惯后，就能减少很多误差和漏洞，也有利于执法质量提高，实现管理效益最大化。

要强化细节管理，注重以人为本。细节决定成败。检察人员的一举一动都代表着机关的形象，彰显着检察文化的内涵。检察机关也通过检察人员的行为使抽

象的检察文化得以外显和具体化。因此要重视细节管理，一方面要从小处着手，从细微之处关心体恤干警。如通道县检察院党组建立了干警生日数据库，在干警生日这天为他们送上祝福短信和鲜花，并送去生日礼物，以肯定和感谢干警长期以来的辛勤工作。每年组织干警体检、生病慰问等一系列"暖心"举措，也激发了干警的工作热情，增强了责任感与归属感。另一方面也要重视干警的言行，无论八小时之内还是之外，都不能做有损检察机关形象的事。这要求将精细化管理与人性化管理结合起来，以达到抓管理促工作的目的，最大限度地挖掘人的潜能，调动人的积极性和主观能动性。

五、以打造"精品文化"为目的，强化工作效果

打造检察文化精品，形成自己的文化品牌，从而促进检察工作发展，这才是检察文化建设的目的。检察文化建设没有固定的模式可以借鉴，各地检察机关应因地制宜，百花齐放，要走出去，更要请进来，为我所用；要突出特色，注重创新，不搞形式主义、本本主义。

要与地方文化特色相结合。俗话说"一方水土养一方人"，一方人自然孕育和繁衍出一方文化。检察文化同样如此，当兼容并蓄。各地检察机关当结合地域特色和自身特长，进行富有特色的检察文化建设和发展模式探索。比如：作为怀化检察人，我们要了解怀化本土"五溪文化"（五溪地区以汉、侗、苗、瑶、土家为主的多民族人民在长期的生产、生活实践中创造的一种地域文化，是湘西文化的主体，是湖湘文化的一个重要组成部分）特色，要能领会它的精髓，糅合进怀化检察文化当中，形成具有怀化特色的检察文化品牌。

要坚持检察特色。没有特色和个性的文化，必然会失去应有的光彩与活力。我们要明确检察文化的要素，才能更好地打造有特色的检察文化。检察文化是检察制度以及丰富多彩的法律监督工作实践，与其他文化的区别在于其鲜明的政治性和法律监督性；其本质是民本思想，坚持检察权为民所赋，情为民所系，利为民所谋；主体是广大检察人员，在行使宪法和法律赋予的法律监督职责过程中，逐渐形成的一种群体趋同，经过长期积淀，形成的一种文体特质，能引领检察人员的价值取向、行为规范，以及职业素养的养成、职业形象的塑造。

用先进文化推动基层检察机关全面建设创新发展

刘 嫣*

近年来，检察文化建设已成为检察机关的热门话题，并正以方兴未艾之势向前发展。检察文化是一种独特的法律文化形态，依托检察机关这个载体来反映和传播各种文化现象，作为一种新的管理思想和形式，如何塑造和建设并凸显自身特色显得任重道远，各检察机关也在探索实践过程中使出浑身解数。

一、我院检察文化建设的主要做法及特点

检察文化是检察机关建设不断发展的重要源泉。建设先进检察文化，成为现阶段各检察机关的共识，基层检察机关是检察文化建设的主要载体。近年来，基层检察机关认真贯彻落实最高人民检察院在《人民检察院基层建设纲要》中将基层检察文化建设作为基层检察院建设的主要安排部署内容，基层检察文化建设在摸索实践中进行得如火如荼。

我院在开展检察文化建设过程中，立足东川特点，以调动激发全院干警服务全区工作大局，形成了有措施、有方法、有步骤的积极性、主动性、创造性为抓手，结合检察工作及队伍实际，全力推动具有检察院特色创建格局。

（一）基层检察文化建设与廉政文化建设互利互进、共同推动

我院在开展检察文化建设工作中，大力加快廉政文化建设步伐，将众多廉政文化的内容融入检察文化建设中，努力将两个文化建设有机结合，同步构思、同步推进。一是组织全院检察人员观看警示教育片，通过精选部分被查处的省部级、地厅级领导干部现身说法，以及纪检监察机关办案人员和领导干

---

* 作者单位：云南省昆明市东川区人民检察院。

部、专家学者等人的剖析点评，从政治品德、职业道德、家庭美德和个人品德等方面，深刻警醒和教育广大领导干部要充分认识到修德的重要性和失德的危害性。二是认真开展重要节假日前提醒教育，在重要节假日前进行提醒教育是加强党风廉政建设的一项重要措施。我院结合工作实际，每逢元旦、春节、清明节、劳动节、端午节、中秋节、国庆节等重要节假日来临前，都采取编写党风廉政建设格言警句的方式开展"重要节假日前提醒教育"，通过无线网络发给全体党员、干警及家属，郑重提醒全体党员、干警及家属在节假日期间务必严格遵守党纪、政纪和检察机关的有关纪律规定、安全规定以及法律法规等规定，务必严格遵守党风廉政建设、保密、安全、禁酒令、车辆管理等各项规章制度的规定和要求，严于律己、廉洁自律、遵纪守法、注意安全，避免发生安全事故、避免发生违纪违法犯罪事件。三是组织观看全国检察机关廉洁从检书画摄影作品网上展览，全国检察机关廉洁从检书画摄影展览，以检察机关党风廉政建设和反腐倡廉工作为主线，通过富有感染力的摄影、绘画、书法等艺术形式来大力弘扬"忠诚、为民、公正、廉洁"政法干警核心价值观，传播廉政理念，树立和展示检察机关和检察人员的良好形象和时代风貌。通过观展，每个干警撰写了一篇观展感言或心得体会。干警们纷纷表示通过观看此次廉洁从检书画摄影作品展，进一步增强了廉政意识，筑牢了思想防线，更加牢记"立检为公，执法为民"的执法理念，真正地把廉洁从检自觉贯穿于日常工作当中，切实做到为民、务实、清廉。在检察文化中，凸显廉政内涵，在廉政文化中，体现检察特色，取得了良好效果。

（二）检察文化紧密结合检察工作特点，彰显特色

我院在检察文化建设中，注重紧密结合检察制度建设，体现检察工作特色，使整个检察文化显现旺盛的生命力。通过制定保密、安全行车、着装规范等管理，完善检务、财务、检察宣传制度，健全各科室岗位职责、业务流程等系列制度，有效提醒、约束和规范每一位检察干警的行为。

（三）检察文化引导干警健康文化生活

文化建设是一个潜移默化的过程，非一朝一夕可成，必须通过日常性、开放性的宽松引导与熏陶，才会真正显现出其特有的效果。第一，全面建设并不断完善"职工书屋"。现有图书区、阅览区、电子阅览区等功能区，藏有图书2000余

册、杂志刊物 30 余类、报纸 10 余种，电子阅览室配有四台电脑。藏书种类涵盖了社会科学、名人传记、中外名著、专业技术、现代文学、古典文学、纪实文学、成功励志、健康养生以及武侠、言情、都市小说类等休闲读物，适合工作之余阅读，为广大干警成才成长提供了精神食粮，成为全院干警的"充电站"。我院从检察文化建设着手，通过各项措施营造浓厚的学习氛围，将检察文化作为一种先进的管理理念和方式来经营，以提高队伍整体素质和推进检察事业创新发展。制定了"文化强检"战略和实施方案，充分利用好职工书屋的平台作用，扎实推进"争创学习型组织、争当知识型检察官"、"读好书、求新知"等活动。成立了读书社，创建了"铜都检察讲坛"，依托职工书屋开展丰富多彩的检察文化活动。其间，我院邀请区委宣传部通联站记者唐启荣老师进行信息写作专题培训，通过不断学习，全体干警的整体素质得到很大的提高。干警撰写的稿件多篇被《检察日报》、人民网等国家、省、市、区级报纸杂志和网站采用。我院在检察理论调研和制度创新工作中均取得了较好成绩。第二，举办以"孝老爱亲"为主题的道德讲堂活动。在活动中通过唱《公民道德歌》，诵名诗《游子吟》，看视频《老人的心愿》，学文帝"亲尝汤药"、"轮椅上的西游记"等模范，听干警谈感悟等环节开展活动，以平凡人物孝老爱亲的故事感动着在座的每一位检察干警。第三，丰富文化活动内容。为庆祝中国人民解放军建军 86 周年，我院组织全院复转军人和中层以上干部进行实弹打靶等国防教育的活动。坚持年年举办的体育文化周，以丰富活动内容，通过人人参与，为干警创造了一个相互联系沟通机会。组织"寒门学子送温暖"活动，组织我院年轻干警到镇村进行帮学活动，全院年轻干警积极响应，当了解到有的孩子为了上学要走两三个小时才能到校，有的孩子连学习文具都没有，学校的图书和体育用品都已经十分陈旧等情况后，短时间内就筹集到爱心款 6000 多元为全校师生带去了新的书包和日常生活用品，鼓励学生们要好好学习，绝不放弃。为灾区困难群众捐款，彰显检察情怀，汶川地震、抗旱、救灾、鲁甸地震等大灾发生时，我院都积极向全院干警发出倡议，号召全院干警发扬一方有难、八方支援的精神，用爱心筑起共克时艰、共建美好家园的长城。表达我院干警对灾区人民的一份情谊，以实际行动支援抢险救灾工作。第四，硕果累累。我院干警不仅在我院举办的各类活动中取得好成绩，还在参加区级机关举办的各项比赛中获得优异成绩。在参加区级机关举办的廉政文化书画作品创作比赛中，创作的文学作品、书法获得鼓励奖；在区委宣传部主办的"喜迎十八大，我读书、我受益"的演讲比赛中，我院干警通过初赛、复赛、决赛三个阶段，从 34 名选手中脱颖而出，勇夺第一名荣获一等奖；在首届"东川区十大杰出青年"评选中我院干警成功入围；在区文明委表彰"2012年度东川区道德模范"中，我院干警荣获全区助人为乐模范荣誉称号；在昆明好人评选中，我院干警成功入围候选人之一；在参加由区妇联、区总工会、共青团东川区委、区文体广电旅游局联合举办的首届"舞动特区"广场舞大赛中，全区共有 25 个单位组队参加比赛，经过激烈的角逐，我院健身舞力压群芳，得分排名第 3 位，荣获二等奖。

（四）检察文化与艺术作品相结合，增强观赏性

我院在检察文化建设中，充分运用各种艺术载体，借助传统书法、摄影等艺术形式，将检察文化内涵以优美、典雅的方式呈现出来。检察文化载体形式多样。为进一步加强队伍建设，丰富干警文化生活，打造了以赏石文化、摄影文化、书画文化、廉政文化、党建文化等为主题的走廊文化，并适时组织开展歌咏、演讲、书画、摄影、赏石等比赛，在丰富干警文化生活的同时不断提高干警文化修养和健康情趣，凝心聚力，推动检察工作深入开展。如 2009 年我院赏石社成立，四年来，赏石社作为我院检察文化建设的重要组成部分，在东川区和检察系统内享有盛誉。在第八届泛亚石博会，我院赏石社选送了五枚奇石参展，其中四枚获奖，更取得了一名金奖、两名银奖、一名优秀奖的优异成绩。又如，摄影社利用业余时间，组织开展各种采风活动，记录大好风光、干警风采，原创作品也频频在国家、省、市、区比赛中获奖。在全市检察机关范围内举办的绘画摄影比赛中，我院干警拍摄的照片《以尺为据》和漫画《畸变》荣获"昆明市检察机关书法绘画摄影比赛"摄影二等奖、绘画作品三等奖。

（五）积极营造争先创优氛围

2008 年以来我院集体获得省级表彰 4 个，市级表彰 18 个，区级表彰 22 个。122 人次受上级表彰，其中被最高检、全国女检察官协会表彰 2 人、省级表彰 8 人、市级表彰 16 人、区级表彰 96 人，19 名干警被荣记三等功，34 名干警被嘉奖，实现了我院自区划后单位和个人无省级以上表彰奖励、无立功嘉奖的历史性突破。院综合档案室被评定为省级五星级档案室、驻所检察室被评定为全国二级

规范化检察室、干部人事档案管理通过国家二级标准验收。先后被市政府授予"市级文明单位"、被省妇联授予"巾帼文明岗"、被省总工会授予"职工之家"、被省政府授予"省级文明单位"称号。

二、我院检察文化建设的难点

通过多年的努力，我院检察文化建设取得了初步成效，但我们清醒地认识到，检察文化建设工作作为一个长期性工程，必将经历从有形到无形转化的过程。有形的检察文化（如宣传牌、规章制度等）建设，做起来显然较为容易，只要投入一定的资金和人力，就会立见成效，然而真正困难的是如何将有形的检察文化转化为无形的检察文化理念。当前，我院检察文化建设存在的主要问题有：一是部分干警对检察文化内涵理解不够深入，缺乏正确的认识，片面认为检察机关只要能在思想上与党委保持高度一致，勤奋学习，努力工作，完成各项工作任务就可以了；还有一些人把检察文化建设的意义等同于机关环境的美化和丰富的业余生活，一提检察文化建设，就强调发展机关环境和娱乐文化，偏离了文化建设内涵的精髓。二是检察文化形式单一，载体不够丰富，活动内容不多，与检察工作相融合不够，限制了检察文化功能的发挥。三是检察队伍的文化修养水平参差不齐，有文体特长的带头人不多，尚未有效挖掘出本地区、本院及检察人员的自身特点，在一定程度上制约着检察文化建设水平的提升。

三、积极采取多种措施，切实加强检察文化建设

检察文化建设是一项涵盖检察思想政治建设、执法理念建设、行为规范建设、职业道德和职业形象建设的系统性工程，应厘清思路，明确目标，紧紧围绕党的十八届三中全会会议精神和"强化法律监督、维护公平正义"检察工作主题，坚持"立检为公、执法为民"的基本理念，以提高检察队伍整体素质，确立社会主义法治理念、推进司法体制改革和检察职业化建设为核心，以强化检察职业道德和职业形象、营造团结向上的良好氛围为着力点，全面规划，逐步推进。进一步发挥检察文化在引导向上、凝聚力量、激励士气、约束规范、陶冶情操等方面的作用，必须实现从外到内的转变，真正成为外化于行、内化于心的检察精髓，进一步加强检察文化建设。

（一）加强德育教育

开展以"敬业、勤业、精业"为主要内容的德育教育，教育干警落实"爱国守法、明礼诚信、团结友善、勤俭自强、敬业奉献"的基本道德规范和"忠诚、公正、清廉、文明"的检察官职业道德规范。进一步端正执法思想，始终将检察机关的思想政治建设放在首位，不断加强和改进思想政治建设，牢固树立科学执法理念，严格依法办案。深化检察文化内涵，进一步加强执法规范化建设。在检察办案中积极贯彻宽严相济刑事司法政策，以快速解决争端为切入点，以有效手段教育挽救犯罪人为落脚点，体现公平正义和人文关怀，促进社会和谐。

（二）强调以人为本

突出以人为本思想，通过教育、引导、激励等多种形式，增强干警从事检察事业的责任感和决心，激发干警的主动性和创造力。关心干警，使干警如工作在大家庭一般，当干警感受到了检察机关如家般的温暖，自会对检察机关负起如家般的责任。关注干警身体健康，定期为干警体检，适时开展干警们喜闻乐见的文体活动，为干警搭建强身健体的平台；关注干警待遇，积极争取政策，落实干警的政治和经济待遇，让干警得到应有的认可；关注干警生活，积极开展谈心活动，关心干警生活中的冷暖，对困难干警采取可行措施予以帮助，使之切身感到机关的温暖；关注干警进步，对干警在工作中取得的一些成绩，及时给予奖励，对干警在工作中遇到的困难和挫折，及时给予关心，帮助查找原因，帮助其树立信心，鼓励其迅速从困难和挫折中走出来。

（三）始终快乐工作

做人有快乐，做事才有热情，做事有热情，工作才有干头。我们要积极倡导快乐检察，精心营造快乐检察的良好氛围。通过开展快乐检察活动，使干群之间建立起平等的新型关系，充分发挥干警特别是年轻干警的创新能力，调动他们的潜能和聪明才智，发掘其工作能力，使整个检察队伍融于一个快乐的检察团队，以人性化管理，使干警在工作中快乐，在快乐中工作，激发干警积极、努力、创造性地高效工作。

（四）构建和谐氛围

始终坚持以人为本，构建和谐、融洽、积极向上的人际关系，加强人际交往关系的正确引导，让干警之间、干警与领导之间、领导与领导之间的交往向着健康、正常的方向发展，做到相互尊重、相互信任，使人际关系更加和谐，更加长久。因为只有人和才能出凝聚力、战斗力，人和才能出感情、出效率。通过营造宽松和谐的人际环境，凝聚人心，形成合力，促进检察工作。

（五）突出基层检察特色和地方特色

检察文化建设不能流于表面化，不能被简单地等同于各项文体活动。业余文体活动、政治思想工作属于检察文化的范畴，但不是检察文化的核心和主体。检察文化建设应该突出检察特色，紧紧围绕检察工作的特点、检察官的职业需求来开展。在检察文化建设中，基层检察院还要结合当地实际，突出地方特色，不断强化"文化育检"和"科技强检"的理念，将检察特色和地方特色恰到好处地融为一体，相得益彰，构筑和完善"以人为本、和谐创新、公平正义、廉洁高效"为核心的检察文化内涵。要树立以崇尚和谐、追求和谐为价值取向的现代文化精神，以和谐的思想和态度去认识和处理问题。采取教育、启发、诱导、吸引、熏陶和激励等多种方式提高干警的思想道德修养，大力培养复合型人才，促进干警的全面发展和进步。通过开展丰富多彩的文化活动，开阔广大干警的视野和精神境界，不断充实文化育检的科学内涵。尽量开展一些一专多能的文化活动，鼓励干警发展多方面的聪明才智，引导干警在提高专业技能上下功夫，在实践工作中见成效。

（六）加大投入，培养人才

检察人员的合理要求得到及时满足，才能促进检察文化建设。基层检察院要加强检察设施、装备建设，增设文化体育设施，建成图书室、机关食堂和干警家属楼，落实从优待警制度，建立完善学习培训制度和文化载体收集、展示、传播制度。要加大人才培养和培训力度，用科学有效的制度培养人才、激励人才，用适当的政治待遇、物质待遇吸引留住人才，培养、造就一批知识结构合理、政治业务素质较高、组织协调能力较强的专业化、复合型的人才队伍。

（七）突出重点，抓出特色

树立检察人的共同理想，是检察文化建设的重点。在检察文化建设中，我们应以社会主义核心价值体系为指导，弘扬优秀传统文化，借鉴有益的文明成果，形成检察人员共同的理想信念、道德规范和价值取向，打牢执法为民的思想道德基础。要强化以人为本理念，深入开展理想信念教育，大力倡导爱国主义、集体主义、社会主义思想，用建设社会主义检察事业的共同理想信念统一干警思想、凝聚干警力量。基层检察院要在狠抓特色上下功夫，要突出地方特色、地域特色，只有抓住特色、培育特色、发展特色，才能有计划、有创新地开展好文化建设。

（八）抓好落实，展示成果

在检察文化建设中，要重教育、讲纪律、强管理，做到党组领导、部门协调、全员参与。院党组应当担负起领导责任和组织责任，坚持外在强制与内在引导相结合的方针，充分发挥各职能部门的作用，调动全员参与的积极性，切实抓好落实。要高度重视检察文化建设的信息、宣传、交流工作，要充分利用网络、媒体展示检察文化的成果，注意社会各界、人民群众对检察文化的反映和评价。要主动与媒体加强联系，充分运用广播、电视、报刊、检察局域网、互联网等载体形式，开展法制在线教育，建立检察文化传播的快速通道，提高检察文化传播的质量和效率。

（九）要以人民满意为目标，进一步加强精神文明建设，在实践中塑造检察文化

要深化检务公开。继续扩大检察宣传，在加强与新闻媒体联系的同时，精心办好检察网站，拓展影视等媒体的有形宣传，以扩大检察影响，宣传检察工作的意义，传播检察文化。加强窗口建设。要通过推行首问责任制，落实文明接待的具体措施，并及时对群众举报进行分流、初查和反馈，取信于民。推广文明用语，规范检容检貌。多为群众办实事。通过参加社会公益活动，扶危济困，见义勇为，以实际行动树立检察机关的良好形象。

检察文化建设作为一项庞大的系统工程，必须通过长期不懈的努力、实践来丰富和推动，进而推动检察工作的全面发展。检察文化建设是一个新事物，顺应时代潮流、体现法治精神。我们首先必须从组织上、思想上、行为上和检察文化接轨，自觉摒弃种种不良习气和作风，以自己的检察实践来丰富和推动检察文化建设。总之，加强检察文化建设，需要我们在实践中探索，在探索中完善，在完善中前进，进而来推动检察工作的全面发展。

关于检察文化建设与检察官职业化的思索

孙翠林[*]

2003 年，广东首开先河，率先在全省范围内提出建设检察文化，下发了《关于加强检察文化建设的意见》，要求各级检察机关发挥检察文化的引导作用，从思想、精神、智力三个方面促进检察文化的发展，从此，拉开了检察文化建设的大幕，许多基层检察机关都在或深或浅地开始探索和实践检察文化建设。2007年 11 月 27 日，最高人民检察院在广州举办全国检察机关文化建设巡礼。对前期的检察文化建设的成功进行了阶段性总结。从巡礼活动可以看出，在推进检察文化建设工作中，检察文化的外延不断拓展：从检察机关主题教育内容不断翻新的表现方式，到以检察官为主角的文艺晚会，再到诗文、书画、歌咏、演讲、球类等群众性文体活动的经常性开展，再到全国各地越来越多的检察院通过建立和完善检察史展览、检察博物馆、特色雕塑群、荣誉室、法律文化长廊、法律浮雕等文化景观等，表现形式越来越多样化。近两年，不少检察机关结合当地地域文化，为自己的检察文化注入地方特色，如黑龙江省的各级检察机关把开展检察文化活动同业已形成的大庆精神、铁人精神、北大荒精神和突破高寒禁区精神结合起来，形成了自己的地域特色。山东省济宁市的儒家文化、乳山市的"快乐检察"、广州市海珠区的"细节文化"等形式多样，不一而足。这里，笔者所列举的形式可能还是挂一漏万的，上述各检察机关的探索充满了文化气息，这是毋庸置疑的，但是否都属于检察文化建设的范畴还值得商榷。

---

* 作者单位：山东省枣庄市人民检察院。

一、文化的内涵和结构

"文化"是中国语言系统中古已有之的词汇。"文",本义指各色交错的纹理。① "化",本义为改易、生成、造化。② 表示事物形态或性质的改变,同时又引申为教行迁善之义。"文"与"化"并联使用,较早见之于战国末年。西汉以后,"文"与"化"方合成一个整词,③ 这里的"文化",或与天造地设的自然对举,或与无教化的"质朴"、"野蛮"对举。因此,在汉语系统中,"文化"的本义就是"以文教化",它表示对人的性情的陶冶、品德的教养,属精神领域的范畴。

在西方的文化概念,源自于拉丁语"culture"。在拉丁语和中古英语中,culture 常有"耕耘"和"掘种土地"的意思。之后,西塞罗用"cultura mentis"(耕耘智慧)一词使"culture"具有了"为增进某种东西的质量所作的审慎的努力"之意。到了 18 世纪,法语中的"文化"已指"训练和修炼心智(或思想,抑或趣味)的结果和状态",并用于表示受过教育者的实际成就,以及"良好的风度、文学、艺术和科学"。此时在德国人那里,"文化"(kultur)作为一个社会趋善含义的概念,"意味个人的完善,或者发展自己的过程中取得的工艺、技术和学识"。④

从上述文化概念的起源看来,东西方"文化"的意蕴都是人类社会发展到一定时期,逐渐脱离原始状态而发展起来的,与野蛮、蒙昧、粗朴相对应的状态。《现代汉语词典》解释为:1. 人类在社会历史发展过程中所创造的物质财富和精神财富的总和,特指精神财富,如文学、艺术、教育、科学等。2. 考古学用语,指同一个历史时期的不易分布地点为转移的遗迹、遗物的综合体。同样的工具、用具、制造技术等是同一种文化的特征,如仰韶文化、龙山文化。3. 运用文字的能力及一般知识:学习文化、文化水平。我国文化结构的一般学说认

① 《易·系辞下》载:"物相杂,故曰文。"《礼记·乐记》称:"五色成文而不乱。"《说文解字》称:"文,错画也,象交叉。"
② 《易·系辞下》:"男女构精,万物化生。"《庄子·逍遥游》:"化而为鸟,其名曰鹏。"《礼记·中庸》:"可以赞天地之化育。"
③ 如"文化不改,然后加诛"(《说苑·指武》),"文化内辑,武功外悠"(《文选·补之诗》)。
④ 林喆:《法律思维学导论》,山东人民出版社 2000 年版,第 287—288 页。

为：文化的内部结构包括下列几个层次：物态文化、制度文化、行为文化、心态文化。物态文化层是人类的物质生产活动方式和产品的总和，是可触知的具有物质实体的文化事物；制度文化层是人类在社会实践中组建的各种社会行为规范；行为文化层是人际交往中约定俗成的以礼俗、民俗、风俗等形态表现出来的行为模式；心态文化层是人类在社会意识活动中孕育出来的价值观念、审美情趣、思维方式等主观因素，相当于通常所说的精神文化、社会意识等概念，这是文化的核心内容。

二、检察文化的含义及结构

（一）检察文化的含义

文化作为一个物质和精神的复合整体，其外延极其宽泛，根据所涉领域的不同，文化可以分为伦理文化、宗教文化、政治文化、法律文化等文化。根据文化主体的不同，文化又可分为不同社会群体的文化。检察文化即是依据文化主体标准区分的文化系统中的一个子系统，检察是限定和修饰文化的，因此，检察文化的内涵更加丰富，而外延则大大缩小，检察文化建设就必须和检察权的行使有机结合起来，必须弘扬和体现法律监督的内在价值要求，笔者将其界定为：检察文化是检察官作为行使检察权、从事法律监督工作的一个特殊社会群体，在长期的检察工作实践活动中所形成的、不同于其他社会群体的具有独特价值的物质和精神的积累。

（二）检察文化的结构

既然检察文化是文化的子系统，那么其理应具有文化的一般结构特征。因此，根据我国文化结构的一般学说，对检察文化加以观察分析，笔者以为可以将检察文化由表及里分为以下几个层次：

1. 检察文化结构的外层。该层系检察文化的外在物质性表现形式。主要包括：能够蕴含检察文化特征的检察办公楼、办案工作区装饰布局、办案设施装备、检察官服饰仪表、徽章符号，检察文化长廊、法律浮雕以及法律文书等检察文化中物质性内容部分。该层结构系以实物形态反映检察文化的外部特征，处于检察文化的表层，故具有直观性、易塑性和可复制性。

2. 检察文化结构的中间层。该层系检察文化的制度和行为表现形式。主要是指有关检察权运作的检察制度和保障检察权正常、有效运作的支持性制度以及检察官的行为规范和礼仪。检察制度主要包括涉及检察机关职务犯罪侦查权、批准和决定逮捕权、公诉权、诉讼监督权的有关制度。检察支持性制度主要包括检察官选任考核制度、职业培训教育制度、检察官职业保障制度以及财务管理等制度。检察官的行为规范和礼仪主要包括检察官的办案纪律、出庭规范以及体现检察官职业特征的行为模式和仪表态度等。该层结构是检察院作为一个负有特殊职能的国家机关、检察官作为社会中的一个特殊职业群体，在长期检察实践中所形成的具有检察特色的独特制度。与检察文化的表层结构相比，该层结构具有规范性、稳定性和职业性的特征。

3. 检察文化结构的核心层。该层系检察文化中非物质性、非外在性的精神或心理，主要包括检察文化主体（检察官及其辅助人员）在检察实践活动中所形成的具有检察职业特征的思想意识、道德观念、价值取向、理想信仰、思维模式、工作方法等内容。它通常主要被表述为：检察官的人文修养、法律信仰、法治理念以及维护信仰法律、尊重保障人权的法律思维和法律方法等内容。该层结构处于检察文化结构的核心位置，与前两层结构相比，具有内在性、决定性和长期性的特征。

检察文化以上三个部分共同组成检察文化的有机整体。其中，检察精神文化居于检察文化结构的核心地位，系检察文化的灵魂，决定着检察文化的本质和方向；制度行为文化居于中间地位，它是由检察精神文化内核决定的向外传播的表现形式；检察物质文化居于检察文化结构的外层，与检察制度文化层相比，虽然它距离检察文化核心层较远些，但仍蕴含着检察精神文化的特质，是检察精神文化的物质化表现的产物，亦是精神文化向外传播的载体。从检察文化各构成要素的功能架构来看，检察文化就好比一株大树：精神文化是根，制度行为文化是干，物质文化是枝叶，只有根深，才能营养充足，枝繁叶茂。

三、前期检察文化建设的回顾

目前，检察文化建设这一命题的明确推出已经经过了 10 年的时间，取得了不少的成绩和经验，也出现了一些误区，这需要我们认真进行总结和梳理，去粗存精、去伪存真。

（一） 前一阶段的经验

几年来，丰富多彩的文化活动实践，使检察文化在理论研究、组织推动、制度创新、机制建设等方面积累了不少经验，其本身在理论层面也越发地清晰起来，得出了共同结论：即检察文化建设的主体是检察官。道德是文化的内在价值判断，作风是文化素养的外在表现。"腹有诗书气自华"，严谨的职业道德、深厚的人文素养已经成为检察官新的形象要求。

原最高人民检察院常务副检察长张耕在检察文化建设巡礼活动开幕式上的讲话中指出："检察文化是中国特色社会主义先进文化的组成部分，是检察机关履行法律监督职能过程中衍生的法律文化，伴随着中国特色社会主义检察事业的发展而不断丰富完善。检察文化建设涵盖检察思想政治建设、执法理念建设、行为规范建设、职业道德建设、职业形象建设等等。"在随后的一系列文化建设活动中，可以抽象出这些要素：检察文化建设的核心——在社会主义核心价值体系指导下，牢固树立社会主义法治理念，确保独立公正行使检察权；检察文化建设的目标——提升检察队伍政治素质、业务素质和职业道德素质，塑造检察官职业形象，全面提升检察官的文化素养；检察文化建设的路径——紧密结合检察工作实际，以形式多样、内涵丰富的主题教育、业务研讨以及丰富多彩的文化活动为载体，坚持以人为本，打造一支符合职业特点的检察官队伍；检察文化建设的最终目的——为推动中国特色社会主义检察事业创新发展，建设社会主义法治国家提供有力的思想保证和精神动力。[①]

（二） 实践中的误区

实践是检验真理的唯一标准，同时，实践也是发现问题的有效途径，几年来的探索实践也反映出检察文化建设存在的误区：

一是忽视检察文化结构的多层性，检察文化建设趋于表面化，简单地将检察文化建设等同于检察物质文化建设，将重点放在办公大楼、装备设施等物质层面的建设上，忽略了检察制度文化和精神文化的建设。

二是忽视检察文化建设的长期性，检察文化建设趋于短期化。简单地将检察文化建设异化为，搞几次检察官业余文化活动，或者是组织几次先进事迹报告

---

① 参见恩施州检察院：《梳理 30 年检察文化建设》，见 http：//www.esjc.gov.cn，访问日期：2008 年 7 月 28 日。

会，或者是开展几次学习活动等运动性的短期行为。

三是忽视检察文化建设的核心价值，检察文化建设趋于功利化。树立社会主义法治理念、强化法律监督、维护公平正义，是检察文化建设的核心价值目标。而有些检察院为追求政绩，急功近利，有意无意地将检察文化建设工作的重点放在物质文化层面，忽视检察文化建设应当在核心价值目标的指引下科学、有序地进行。

四是忽视检察文化的内涵，检察文化建设趋于一般化。与其他群体文化相比，检察文化的主要特征在于它的检察色彩，有别于一般的大众文化。有些院将检察文化建设地方化、区域化，没有抓住检察文化的本质属性，导致"检察文化建设就像一个筐，什么都能往里装"。

四、以检察官职业化为核心建设检察文化

科学发展观告诉我们，要"以人为本，全面、协调、可持续发展"。检察文化建设之所以会出现以上误区，重要原因之一就是，有些检察院未能正确地理解和把握检察文化的内涵与结构，片面地强调物质文化建设，忽视了精神文化的建设——即人的塑造。不能做到"以人为本"的建设或发展，必然是畸形的、难以持续的。而要加强检察精神文化建设，则必须注重检察官的职业化建设，才能实现检察文化建设的核心价值目标，使检察文化的核心价值传承、发展下去。检察官职业化是法律职业化的内容之一，法律职业化在通常意义上是指包括法官、检察官、律师、法律学者在内的法律职业人员所组成的同质的职业共同体。这一职业共同体通常具有共同的教育水平、教育背景、共同的知识基础以及约定俗成的共同语言、共同的思维方法以及共同的理想和目标。[①]

（一）检察官职业化是检察文化的重要内容和建设目标

检察文化作为区别于其他文化的显著特征就在于检察文化具有鲜明的检察色彩——无论处于结构外层的物质文化和中间层的制度行为文化，还是处于内层的精神文化，均以检察为主旨。因此可以说，检察文化就是行使检察权的特殊职业群体文化，即检察官文化。检察官这一职业群体之所以能够区别于其他职业群

---

① 参见胡玉鸿主编：《法律原理与技术》，中国政法大学出版社 2002 年版，第 245—246 页。

体，不仅在于职权上的差异性，更在于行使职权的方法上的差异性，它要求从事检察职业者有着共同的法律语言、法律思维方式、推理方式及辨析技术、业务特性、知识技能等。因而，检察官职业化不仅属于检察文化的内容，而且也是检察文化建设的重要目标之一。如欲维系检察文化在社会文化系统中的特性和地位，检察官职业化问题必须予以重视。

（二）检察官职业化应当严格检察机关的准入制度，形成检察职业共同体

根据宪法、人民检察院组织法和检察官法的有关规定，检察官选任主要采取选举制和任命制两种形式，但随着检察院体制改革的不断发展和职业化建设的推进，这种选任制度逐步显示出准入条件过低、职业程度不高等局限性。笔者认为，检察院补充检察人员应当严格按照《检察官法》的规定，统一检察官选任标准，规范检察官选任程序，从接受过正规法学教育、通过国家司法考试的人员中招录，被录用人员应当接受一定时间的专门职业培训，培训合格后方能提请任命检察官。此外，还要逐步推行检察官逐级选任制度，上级检察院的检察官职位出现空缺，应从下级检察院的检察官中择优选任，使上级检察院的检察官具有足够的经验积累，保证高一级的检察官有足够的基层经验、实践经验和学养素质。

（三）检察官职业化应当注重职业素质建设，形成检察文化的核心价值体系

《中华人民共和国宪法》第129条规定："中华人民共和国人民检察院是国家的法律监督机关。"《人民检察院组织法》第6条规定："人民检察院依法保障公民对于违法的国家工作人员提出控告的权利，追究侵犯公民的人身权利、民主权利和其他权利的人的法律责任。"因此，笔者认为：检察文化的核心价值应是"信仰维护法律，尊重保障人权"。"徒法不足以自行"，检察官的职业素质决定了检察文化的核心价值是否能够充分张扬和体现。检察官的职业素质建设主要包括：

一是政治素质建设。政治素质是隐藏在各种职业背后的一种基础性素质，检察职业与社会正义和公共利益息息相关，良好的政治素质是检察官坚持公平正义的基本保证。作为职业检察官要有坚定的政治方向和政治立场，坚定不移

地践行社会主义法治理念，即依法治国、执法为民、公平正义、服务大局、党的领导。

二是业务素质建设。"打铁先需自身硬"，业务素质是作为职业检察官的核心竞争力，检察官应当具有：1. 精深的专业知识、宽阔的专业视角。随着社会经济的不断发展，检察业务所涉领域不断拓宽，新型疑难案件不断增加，检察官只有具有较为丰富的法律专业知识，才能应对日新月异的变化发展。2. 过硬的职业技能、丰富的工作经验。检察官应做到法理精通、业务娴熟，对所从事的检察业务应当胸有成竹，无论是办理自侦案件，还是批捕、公诉等都应经得起历史的检验。3. 深厚的人文修养、广博的文化知识。培根曾说过：历史使人聪慧，诗歌使人灵秀，数学使人精细，自然科学使人深沉，伦理学使人庄重，逻辑学和修辞学使人善辩。因此，坚持学习科学文化知识，对促进检察工作发展大有裨益。4. 宽宏的容人雅量、稳健的心理素质。在惩治职务犯罪和打击刑事犯罪一线承受工作重担的同时，要做到宽严相济、该打击的打击、该保护的保护、该教育的教育；也要学会进行自我心理调整，理性思考，善于决策，刚毅果断，大胆实践，不断完善人格品质，才能在困难和挑战中真正担当起重担，创造性地做好各项工作。这样，才能在工作中做到理性、平和、文明、规范司法。

三是道德素质建设。道德是人们内心世界的一种崇高至善的精神，是一种隐性的自我约束机制，在提升人的素质方面一直发挥着重要作用。最高检出台的《检察官职业道德规范》可以概括为"忠诚、公正、清廉、文明"。在职业化的检察官群体内形成一个强大的道德传统及影响力，有助于提升检察官的内心自律，自觉遵守各项司法礼仪，尊重当事人的权利和人格尊严，约束业外活动，以良好的品行和个人声誉，宽厚公正、庄重文明、正直善良的道德操守赢得社会的广泛认同和尊重。

五、结语

检察文化是由检察精神文化、制度行为文化和物质文化所组成的有机整体。检察文化建设是一项长期的、系统的工程。为此，我们应全面、深刻地认知和掌握检察文化的内涵和结构，重视检察官职业化以及其他精神层面的检察文化建设，走出误区，理性地构建具有中国特色的、科学发展的检察文化。

浅论预防文化的特殊作用及创新发展的新途径

孙振远*

随着反腐倡廉工作的深入开展，党和国家越来越重视预防职务犯罪工作。中共中央关于《建立健全教育、制度、监督并重的惩治和预防腐败体系实施纲要》中，明确了把"标本兼治、综合治理、惩防并举、注重预防"作为惩治和预防腐败的基本方针。围绕这一根本基石来构建惩防体系，开展职务犯罪预防工作，加强思想文化建设。在职务犯罪的载体、方法、举措、途径等方面，都需要有深厚的思想文化内涵来支撑。由此而派生出来的法律文化、廉政文化、预防文化、检察文化等都是推进反腐倡廉，实现"惩防一体化"大格局的助力器和推进器。特别是预防文化，作为预防职务犯罪、净化政治文明的一种软实力，已进入了公共宣传的大视野，从而吸引了全社会公众及世人充分的重视和关注。要加强预防文化建设，就要对其内涵外延、作用以及创新发展、途径等问题进行深入的探求。这对促进社会经济的快速发展，促进社会和谐，促进实现"干部清正、政府清廉、政治清明"的目标都有着十分重要的现实意义。

一、预防文化的内涵和外延

廉政文化与中华民族传统文化一脉相承，由来已久，是为统治阶级服务的一种思想教育体系。中国共产党倡导的廉政文化，经过90余年的发展，已具有鲜明的阶级性、社会性和时代特点。当今倡导的廉政文化建设是在整个社会主义文化建设的大框架下，围绕党的核心建设，与社会主义市场经济相适应，与社会主义核心价值体系相符合，是具有廉洁勤政、克己奉公特点的一种文化体系。而预防文化是法律文化、廉政文化发展的一个新品种，它是以反腐倡廉为核心，以检

---

* 作者单位：山东省烟台市人民检察院。

察文化为基础，以预防职务犯罪为重点，以廉政警示教育为手段，以公共宣传媒体为载体，以"公正廉洁，执政（执法）为民"为理念的一种综合发展的文化建设的新模式。其核心价值就是"依法治国、清正廉洁、净化政治文明、促进社会和谐发展"。预防文化是检察文化的升华与延伸，它是廉政文化的补充和发展。

对于预防文化的"内涵"，笔者认为应当从其所担负的职责和所具有的特征来分析。首先，从字面上看"预防"和文化是由两部分凝合而成的，这是两种事物形态的人为组合。这种组合必然会有一种契机，或称之为黏合的连接点，那就是由于预防职务犯罪而引起的种种关联。诸如：预防职务犯罪的源头、目标、方法、载体、形式等都和人的思想追求、价值取向、行为模式、心理需求、欲望掌控、荣誉罪罚等有直接的关联，而这种关联就是一种文化现象的集中表现。说到底，职务犯罪就是一种文化行为的折射，而预防职务犯罪的源头也是要从文化的根源、文化的背景、文化的价值、文化行为的体现中去寻找原因和预防对策、去寻找有效的方法和途径。这样才能从根本上遏制和减少职务犯罪发生，真正从源头上预防和防止职务犯罪发生、发展以及最终的疯狂和毁灭。

"预防"从字面上讲，《辞海·语词》中解释："预"有"预先、事先"之意，也有"参与、干预"的意思。而"防"字有"堤岸"和"防备、防范；防守，守御"之意。[1] 在《现代汉语成语词典》中所指的"预防"就是"事先预防"的意思。"文化"一词在《辞海·语词》中解释得很清楚："通常指人民群众在社会历史实践过程中所创造的物质财富和精神财富的总和，也专指社会的意识形态，以及与之相适当的制度和组织机构。文化是一种历史现象，每一社会都有其相适应的文化，并随着社会物质生产的发展而发展。作为意识形态的文化，则是一定的政治和经济的反映，又给予巨大影响和作用于一定社会的政治和经济。"[2] 预防文化的核心内涵包括：预防职务犯罪的预防意识，职务犯罪风险的防控能力，公正廉洁勤政的履职理念，罪案警示教育的启示，筑牢思想道德防线的自觉行为，法制生活的规范行为等。而预防文化外延则由罚防一体化的体系形成，以防为主等诸多内容的延伸以及外在表现，表现为倡导廉政文化，树立遵纪守法的公民意识，加强对公务人员廉洁自律的教育，维护社会公平正义的公仆形

---

① 《辞海·语词》（下册）：上海辞书出版社 1979 年版，第 1987 页。
② 《辞海·语词》（下册）：上海辞书出版社 1979 年版，第 1629 页。

象，倡导"修德尚贤、慎欲慎权、执政为民"的思想品格，弘扬清风正气、崇尚文明先进、净化社会环境、促进社会和谐发展的人文精神等。

这些都是预防文化的应有之义，因为职务犯罪发生在各个行业、各个领域、各个层次的人群，所以预防的触角和领域也要延伸到各个行业和领域的每一个角落、每一个家庭，这也是构筑全社会大预防格局的必然之举。为此，加强和弘扬预防文化建设对于保持国家的长治久安，对于永葆党的本色不变，能够持续拒腐防变，对于构建和谐社会，促进经济社会的健康发展都具有十分重要的意义。

二、预防文化的特殊作用

预防文化作为反腐倡廉、预防职务犯罪的一种社会文化现象和特殊的思想教育形式和教育手段，围绕其核心内容能够体现出四种特殊的作用。

（一）预防文化具有辅政立德、廉洁垂范的作用

预防文化是在新形势下发生、发展而形成的一种带有政治色彩、法律色彩的文化现象。它的产生绝不是空穴来风，也不是凭空想象而产生的。它有一定的历史文化基础，有一定的社会司法实践，经由不断的实践—总结—再实践—再发展的过程而形成的。它既有历史传统文化的传承与借鉴，也有现实的需求实践和总结概括，它与政治建设紧密相连，与传统的廉政文化相继承。其中有一个很重要的功能就是可以弘扬治国思想、立德辅政。古人曾有言："人生在世有'三立'即'立德、立言、立功'。"文化的作用可以通过立言而弘扬正义，鼓吹思想，倡导廉政、勤政、德政，从而达到"辅政振纲、永固江山"的目的，使统治者能够实现"政通人和、举国昌盛"的立功目标。时代发展到现如今的信息化民主化的社会，职务的履行无不与思想行为有关联，而预防文化所倡导的廉政文化思想，诸如"以不贪为宝"、"清如水明如镜"、"当官不为民做主，不如回家卖红薯"、"正人先正己"、"公生明，廉生威"、"以仁德治天下"、"以民为本"、"德配天地"等文化思想，至今仍闪烁着人生哲学和治理国家的思想光辉。而现代治国的思想文化更是影响着为官执政的人们的思想行为。诸如倡导的"社会主义法治理念"、"常修为官之德，常思贪婪之害"、"手莫伸，伸手必被捉"、"勤廉为公，执政为民"、"维护社会的公平正义"、"全心全意为人民服务"、"权为民所用，利为民所谋，情为民所系"等治国方略和思想都是预防文化所奉行和依

托的源泉。运用预防文化这一特殊的载体，弘扬这种时代精神和优良的传统思想，必然会对执政辅政、廉洁垂范发挥出真正的作用。这在检察机关推广预防文化的大量实践中都有突出的体现。

（二）预防文化具有凝心聚力、帮助教化的作用

文化是一种软实力，它具有"传思想，讲人伦，帮教化，寓娱乐"的作用。而预防文化侧重的是法制引导、廉洁执政、文明执法、快乐生活。这种文化与国家公务人员的执政、执法、工作和生活都密切相关，具有很强的向心力和凝心聚力作用，能够将廉洁、文明、健康的工作方式和生活方式运用到每一位公务员的生活工作中。运用这种文化的理念、文化的形态、文化的载体，引导国家公务人员的工作生活，使一个单位或一个团体充满健康向上、廉洁文明的工作和生活氛围，从而拒绝低俗，防止攀比，抵御诱惑，预防腐败，减少心理失衡，增强职务风险的抵抗力和免疫力。针对那种"不吃白不吃，不捞白不捞"、"有权不用，过期作废"、"人生一世，享乐至上"、"靠山吃山，靠水吃水"、"以权谋利，钱权交易"、"追求奢靡虚荣"等腐败文化，用预防文化来抵制和战胜，以达到感动人、教育人、鼓舞人、凝聚人的实际效果。这类实例在我们开展预防职务犯罪的法制宣传、警示教育的活动中，比比皆是。诸如：2012 年 9 月，招远市检察院与招远市人民银行联合主办，共有 7 家银行参加的大型预防职务犯罪知识竞赛。广泛深入地开展宣传预防职务犯罪的基本知识教育，预防重点风险岗位，金融系统易发、多发案件的热点部门和重点岗位应采取的重点预防以及应采取的措施和手段。通过知识竞赛的方式，使参与单位和个人都受到了深刻而形象的教育，有针对性地堵塞了薄弱环节的漏洞。通过各类文化活动的开展，不仅达到了凝心聚力的目的，也增强了与预防职务犯罪网络协作单位的密切合作，形成了很好的互动性和凝聚力。

（三）预防文化具有辐射周边、带动示范的作用

近年来，烟台市检察机关十分注重以廉政文化引领警示教育工作，坚持以预防文化建设辐射和带动周边地区和单位促进反腐倡廉工作的深入开展。以"烟台市反腐倡廉预防职务犯罪警示教育基地"为依托，加强了与部分高校建立互动平台，促进预防文化建设的深入开展，先后与烟台大学法学院、山东工商管理学院、滨州医学院、鲁东大学等高等院校建立了专项法制专题讲座和定期参观警示

教育基地以及开展当前职务犯罪新特点、新动态的理论研讨等活动，使高校的领导干部和部分即将毕业的学生从中感受到预防文化的特殊性和针对性的教育。这些活动的开展，也有效地带动了学校的反腐倡廉工作和校园文化的交流与发展。发挥烟台市预防职务犯罪领导小组的组织领导作用，协调组织全市金融、行政执法、司法、建设、教育等 22 个预防协作网络单位开展廉政预防文化建设，特别是通过开展廉政书画比赛，征集廉政诗词、楹联、格言警句等活动，全市共征集各类廉政书法作品 120 余幅，廉政诗词 100 首，楹联、格言警句 5200 余条，集成书刊发行到各个预防网络单位，有效促进和带动了各单位、各行业的预防文化的开展。烟台市检察机关把预防文化的触角还延伸到了所建设的乡镇检察室。如在海阳市、福山区、栖霞市、莱州市等地分别建立了派驻乡镇检察室，其中很重要的一项工作就是配套建立了乡镇警示教育基地。把预防职务犯罪的公共宣传、典型案例的剖析、预防工作的调查研究、预防举措的实施都与开展形式多样的预防文化活动挂起钩来，从而有效地带动了乡镇的反腐倡廉工作和文化宣传工作，丰富了农村文化生活，促进了社会文明和谐发展。

（四）预防文化具有警示教育、净化社会的作用

预防文化根植于预防职务犯罪和廉政建设的沃土，其主要作用是宣传法制，对党员干部进行预防职务犯罪和反腐倡廉的警示教育。通过警示教育基地这一集声、光、电、多媒体等现代化传媒手段和各类典型案例于一体进行全方位、多层面的警示教育，进一步增强了党员干部的法律意识，加强了反腐倡廉工作，筑牢了思想道德防线。烟台市检察机关自 2008 年先后建立起 14 个警示教育基地或展室，总共展出面积达到 2000 多平方米。每年接待党员干部参观学习 6 万余人次，2008 年以来共对党员干部进行了 2000 余批次 20 余万人的警示教育。以廉政建设为主要内容，以典型案例为重点，以案释法多方面宣传了廉政建设的相关知识和法律法规，收到了良好的社会效果。

预防文化的核心是以弘扬清正廉洁、公平正义、促进社会和谐为宗旨，组织在推广这种文化的实践中，以多种形式开展带有社会公益、惩恶扬善、荡污去浊、匡扶正义的内容。诸如在开展公共场合的预防职务犯罪宣传中，充分利用车站、码头、影剧院、学校、路牌、楼道、广场、大型商场等场所，通过播放预防职务犯罪的廉政警示电视片、公益广告、短信、警句等方式向全社会进行全方位、多层面的宣传实践活动，形成了很好的社会效果和廉洁奉公的氛围。

预防文化在促进反腐倡廉建设的过程中，不仅有着积极的警示教育、引领社会导向、激浊扬清、净化社会风气、凝聚民心等作用，还能够通过这种文化的渗透、感化、引导，使受教育者，尤其是国家公务人员这一特殊的群体达到入目、入脑、入心，从而达到内心的震撼和醒悟。能够达到育化于心、转变于行，真正筑牢廉洁自律的思想道德防线，能够起到拒腐防变的实在作用。使国家公务人员在巨大的物质利益诱惑面前，能够有强大的内心动力来支撑，能够有坚定的信念和信仰的力量来支撑，能够有良知和感悟来引领，能够有对法律的敬畏，有对组织的看重，有对家人的厚爱，有纪律法律的自觉束缚，有理想目标的召唤……这些都是通过预防文化的点点滴滴的引导、教育、渗透，形成的内化育心的自律力量。再加上他律的严格要求，就能够自觉自愿地分清是非、明确善恶标准，分清社会责任的轻重，看清时代发展的大局，重视人生的美好生活，认清形势和目标，从而真正筑牢思想道德防线。

三、加强预防文化建设的新途径

检察机关深入开展预防文化建设，努力构建社会化的文化大格局，努力探索适应新形势，符合新要求，拥有新特点的预防文化的新途径。

一是积极构建社会化预防文化建设的大格局。面对新形势、新情况的变化以及最新查办和预防职务犯罪所取得的新成果，检察机关要将这些内容融化在社会各个方面，以促进社会治理创新。为此，就要深化预防文化建设，就要在发动社会各个领域、行业在共同构建惩防体系的同时，加强预防文化建设，共建预防文化建设的大格局。在贯彻党的十七届六中全会提出的《促进文化建设的大发展大繁荣的决议》中，在学习贯彻党的十八大精神的过程中，最高检提出了加大"预防职务犯罪公共宣传"的力度，山东省检察院在 2013 年提出了深入开展"预防文化年活动"；烟台市检察机关组织实施了集中力量深入开展"预防职务犯罪公共宣传"实施方案，发动网络协作单位，在全市开展了预防文化建设、公共宣传活动，有效地推动了文化建设大格局的逐步形成。

二是充分发挥警示教育基地的平台作用，开辟廉政文化建设专栏。并结合新颁布的法律法规，充实法制宣传的文化内容，使老基地不断增加新内容。特别是对一些新建设和新改造的警示基地，无论从内容上，还是声、光、电的手段运用上，都要结合预防文化建设的内容，提出新的要求和措施，以增强警示教育的冲击力、感染力和震撼力。

三是以预防文化来引领警示教育工作。要不断加强对预防文化的领导，不断更新警示教育展览的内容，不断增设新的展示形式，不断提高预防职务犯罪的手段和工作水平，充分发挥预防文化"创新发展，推动社会进步，注重社会效果"的积极作用。烟台市检察机关通过充分发挥警示教育基地的展示作用，不断地提高预防协作网络和共建单位的整合力。加强与社会各部门、各单位的协作，有效促进了各行业的管理和创新。积极采取"走出去、请进来"的办法，学习全国各地先进的警示基地的经验，不断改造基地建设。莱山区检察院正在建设全新的现代化的警示教育基地，展览面积达到 1200 平方米，努力建成具有现代执法理念、拥有现代科技手段、饱含丰富内容的新型警示教育基地。不仅以先进的预防文化为引领，还把警示教育融进了现代社会的管理之中，充分体现了展览的文化特点及丰富的地方特色。

四是加强预防文化建设的制度化、常态化。检察机关与共建单位、发案单位及时建立联系制度，建立开展预防文化建设的新机制，不断巩固公共宣传成效。烟台市检察院积极协助近两年发案集中的单位（系统）健全完善预防职务犯罪长效机制，与市国土局、市人防办、市水利局会签了共同做好预防职务犯罪工作文件。芝罘区院与税务、烟草、城管等部门建立了关于开展警示教育活动的沟通制度。招远市院联合市纪委建立了预防网络单位纪检书记（组长）联席会议制度。龙口市院联合市纪委建立了农村"两委"干部及理财小组成员警示教育制度。进一步巩固了预防文化宣传专项活动的成效并使之保持常态化。

在深入开展这项活动中，烟台市检察机关先后制作廉政短片 61 套，制作公益广告 47 个，制作宣传展板 81 套、廉政光盘 620 套，编印宣传书籍 14 套 4.5 万册；积极拓展宣传平台，开辟机场电子屏 1 个、车站电子屏 13 个、户外电子屏 27 个、商圈电子屏 9 个、车载显示屏 2120 个，站点灯箱 45 个，14 家电视台、226 个单位局域网、9 个报纸专栏等宣传平台；大力开展"六进"活动，组织巡回宣讲 142 次，组织参观警示教育展室 42560 人次、宣传图片展 8650 人次、组织参观廉政作品展 3160 人次，参加廉政夜校 1650 人次、发放各种廉政书籍 14000 余册；化解各类矛盾 52 次；受到市县两级党政领导批示 2 次；市县两级14 电视台、7 家主流网站及平面媒体先后对预防公共宣传活动进行了专题报道，扩大了开展预防宣传的覆盖面，努力拓宽预防职务犯罪公共宣传领域，在全市形成了良好的预防职务犯罪文化氛围。

五是对开展预防文化建设的网路单位实行跟踪问效。烟台市检察机关积极主动走访网络协作单位、发案单位并与之研讨征求意见和建议，填写意见卡和问卷调查表。去年以来，共征集各类意见 160 余条，问卷调查 368 张，答复和反馈意见 110 条，积极组织参观单位开展阳光公务、廉洁执法等活动，收到了良好的社会效果。

烟台市检察机关认真贯彻党的十八大会议精神，结合当前最高检、省院部署要求，密切联系工作实际，提出了以强化预防文化为引领，以突出警示内容为重点，以教育和预防为核心，实施"教育树廉、载体倡廉、文艺促廉"三项工程，广泛开展预防文化建设，为预防工作服务、为构建和谐社会服务的发展思路。面对新形势、新任务、新要求，运用更为"正确的执法理念、先进的科技手段、丰富的文化内容、新颖的表现形式、互动多样的效果"，为创建和谐社会服务，努力为全市反腐倡廉建设作出新的贡献。

四、开展预防文化建设遇到的困难和挑战

开展预防文化建设，这是一个新课题、一项新任务，它必须依托在一个载体上，才能更好地发生发展，逐步地壮大起来。由于人们认识一个新生事物有局限性和相对的排斥性，所以也遇到了一些困难和挑战。第一个方面的挑战和困难是有的领导不重视，认识不到位。有的认为这是可有可无的事，不必大张旗鼓地提倡；有的认为已有了检察文化、廉政文化，何必还要提新的口号、新的观点；也有的认为预防文化是建立在预防工作基础上的，现在还没有形成社会化大格局，提预防文化有点早等，这些认识上的误区和偏见导致了行为上的不支持、不帮助，有的还进行阻挠、干扰。诸如，办预防文化建设活动，不给资金，不安排人参加，有的还冷嘲热讽，导致预防文化建设活动开展不起来。第二个方面的挑战和困难是来自对预防工作与预防文化二者的关系认识不清、了解不透、定位不准，在开展预防工作时并没有把预防文化当作是引领、指导和推助的作用来看待，形成了脱节或"两张皮"，使预防文化建设失去了基础和根本。诸如，有关用到文化建设的时候，就用廉政文化代替，或简单说这是一种文化，而没有真正把预防文化的独特性、针对性用到预防工作上，没有达到更好的效果。第三个方面的挑战和困难是来自社会各个部门的不了解、不理解，有的也不支持。诸如在

开展网络预防协作会议或开展预防文化建设活动时，他们不了解预防文化的特殊意义，就提出来不用预防文化作会标或用其他的提法来代替等。这些困难和挑战，对每一个新生事物都会有，关键是我们如何认识它、怎样去克服。笔者认为：一是结合学习贯彻落实《惩防体系建设纲要》，把预防文化建设提到重要的议事日程，提高领导的认识水平；二是紧密结合预防工作实际，把预防文化建设作为引领预防工作的灵魂工作来抓，使软实力变为真动力；三是开展多种形式、丰富多彩的预防文化建设活动，结合警示教育、法制教育等平台和载体，进一步普及和推广预防文化，使之大众化、社会化；四是在预防工作的重点部门、重点领域，率先推广预防文化建设的经验和做法，以典型引路，以示范为先，深入扎实地推动预防文化建设；五是建立社会预防网络体系开展预防文化建设的联动配合机制，通过预防协会、警示教育平台、预防网络体系等组织和团体、载体，加强合作和交流，促使预防文化建设成为一项能起核心和引导作用的重要工作。

（此文发表于 2014 年《检察风云》预防职务犯罪正刊第一期）

基层院检察文化建设的实践与思考

——以浙江省武义县检察院为例

孙伟庆　杨晓东 *

近年来，浙江省武义县检察院以新大楼搬迁和争创省级文明单位为契机，全面启动检察文化建设，相继建成了阅览室、院史室、文体活动室、法律通道、法律长廊等一批检察文化的有形载体，并从制度建设、文明礼仪和组织开展各类文艺活动等入手，全方位提高检察人员的精神文化素养。经过多年的实践，从无到有，从有形到无形，检察文化建设取得了一定的成果，也形成了自己的特色，成为武义县检察院工作的一个亮点，先后被中共浙江省委、省人民政府命名为"省级文明单位"，被浙江省纪委等八部门命名为"浙江省廉政文化进机关示范点"，被浙江省检察院命名为"检察文化示范院"。

一、武义县检察院开展检察文化建设的相关背景

（一）文化建设的新要求是开展检察文化建设的时代背景

胡锦涛总书记在党的十七大报告中指出："要坚持社会主义先进文化前进方向，兴起社会主义文化建设新高潮，激发全民族文化创造活力，提高国家文化软实力，使人民基本文化权利得到更好保障，使社会文化生活更加丰富多彩，使人民精神风貌更加昂扬向上。"全国检察机关第五次政治工作会议对检察文化建设作出了明确的部署，强调要大力弘扬检察职业精神，推动检察文化繁荣发展。省检察院也专门出台了《关于加强检察文化建设的意见》，指出要把检察文化建设作为检察机关思想政治建设的重要任务来抓，充分发挥检察文化在引领向上、促进和谐、凝聚力量、激励斗志、陶冶情操等方面的功能作用，推动检察工作科学

---

* 作者单位：浙江省金华市人民检察院。

发展。武义县检察院开展检察文化建设，正是为了落实上述一系列重要文件精神，为推动检察文化繁荣发展而做的探索。

（二）新检察大楼的落成搬迁是开展检察文化建设的物质基础

物质保障既是检察文化建设的物质基础，又是检察文化建设的物质载体。宥于原有的老检察院场地狭小、设施落后、房子陈旧，武义县检察院一直没有全面启动这项工作。2008 年 1 月，武义县检察院搬迁至新大楼办公。新检察大楼坐落于武义县城北岭新区，占地面积 11000 平方米、建筑面积 8000 平方米，依山傍水，风景秀丽，楼内宽敞明亮、设施齐全、优美整洁。新大楼为武义检察事业的快速发展创造了一流的硬件条件，也为检察文化建设提供了坚实的物质基础和环境。新大楼必须展现新风貌，这是该院开展检察文化建设一个十分难得的机遇。

（三）队伍建设 30 年零违纪是开展检察文化建设的内在动力

武义县检察院自 1978 年恢复建院以来，干部队伍建设一直保持着零违法违纪的骄人纪录。这一成绩来之不易，它凝结着几代武检人的心血，这既是莫大的荣誉，同时更是一种无形的压力，更是持之以恒抓好队伍的动力。30 年零违纪，更要求检察队伍管理时刻不能马虎，必须始终做到警钟长鸣，坚持常抓不懈。30 年成绩只代表过去，不代表现在和将来，对此该院领导有清醒认识。这也是开展检察文化建设的动力所在。通过检察文化建设，营造风清气正的氛围，提升队伍廉政勤政的整体素质。

（四）案多人少和缺岗缺编的现状是开展检察文化建设的客观要求

近几年，武义县检察院办案数量逐年增加，但干警人数却没有能够相应增长，甚至还一度减少，缺岗缺编的问题非常严重（最严重时缺编近 20%）、一线力量薄弱（40 周岁以下的干警不到 20 人），案多人少的矛盾十分突出。造成这种状况的因素是多方面的，短时期内难以彻底改变。最好的解决办法，只有靠充分激发干警的积极性、倡导奉献精神，实行一人多岗、一岗多责，依靠干警的主观能动性和拼搏精神来化解。通过开展检察文化建设来凝心聚力，激发热情，同时为干警营造一个健康向上、积极进取和充满人文关怀的工作和学习氛围。

（五）文化建设的自身特点是开展检察文化建设的迫切需要

任何文化建设都具备有形和无形的双重载体，以及从有形到无形的客观过程，检察文化建设也不例外。有形载体易建，只要通过人力、资金的投入，很快即可见效，它能够实实在在地看得见、摸得着。但是无形的载体建设却难得多，它需要一个内化的过程，且见效慢。正因如此，更不能忽视这项工作，更须现在就做、马上就做，容不得犹豫和观望。因为，无形的是一种精神力量，它一旦形成，其力量巨大，而且具有持续性、长久性的优势，我们将会受益无穷。

二、武义县检察院检察文化建设的主要做法及特点

（一）检察文化与廉政文化建设相结合，体现一脉相承性

检察文化与廉政文化两者互相包容、一脉相承。武义县检察院在开展检察文化建设工作中，大力加快廉政文化建设步伐，将众多廉政文化的内容融入检察文化建设中，努力将两个文化建设有机结合，进行同步构思、同步推进。从法律通道的句句廉政格言警句到大楼四周的奇石廉政雕刻等，都散发着阵阵廉政文化的"清风"，真正实现了"在检察文化中，凸显廉政内涵；在廉政文化中，体现检察特色"的良好效果。

（二）检察文化与检察制度建设相结合，彰显检察工作特色

武义县检察院在检察文化建设中，通过紧密结合检察制度建设，体现检察工作特色，并使整个检察文化显现旺盛的生命力。通过制定各科室岗位职责、业务流程、座右铭；完善检务、财务、检察宣传制度；健全保密、安全行车、卫生保洁、饮食卫生等系列制度，有效提醒、约束和规范每一位检察干警的行为；以武义检察发展的历史、先进人物、各类荣誉为基础，建成检察院史室、检察荣誉室，激发全体干警以武检为荣的满怀豪情，并积极促进各项检察工作的开展，使检察文化显现出独特的检察魅力。

（三）检察文化与干警业余文化生活相结合，引导健康文化生活

检察文化是一项潜移默化的工程，必须通过日常性、开放性的宽松引导与熏陶，才会真正显现出其特有的效果。武义县检察院在检察文化建设中，积极结合干警的业余文化生活，从电子阅览室、文体活动中心、干警休闲室，到各楼层走廊、楼道、洗手间、餐厅、操场等，每个日常生活的细微之处都散发着检察文化特有的气息，让每位干警在休闲、生活的每时每刻都无不在接受检察文化无声无息的熏陶。

（四）检察文化与艺术作品相结合，增强观赏性和亲切感

武义县检察院在检察文化建设中，充分运用各种艺术载体，借助传统国画、书法、摄影、篆刻等艺术形式，将检察文化内涵以优美、典雅的方式呈现出来。同时，充分挖掘武义山川风光资源，以大红岩、石鹅湖、牛头山、十里荷花等县内景色为背景，通过山来表达公正、通过水来表达公平、通过荷花来表达廉洁等，使该院检察文化赋予了很强的艺术观赏性和亲切感，也激发了广大干警热爱武义的乡土情怀。

三、武义县检察院检察文化建设的难点

通过一年多的努力，武义县检察院检察文化建设取得了初步成效。但他们清醒地认识到，检察文化建设工作是一项长期性的工程，它将经历一个从有形到无形转化的过程。有形的检察文化（如做一些牌子、建一些制度等）建设，做起来显然要容易得多，只要有适当的资金和人力等投入，就会立竿见影，真正难的是如何将有形的检察文化转化为无形的检察文化理念。当前武义县检察院检察文化建设存在的主要问题：一是部分干警对检察文化内涵的认识不全面、不准确，对检察文化作用的理解不到位，参与热情不高，一些人把检察文化建设的意义等同于机关环境的美化和丰富全体干警的业余生活，一提检察文化建设，就强调发展机关环境和娱乐文化，偏离了文化建设内涵的精髓。二是检察文化形式少，活动内容不多，载体不丰富，与检察工作相融合不够。三是检察队伍的文化修养水平不高，有文体特长的带头人不多，在一定程度上制约着检察文化建设水平的提升。

四、下一步检察文化建设的构想

今后一个时期，要进一步发挥检察文化在引领向上、促进和谐、凝聚力量、激励斗志、陶冶情操等方面的作用，必须实现"由硬到软、从外到内"的转变，真正成为外化于行、内化于心的检察精髓，我们将着力从"四个理念"入手，进一步加强检察文化建设。

（一）以"德育理念"树人

检察文化是弘扬检察精神和发展检察事业的助推器。要以公正执法为核心，

紧紧抓住公正、效率、和谐等基本内容，定期组织干警学习检察理论，积极开展"敬业、勤业、精业"为主要内容的德育教育，教育干警落实"爱国守法、明礼诚信、团结友善、勤俭自强、敬业奉献"的基本道德规范和"忠诚、公正、清廉、严明"的检察官职业道德规范。深化检察文化内涵，进一步加强职业道德修养，使团结协作、创业创新等主流精神内化为干警的共同愿景和价值取向。在检察办案中积极倡导和确立"平和司法"理念，以补救社会关系为着眼点，以快速解决争端为切入点，以有效手段教育挽救犯罪人为落脚点，体现公平正义和人文关怀，促进社会和谐。

（二）以"人文理念"感人

突出以人为本思想，实行人性化管理机制，采取教育、引导、激励等多种形式，增强干警从事检察事业的命运共同感和工作责任感，以最大限度地发挥主动性和创造力。关心干警，使干警对检察机关既有"家"的温暖，又有家的责任。关注干警身体健康，定期为干警体检，建立干警健康档案，适时开展喜闻乐见的文体活动，为干警搭建强身健体的平台；关注干警待遇，积极争取政策，落实干警的政治和经济待遇，让干警得到应有的认可；关注干警生活，积极开展谈心活动，班子成员要经常过问干警生活中的冷暖，对困难干警采取可行措施予以帮助，使之切身感到机关的温暖；关注干警进步，对干警在工作中取得的一些成绩，及时给予奖励，对干警在工作中遇到的困难和挫折，及时给予关心，帮助查找原因，帮助其树立信心，鼓励其迅速从困难和挫折中走出来。

（三）以"快乐理念"激人

"做人有快乐，做事才有热情；做事有热情，工作才有干头。"要积极倡导以"快乐检察"为核心的文化育检理念，坚持以人为本，从优待警，精心营造"快乐检察"的良好氛围。通过开展快乐检察活动，力求爱民、亲民、务实为民化，使干群之间建立起平等的新型关系，充分发挥干警特别是年轻干警的创新能力，调动他们的潜能和聪明才智，发掘其最大的工作能力，使整个检察队伍融成一个快乐的检察团队整体，以"无为而无不为"的人性化管理，使干警在工作中快乐，在快乐中工作，激发干警积极、努力、创造性地高效工作。

（四）以"和谐理念"聚人

坚持以人为本，构建和谐的、融洽的、健康向上的人际关系，确保人和，使人和出凝聚力、战斗力、生产力，使人和出感情、出健康、出效率。加强人际交往关系的正确导向，正确引导干警之间、干警与领导之间、领导与领导之间的交往向着健康、正常的方向发展，做到相互尊重不耍个性，相互交往不扯是非，相互信任不搞欺骗，使人际关系更加纯洁、更加和谐、更加长久。通过营造宽松和谐的人际环境，聚合人心，形成合力，促进检察工作。

检察文化建设作为一个新事物，顺应了时代潮流、体现了法治精神，具有无限的生命力，但是，检察文化建设也是一项庞大的系统工程，必须通过长期不懈的努力，在实践中探索，在探索中完善，在完善中前进，以我们自己的检察实践来丰富和推动检察文化建设，进而推动检察工作的全面发展。它将是一个潜移默化的过程，而且见效慢，这就需要我们持之以恒、常抓不懈。今后，武义县检察院将在检察文化的深化和完善上不断下功夫，真正把武义县检察院检察文化建设作为特色品牌来抓，并以此带动和推进检察各项工作的全面发展。

基层检察院开展检察文化建设刍议

——基于大兴区检察院以办案说情报告制度促检察行为建设的思考

杨永华*

20 世纪 80 年代中后期，美国学者弗里德利克·杰姆逊的《后现代主义与文化理论》在中国出版后，包括法律文化在内的文化研究在我国兴起。其后，检察文化作为一个全新的概念进入检察界的视野中。检察文化作为一种软实力，在提升检察人员综合素质，规范检察行为，推动各项检察工作科学、持续发展方面的作用不可忽视。探求基层检察院开展文化建设的路径，充分发挥检察文化的价值和功能，是本文写作的意义所在。

一、检察文化建设理论研究梳理及实践开展状况

最高人民检察院在 2009—2012 年以及 2014—2018 年的基层人民检察院建设规划中，均提出要加强检察文化建设。检察文化成为检察理论界和实务界都很热衷的话题，但何为检察文化、其内涵及外延有多大都需要进一步解读。

（一）从不同的视角分析检察文化内涵

据统计，学界对"文化"的定义多达 160 余种。文化是一个内容极其广泛的概念，试图对其作出相对精确、严格的定义，对人类学家、历史学家、哲学家、社会学家来说，都是一个非常困难的命题。美国人类学家怀特认为，心理、行为和物质是任何一种文化都应当具备的三个不同层次的要素。有学者将这三个要素引入检察文化，并称之为检察文化内涵的三个维度：检察精神文化、检察行为文

---

* 作者单位：北京市大兴区人民检察院。

化和检察物质文化。① 也有学者根据文化理论的"四结构说",认为检察文化可分为精神文化、物质文化、制度文化和行为文化四个层次。② 不论是对检察文化的"三分法",还是"四分法",③ 都是在广义范围内理解检察文化的概念,已经很少有人将检察文化局限在检察机关的文学艺术创造、娱乐休闲等文体活动上了。

近年来,有学者借鉴企业文化管理的理论体系,从管理学的角度研究检察文化,使检察文化成为一种被广泛提倡的管理理念。从管理学的角度研究检察文化,强调的是检察文化在管理中所起的主导作用,这是一种较高级也较新的管理方式。用文化管理人员,改变了用制度压制、用纪律管束、用检查督促这种粗放、浅显、被动的管理模式,在潜移默化中发挥了文化的引导、约束、凝聚、激励作用,有助于弥补制度管理的缺陷,降低管理成本,提升管理效能,可以实现更高层次的管理。④

文化学以及管理学方面的理论为我们研究检察文化建设提供了不同的视角。正如这么多年的研究仍然无法对"文化"作出一个公认的、相对完善的定义,检察文化作为文化的下位概念、属概念,对其定义更是难上加难。但概念的难以界定并不能成为阻碍研究检察文化建设的借口,因为检察文化已经融入在检察工作的各个环节、各个细节之中,并对整个检察制度的发展起着至关重要的推动作用。以笔者目前之学识,断然难以对检察文化的概念作出完美的界定,但不论从何种角度出发,对检察文化都应当在一个广义范围内理解,将检察制度、理念、信仰、行为等都纳入进来,因为真正的检察文化是博大精深的,看不见摸不着、无法概括,却能感受的,⑤ 检察文化对检察事业的影响已经从日常行为规范深入法律信仰、价值取向方面。

---

① 徐汉明:《检察文化建设:理论更新与实践创新》,载《法学评论》2011年第3期。
② 黄晖丽:《基层检察院检察文化建设问题研究》,载《法制与社会》2003年8月。
③ 实际上,即使是同样采取了对文化的"三分法"或者"四分法",对检察文化的分类仍然有较大差异。如孙光峻在《检察文化概论》一书中认为,检察文化分为检察精神文化、制度文化和物质文化;又如采取"四分法"的韩清在《基层检察院检察文化建设路径探析》中认为,检察文化的结构体系分为精神文化、制度文化、行为文化和环境文化四个层次。当然,有学者采取"二分法",认为检察文化体现在物质层面和精神层面两方面上,此观点可参见陈武:《简论检察文化建设》,载《人民检察》2003年第4期。
④ 参见张毅军:《正确认识基层检察文化建设》,载《人民检察》2013年第10期。
⑤ 转引自金文彤:《中国检察官制度研究》,中国政法大学2005年博士学位论文。

（二） 基层检察院承担着检察文化建设重任

2013 年 11 月 18 日，最高人民检察院通过并印发了《2014—2018 年基层人民检察院建设规划》。该五年规划将"坚持以铸造职业精神为核心，深入加强检察文化建设"同思想政治建设、检察业务建设、人才队伍建设、检务保障建设、纪律作风建设一起作为基层检察院六个重要任务，并对加强检察文化建设着重强调了三个方面的内容，即提升检察文化建设层次、深化检察职业道德培育以及营造机关和谐人文环境。2009 年 3 月印发的《2009—2012 年基层人民检察院建设规划》中，检察文化建设只是基层检察院建设主要任务之一——思想政治建设的一项内容，其地位低于检察业务建设、检察队伍建设以及检务保障建设等。而五年之后，检察文化建设与业务建设、队伍建设等并驾齐驱，共同构成了基层检察院建设的六项重要内容。从最高检对基层检察院建设规划的两份文件中，不难看出最高检察机关对基层院检察文化建设的认识程度和重视程度都在加深。在基层院开展检察文化建设，是深入发展检察事业、推动各项检察活动科学、持续发展的需要。

目前，全国共有基层检察院 3200 余个，占全部检察院总数的 80% 以上，80% 的检察干警在基层检察队伍中，基层检察院承担着 80% 以上的执法办案任务。① 基层检察院承担着检察系统内部大部分的业务工作，广大检察干警忠诚履责，严格规范执法，较好地发挥了打击犯罪、维护和谐稳定和公平正义的作用。而由于其地位的特殊性，基层检察院这个庞大的主体也理所当然地成为检察文化建设的主力军。

二、大兴区检察院以制度创新促检察行为文化建设的实践探索

由于检察文化内容的多样性，要研究清楚基层检察院开展检察文化建设的相关内容，可谓难以下笔。笔者在此选择检察文化活动中的一个分支——检察行为文化建设，以大兴区检察院创新制度、促进检察行为规范化建设的尝试为支点，以期能够以小见大，撬动基层检察文化建设的实践路径。

---

① 参见新华网：《我国基层检察院 3200 个　基层检察官 11 万多名》，访问网址：http：//news. xin-huanet. com/legal/2011 - 10/23/c_ 111117023. htm，最后访问时间：2014 年 4 月 14 日。

（一）检察行为文化概念剖析

在采取检察文化"三分法"的学者看来，检察行为文化是检察制度文化的一种，是检察制度文化的载体。① 按照检察文化理论的"四分法"，检察行为文化是同精神文化、物质文化与制度文化并列存在的。② 笔者赞同后一种分类方法，并认为物质文化、行为文化、制度文化及精神文化建设是一个从表到里、由浅入深的过程，这也顺应了检察文化由低级到高级的发展趋势：由行为向制度发展、由制度向理念发展。

检察行为文化是检察文化的一种形式，是检察行为所具有的精神内涵、所秉持的价值取向、所体现的文化特征。检察行为是检察人员在检察工作中的一言一行，是一定文化积淀的体现，可以为人们感知，为规范所约束，也是检察文化建设的最终落脚点。检察行为的研究对象是检察行为中所蕴含并体现的对行为主体产生影响的一切文化因素的内涵，包括心理状态、家庭环境、工作环境、思维方式、行为方式等。③ 以文化物的作用主要映射在检察物质文化上，而以文化人的价值功能，在检察机关主要体现在提倡规范化的行为准则，引领检察人员的价值追求、言行举止，④ 这是检察文化对检察行为深层次方面的影响。

（二）大兴区检察院首创办案说情报告制度，加强检察行为规范化建设

为了规范检察人员的行为，国家设定了诸多行为规则，这些行为规则从国家宪法、法律到诸如《检察官职业道德基本规范》等检察机关系统内的规章制度，再到任何一个社会主体都应当遵守的政治品德、社会公德、家庭道德等基本伦理道德都包括在内。但法律、法规的规定通常是较为抽象、概括的，而检察人员的行为是具体的、繁多的，成文法的滞后性以及道德、伦理、习惯的无强制力的约束性，致使一些行为，尤其是不法行为没有设置相应的法律后果。对于这些行为

---

① 参见孙光骏：《检察文化概论》，法律出版社 2012 年版，第 193 页。

② 参见黄晖丽：《基层检察院检察文化建设问题研究》，载《法制与社会》2003 年 8 月。持同样观点的，还可以参见郗琳、梁奥博：《检察文化管理模式刍议》，载《北京政法职业学院学报》2011 年第 4 期。

③ 刘斌：《检察文化概论》，载《人民检察》2009 年第 21 期。

④ 有学者从检察权的本质以及检察机关性质的角度出发，将检察行为认定为一种行政行为，并主张将检察行为纳入行政诉讼的受案范围之中。这种观点是从法理学角度理解的检察行为，本文对检察行为的讨论是在法律文化方面展开的，与法学意义上的检察行为不同。

方式，在检察文化建设过程中，需要基层检察院根据一定的标准自行评判。大兴区检察院的办案说情报告制度就是在这样的背景下应运而生的。

检察文化建设不仅应当立足于检察工作实践，还必须考虑中国社会的整个文化特征。乡土人情是中国社会的一大特质，无处不在。人情文化的盛行，与检察机关秉承的"公平、公正"的理念在一定程度上有着很大的冲突。人情越来越成为中国社会不可承受之重的同时，也反映了中国社会制度的缺失。笔者所在的大兴区检察院地处北京南城，本地干警居多，干警的社会关系多在本区内，打探案情的情况时有发生。为解决人情社会的传统风俗与依法办事的冲突，规制相关当事人以非正当途径向案件承办人打探案情或为涉案人开脱、减轻责任的行为，大兴区检察院在全国首次制定并推行了办案说情报告制度。该制度明确界定在发生 10 种必须报告的情形时，① 应在规定事由发生后的 3 日内填写《办案说情报告表》，逐级进行报告，并在纪检监察部门备案。对说情报告制度执行不力或故意隐瞒不报告的，构成新的违纪违规行为，根据造成的不良影响，给予批评教育、依相关检察纪律规定处理以致追究法律责任。

大兴院的说情报告制度结合了地方特色以及本院实际情况，将《检察官法》、《检察官职业道德基本准则》等法律法规对检察人员职业行为准则的要求具体化、细致化，进一步完善了对检察人员行为的规范化建设，将"理性、平和、文明、规范"的执法理念深入化，使"忠诚、公正、清廉、文明"的检察官形象更加生动。此后，山东省曲阜县、云南省富宁县、浙江省桐乡市以及北京市东城区等地检察院都先后出台相关政策，对说情行为进行规范。其他基层检察院的追随是对大兴区检察院首创办案说情报告制度、促进检察文化建设实践探索的肯定。该制度在大兴院实施至今，已有一例说情报告行为，院党组对此已作出处理。办案说情报告制度一方面在细化一些法律法规的规定后，对检察人员形成了强烈的震慑作用，严格的规范及严厉的制裁措施使检察人员心生畏意，更加规范自己的行为。另一方面对办案说情行为要求报告的规定，进一步阐释了严格执法办案的理念，强化了追求公平正义的价值目标，更是对"强化法律监督、维护公平正义"法律理念的再次普及。

---

① 大兴区检察院制定的《办案说情报告制度（试行）》规定的 10 种应当报告的"说情"行为内容十分广阔，约束了检察人员私自会见、接受请托、打探案情、干扰办案等多种情形。

必须承认，大兴区检察院的说情报告制度尚有进一步完善充实的空间，如对违规违纪行为的处置需要更明确。但是瑕不掩瑜，该制度将检察文化建设由行为规范推至更深层次的法治理念的培育，这种文化建设的路径选择是十分可取的。

三、基层检察院文化建设之问题与路径

检察行为文化建设是检察文化建设的一个分支，也是最容易体现一个基层检察院检察文化建设成果的因子。在论述大兴区检察院建设检察行为文化的实例后，我们姑且以小见大，推论基层检察院检察文化建设的路径。

（一）基层检察院文化建设中常见的问题及分析

开展检察文化建设，首先应当立足检察实践，找出目前实践中存在的问题，深刻分析问题背后存在的文化方面的原因。检察文化建设在每个基层院开展的情况都不相同，总体来说，基层检察院的文化建设通常存在以下通病：

1. 思想认识上存在误区，对检察文化内涵的理解不到位

一些基层检察院将检察文化简单等同于文艺、娱乐、休闲活动，对其内涵的认识只停留在表层，造成基层文化建设文娱化、形式化。检察文化建设不能是空架子、不该是摆花瓶，浮于表面、过于简单的检察文化建设忽略了检察文化更深层次的内涵，大大压缩了检察文化发挥作用的空间，造成检察文化建设与检察工作本身的割裂，使其实效大打折扣。

2. 没有调动检察人员的积极性，检察文化建设主体地位没有发挥出来

检察机关以及检察人员是检察活动的主体，也是检察文化建设的主体。检察人员的实践是检察文化的源头活水，只有发挥检察人员的主体地位，检察文化建设才能取得长足发展。[①] 没有检察人员的参与，检察文化建设不能开展起来；检察人员的主体地位没有充分发挥出来，就无法形成全员参与的积极氛围，检察文化建设也就失去了强大的生命力。一些地方基层检察院在文化建设过程中，不注意发挥调动全体检察人员的积极性，将其等同于政工工作，只依靠政工部门的力量，但是，缺失主体基础的检察文化建设，其结果只能事倍功半。

① 徐汉明：《检察文化建设：理论更新与实践创新》，载《法学评论》2011年第3期。

3. 整体环境氛围较差，没有把检察文化建设当作一个有机整体

一些基层检察院没有认识到检察文化建设的各项内容是一个有机统一的整体，割裂它们之间的联系，只重视检察物质文化、行为文化的建设，忽视制度文化、精神文化的塑造，势必会影响到检察文化的长足、长效发展。检察文化建设的几个部分之间互相依赖、互相促进，只注重一方面的建设，检察文化建设的效果必定会受到"短板效应"的制约。

（二）基层院开展文化建设之路径探讨

结合以上所论基层检察院在文化建设方面存在的问题，以及大兴区检察院的实践探索，笔者认为，检察文化的建设路径，可以从检察行为文化的主体、制度固化以及营造整体文化环境三个方面来考虑。

1. 塑造检察文化的主体形象，用行为展示文化

所有的文化建设最终都要通过检察人员的具体行为表现出来，检察人员的行为是公众感知检察工作的"窗口"，行为文化是检察文化的"形象"。结合当前正在开展的第二批党的群众路线教育实践活动，检察机关及其工作人员应该用比监督别人更严格的要求来监督自己，严格规范自身行为，依法、规范、公正、廉洁履行检察职责，将检察机关忠诚、公正、清廉、文明的正面形象传送到公众心中，用切身行动展现检察机关的良好风貌，强化检察机关在人民群众中的良好形象，努力让社会公众从检察人员的个体行为中感受到公平正义就在身边。

2. 强化检察文化的制度建设，用制度固化文化

由行为向制度发展是检察文化建设的一个整体趋势。检察文化对检察行为最直接的作用体现在检察行为通常是检察人员主动的、积极的活动，但人的行为通常是随心所欲、缺乏约束的，这就需要用制度把检察文化的功用固定下来，成为检察人员共同遵守的行动准则。从行为的自觉性向制度的保障机能演进，这就是对检察文化进行的制度建设。

对检察文化进行制度建设，为检察人员的行为提供评判标准，为检察行为文化的发展提供了框架和尺度，一方面，禁止为一定的行为是检察制度的规范、约束功能；另一方面，对一些行为给予肯定性评价，鼓励为一定的行为是检察制度的激励功能。用制度建设规范行为文化，将检察文化建设的成果固定下来，才能最终建立完善的检察文化载体——检察制度体系。

3. 营造检察文化的整体环境，用氛围承载文化

追溯西方检察文化的起源，是与西方完善的法治、成熟的检察制度密不可分的，而我国具有现代意义检察文化的发端、发展，则是在贫瘠的法治文化土壤中生长起来的。即使具有社会主义性质的检察制度建立之后，其后续发展仍然缺乏必要的思想基础、理论准备，尤其是关于民主与法治的思维方式，致使检察制度刚成立不久便遭到了严重的冲击、削弱以至于在"文化大革命"期间被撤销。很大程度上，这是源于现代检察制度中检察理念、检察精神、法治信仰、法治文化等在中国没有找到发展的适宜土壤。

提供坚实的物质基础、技术支持，通过丰富多彩的文体活动，在潜移默化中进行文化的熏陶，推行检务公开，强化与公众的互动以及拓展宣传平台，展示检察工作业绩、检察队伍形象等做法都是在创造检察文化建设的环境氛围。为检察文化的发展创造一个良好的环境，使身在其中的每一位检察人员依靠共同价值信仰及行为准则，形成自觉的规范行为，让优良的检察文化成为检察人员的群体意识，实现在法治信仰、执法理念、道德追求等方面的共识，进而成为凝聚团队行使职责使命的无形力量。

四、结语

检察文化的建设是一个系统工程，目前各基层检察院对这项工程的建设还处在探索阶段。基层检察院检察文化建设必须始终着眼于整体文化氛围的营造，发挥检察主体的能动性，规范行为、夯实制度、培育理念、尊崇信仰，结合本地区、本系统的文化特征，开展行之有效的实践活动，最终实现让文化建设为检察事业发展不断提供思想动力和力量源泉的功用。

试论中国梦与检察文化

杨 武*

中国梦，归根结底，是人民的梦。国家富强、民族振兴、人民幸福，必须通过法治来实现。一定意义上讲，中国梦，也是法治梦。积极培育和践行法治价值观，要求我们坚持中国法治道路、弘扬中国法治精神、凝聚中国法治力量，方能实现法治中国梦。检察文化是检察机关在物质文明和精神文明建设长期实践中逐步形成的群体意识和价值观念。检察文化是中国特色社会主义先进文化的组成部分，是确定检察机关宗旨、方针、目标和体制的载体，又是塑造检察官人格信念和行为准则的熔炉。检察机关如何加强检察文化建设，推进法治中国梦，是一个全新课题。本文拟就如何将中国梦教育融入检察文化建设，营造以"中国梦"为主题的丰富多彩、具有鲜明检察特色的文化氛围，为中国梦的实现提供有力的法治保障作简要探析。

一、中国梦与检察文化的内涵及其关系

(一) 中国梦的内涵

中国梦既是国家之梦，也是个人之梦；既是长远之梦，也是近期之梦；既是宏大抱负之梦，也是温馨康乐之梦。这说明，它具有很大的包容量，能调动最广泛的群众参与，具有高度的凝聚力，能释放出巨大的正能量。习近平同志在参观《复兴之路》展览时说："现在，大家都在讨论中国梦，我以为，实现中华民族伟大复兴，就是中华民族近代以来最伟大的梦想。"显然，这里讲的"中国梦"，就是"实现中华民族伟大复兴"。这是它的本质内涵。毛泽东曾说过："中国应

---

* 作者单位：贵州省开阳县人民检察院。

当对于人类有较大的贡献。"这就是说，实现中华民族的伟大复兴，主要是在对人类文明的贡献率意义上讲的。这是它的要义。同时，中国梦，归根结底，是人民的梦。国家富强、民族振兴、人民幸福，必须通过法治来实现。一定意义上讲，中国梦，也是法治梦。积极培育和践行法治价值观，要求我们坚持中国法治道路、弘扬中国法治精神、凝聚中国法治力量，方能实现法治中国梦。

（二）检察文化内涵

检察文化是检察机关和检察人员在履行法律监督职责中形成的价值观念、思维模式、行为准则以及与之相关联的物质表现的总和。法律监督的宪法定位表明，检察机关法律监督的职能特征是确定中国检察文化的基本依据。因此，在内在品质上，我国检察文化体现着法律监督的基本属性。中国检察文化是具有中国特色的检察文化，是中国检察机关和全体检察人员在长期的工作、生活及其他社会实践中所创造的物质财富和精神财富的体现，是以强化法律监督、维护公平正义为核心的检察精神文明、制度文明、物质文明的总和，是人民检察官群体通向守卫社会正义基本价值取向的重要路径。中国检察文化的核心价值，在于培育和提高与法律监督职能活动密切联系，符合职业特点要求的执法思想及职业道德准则、道德情操和道德品质，树立理性、平和、文明、规范的检察执法理念，培养"忠诚、公正、清廉、文明"的检察官职业道德。

（三）中国梦与检察文化的关系

两者是对立统一的辩证关系，相辅相成、互为依存。

1. 中国梦是检察工作追求的目标，检察文化是追求法治中国梦的重要抓手和保障。习近平同志提出的"中国梦"，是一个高瞻远瞩的重要思想，道出了人民的心声，凝聚了民族的共识，可以从不同层面、不同角度对它进行多元解读。这说明，它具有很大的包容量，能调动最广泛的群众参与，具有高度的凝聚力，能释放出巨大的正能量。检察机关作为法律监督机关，法治和谐稳定是全面建成小康社会的重要内容，也是实现中国梦的前提和保障。检察机关作为维护社会稳定的重要职能部门，任何时候都是推进法治中国梦的重要力量。检察文化是检察机关在检察实践中创造的物质文化、制度文化乃至精神文化的总和。检察文化既是检察工作的一种管理手段，又是追求法治中国梦的重要抓手和保障。

2. 检察文化对检察工作追求法治中国梦的实现具有重要的促进作用。由于检察文化是对检察工作在归纳、升华基础上的客观反映，它所形成的理论必然会指导各项检察工作避免盲目性、增强自觉性，它所形成的制度、规范等会对系统每一个成员起到引导、约束作用。比如，通过教育影响干警在具体业务活动中恪守"公正执法"理念，影响干警在具体公务活动中注意自身良好形象，以维护检察机关的整体形象。同时，检察文化根植于我国法治现代化的伟大实践，与检察权运行紧密相关，与我国检察事业发展同步，对检察工作实践有重要的、积极的、能动的反作用。加强检察文化建设是历史的选择、时代的需要、群众的呼声，对我国检察事业科学发展和法治中国梦的实现具有重要促进作用。

3. 检察文化以其独特的宣传作用，扩大了社会公众对检察机关、检察工作的了解，为检察工作追求法治中国梦创造了良好的外部条件。已经在全国范围内开展的"检务公开"宣传、执法作风大检查等项活动，增进了社会公众对检察机关和检察工作的了解。新形势要求检察文化必须有更为丰富深刻的内容，检察文化在加强民主与法制建设方面、加强检察机关法律监督职能方面都将起到积极的作用，它必将推动检察机关在参与法治中国梦的轨道上走向崭新的阶段。同时，检察机关追求法治中国梦又为检察文化增添了新的内涵，为进一步加强检察文化建设提供了新的路径选择。

二、检察文化建设在推进中国梦实现中的作用和特点

检察文化作为中国先进文化之一，是适应检察工作的需要，与检察职能交织在一起的。营造有特色的先进检察文化，积极培育和践行法治价值观，外树形象，内增凝聚力，提升检察机关社会公信力和执法整合力，方能为实现中华民族复兴梦保驾护航。

（一）检察文化建设在推进中国梦实现中的作用

一是通过发挥检察文化独特的功能，为"中国梦"的实现凝聚源源不断的法治力量。检察文化作为一种新的管理理念和形式，与传统的管理手段相比，具有独特的功能：1. 导向功能。检察文化能对检察人员群体和个体的价值、行为取向起到引导作用，使之符合检察机关的职能和宗旨。检察文化通过目标和价值的引导，可以使广大检察人员站在更高的层次上理解检察工作的实质和发展前景。对于建设一支高素质、专业化的检察队伍具有十分重要的意义。2. 自律功

能。检察文化能像制度一样产生强制性的规范作用。这种规范不是制度式的硬性约束，而是一种弥漫于检察机关内部的文化氛围、行为准则、道德规范的无形的软性约束。3. 凝聚功能。优秀的检察文化能使全体检察干警产生强烈的归属感、自豪感，并对检察事业的发展充满责任感和自信心。从而紧密团结起来，积极发挥自己的聪明才智。4. 激励功能。检察文化崇尚以人为本，尊重人的价值和尊严，提高人，发展人，能够起到物质激励所不能起到的作用，使全体检察人员从内心深处产生责任感、荣誉感和使命感，从而激励他们与检察事业同呼吸、共命运。二是通过加强检察文化提升检察工作成效，为"中国梦"的实现凝聚源源不断的法治力量。检察机关的主要工作就是执法办案。检察文化建设的核心之一，就是树立"司法公正重于生命"的价值观，要求我们把办案质量作为检察工作的生命线，规范执法程序，提高办案质量。可见，检察业务是检察文化建设与实现中国梦的最佳结合点。因此，我们加强检察文化建设推进法治中国梦，一定要牢牢结合检察业务开展，不能离开检察业务搞检察文化建设。只有紧密结合检察业务，检察文化建设才有立身之本，才能在不断发展的检察实践中汲取营养并发展壮大。当前在检察文化建设与推进法治中国梦工作中，要强化"以人为本"的人性化办案思想，尊重案件当事人的人格尊严和合法权利，给予当事人人文主义关怀。要坚持"立检为公、执法为民"的思想，依法保护公民、法人的合法权利，平等保护不同类型企业的合法权利。要继续加强案件质量保障体系建设，深化案件流程管理，不断提高执法办案质量。

（二）检察文化建设在推进中国梦实现中的特点

一是检察人才是检察文化建设与推进法治中国梦的着力点。检察文化建设对推进法治中国梦的作用是毋庸置疑的，然而再先进的文化、再合理的制度，要发挥其应有的功效，绝对离不开广大检察干警的实践。因此，开展检察文化建设推进法治中国梦必须把着力点放在检察人才上。开展检察文化建设不仅在于推动检察工作的发展，参与社会治理创新实践，也在于提高全体检察人员的素质，把检察工作目标的实现与全体检察人员价值的自我实现完美统一起来。首先，要牢固树立"以人为本"的理念。检察文化建设的共同目标就是"促进人的全面发展"，用先进文化和规范化建设去教育人、激励人、规范人、塑造人、发展人。其次，要以文化素质的提高促进整体素质的提高。大力开展学习型检察院建设，坚持终身学习、全员学习、全过程学习和团队学习，把知识的积累作为能力飞跃的前提和岗位成才的原动力，不断更新知识结构，夯实文化素质基础。最后，要不断完善竞争激励机制、绩效考核机制、监督制约机制等，建设一支政治坚定、公正清廉、业务精通、纪律严明、作风优良、党和人民满意的高素质的专业化检察队伍。二是持续创新是检察文化建设与推进法治中国梦的价值点。创新是检察文化建设与社会治理的内在要求，也是推动检察工作持续发展的不竭动力。检察文化会随着时间的推移和检察实践活动的深入而不断丰富与发展。要使检察文化真正体现出现代法制社会对检察官职业的要求以及对司法活动的规制，必须在文化思维理念和工作实践中与时俱进，使检察文化的内涵不断创新发展和富于时代性。要从社会发展要求和检察文化使命出发，以党的新时期科学理论为指导，不断促进法治观念、执法观念、价值观念、行为方式、道德准则等文化内涵的丰富与发展。在检察文化创新上，必须立足于社会主义法治建设和检察实践，深入检察工作第一线，搜集第一手检察资料，要从实践中汲取营养，并深刻生动地表现检察实践。要清醒地认识检察文化建设中存在的问题与不足，大力推动检察文化内容、形式、体制、传播手段的创新，丰富检察文化内涵，增强检察文化活力，以丰富的检察实践来繁荣和推动检察文化建设。检察文化的创新不能脱离现有的检察制度和固有的检察文化，要紧密结合当前检察工作的实际进行，找准自身文化建设的着力点，创新文化内涵，构建具有本地特色的检察文化体系。

三、加强检察文化建设推进法治中国梦思考

检察机关如何加强检察文化建设，推进法治中国梦，是一个全新课题。笔者以为，检察机关在推进法治中国梦实现中，必须以检察文化建设为抓手，加强制度建设，文化育检。同时，充分发挥检察职能，推动执法办案活动创新、服务保障工作创新、内部管理方式创新等工作，切实为实现中华民族复兴梦保驾护航。

（一）文化育检是检察机关推进法治中国梦取得突出成效的重要路径

先进的检察文化对检察人员的心理、思想和行为具有一定的约束作用。要通过先进检察文化的熏陶，使检察人员自觉形成检察职业工作者的群体意识、团队精神、文化理念和行为准则，使先进检察文化成为一种精神力量，引导和督促检

察人员自重、自省、自励、自律，自觉地追求法律所体现、人民所企盼、社会所追求的公平和正义。先进检察文化对检察人员的思想观念、道德情操、品行习惯有着潜移默化、润物无声的影响。要善于综合运用检察文化的各种媒体、各种形式和手段，全方位、多角度地反映检察人员的价值追求、思想情操和精神风貌，将先进检察文化蕴含的时代内涵和人文价值充分展示出来，更好地激发检察人员参与法治中国梦的积极性和创造力。从近年来检察工作取得突出成效的实践来看，都离不开或者说取决于"检察文化"的作用发挥。所以，充分认识文化育人、文化育检、文化建院的潜在功能和丰富内涵，善于把握和确定检察文化建设的思路以及符合实际的路径，将"中国梦"元素体现在检察文化建设中，以培育"法治精神"为核心，注重法治文化内涵。以建设和弘扬检察文化为各项工作的着眼点，以文化管理人，以文化教育人，以文化塑造人，以文化凝聚人，将文化建设融于队伍建设和执法活动中，就一定能够推动检察工作的创新和发展，进一步提高检察机关参与追求法治中国梦的质量和水平。

（二）加强检察文化建设推进法治中国梦必须要加强制度建设

制度需要文化作支撑，文化离不开制度的保证，制度是文化的根基所在。要从制度建设入手，注重从制度和规范层面加强检察文化建设，真正使其内化于干警的心灵，外化于干警的行为，使各种无形的制度产生有形的力量，成为推动工作的强大动力。要健全制度，营造格局，将制度建设作为保障检察文化健康发展的重要工作来抓，建立促进检察文化建设的长效机制。要尽可能地用制度将一个院的发展目标、集体道德、行为要求等进行定型化、具体化，逐渐形成先进检察文化的养成机制。要着力于总体规范的制定和工作部署，着力于部门之间的组织协调与具体活动的督导检查，着力于在文化实践中调查问题和总结、升华经验，不断巩固和提升检察文化成果。为保障检察文化建设的顺利进行，要建立健全符合本院实际的，以目标管理、绩效管理、基础管理、流程管理等为主要内容的规范化管理体系，做到职责明确化、工作流程化、质量标准化，使工作有导向、衡量有标尺、考核有标准、奖惩有依据。制定制度时要坚持以人为本，真正从促进工作、促进人的发展的角度去制定和完善制度，使各项制度真正为干警所接受并执行。在制度建设上要注重系统性、体现和谐性，使各项制度之间互相配合、互相补充，从而形成完整的制度体系，促进检察文化的养成。

（三）加强检察文化建设推进法治中国梦必须注重与时俱进和创新发展

检察文化建设应遵循文化建设规律，与时俱进，突出检察和法治主题，打造检察文化建设品牌。发挥文化建设功能，以促进队伍整体素质提高和检察工作创新发展。创新是我们检察机关的动力所在。营造先进检察文化要审时度势，要敢想、敢试，把一切有利于检察工作发展的积极措施应用在实际活动中，创新活动载体，丰富活动内涵，提高活动品味。集中反映新时期人民检察官理想信念的新型检察文化能不能坚持与时俱进，是检验和保持检察文化先进性和创造力的决定性因素。坚持与时俱进，既是认识论、方法论，又是精神状态。要使检察文化真正体现出现代法制社会对检察官职业的要求以及对司法活动的规制，我们必须在文化思维理念和工作实践中与时俱进，使检察文化的内涵不断创新发展和富于时代性。检察文化作为一种良好的载体，一定能够将检察机关有限的资源很好地整合起来，实现资源利用的最大化，推进社会治理创新，进而提升检察队伍和检察工作的整体水平，保证检察工作全面、协调、可持续发展。

（四）加强检察文化建设推进法治中国梦，必须以执法办案为中心，推进执法办案活动的创新

执法办案是检察机关的主要职责和任务，是检察工作的中心。在新形势下，检察机关必须推进执法办案活动的创新，更加注重和谐、有效和公正，不断适应社会治理新方式。一要始终把维护稳定作为第一责任，在依法严厉打击危害国家安全、扰乱社会治安、侵害群众利益、破坏市场秩序以及严重暴力犯罪的同时，注重落实好宽严相济的刑事司法政策，并加强对刑事被害人的救助或帮助，注重运用刑事和解的手段化解矛盾，减少社会对抗，促进社会和谐；二要强化查办和预防职务犯罪工作机制，围绕中央加快经济发展方式转变、保持经济平稳较快发展的重大决策部署，紧密结合中央部署开展专项治理工作和检察机关查办职务犯罪工作，积极开展预防职务犯罪，加强犯罪分析、对策研究、预防建议、警示教育和预防调查、宣传、咨询等工作，推进侦防一体化机制建设和预防工作规范化建设；三要立足于社会管理创新需要重点解决的问题，进一步健全违法监管活动发现纠正处理工作机制、刑罚变更执行同步监督机制，探索完善对社会矫正进行法律监督的方式和措施，强化对刑罚执行和监管活动的监督，为社会提供一个安

全运行的环境。

（五）加强检察文化建设推进法治中国梦，必须增强服务意识，推进服务保障工作的创新

作为党委工作的重要组成部分，检察机关在"强化法律监督，维护公平正义"方面发挥着积极而重要的作用，与有关机关一道，共同确保社会安定有序。服务和保障经济社会建设是其重要职责。一是要自觉服从服务于党的工作大局，牢记检察工作是全局工作的一部分，是党委统筹领导社会管理中的一分子，必须自觉服从和服务于党委工作大局；二是要发挥检察职能优势，指导和服务社会运转良性化，要积极探索建立健全检察工作与行政管理、行政执法相衔接机制，通过检察建议等方式督促社会治理主体依法创新社会治理，促进社会治理体系完善；三是要妥善处理好打击与保护、惩处与预防、从严与从宽等法律关系，高度重视保障民生，在涉及教育、医疗、住房、劳动与社会保障等领域案件的查办过程中，既要有效保障人民群众的合法权益，又要积极推动完善和创新社会治理。

（六）加强检察文化建设推进法治中国梦，必须优化检察权配置，推进内部管理方式的创新

内部管理的创新是检察工作的力量和源泉，通过整合内部资源，优化职权和资源配置，统筹形成合力，达到内部管理的有效性和高效性。检察权是检察制度的核心内容，检察制度的设置和改革都是围绕检察权的配置而展开的。法律监督是检察机关的性质，性质决定职权。因此，检察职权的内部配置必须符合检察机关的性质，必须符合"强化法律监督工作"的总体思路。据此，笔者认为，从建立形成现代司法理念角度出发，把握检察工作规律，实现检察资源和职权的科学化配置，现行的检察机关内部职能部门的设置显然不太适应司法改革发展的需要，且职能职权划分不科学，没有突出法律监督的核心作用，没有体现高效、实用的改革宗旨。要建立职责明确、程序完善、监督有效的法律监督工作机制，必须把握检察工作规律，整合检察资源，优化检察职权的内部配置。一是深化"检察一体化"改革，增强检察机关内部合力；二是推进大科室制改革，科学配置内部资源；三是推进信息化建设，提升办案办公效率。要大力实施信息化建设，依托信息化建立快速、高效的管理方式和运行模式，进一步提高检察工作效能。

检察机关党员干警直接联系群众工作思考

杨春晖*

一、检察机关党员干警直接联系群众工作的重要意义

一是贯彻落实党的群众观点、群众路线的新要求。党的群众路线，"就是一切为了群众，一切依靠群众，从群众中来，到群众中去"。群众观点是我们党最基本的政治观点，群众路线则是最根本的工作路线。我们党的根本宗旨是为人民服务。以人为本、执法为民，是检察机关检验一切执法效果的最高标准。党员干警直接联系群众的要求赋予了检察机关坚持群众观点、群众路线新的内容，是检察机关在法律监督工作中贯彻落实党的群众观点、群众路线的新要求和具体体现。直接联系群众让检察机关的执法根基更扎实、服务对象更明晰、服务质量更优质。

二是化解执法风险、提升执法公信力的现实需要。胡锦涛同志在建党 90 周年报告中指出："各级党政机关和干部要坚持工作重心下移，经常深入实际、深入基层、深入群众。"如果党员干警不了解基层情况、不了解群众愿望、不积累解决基层实际问题的经验、不解决基层群众反映强烈的突出问题，长期下去，检察机关势必失去群众的信任和支持。党员干警只有在深入基层直接联系群众中，才能知民之所想、解民之所忧，体民情、察民意，增进对群众的深厚感情，增强服务群众的本领，增强群众对检察机关党员干警执法工作的信任，有效化解检察机关的执法风险，使检察机关获得最广泛最可靠最牢固的群众基础和力量源泉。

三是改进党员干警群众作风、提升执法工作质量的有效途径。作风建设作为党的建设的重要内容，其根本目的就是要使党始终得到最广大人民的拥护和支

---

* 作者单位：宁夏回族自治区人民检察院。

持，其核心就是要保持党同人民群众的血肉联系。党的十八大报告指出："党员干部要克服官僚主义、形式主义，以优良党风凝聚党心民心、带动政风民风。"现实中，不少党员干警尤其是年轻干警，没有经历过基层艰苦工作的磨炼就从大学校门直接进入机关，缺少对基层群众生活的切身体验，不了解做群众工作的方式方法；一部分党员干警在机关里面待久了，暴露出群众观念淡薄、宗旨意识不强，形式主义、官僚主义、享乐主义和奢靡之风也逐渐显露出来，脱离群众的危险不断加大，执法工作质量逐步滑坡。要从根本上克服党员干警的这些缺陷，只有使党员干警走出机关、走进基层，与人民群众面对面联系、手拉手交流，在与群众直接联系中不断历练并提升工作作风、生活作风和群众工作能力。

二、检察机关党员干警直接联系群众工作存在的问题及其原因

第一，群众路线模糊，群众观念淡薄。部分党员干警群众观念树立得不牢靠，服务大局、执法为民的意识不强。少数干警不能做到思想上尊重群众、感情上贴近群众、工作上依靠群众、办案中关心群众。不注重考虑解决群众的司法诉求，不注重在检察环节及时保护群众的合法权益，就案办案，孤立办案，机械办案，办案偏重法律效果，忽视社会效果的问题时有发生。少数干警执法为民的司法理念淡化，人权意识、程序意识、证据意识、时效意识、监督意识不强，重打击轻保护、重配合轻监督、重实体轻程序、重办案数量轻办案质量、重有罪证据轻无罪证据和非法证据排除，导致瑕疵案件时有发生。究其原因，是由于这些党员干警并未牢固树立马克思主义的群众观，群众素养不高，没有站稳群众立场，没有全面理解党的密切联系群众的优良作风，没有认真贯彻党的群众路线，忘记了执法要依靠群众、执法是为了群众。

第二，民主监督欠缺，保障机制不健全。检察机关的民主政治机制虽然总体上趋于不断健全和完善，但在实际工作中，民主政治机制中的某些弊端和漏洞直接导致了党员干警直接联系群众工作质量不高。具体表现在：利益表达和群众参与机制不完善，如群众利益表达的渠道不畅通、载体单一、方法老套，实践中过于注重形式而忽略了效果，致使部分群众的利益表达受阻；民主监督机制不完善，只注重外部监督不注重自我监督，群众的直接监督更多地停留于制度层面，人民监督员和媒体的监督作用发挥欠佳；基层民主机制不完善，基层群众的知情

权、参与权、监督权不能很好地发挥，损害了群众对检察机关的信赖，破坏了检察干警和人民群众的感情。另外，在直接联系群众工作制度化方面，缺少有效的长效机制，如直接联系群众的量化评估制度、直接联系群众的激励机制、直接联系群众的分析汇报制度等。

第三，群众法治需求增加，工作难度逐年加大。随着改革开放的不断深入，由于各种利益主体的利益诉求、利益矛盾和利益冲突，影响群众工作切身利益和社会稳定的人民内部矛盾大量增加，使党员干警直接联系群众工作开始面临许多新情况和新问题：群众的民主意识、法治意识不断增强，民主需求、法治需求不断增多，诉求的渠道渐呈多元化、暴力化，社会不稳定因素逐步增多。在这种情况下，如果人民群众的检察参与渠道过窄、意愿表达受阻，加上党员干警作风漂浮、脱离群众，就会制约人民群众合法利益表达及检察参与的意愿和实际效果。种种情况的存在，均使得党员干警直接联系群众工作的难度逐步加大，检察机关群众工作的针对性和实效性不够突出。

三、检察机关党员干警直接联系群众工作的实现路径

首先，加强党员干警宗旨意识教育，增强直接联系群众的自觉性。思想是行动的先导，对党员干警进行群众路线与群众观点教育，增强直接联系群众的自觉性，是从思想上解决党员干警宗旨意识不强、群众观念淡薄的有效途径。一要加强群众观点教育，树立牢固的马克思主义群众观。二要加强群众路线教育，坚持把群众路线作为党的根本工作路线。广大党员干警要深入实际、深入基层、深入群众，直接联系群众。要深入实际，认真开展调查研究，在调查研究中抓落实、抓问题、办实事；要深入基层，做到重心下移，依靠基层党组织和基层干警，了解基层情况、解决基层突出问题、积累解决基层实际问题的经验；要深入群众，直接与群众接触、与群众面对面交流，增进与群众的感情，真正做到解民忧、暖民心，帮发展、促和谐。

其次，建立健全长效机制，确保直接联系群众工作常态化。党的十八大报告强调，要"完善党员干部直接联系群众制度"。在直接联系群众的生动实践中，检察机关要从用制度管干警、用制度促落实入手，使直接联系群众工作制度化、常态化。建立健全党员干警直接联系群众的工作机制，明确直接联系的群众对象、内容与任务目标、方式与方法，关注民生、重视民生、保障民生、服务民

生、改善民生；建立健全党员干警直接联系群众工作汇报制度，通过定期汇报，针对民情民意进行综合分析，研究解决群众反映强烈的突出问题，提高决策的科学性；建立健全党员干警直接联系群众的量化评估机制，对党员干警下基层直接联系群众目标任务的完成情况、方法、实效、作风等方面制定出切实可行的考评办法；建立健全党员干警直接联系群众工作的监督机制，进一步坚持和完善在案件评查中建立引进第三方评查的机制，聘请法官、律师、专家学者、人民监督员以及退休检察官参加不定期的检查和评查；建立健全党员干警直接联系群众工作的激励机制，把党员干警直接联系群众工作纳入考核、考评内容，最大限度地调动党员干警直接联系群众的积极性。

最后，求真务实创新方法，突出直接联系群众工作的实效性。要放下架子。主动拉近与群众的距离，按照共产党员和检察干警的双重身份严格要求自己，热情接待群众来访，耐心倾听群众声音，致力于解决群众最关心、最直接、最现实的利益问题。以规范执法为载体，查找自身执法问题，深化检务公开，促进执法规范化建设。加强舆论引导，运用好博客、微博、手机和网络、电视、广播等舆论载体，及时、准确、客观地发布有关凸显法律监督职能、密切联系群众的消息动态。要沉下身子。下基层、接地气，了解基层情况，解决实际问题，减少不和谐因素。避免忙碌于学习文件传达文件、沉湎于文山会海、习惯于闭门造车，倡导深入基层调查研究，正视带着泥腿子工作，肯定在田间地头解决问题，使群众问题在一线掌握、在一线解决、在一线落实、和群众的鱼水感情在一线融合。要磨开面子。理性拆解"检察官"称谓，看重"检察"、摒弃"官"，把党员干警视为基层群众中的一员。主动做善事，乐于干小事，不求轰轰烈烈，只求实实在在。发挥驻乡镇检察室、驻社区检察服务室、驻农村检察联络点的作用；搭建联系群众、服务群众的平台，进一步规范检察服务站、检察联络室、"巡回检察"工作，延伸检察职能，主动把握、回应、解决人民群众的新要求新期待，变被动解决问题为主动把握、预防为主，将问题解决在基层、将矛盾化解在萌芽。要迈开步子。带着群众反映强烈的突出问题，进机关、进乡村、进社区、进学校、进企业、进单位、进宗教场所，坚持"立检为公、执法为民"，坚持理性、平和、文明、规范执法，把群众工作渗透到全部执法活动中，创新搭建党员干警与群众对话、交流、交心的新平台，实现"零距离"、"零障碍"的直接联系，不断提升检察队伍群众工作能力，推动检察工作科学发展。

基层检察院检察文化建设之我见

李卫东*

当今时代，文化越来越成为民族凝聚力和创造力的重要源泉、越来越成为综合国力竞争的重要因素。党的十七届六中全会指出，文化是民族的血脉，是人民的精神家园。文化发展关系到民族凝聚力和创造力，关系到综合国力竞争，关系到经济社会发展，关系到各族人民的精神文化生活，关系到如何走社会主义发展道路。检察文化建设作为全面加强社会主义文化建设的大背景下各级检察机关面临的新课题，对于推进检察事业全面上水平、充分发挥检察机关在构建和谐社会进程中的作用具有积极的意义，需要我们深入地探讨、研究。

一、检察文化的内涵

检察文化是法律文化的组成部分，而法律文化又是文化的一种，这三个概念存在明显的种属关系。因此，要科学界定检察文化的内涵，首先应对"文化"及其项下的"法律文化"作必要的探讨。

（一）文化的概念

据专家考证，"文化"是中国语言系统中古已有之的词汇。"文"的本义是指各色交错的纹理，而"化"的本义则为改易、生成、造化。"文化"整合为一词较早出现于西汉以后，如西汉时经学家、文学家刘向在《说苑·指武篇》中载："凡武之兴，为不服也，文化不改，然后加诛。"这里的"文化"意指以文教化，表达了对人的性情的陶冶、品德的教养。至清末民初，"文化"概念已被广泛运用，《新青年》编辑陶孟和在《文化的嬗变》与《人类文化之起源》两文

---

* 作者单位：天津市北辰区人民检察院。

中，提出并阐释了"文化"的广义概念，即"人类自初生以迄于今，凡所成就，或为物质，或为精神；或为知，或为行；或为道德，或为制度。凡可以表示者，可以一名词统括之，曰文化。"

随着历史的不断发展进步以及中西方文化的交汇交融，"文化"一词已被赋予丰富的内涵和宽广的外延。据统计，自1871—1951年的80年里对"文化"的定义超过160多种。人类学鼻祖爱德华·B.泰勒是现代第一个界定"文化"的学者，他认为："所谓文化或文明，在其广泛的民族学的意义上来说，是知识、信仰、艺术、道德、法律、习惯及其他人作为社会成员而获得的所有能力和习性的复合的总体。"而在范庆华和周广德主编的《辞海》中，文化被定义为：1. 基本义：人类存在的物资财富和精神财富的总和。特指精神财富，如文学、艺术教育科学等。2. 考古学用语，指同一个历史时期的不依分布地点为转移的遗迹、遗物的综合体，如仰昭文化、龙山文化。3. 指运用文字的能力及一般知识。《中国大百科全书》社会学卷将"文化"定义为："广义的文化是指人类创造的一切物质产品和精神产品的总和。"英国《大不列颠百科全书》对"文化"的定义是人类知识、信仰和行为的整体。总之，对"文化"这一词语的定义可谓仁者见仁、智者见智。根据前人和专家们的定义，笔者认为"文化"一词可以理解为人们在社会生产和生活实践中，创造的以意识形态为核心的精神财富和物质财富的总和。

（二）法律文化的概念

法律文化是文化范畴中的一个重要分支，由于"文化"内涵的不确定性，法律文化的含义也存在纷争。自从20世纪60年代美国学者劳伦斯·弗里德曼首次使用法律文化这一概念以来，虽然法律文化的研究取得许多进展，但对它的确切定义仍未达成共识。弗里德曼认为法律文化"指针对于法律体系的公共知识、态度和行为方式"。法律文化也可以是"与作为整体的文化有机相关的习俗本身"。法律文化包括"社会中人们保有的对于法律、法律体系及其各个组成部分的态度、评价和意义"，"人们对于法律体系的观念、态度、评价和信仰"，或者"在某些既定的社会中人们对于法律所持有的观念、态度、期待和意见"。弗里德曼甚至认为法律文化是一个模糊、不确切的概念，主张用"法律意识形态"取代"法律文化"一词。我国学者亦对法律文化的概念进行了深入探讨。有学者认为，"法律文化属于社会精神文明，是人们调整社会关系的智慧、知识和经验的结晶，反映了历史积累起来的有价值的法律思想和有关法的制定、法的适用等的法律技术，反映了法律调整所达到的水平"。有学者认为，"法律文化是社会观念形态、群体生活模式、社会规范和制度中有关法律的那一部分以及文化总体功能作用于法制活动而产生的内容——法律观念形态、法制协调水平、法律知识积淀、法律文化总功能的总和"。还有学者认为，"法律文化是法律现象的精神部分，即由社会的经济基础和政治结构决定的，在历史过程中积累下来的并不断创新的有关法和法律生活的群体性认知、评价、心态和行为模式的总汇"。更有学者对法律文化的概念做了简要定义，认为"法律文化即是法观念、法意识"。由此可见，我国学者对法律文化多做广义界定。综合学者的研究，笔者将法律文化的含义理解为，法律文化是人类在长期的法律实践过程中所创造的法律思想、典章器物、法律行为等精神财富和物质财富的总和。

（三）检察文化的内涵

检察文化是检察机关的灵魂，关乎检察事业的可持续发展。而对检察文化内涵的不同认识，直接影响和制约了对检察文化的建设和发展。以检察实践为例，有人将检察文化简单地理解为各种文体活动，一谈到检察文化建设，就与文娱、体育活动等同起来，导致实践中检察文化建设文娱化、形式化、功利化等现象的出现；也有人对检察文化做无限扩大解释，认为凡涉及检察工作的无论物质、精神均属检察文化范畴，使得检察文化建设无从入手。因此，要加强检察文化建设、充分发挥检察文化在推动检察工作发展中的作用，就必须对检察文化的内涵做科学准确的解释。而如何对检察文化的内涵做科学准确的界定，一直是理论上和实践中尚在深入研究和探讨的难题。近年来，学界和实务界从各自不同的研究和认识角度都尝试着对检察文化做了诸多不同的定义。湖北省人民检察院常务副检察长、博士生导师徐汉明对检察文化的定义，是检察工作人员以中国特色社会主义检察制度和检察权的运行为依据，在检察工作实践中所体现出来的群体性思维方式、行为方式和外在表征的总和。中国政法大学教授刘斌认为："检察文化是指融注在检察人心底的法治意识、法治原则、法治精神及其价值追求，是检察机关的组织、制度、设施所具有的文化内涵，是检察干警在工作和日常生活中的行为方式，是有关检察的法律语言、法治文学艺术作品和法律文书所反映和体现的法治内涵及精神。"他同时指出，"检察文化是一个完整的理论体系，检察文化理论体系是由检察理念文化、检察组织文化、检察制度文化、检察设施（物质）文化、检察行为文化和有关检察的法律语言与文本文化六个子系统组成。"北京市人民检察院法学博士徐苏林将检察文化定义为，检察文化是与检察法律相关的价值观念、规范制度、程序规则和行为方式的总和。包括检察物质文化、检察行为文化、检察观念文化、检察管理文化、检察制度文化和检察精神文化等。笔者根据前文对"文化"及"法律文化"的理解，结合检察工作实践，认为检察文化是检察工作人员在检察工作实践过程中，所创造的检察理念、检察制度、检察行为、检察文学艺术等精神财富和物质财富的总和。

二、加强检察文化建设的意义

检察文化是检察工作人员在检察实践活动中人为创造的，反过来，它也在影响着检察工作人员的行为、陶冶着检察工作人员的情操、熔铸着检察工作人员的灵魂。先进的检察文化对检察队伍素质的提高、对检察工作的科学发展起着重要的推动作用。

（一）加强检察文化建设有利于培育和塑造忠诚、为民、公正、廉洁的检察队伍

先进的检察文化具有对检察工作人员的思想意识、行为规范、素质、情操、修养等培养、锻造的功能和作用。检察官代表国家行使法律监督权能，从这个角度讲，检察职业是神圣、庄严，极具荣誉感的职业；但不可否认的是，检察职业同时面对着较多的社会阴暗面，面对着形形色色的诱惑和挑战，面对着自身素质要不断提高与工作要求相结合的压力，如何充分发挥检察官自身的作用，有效地排除和解决这些问题，就需要加强检察文化建设，通过先进检察文化的思想引领、价值导向、道德规范等作用，鼓舞、影响、教育检察人员全面发展，进一步增强历史责任感以及对检察工作的自豪感，从而培育和塑造忠诚、为民、公正、廉洁的检察队伍。

（二）加强检察文化建设有利于推进检察机关科学管理

检察机关的内部管理既要靠制度管理，也要靠文化管理。而先进的检察文化通过体现着内在精神的制度去规范人、约束人，使检察人员的行为逐步趋向于制度内蕴含的核心价值观。先进的检察文化一经形成，其所包含的价值、观念等，就会在检察人员心中扎根，并长期影响其思想和行为，凝心聚力，实现"上下同

欲"，从而降低检察机关科学管理制度内化的阻力。因此，加强检察文化建设有利于理顺检察机关内部各种关系，推进检察机关科学管理。

（三）加强检察文化建设有利于推动检察工作体制的不断创新

检察工作体制的创新是检察机关发展的不竭动力和源泉，而要创新检察工作体制就需要充分发挥检察人员的主观能动性，从这个意义上讲，加强检察文化建设有利于激发检察人员的主观能动性，从而推动检察工作体制的不断创新，因为检察文化发展的实质就在于检察文化的创新，先进的检察文化通过检察工作人员在检察实践过程中的创造、发展而形成，同时又随着时代的发展不断地与时俱进，反过来，先进的检察文化又反作用于检察工作人员，使其受检察文化的熏陶去积极探索符合我国国情的检察改革路径、探索检察工作体制的不断创新。

（四）加强检察文化建设有利于促进检察机关的公共关系活动

检察机关同其他国家机关一样，开展公共关系活动是其必不可少的一项工作。加强检察文化建设，对内使检察工作人员借助先进的检察文化进一步了解检察工作，从而促进各检察机关之间、检察机关各部门之间，甚至检察人员互相之间的交流与合作，共促检察工作的深入开展；对外，一方面先进检察文化通过推动检察人员在司法实践中不懈追求"公平、正义、秩序"的价值理念，从而树立检察人员的良好社会形象，提升检察机关的公信力；另一方面检察文化作为检察机关对外交流的载体与方式，能够使社会各界、社会公众更好地了解检察机关，从而扩大检察机关的社会影响力。

三、基层检察院检察文化建设存在的问题

近年来，各地检察院都十分重视检察文化建设，检察文化建设从少数基层检察院先行先试的"星星之火"迅速发展呈现出"燎原之势"。如山西省朔州市朔城区检察院树立"以先进的文化引导人、凝聚人、塑造人、规范人"的理念，积极探索文化发展规律，大力实施文化育检，推动了检察工作整体上台阶。重庆市涪陵区检察院大力倡导以规范提质量、以创新促进步、以学习强素质、以文化聚人心、以发展谋幸福的"五种理念"，着力推进规范涪检、书香涪检、人文涪检、创新涪检、幸福涪检"五个涪检"建设。这些基层检察院在检察文化建设方面的积极探索，无疑对推进基层院检察文化建设具有重要的借鉴价值。然而，

不可否认的是，囿于对检察文化的片面理解，基层检察院检察文化建设还存在一些亟待改进和完善的地方。

（一）检察文化建设存在表面化、形式化现象，忽略检察文化内涵

在检察文化研究领域，对检察文化做广义解释基本已达成共识，即认为检察文化包含物质文化、制度文化、精神文化三个层面。然而，在实践中检察文化建设往往更多地趋向于狭义的检察文化观，表现在：一是将检察文化等同于文体活动，部分基层检察院开展检察文化建设仅仅停留在开展各种形式的文体活动上，一味强调发展检察机关环境和娱乐文化，忽视对精神层面文化的建设；二是有的基层检察院在检察文化建设中热衷于做表面文章，检察文化建设形式化、功利化、庸俗化，忽视对干警凝聚力、向心力的培养与塑造，这样的检察文化起不到对干警的激励和引导作用，对检察事业发展也产生不了深远的影响。

（二）检察文化建设缺乏创新，不适应检察事业发展

检察文化是检察工作的重要组成部分，是促进检察事业发展的重要途径，因此，检察文化建设要服从和服务于检察事业发展，随着检察事业的发展而不断更新、与时俱进。然而，当前部分基层检察院在开展检察文化建设过程中，缺乏开拓创新的精神，检察文化建设脱离检察工作实际和检察人员实际，不能适应检察事业的发展需要，限制了其促进检察事业发展功能的有效发挥。

（三）检察文化建设趋同化，特色不突出

同所有行业文化一样，检察文化建设不可避免地存在互相借鉴和移植的现象，这本无可厚非，然而，一些基层检察院在借鉴和移植过程中，并没有结合本单位实际进行系统的研究和规划，而是对其他检察院的成功经验盲目照搬，结果造成许多基层检察院检察文化千篇一律的情况，这种重复性、低端性、没有突出本单位鲜明的个性和特点的检察文化很难对检察干警产生巨大号召力，也无法体现其自身价值。

四、基层检察院检察文化建设的思考

如前所述，检察文化是检察机关的灵魂，其建设关乎检察干警的培养、锻造；关乎检察机关良好形象的树立；关乎检察业务质量的提升；关乎检察事业的可持续发展。因此，基层检察机关应不断加强检察文化建设，以文化建设促进

"强化法律监督、维护公平正义"目标的实现，推进检察事业纵深发展。

（一）铸造独具本单位特色的团队精神

文化的核心是精神，文化建设的根本任务是树形塑魂、打造精神，凝聚人们的共同精神追求。团队精神是大局意识、协作精神和服务精神在一个团队的集中体现，它反映了团队所有成员的工作心理状态和士气，是凝聚团队、推动团队发展的精神力量。独具本单位特色的团队精神，是基层检察院在多年发展过程中，富有生命力的优秀思想、高尚品格的体现，凝聚着本单位的历史文化、价值理念和行为规范等诸多因素；而团队精神的培养，能够引导检察干警产生共同的使命感、归属感和认同感，进而产生强大的、向心的凝聚力量，在全院上下形成团结办作、和谐发展、公正廉洁、争创一流的良好氛围。因此，锻造和弘扬团队精神是基层检察院检察文化建设的关键点，有助于凝聚人心、振奋精神、鼓舞士气，为检察机关创新发展、科学发展提供精神动力和思想保证。笔者认为，基层检察院凝练独具本单位特色的团队精神，应从以下几个方面着手：

1. 定位核心价值理念。检察人员的核心价值理念是检察精神乃至检察文化的精髓，是推动检察事业健康发展的精神旗帜，核心价值理念引领着检察队伍的价值取向，占据着广大干警的思想主流阵地，影响着检察人员的思想观念、思维方式和行为规范。塑造检察人员核心价值理念能够起到积极的引导作用，有效激发检察人员积极投身检察事业的热情，提高检察人员执法为民、干事创业的凝聚力、战斗力，有利于推进检察文化建设、提升检察文化软实力。因此，铸造检察机关团队精神，定位核心价值理念是关键。笔者认为，应从以下四个方面考虑定位检察人员核心价值理念：一是要坚持以马克思主义思想为指导；二是要汲取中华民族优秀传统文化的精华；三是要结合检察工作实践；四是要围绕本单位实际情况。

2. 突出地域特色。文化都是在特定的土壤上生成的，特定的文化土壤和文化传统造就了文化的地域特征。我国幅员辽阔、民族众多，不同地域、不同民族之间，有着自己独特的文化背景、文化视角和文化思维，作为以检察这一共同核心构建的检察文化，只有将各地不同的历史文化传统和鲜明的地域特色融入检察文化建设之中，才能体现出各地区检察文化建设的差异性。因此，铸造检察精神需要挖掘地方文化底蕴，突出地域特色，展现文化的传承与拓展，将浓厚的乡土气息和地域文化的传承，作为培育检察精神的根基，使趋同性的检察文化得到本地域文化的滋养，真正打造某一基层检察院区分于其他检察机关的检察文化品牌。如济南市天桥区检察院，充分发掘该区横跨黄河两岸这一独特的区位优势和地域文化，以"黄河文化"及衍生出的"水文化"为主体，通过与检察机关"法文化"的有机融合，凝练形成了独具特色的"天检"文化。再如黑龙江省嫩江县检察院结合纯厚质朴的黑土地域文化特色，着力塑造"勇于创新、坚韧不拔"的嫩检精神，使该院检察文化的主题更加鲜明。

3. 体现检察工作特点。检察文化既产生于检察工作实践，又服务于检察工作实践，检察文化建设的一个重要目的就是通过培育检察人员团队精神，使其产生共同的理想信念、价值取向，从而自觉践行检察工作理念，积极履行检察工作职能，共同推动检察工作科学发展，维护国家法律的统一正确实施，保障社会公平正义。因此，铸造检察精神应凸显检察工作特点，体现检察规律、检察职能以及检察官应当具备的司法品格。

（二）注重激发检察干警的活力和潜力

检察文化的精髓是重视人的价值、发挥人的作用。检察事业要发展，必须要有雄厚的人力资源，有一支与知识经济时代相适应的高素质检察官队伍。作为基层检察院，应始终把尊重干警的主体地位作为检察文化建设的中心内容，注重调动和发挥检察干警的活力和潜力，通过检察文化的教育、熏陶，使每位干警从内心深处自发产生为检察事业拼搏、奉献的精神，并在思想上高度融合、在行动上默契配合，最大限度地发挥自己的潜力，实现"整体大于个体之和"的增值效应。

1. 注重提高干警的思想道德修养。坚持用符合时代发展要求和历史进步潮流的司法理念、价值观念来规范干警的思想认识，引导干警树立正确的世界观、人生观和价值观，使干警牢固树立艰苦奋斗、积极进取、无私奉献的精神，增强职业光荣感和事业上进心，坚守检察人员职业道德、恪尽检察人员职业责任。

2. 注重激发干警的工作兴趣。兴趣是指由爱好、喜欢而产生的愉快情绪，强烈而稳定的兴趣是从事活动、发展才能的重要保证。激发干警的工作兴趣，使干警充分享受到工作的乐趣和成功的体验，能够促使干警全身心地投入工作，把组织的意志变为个人的自觉行动。因此，基层检察院应以情感需要、工作需求、人格需要为出发点，激发干警对工作的兴趣，促使干警树立快乐工作的意识，从而提高工作效率，更好地促进各项工作的开展。应注意的是，由于个体的差异，干警在工作能力、追求目标、个性心理和工作方式上存在差异，如果为他们制定统一的工作目标必然会造成一部分人由于难以实现目标而失去信心。因此，在对干警的管理中应强调工作目标要与干警的能力水平相一致，让不同层次的干警选择适宜的工作目标并逐渐提高，从而激发干警的工作兴趣，让干警在创造和创新过程中不断享受和充分体验工作的乐趣，最终实现工作目标。

3. 营造和谐的工作环境。和谐的工作环境是对工作氛围和工作环境处于最佳状态的描述。和谐的工作环境是检察事业发展的重要保障，对激发检察干警的积极性和创造性具有至关重要的作用。笔者认为，基层检察院营造和谐的工作环境，应注意从以下几个方面着手：一是创建舒适的工作场所。检察机关的办公场所、办公设施等属于检察文化建设的物质要素，它不仅反映着社会公众对检察机关的第一印象，同时也体现着检察文化的人文内涵。舒适的办公场所、良好的办公文化环境能够使检察干警的性情在潜移默化中得到陶冶和提高。因此，基层检察院应结合自身的工作条件，积极为干警打造整齐有序、舒适合理、体现浓厚文化氛围，并与自然环境相协调的工作场所。二是打造团结互助的领导班子。领导班子成员作为团队的核心人物，必须以身作则、客观公正，用他们的领导威望和人格魅力影响和带动团队其他成员，有效地带领大家朝着正确的方向和目标前进。因此，基层检察院领导班子成员应自觉做公正严明、团结互助、文明高效、清正廉洁的模范，充分发挥领导班子的龙头作用，影响和带动全院干警共同实现工作目标、创造检察伟业。三是营造尊重和关爱干警的工作氛围。他人的尊重、关爱、宽容、理解、信任，能够使干警心情舒畅、精神愉悦，在"工作并快乐着"的氛围中，更好地实现工作目标，促进工作发展。基层检察院应注重在与干警的情感沟通上下功夫，通过与干警的及时沟通，消除各种消极因素、达到情感共鸣，进而互相理解信任、互相支持，从而最大限度地调动干警的工作积极性，取得良好的工作效益。

（三）建立符合检察规律的管理和运行机制

制度文化建设是检察文化建设的重要方面，是先进的组织管理机制。一套符合检察工作规律、体现检察职业特点、融合检察职业道德和规范内容的管理和运行机制，将会有效促进检察业务水平的提升。因此，基层检察院应加强检察制度文化建设，不断健全完善各项规范化管理机制，将检察制度文化建设融入检察文化建设的每一个环节，贯穿检察文化建设全过程。

1. 要强化制度建设。建立完备的制度是推动检察工作的首要任务。基层检察院要以强化监督为重点，以加强管理为手段，以信息科技为依托，以规范化建设为载体，梳理原有各项制度，并对各项制度进行整合，对不适应形势发展的制度及时废除，对不完善的制度抓紧修订和补充，对过于原则、可操作性不强的进一步细化，对过去没有的要结合实际及时制定，建立健全一套符合检察工作根本需求、科学完整的制度体系。

2. 要抓好制度落实。制度的生命力在于执行，无论制度如何科学完善，若没有相应的制度执行责任机制，就会出现制度执行不严、落实不到位的现象，进而导致管理制度发挥不出其应有的效力。因此，在保证制度科学性和可行性的前提下，要抓好制度的落实。一是要强调制度执行的刚性特征，把各项检察工作纳入目标管理机制，予以量化考评，并作为年底评先树优的依据，远离制度不落实的各种借口，不断加大抓落实的力度。二是要注重落实制度的人性化要素，以温馨的提示、关怀式的告诫增强制度的亲和力，使干警由被动服从变为主动执行。

（四）将检察文化载体与其内涵有机结合

载体是文化得以表达和表现的形式。载体有本义和引申义之分，就本义而论，检察文化载体指承载检察文化的物质形体。它是检察文化得以形成与扩散的重要途径与手段，笔者认为，检察文化的载体不能囿于物质层面，应当适当地将检察文化的载体的外延做扩充解释，除了把物质层面的载体纳入之外，还要把精神层面、制度层面、行为层面的载体纳入其中。检察文化的载体形式可以多种多样，从物质层面看，可以是办公大楼外形、办公车辆配备使用、大楼内部装潢、雕（塑）像、检察文化浮雕、院史荣誉室、文体活动室、文化走廊、机关 LOGO（标志）、检察人员的衣着佩戴等；从精神层面看，可以是检察机关开展的各种丰富干警精神生活的活动，如读书活动、文学创作活动、理论研讨活动、演讲比赛、歌咏比赛，举办书法展、摄影展、文艺联欢活动、拓展训练、家庭开放日以及各类体育项目赛等；从制度层面看，可以是各种工作管理制度、业务工作办理流程、案件管理规则等；从行为层面看，可以是检察干警的言谈举止、仪表仪态、精神状态和工作态度等。

基层检察院在检察文化建设中，如何通过这些载体形式将检察文化在推进检察工作科学发展、提升检察队伍整体素质和执法公信力方面的作用发挥到最大，笔者认为，可以从"点"、"线"、"面"三个维度来尝试。

1. 从"点"的维度看，各种形式的载体都是检察文化的一个"塑造点"，因为检察文化的形成与发展是伴随着检察机关的成长而发展起来的，现代检察制度的发展告诉我们，历史上并不缺少承载检察文化的物质层面、精神层面、制度层面和行为层面的载体，不同时代的检察机关所要体现的检察文化的载体也是不尽相同的，如20世纪八九十年代的军警式检察制服和现在的西服式检察制服。即便是同时代的不同检察机关，检察文化的差异性也正是从这些"塑造点"上体现出来的，如上文提到的济南市天桥区检察院融合"黄河文化"的"天检"文化和黑龙江省嫩江县检察院结合黑土地域文化特色的嫩检文化。

2. 从"线"的维度看，按照物质层面、精神层面、制度层面和行为层面的载体形式，把检察文化的"塑造点"进行系统分类，下大力气把每一个"塑造点"做好，做到增强检察干警的团队认同感、归属感、荣誉感、责任感和使命感，培养和健全检察干警的人格品质，规范检察干警的言行举止，陶冶检察干警情操，舒缓压力，促进检察干警身心健康，再通过有机的整合，逐步形成构建检察文化的四条主线："物质文化线"、"精神文化线"、"制度文化线"和"行为文化线"。

3. 从"面"的维度看，以"塑造点"的培养壮大为基础，发挥以点带线、以线连面的规模效应，将"物质文化线"、"精神文化线"、"制度文化线"和"行为文化线"四条主线有机地交织在一起，凝聚共识，通过文化育检，提升检察文化品质，进而锻造出一批素质过硬的检察队伍，探索出一条符合检察规律的科学发展之路。

基层检察文化繁荣发展路径探析

李旭峰　曹国生*

先进的文化，对于各项事业的发展有着巨大的推动作用，检察事业的科学发展同样也离不开检察文化的"正能量"推动。

所谓检察文化，"是指检察机关在履行法律监督职能中形成的具有检察特色的文化观念、文化形式和行为模式，是全体检察人员在长期工作、生活及其他社会实践中所创造的物质财富和精神财富的集中体现"，[①] 是检察理念文化、检察组织文化、检察制度文化、检察物质文化、检察行为文化和检察语言文本文化的总和。检察文化作为检察机关的精神旗帜，始终服务于检察事业的发展，展现出我国社会主义检察制度的特色和优越性。其价值功能主要体现在价值引领、行为规范、结构聚合、形象塑造、辐射传播五个方面。[②]

检察文化源于检察实践，也必然深深扎根于检察实践。基层检察机关在检察文化建设中有着天然的优势，它与人民群众的关系最密切，是检察机关联系人民群众的纽带，又是全部检察工作的基础，是实践检察文化的第一线平台。因此，基层检察文化的繁荣发展，对检察事业的健康、全面、有序发展具有重要的现实意义。

一、必须坚持一条主线

即检察工作主题："强化法律监督，维护公平正义"。检察文化是在检察实践中逐步形成和发展的，但无论如何发展，检察文化的主题不会改变，就是公正

---

* 作者单位：河北省张北县人民检察院。

① 韩清：《基层检察院开展检察文化建设的思考》，载《人民检察》2011年第7期。

② 徐汉明：《检察文化建设：理论更新与实践创新》，载《法学评论（双月刊）》2011年第3期。

司法，而公平正义是其灵魂和主旨。① 习近平同志在全国政法工作会议上指出，"要努力让人民群众在每一个司法案件中都能感受到公平正义"。检察机关作为国家的法律监督机关，是社会公平正义的最后一道防线，承载着太多的期盼。加强检察文化建设对于保障这一目标的实现，提高检察机关的整体素质和工作效能起到重大的作用。

检察文化继承了中国法律文化的优秀传统，又鲜明体现了检察工作的主题，反映了我国当代法律文明的精神本质，是检察官优秀品质长期深厚积淀的结果，也是检察机关执法和建设的强大推动力。检察文化一经形成，便会在检察机关内部产生强大的凝聚力和推动力，并成为促进检察机关发展的精神力量。它能够增强检察干警的职业责任，规范检察干警个人和检察机关的整体行为，促进检察机关全面正确地履行法律监督职能。在发展检察文化的过程中，通过一系列价值取向的培育而在潜移默化和陶冶情操中培养检察干警正确的价值观和执法观，牢记"立检为公、执法为民"检察本质，体现新时期检察干警的良好精神风貌，把"强化法律监督，维护公平正义"转化为检察干警的自觉追求。

二、必须夯实两大基础

第一，夯实思想政治基础，塑造健康的检察精神文化。精神文化是检察文化的核心。② 将检察文化不断渗透至干警的思想意识形态中，从而形成潜移默化的效果。当前，为民、务实、清廉作为新形势下基层检察机关文化建设的主要内容，对于密切检群关系、促进检察工作科学发展有着重要的现实意义和历史意义。深入开展群众路线教育实践活动，不断加强思想政治教育，引领检察干警始终坚持正确的政治方向，牢固树立正确的执法理念，始终保持忠于党、忠于人民、忠于事实和法律的政治本色。

"为民"是检察工作的根本出发点和落脚点，检察机关行使检察权归根结底是为了广大人民群众的根本利益。检察文化作为社会主义先进文化的组成部分，发展和建设都离不开人民群众的参与和支持；"务实"是检察工作的基本要求，"空谈误国，实干兴邦"，只有脚踏实地，扎扎实实地开展工作才能更加贴近群

---

① 储国栋：《营造浓厚检察文化氛围》，载《检察风云》2005 年第 22 期。
② 龙宗智：《上帝这样审判》，中国法制出版社 2000 年版，第 87 页。

众，赢得群众信任，才能确保各项检察工作落到实处，取得成效。基层检察机关能否发扬求真务实的精神，事关基层检察文化建设的成败；"清廉"文化是崇尚廉洁的一种特殊社会文化，是检察文化的核心组成部分，它要求检察干警时刻做到言行合一，弘扬求真务实之风，牢固树立"立检为公、执法为民"的宗旨意识，切实做到廉洁奉公、公正执法，筑牢拒腐防变的思想防线，养成良好的职业操守，自觉接受监督，把从严治检的各项要求落实到位。

第二，夯实职业素质基础，塑造规范的检察行为文化。检察行为文化是指检察干警在各种行为与活动中表现或创造出的文化。[①] 检察干警在日常行为中所体现出来的气质、风貌和工作作风，时刻在传播着检察文化，并成为人民群众判断检察干警业务素质、政治素质、法律素质、道德人文素质的重要依据，从而影响着检察机关整体的精神风貌、工作作风和文明程度。

检察行为文化反映了检察机关和检察干警积极进取的时代风貌，反映了检察干警道德准则和行为标准。一是培养文明执法行为。除了加强执法理念教育外，还要制定和落实文明执法规范，明确对执法行为的规范约束，确保检察干警在执法办案过程中做到严格、公正、文明，提升检察官的职业形象；二是提升干警的团队意识。增强检察干警的凝聚力、战斗力，充分展示检察机关的良好执法形象，是检察行为文化建设的重要任务。要坚持以人为本的原则，正确处理好各种关系，努力实现机关内部、机关与外部执法环境、检察干警之间的和谐相处。检察行为文化建设通过提高检察干警执法水平、执法形象，在社会上树立检察机关良好形象，不断提升检察干警的整体素质和业务能力，努力构建政治坚定、廉洁高效、业务精通、执法公正的检察队伍。

三、必须抓好三大关键

第一，增强基层检察干警对检察文化的认同感。检察干警是检察文化建设的主体，检察文化建设的直接目的是教育、培养高素质的检察干警，促进他们的全面发展，并在推动检察事业的发展中实现检察干警的自身价值。优秀的检察文化能够促使检察干警产生强烈的归属感、自豪感，从而紧密团结起来，积极发挥自己的聪明才干。因此，要把实现检察事业的整体价值和实现检察干警的个人价值

---

① 刘荣九、刘正：《检察文化的塑造及其途径》，载《政治与法律》2007 年第 1 期。

统一起来。在检察文化建设中，既要充分尊重广大检察干警在检察工作实践和检察管理中的决定性作用，充分调动检察干警的积极性、创造性，又要充分发挥他们的主体作用，采取多种方式，促进他们健康人格、高尚品德的培养和形成，同时还要为他们的才华能力、人生价值的施展和实现努力营造和谐、融洽、舒心的人文环境。

要通过多种形式动员和组织广大检察干警参与到检察文化建设中来，开展一系列丰富多彩、健康向上的文体活动和内容深刻的理论研究，激发干警的事业心和责任感，陶冶干警的情操，培育干警坚定正确的职业信仰，培养正确的履职行为，树立良好的职业作风，严守职业纪律，遵守职业礼仪，慎重职务外行为，保持和发扬良好的职业作风。要有意识地对检察干警进行文化熏陶，培养干警对检察文化建设的兴趣，使检察文化建设的共同参与意识得以确立。开展检察文化建设，最终的目的就是要提高干警的文化素养、文化修为和文化底蕴，最终形成价值认同与精神归属，使单位的每一名成员都深深打上这个单位的"烙印"。①

第二，着力提升基层检察文化品位。检察文化建设应该突出检察特色，围绕检察工作的特点、检察官的职业需求来开展。基层检察院要结合本地实际，不断强化"文化育检"的理念，突出检察特色和地方特色，构筑和完善检察文化内涵。一是实现检察文化建设与专业培训的结合。检察机关要结合自身特点，敦促干警不断汲取新知识、新信息，以更好地适应检察工作的新要求。二是实现检察文化建设与全面履行检察职能的结合。检察机关承担着打击刑事犯罪、查处国家工作人员职务犯罪、刑事诉讼和民事行政审判监督等职能，担负着实现全社会公平正义的重任。检察文化建设必须坚持为全面履行检察职能和任务服务，为优质高效的检察工作提供文化基础和思想保障。三是实现检察文化建设与提升检察队伍素质的结合。建设检察文化的根本就在于提高检察人员的文化底蕴和思想修养，全面提高检察人员的综合素质，培育和建设一支政治坚定、业务精良、作风优良、执法公正的专业化、职业化检察队伍。

第三，为加强检察文化建设提供有效载体。充分借助检察文学艺术的作用，以各种生动的、喜闻乐见的艺术形式诠释检察文化的丰富内涵，创作一批具有感染力和广泛影响的文艺精品。积极组织干警开展丰富多彩的文化活动，通过搭建

---

① 韩柱：《社会主义核心价值体系的文化透视》，南开大学 2009 年博士论文。

文艺、体育活动的平台，通过文学创作、文艺演出、体育活动等，繁荣检察文化，使检察文化形式多样，寓教于乐，以文化品位提升检察干警的精神品位；通过建设"文化橱窗"、"文化长廊"等活动，帮助干警树立现代检察执法理念；通过建立检察博物馆、荣誉室、院史室，展示检察文化的深厚底蕴和文化传承，激发检察人员的职业使命感、职业荣誉感和归属感；通过搭建学术研究的平台，建立业务研究课题制、论坛制、奖励制等机制，提高检察干警的研究水平和业务素质，培养干警高雅纯净的文化情操，树立终身学习理念，使检察干警释放潜能与智慧，升华情操与品位，潜移默化地形成一种良好的文化氛围。

四、必须做好四大保障

第一，加强学习教育，强化基层检察文化建设的业务保障。检察机关的主要工作就是执法办案。检察文化建设的核心之一就是树立"司法公正重于生命"的价值观，① 检察业务是检察文化建设的最佳结合点。要把办案质量作为检察工作的生命线，规范执法程序，提高办案质量。因此，搞检察文化建设一定要牢牢结合检察业务开展。只有紧密结合检察业务，检察文化建设才有立身之本，才能在不断发展的检察实践中汲取营养并发展壮大。在当前的检察文化建设中，要尊重案件当事人的人格尊严和合法权利，给予当事人人文主义关怀，坚持"立检为公、执法为民"的思想，依法保护公民、法人的合法权利，平等保护不同类型企业的合法权利。继续加强案件质量保障体系建设，深化案件流程管理，不断提高执法办案质量。

第二，加大物质投入，强化基层检察文化建设的物质保障。物质文化是指能被人直观感受，反映法律监督活动特点的物质表现。它是检察文化结构体系中最表层的部分，是精神文化的物化，也是最容易被别人感知的部分。② 检察物质文化是司法理念的外在的物质表现，是社会公众可以直接通过感官感受的具体实物。要完善检察物质文化就要不断完善文化设施和硬件建设，包括检察机关的场地、建筑、设施、装备、制式服装，以及检察人员工作、学习、生活的环境。检

---

① 陈国华：《论检察文化及其建设》，载重庆市合川区检察院《检察文化研讨会》论文集。

② 韩清：《基层检察院检察文化建设路径探析》，载《山东行政学院山东省经济管理干部学院学报》2010 年第 3 期。

察机关的"廊、室、网、场"是检察文化的主要阵地和场所，也是检察文化建设的重要物质载体。办好检察专题宣传廊，建造一些具有时代性、实用性和群众性的检察庭院文化设施和活动场所，修建具有检察特色的院史陈列室、图书馆等文化设施，购置一批反映检察核心价值观的经典书籍、相关资料，建造内容丰富、形式多样的法治文化长廊和文化景观，以展示检察精神风貌。

第三，推进队伍建设，强化基层检察文化建设的人才保障。检察文化建设人是核心，关键在于建设一支高素质的人才队伍。检察职业不仅要求检察官具有法律职业的共性，如受过系统的法律职业教育和训练，有着以权利和义务为中心概念的参照系，有以理性的、专业的话语和独特的推理方法去实现法律的确定性等，还要求检察官做法秩序的积极守护者；恪守客观性义务，即应站在法律的立场，而不是当事人的立场，客观全面地调查案件事实，以使案件得到公正处理等。[①] 检察队伍建设和文化建设两者相辅相成，相互制约，相互促进。搞好检察文化建设，必须加强检察队伍建设。一方面要引进各类人才，既包括检察专业人才，也包括文化艺术等其他方面的人才，这样才能为检察文化建设不断增添生机活力，才能使检察文化建设的内涵和形式更加丰富多彩。另一方面要强化教育培训。加强检察教育培训工作，建立和完善教育培训的长效机制，促进高素质、专业化队伍建设。

在推进队伍建设的过程中，要逐步加大全员教育培训力度，支持、鼓励和组织干警参加各种形式的学习教育培训活动，使他们不断提升思想理论素养，不断提升业务工作技能，不断提升内在文化修养，最终实现检察人员的全面发展，使之不断完善和超越自我。基层检察机关要坚持以文化建设为导向，促进队伍建设不断创新发展，着力打造一支勤于学习、善于思考、精于实践的优秀检察队伍，丰富检察文化的内容，增添检察文化的活力，使检察文化真正成为促进检察事业发展的强大动力。

第四，重视制度管理，强化基层检察文化建设的制度保障。制度需要文化作支撑，文化离不开制度的保证，制度是文化的根基所在。[②] 检察机关的工作制度既是检察文化的表现形式，也是检察文化得以推行的坚强后盾。制度文化主要包

---

① 参见《中国特色社会主义检察制度》，中国检察出版社 2006 年版，第 156—158 页。
② 林松崧：《用廉政文化培养"一身正气、两袖清风"的特区检察官》，载《当代检察官》2007 年第 6 期。

括领导体制、组织机构、规章制度等内容。制度建设是检察机关实现检察业务、队伍、检务保障等诸项工作标准化管理的重要手段。首先要建立健全一套完备的规章制度。针对每一个工作环节制定出切实可行的规范，在此基础上要制定相应的业务标准；其次要增强制度的执行力。制度的生命力在于执行，增强制度执行力，领导干部是关键。各级领导干部要做遵守规章制度的带头人，自觉用规章制度来管事、管人、管物，引领检察人员形成遵规守纪的良好风气。

强化制度管理，要从检察工作规律和检察队伍建设的实际出发，对现有的管理制度和工作机制进行梳理、调整和创新，进一步健全、落实检察机关的各项工作制度和管理制度，稳步推进检察机关的规范化建设，通过建立健全系统化管理的长效机制，为检察文化建设提供坚实的制度保障。

总之，检察事业的兴旺发达，离不开检察文化的支撑，基层检察机关要充分认识加强检察文化建设的重要性、必要性和紧迫性，紧紧抓住党的群众路线教育实践活动和十八届三中全会发展文化的机遇，加快推进基层检察文化建设的步伐，培养一支政治坚定、廉洁高效、业务精湛、执法公正的高素质、专业化检察队伍，推进检察事业的全面发展。

新形势下如何推进"地气检察"文化

李成英[*]

检察机关是国家的法律监督机关，依法监督执行和遵守法律的情况，维护法律的正确统一实施。近年来，在检察机关的法律监督实践中，建设先进检察文化，提高检察人员素质，增强法律监督能力，逐渐成为各级检察机关的共识，一股"文化育检"热潮方兴未艾。结合当前我们正在开展的党的群众路线教育实践活动，笔者从检察文化的概念入手，解析检察文化的内涵、构成和功能，对新形势下如何推进以践行群众路线为宗旨的检察文化即"地气检察"文化作疏浅探讨。

一、检察文化的概念解析

（一）检察文化的内涵

作为一种文化现象，检察文化是构成整个文化大系统的一个子系统，它既有"文化"的共同属性，更有其独特的内在品质。首先，检察文化的形成是检察机关和检察人员法律监督实践的产物。检察机关和检察人员在法律监督实践中总结出了许多经验，那些经过积淀并被实践检验是正确的、积极向上的思想观点和思想方法，成为检察文化发展的源泉。其次，检察文化的外在表现形式是一个完整的形象表意系统。此系统包括建筑、设施、人员、组织、装饰等各种有形的事物，具有与检察机关的性质相关的文化特性。最后，检察文化的内在本质是检察机关的精神文化。精神文化是内在的，其展示需要通过执法理念、执法价值追求、行为准则、职业修养、业务水平和文化品位等一定的载体予以展示。总之，

---

[*] 作者单位：新疆生产建设兵团第十师检察分院。

检察文化是以检察官为主体的全体检察人员，在行使宪法和法律赋予的法律监督职能过程中，逐渐形成并共同遵循的理想信念、执法理念、价值判断、道德涵养、兴趣品位等精神生活的抽象集合，及由此表现出来的行为、物质形象等。检察文化是检察机关群体的灵魂，决定和支配着检察机关群体的价值取向，指引与制约着检察现代化的制度性和物质性安排。

（二）检察文化的构成

一般认为，物质、行为和精神三要素构成文化，分别表达文化的物质实体、行为方式和精神观念三个层面。作为文化系统之子系统的检察文化亦当如此。其一，检察文化的物质要素，是以实物形态显露于外，能被人们直观感受，并能反映法律监督活动特点的物质实体，包括检察机关整体环境、检察机关建筑风格、格局装备、人员服饰仪表、生活娱乐设施以及检察文书特征等。检察文化的物质要素是人们能直接感知的，因而是检察文化的基础。其二，检察文化的行为要素，是检察人员基于共同的理想信念、道德观念、价值理念、管理理念、群体精神以及思维模式等意识在行为上的具体表现，包括执法行为、社交行为、内部管理行为、宣传教育行为以及思维模式等生活、职业行为规范。行为是检察文化本质精神的折射和外张的具体表现，也是人们评判的重点。其三，检察文化的精神要素是检察机关在执法、管理、教育等活动中形成的具有检察机关特征的意识和价值观念，包括理想信念、道德观念、价值理念、管理理念、群体精神等意识形态，这种意识形态反映了检察机关群体的共同认识和追求，决定检察文化的本质，不仅体现现代执法理念，而且主导检察机关现代执法理念的实质与方向。无论物质文化还是行为文化，都是以其为核心而发散出来的，因而是检察文化建设的重点和最高境界。

（三）检察文化的功能

文化蕴含着巨大的力。这种"力"并不同于物理学上的"力"，因而，人们更形象地将文化之力称为"软实力"。从本质上说，物理的"力"，是人类用来"化"自然界的；而文化的"力"，是人类用来"化"自身的。从文化的功能上讲，检察文化对形成检察文化的检察群体的内外部有着"力"的作用。一是"指引力"。检察文化建设必然对检察人员产生一种强大的精神意志指引，促使检察人员接受共同的精神认知，并以共同的认知为参照，调整个人的言行举止乃至整个精神世界，以与检察群体保持一致，从而使检察人员的个体行为和检察机关的整体行为向着正确的方向发展。二是"激发力"。检察文化是检察群体信奉并付诸实践的价值理念体系，把尊重人作为中心内容，崇尚以人为本，营造一种精神振奋、朝气蓬勃、开拓进取的良好氛围，弥漫于整个检察群体，激发检察群体内心自然产生一种动力，激发着积极性、主动性和创造性。三是"凝聚力"。检察文化建设可促使检察人员产生目标、准则和观念的认同感，产生对检察群体的归属感，作出凝聚在检察群体之中的应然选择。这种认同感和归属感正是"主人翁"意识的基础，有利于增强检察群体的统一和团结，进而形成凝聚力和向心力。四是"约束力"。检察文化是历史积淀和现实形成的且被检察职业群体所共同遵守或认可的共同的行为取向和行为模式，对每一个检察人员会形成一种无形的、理性的约束。同时，作为检察机关，为了促进法律监督职能的有效发挥，也必须将共同的思维模式和行为规范等元素具体化，建立制度体系，以有效规范检察人员行为。五是"辐射力"。检察机关和检察人员通过各项检察活动，向社会传达、辐射着检察群体的理想信念、道德观念、价值理念、管理理念、群体精神，并在一定程度上对社会产生影响，增进社会对检察工作的理解、信任和支持。

二、建设"地气检察"文化的原因及意义

在党的长期的革命、建设、改革过程中，树立群众观点、践行群众路线，已成为我们党的光荣传统和开展各项工作的重要法宝。历史经验反复证明，什么时候党的群众路线执行得好，党群关系密切，党的事业就顺利发展；什么时候党的群众路线执行得不好，党群关系受到损害，党的事业就遭受挫折。我们党无论在执政前还是执政后，密切联系群众是我们最大的政治优势，而脱离群众则是我们最大的危险。中国共产党的根基在人民，血脉在人民，力量在人民，只有团结广大人民群众，我们党在任何艰难困苦的条件下，才能攻无不克、战无不胜。因此，无论任何时候，我们都必须牢固树立宗旨观念，始终站在人民群众的立场上，时刻做到权为民所用、情为民所系、利为民所谋。

检察机关是国家法律监督机关，是维护社会公平正义的最后一道防线，是惩治腐败的重要机关，其行使的检察权来自人民，根植于人民，必须用来为人民谋利益、为人民群众服务，这是检察工作的根本出发点和最终落脚点。新世纪、新

形势、新任务对检察机关提出了新的更高要求，培育先进检察文化，提高检察机关队伍整体素质，是时代的选择，是人民的呼唤。当前，检察机关要结合正在开展的党的群众路线教育实践活动，以践行党的群众路线为契机，加强责任意识、公仆意识、服务意识教育，引导干警牢固树立和自觉实践以人为本、执法为民的理念，紧密结合检察工作实际，深入基层，以培育、强化检察职业道德，营造团结向上的良好氛围为着力点，把践行群众路线与各项检察工作开展紧密结合，努力实现检察整体工作的协调发展，走出一条"接地气"的检察文化之路。

建设"地气检察"文化，是检察机关牢牢把握加强群众工作的要求，从打造服务群众新平台、关注群众司法新需求、开创社会治理新局面、提升执法为民新形象等方面着力加强群众工作的具体体现。

建设"地气检察"文化，是了解群众所思所盼、所求所愿的重要途径。检察文化接通了"地气"，与人民群众打成一片，才能及时掌握群众的所思、所盼、所求、所愿，也才能真正做到思想上尊重群众、感情上贴近群众、工作上依靠群众。

建设"地气检察"文化，对正确处理案件意义重大。刑事诉讼法第 6 条规定："人民法院、人民检察院和公安机关进行刑事诉讼，必须依靠群众。"犯罪分子的破坏活动，都直接、间接地危害着国家、社会和人民群众的切身利益，人民群众具有同犯罪作斗争的积极性，这是检察机关与群众能够结合的基础。犯罪分子都生活在群众之中，只要有犯罪活动，不论如何隐蔽、狡猾，总要和一定的人、一定的事物发生关系，总要留下一定的痕迹，露出一定的破绽，为一定的人所觉察。因此，通过建设"地气检察"文化，依靠群众能够收集到各种证据，有利于查清案件的事实真相。同时，由于群众人多智广，检察机关依靠群众可以防止主观片面，保证执法的公平公正。

三、推动新形势下"地气检察"文化的具体措施

"地气检察"文化建设是一项十分浩瀚而艰巨的系统工程，检察精神是核心，检察制度是框架，检察硬件设施是基础，检察干警是主体，鲜明的个性和与时俱进的时代性是活的灵魂。"地气检察"文化建设，就是要把"地气检察"文化的价值开发和利用摆在重要位置，通过坚持不懈、持之以恒地培育主流精神和基本理念，使其内化为检察机关的共同价值取向，外化为人民群众对检察事业的

理解和认同。

（一）突出打造理念文化，确保"地气检察"文化的理论基础和政治方向

"地气检察"文化建设就是要在每位干警心中树立"以人为本，执政为民"理念，增强宗旨意识，相信群众，依靠群众，始终把人民放在心中最高位置。当前各级检察机关要以"为民、务实、清廉"，"端正执法理念、规范执法行为、改进执法作风"等主题教育实践活动为契机，通过积极参加上级检察机关组织的各类培训及自我组织学习等形式，大力弘扬社会主义法治理念的科学内涵、本质，促使干警进一步端正执法理想，更新执法理念，坚定执法信念，将党的群众路线主题教育活动的思想理论融入到检察文化建设中来，切实解决好为了谁、依靠谁、我是谁的问题，确保检察工作获得最广泛最可靠最牢固的群众基础和力量源泉。

（二）经常抓检察政治业务修养，强化"地气检察"文化建设的基础工程

推进"地气检察"文化建设，必须持之以恒、循序渐进地进行现代法治精神的熏陶和涵养。各级检察机关应深入开展创建学习型检察院、学习型科室活动，适时组织理论研讨、学术交流、知识竞赛、演讲比赛、专题征文等活动，大力倡导检察人员学习法律、钻研业务，大兴学习之风，积极营造浓厚的学习氛围，引导检察人员增强终身学习理念。重视继续教育，不断更新知识结构，以专业化标准培训、考核检察人员，培养引导检察人员逐步具备与其岗位职责相适应的专业理念、专业知识、专业技能和职业操守。以专业化建设为方向，加强和改进教育培训，实现教育培训由学历教育向专业培训的转变，由知识灌输向能力培养的转变，使培训内容紧贴不同岗位的特点和需求。广泛开展练、学、用相结合的岗位练兵、业务竞赛、技能培训等活动，在各种活动及实践中不断提高检察人员的执法办案本领。

（三）进一步改善"地气检察"文化的"硬环境"

加大资金投入，力争建成职工食堂、文体活动室、电子阅览室、荣誉陈列室及档案室等功能齐全、设备完善的工作生活区；为每名干警配备电脑、打印机等办公用品。同时，积极开展各类文体活动、美化办公环境，使干警工作有热情、

娱乐有怡情。

（四）注重抓"地气检察"文化的阵地、载体创新，讲求有声有色、喜闻乐见

1. 检察文化建设与"访民情、惠民生、聚民心"活动相结合。联系当前党的群众路线教育实践活动，扎实开展"访民情、惠民生、聚民心"活动深入群众、深入基层、深入实际，了解群众所思所盼、所求所愿。"知屋漏者在宇下，知政失者在草野"，只有扎根基层群众的沃土，才能充分了解基层的改革实践，检验政策的实际效果，把我们的资源用到刀刃上；只有承接基层的地气，才能深刻感悟社会的发展变化、准确把握群众的思想脉搏、及时反映群众的呼声和要求，更好地服务基层、服务群众。群众利益无小事；民生问题大于天。要善于解疑释惑、疏导情绪，也要多办顺民意、解民忧、惠民生的实事，办成舒人心、暖人心、聚人心的好事。

2. 检察文化建设与"进机关、进企业、进乡村、进学校、进社区"专题预防职务犯罪活动相结合。深入开展"五进"活动，把当前关系群众切身利益问题较多、职务犯罪案件多发易发、群众反映强烈的"三农"、教育、就业、社会保障、医疗、保障性住房、生态环境、食品药品安全、安全生产、社会治安、司法公正等作为重点领域。按照哪里问题突出、哪里职务犯罪突出、哪个领域突出就预防什么的原则，突出重点，有选择地切实从源头上解决本地区或相关行业、部门、领域职务犯罪易发多发和人民群众反映强烈的问题。

3. 检察文化建设与法制宣传有机结合。将法制宣传作为"地气检察"文化建设的重要内容，通过开展"广泛式"的法制宣传活动，在"12·4"全国法制宣传日、全国检察机关"举报宣传周"、妇女节等法制宣传契机，在街边设立法制宣传点、发放宣传资料、接受群众咨询等法制宣传活动；在控申部门接待群众来访、接受群众咨询、提供法律咨询服务等，让群众少走弯路，切实解决群众的实际困难；在监狱、看守所对犯罪嫌疑人开展法制宣传教育活动，帮助其认识自我，改过自新，帮助符合条件的未成年人犯重新走入校园、走向社会等活动。在闹市、户外设立电子屏播放反腐宣传片；在景区，设置廉政文化长廊；在乡间、社区，设立特色预防文化广场；在街区围墙，绘制廉政动漫；在电视、广播，播出公益广告，等等。

4. 检察文化建设与派驻检察室工作相结合。充分发挥派驻检察室的基层触角作用，通过他们反映基层对检察机关的声音，畅通群众诉求渠道，协助宣传检察职能。

5. 检察文化建设与当地行业文化、企业文化互相渗透。各级检察机关可依托当地行业、企业设立的廉政警示教育室或其他廉政教育基地，针对受教人员的行业特点，选择特定警示教育活动。

打造"地气检察"文化，就是要打造检察机关"环境美"、检察干警"心灵美"和检察工作"业绩美"，激发检察干警"忠诚为民、执法为民"的为民情怀，形成"依法治国、执法为民、公平正义、服务大局、党的领导"价值观核心，提升检察机关及其全体干警的整体素质，进而提高法律监督的水平，增强维护社会公平正义的能力。同时也能加强群众的法制意识、反腐意识、监督意识，营造人人学法、知法、守法、用法的良好氛围。

试论我国检察文化价值观及
检察文化建设的方向和途径

李先赋*

前　言

近几年来，关于检察文化的讨论非常热烈，但极少有人从文化本身的角度去探求检察文化特别是我国检察文化固有的特点和规律。笔者拟从我国检察文化的社会主义文化特色，检察文化的价值观、检察文化的建设方向和途径等方面，采用宏观与微观相结合的讨论方式，谈谈个人对检察文化及其实现过程的认识，以求教于方家。

一、我国检察文化是具有中国特色社会主义文化的重要组成部分

按照《辞源》对文化的解释，文化指人类社会历史发展过程中所创造的全部物质财富和精神财富，也特指社会意识形态。① 作为社会意识形态的文化，是一定社会的政治和经济的反映，同时又给予一定社会的政治和经济以巨大的影响。按照刘佑生教授的观点，"检察文化是指检察官在行使宪法和法律赋予的职权的过程中形成的价值观念、思维模式、道德准则、精神风范等抽象的精神成果，乃至信息化科技强检在内的检察机关物质建设成果"。② 笔者认为，我国检察文化特指当代中国检察制度下，形成的社会主义检察文化。因此，它本质上属

---

* 作者单位：贵州省德江县人民检察院。
① 《辞海》：上海辞书出版社 1999 年版，第 4365 页。
② 刘佑生：《传播先进检察文化，为检察事业提供智力支持》，《基层建设与检察文化》代序，中国检察出版社 2005 年版，第 6 页。

于具有中国特色的社会主义意识形态，是中国特色社会主义先进文化的重要组成部分。

不同国家的国体、政体差异，决定了各国检察制度和检察文化的差异，我国有中国特色的社会主义国家制度和人民民主专政的政治制度也决定了我国检察文化与世界上其他的检察文化有着重大差异甚至是根本的区别。《中华人民共和国宪法》第 129 条"中华人民共和国人民检察院是国家的法律监督机关"的规定明确了人民检察院的性质和职能，即人民检察院是履行法律监督职能的国家机关。我国检察机关的宪法定位决定了法律监督是人民检察制度的文化内核。

我国检察文化是检察机关履行法律监督职能过程中衍生的法律文化。所以，以宪法法律为根据、以法律监督为内核、以检察职业心理倾向和检察官职业行为价值取向为基本内容，构成了我国检察文化的基础内涵。我国检察文化具有以下特点：

第一，法律监督是检察文化的内核。我国检察制度借鉴了列宁的法律监督思想。根据刑事诉讼法、民事诉讼法、行政诉讼法和人民检察院组织法等法律规定，人民检察院通过行使检察权追究犯罪，对刑事诉讼和民事、行政审判实行法律监督，维护公平正义，促进社会和谐稳定。当前，随着社会矛盾化解、社会治理创新、公正廉洁执法工作的推进，检察机关群众路线教育实践活动的深入开展，民事行政检察的探索创新，法律监督的内容更加丰富、层次更加深入。

第二，检察制度的人民性，体现了人民主权特点。宪法第 133 条规定，最高人民检察院对全国人民代表大会和全国人民代表大会常务委员会负责；地方各级人民检察院对产生它的权力机关和上级检察院负责。各级人民检察院的检察长由人民代表大会选举产生，各级检察院的检察员由人民代表大会常务委员会任命。充分体现了检察权最终来源于人民，检察机关要始终为人民负责、受人民监督的基本特征。检察机关积极推行的人民监督员制度，也同样表现了这一特性。

第三，"三个至上"、"三统一"和"忠诚、公正、清廉、文明"构成了检察文化的基本内容。我国检察文化建设必须始终坚持党的事业至上、人民利益至上、宪法法律至上的法律监督理念，追求法律效果、政治效果、社会效果相统一的执法效果，讲求忠诚、公正、清廉、文明的职业道德，坚持"为民、务实、清廉"的价值追求。这些内容从不同的层面、不同的角度对检察文化进行了全面深入的诠释。

第四，上级检察机关与下级检察机关之间、检察长和检察员之间是领导与被领导关系，对外依法独立行使检察权。我国宪法第 132 条规定："最高人民检察院领导地方各级人民检察院和专门人民检察院的工作，上级人民检察院领导下级人民检察院的工作。"《中华人民共和国人民检察院组织法》第 3 条规定："各级人民检察院设检察长一人，副检察长和检察员若干人，检察长统一领导全院工作。"第 9 条规定："人民检察院依照法律规定独立行使检察权，不受其他行政机关、团体和个人的干涉。"这种上命下从的领导和被领导关系和对外独立行使检察权是我国检察文化的又一特色。

从上面的论述可见，检察文化大致有三层含义：一是从意识形态的角度指检察人员在职业生涯中共同形成的有着鲜明的职业特征的意识形态。二是从行为模式的角度指检察机关及其工作人员在检察活动中表现出来的精神特质。三是以检察活动为中心为培养、锤炼检察人员职业素养开展的各项文化活动。我们认为，以检察官为核心主体的检察文化应当是当代先进文化的代表之一，它从属于有中国特色社会主义文化体系，又有着自身鲜明的职业特征。所以，前者是检察文化的精神实质，后者是检察文化的载体和具体表现形式。

二、检察文化价值观

价值观是文化的核心。"坚持什么样的文化方向，建设什么样的文化，就是坚持和倡导什么样的价值观。"[①] 我们建设检察文化必须紧紧抓住检察文化的价值观和价值体系这个关键和根本。检察文化是社会主义文化的重要组成部分，是检察事业不断发展的重要力量源泉，是检察人员从事检察工作的精神支柱和行动指南。它所反映的价值观念和价值体系也是检察事业本身赖以存在和发展的根本和基础。湖北省检察院检察长敬大力提出，检察人员在职务活动中所坚持的理想信念、价值标准、执法理念和展示出来的职业修养、精神风貌是检察文化的本质和核心，检察文化是检察事业最深层次的精神积淀，是推动检察事业发展的导引力量。[②]

---

① 郭宇光：《社会主义核心价值观是建设和谐文化的根本》，新华网·新华时政，2007 年 9 月 6 日。
② 郑建：《检察文化之"道"——检察文化暨法治文化理论研讨会综述》，载《检察日报》2010 年 11 月 5 日第 5 版。

因此，我们认为，我国检察文化要高举中国特色社会主义伟大旗帜，坚持党的事业至上、人民利益至上、宪法法律至上，深入贯彻科学发展观，充分体现检察文化自身的规律特点和功能作用。检察文化理论建设和检察文化建设要在坚持社会主义核心价值体系的基础上，坚持中国特色社会主义检察文化价值观。否则将会抹杀我国检察文化自身的本质属性，把我国有中国特色的社会主义检察文化与其他属性的检察文化混为一谈。建构我国检察文化自身的价值体系一定要深刻把握中国检察文化的基本价值观。以下是我们对中国检察文化基本价值观的初步概括。

第一，监督观。检察机关是国家的法律监督机关，最高人民检察院领导地方各级人民检察院和专门人民检察院依法履行法律监督职能，保证国家法律的统一和正确实施。诉讼监督、侦查监督、职务犯罪的预防与侦查、执行监督以及公诉等各项检察职能都是法律监督的具体展开和实现，目的都是保证国家法律的统一和正确实施。所以，法律监督是检察事业的出发点，法律监督观是检察文化的内核。

第二，忠诚观。忠诚、公正、清廉、文明是检察官职业道德基本准则和检察官行为规范的基本内容。检察文化中的忠诚观有着非常丰富的内涵。其中首要的就是忠于党、忠于国家、忠于人民、忠于宪法和法律。这是检察职能的国家性、检察机关的人民性、检察事业的法律监督性和党的执政地位所决定的，是检察事业朝着正确的方向科学发展和健康发展的重要保证。这也是我国检察文化与西方检察文化的根本区别。

第三，公平观。"强化法律监督，维护公平正义"是检察工作的主题。公平正义在具体的检察工作中有着不同的具体内容，可以从不同角度进行阐释。公平观是检察文化的基本要素。它最起码的是要求法律面前人人平等，既平等地受法律保护，又平等地遵守法律接受法律的约束；还要求相同的事实和相同的问题有相同的法律结果。保证公平是实现社会正义、促进社会矛盾化解的必由之路。

第四，正义观。法律乃国之重器，是实行国家治理和社会管理的重要手段，也是维护社会秩序和社会正义的重要工具。法治是现代政治文明的重要标志。亚里士多德曾说："法是最优良的统治者。"① 生动形象地表达了法律在国家治理和

---

① 亚里士多德：《政治学》，商务印书馆 1983 年重印本，第 171 页。

社会管理中的功能和作用。不论是程序正义还是实体正义，最终体现为社会正义。

第五，清廉观。清廉是对每一个党员干部和国家工作人员的基本要求。检察机关享有宪法法律赋予的特定权力。社会正义是社会秩序稳定和国家长治久安的前提。树立正确的正义观是检察工作法律效果、政治效果和社会效果相统一的根本保证。社会主义核心价值观为根本的职业价值取向，要防范利益交换和权力寻租的风险。这就要求检察人员必须首先在思想上树立清廉观念，在工作中自觉防范和抵制各种利益的腐蚀和诱惑，大力倡导和弘扬清正廉洁的高尚品质。只有这样，才能保证检察事业得到人民的支持和拥护。

第六，文明观。文明是检察文化中的又一重要内容，具体表现为执法理念文明、执法作风文明、执法行为文明、执法语言文明。检察官应当具有良好的政治素质、法律素养和文化底蕴，具有相互支持、相互配合的团队意识和积极遵守检察礼仪规范的优良品格，还要恪守社会公德、家庭美德，慎独慎微，行为检点。执法理念是否文明直接决定执法作风、执法行为和执法语言是否文明。检察文明是检察文化内在优秀精神实质的外在表现。

三、检察文化建设的方向

如前所述，我国的检察文化是具有中国特色的社会主义文化的重要组成部分，是社会主义精神文明的重要内容之一。检察文化的建设要始终坚持社会主义核心价值体系的引领作用，始终坚持社会主义文化的建设方向。这是我国检察事业沿着社会主义道路科学发展、健康发展的政治保证。

从本质上说，检察文化的价值观和价值体系是从属于社会主义的价值观和核心价值体系的。马克思主义思想、中国特色社会主义理想、以爱国主义为核心的民族精神和以改革创新为核心的时代精神以及社会主义荣辱观，构成了社会主义核心价值体系的基本内容。检察文化建设必须坚持马克思主义思想，坚持中国特色社会主义理想，充分反映我国检察制度的民族特色和时代特点。要用反映民族特色和时代特点的检察文化凝聚检察力量，激发检察工作活力，引领、改造、提升、整合检察工作实践中出现的不同观念。

随着我国检察事业的深入发展和检察队伍的壮大，人们越来越清醒地认识到：只有队伍的发展壮大是远远不够的，必须有一种具有强烈凝聚力的文化认同力量，来凝聚人、动员人，激发检察人员的职业自豪感和职业责任感，促使检察人员全面、正确地履行职务。因此，"我们要针对检察官的职业特点，造就先进的检察文化，从而使检察官成为具有良好的政治修养、法律素质和正义感的职业群体"。① 在一定意义上，我们可以说，正确的价值观引领下的先进检察文化就是推动检察事业顺利发展的原动力。

加强检察文化建设，要在坚持马克思主义对意识形态领域的指导地位的基础上，牢牢把握检察文化的前进方向，弘扬优秀民族文化传统，借鉴人类有益的文明成果，倡导"强化法律监督，维护公平正义"的法律监督理念，培育"敢于监督、善于监督、依法监督"的法律监督精神。同时，我们建设有中国特色的社会主义检察文化，还要借鉴和吸收外国检察文化和传统文化中的合理成分。

由此可见，不断地总结、概括和提炼检察文化价值观，建构检察文化价值体系，是检察文化建设的一个重要任务。它不仅决定检察文化建设的形式和内容，而且决定检察文化建设的性质和方向。只有把检察文化建设统一于社会主义精神文明建设的范畴之内，才不会偏离社会主义文化建设的方向。

四、检察文化建设的途径

检察文化建设是一项庞大的系统工程，需要理论指导和检察实践相结合，需要将检察业务工作与检察文化建设相结合。既要用检察文化理论研究的成果来指导检察文化建设，又要将检察文化建设实践取得的成果充实提高检察理论。由于新中国检察事业发展的时间短暂，检察文化的理论研究不够深入，检察文化建设实践尚处于探索当中，所以要在加强检察文化理论研究的同时，积极推动各种层次的检察文化建设实践活动。一是要展开深入的检察文化理论研究，从社会科学的角度深刻揭示检察文化发展的特点和规律。二是要站在讲政治的高度，将检察文化发展的一般规律与中国特色社会主义检察实践相结合，给出检察文化建设的理论指导。三是要培育一支具有一定理论水平和实践能力的检察文化建设队伍。四是在各级检察机关开展丰富多彩的检察文化活动。

第一，深入展开检察文化理论研究是检察文化建设的基础和前提。任何一种

---

① 刘佑生：《传播先进检察文化，为检察事业提供智力支持》，《基层建设与检察文化》代序，中国检察出版社 2005 年版，第 6 页。

事物的产生和发展都必然有其规律性的东西，检察文化也是一样。自从人类社会诞生检察官制度（检察制度）以后，现代检察制度发展至今已经有数百年历史。世界各国的检察制度经历了不同的发展道路，各自有着不同的特点。所以各个国家的检察文化可以分为不同的类型，有的差别很大。通过对不同类型的检察文化进行比较研究，可以归纳出检察文化的共性规律。同时，也能更加深刻地揭示我国检察文化自身的发展特点和规律，为我国检察文化建设奠定理论基础。然而，检察文化理论研究的现状是不容乐观的。客观上，无论是法学教育研究机构，还是专家学者们，都似乎不太在意检察文化的理论研究。更有学者认为检察文化不应列入检察学学科体系的范畴。[①] 这不能不说是令人遗憾的事情。

第二，正确的理论指导是检察文化健康发展的政治保证。任何文化现象都不是空中楼阁，必定有其赖以存在的土壤和发展的营养，检察文化也一样。我国的检察文化建设最基本的一条，就是要与中国国情相适应，坚持"依法治国、执法为民、公平正义、服务大局、党的领导"的社会主义法治理念，坚持"党的事业至上、人民利益至上、宪法法律至上"的检察文化发展方向，坚持深入推进社会矛盾化解、社会治理创新和公正廉洁执法。只有这样，才能保证检察文化建设的正确方向。同时，检察文化在正确的理论指导下充分发展，有利于厘清人们对一些问题的模糊认识。曾经有对我国的检察权是属于司法权还是行政权而争论不休，莫衷一是。其实，如果从检察文化的角度来分析和判断，就会发现我国的检察权既不同于行政权又不同于司法权，而是"一府两院"架构中与行政权和司法权并列的法律监督权。[②]

第三，培育一支具有一定理论水平和实践能力的检察文化建设队伍是检察文化建设的客观要求。检察机关对检察文化建设历来都是非常重视的。多年的检察文化建设实践也锤炼了一批检察文化人才。但是，我们必须承认，现有的检察文化人才储备无论在数量还是质量上，尚不能满足检察文化建设蓬勃发展的客观需要。特别是基层检察机关，更加欠缺具有一定理论水平和实践能力的人才。在部分基层院，检察文化观念还比较淡薄，还没有充分认识到抓好检察文化建设对改造干警精神风貌、强化法律监督意识、提升办案工作质量、防范检察纪律风险和

---

① 张智辉、张雪姐：《围绕中心工作与检察改革开展基础理论研究》，载《检察日报》2010 年 12 月 29 日。

② 张智辉：《检察权与法律监督》，载《检察日报》2012 年 2 月 16 日。

推动检察工作全面进步的精神动力和智力支持作用。所以，各级检察机关特别是基层检察院，要通过各种渠道和途径把检察文化建设与政治工作、组织工作和教育培训有机结合起来，培养专职或兼职的检察文化工作者。力争做到检察文化工作有人抓、抓得好。让检察文化工作与检察业务工作互相促进、相得益彰。

第四，以丰富多彩的文化活动作为检察文化建设的载体，努力实现检察文化建设常态化，充分发挥检察文化活动的宣传功能和感染、教育作用。开展检察文化活动是检察文化建设的重要内容之一。检察文化活动能够生动地反映检察文化的精神实质。对外，检察文化活动具有宣传、感染功能；对内，检察文化活动具有熏陶、教育作用。从全国的实践情况来看，检察文化建设方式和检察文化活动形式是多种多样的。作为检察文化建设政策的制定者和检察文化实践的领军者，最高人民检察院除了建有内部网站和外网，有自己的出版社，《人民检察》、《检察日报》等知名报刊外，还有影视中心。全国各省级检察机关和大多数市、州检察院以及检察分院都有定期出版的刊物。还有不少地方充分利用互联网图文并茂、容量巨大、观阅方便的特定优势建设自己的网站。如江苏等地建立的网站开辟有"检察风采"、"检察文化"、"主题活动"、"检务公开"等 20 个专栏。许多地方还把文学、艺术和日常文化娱乐与检察文化建设结合起来，收效良好。如广东、河南等地和河北唐山等地市级检察院成立了文联或作协组织，许多基层院成立了文学、摄影、书画、体育团体。北京、重庆、河南洛阳、河北唐山等地举办了"检察文化艺术节"、"检察文化周"、书画摄影展等活动。① 今天，在传统的电视、广播和平面媒体之外，随着手机彩铃、短信、彩信和移动网络等现代新兴媒体技术的应用，检察文化活动的方式可以不断推陈出新。

五、结语

进一步加强检察文化建设，是加强检察机关自身建设，增强检察机关监督能力，提高检察干警综合素质，巩固检察机关法律监督地位的客观需要。检察机关自身要加强检察文化的理论研究和实践探索，更好地推进检察文化建设和检察事业的全面发展。

---

① 《检察文化——检察官的精神名片》，载《检察日报》2010 年 7 月 16 日。

论检察职业精神在检察文化建设中的作用

李志慧[*]

文化是一个组织的灵魂，一个组织一旦形成了优良的文化，这种文化就会使每一个成员的内在行为形成真、善、美的向心力，从而实现组织群体行为的完美结合。检察文化是中国特色社会主义先进文化的组成部分，是检察机关在履行法律监督职能过程中衍生的法律文化，它伴随着中国特色社会主义检察事业的发展而不断丰富完善。检察文化产生的检察职业精神，为检察理论的繁荣、队伍整体素质的提升、检察事业的发展起到了积极的导向作用。检察文化建设是检察队伍建设的根基，培育检察职业精神更是强化检察队伍建设的灵魂。

下面，笔者结合工作实际，对基层检察机关检察职业精神在检察文化建设中的作用发表一些粗浅的看法，以供商榷。

一、 检察职业精神的内涵

所谓精神，是指人的意识和思维活动、活力等。精神赖以人的主观意识而存在，是建立在物质之上，与物质相对应和意识相一致的哲学范畴。职业精神，是指与人们的职业活动紧密联系、具有自身职业特征的精神。杰弗逊夫人曾经说过：职业精神是把整个道德大厦连接起来的黏合剂，如果没有这种黏合剂，人们的能力、善良之心、智慧、正直之心、自爱之心和追求幸福之心都难以持久，这样的话，人类的生存结构就会土崩瓦解，人们就只能无可奈何地站在一片废墟之中，独自哀叹。

检察职业精神，说的是与我们的检察职业活动紧密联系、具有检察职业特征的精神，主要指从事检察职业的工作人员所应具备的职能意识、思维、心理素质

---

* 作者单位：河南省许昌县人民检察院。

和职业品质，强调的是检察理念、法律信仰、检察职业风尚以及检察职业习惯，集中体现了检察人员对检察职业的不懈追求，深深植根于检察理念之中，并日益成为检察人员自觉遵守的行为准则，是检察文化的核心内容。

具体而言，一是检察职业精神的前提是坚持党的领导。检察职业精神要坚持中国共产党的领导，这是由中国共产党的先进性和党的执政地位决定的，是我国宪法确定的一项基本原则，是社会主义法治的根本保证，也是由政法机关的性质和任务决定的。二是检察职业精神的基础是依法履职。认真履行检察机关法律监督职责，把维护社会和谐作为服务经济社会发展的首要任务，严厉打击各类严重刑事犯罪活动，努力化解社会矛盾，积极为当地经济社会发展创造良好的法治环境。三是检察职业精神的根本是公平正义。守护公平正义、执法为民是检察职业精神的目的。习近平总书记在中央政法工作会议上强调，"正义是政法工作的生命线，司法机关是维护社会公平正义的最后一道防线。"坚守公平正义防线，就要克服执法活动中的程序不公、实体不公现象，切实做到有法必依、执法必严、违法必究，坚决避免冤假错案发生。四是检察职业精神实现的途径是强化监督。正是检察人员这一特殊定位，决定了人民检察机关的检察人员所应具有的职业精神与其他职业精神相比有着很明显的特性。我国宪法和人民检察院组织法规定，人民检察院是国家的法律监督机关。检察机关通过行使检察权，对国家机关及其工作人员和公民是否遵守宪法和法律进行监督，保障宪法和法律的统一实施。

二、检察职业精神与检察文化建设的关系

检察文化是新时期检察形象的重要体现，加强检察文化建设，对于提升检察人员的综合素质，促进各项检察工作的健康发展具有基础性、长期性的推动作用。检察职业精神是我们从事检察工作应具备的职业精神，也是我们做好检察工作的关键所在，培育良好的检察职业精神，能进一步激发广大检察人员从事检察工作的光荣感、使命感和责任感，进而造就一支人民满意的检察队伍。实现检察事业的科学发展，离不开先进检察文化的支撑，建设高素质的检察队伍，离不开先进检察文化的培育。先进的检察文化可以凝聚人心、鼓舞人心，使全体干警产生强烈的归属感、自豪感，从而紧密团结起来，振奋精神、奋发向上，为国家和人民的利益奉献能力和智慧。

检察职业精神是检察文化建设的重要组成部分。随着中国特色社会主义检察事业的发展，检察文化建设也不断丰富完善，最高人民检察院把检察职业道德的内容概括为"忠诚、公正、清廉、文明"八个字，并成为检察人员在履行法律监督职责时应当自觉遵守的基本行为准则。坚持以文化人，铸造检察职业精神，就是要把构建检察人员共同的职业操守和行动指南贯穿检察文化建设的过程中，用检察职业精神的培育引领检察文化建设，让检察文化为检察事业发展提供不断的力量源泉。因此，在基层检察文化建设过程中培育符合时代发展的检察职业精神，对于建设一支忠于党和人民、政治素质和业务素质高、不徇私情、廉洁敬业、恪尽职守的检察队伍，具有深刻的现实意义。

检察文化建设充分凸显检察职业精神的职能特色。检察文化是以检察人员为主体的检察机关在长期的法律监督工作实践和内部管理活动中，逐渐形成的具有检察机关特点并得到共同遵循的价值观念、思维模式、行为准则以及与之相关联的物质载体的总和。加强检察文化建设，用先进的文化武装检察队伍，不仅是推进社会主义文化大发展大繁荣的客观需要，更是推动社会主义核心价值体系中的检察工作和检察队伍建设科学发展的内在要求，而检察文化建设与其他文化建设的不同之处就在于，检察文化突出的是检察职业这一职能特色，它传承了中华文化"修身、自律、刚正"的历史性，同时更体现了"立检为公、执法为民"的时代性。

检察文化建设和检察职业精神相辅相成。先进的检察文化反映法律的精神本质，是检察从业人员恪守职业精神长期深厚的积淀。检察职业精神是检察文化建设的灵魂，引导和推进检察文化建设不断向前发展，就要坚持把检察职业精神的培育作为提高检察队伍整体素质的重要抓手，锻造检察人员共同遵循的行为准则。而检察职业精神的挖掘、提炼、传承和升华，离不开检察文化建设这方沃土，只有沿着检察文化建设的方向，才能形成充分发挥检察职能的检察职业精神。

三、如何在检察文化建设中突出检察职业精神

检察文化是检察人员共有的精神家园，检察文化建设是为检察人员履职服务，全力提升检察工作发展的"软实力"，就要树立职业精神的正气，不断充实检察职业精神的内涵，使检察职业精神更好地为检察文化建设提供动力。

（一） 注重检察文化建设与检察职业精神相结合，持续培育检察职业文化

文化只有内化于心，才能外践于行。检察职业精神是构建检察文化的核心，是"文化育检"的源头活水，是检察工作发展的内在动力。检察文化建设必须与检察职业精神紧紧结合，才能在检察人员的思想教育、业务学习和文化熏陶中，增强检察人员职业文化建设的自觉性。在日常工作中，要以社会主义法治理念教育思想武装我们的头脑，使检察人员明白检察职业是多么神圣而又光荣的职业，从而培育自身先进的检察职业精神。同时，充分发挥工会、检察官协会、青年联合会等群众社团组织作用，生动有效地开展各类文化活动，培育政治立场坚定、业务素质过硬、综合能力出众、服务群众有力的检察职业精神，让每一名检察人员都成为展示检察文化建设成果的载体和标杆。

（二） 不断丰富检察职业精神内涵，使检察文化建设永葆蓬勃生机

丰富检察职业精神内涵，要从独具检察特色的司法观念、价值取向、职业操守等抽象理念，到与之相适应的内部规章、程序规范等具体制度；从检察机关的环境、建筑、设施、装备等物质形态，到检察人员办案办公、服务群众等行为方式，找准推进检察文化建设的落脚点。

在检察文化建设过程中，必须将检察文化建设融入到充分发挥检察职能的过程中，具体转化为执法办案理念的提升、执法办案能力的提高，使检察文化建设真正落脚于推动检察业务水平和队伍素质能力的不断提升上，向文化软实力要业务工作硬成果，将检察职业精神的塑造融入渗透到检察业务工作的方方面面，永葆检察文化建设的蓬勃生机。

（三） 发挥检察文化建设的职业特色，真正用检察职业精神凝聚人心，鼓舞斗志

坚持检察文化建设，就是要把检察文化的价值开发和利用摆在重要位置，通过坚持不懈、持之以恒地培育主流检察职业精神，使其内化为检察机关的共同价值取向，外化为社会各界对检察事业的理解和认同。在检察文化建设中要突出每个检察人员主人翁的地位，检察文化建设从来不是检察机关几个"文化人"的行为，应该成为全体检察人员的自觉行为。因此，要充分发挥广大检察人员在文化建设中的主体作用，尽可能地发动、吸引每位具有检察职业精神的检察人员都

成为检察文化建设的参与者和受益者，引领检察人员牢固树立政法干警核心价值观，理性平和、文明规范，爱岗敬业、开拓创新、勇争一流，使检察人员成为先进检察文化的实践者和代表者，形成积极向上的合力，从而全面发挥检察机关的法律监督职能。

文化的特有功能与检察机关的职业特点、社会公众对检察机关的期望相交融，便产生了检察文化。要建设一支政治坚定、业务精通、作风优良、执法公正的检察队伍，凸显出检察机关的时代精神，就必须树立以精良的法律业务素质为基础、以崇高的法律职业道德为核心、以现代法治理念为指导、以实现法制现代化为目标的职业价值追求，这应该成为检察文化建设和检察职业精神共同的努力方向。

关于基层检察文化建设的几点思考

李　昂[*]

检察文化是中国特色社会主义文化的组成部分，是检察机关履行法律监督职能过程中产生的法律文化。习近平总书记曾引用一位哲学家的话："政治是骨骼，经济是血肉，文化是灵魂。"检察文化是检察机关的"灵魂"，它是文化的本质和人的本质的统一，它是理念形态文化、物质形态文化和制度形态文化的复合体。① 作为一种独特的文化符号，随着我国法治进程的不断深入，其所释放出来的"法治"信号愈加强烈。

一、当前基层检察文化建设的现状

目前，虽然各地基层检察机关已经着手检察文化的建设，但是大部分仍处于起步阶段，成果斐然者较少，而且在现实中仍然存在一些建设误区和局限，笔者认为，现存的较为共性的问题主要表现在以下几个方面：

（一）力度小，形式少，检察文化建设浅尝辄止

大部分基层院检察文化建设的力度小、形式少，对检察文化建设的探索仅仅停留在听听讲座、看看书、写写笔记等浅层次上，仅仅在表面上做文章，缺乏对检察文化探索的力度和深度。大多数干警对检察文化建设的意义认识不到位，对推进检察文化建设从思想上重视不够，导致检察文化建设在很多地方可有可无，检察文化建设被虚无化。

---

　　* 作者单位：河北省冀州市人民检察院。
　　① 刘斌、张建伟、徐苏林：《大力加强检察文化建设，积极推动检察工作深入开展》，载《人民检察》2011 年第 17 期，第 41—48 页。

（二）检察文化建设形式化

对检察文化建设的内涵缺乏必要性的认识，部分基层院存在"重形式，轻内容，重过程，轻效果"的倾向。比如一些地方虽然设置了文化墙、文化长廊等一些体现文化建设成果的东西，但是干警的参与性和积极性并没有充分调动和发挥出来，没有形成全院性的文化氛围，文化建设成为少数人的"独角戏"，久而久之"墙上的文化"便成为一种装饰甚至摆设。文化建设虽然需要丰富的载体和多样的形式，但若仅仅是为建设而建设，那我们的文化建设并没有发挥软实力的作用。

（三）检察文化缺乏精神内涵，理念不响

在检察文化建设中，大部分基层检察院存在"重物质、轻本质"的现象，把思路局限在机关环境建设和娱乐文化上，形式止步于演讲比赛、趣味比赛等文体活动层面，有活动却无创新；有学习却乏沉淀，没有形成自身的文化精髓，使检察文化建设有形无神，违背了检察文化建设的初衷。事实上，物质文化是"实"，精神文化是"质"，检察机关物质文化建设的目的是形成、承载精神文化，物质文化的建设不是目的，而是手段。

（四）检察文化建设重点不突出、特色不明显

重点不突出、特色不明显是大多数基层院检察文化建设的又一"病症"。在实际中，大部分检察院在推进检察文化建设过程中，没有发掘本地区人文、地理环境、历史传统和发展趋势等地方特色，盲目照搬照抄上级院或其他检察机关的经验，"规定动作"多，"自选动作"少，创新不足，重复有余，使检察文化建设呈现"人云亦云，千篇一律"的尴尬现状，未能体现本地区个性，使检察文化建设趋于庸俗化、功利化，未能发挥检察文化所具有的独特作用。

二、基层检察文化建设不足的原因探析

（一）重视力度不够，没有形成长效机制

尽管最高检对检察文化建设作了明确规定，对检察文化建设的重要性作了充分阐述，但是部分基层院囿于机构设置、经费紧张、业务繁忙等多种因素的影响，对检察文化的认识还不够全面，把检察文化等同于政治教育，认为开展检察文化建设，就是"上政治课，树立典型"，对检察文化建设仅仅停留在表面上，

没有开展进一步的探索和挖掘，制度不健全，执行不力，在一定程度上阻碍了检察文化的建设。

（二） 检察队伍素质参差不齐，对检察文化缺乏正确认识

部分干警对检察文化的认识不够透彻，参与检察文化建设的积极性不高是基层院检察文化建设停滞不前的重要原因。部分干警对检察文化的认识仅仅停留在嘴上，没有在心中扎根，没有在行动中落实，甚至把检察文化等同于检察系统内部开展的文体活动，认为只要做好本职工作、圆满完成各项任务就可以，仅仅是将检察文化建设作为法律监督活动的管理方法和管理手段，对检察文化建设的认识还只停留在表层化的局限和误区上。[①] 且囿于业务、精力、财力等多方面因素，干警参与积极性不高，未意识到检察文化建设的重要性和必要性。

（三） 只注重物质表现形式，忽视检察文化建设的内在本质

过度重视检察文化的物质层面建设，欠缺对检察文化精神本质的探索，思路狭窄，局限于在机关环境、办公设施、干警仪表等方面做文章，一味强调发展机关环境和娱乐文化，单纯突出其在改善检察人员工作、生活、学习等条件的物质功能，脱离了检察文化建设的正确轨道，违背了检察文化建设初衷。物质文化和精神文化是检察文化的两个方面，物质文化只是检察文化的形式载体，精神文化才是检察文化的内在本质。检察机关的物质文化建设的目的是为检察文化建设提供基础，并使它成为承担精神文化的载体。

（四） 完全照搬，盲目模仿，缺乏创新

检察文化建设存在共性，但更应该凸显"个性"。基层院在检察文化建设中，应该彰显其特有的性质，不同地域的检察文化应有其本身较为鲜明的地域文化特色，这也是检察文化的生命力和感召力的根源所在。[②] 比如许多基层检察院所在县市区曾是历史古城、革命老区或者儒家、法家等文化诞生地，在检察文化建设中本应该注重对于自身光荣历史和文化底蕴的挖掘和弘扬，但是，在实际中很多基层检察院在推进检察文化建设中，尤其是促进所在地省级市级检察院文化理念形成中，忽略了本地的人文历史、地域特点，造成检察文化建设泛泛化、重

---

① 任晓刚：《和谐社会中检察文化建设的路径探讨》，载《宜春学院学报》2011年第9期，第60—63页。

② 吴世文、翟兰云、曹烨琼：《基层检察文化采访记》，载《检察日报》2013年8月28日。

复化、低端化。

三、基层检察文化建设的路径选择

（一）领导重视，精心组织，形成长效机制

领导重视是检察文化建设的保障，检察文化建设能不能扎实开展、能不能取得预期成效，领导的重视程度起着决定性的作用。检察文化建设是检察队伍建设的重要内容之一，它是一个复杂的系统工程，需要精心组织，全员参与，全方位配合，齐抓共管，各有关科室要积极落实检察文化建设的设计规划。领导班子成员在检察文化建设中要身体力行、率先垂范，努力提高素质，做一个优秀的领导者和倡行者。坚持以人为本的"文化育检"理念，使检察文化充满人文关怀，使队伍在工作生活中感受到集体的力量和温暖，增强领导班子在团结领导和管理队伍中的感召力。要求检察长和其他班子成员扛起检察文化建设的重担，冲锋在前，发挥模范引领作用，开好局，带好头，充分调动干警的积极性和主动性，解放思想，开拓创新，使检察文化建设出特色、创品牌。以冀州市院为例，通过长期探索，形成了院党组统一领导、检察长亲自抓、分管领导具体抓、其他领导共同抓的领导机制，健全完善了政工部门具体负责、各部门全力配合的组织机制；针对各项活动，设立活动办公室，使文化建设有组织、有计划地开展。

（二）加强队伍建设，扎实检察文化之根

检察文化建设的关键是人的建设，检察干警是承载、弘扬检察文化的生动载体，故检察文化建设的根本在于培育和塑造一支忠诚、清廉、公正、为民的检察队伍。基层检察院要突出以人为本理念，实行人性化管理机制，提高和培养检察人员的兴趣和创新精神，紧紧把握检察文化建设的核心内容。[1] 要采用教育、启发、诱导、吸引、熏陶和激励等多种方式提高检察人员的思想道德修养，积极培养复合型人才，促进检察人员的全面发展和进步；同时，要注重打基础，树立文化建设理念；着眼前，营造文化建设氛围；看长远，完善文化建设机制。近年来，冀州市院全面规划，逐步实施，整体推进，以政治理论学习为突破口，陆续开展了政法干警核心价值观，检察队伍专业化、职业化建设，党的群众路线教育

---

[1] 王维新：《新形势下如何建设地方特色的基层检察文化》，载《法制与经济》2013 年第 5 期。

实践活动,"五院建设"等多项政治理论学习活动,参考该院的《干警政治理论学习办法》,组织干警集体学习,做到有计划、有笔记、有考核、有记录,通过"学、记、考、评"四位一体的学习模式,增强了干警的办案质量意识、规范意识和效率意识,营造了"想干事、会干事、干好事、不出事"的良好氛围,形成了争创一流、不甘落后的良好局面。

(三) 深耕易耨,推动检察精神文化繁荣

精神文化是检察文化的本质,它的建设、发展、传承同样需要浓厚的文化氛围。检察文化的建设必须紧紧围绕"强化法律监督、维护公平正义"的检察目标,坚持"立检为公、执法为民"的基本观念,以社会主义法治理念和政法干警核心价值观来构筑检察文化基石,以"法治服务,人本发展"作为共同愿景,形成服务的价值取向;坚持把社会主义核心价值体系融入检察职业道德培育与精神文明建设全过程;坚持把"没有最好,只有更好"、"追求卓越,超越自我"的卓越文化理念作为全院检察干警推进事业发展的共同精神动力。[①] 基层检察院要以倡导检察精神为契机,努力营造积极向上、精诚团结、勤于工作、乐于奉献、敢为人先的工作氛围;要以强化检察职业道德为切入点,确立共同行为准则,推动检察机关规范化建设。在这方面,冀州市院以"五院理论"为指导,循序渐进地推进检察文化建设水平。提倡无形的文化理念有形化,在大厅、走廊、接访室、讯问室等办公场所,格言、文化墙、座右铭、名言警句随处可见,或倡导一种行为准则,或宣传一个哲理,或温馨提示一些注意事项,或委婉警示某种危害,散发着浓郁的文化气息。并对该院综合部门和业务部门的操作规范、工作流程等规章制度重新进行修订,梳理、制定了96项精细化管理办法,规范办案和办公流程,队伍建设成效显著,给检察工作注入了新的活力。

(四) 挖掘地方文化底蕴,突出基层检察特色

检察文化建设不能流于形式、千篇一律,要突出地方特色,形成"一方水土养一方检察文化"的局面。我国悠久的传统文化为检察文化建设提供了丰富的源泉。只有将检察文化与传统文化、地方文化交织交融,才能打造具有特色的检察文化品牌。在检察文化建设中,基层检察院要依托本土地域、经济等资源,不断

---

① 李宏伟、宋洪波:《基层检察院如何加强检察文化建设》,载《法制与经济》2012 年第 3 期。

强化"文化育检"的理念，突出检察特色和地方特色，构筑和完善以"以人为本、清正廉洁、公平正义、忠诚为民"为核心的检察文化内涵。冀州，历史悠久，文化灿烂，人杰地灵，古为九州之首，是中华民族古老文化发祥地之一，上下几千年来，数不尽的风流人物孕育了冀州检察"崇文重法、自强不息、敢为人先"的九州之首精神。为此，该院依附冀州得天独厚的文化底蕴，实施"文化育检"战略，着力建设具有地方特色的检察文化。结合实际，总结出"以制兴文"的建设文化模式，通过不懈努力，内修外化，激励精神，形成了人文和谐之气、干事创业之风和蓬勃发展之势。

检察文化建设是一项庞大的系统工程，而繁荣检察文化更不是一蹴而就的事情，必须通过全体检察干警长期不懈的努力，不断总结新经验，解决新问题，逐步完善。更重要的是，我们首先必须从组织上、思想上、行为上和检察文化接轨，自觉摒弃种种不良习气和作风，以自己的检察实践丰富和繁荣检察文化，进而推动检察工作的全面发展。

基层检察院检察文化建设的反思与实践

李素娟　郑　东*

2002 年 3 月，最高人民检察院发布的《人民检察院基层建设纲要》明确提出了检察文化建设任务。2010 年 12 月，最高人民检察院发布《关于加强检察文化建设的意见》，对检察文化的内涵、作用、指导思想、总体目标进行了概括，成为检察机关开展检察文化建设的总纲。几年来，各地检察文化建设如火如荼并取得了一定成绩，同时也应看到，当前检察文化建设中仍然存在一定问题，影响制约了检察文化的深入健康发展。如何加强基层检察文化建设，切实起到应有的作用，是当前基层检察院亟待解决的重要课题。

一、基层检察文化建设的反思

（一）关于检察文化建设的成效

检察文化是检察机关在检察实践中创造的精神文化、制度文化和物质文化的总和。狭义来说，检察文化单指精神文化，即支配检察人员进行检察实践活动的意识、理念、方法等精神文化。如何检验基层院检察文化建设的成效，是否达到建立高素质检察队伍的目标，笔者认为有三个可供参照的客观标准：一是看看群众对检察机关怎么看，检察院、检察官在群众中有没有口碑，检察机关的公信力是否提高了，检察机关的群众满意度是否上升了，检察院首先是"人民"的检察院，能让普通百姓说好，才是真的好；二是看看检察同行对这个检察院怎么看，是不是真的服气，是不是真有能值得借鉴和学习的东西，外行看热闹，内行看门道，能让同行发自内心地说好，才是真的好；三是看看检察官个人对他工作

---

* 作者单位：河北省石家庄市桥西区人民检察院。

共事的这个群体怎么看，检察官的思想境界、人文素养、精神面貌、言行举止有没有整体提升，有没有增加对检察官职业的认同感、归属感、自豪感，能让身处其中的主人翁说好，才是真的好。所有检察文化建设都要围绕如何达到上述三个标准来努力。这三点标准，不光是盖好办公楼、建成荣誉室、贴上名言警句、组织几场书画展就能做到的，需要长期地持之以恒下大力、动脑筋，在实践中探索，在探索中完善。

（二） 当前基层检察文化建设的关键

基层检察工作是人民检察院全部工作的根基，基层检察文化建设的好坏决定着检察文化建设的整体水平。基层院的检察文化建设要法治、长治与"人治"并重。检察文化建设需要纲领性的顶层设计，基层院要结合本院特点进行统筹安排和部署，要经过长期不懈的艰苦努力，持之以恒的探索实践，在此前提下，需要用"法"之"人"的"人治"，一院之风往往与检察长的喜好有莫大的关系。"君子之德风，小人之德草"，领导人从来都是众人思想、行动的风向标，尤其是检察长对检察文化的重视和亲力亲为，在检察文化建设中起着关键作用，检察长作为一院之长，不仅应当是检察文化的设计者、组织者，还应当是模范的实践者，更应当是检察文化的直接体现者。领导干部的观念、思维、行为方式不但要符合检察文化的要求，更要善于将自己的检察文化理念付诸实践。

（三） 当前基层检察文化建设存在的问题

1. 避重就轻，形式化严重。由于对检察文化建设缺乏深入的研究，一些基层院对检察文化建设停留在文体活动和物质环境建设，热衷于检察文化的外在表现形式。检察文化建设包括三个层面：表层的物质文化、中层的制度文化、深层的精神文化。将检察文化的理念和价值观深入全体检察人员的思想深处，使之成为个人行为的轨范，将之变成检察工作的动力，这才是检察文化建设的核心和难点。部分基层院的检察文化建设停留在表层的物质文化建设，不愿研究和探索推进深层次的检察文化建设的方法，离开了深层次的精神文化，单纯的物质文化就失去了文化建设的意义。

2. 千篇一律，同质化严重。检察文化既有共性的一面，也有其鲜明的个性。我国幅员辽阔，不同地区的历史、经济、人文情况不尽一致，不同的检察院在检察文化建设中的侧重应不尽相同。部分基层院的检察文化建设没有充分利用地域优势、人文特点和本院的历史传统，没有将检察文化、地方文化、基层院特点相结合，不注重结合本地区和本院的实际，盲目攀比效仿，特色不鲜明，个性不明显。

3. 急功近利，短期化严重。文化建设的软指标不可能一朝一夕见成效，需要时间的积淀，需要耳濡目染的熏陶和传承，但在检察文化建设中存在不少"突击"现象，检察文化建设没有形成长效机制，什么明显就搞什么，什么见效快就搞什么，缺乏统筹规划和部署。

二、新形势下检察文化建设的措施和途径

（一）注重检察文化的组织领导作用，实现检察文化的科学长效发展

一是加强领导，落实责任。将检察文化建设作为全院性的一项工作摆上重要议事日程，纳入检察工作全局研究部署，检察长亲自抓，政治处具体负责，全体检察人员参与。二是科学谋划，有序推进。结合我院的实际情况，在充分调研、讨论的基础上，确定检察文化建设的根本目标、基本战略和实践措施。三是率先垂范，以身作则。文化建设的主体是全体检察人员，发动广大干警广泛参与，检察长、班子成员要为全院作表率，中层干部为本部门作表率。

（二）注重检察文化的思想凝聚作用，培养忠诚、为民、公正、廉洁的检察情怀

1. 把握正确方向，用先进的文化教育人。

遵循社会主义核心价值体系，以社会主义法治理念为指导思想，以检察职业精神为核心，以开展各项主题教育实践活动为抓手，始终保持正确的教育导向。教育和引导广大检察人员牢固树立和自觉践行社会主义法治理念；牢固树立和自觉践行"忠诚、为民、公正、廉洁"的政法干警核心价值观念；大力弘扬和培育以忠诚为基石，以为民为宗旨，以公正为核心，以服务大局为使命，以清廉为操守的检察职业精神。

2. 弘扬西柏坡精神，打造西检文化品牌。

具有特色的检察文化应结合独特的地域文化，石家庄是西柏坡精神的发祥地，新中国从这里走来。西柏坡精神实质特征即敢于斗争、敢于胜利的开拓进取精神；依靠群众、求真务实的民主精神；戒骄戒躁、艰苦奋斗的创业精神，特别

是在当前中央提出八项规定、各级机关开展群众路线教育实践活动，继承、发扬西柏坡精神显得更具现实意义。通过召开"重温进京赶考，交出满意答卷"的民主生活会，组织全体干警每年到西柏坡集体宣誓，组织新入职干警到荣誉室感受西检的光辉历程，开设"西柏坡精神与西检建设"文化论坛，使西柏坡精神真正融入到西检的文化建设中，形成弘扬和传承西柏坡精神的浓厚氛围。同时，在检察工作中积极践行西柏坡精神，坚定了"大院应有大作为，大院更应创一流"的信念和"业务立院、人才兴院、品牌带动、形象塑检"战略，确定了"积极进取、崇尚实干、创新争先"的桥西检察精神和"勤于思考、勤于工作、敢打必胜、乐于奉献"的工作理念。围绕"执法规范化、队伍专业化、管理科学化、保障现代化"的目标，着力在争先文化、精细文化、创新文化、廉政文化、环境文化等方面下功夫，把文化建设融入检察工作的各个方面，提升检察人员的综合素质，激发检察文化建设的源头活水，增强检察文化的生命力。

3. 实施典型示范工程，选树西检文化代言人。

先进的典型人物和典型事迹是检察文化生动、形象的体现和象征，具有很强的示范、引领、激励作用，没有个性鲜明的典型就没有独特的检察文化。我院注重典型人物和事迹的发掘、推广、宣传、奖励，为西检精神和西检文化的传承选树代言人，通过开设道德讲堂、事迹演讲、畅谈感悟等方式，让身边人讲身边事，让广大干警品悟道德力量，升华自身境界。几年来，我院先后涌现了众多事迹感人、群众认可的典型，有全国优秀公诉人办案能手，石家庄市"感动省城十大人物"的优秀检察官，被《读者》推荐、由青年干警组成的获全市优秀志愿团队奖的热衷公益的"阳光团队"，对这些典型模范，我们制作宣传专版在检察文化长廊中展示，在检察内网上设专栏予以介绍，在全院大会上予以表彰，让这些西检文化的代言人，树得起、叫得响、推得开，在全院掀起学模范高潮，以此弘扬检察官的公正执法、清正廉洁、为民奉献的检察文化内涵，切实提高检察队伍的思想境界、职业操守、法律素养。

（三）注重检察文化的制度约束作用，养成优良行为规范和职业操守

按照最高检《关于加强检察文化建设的意见》要求，紧紧围绕职业道德建设、法律监督能力建设、执法规范化建设、纪律作风和自身廉政建设以及职业形象建设五个重点，健全机制，规范检察职业行为。

1. 健全精细管理机制，进一步规范检察职业行为。

全院上下形成用制度管人管事管物管案，根据中央八项规定和最高检的有关规定，结合本院实际，将所有工作、所有人员纳入制度化管理轨道；并汇总编印《桥西区检察院规范化管理制度汇编》，涉及业务、政务、事务等30余项工作制度，突出办案流程和环节控制，规范机关管理和干警日常行为，明确岗位职责，厘清权限清单，做到每件事有人管、每个人有事干。从不同层面规范不同岗位检察官的职业行为，使检察官的一举一动处处体现着检察风范。全院上下构建起全覆盖的精细化管理机制，使各项检察工作进入规范化、制度化、精细化轨道。

2. 健全长效学习机制，进一步提升检察职业素质。

把学习当作立身之本和核心竞争力，牢固树立"学习工作化、工作学习化"的理念。常态化开展"创建学习型检察院、争当学习型检察官"活动，大力营造"人人奋进、个个争先"的良好氛围。建立学习奖励制度，广泛开展全院性的研讨会、主题征文活动、公诉人论辩赛、侦查能手竞赛等活动，开展各种技能培训和交流，提高干警的实战能力，在计算机培训、PPT应用技术及法律文书培训等教育活动中，由本院检察官担任"主角"，为全体干警授课，变单项灌输为互动交流，变封闭式教育为开放式教育，增强教育的渗透力和感染力。鼓励和支持干警参加进修学习和国家司法考试，调动干警学习的自觉性和主动性。

3. 健全阳光检务机制，进一步提升检察职业形象。

加强与《检察日报》、《河北日报》、中央电视台、河北电视台等主流媒体和《河北法学》等核心期刊的密切联系，搭建宣传平台，拓展宣传渠道，大力宣传检察工作新成绩和检察队伍新面貌。积极推行检务公开、阳光检察、检察开放日活动，对刑事和解、刑事控告申诉工作推行公开审查听证制度，增加执法办案透明度。邀请人大代表、人民监督员集中开展视察、观摩庭审、参加接访、评选文书、抽查案卷"五个一"活动，拓展其外部监督途径。多家媒体对我院自觉接受群众监督、规范权力运行、促进公正廉洁执法的做法，以专刊的形式进行重点报道。

（四）注重检察文化的环境熏陶作用，提升人文素养和高尚情操

环境能塑造人，在检察文化建设中，环境文化是重要的外在表现形式，我院在"两房"建设中及在其后的发展中，注重加强检察公用区域的文化设施建设。

1. 充分利用硬件基础建设，打造环境文化建设。

坚持突出核心理念、体现地方特色、融入文化元素的原则，加强文化基础设施建设，切实发挥硬件环境对检察干警潜移默化的熏陶作用。建立荣誉室、电子阅览室、党团活动室、多功能活动室、健身室、文化长廊和警示教育基地等检察文化阵地，从不同层面为广大干警读书学习、放松身心、陶冶情操、提高素养提供优雅的环境和便捷的条件，同时为向社会各界充分展示检察队伍的职业风采夯实硬件基础。

2. 加强信息科技建设，打造网络文化平台。

两次对内网进行升级改造，拓展网上交流、在线学习和网上教育培训功能，有效发挥了检察内网的"信息发布、服务办公、学习交流"的平台作用。同时，充分利用网络资源，搭建网络教育新平台。内网设置"素质提升课堂"、廉政课堂、"警示窗"、"清风故事"等特色板块，即时更新，潜移默化中修正和涵养检察人员的价值观念、执法理念和职业情操。开设微博、论坛、摄影、诗歌等专栏，鼓励干警通过网络专栏自由表达，展示交流，完善自我教育功能。

3. 加强文化氛围培育，打造人文环境平台。

上下班时间在办公楼内滚动播放《人民检察官之歌》、《歌唱祖国》等歌曲，激发干警干事创业的热情。广泛开展趣味运动会、新春联欢会、乒乓球友谊赛、书画摄影作品展等形式活泼、寓教于乐的文体活动，推动群众性文化活动蓬勃开展；丰富干警创作载体，为有诗歌创作、摄影等特长的干警开辟专门的才能展示平台，推进文化素养的提升，使广大检察人员在人文气息浓郁的文化环境中提升文化品位。

加强基层检察文化建设之拙见

何俊乔*

胡锦涛同志在党的十八大报告中指出："文化是民族的血脉，是人民的精神家园。全面建成小康社会，实现中华民族伟大复兴，必须推动社会主义文化大发展大繁荣，兴起社会主义文化建设新高潮，提高国家文化软实力，发挥文化引领风尚、教育人民、服务社会、推动发展的作用。"检察文化是社会主义文化的重要组成部分，是检察事业的重要精神支撑，是检察工作发展的内在动力，是提高检察队伍法律监督能力、促进检察工作科学发展的重要载体和有效抓手。新世纪、新形势、新任务对检察机关提出了新的更高要求，大力加强检察文化建设，对推进检察事业科学发展意义重大。作为一位多年从事基层检察工作的实践者，笔者对如何加强基层检察文化建设谈一点粗浅认识。

一、充分理解检察文化的功能和作用，提高检察文化建设的思想认识

检察文化是一个检察院的灵魂，是一个检察院的形象，更是一个检察院凝聚力的体现。大力推进检察文化建设，就要充分发挥检察文化的功能和作用，努力营造和谐、健康、向上的文化氛围，造就一支政治坚定、业务精通、作风优良、执法公正的高素质精英团队，这也是新时期检察队伍建设的必然要求。

（一）教育和指引

检察文化所崇尚的就是广大检察人员所追求的。检察文化在实践中被创造、发展和流传，它所包含的价值观及执法理念能鼓舞人、影响人、塑造人、培养

---

* 作者单位：河北省满城县人民检察院。

人、教育人，通过检察理念、价值观念、行为模式的引导，潜移默化地使全体检察人员接受共同的价值观，把思想、行为引导到实现检察事业的目标上来，从而指导检察人员的个人行为以及检察机关的整体行为向着正确的方向发展，这对于建设一支高素质、专业化的检察队伍具有十分重要的意义。

（二）凝聚和激励

检察文化成为全体检察人员的共同行为准则后，就会成为增强团队凝聚力、鼓舞士气的黏合剂，使检察人员产生强烈的归属感、自豪感，形成强烈的使命感、持久的驱动力，成为检察人自我激励的一把标尺，从内心深处自觉产生为检察事业拼搏、奉献的精神，营造一种精神振奋、朝气蓬勃、开拓进取的良好风气，从而紧密团结起来，积极发挥自己的聪明才干。同时，检察文化还能以一种崇高的精神力量满足检察人员的精神需要，激发创造热情，培养职业尊荣感和崇高的使命感，从而为国家、为人民、为社会，为实现自己的人生价值而努力工作。

（三）约束和辐射

检察文化对检察人员的思想、心理和行为具有约束和规范作用，这种约束产生于检察机关的文化氛围、行为准则和道德规范，以此约束检察人员的思想和行为，增加自律性。同时检察文化还能通过检察人员的检察实践活动，展示检察机关和检察人员的良好形象，增进社会对检察工作的理解、信任和支持，将其所蕴含的高尚品德及良好的价值观念推广到工作以外的公共生活和业余生活之中，从而促进整个社会大文化的发展。①

二、深入进行检察文化的创新和实践，推动检察文化建设全面发展

检察文化是检察机关的灵魂，是检察机关全体成员共同遵守的价值观念、目标方向、制度规范和行为方式的总和。检察文化内容丰富、辐射面广，其核心内容就是"忠诚、为民、公正、廉洁"的政法干警核心价值观，它主导和支配着检察文化的各个方面。

---

① 刘凤强：《加强基层检察文化建设应注意的几个问题》，载《河北检察》2012 年第 10 期。

（一）注重读书学习，提升文化素质

腹有诗书气自华。读书可以陶冶情操，提升个人品位。毛泽东同志说过，"有了学问，好比站在山上，可以看到很远很多东西；没有学问，如在暗沟里走路，摸索不着，那会苦煞人"。① 高尔基有句名言"书籍是人类进步的阶梯"。胡锦涛在 2002 年中共中央政治局集体学习时指出，现在社会各个方面的发展日新月异，人民群众的实践创造丰富多彩，不学习、不坚持学习、不刻苦学习，势必会落伍，势必难以胜任我们所肩负的重大职责。温家宝总理说过这样的话，书籍是人类智慧的结晶，读书决定一个人的修养和境界，关系一个民族的素质和力量，影响一个国家的前途和命运。习近平总书记说：各级领导干部要深刻认识现代领导活动与读书学习的密切关系，深刻认识领导干部的读书学习水平在很大程度上决定着工作水平和领导水平，真正把读书学习当成一种生活态度、一种工作责任、一种精神追求，自觉做到爱读书读好书善读书，积极推动学习型政党、学习型社会建设。② 作家王蒙这样谈自己读书的感受："读书使我感觉良好，使我进入一个美好文明的世界，我明明觉到了，读书在增长我的知识、见闻、能力。读书就是和朋友切磋谈心，读书也是对自己灵魂的追问。"③

学以增智，学以思悟，学以致用。学那些于己、于工作、于社会大有益处的东西。要适应时代要求，必须真正把学习当作一种生活方式、一种精神追求，当作一生永不下课的一堂课，时时学习、终身学习，努力增强新形势下做好检察工作的本领。不断提高职业精神、职业素养、职业操守和履职能力，成为检察工作的行家里手。

（二）优雅着装举止，塑造良好形象

一是衣着打扮。"人配衣裳马配鞍"，鲁迅说过："服装是无声的语言符号，你穿成什么样子，大概就有那样的性格，表露无疑。得体的穿着，可以展现自我的品味和风格。"郭沫若说："衣裳是文化的象征，衣裳是思想的形象。从人们对服装的选择可以窥探到他的文化水平和道德修养的底蕴。"莎士比亚写

---

① 陈晓明：《靠学习提升素质、用能力引领发展》，载《河北检察》2013 年第 8 期。
② 《中央领导谈读书学习》，载《领导科学报》2009 年 5 月 31 日。
③ 《当代名人谈读书》，载新华网，2009 年 4 月 25 日。

道："一个人的穿着打扮就是他教养、品位、地位的最真实的写照。"① 衣着打扮体现着自身的气质形象和内涵品位，反映出一个人的综合素质和思想境界。作为一名检察干警，你的衣着代表的是整个检察机关的形象，要符合自身职业特点，不能率性而为。检察服装体现了检察理念，饱含检察文化，彰显了检察官职业的威严和严谨，衬托出一种凝重氛围，在凝重中体现公正。

着装是一种符号，它对检察官职业自律观念和依法办案思维习惯的形成有着潜移默化的影响。所以，着检察装，既是维护国家法治尊严、树立检察机关形象的需要，相对检察官个人而言，也是便于社会监督、恪守检察职业理念和素养的自我暗示和自我约束的需要，同时也是一种自信心的体现，是合格检察官的自我评价。

陪同国家主席习近平出访的彭丽媛，从俄罗斯之行走出机舱门的惊艳亮相开始，其端庄优雅的着装风格，无不彰显其个人魅力。彭丽媛的着装成为习近平主席出访中一道亮丽的风景线，成为展示中国形象的一张新名片，国内外以"有魅力"、"气质绝佳"、"搭配得体"、"魅力攻势"、"展示中国软实力"等词语评价彭丽媛的首次亮相。彭丽媛以她的气质、她的谈吐、她的服装展示了我们中国的文化，通过其独特而又闪亮的女性魅力开拓了新的外交风格。作为检察官，检察服一旦上身，就不在是自己，而是代表国家、代表检察，成为公平正义的化身。在工作之余的衣着，可以提倡多元化，或稳重大方，或轻快活泼，但勿奇装异服。在任何环境下我们都要牢记自己的身份，在衣着上不攀比、不猎奇，忌过于奢华，宜朴素大方，塑造良好形象，展示检察官魅力。

二是言谈举止。一个人的言谈举止反映了一个人的文化素养和气质内涵，检察官自然也不例外。检察官队伍是由检察官个体组成的，每一名检察官和检察干警的言行，都在塑造着检察队伍的整体形象。作为检察官应该举止优雅稳重，说话文明得体，做事公正无私，言谈举止要时刻符合自己的身份特点。

第一，出庭公诉。出席法庭支持公诉是人民检察院的一项重要职能活动，检察官以国家公诉人身份出席法庭，支持公诉，是检察机关的一个重要窗口，代表着检察机关的形象。出席法庭用语应当严谨、理性、规范，做到举证有序、答辩得体、用语文明、举止威严。这就要求检察官具有较高的理论水平和专业技能，

---

① 李永志：《谈检察着装》，载《河北检察》2011 年第 7 期。

同时还要有较强的语言表达能力和临场应变、逻辑思维能力。

第二，控申接待。控告申诉部门主要职责是接待来访群众，受理举报、控告、刑事诉讼、刑事赔偿案件，也是检察机关的窗口单位。接待用语应当文明、礼貌、亲和、诚恳。做到主动问候，热情周到，细心询问，耐心解释，明确告知权利义务、检察机关的职责范围和取得答复及处理结果的方式、途径，礼貌送别。

三是检察礼仪。检察礼仪是塑造检察机关良好形象的需要，是规范化建设的需要，是现代司法文明的需要。必须紧紧扣住检察官的仪表礼仪、公务礼仪、接待礼仪、生活礼仪，强化干警的职业素养，以良好的精神面貌、规范的行为举止、文明热情的法律服务，树立检察机关的良好形象。

检察干警在执行公务和社交活动中，要遵守各项检察礼仪规范，注重职业礼仪约束，仪表庄重、举止大方、态度公允、用语文明，保持良好的职业操守和风范，维护检察官的良好形象。

（三）恪守职业道德，规范执法行为

道亦为行之理，德亦为人之本。道德就是做人的根本道理。职业道德是内心的法律。加强职业道德建设关键在于提升人生境界、提高修养水平。要注重自我完善。检察人员要通过加强学习、注重社会交往细节、保持良好生活习惯，不断提高思想政治素质、业务技能、交往能力，切实提高履职能力、完善为人品格、树立良好形象。

落实检察官职业道德要求，既要育个体，也要塑团队。良好职业道德的形成依赖良好的职业道德氛围。一个健康的集体，能够培养出具有良好职业道德的成员；一批具有良好职业道德的成员，同样能够塑造并提升一个健康的集体。我们要按照检察官职业道德"忠诚、公正、清廉、文明"的基本要求，努力在职业思想、职业信念、职业情感和职业行为等各方面遵循检察职业道德规范，最后达到潜移默化、水滴石穿，逐步形成良好的职业道德修养。

要认真遵守《检察官职业道德基本准则（试行）》，以维护司法公正为落脚点，提升检察文化素养。要从检察官的职业道德素质、人文素养、专业素质、心理素质等方面入手，强化检察官素养能力的提高。要注重培养检察官的人品，重视道德修养建设，培养其自重、自省、自警、自励，勤政为民，廉洁奉公，真正树立全心全意为人民服务的思想。

（四）培树情趣爱好，丰富业余生活

胡锦涛同志提出的"生活正派、情趣健康，讲操守、重品行，注重培养健康的生活情趣，保持高尚的精神追求"，是我们党首次对领导干部生活作风建设提出的基本要求，有着全面而丰富的内涵。情趣，即情志，趣向。生活情趣，通俗地说就是个人日常生活中的兴趣爱好。生活情趣有高雅低俗之分。健康向上的生活情趣，不仅有利于人的身心健康，还能开阔人的眼界，丰富人的知识，焕发人的精神，形成一股无形的、内在的力量，在一定程度上启发着人们最大限度地发挥自己的创造性，为获得事业的成功进行不懈的努力。党员干部只有培养了健康向上的生活情趣，才能在那些腐朽的思想观念、生活作风和行为方式面前，不随波逐流，不盲目欣赏追求，就不会在觥筹交错中浪费光阴，更不会在纸醉金迷中耗费生命。

作为党员干部，一定要培养健康的生活情趣，努力提高自己的思想境界、文化素养和审美品位，追求高雅，淡薄物欲，远离浮躁，拒绝低俗。单位要积极创造条件，规划建设各种文化设施，适时组织开展干警喜闻乐见的文化活动，在内容和形式上要有思想性、知识性、娱乐性、实践性，兼顾学习与情趣、知识与娱乐、活动与安闲，丰富干警的业余生活，提高干警的实践创新能力，创造宽松和谐的人际环境。

（五）严明作风纪律，打造精英团队

良好的作风和严明的纪律体现和反映一个单位、部门的生机和活力，是凝聚战斗力和保持队伍精神面貌的重要方面。这种优良的作风和严明的纪律对检察机关具有十分重要的意义。检察机关担负着保护人民、打击敌人、惩治犯罪、服务经济建设的职责，要正确有效地发挥职能作用，就必须建立一支公正执法、纪律严明、作风过硬的队伍。如果作风散漫，纪律松懈，人们的思想就会涣散，就没有思想统一和行动一致，就不可能有凝聚力和战斗力，就不能充分履行职责，不能保证检察工作任务的顺利完成。

严明的纪律是队伍保持战斗力的前提和保证。要从强化教育、建章立制、严格管理入手，进一步健全和落实检察机关纪律作风建设长效机制，使检察机关纪律作风建设走向制度化、科学化、规范化的轨道。每一名检察干警都要严格执行各项禁令，认真遵守检察官职业道德规范和检察工作纪律，努力践行"忠诚、为

民、公正、廉洁"的政法干警核心价值观，切实转变工作作风，深入推进群众路线教育，以打造过硬队伍为目标，更好地践行执法为民宗旨，树一流形象，创一流业绩，建一流团队。

检察文化建设是一个新事物，顺应时代潮流，体现法制精神，同时，检察文化也是一项庞大的系统工程，必须进行长期不懈的努力。加强检察文化建设，需要我们在实践中探索，在探索中完善，在完善中前进，进而推动检察工作的全面发展。检察机关要紧紧围绕"强化法律监督、维护公平正义"的检察工作主题，扎实开展以"为民、务实、清廉"为主要内容的党的群众路线教育实践活动，深入实施"文化育检"工程，不断创新和丰富检察文化建设的内容和形式，以检察文化建设的成果武装人、引导人、塑造人、教育人、凝聚人，多渠道强化干警职业修养，引导干警自觉追求公正与效率，充分展示检察文化的魅力，提升检察事业创新发展的软实力，推动检察文化建设再上新台阶。

抓好检察文化建设应立足于接地气

沈明河[*]

习近平总书记在中央政法工作会议上指出：要按照政治过硬、业务过硬、责任过硬、纪律过硬、作风过硬的要求，努力建设一支信念坚定、执法为民、敢于担当、清正廉洁的政法队伍。笔者认为，要实现这一目标，应当坚持用先进文化引领队伍建设，大力繁荣和发展检察文化，充分发挥检察文化软实力作用，实现真正意义上的文化人。本文试图从突出检察人员主体，抓住文化建设的关键入手，增强检察人员文化底蕴，培养检察人员的职业信仰、职业精神、职业素养和职业形象。

一、守住检察文化的"魂"，坚定理想信念

坚定理想信念是政治过硬的具体表现，检察机关作为党领导下的司法机关，是人民民主专政的国家机器的重要组成部分，检察文化必须围绕这个"魂"来展开，灌输中国共产党领导人民当家做主、依法治国的思想，教育广大检察干警正确处理党的领导与依法独立行使检察权的关系，把坚持正确的政治方向体现和落实到检察工作中，自觉维护党的政策和法律的权威，把作奸犯科、损害国计民生的人绳之以法。

守住检察文化的"魂"，既是坚定理想信念，也是为了实现中华民族伟大复兴的"中国梦"。即在中国共产党的正确领导下，实现中华民族的伟大复兴，围绕坚持走中国特色的社会主义道路，弘扬中国的法治精神，凝聚全体检察干警力量，为经济建设和改革开放服务，建设法制中国、平安中国，塑造检察干警执法为公、务实清廉的良好形象。

---

* 作者单位：广东省韶关市人民检察院。

守住检察文化的"魂",就是要在精神上补"钙"。习近平总书记讲,坚定理想信念,切实解决好世界观、人生观、价值观这个"总开关"问题。理想信念就是共产党人精神上的"钙",没有理想信念,理想信念不坚定,精神上就会缺"钙",就会得"软骨病"。总开关问题没有解决好,这样那样的出轨越界、跑冒滴漏在所难免。习总书记的话发人深思,推行检察文化,同样得在精神上补"钙",精神上有"钙",讲话才有底气,办案才有硬气,维护法律尊严才有浩然正气。

韶关市检察院在推行检察文化守"魂"上值得借鉴和巩固的方面有:一是坚持举办"我的中国梦"演讲比赛,礼赞真善美,贬斥假恶丑,抒发爱党爱国爱检察的情怀;二是引导干警念好一部经——《入党誓词》,守好两篇律——《中国共产党纪律处分条例》、《廉洁从检若干规定》,唱好三首歌——《国际歌》、《国歌》、《检察官之歌》,点亮心中的灯塔,为共产主义理想而奋斗;三是参观北伐纪念馆、粤北省委旧址,到苏区县南雄梅岭,朗诵陈毅元帅的《梅岭三章》,不忘创业艰难,增加红色印记。

二、握紧检察文化的"体",不懈有为

检察文化的具体表现,关键在于能否接地气,在于能否落实"三贴近",贴近实际、贴近生活、贴近群众。参加文化活动的主体是检察干警,干警需要什么,如人饮水,冷暖自知,为此要开门纳谏,听取干警的意见,开展好干警喜闻乐见的文体活动。

在革命战争时期,毛泽东同志说过:没有文化的军队,是愚蠢的军队。他特别重视文化和体育锻炼,指出:"体育之效,至于强筋骨,因而增知识,因而调感情,因而强意志。"毛主席17次横游长江,最后一次已是73岁高龄,可见意志品质的坚定。留得青山在,不怕没柴烧,身体是革命的本钱,检察官体协应不懈有为,推出各种体育锻炼活动,让体育的特有方式和丰富的内涵,作用于检察干警的物质生活和精神世界,发挥出强身、健体、益智、乐群的突出功效。

在新的历史时期,习近平主席重视文化学习,指出:"学史可以看成败,鉴得失,知兴替;学诗可以情飞扬,志高昂,人灵秀;学伦理可以知廉耻,懂荣辱,辨是非。"人类社会的发展一直伴随思想与剑、战争与文化,最终都是以思想比剑厉害,征服世界是文化不是战争。发挥检察文化的软实力作用,检察官文

联可大有作为：组织观看历史教育片，不忘本；开展读书演讲征文比赛，营造检察队伍朝气蓬勃、乐观向上的青春活力。

韶关市检察院在检察文化建设上不懈有为，工会积极组织迎春长跑和趣味比赛活动；体协积极开展"检察杯"球类比赛；徒步协会坚持组织干警徒步锻炼身体，多次在参加徒步丹霞山46.3公里，近5000人参加的全民运动中获得好的名次；预防协会连续两届举办"扬三江正气，树六岸清风"廉政建设辩论赛，吸引了两市三区六县的机关和国有企业参加，收到良好的社会效果，一大批能言善辩的年轻辩手脱颖而出，被用人单位重点使用，成为一股反腐倡廉重要力量。

三、扎实检察文化的"根"，忠于责守

静观天下，格物致知，适者生存，不适者被淘汰。万物要在大自然中生存，就要先去尊重自然，遵守客观规律；人要在社会中生存，就要学会忠于责守，扎根生活接地气，在阳光雨露下茁壮成长，只有根深叶茂，才能成国之栋梁之材。培养扎根土地的检察文化元素，有助于检察文化的蓬勃发展。

学习水的低品位，亲民如水。"水，利益万物而谦卑自守，默默处下，顺应环境周流无碍，奉献不争，随缘应化，体现上善的真谛"。检察干警来自人民，根植于人民，服务于人民。心田有水，流水潺潺，让渴望得到司法帮助的人喝到水；心田有水，流水无情，使作奸犯科者受到无情打击；心田有水，流水不腐，钟灵毓秀，永葆本色。亲民如水，如韩信点兵，多多益善。

学习俯首甘为孺子牛的高尚风格，能进能退。"手把青秧插满田，低头便见水中天，心地清净云为道，退步原来是向前"给予我们启迪，只要能低下头，从近处可以看到远处，主动的退步是为了进步，从而克服看高不看低、求远不求近、好高骛远的不良习惯。明白登高必自卑、行远必自迩的道理。检察干警忠于责守，就要种好自己的一亩三分地，俯首甘为孺子牛，全心全意为人民服务。

稻子的成熟在于能弯下腰，韶关市检察院在检察文化的土地上，辛勤耕耘，连续两届举办"你我身边敬业人，工作当中好模范"、"精品案件，业务能手"评比和巡回演讲，出版两辑"我的办案故事"，以案说案，在办案故事中诉说酸甜苦辣，在经验交流中提升自我能力，一批年轻干警茁壮成长。以青年人为主的公诉科被广东省团委树为"青年文明号"单位，以办案能手组成的侦查一科被全国评为"工人先锋号"单位，市院在第五届全国先进基层院评比活动中荣获

"全国检察机关基层院建设组织奖"。

四、接好检察文化的"地",严防触电

电器漏电伤人,轻者受伤重者出人命,因而每件合格的电器产品都有零线接地,也就是"零容忍"。检察队伍的廉政建设,一直在强调从严治检,对违法乱纪采取"零容忍"。在检纪法规面前,只有良好的接地,密切联系群众,接受人民群众的监督,才能不为名所困、不为利所惑、不为色所动、不为物所累,独善其身,当一个合格的检察官。

从严治检难不难,说难也难,说易也易。因为"道"之难行,是知易行难。人的私欲是人性的弱点,所以说说容易做起来难。但是人一旦找到"节制"欲望的武器,说易也易。老子曰:"治人事天,莫若啬;夫唯啬,是谓早服。早服谓之重积德,重积德则无不克。"修养自身,侍奉天性,不如知道节制最好。人有所节制,便无所不克。为节制检察官的欲望,最高检推出《检察人员八小时外行为禁令》,目的在于提高检察官拒腐防变和抵抗风险的能力。

严防触电,还得从落实习近平总书记提出的"三严"上下功夫。严以修身,提高道德境界,追求高尚情操,远离低级趣味,抵制歪风邪气,做到心有所敬、行有所循。严以用权,坚持权为民所用、利为民所谋,慎权慎欲,按法律规定行使权力,不以权谋私、徇私枉法、知法犯法。严于律己,心存敬畏,敬畏组织,敬畏群众,敬畏法纪,手持戒尺,慎独慎微。

坚持接地气,消除负电荷,韶关市检察院结合群众路线教育实践活动,以"努力让人民群众在每个司法实践上感受到公平公正"为主题,深入反对"四风",落实中央八项规定,广泛征求群众意见,查找存在的不足,进行作风纪律大整顿,及时在电视电话会议上通报查办违章违纪的人和事,做到警钟长鸣。举办廉洁从检摄影、书法、征文比赛,组织参观廉政教育基地,听违纪人员现身说法,推行阳光检务,接受人民群众监督,开展批评与自我批评,在"洗澡"中消除负电荷,清理个人存在的毛病。

五、吐纳检察文化的"气",厚德笃法

检察文化要扬眉吐气,厚德笃法,需要提高检察干警的道德素质。加强社会

公德、职业道德、家庭美德、个人品德、传统美德教育，是检察文化建设的重点。抓好"五德"教育，必须在落实好习近平总书记提出的"三实"上下功夫。谋事要实，从实际出发，从客观规律出发，脚踏实地谋划检察事业的发展；创业要实，培养真抓实干、敢于担当、勇于直面矛盾的作风，善于帮助上访群众解决问题；做人要实，对党组织，对人民忠诚老实，做老实人，说老实话，干老实事，襟怀坦白，公道正派，执法中匡扶正义。

如何做到有德？老子曰："上德不德，是以有德；下德不失德，是以无德。上德无为而无不为，下德为之而有不为。"真正有德的人并不去表现自己的德，所以他才保有德；世俗所谓的有德的人却处处刻意表现自己的德，所以其实是没有德；真正有德的人无为清净，因为他没有表现有德的欲望，世俗所谓有德的人总是故作有德，是因为多是满足私欲而为。理解德的意境，抓检察文化工作就不能搞形式主义，更不能作秀，搞表面文章。

唯有德为先，方能法至上。有德才有信，有德才有威，有德才有廉，有德才有位，德高才望重。检察干警的"厚德"，就是要在品德操行、理想价值等方面自我完善，自我提高，自我超越，达到无私无畏，以博大胸怀，宽以待人，严于律己，不计得失，敢于担责。检察干警的"笃法"就是要通晓法律，敬畏法律，遵守法律，视法律为人生和事业至高准则，以法为绳，独立公正行使检察权。

厚德笃法让韶关市检察院文化底蕴变得厚重。一名得到司法救助的群众给控申科送来了一面"无私捐助，博爱高尚"的锦旗。干警婉拒了好意，锦旗没有在接访室挂起来，因为干警懂得金杯银杯不如老百姓的口碑。清廉务实为民服务，把群众利益挂心头，是检察干警的职责所在。干警厚德笃法，与坚持请专家讲授"人文礼仪"有关，发于情止于礼，团结互助的人多了，自私自利的人少了；虚心好学的人多了，自以为是的人少了。干警厚德笃法，与参加"道德讲坛"授课有关，厚德载物，尊老爱幼的人多了，家庭不和谐的人少了；谦虚谨慎的人多了，举止不文明的人少了。干警厚德笃法，与请党校老师讲解"三严三实"有关，严于律己的人多了，懒散的人少了；为民实干的人多了，马虎应付的少了。良好的道德修养教育，个人情操的陶冶，提升了检察队伍的士气和威望，也赢得人民群众的信赖。

推进检察文化建设的实践与思考

沈培刚 *

文化是一个民族的精神和灵魂，是国家发展和民族振兴的强大力量。伴随着我国经济的快速发展和社会的全面进步，文化愈益成为推动中国特色社会主义事业发展的内在动力。

文化每时每刻都在影响着我们的工作、学习和生活，就检察工作来说，无论是执法理念，还是贯穿于执法办案全过程的职业道德、执法行为和执法效果，都或多或少地体现着民族文化、法治文化和检察文化。在执法实践中，我们也自觉不自觉地践行和创造着文化。

检察文化是政法文化的重要组成部分，是检察机关和检察人员在履行法律监督职责中所形成的价值观念、思维模式、道德准则、行为规范以及与之相关联的物质表现的总和，是检察机关和全体检察人员在长期的工作、生活及其他社会实践中所创造的物质财富和精神财富的体现，是以强化法律监督、维护公平正义为核心的检察精神文明、制度文明、物质文明的总和，是检察群体通向守护社会正义基本价值取向的重要路径。

检察文化具有教育、引导、规范、凝聚、激励功能，是凝聚人心，团结干警，形成共同的职业信仰和价值追求的有效载体，是推动检察工作科学发展的重要精神支柱，是内化心灵，提升道德，塑造灵魂、品质和形象的不竭源泉。

如何推进检察文化建设，笔者结合我院十余年来的创建之路，谈点粗浅认识。

---

* 作者单位：浙江省绍兴市人民检察院。

一、检察文化建设要找准定位，有序推进，提高组织化程度

检察文化作为新的高级形态的思想教育和管理模式，其特点是从以物为重点的管理转变为以人为核心的管理，深入推进检察文化建设，首要的是要明确方位，找准定位，依靠组织的力量，有序推进。

（一）要明确方位，找准定位

无数的实践证明，推进任何一项工作，首要的是组织者需要明确方位，找准定位，工作才能得到健康有序开展。方位不同，走的路子就不同、采取的措施就不同，所取得的效果也会不同。我院的检察文化建设从 2003 年破题，经历了一个从认识模糊到逐步清晰、从粗放肤浅到逐步深化、从初步尝试到主动开展的过程。当时主要有"可有可无"论、"等同文体"论、"无暇顾及"论三种模糊认识。在这样的背景下，院党组认真学习党的最新理论成果、最高检和省院关于加强检察文化建设的一系列指示精神，认真总结建院以来的工作成效，分析队伍思想现状，在此基础上，提出要以公平正义作为检察文化建设的核心价值来选择和评判；以努力引导教育、帮助检察人员不断改进、修正、完善对人对事对社会对自己正确的价值选择和价值判断，不断坚定信念，升华品格，完善行为，提高素质，作出成就，作为检察文化主线，进而提出在推进检察文化建设中要明确建设导向、明确有效载体、明确检察特点"三个明确"和注重内在活力、积累熏陶、结合实际、适时创新"四个注重"来统思想、明方位、设载体、筑平台，不断提升检察文化的引导力、感染力和影响力。

（二）要领导重视，示范带动

一个结构严密、功能正常的社会组织，领导者特别是"一把手"的示范带动和决策行为主导着这个组织的行为方式和特征，在检察文化建设过程中，领导重视，示范带动是推动工作的有效保障。创建十余年来，我院领导特别是检察长始终做到想在深处，倡议在先；谋在要处，筹划在先；干在实处，践行在先。尤其是院主要领导结合本院实际作前瞻性思考和专题动员部署，撰写了《找准角色定位，努力为推进文化大繁荣大发展提供司法保障》、《把握主线，升华主体》、《执法办案必须坚持和维护公平正义》、《倡导良知办案、优化执法效果》等专文，概括提炼出"忠诚公正、顽强拼搏、团结和谐、捍卫荣誉"的绍兴检察团

队职业精神，明确提出检察文化建设的核心内容、途径和载体等要求，并针对检察文化建设过程各阶段出课题、提要求、作安排。组织干警展示立功受奖证书、举办各类文艺晚会、演讲比赛、召开专题座谈会等一系列活动，大力营造检察文化建设氛围。领导率先垂范、言传身教，带动了全体干警参与检察文化建设的积极性和主动性。

（三）要组织有力，制度保障

抓检察文化建设是一项软任务，必须依靠强有力的组织作保障，才能有力推动，有序开展。一是强化组织推动。从健全组织架构入手，先后建立起了检察文化研究会、检察学会、女检察官协会和青年联谊会等组织网络，形成了"一把手"自觉抓，分管领导具体抓，其他领导配合抓，政治部牵头，纪检组、机关党委等积极参与配合，各处室共同分担任务的组织领导体系和工作格局。二是搭建平台。创刊机关检察文化内部报刊《和谐苑》、在检察内外网开设检察文化专栏，并依托这些平台，让广大检察干警以文会友、交流思想、探讨问题、研讨工作，使有共同爱好和专长的干警形成兴趣小组，相互交流，学用相长。三是强化制度保障。依靠制度来保证活动制约力和持续性。建立检察文化议事制度。院党组自觉把检察文化建设摆到重要议事日程，每年至少有 2 次讨论研究检察文化建设工作，与业务工作同部署、同要求。完善考核评价制度。把检察文化建设纳入考核内容，对各处室和基层院推进检察文化情况实行考核，做到年初有部署、年中有活动、年底有检查，促使全市检察机关结合工作实际、有计划地组织开展检察文化建设。同时，着眼根本，舍得投入，提供必要的经费保障。2008 年以来，共投入资金近 200 万元，用于组织召开有关文化建设会议，以及图书阅览室、电子阅览室、健身房、乒乓球、羽毛球馆等各类文体基础设施建设。2011 年投入300 余万元，建立起 1200 平方米的全市廉政警示教育基地。今年又将投入 420 万元，用于建设院史室、梁柏台生平事迹史料陈列室和警示教育基地升级改造等。

二、检察文化建设要创设载体，激发活力，提高主体化程度

抓好检察文化建设，重在依托载体，吸引干警主体参与。创建十余年来，我们每年围绕一两个主题，结合实际设计载体，由浅入深，稳步推进。

（一）围绕检察文化价值核心，注重公正为民形象塑造

公平正义是检察机关追求的目标，坚持公平正义是检察文化建设的核心价值

内容，是检察文化建设的永恒主题。对此，我们从提升检察官综合素养入手，围绕理想信念、法律信仰等主题，开设"谈古论今说忠诚"专题讲座，展开"崇尚什么、信仰什么、确信什么、承诺什么、加强什么、献身什么"等为主要内容的征文和以"检徽在我心中"、"我与检察发展"等为重点的检察文化系列活动，邀请离退休老党员讲党的优良传统，谈检察事业发展历程，今年还将建起我党历史上第一位检察长梁柏台烈士生平事迹史料陈列室等方式，教育引导广大干警牢固树立理想信念与法律信仰。围绕公平正义主题，召开全市"检察文化与公平正义"专题座谈会，从理性层面和检察实务的视角研讨公平正义与执法能力的关系以及践行公平正义的途径；举办检察官夜校、检察官与律师换位论辩赛，运用文化导向功能，引导检察干警树立公平正义信念。组织开展中层以上干部以"三级干部联千家"为主题的"彩虹行动"，青年干警下矿井、入企业、进乡村，让他们直面百姓，倾听群众呼声，了解社情民意，走进群众心里，增强青年干警政治意识、群众意识和服务意识。

（二）围绕检察职业伦理，注重检察执法良知唤起

检察良知既体现于检察官群体的"共知"，又体现于检察官个体的自觉"自知"，但无论是"共知"还是"自知"，外部良性刺激是促成群体与个体良知的重要因素，是内外互动的关系，在一个公正合理的环境里，人的潜能能够得到发挥，良知就能不断成长。鉴于此，我们围绕"良知执法"这一主题，开展良知办案征文活动，召开良知办案专题研讨会，对人的一生应当图些什么、检察官应当树什么形象、检察官经办的每一个案件会带来什么法律效果与社会效果等问题进行研讨，倡导"办一案创程序规范、创质量优良、创过程和结果和谐"的"一案三创"活动。召开"析案明理"讨论会、引导干警把"诚实信用"、"公序良俗"等法律精神体现在执法办案之中；开设"道德讲堂"，通过诵经典、作反思、学模范、谈感想、做善事，展开学身边人、讲身边事和文明礼仪月活动等方式，大力营造讲礼、行道、守德的氛围。同时，结合法文化和绍兴越文化内涵，按照各部门的目标愿景和工作要求，提炼概括出具有绍兴特色的"水、鉴、明、察、潜、思、智、肃、俭、诚、达、和"十二字文化，倡导广大检察干警要以十二字检察文化为准则，依法规范办案，按律和谐处事。收集整理从古至今曾在绍兴政坛做出突出政绩的 24 位名士的勤政廉政故事，用图板形式予以展示，让每个干警在浓浓的文化氛围中，形成正确的权力观、政绩观和纪律观，塑造人格形

象，弘扬清风正气。

（三）围绕检察制度文化建设，注重内在活力激发

在当下检察传统和检察文化积淀相对单薄、检察文化体系尚未建构完成的情况下，激发检察官工作的激情与增强规范执法的自觉，必须通过外部良性刺激和形之有效的配套措施来保障。对此，实践中，我们充分运用制度文化这一抓手，健全机制、完善制度、激发活力。一是健全激励机制。结合近年来青年检察队伍不断扩大和青年干警中反映出来的思想实际，积极实施"助长助才"工程，每年确定一个主题，开展读书月活动，定期召开读书会，围绕绍兴检察团队职业精神、职业道德和工作中的热点问题展开讨论，增强青年干警对检察职业的感情认同，树立职业伦理观。积极推行辅岗制、导师制等制度，开展"青年干警文明号"、"青年标兵"评选活动，做好传、帮、带，展开讲、练、赛，使青年干警成为有源活水，促进干部队伍良性循环、滚动发展。二是完善工作对接机制。引入质量管理原理，以持续改进的理念，健全完善自侦、公诉、侦监、控申等七大业务工作机制，形成了标有详细图示的办案流程管理制度，把检察工作作为一个有机整体，把每项工作看作整个工作链中的一个环节，强调上下对接，做到前一个工作链对后一个工作链负责，后一个工作链对上一工作链进行有效监督，实现上下工作环节无缝对接。三是健全执法监督机制。对热点部门、关键岗位设立风险防控点，适时展开热点部门、关键岗位巡查，对检查发现的倾向性苗头性问题，剖析成因，提出整改意见，抓好工作落实。四是建立自我约束机制。在干警中征集警句格言，并配以干警工作照，制作统一规格的工作牌上墙公示，让干警领悟人生，展示个性，确立目标，履行诺言，接受监督，促使检察干警从内灵深处自我约束，完善自我。

三、检察文化建设要体现特色，内外结合，提高文化辐射最大化程度

抓好检察文化建设，重在虚实结合，以虚促实。要在坚持眼睛向内推动工作的同时，把推介检察文化作为深化检察文化建设的重要抓手，大力宣传检察文化，增强检察文化辐射力，提升检察机关社会美誉度。

（一）发挥群团组织优势，积极推介法治文化

实践中，我们依托青年干警联谊会和女检察官协会等群团优势，建立起网络

评论员、基层和企业联络员、调解员和社会公益志愿者队伍，深入各乡镇街道、社区，定期展开法律咨询服务，主动参与"网格化管理、组团式服务"，助推社会治理创新。在市级主流媒体开设《检察视点》电视栏目、"检察官说法"报刊专栏、"女检察官热线"广播热线等，积极向社会公众宣传治文化，为特殊群体提供法律援助。举办"法治柯桥"大型文艺晚会，大力宣传法治文化和检察职能。组织发起以"特别的爱给特别的你"命名的刑事被害人和被告人亲属子女结对救助活动，帮助被害人、被告人亲属走出心理阴影，彰显司法人文关怀。

（二）发挥惩防犯罪资源优势，积极推介廉政文化

充分运用检察机关惩治职务犯罪资源优势，积极传播廉政文化，是提升检察文化影响力的有效途径，对此，我们率先在省内推出检察约谈制度，将检察文化传播工作与惩防工作紧密结合起来，做深、做强、做好查办职务犯罪的另半篇文章，实现了柔性预防向刚性预防的大跨越。把健全完善警示教育基地、预防职务犯罪讲师团、预防职务犯罪教育研究基地"三位一体"的警示教育作为打造具有绍兴特色检察文化的品牌来抓。目前，绍兴职务犯罪预防成为各预防单位的腐败病理"解剖室"、预防法律知识"咨询站"和预防制度的"设计院"，到警示教育基地接受教育，已成为绍兴领导干部培训和中青年领导干部任前培训的"必修课"，我院警示教育基地被评为全国检察机关百优警示教育基地。

（三）发挥检察职能优势，积极推介综治文化

依托检察外网，专辟"互联网检务接待中心"，设立在线接待平台、案件查询、释法答疑等6个栏目，发挥出密切联系群众、倾听群众呼声、传递公正执法声音、化解社会矛盾的作用，走出了一条以信息化推进社会治理创新的新路，并成为全省检察机关"三大创新成果"之一。构建起以重点乡镇基层检察室为中心，以部分乡镇检察工作联络站、联络点为延伸，以检察联络员为桥梁的"室、站、点、员"四位一体检察网络体系，下放轻微刑事案件公诉、职务犯罪案件线索初查、基层站所执法监督三项职权，赋予基层检察室刚性职责。依托基层检察室这一平台，专辟廉政文化宣传室，适时组织乡村基层干部旁听法庭庭审，让他们直面法律接受教育，召开座谈会，通过以案释法等方式，传播法文化，较好地发挥了基层检察室在畅通民众诉求、稀释民怨、化解矛盾、延伸触角四个方面作用。

通过十余年的检察文化建设实践与探索，广大干警公平正义的执法理念进一步牢固，办案质量和执法水平进一步提高，执法办案的规范化程度进一步增强，服务创业创新的整体合力进一步加强，执法形象和社会公信力进一步提升，各项工作走在了全省检察系统前列。自 2008 年以来，我院先后被评为"全国检察文化建设示范院"、"全国文明接待室"、"全国妇女争先创优先进集体"、全国五一巾帼标兵岗和省、市廉政文化进机关示范单位。公诉部门连续三年荣记集体二等功、机关党委连续五年被评为"五好基层党组织"，被绍兴市委命名为"学习型机关"，涌现出全国政法系统优秀党员、全国模范检察官、全国十佳公诉人、省级劳动模范等一批先进代表。

检察文化具有价值引领、行为规范、结构聚合、形象塑造和辐射传播功能，其功能发挥是稳定的、长期的，但检察文化建设又是一项系统工程，不能一蹴而就，成效显现也是潜移默化的过程，能否取得预期效果，领导是关键，载体是依托，制度是保证。

对加强检察文化建设的几点思考

张　玮[*]

　　检察文化是中国特色社会主义先进文化的组成部分，是检察机关履行法律监督职能过程中衍生的法律文化。它既是推动检察工作克服各种艰难险阻的精神动力，也是促进检察工作不断发展的力量源泉。检察文化既具有强烈的时代特点，也深受不同地域文化传统的影响从而具有绵延的继承特性。加强检察文化建设，既要结合检察机关专业性与法律性的个性特征，又要把握时代对检察机关的要求与期待，从整体上把握检察文化内涵，才能为提升检察机关整体素质提供有力支撑，为不断开创检察工作新局面提供有力保障。

一、充分把握检察文化内涵，铸牢检察文化建设基础

　　检察文化是以检察官为主体的检察机关群体在长期的法律监督工作实践和内部管理活动中，逐渐形成的具有检察机关特点并得到共同遵循的价值观念、思维模式、行为准则以及与之相关联的物质载体的总和。抓好检察机关的文化建设，要从以下几个方面把握检察文化的内涵。

（一）构建检察人员共同的价值体系

　　以社会主义核心价值体系和社会主义法治理念为指导，以"立检为公、执法为民"的执法观、"强化法律监督、维护公平正义"的检察工作主题、"忠诚、公正、清廉、文明"的检察官职业道德规范，以及宪法赋予检察机关的法律监督职能为核心内容，不断建立和完善检察人员共同的价值体系，使之成为凝聚检察干警团结一致、奋发作为的精神纽带，真正内化为全体检察干警共同的内心价值

---

　　[*] 作者单位：新疆维吾尔自治区博尔塔拉蒙古自治州人民检察院。

体系，并融入执法办案全过程。

（二） 结合检察机关法律监督宪法定位

检察文化是检察实践的精神动力，检察实践则是检察文化的立身之本。检察文化建设的目的在于用文化促进工作，以文化这一"软实力"促进检察机关增强法律监督能力、确保公正执法、提高管理水平、增强向心力和凝聚力，最终达到发挥检察机关的宪法职能、实现检察工作的价值追求等目标的"真功夫"。

（三） 以人为本，促进人的发展

从检察工作层面来看，检察文化立足于法律监督职能，依法打击犯罪、保护合法利益，依法查处违法行为、充分保障人权，体现人文关怀，体现以人为本、执法为民思想。从检察队伍建设层面来看，人才是根本和保障，以人为本，在队伍建设中处处凸显浓郁的人情，营造一种信任、关怀、开放的人际氛围，可以最大限度地调动检察干警的积极性和创造性。

（四） 突出地域特点

不同地域的检察文化受到地域文化传统的影响而具有有别于其他地区的检察文化特色。"爱国爱疆、团结奉献、勤劳互助、开放进取"的"新疆精神"是爱国主义和时代精神在新疆的地域体现，它引导新疆的检察干警形成强烈的归属感、自豪感、责任感，为新疆跨越式发展和长治久安贡献力量。同时，博尔塔拉的检察文化也受到本地区历史文化的影响，在检察文化建设中将检察文化与地域文化有机结合，形成具有地域特色的检察机关文化内容，可以极大地扩大检察文化载体、丰富检察文化的内容。

二、地域文化影响下的博尔塔拉检察文化

地域文化传统是在历史动态中存在与发展，也是深刻影响其他文化发展进程的根基。检察文化的发展进程，或多或少地承载了地域文化的精华，印刻着地域文化烙印。博尔塔拉这片"青色的草原"，一直上演着民族融合、抵御外侮、共同发展的历史。博尔塔拉在历史上曾是塞种人、月氏、匈奴、乌孙等民族的游牧地；唐朝时，博尔塔拉以"双河都督府"的名字出现在史册；1762—1764 年，察哈尔蒙古族官兵分两次西迁博尔塔拉戍边；1771 年，土尔扈特部历尽艰辛东归祖国怀抱。在历史长河中，"爱国、忠诚、团结、护边、发展"是博尔塔拉历

史文化传统中的主旋律，由此形成了以维护祖国统一、民族团结和融合发展为主线的完整而协调的文化体系，这些历史所遗留下来的宝贵的精神遗存，作为一种巨大的精神财富一直被传承与发扬着。

博尔塔拉蒙古自治州检察机关在开展检察文化建设中，传承地域文化精髓，提炼符合时代需要的主题，即以"爱国忠诚、为民执法、服务发展"为价值追求，深入挖掘新时期检察人员的职业责任感，激发检察人员投身本地区跨越式发展和长治久安建设的热情，通过不懈努力，内修外化，激励精神，着力建设具有地方特色的检察文化建设模式。把检察文化建设渗透在执法办案的全过程，体现出执法办案中的人文关怀；把检察文化建设落实在人员管理全过程，坚持在人员管理上增加文化含量，用丰富多彩的文化活动占领检察干警八小时以外的业余文化生活，不断陶冶情操，提高思想素养；把检察文化建设推广在检察机关全系统，坚持因地制宜，加大对文化建设人、财、物的投入。

三、以文化"软实力"促检察"真功夫"

检察机关作为国家的法律监督机关，充分发挥检察职能，促进执法司法公正，是义不容辞的责任。州检察机关要以务实的态度，着力发挥检察文化的实用功能，紧紧围绕检察工作实践、法律监督内容、检察工作环节、检察人员执法行为以及社会发展需要、社会大众需求，建立起完善相应的制度机制，并以一定的标准和模式加以制约，加强执法规范化，抓机制创新、抓制度落实、抓作风养成，引导检察人员做有标准、干有依据、行有规范，使其内化于心、外践于行，与时代相适应，积极推进检察工作发展。

一是围绕检察权的行使，明确检察文化的价值定位。检察文化存在和体现于检察权行使的过程中。检察机关的职权围绕法律监督这一总的职能，体现了检察机关作为国家法律监督机关的职能属性。在通过行使这些权力维护国家法律的统一正确实施中，保障维护法制统一，在全社会实现公平正义，是检察机关的立身之本、立业之基。要围绕中心、保障大局，真正做到办案想到发展、执法考虑稳定、监督促进和谐，将工作融入当地经济社会发展的洪流中，融入到保增长、保民生、保稳定的社会主旋律中。

二是围绕检察文化的实践主体，加强检察队伍建设。检察文化建设应以人为本，重视人这一因素在检察工作实践和检察管理中的决定性作用。要将检察文化建设与检察职业道德建设相结合，提升检察队伍的职业素养。开展"以案析理"、案例研讨等活动，引导检察官牢固树立社会主义法治理念和检察职业道德，并以此指导执法实践，树立检察官的良好形象。同时结合执法检查、案件评查，加强执法规范化建设，建立健全规范执法行为的制度机制，让制度机制成为检察官的行为准则，逐步达到制度要求与检察官个人习惯和修养的契合统一。将检察文化建设与专业培训相结合，提升检察队伍的文化层次。将检察文化建设与全面履行检察职能相结合，提升检察队伍的专业水平，在实践中锤炼队伍，培养检察人员昂扬向上、积极进取的精神，增强工作积极性和责任感，不断总结经验，提升业务素质和执法能力。

三是围绕创新科学管理机制，保持队伍廉洁高效。紧紧围绕全面正确履行法律监督职能，坚持以思想理论建设为根本，扎实深入开展检察干警核心价值观教育实践活动，引导检察人员深入查找宗旨意识、执法理念等方面存在的问题，增强公正廉洁执法意识，确保检察人员始终坚持"三个至上"、"四个在心中"。深入开展党风廉政教育，加强检察机关内部监督机制建设，全面推行岗位廉政风险防控机制建设。本着治标与治本相结合、内治与外治相结合的原则，建立廉政风险点制度，采取案前预警教育、案中同步监督、案后回访检查等措施，进一步规范办案工作和检察人员执法行为，促进廉洁公正文明执法。

检察事业的兴旺发达，离不开检察文化的支撑；建设高素质、专业化的检察队伍，离不开先进文化的培育。检察文化建设实践中，我们必须从组织上、思想上、行为上和检察文化接轨，在探索中完善，在完善中前进，自觉摒弃种种不良习气和作风，以检察实践来丰富和推动检察文化建设，最终达到推动检察工作科学发展的目标。

基层检察院应如何加强和改进检察文化建设

张忠杰 *

检察文化是近几年检察理论界共同关心的话题，检察文化作为一种新的管理思想和形式，将极大地促进检察理论的进一步丰富，从而推动检察事业的全面进步。随着检察改革的不断深入，以文化建设提高检察机关群体素质，促进"强化法律监督、维护公平正义"目标的实现，已经成为检察机关的共识。基层检察院作为检察机关的基本组成部分，是全部检察工作的基础，是承担检察文化建设的重要载体，因此，如何推动基层检察院检察文化建设，充分发挥基层检察院在构建和谐社会中的积极作用，是一个亟待解决的新课题。在此，作为一个从事基层检察文化建设的工作者，笔者从自身角度，就基层检察院应如何加强和改进检察文化建设谈一下粗浅的看法。

一、准确把握检察文化的内涵、充分认识检察文化建设的意义和作用

检察文化是中国特色社会主义先进文化的组成部分，是检察机关和检察人员在履行法律监督职责和日常生活中创造的，以维护公平正义为核心、以提高法律监督能力为关键、以创新检察管理机制为途径、以营造良好法治环境为目的的具有鲜明检察特色的法律文化。检察文化反映了检察人员的价值取向，是构建和谐社会的客观要求。检察文化是检察机关主流精神与新形势新要求相结合的产物，检察文化通过培育检察人员敬业、勤业、精业精神，全面提升检察人员素质和文化品位，增强检察机关凝聚力、向心力，充分发挥检察机关在构建和谐社会中的积极作用。检察文化反映了以人为本的理念，是检察工作不断创新发展的精神动

---

* 作者单位：吉林省白山市浑江区人民检察院。

力。检察文化把人的价值的实现摆在突出位置，通过先进文化的引导、凝聚、协调、教育作用，努力营造鼓励人才干事业、帮助人才干好事业的良好环境，使检察人员自觉地追求、信仰和实践符合先进文化前进方向的法治理念，推动检察工作创新发展。检察文化通过净化环境、营造氛围以及精神培育，不断激发检察人员的积极性、主动性和创造性，通过履行检察职能和检察人员的言行举止，树立检察机关维护公平正义的社会形象。检察文化反映了检察人员的道德准则和行为标准，是提高检察人员整体素质的有效途径。检察文化通过开展各种活动，强化职业自律，陶冶职业情操，不断提升检察人员的整体素质和业务能力，努力构建一支政治坚定、廉洁高效、业务精湛、执法公正的检察队伍。

检察文化是全体检察人员共有的价值体系，检察文化在充分发挥检察人员的能动性，不断促进检察工作健康发展具有以下四个方面的作用：

（一）导向作用

优秀的检察文化集中体现了检察职业的崇高理想和价值追求，它是检察人员普遍接受和认同的价值取向，因此对检察人员的行为具有导向作用。检察文化将理性管理与感性管理有机结合起来，使检察人员以大局意识来看待检察事业，将检察人员的思想统一到检察工作的总体目标上来，将检察人员的行为协同起来朝着检察事业的目标奋进，实现检察机关价值、检察人员群体价值和检察人员自身价值三者的统一。

（二）凝聚作用

检察文化可以增强检察机关的凝聚力。这种凝聚力来自检察人员对检察文化的认同，这种认同转化为全体检察人员的共同行为准则后，会促使全体检察人员同心协力地为检察机关的整体目标而努力工作，这种将个体力量整合为统一目标下的整体力量的作用使全体检察人员形成强烈的认同感、归属感和群体意识，从而成为增强检察机关战斗力的不竭源泉。

（三）激励作用

检察文化崇尚"以人为本"，因此会在检察人员内心产生一种高昂斗志和奋发进取精神。根据社会心理学研究显示，每个人都有一定的需求，检察人员也不例外，要调动每一个检察人员的积极性，就必须针对不同的人，引导其满足不同层次的需求。积极向上的检察文化会在满足检察人员基本生活需求的基础上，更加注重对他们的尊重和信任，从而激发其积极性、主动性和创造性，检察人员的自我价值和个人需求得到体现和满足，就会自觉地为检察事业拼搏、奋斗。

（四）约束作用

检察文化的约束作用不仅仅表现在通过制度规范等形式约束检察人员的行为，更主要的是对检察人员的精神形成一种无形的压力，使得每位检察人员进行自我控制和自我约束。正是由于检察文化带来的无形的、非正式的和不成文的行为规范，将外部约束和检察人员内心约束有机地结合在一起，从而克服了检察人员对硬性规章制度的抵触情绪，自觉遵守和规范自己的行为。

二、新形势下，应如何加强和改进检察文化建设

基层检察机关作为检察机关体系中的最小单位，它所具有的广泛性和工作的具体性，决定了它是承担检察文化建设的主要载体。因此，加强和改进基层检察机关的检察文化建设对推动全国范围检察文化的向前发展的作用就显得尤为重要。笔者认为，要加强和改进基层检察院的检察文化建设，应从以下几个方面进行：

（一）加强全院干警的检察职业道德建设，以德治检，提高干警的思想道德水平，从而确定检察文化建设的道德基础和价值观念

在检察文化建设过程中，首先，必须大力加强干警的职业道德建设，提高干警的检察职业道德修养水平，使其真正做到公正执法，热情服务，成为社会文明的表率、遵纪守法的模范。在对检察干警职业道德培养过程中，可通过个别谈话、观看展览等多种形式的活动，强调干警个人的自我修养即由个人自觉按照国家的要求和社会道德、检察职业道德原则规范，在道德意识、道德情感、道德行为品性方面进行自我教育、自我锻炼、自我改造，从而不断提高自己的检察职业道德行为的选择能力，不断克服和清除自己身上的一切旧道德的参与和消极因素，使自己成为符合党和人民要求的品质高尚的人。其次，应在全院干警中培养正确的价值观，坚持集体主义价值导向，正确树立检察文化建设的价值观念。人民检察机关作为国家法律监督机关，应当以集体主义为价值导向，建设社会主义检察文化。检察文化建设坚持集体主义的价值观，强调国家利益、人民利益、集

体利益高于个人利益，强调个人对本院、对社会的义务感和责任心，培育和发扬爱国主义、集体主义、社会主义精神从而调动全体干警的工作积极性、主动性和创造性，发掘干警的潜能。在检察干警的价值观培养过程中，要坚持以共产主义道德为指导，以集体主义为最高原则，以忠实于党、忠实于人民、忠实于宪法与法律、忠实于事实真相为总体要求，使全体干警树立起全心全意为人民服务的人生观、清正廉明恪尽职守的执法观和献身检察事业实现自我价值的价值观；坚持以公正执法为核心，开展敬业、勤业、精业"三业"教育，使全院干警明确自己身上的责、权、利，树立正确的职业态度和遵守职业规范的意识，使职业道德的培养由自发上升为全院干警自觉的行动。

（二）突出"以人为本"的管理思想，实行人性化管理机制，提高和培养干警工作积极性及创新精神，从而紧紧把握检察文化建设的核心内容

文化是人的文化，检察文化建设的核心是人的因素，因此检察文化建设必须坚持"以人为本"。检察机关要采用教育、启发、诱导、吸引、熏陶和激励等多种方式来培养干警们的命运共同感、工作责任感、道德规范和行为准则，提高他们的思想道德素养；促使每位干警都能把其内在潜力和创造力最大限度地发挥出来，成为本机关发展的真正源泉。

首先，要充分利用竞争机制选拔人才。推行"能者上、平者让、庸者下"的用人机制是每位领导者的必然选择，这就要求采取竞争上岗的干部选拔机制和时刻考察干部监督机制，更广泛、更扎实地挖掘人才，发挥其所长；同时还要进一步培养领导干部识才的慧眼、用才的气魄、爱才的感情、聚才的方法，知人善任，广纳群贤。

其次，要摒弃论资排辈观念，用好优秀人才。随着检察机关用人制度改革的深入开展，论资排辈的现象已大大减少，但并未彻底根治。这一方面表现为用才而不举才，使年轻人因缺少进一步锻炼机会而减缓了成长速度，也挫伤了他们的积极性，甚至会造成人员外流；另一方面表现在奖励方面优先考虑老同志的情况，这也会极大地挫伤年轻人的积极性。所以，必须对年轻人才进行精神激励、物质激励等方法，激发他们的工作积极性和创造性，并在全体干警中普遍树立危机意识，促使老同志意识到只有更加努力工作才能跟上全院发展的脚步，从而形

成人人奋勇争先的良好局面，也为进一步吸收优秀人才创造条件。

再次，改变过分集权思想，视职放权用人才。在一些检察院，领导过分强调组织集权，对职能部门的日常工作干涉过多，致使一些中层骨干或是畏首畏尾，不求有功，但求无过；或是"凡事有领导决策，用不着自己操心冒风险"，失去了积极主动精神。同时，这也使领导层日常琐事烦身，很难致力于检察机关发展战略问题的研究与实施。所以，必须要在一定"度"的范围内进行放权，使检察机关各层次干部分工清、权责明。根据不同岗位的工作建立科学的制约机制与合理的考核办法，给中层干部以足够的信任与支持，为他们营造一个相对自由可以尽其所长的舞台。

最后，走出人情管理误区，赏罚严明管好人才。赏罚不明，尤其是当罚不罚，是一些基层检察院人情管理的主要表现。领导者往往把人性化管理混同为人情管理，过分强调"人和"的重要性，以致本末倒置。真正的人性化管理，是以各种合理制度、机制充分调动人的主观能动性和创造性，使检察院发展与个人价值的实现在尽可能的程度上达成一致。而人情管理则不辨是非，为了眼前的一团和气而破坏了原则与制度。保护了个别人而损伤了多数人的积极性，求得一时的息事宁人而使检察院的整体管理陷于混乱，其结果是因小失大、得不偿失，与真正的人性化管理背道而驰。领导者必须尽早走出人情管理的误区，着力营造有利于各种人才成长、完善的内部机制，使更多的人才源源不断脱颖而出、茁壮成长。

（三）开展多种形式的政治思想教育，树立共同的执法理念，形成领导者、中层干部、普通干警"三位一体"，共同建设检察文化的良好局面，从而巩固检察文化建设的群众基础

基层检察机关的检察文化建设必须坚持邓小平理论、"三个代表"思想及科学发展观的指导，使全体干警坚定共产主义信念和全心全意为人民服务的思想，明确所肩负的责任从而树立正确的执法理念。在思想政治教育过程中，采取分组学习、网上讨论、日常交流等方式，变单向灌输为互动交流，变封闭式教育为开放式教育，使思想政治工作摆脱空洞说教的做法，将理想信念教育与实际工作结合起来，使具备检察特色的执法理念得以树立。同时，还可以开展多种形式的教育活动，如英语沙龙、篮球比赛、"三会教育"（会电脑、会写作、会英语）等，从多个角度增强干警们的拼搏意识和团队精神，增强其集体责任感、荣誉感，使全体干警在共同执法理念的驱策下树立主人翁意识，保证全院的各项管理工作自上而下顺利执行。

有了共同的执法理念，就能够使全体干警共同加入到检察文化建设中来，使检察文化建设的共同参与意识得以树立。而这种意识首先应体现在检察机关决策层的行为上。领导者要把检察文化建设作为自己工作的重要组成部分，思想上高度重视，把它放到日常工作议事日程上来，并不断总结经验教训，在动态中建设检察文化。中层干部要把检察文化建设作为一项重要任务来抓，把检察文化建设渗透到自己管理的方方面面，把它作为管理工作的主线来抓。每位干警都是检察文化的基本载体，是检察文化的实践者和建设者，是检察文化建设的主体力量。检察机关要动员、组织、激励干警共同参与检察文化建设，充分利用民主集中制的优势，通过座谈会等形式，召集各部门业务骨干和年轻同志就如何建设检察文化及本院发展大计等问题提出意见和建议，从而完善原有决策，制定新的措施；并对好的意见和建议给予奖励，激发全院干警参加全院建设的热情。检察文化的共同参与意识还体现在各处室在实际工作中自觉地根据本部门情况研究检察文化建设，然后由全院通过研讨会及征文等形式对该研究成果加以总结、吸收，使检察文化建设从点到面全面进行，并及时贯彻到检察业务的实际工作中，使检察文化真正发挥其指导作用。

（四）进一步加强全院的制度化管理，建立健全系统化管理的长效机制，为检察文化建设提供坚实的制度保障

现代管理的重要一点就是制度化管理，即建立健全一套行之有效的管理制度，尽可能对检察院工作的各个方面予以规范化，并切实予以贯彻，使之不以领导的改变而改变，不以领导意志的改变而改变，保证"软环境"的稳定。当然，这并不排除随着新形势、新情况的出现而对这些制度进行立、改、补、废。只有这样，才能使管理工作长期有效地进行，并能不断总结成功经验，改正缺点，形成历史的延续性，从而使检察院建设稳步进行。不仅如此，对于个人而言，经过长期稳定的制度管理，每位干警的头脑中就会时刻绷紧遵章守制这根弦，自觉地按照制度进行工作，否则，制度朝令夕改，就容易使干警在遇到具体问题时无所适从，影响工作的开展。

  基层检察院检察文化的建设和发展，不是一蹴而就的，必须通过全体干警长期不懈的努力，不断总结新经验，解决新问题，一步步将其完善。在检察事业跨世纪发展的今天，如何以一个新的意识去管理好全院的检察工作，带动全体同志的共同发展，是每一位领导者必须面对和亟待解决的问题。检察文化作为一种新的管理理念和管理方式，它的出现为我们提供了一个很好的理论武器。

正义如何深沉?

——检察文化建设的探索、反思与可能的进路

张 梁[*]

"各美其美,美人之美,美美与共,天下大同。"

——费孝通

引言:揭开法律文化的面目

这是一个"崇拜"文化的时代。尽管文化这一概念本身至今尚无确切定义,却丝毫不影响人们绕过含混不清的语意,直奔它的功用而去。

这仿佛又是一个文化多元和文化自觉的时代,各行各业都在"文化大发展大繁荣"的时代感召下,争先恐后提炼、建构、宣扬、解说属于自己的文化符号。然而,轰轰烈烈的"文化热"中,究竟留下了什么实质的东西,却让人迷惑——你能否发现文化的兴起对这个社会的理解有了显著的推进、深化或拓展,我们所热衷的它们又有多少新颖之处?

法律文化也是如此。"文化热"自然是法律文化兴起的一个极其重要的原因,此外,不应忽视社会大变革、大转型这一特定背景下,法律成为显学或者换言之——法制及法治进步既需要也必然会延伸到关于"文化"层面的理论或者讨论。无论是纵向的历史参照,还是横向的中外比较,文化都是一面镜子。"用文化去阐明法律,用法律去阐明文化",[①] 不仅仅是理论的需要,更是现实的取舍。不过,我国关于法律文化的理论研究并不足以指导实践、满足实践需要,原

---

[*] 作者单位:重庆市渝北区人民检察院。

[①] 朱晓剑:《用文化去阐明法律》,载《法制日报》2013 年 10 月 23 日第 11 版。

因在于：人们对法律文化的研究因为过于功利而浮躁，有的不过是对已有学术研究成果的一种再包装，有的则仅仅因为贴上了一个文化的定语就变成了法律文化的研究。归根结底，这类研究不过是将"文化"当作盛装一切东西的"筐"，飘忽之外缺乏实质内涵。

根本来说，"文化"本身并没有严格的定义，"文化"这一词语所表达的内涵、外延的幽深与宽泛，特别展现出了汉字的博大精深，以至于研究者们在使用这一概念时，甚至将其涵盖人类的一切精神的、物质的成果和活动，包括了一部或全部政治、经济、社会、制度、风俗、习惯、文学、历史、思想以及其他可能包括的社会现象。[①] 哪怕在社会层面，在大多数人看来，"文化"概念也几乎无所不包，正因它的意蕴如此丰富，因而对各种事物和现象就有了解释力——用文化来解说事物和现象存在的合理性及价值。但，这如同万金油。

因此，实质上，谈文化更多的不是谈具体精确的概念，而是谈模糊的概念或者理念。特别对我国的法制和法治建设而言，在法制和法治水平还不高，社会的法律意识比较低，人们的法律信仰还十分淡薄的氛围中，不仅说不出法律文化具体精确的概念，即便说出也难免曲高和寡。文化之所以与法律联姻，并非法律文化研究已然形成理论体系且被普遍接受，而是法律实践实在需要这种概念或者理念先行，进而支撑或者助力法律实践。

我国关于法律文化的研究起步于 1986 年，这与当时我国社会主义法制建设的实践密不可分。恰恰是中国社会转型中法治建设的需要，促使法律文化研究在我国兴起，人们对于法律文化的"崇拜"伴随着法制和法治话语的流行不断升级，进而推动形成以法院文化、检察文化为代表的更为发散、边界更为明晰的研究热潮，实践中的法律文化建设也如雨后春笋般纷纷开展起来。

然而，不论法院，还是检察院，虽然对于文化建设都已经意识到了在中国司法制度改革中的重要性，但对这个问题的所谓研究基本上大多停留在概念或理念先行的层面，缺乏经验的考察和细致的因果关系分析，不仅在本系统内缺乏统一性的共识，更不可能在外界形成特色鲜明以资辨别的符号标识。

---

① 参见朱苏力：《法律文化类型学研究的一个评析——〈法律的文化解释〉读后》，载《学术思想评论》第 2 辑，辽宁大学出版社 1997 年版。

一、文化：滋养"中国特色社会主义法治"的母乳

中国视域中的法律文化，是为了法制和法治建设服务的，因而多是方法论意义上的法律文化，充满功能主义色彩。与西方学者将"文化"作为法律文化研究的本体不同，我国学者着重法律文化的"法律"要素，注重通过文化的视角考察法律的构建、生成和运行、实施。从根本上说，今天我们对法律文化的格外关注和重视，更多的是把眼光聚焦于法治的现实需要，实践中，法律文化早已融入与法治有关的话题中，具有强烈的理念引导和推动实践的意义。

这与我国社会治理模式的变迁密不可分。法律的社会治理功用不断得到实践肯定，必然引起人们对法律深层次的价值思考。当前，我们正处于从"法制"到"法治"的转型过程中，而从法制迈向法治，意味着从制度到观念的转变，因而探讨人们对于法律的观念、态度、认可程度、看法、信仰、价值观念等一系列"理念"方面的问题，就显得很有紧迫性——理论和实践都需应对这种剧变。① 作为理念和概念的法律文化，虽然含义模糊，但却是一种强有力的推动法治的工具。繁荣这种文化，不仅在宏观上能增强"依法治国，建设社会主义法治国家"的主动性、积极性和科学性，从而创造出反映新时代的、具有中国特色的社会主义法律体系；而且，也必将在微观上真真切切推动法治在现实中慢慢落地。

从根本上说，要繁荣的这种法律文化，其实就是饱含现代性的法治文化，而法治文化，又与现代文明密不可分。但对法律文化的重视，不仅仅看作只是以现代文明精神来建设法律和法治，另外，我们也正在试图运用传统文化这一"本土资源"，以其所具有的传承性、稳定性以及独特性来解释或建设我们自己的法律和法治。我们需用文化来滋养法律，然而对西方法律规范或者制度的法律移植，出现了很多水土不服的状况。虽然近代，我们的法律制度落后了，但在封建时代却无比辉煌，这要求我们需要也必须回归传统。文化在某种意义上就是传统。

法律文化之所以如此方兴未艾，是因为其植根的社会正深深陷于传统与现代的转折点上。现代？传统？文化本身看起来似乎是个矛盾体。但这恰恰是中国特色社会主义法治建设都不可缺少的重要支撑，如同人的两条腿，缺一不可。中国

---

① 参见吕芳：《中国法院文化研究》，中国政法大学 2007 年博士论文。

特色社会主义法治建设，既离不开自由、民主的现代文化和文明要素，也离不开伦理、道德的传统文化和文明要素。只有坚持现代文明与传统文化的有机交融，才能培育出中国特色社会主义法治的良好环境，滋养其快速成长。

文化如同母乳，社会主义法治建设的方方面面都离不开它的滋养。作为法律文化的一部分或一个子系统，以"文化育检"为目标的检察文化建设近年来也正加快推进。最高人民检察院于 2010 年出台了《关于加强检察文化建设的意见》，① 从上至下推动此项工作，各个地方检察院也纷纷开展相关文化建设或者活动。

二、产生于知识的需求：建设有文化的检察院

对于检察系统而言，最初的文化建设自然而然落脚于"文化"的世俗概念，也即举办文娱活动。通过富有生活、艺术气息的活动，展现检察机关是富有文化意蕴的，是生机勃勃的，是有文化层次的。

这样的文化认知自然是浅薄的。文娱活动并不具有独特性，不能完全体现检察工作的特色，从根本上说，这种文化的展现形式只是文化的花边和点缀，在大多数人看来都没有深刻的意义和深厚的文化内涵。

真正促使检察文化建设得到重视并显现成效的，是对知识的需要。中国社会的快速转型甚至剧变，给司法工作带来了巨大的挑战，社会发展对司法提出了更高的专业及知识的要求，不仅要求学历水平、专业知识在层次和数量上急剧提高，更要求一名合格的检察官要适应快速变化的社会标准，更加职业化、专业化，在司法能力上有质的提高。

不仅社会快速发展要求学历、知识等专业能力不断提高，经济和社会转型带来的变化也间接地对检察官施加了"素质"方面的压力。例如，律师的高收入和自由职业吸引了大批法学院的优秀毕业生，由于这些律师的加入，诉讼必然变得更为复杂精细，更加强调程序，更加"抠字眼"，更加讲法理而不是讲天理人情，这迫使检察官对法律的细节和程序更加精通，并且更加擅长修辞论证和雄辩，否则就不足以应对口若悬河、巧舌如簧、旁征博引的律师——这当然属于广

---

① 参见正义网：《最高人民检察院关于加强检察文化建设的意见》，http://news.jcrb.com/jxsw/201012/t20101213_478408.html。

义的有文化。①

市场经济中社会的分化带来的道德多元也给检察工作带来了更多争议，需要更多的辩解和论证，已经没有众口称是的"情理"了，市场的利益关系还使得传统的晓之以情、动之以理的道德伦理话语和司法技术知识几乎失效了。也正是在这种社会对司法以及对法官、检察官所具有的司法知识需求的重大甚至根本转变中，在各种利益的相互竞争中，检察官的素质突然变成了一个突出问题。

解决素质问题，人们自然而然首先想到的是学校教育——文凭和专门证书。近年来，检察机关通过频繁的公务员招录考试选拔了大量法科生，储备了数量可观的科班毕业、通过国家司法考试的本科生、研究生。素质问题，简化为文化素质和专业素质，而这两个素质又简化为文凭及法律职业资格证书。从字面上理解，这当然是检察文化建设的一项重大举措，而且取得的成绩也是有目共睹的。选拔和培养有文化、有素质的检察人才，致力于提高知识和技能的检察队伍建设，建设有文化的检察院，应该说，既是当前检察文化建设的主要潜在模式，也是最实质的成果。

三、从知识到理念，从理念到精神

检察文化建设的对象，到底是人，还是检察院？

不少地方的检察机关以富有诗意的概括表达他们的文化符号，这种经过苦思冥想提炼出来的文化符号，总是试图通过抽象的力量对个人施加文化的影响。

由此可见，实践中的检察文化建设，一贯的对象是人。人，才是检察文化建设的主体要素。当前由于知识的需要，检察文化建设主要是为了建设有文化的检察院，用文化来建设检察队伍，也即培养检察人才，培育检察队伍，服务检察工作。文化，在这里，是提高知识和技能的代名词。无论检察官还是检察院，都是被动的受众，现实需要——尤其是日益繁重、复杂的检察工作的需要，迫使决策者必须想方设法提高检察官的知识和技能，更加专业化、职业化。只有如此，才能成为合格的检察官，否则就会被社会淘汰。因为无法选择也无法逃避，所以是受众。

目前的检察文化建设，核心仍旧是人才和学习，并没有旗帜鲜明地倡导某种

---

① 参见朱苏力：《法官素质与法学院教育》，载《法商研究》2004年第3期，第65页。

含义明确的检察文化。实践中的检察文化建设呈现出更多的具体性和可操作性，是知识和技能层面的丰富和提高，而不是理念、精神和价值等深层次领域的探索和认同。在知识和技能尚不足以应对实际工作的时候，谈论理念和价值又有什么实际意义呢？

但从长远发展来看，当检察队伍建设取得了长足进展的时候，文化的理念价值就十分重要了——不仅仅是培养合格的检察官，也是建构正义的检察官。从某种程度上看，从"法制"迈向"法治"的征途中，检察制度从无到有、由缺到圆，追求由不完美逐渐完美，这个过程，是从知识到理念、从理念到精神的不断演化，是一个文化自觉的过程。

说到底，检察文化，不仅仅是为了满足现实的特别是工作的需要，而是一种独特的文化存在。寻求对这种文化的精髓的挖掘和深化，是一种自然而然的冲动。无论是检察官个体，还是检察制度本身，都希望自己被赋予更加神圣的色彩，彰显自己独特的精神价值。而这种精神价值，往往需要一个根本性的标识进行概括。

四、根本标识是正义：赋予的正义与内化的正义

检察文化独特的精神价值在哪里呢？

在信息碎片化的浅阅读时代，怎样用一个充分代表自己且响亮的名字，来真正抓住人们的记忆？必须让更多人明白我们的工作目的和意义，因为我们总是遭遇检察院被错写成"检查院"的尴尬。这样的尴尬值得我们深思：我们当然有自己的价值追求并不懈努力，却因为缺乏一个显而易见、通俗易懂的外在符号而难被认同，我们需要一个充满正能量的文化标记！

这个文化标记是正义。正义，是所有检察机关共同的价值追求，是所有检察人共通的信念之魂，因而它应当化作我们共同的外在展现和话语符号。正义，恰又是检察文化的主题。每一种法律职业都应有独特的法律文化，都应有自我突出的"文化主题"。与法院文化"公正和效率"所表述的价值追求不同，检察职业的特殊性决定了检察文化具有类似但本质不同的核心价值理念：检察权是程序性的司法权，而不是实体性的处分权，是代表国家对某种行为的否定，而不对案件做终局裁判，检察官超越一己成败与悲喜得失去追求正义的价值，远比法官追求个案的公正更为重要。锲而不舍推动浙江张氏叔侄冤案昭雪的驻监所检察官张

飚，向人们展现出了检察官追寻"正义之外的正义"的职业风采。[①] 可以说，正义恰是检察文化的内核，它精确表达了检察制度独特的法律文化性格。以"正义"为精髓的检察文化，正是它区别于法院文化乃至其他类型法律文化的根本所在。

公平正义，法院取"公平"二字，我们理所当然应取"正义"二字。检察文化与其他法律文化难免存在交融性、重叠性、共通性，但我们应该清醒地认识到，正义本位的法律文化价值观，才是检察制度赖以存在的基础。追求正义，是我们行使检察权的天然使命，无论检察事业向何处去，都必须坚守"正义"这一核心价值和态度立场。

当然，以"正义"为核心的检察文化并不是抽象的赋予，而应是由附着在"正义"价值取向下的法律信仰、职业道德、思维方式、执法理念、工作方法以及与之相协同的组织原则、组织氛围、管理制度、职业培训等一系列要素结合而成的内化的法律文化性格。

检阅检察文化的认知历程，喜悦中有反思。从"检察院的文化体育活动"到"检察队伍的管理手段"，我们前进了一大步。然而，我们还需新的跨越。近年来，尽管检察文化建设一再被提及和倡导，但对于其核心内涵和功用的认知却远未明了。检察文化，如今仍简单地被视为一种管理理念看待，以带有功利性的倾向作为检察队伍建设的工具和手段而运用。说到底，检察文化应该是一种具有社会开放性带有法治引导作用的法律文化。因此，我们不能狭隘地仅把检察文化作为内部管理手段，而更应当把它作为展现检察机关坚守正义、引导社会迈向法治的重要的外部窗口。

将检察文化建设的重心放在内部管理、提高队伍素质上，事实上也并无不妥。以"正义"为象征的检察官群体，现在还远远没有达到法律知识精深、法治思维牢固、执法能力高超的地步，要在群众心中树立检察机关的"正义"形象，首先就是要培养一批忠诚宪法法律、执法能力过硬的检察官，进而培育出一种追求法治精神和正义理想的检察职业文化氛围。

只是，我们应该走得更远。不仅仅是养成"优秀"的执法者，还要花大气力从更多方面进行文化价值观的塑造。在网络民意汹涌的时代，也的确到了重塑

---

① 参见:《用信念鼓起公平正义的帆———论张飚精神》，载《检察日报》2014 年 4 月 9 日第 1 版。

检察形象的时候了，重塑检察形象在一定程度上意味着重新定义检察文化。文化建设与制度革新、形象塑造本来就是良性互动的关系。不管被动而动，还是积极主动，我们都必须迈向一次新的转型，以"正义"文化实现接轨现代法治理念，彰显独特价值的新蜕变。

我们不仅需要一支富有正义精神、精通正义实现能力的检察官团队，更需要一股维系这支队伍不断发展壮大的精神力量。这种力量，就来自检察人应当永恒坚守的对正义的深沉追求。在文化多元的时代，我们必须拥有属于自己的以"正义"为代表的文化资本。美不应当孤芳自赏，而需要通过我们的文化来绽放，这种文化，深沉而不飘忽。

浅谈基层检察文化建设思路

张　琳*

　　文化，是一个民族区别于其他民族而特点鲜明地被世人认知的独有的生活方式、行为规范、审美情趣和价值理念。因检察机关法律监督的独特属性，检察文化有着区别于审判文化、警察文化及律师文化的鲜明特点，带有浓厚的检察职业色彩，是检察机关及全体检察工作人员在长期的检察实践中逐步形成的检察价值理念、检察知识、检察思维模式、行为准则、工作作风及其特有的行为方式和物质表现的高度概括。

一、检察文化对检察机关的作用和意义

（一）提振士气

　　笔者认为，大力开展检察文化建设，是检察机关尤其是基层检察院凝聚人心、鼓舞士气、抓好班子、带好队伍的重要途径。检察文化建设不光注重外在的形式与符号，更要注重内在的本质与核心。有的干警认为基层检察院级别低、待遇差，没有发展空间，因此，一些人不管年龄多大只要担任了一科之长或者落实了副科待遇，就有了"船到码头车到站"的思想，对院内氛围也产生了不小的负面影响。这是基层院领导、特别是"一把手"常常发愁和烦恼的问题，也是基层院思想难统一、队伍难管理的发展瓶颈。因此，仅仅通过职务晋升或者以待遇来催促干事的检察院是短视的，长此以往最后肯定缺乏凝聚力、向心力。应该在基层院大力倡导一种价值追求和行为准则，并以此引领检察人员的思想和行动。在越是艰苦的条件下越要大力加强检察文化建设，实现文化既"化物"又

---

　　* 作者单位：福建省泉州市洛江区检察院。

"化人"的价值功能,从而充分发挥检察文化软实力的巨大力量,更加有效地促进检察事业的发展进步。

(二) 树立形象

检察形象是指检察机关展现给外界的精神面貌、思想作风、管理水平和工作效率等印象。由于"形象"是通过人的感官在头脑中形成的整体印象,所以检察机关的形象同时也包含社会各界对检察机关的认可度、支持度、满意度等方面的评价。简而言之,就是指检察机关的公信力。而检察机关的形象很大程度上取决于检察文化的塑造。这种塑造主要是通过提升检察机关的公信力和扩大检察机关的影响力来实现:一方面,它推动检察机关及检察人员在检察实践中不懈追求"公平、正义、秩序"的价值理念,追求社会主义法制的统一、尊严和权威,并在这一过程中树立检察机关和检察人员社会主义事业建设者、捍卫者和公平正义守护者的良好形象,从而增强检察机关整体形象的认同感和说服力,提高检察机关的公信力。另一方面,提高检察机关公信力的过程,也是先进检察文化的价值理念、思维方式、行为作风等传达给周围其他社会成员的过程,从而不断地扩大检察机关的社会知名度和影响力。

(三) 丰富底蕴

检察文化来源于丰厚的检察工作实践。"检察文化首先表现为一种实践的文化,是检察人员群体实践的文化形态和成果。从实践中来,在实践中发展完善;到实践中去,指导实践,这是检察文化的实践逻辑,是它与实践的辩证统一关系,也是它的生命力之所在"。① 可见,检察文化是根植于法治建设实践的客观存在,检察实践是检察文化产生和不断发展完善的根基,检察文化所包含的内容也必将随着检察实践的发展而逐渐丰富、完善,从而全面提升检察队伍思想境界、职业操守、人文素养和业务能力。检察文化具有的团队凝聚、行为约束、振奋激烈、行为导向等积极作用,极大地促进了检察业务工作全面发展。近年来,许多基层检察院在队伍建设中,坚持以检察文化建设为抓手,文化育检、文化兴检、文化育人,典型实例层出不穷,检察文化真正成为基层院建设核心竞争力的重要组成部分和推动基层检察工作科学发展的有效途径。

---

① 徐汉明:《当代中国检察文化建设:理念更新与实践创新》,载《法学评论》2011 年第 3 期。

（四） 和谐氛围

实践证明，先进文化具有独特功能和巨大魅力，能在潜移默化中发挥引导、约束、凝聚、激励等作用。这些作用有助于弥补制度管理等管理方式的缺陷，降低管理成本，提升管理效能，也有助于凝聚人心，促进结成全体检察人员荣辱与共的命运共同体。此外，通过开展检察文化建设活动，能丰富干警的业余文化生活，使检察队伍充满生机活力，既能调动干警的积极性以饱满的热情投入工作，也有助于机关和谐氛围的养成。

二、 当前基层检察文化建设存在的误区

在实践中，由于受地域、经济、文化传统等各种综合因素的影响，基层检察机关对检察文化建设仍存在一些误区。

（一） 将检察文化的定义狭义化

将搞好检察文化建设简单地定义为搞好文体活动，认为搞几次运动会、文艺表演，活跃了气氛，丰富了干警的业余生活就是搞好了检察文化建设，将检察文化固化于几种形式，以偏概全，对检察文化建设跑了偏，从而阻碍了检察文化建设的全面发展。

（二） 将检察文化的定义扩大化

认为检察工作中的一切行为都是检察文化建设的内容之一，干什么都是在进行检察文化建设，从而使检察文化的范围过于模糊，看似什么都干了，但实际上没有对检察文化建设进行合理的规划和推进，使得检察文化建设得不到足够的重视。

（三） 将检察文化建设边缘化

认为检察业务是检察工作的一切，将业务过硬作为评判检察工作好坏的唯一标准，而把搞文体活动认为是浪费时间，进行职业道德教育是多此一举，廉政建设、执法理念教育是老生常谈，将检察文化建设置于可有可无的边缘地带，甚至将检察文化建设与业务建设对立起来，认为搞检察文化建设与搞好检察业务是一对矛盾，不能正确对待。[①]

---

① 菅森：《浅谈检察文化与队伍建设》，载《法制与社会》2013 年第 10 期。

三、基层检察文化建设思路

在许多群众的印象中，检察院是一个公正庄严却又蒙着一层面纱的权力机关。一方面由于检察机关的业务性质导致，另一方面也是检察机关在文化建设的选择上单一强调检察机关的法律职能所致。笔者所在的泉州市洛江区检察院，在检察文化建设上，经过几年的摸索实践，开辟了一条将检察文化与创先争优、廉政文化、检察宣传深度融合的新道路，提升了检察机关的执法公信力和亲和力。

（一） 与创先争优深度融合，营造检察文化氛围

该院成立"创先争优、文化育检、党的建设"办公室，开展形式多样的创先争优活动，建立健全树立先进典型工作机制。利用该院年轻人比重较大的特点，成立青年工作委员会，以争创福建省"青年文明号"为契机，开展"青春奉献、检察建功"活动，激发队伍活力；推行"1＋N"主辅岗位培养模式，大力开展岗位练兵、业务竞赛，不断提高干警的法律知识水平和办案能力；鼓励年轻干警积极参加在职法律硕士考试和司法考试，成立硕士办案小组，以互动讲座、学习沙龙等方式开展活动；评选"岗位标兵、业务能手"，通过以赛促学，进一步增强队伍战斗力，涌现了市"三八红旗手"、"五四青年奖章"、"侦查监督办案能手"，区"道德模范"、"十佳新洛江人"等大批典型，为扩大检察机关影响力，提升执法公信力作出了积极贡献。对列入培养计划的先进典型，创先办通过发动干警、群众等方式深入挖掘典型事迹，并充分发动干警、群众讲故事、谈体会，确保选树典型可信、科学，群众公认，及时对先进典型进行表彰，对各类先进典型区分不同层次和类别，制定不同的宣传方案，有重点地进行宣传。

（二） 与廉政文化深度融合，打造检察文化品牌

将廉政检察文化元素有机融入机关环境建设，使廉政检察文化无处不有、无处不在。在大厅、楼梯转台、电梯等显著位置张贴廉政主题图片，大厅 LED 屏滚动显示廉政警句格言；为干警办公电脑设置廉政屏保；在检察内网开辟"读书思勤廉"专栏，不定期发布"廉文荐读"篇目，要求干警浏览学习并发表看法，多形式加强廉政文化"渗透力"，使干警在日常工作生活中接受廉政文化的熏

陶。响应人民群众对反腐斗争的期待，积极争取市委、市政府支持，联合洛江区纪委建成 450 平方米的警示教育基地，借助声、光、电等高科技手段和展示形式，提高廉政教育的感染力。巧妙利用时下广受大众欢迎的"微动漫"形式，自编自导自演福建省首部反腐题材微电影《假如》，而后又自行设计吉祥物"洛洛"，制作完成福建省首部反腐题材微动漫《裸官的美国梦》。两部影片将"反腐"这个非常严肃的命题用一种非常轻松愉快的形式表现出来，让人在不知不觉中受到教育和启发，接受廉洁熏陶，赢得了群众好评，使之成为洛江一道"流动的清风"。两部反腐"微"作品在第十届全国法制漫画动画微电影作品征集活动中分获三等奖和优秀奖，《裸官的美国梦》还入选"全国检察机关首届微电影展播活动"十佳微电影，并荣获最佳动画片奖。

（三） 与检察宣传深度融合，树立良好检察形象

与电视台、报刊、网络等新闻媒体加强联系，建立长期合作关系，依托各新闻媒体积极打造舆论宣传平台，增强检察文化的社会影响力。在加强与新闻媒体联系的同时，拍摄形象宣传片，深化检务公开，利用影视等媒体的有形宣传，扩大检察影响，宣传检察工作的意义，传播检察文化。注重新媒体的传播运用，针对互联网传播快、覆盖广、影响大等特点，将网络媒介作为检察文化的发展空间，拓展检察文化渗透力。精心办好检察门户网站，与"法治洛江"公共微信平台建立合作机制，运用文字、照片、漫画、视频、PPT 等多种方式，及时宣传和展示检察工作成果，推动检察宣传工作进入"微时代"。近年来，正义网、人民网、《检察日报》、《法制日报》、《福建日报》、《检察风云》、《法制今报》等多家新闻媒体对该院检察文化建设工作进行了报道，树立了检察机关良好的社会形象。

笔者认为，泉州市洛江区检察院这种文化建设模式，符合我国社会主义核心价值体系，体现社会主义法治理念的要求，达到了一体多赢的良好效果。首先，这种模式不是单一强调检察机关的业务职能，而是从提升检察机关的执法公信力和亲和力入手，检察文化在与其他工作深入融合中，达到了互助双赢的功效。其次，通过廉政文化纽带将检察文化与业务建设高度融合，达到检察文化与廉政文化、惩治腐败与预防腐败、廉政课题与创新载体的"三个结合"，提升了检察工作实效，扩大了检察工作影响力。最后，检察干警在检察文化建设中，增强了对检察事业的认同感、自豪感和归属感，找到了人生目标，实现了自我价值，检察文化切实发挥了"润物细无声"的功效。

检察文化与基层检察院建设

——从黑龙江省检察院 20 个基层单位荣获"全省检察文化建设示范院"称号看检察文化与基层院建设

陈玉庆[*]

　　黑龙江省检察院坚持把握检察文化建设的发展方向，紧密结合本地实际，大力实施文化育检工程，着力推进检察文化建设，为提升检察人员的思想文化素质、推动检察队伍建设、塑造检察机关的良好形象、促进检察工作科学发展作出了积极努力和突出业绩，涌现出了一批基层文化建设先进单位。2013 年末，省院党组决定在全省 203 个基层院中授予大庆市红岗区检察院等 20 个基层单位"全省检察文化建设示范院"称号。这些基层单位都曾被省、市评为先进基层检察院、集体立功和通报嘉奖、被政法委评为政法系统先进集体、被省委省政府授予文明单位标兵称号，有的院还获得了全国文明接待室、检察宣传先进集体、先进检察院的光荣称号。就拿大庆市红岗区检察院来说，该院先后获得"全国模范检察院"、"全国精神文明创建工作单位"、"最高检集体一等功"、"全国文明接待室"等 18 项国家级荣誉和 32 项省级荣誉，大庆市委政法委、大庆市检察院、红岗区委先后两次作出向红岗区检察院学习的决定。检察文化是社会主义先进文化的重要组成部分，是检察机关和检察人员在履行法律监督职责和日常生活中创造的、具有鲜明检察特色的法律文化，是广大检察干警的精神家园和精神支柱。那么，检察文化建设在这些单位的建设和发展中主要发挥了哪些作用呢？

---

[*] 作者单位：黑龙江省人民检察院。

一、作为理论支撑与核心价值，检察文化可以增强检察事业发展的牵引力

检察文化必然对检察人员产生一种强大的精神意志牵引，促使检察人员接受共同的精神认知，调整自己的言行举止乃至整个精神世界。所以，检察文化是全体检察人员共有的价值体系，反映了检察人员的价值取向。一是加强学习文化建设，体现时代性。学习不仅要学习政治理论，学习业务知识，还要学习社会、学习经济、学习科技、学习典型，强化教育引导，创新方式方法，健全制度保障，把检察文化的学习教育融入检察机关教育培训体系、精神文明建设和党的建设全过程，体现到精神文化产品创作、生产、传播各方面，坚持用先进文化引领检察干警思潮，形成统一指导思想、共同理想信念、强大精神力量、基本道德规范，建设一支政治坚定、业务精通、作风优良、执法公正的检察队伍，凸显检察机关的时代精神。哈尔滨市道里区检察院突出检察文化的人本特色，建立了"检察文化长廊"和规范化高标准的电子阅览室，举办了"大道理讲堂"，邀请知名法学专家和学者授课，组织了刑诉法考试，在各级媒体发表调研文章 67 篇，连续举办了 15 届"检察文化艺术节"，最高人民检察院曹建明检察长对该院工作经验作出了批示。二是加强观念文化建设，体现能动性。检察观念文化追求的是社会主义法治理念文化，以实现奋发向上、拼搏进取、公正诚信、浩然正气的作风转变，全面提升检察人员素质和文化品位，引导检察干警转变执法理念，改进执法方式，将检察工作融入大局中去，做经济发展的促进者、和谐稳定的维护者、公平正义的捍卫者。齐齐哈尔市泰来县检察院始终把执法理念文化建设作为文化建设的根本，干警集思广益创作了《泰来检察赋》，记载了建院以来的历程及肩负的历史使命。三是加强调研文化建设，体现创新性。对影响和制约检察业务部门发展的重点难点问题实行重点课题化，开展业务工作研讨，组织力量专门攻克，有效地解决了长期困扰检察机关的实际问题。这些示范院的共同特点是注重培育如"检察文化沙龙"、"检察文学社"、"理论研究小组"等学习团体，创建如"办案实践"、"侦查谋略培训"等基地，激发检察干警的创造性。

二、作为精神动力与力量源泉，检察文化可以增强检察事业发展的凝聚力

检察文化建设能促使检察人员产生目标、准则和观念的认同感和对检察群体的归属感。一是加强精神文化建设，增强归属感。精神文化是检察文化的灵魂。检察文化的精神要素包括理想信念、思想观念、执法理念、群体精神等意识形态，不仅体现现代执法理念，而且主导检察机关现代执法理念的实质与方向。检察文化培育文明风尚，提升精神境界，构建检察干警的精神家园。以深化"为民、务实、清廉"为主要内容的党的群众路线教育实践活动为载体，将现实文化与检察工作实际接轨，实现对人的精神、心灵、性格的塑造，培育时代精神，更好地为检察事业的发展提供强大精神动力，有效推动检察工作创新发展。近期，我们在召开的全省政治工作培训班座谈中就如何推进基层检察文化建设与许多参加培训的基层干警进行了座谈，特别是大庆、农垦、林区、大兴安岭等地的基层干警把经过几代龙江人艰苦奋斗形成的，又激励着龙江人奋进的"大庆精神"、"铁人精神"、"北大荒精神"和"突破高寒禁区精神"等作为原动力，在艰难困苦中凝聚着力量，推动着检察工作的创新发展。二是加强价值文化建设，增强认同感。价值文化是检察文化的本质。检察文化的价值体现是检察机关在执法、管理、教育等活动中形成的具有检察特征的价值观念。检察文化决定和支配着检察机关群体的价值取向，指引与制约着检察现代化的制度性和物质性安排，是检察机关主流精神与新形势、新要求相结合的产物，是现实中社会文化与检察工作实际接轨的产物。要以深入开展"忠诚、为民、公正、廉洁"政法干警核心价值观教育实践活动为载体，通过建立干警共同接受和遵循的价值观念，构建检察干警共同的价值体系。如大庆市红岗区院凝练出"忠诚、崇法、厚德、超越"红检精神和"忠诚守信、崇法唯公、修身立德、追求卓越"红检院训，形成红岗检察人共有的精神家园。三是加强和谐文化建设，增强荣誉感。团队精神是检察文化的精髓。检察文化成为全体检察人员的共同行为准则后，从认识、期望、信念等各个方面进行整合沟通，组成团结协作、荣辱与共的有机整体，形成强烈的整体意识，致力打造和谐机关，使全体干警同心协力地为整体目标而努力工作，成为增强检察机关战斗力的不竭源泉。建三江农垦区院不仅有自己的院歌，还有自己的检察官之歌，在集体活动时合唱，增强了和谐氛围。

三、作为智力支持与能力保障，检察文化可以增强检察事业发展的辐射力

检察文化的物质要素是反映检察机关法律监督活动特点的物质实体，是检察文化的基础。检察文化以智力支持与能力保障增强检察事业发展的辐射力。一是加强职业文化建设，突出着力点。先进的检察文化反映了检察机关和检察人员积极进取的时代风貌，培育检察人员敬业、勤业、精业精神，反映了检察人员的道德准则和行为标准。为此，基层院要通过开展大规模的教育培训和自主的知识学习，提高职业素养，提高法律监督能力，加大对检察工作的科技投入，提高检察文化的科技含量。在队伍管理中引入人文管理，以健康文明的生活方式和丰富多彩的文体活动占据干警业余生活阵地，陶冶干警情操，提升干警文化品位，激励干警的进取心、荣誉感和集体主义精神。有的文化建设示范院在公诉工作任务十分繁重的情况下（人均2天公诉1起案件），采取"五加二"、"白加黑"工作法，以勤奋敬业精神保质保效地完成了工作任务，涌现出一大批全国、全省优秀公诉人。二是加强环境文化建设，把握结合点。要从环境文化建设入手，开展演讲、书法摄影、公诉人辩论比赛及各种文体活动，不断深化和丰富检察文化的内涵和特质。加强图书室、阅览室、文艺活动室、电子阅览室、体育活动场地等检察文化阵地建设，建立文化长廊、设置文化标语、名言警句等，营造浓厚的文化氛围。利用检察内网，设置"文化天地"、"干警论坛"、"建言献策"等栏目，构建干警学习交流平台，营造积极向上、和谐优美的氛围，充分展示检察干警的良好风貌。大庆市红岗区检察院依托"红检文化工作室"，创建了包括法律、文学、摄影、书画等6个群众文化小组，建成"五室一馆一廊一庭院"的物质文化格局，即院史陈列室、党建文化室、电子阅览室、书画创作室、休闲棋牌室，文体馆，法制文化宣传廊，具有大庆油田特色和检察特点的园林式庭院建设，成为检察机关的文化亮点。三是加强品牌文化建设，找准关键点。以公平正义为灵魂的执法文化是基层院的"品牌"。我们知道，一个优秀的商品品牌是由过硬的质量、持续的创新和优质的服务造就的，离开这个核心就会被市场所抛弃。同样，以维护和实现全社会的公平正义作为神圣职责的检察机关，如果脱离了公平正义这个"品牌"去谈文化建设，也无异于舍本逐末。基层检察院只有不断提升检察人员的综合素质，在强化法律监督的实践中满足社会对公平正义的期盼，追求

"三个效果"的统一，创出法律监督工作的独特"品牌"，才能切实体现检察机关与众不同的人本文化气息。牡丹江市海林市院搭建平台注重培养，在作品创作中力争做到人无我有、人有我优、人优我特、人特我奇的效果，干警创作的根雕和蛋雕多次参加国家、省、市的比赛，被《检察日报》和《黑龙江日报》等多家媒体报道。这20个文化建设示范院在抓好全面工作的基础上，都采取了追求"一院一品"、"一项工作一特色"，形成具有地域特点和文化、业务双重特色的"品牌"。

四、作为道德规范与行为标尺，检察文化可以增强检察事业发展的约束力

检察文化是检察人员在行使职权过程中形成的价值观念、思维模式、道德准则、精神风范、检察礼仪等精神财富，是检察机关在检察实践中创造的精神文化、制度文化乃至物质文化的总和。一是加强管理文化建设，推进制度化。现代管理的重要特征是制度化管理，通过建立健全行之有效的管理制度，对检察工作的各层面予以规范化，并转化为工作秩序，为检察事业科学发展提供制度保障。检察文化对每个检察人员都会形成一种无形的、理性的约束，必须将检察文化中共同的思维模式和行为规范等元素具体化，建立制度体系，以有效规范检察人员行为。这些文化建设示范院的共同特点就是都制定了切合检察工作实际、干警认同、可操作性强的规章制度，用制度管人、管事、管物，形成"人人受制度约束，事事用制度管理"的长效管理机制，使各项检察工作逐渐步入正规化、科学化发展的轨道。大庆市龙凤区检察院在打造管理文化中，体现了谋新精细的运作模式，坚持将制度上升为习惯，将习惯提纯为文化，在全覆盖的基础上本着化大为小、化虚为实、化宏观为具体的原则推行了"三九"模式，形成了分工明确、责任清晰的工作格局。二是加强形象文化建设，推进人品化。以职业道德为核心的形象文化，是检察人员在从事检察职业活动中应该遵循的行为规范和应该具备的道德品质，是调整检察人员各种社会关系的道德规范的总和。检察职业道德的核心是忠诚、公正、清廉、严明，其内涵也是检察文化的核心。加强检察机关的职业道德建设，不仅是实践和传播先进检察文化的重要内容和中心环节，更是树立检察机关良好形象的重要载体。因此，基层院要把职业道德教育贯穿于队伍建设的始终，坚持以职业道德深化检察文化，以检察文化滋养职业道德，通过职业

道德文化的培育，使干警具备公正、廉洁、正派等高尚人品，自觉追求自身的价值，树立检察机关良好的执法形象。三是加强行为文化建设，推进规范化。检察文化的行为要素，是检察人员思想意识在行为上的具体表现，包括执法行为、社交行为、管理行为、宣教行为以及思维模式等生活、职业行为规范，是对检察人员的精神形成一种无形的压力，使得每位检察人员进行自我控制和自我约束。行为是检察文化本质精神的折射和外张的具体表现，也是人们评判的重点。因此，基层院要牢固树立理性、平和、文明、规范的执法理念，将管理机制、执法行为、文明礼仪等融为一体，强化检察职业道德和纪律作风教育，提升检察人员职业道德素养，改进纪律作风；加强日常行为规范化建设，强化检察礼仪规范培训，教育检察人员时刻注意自身行为对检察机关和检察事业的影响，保持良好的行为模式；用温馨化提示、关怀式告诫、文明化用语的形式，引导干警在行为、仪表、言谈举止等方面自觉养成良好的行为习惯。鹤岗市萝北县检察院提出了"厚德明法、惟正笃行"的院训，并通过邀请清华大学教授吴维库进行心理讲座等方式注重对干警内外兼修的教育和管理，起到了良好的效果。

五、作为激励导向和争创载体，检察文化可以增强检察事业发展的激发力

检察文化主要是检察群体信奉并付诸实践的价值理念体系，检察人员在其作用下内心会产生一种激发力，增强做好检察工作的积极性、主动性和创造性。一是发挥检察文化的价值导向功能。作为观念形态的检察文化一经形成和确立，就会从意识形态深层指引检察机关发展方向，对检察干警及其行为起到导航作用。检察文化将理性管理与感性管理有机地结合起来，使检察人员以大局观念来看待检察事业，将思想统一到检察工作的总体目标上来，实现检察机关价值、检察人员群体价值和检察人员自身价值三者的统一。因此，基层院要通过对干警观念的熏陶和行为的引导，产生价值的认同和目标的一致，引导检察干警规范自己的行为，形成敬业、奉献、务实的工作作风，将理性管理与情感管理有机地结合起来，将强制性行为转化为自觉行为，将消极的被动行为转化为积极的主动行为。黑河市孙吴县检察院以高度的文化自觉和文化自信大力推进检察文化建设，通过抓机制、抓活动、抓阵地、抓特色、抓结合"五位一体"的发展方式，形成了旗帜鲜明、独具特色的孙吴检察文化品牌，克服了院小、人少、地偏、环境差等

不利因素，通过大力开展检察文化建设，鼓舞了干警的斗志、凝聚了干警的力量，推进了检察工作的发展，丰富了干警业余文化生活，干警的摄影作品在中国博物馆展出，并在《检察日报》上大版面刊发，树立了良好的形象。二是发挥检察文化的情感激励功能。要调动每一个检察人员的积极性，就必须针对不同的人，引导其满足不同层次的需求。检察文化崇尚以人为本，它不是被动消极地满足人们对实现自身价值的心理需求，而是通过情感激励，使每位检察人员的内心深处自觉产生一种高昂斗志和奋发进取精神。在满足检察人员的基本生活需求的基础上，更加注重对他们的尊重和信任，使自我价值和个人需求得到体现和满足，自觉地为检察事业拼搏、奋斗。三是发挥检察文化的争创载体功能。检察文化能鼓舞士气，凝聚精气神。以检察文化建设为载体，深入开展"创业、创新、创优"实践活动，把创业作为检察工作发展之基、服务民生之本，把创新作为检察事业振兴之魂、前进动力之源，把创优作为求真务实之道、追求卓越之门，着力求新求变求进，激发基层检察干警创业的勇气、创新的锐气、创优的志气。

"四层次"打造检察文化体系

——以安徽六安市金安区检察院为例

陆　庚[*]

文化，是一个非常广泛的概念，《易经》这样解释"文化"："观乎天文，以察时变，观乎人文，以化成天下。"笼统地说，文化是一种社会现象，是人们长期创造形成的产物，它也是一个历史现象，是历史的积淀物，是人与人之间普遍认可的一种能够传承的意识形态。检察文化则是检察机关在工作和管理中创造的、具有检察特色的精神财富，是外显于检风检貌、内隐于干警心灵的以价值观为核心的意识形态，检察文化建设是用一种无形的、精神的东西去统一干警的思想和行动，统一干警的行为价值观念，目的是增强干警的凝聚力和向心力，使每一位干警都能感受到一种文化氛围、一种精神支柱的存在。

一、检察文化的"四层次"划分

根据常规划分方式，文化主要包括四个层次，分别是物质文化、行为文化、制度文化与核心精神文化，检察文化的建设也需要围绕这四个方面进行。

（一）物质文化

这是一种以物质形态表现的表层文化，是一个院综合实力的重要标志，直接反映一个院的历史、特色和价值。其存在形式如干警队伍、办公环境、硬件设施等有形事物。

（二）行为文化

行为文化是全体干警在办公办案、学习交流、文化活动中表现出的精神状态、行为操守和文化品位，是精神、理念、价值观的具体体现。

---

* 作者单位：安徽省六安市金安区人民检察院。

（三）制度文化

由各种制度规范构成，是为了实现一定的目标而对干警的行为给予一定限制的文化，它规范着每一名干警，组织结构、管理规定等一切规章制度都是检察制度文化的内容，制度文化是行为文化得以贯彻的保证。

（四）核心精神文化

是由检察事业长期发展过程中孕育出来的一种精神成果和文化观念，包括检察精神、职业道德、价值观念、审美情趣和思维方式等，是意识形态的总和。精神文化的建设，是检察文化体系建设的重中之重，是检察文化的灵魂所在，是各项文化建设顺利开展的基础。

二、文化育检的误区分析

近年来，各地以文化育检为依托，开展多种形式的专项活动，在队伍建设、创先争优等方面取得了一定成效，但是，文化建设作为一项系统性、长期性工程，贯穿于检察事业发展的各个阶段，在这个方面，人们对文化育检还存在一定的误区，主要表现在以下三个方面：

（一）提出流于设计

很多人认为，形成好的检察文化，需要先行设计和确定一个好的文化理念，然后才能去建设和实施。但事实上，每个院都有自己的特点，每个院的文化是不一致的，这就类似于人的性格和风格，是不可能通过自我设计而形成的。因此，检察文化是在检察事业的发展过程中逐步形成的，事先的设计和规划并不能保证在后来的建设中完全并很好地实现。

（二）内容流于移植

检察文化是一种客观存在，每个院都有，当自身的文化对于发展没有太大帮助时，复制其他院的优秀文化就成为一种流行的做法，但是这种文化是否有利于本院的发展却是不得而知的。因为文化是有个性的，它与本身的情况、所处的环境息息相关。一种文化在一个院有推动力，但在另一个院可能因为与环境的不相适应，反而会产生负面作用。学习优秀的检察文化并没有错，但学习之后还要思考和判断，它是否有相应的配套管理制度，是否能够引起干警的认同和共鸣，是否能够促进检察事业的发展等。

（三）贯彻流于形式

在检察文化的建设过程中，人们往往只重视文化的外在表现形式，而忽视文化内涵的发掘，从理论上说，检察文化确实是内强素质、外树形象的有效手段，但是仅仅依靠提几句口号、办几次活动就实现文化强检则是本末倒置。口号就像愿景，如果口头上说鼓励创新，但是并没有相应的机制措施，也没有相应的制度体系，更没有形成相应的意识和行动，那么这就仅仅是口号而已。开展的各式活动也只是载体，在文化形成的过程中起到引导的作用，但活动本身并不能代表文化。

三、金安检察文化体系的构建

检察文化建设是一项系统性工程，在金安区检察院的"文化育检"战略实施过程中，处处体现了这一特点，该院以精神文化为引领，以物质文化为依托，以制度文化为抓手，以行为文化为目标，在规避误区、逐步引导、渐渐完善中找到了一条适合本院的文化发展道路。

（一）围绕"一个愿景"，切实在理念引领上着力

2011年、2013年，在相继两届荣获"全国先进基层检察院"后，金安区检察院确立了再攀新高的奋斗目标，该院从文化理念入手，集聚全院干警智慧，提炼出涵盖院训、发展要求、职业精神、文化建设内涵等十大方面通俗易懂且具有金安区域特征、检察特色的文化理念体系。文化理念体系的确立，实现了从更高的站位催生动力，促进干警奋勇争先、干事创业生动局面的形成。

（二）构建"二个平台"，切实在融情聚力上着力

一是构建物质文化平台。重点加强文化墙及"一室（荣誉室）一厅（办公大厅）一中心（文体中心）"硬件建设，更加突出文化育检的"零距离"和"在眼前"效果。如建立一楼层一主题文化墙，在走廊过道等地，设置书法、绘画、摄影作品、格言警句等，以多元素题材对检察理念、职业道德等进行解读和诠释，让干警在抬头驻足间都能感受到浓郁的文化氛围。荣誉室较为完整地反映了该院的发展历程，大大激发了干警的集体荣誉感、自豪感。文体中心内含图书馆、健身房、乒乓球室、桌球室等，保证了干警学习有园地、健身有器材、娱乐有场所。

二是构建活动组织平台。成立乒乓球队、羽毛球队、合唱队等兴趣团队和书法、摄影等兴趣小组，有计划地组织开展不同主题的文娱活动，强化干警的拼搏意识和协作精神，营造了蓬勃向上的工作氛围和风正气顺的和谐氛围。在参加各级组织的文艺汇演及体育运动会上，均取得了比赛成绩和精神文明双丰收。

（三）创新"三个载体"，切实在提升素能上着力

结合"学习型检察院、学习型检察官"创建活动，该院成立"读书会"、开展"读评沙龙"、举办"周末讲堂"，通过丰富学习平台，完善学习机制，促进干警学以立德、学以增智、学以致用。

"读书会"以新任检察员、助检员和新录人员为主体，定期交流读书体会，按时撰写书评、论文。这项活动持续有效开展，在全院营造了勤学、善学和乐学的良好氛围，增强了干警的"读、思、评、写"能力。

"读评沙龙"每月举办一次，读书会成员共同交流学习心得，探讨时事话题，分析典型案例，并在局域网上设置"读评沙龙"板块，读评内容在局域网上发布，为全院干警广泛参与和利用网络互动交流提供了有效的平台。

"周末讲堂"采取专家授课与干警说体会、谈心得相结合的方式进行。内容包括政治理论、业务知识及文学艺术等各个方面。此外，对外出培训的同志，统一要求回院后在"周末讲堂"上讲授所学内容，从而达到一人培训、全院受益的目的。

"读书会"、"读评沙龙"和"周末讲堂"三位一体文化建设，把学习与办案、谋划工作、提升品位等相结合，推动了全院相学互长氛围的形成，促进了干警整体素质的提高。

（四）深化"四项教育"，切实在注重养成上着力

为适应建设高素质检察队伍的目标要求，金安区院从思想道德、纪律作风、文明礼仪和业务素能四个方面着力，不断丰富文化育检内涵，培育干警职业养成。

加强思想道德教育。以持续开展的一年一主题教育实践活动为主线，积极开展演讲比赛、检察官宣誓、重温入党誓词、周一升国旗，以及结对共建、扶贫送温暖等系列活动，锻造干警政治品格，为检察事业健康发展起到了润物无声的教育作用。

加强职业精神教育。坚持大力开展尽心、精心、关心"三心"教育和一句话看文明，一张纸看节约，一张桌子看卫生，一个建议看责任"四个一"活动，以及"岗位因我而不同"大讨论活动，融队伍管理于文化建设之中，教育干警关心集体、尊崇职业，精益求精、勇争一流，培养干警"统一、能动、高效、奋进"的职业精神。

加强文明礼仪教育。扎实开展政务礼仪培训，教育干警熟悉和掌握政务礼仪。结合本院实际，制作了以纪律要求和文明用语为主要内容的桌牌、《礼仪规范100条》和《应知应会手册》，让干警时时对照、时时反省，自觉践行"理性、平和、文明、规范"的执法要求。

加强业务素能教育。坚持以队伍专业化职业化建设为方向，紧紧围绕增强法律监督能力，认真开展年度业务技能竞赛、法律文书点评、疑难案件分析、庭审观摩、自侦案件旁听、一案一评议等多种形式的岗位培训、岗位练兵和理论研讨活动，在全院营造了钻研法学理论和检察业务的良好风气。

文化育检战略的成功实施，取得了内强素质、外树形象、推动工作的良好成效，该院连续两届荣获全国先进基层检察院，并于今年被评为第八届"全国模范检察院"。

四、基层检察文化建设的对策及方向

针对基层检察院文化建设中的不足及可能存在的误区，结合金安区检察院文化建设的成功经验，笔者认为，应主要从以下三个方面加以解决和完善：

（一）转变认识

检察文化是在实践中逐步成型的，是手段性目标，要通过加强对检察文化的理论研究和储备，真正理解检察文化形成的特点，做到既站在长远发展的高度审视检察文化建设，又考虑单项活动对本院文化建设的有效性。

（二）突出特色

结合本院历史传统和人文特点，浓缩出具有本院特色的检察文化基本理念和核心价值观，努力挖掘实现本院检察工作目标所需要的原创文化支撑点，全力打造文化育检品牌，以此凸显检察文化的活力和推动力，创造以人为本的氛围，激发干警潜力，不断提升检察队伍综合素质水平。

（三）发掘内涵

在检察文化建设过程中，开展的各项活动不是重点，如何通过活动提高干警精神文化层次才是重点，精神文化才是检察文化的内在本质，不能一味地只强调发展机关环境和娱乐文化，而是应该思考如何通过这些活动载体，去强化检察机关的职责使命、干警的职业发展、人的综合素质，实现检察文化真正的目的和意义。

总之，文化是潜移默化的深层次积淀，先进的检察文化对检察人员的思想观念、道德情操、品行习惯有潜移默化、润物无声的影响，对检察工作又快又好发展起着巨大的推动作用。基层检察院在打造检察文化体系的过程中，要以文化的"四层次"划分为基础，规避误区，层层推进，真正实现文化强检、文化亮院。

少数民族地区基层检察院文化建设的理论与实践

苗 荃[*]

当前，中国正处在改革攻坚期和社会转型期，矛盾凸显，犯罪多发，新时期、新形势、新任务对检察机关提出更高要求。基层检察院是检察系统的主力军，担负着检察事业建设的重任，而检察文化建设的基础点在基层、着力点在基层，故做好基层检察文化建设是检察事业的重要精神支撑及内在动力。如何在吸收优秀中西、传统、现代法律文化之精华的同时，寻求反映民族群众利益与诉求的风俗习惯、民族文化、地域文化与检察文化建设的结合点，突出检察特色，是少数民族地区检察文化建设需要突破的理论瓶颈和实践难题，亦是对民族地区乃至全国检察事业发展、社会和谐稳定、实现和合目标具有重要影响力，也是切实贯彻党的群众路线、切实改进工作作风的应有之义。

一、少数民族地区基层检察文化建设现状

根据马克思内外因辩证关系原理及经济基础决定上层建筑的经济学原理，少数民族地区薄弱的经济基础这一外因影响检察文化发展高度，检察院及干警这一内因决定检察文化发展质量。本文将检察文化的结构体系分为作为检察文化核心和灵魂的精神文化、作为检察文化基础和载体的制度文化、体现检察文化动态和活力的行为文化、作为检察文化物质载体的环境文化四个层次，以厘清少数民族地区基层检察文化建设现状。

（一）检察精神文化建设定位不准或存在误区

精神文化体现检察文化的精神理念、价值观念、职业道德等。有些检察院重

---

* 作者单位：内蒙古自治区呼伦贝尔市海拉尔区人民检察院。

视对物质设施投入，忽略精神文化在检察文化结构体系中所具有的核心地位，未能充分意识到精神文化对干警的价值观念、职业操守、思想理念的指导作用，对检察精神文化建设定位失准。有些检察院虽意识到精神文化的重要功能，但对检察精神文化的内在本质误解为开展文娱文体活动丰富干警的业余生活，未能因地制宜，缺少与当地民族精神、地域文化融合，特色不够明显，致使精神文化建设明显滞后于物质文化建设，不利于少数民族地区基层检察文化建设的特色化、和谐化、全面化发展。

（二）机关制度不健全，制度文化的保障作用尚不明显

制度文化是精神文化的承载体，精神文化建设的不足必然影响制度文化的构建。一些检察院组织机构中少数民族干部比例低，文化专员匮乏，文化建设理论研究肤浅，网络办公运行机制跟不上时代步伐，制度内容与民族文化融合甚少，未能发挥民族文化所特有的心理认同影响力与约束性。这些制度文化建设上的不足，不仅影响其对精神文化保障作用的发挥，且导致制度约束力度不够、执行力度不强，未达到制度化、规范化的要求，检察业务顺利发展在一定程度上受阻。

（三）行为文化建设形式单一，重视程度不高

行为文化是检察文化结构体系的浅层部分，是精神文化的动态体现，也是检察文化中最鲜活的内容。[①] 包括干警在执法办案、教育培训、文体娱乐、接待交往等活动中的礼仪，及干警在这些活动中所体现出来的精神风貌、仪容仪表。一些干警不按规定着装、执法行为不规范、文明执法意识不强，生活、工作中懒散消极，未能展现一名检务工作者的良好精神状态，有损法律的公正性和检察机关的权威性，在公务接待、生活交往及八小时内外的言行有失妥当，在社会上造成不良影响。

（四）环境文化建设重物质形式轻精神内涵，忽略与民族文化精神相融合

环境文化是检察文化的物质载体，是最易被感知的外在表现形式。有些院虽

---

① 韩清：《基层检察院检察文化建设路径探析》，载《山东行政学院山东省经济管理干部学院学报》2010 年第 3 期。

意识到环境文化的重要性，增加了对机关内外硬件设施的物质投入，但经费有限，或误认为环境文化建设是形象工程、业绩工程，对检察工作毫无意义，依旧严重制约了环境文化的持续发展。有些院未能抓住环境文化所体现的精神内涵，未能发挥民族优势，未能研究分析当地民族文化、地域文化与环境文化建设和合所带来的巨大影响力，吸取民族特色、现代传统文化较少，照搬其他院文化建设经验模式较多，检察文化特色不明显。

二、建设特色少数民族地区基层检察文化的功能性与必要性

一切问题由文化问题产生，一切问题可由文化问题解决。[①] 检察事业发展问题既与检察文化建设相关，又要依靠后者予以解决。检察文化作为社会主义文化的一个分支，具有文化本身固有的指引、教育、激励、约束、团队凝聚等功能。少数民族地区基层检察文化在检察文化功能的共性基础上，同时又存有特殊性，体现在：

（一）功能性分析

1. 兼容并包下的价值引领功能。大多少数民族地区拥有悠久的历史、浓厚的文化氛围，同时亦具有特色民族文化、民族精神、地域文化等优势，故基层检察文化呈现出更为开放的状态，既可在吸收优秀历史文化的同时注重与新时代精神相融合，又可与民族文化精髓相契合，进而对检务工作者进行历史的、现代的、民族的、法律的价值引领，让干警自觉接受共同的执法理念、法律思想、服务宗旨的价值引导。

2. 化强制执行为内心认同的行为约束功能。体制机制、法律法规等规范虽具有强制性，但因缺少心理认可而出现执行不到位、执行难的困境。而少数民族地区基层检察文化凭借其可融合合情合理合法的民俗习惯、民族文化等优势，产生无形的精神力量，促使干警形成心理认同，进而自觉约束自己的行为习惯、日常礼仪，规范执法。

---

① 钱穆：《从中国历史来看中国民族性及其中国文化》，中文大学出版社 1979 年版，第 100 页。

（二）必要性分析

1. 含民族元素的检察文化建设是走群众路线的必然要求。新时期，习近平总书记强调要坚持党的群众路线，密切联系群众，从群众中来、到群众中去，亲近群众，联系群众。① 在建设少数民族地区基层检察文化时，亦应将党的群众路线精神贯穿始终，融合当地优秀民俗习惯、民族文化、民族精髓，实现检察文化建设真正具有群众基础，进而消除干警对检察文化建设的抵触感，增进对检察文化接地气式建设的亲近感、认同感，使检察文化建设脱离形式主义、虚无主义、无用论的危险。

2. 含民族元素的检察文化建设是改进工作作风的路径选择。抓改进工作作风，各项工作都很重要。② 中央先后出台"八项规定"等文件，对切实改进工作作风问题进行要求。少数民族地区开展检察事业，亦应在改进工作作风问题上加大力度，狠下真功夫。淳朴的民俗习惯、民族文化、传统文化与中央提出的勤俭节约、艰苦奋斗的精神相契合，亦与检察业务要求的廉洁从政、公平正义、文明执法的职业道德相统一。故在检察文化建设中吸收民族特色文化，增强干警的心理认同，形成自觉习惯，使检察队伍从上至下恪守"忠诚、公正、清廉、文明"的检察职业作风。

3. 融合民族特色的检察文化建设是提升队伍素质的重要保障。优秀的检察文化是建设素质过硬检察队伍、提升检察工作科学化水平的主心骨、精气神。吸收民族特色文化、地域文化的检察文化，使干警从内心深处自警、自省、自重、自励，自觉产生为检察事业拼搏、奉献的理念，踏实苦干，提高执法水平、提升执法理念、扩大执法公信力、增强队伍凝聚力，进而塑造良好的检察形象。

三、少数民族地区基层检察文化建设路径探析

少数民族地区检察文化具有历史性，是历史的承继与发展，将检察文化放入历史范围、传统文化中探析，能更好地把握检察文化的发展方向；检察文化具有现代性，依法治国、执法为民、公平正义等执法理念是检察文化固有的价值取向、风向标；检察文化具有民族性，历史变迁形成特色风俗习惯、民族文化，故

---

① 参见习近平：《认真学习党章，严格遵守党章》，载《人民日报》2012 年 11 月 20 日。
② 参加习近平：《在第十八届中央纪律检查委员会第二次全体会议上的讲话》。

检察文化应与民族元素共荣之下发展与繁荣；检察文化具有地域性，少数民族地区因不同的地域环境产生了不同的地域文化，检察文化建设应以开放之势吸收地域文化精髓，形成地域特色；检察文化具有非国界性，学习西方法律文化之精华，取其所长兼收并蓄，是发展检察文化的必然要求。故在建设检察文化时应从历史、传统、现代、民族、地域、国际的角度出发探析建设路径。

（一）育检之路——兼容并蓄做好精神文化建设

建设初期，转变观念消除误区，充分认识精神文化建设的重要意义。建设期，一要秉承传统文化精华，汲取儒家文化"仁、义、礼、智、信"、周礼文化"风、雅、颂"等可为精神文化所用与承继的优秀传统，如以"礼之用，和为贵"的和合思想引导干警以和谐的工作态度面对问题、以和谐的方式处理矛盾，形成和谐执法的精神理念，以儒家思想中"道之以政，齐之以刑"的法治理念促使干警践行"依法治国，执法为民，公平正义、服务大局、党的领导"的价值观。二要立足现代新时期背景，深入学习社会主义核心价值体系，以此作为检察精神文化建设的行动指南，开展社会主义法治理念教育实践活动，提升法治观念。三要吸收在精神实质上与检察工作联系紧密的民族文化。如蒙古族信奉狼图腾文化，由此塑造了蒙古族人民强悍、劲勇、不畏权势的民族特性，如彝族、纳西族等射日传说，铸造出民族奋发向上的传统美德。故基层检察院应在研究学习当地民族文化的基础上，以征求意见、开展研讨会等形式，确定吸收民族文化中的优秀部分，进而塑造干警刚正不阿、奋发进取、探索奉献等职业道德。

（二）兴检之路——注重塑造行为文化建设

行为文化建设要从执法态度、待人接物、言谈举止、队伍作风等细节抓起。一要在坚持社会主义法治理念要求下，汲取西方"崇尚民主、自由平等、讲求法治"的法律文化精髓，做到铁面无私、执法如山，尊重并保障犯罪嫌疑人的权利，实现程序公正与实体公正并重。二要在待人接物上热情周到，塑造检察官的儒雅形象。融合如蒙古族率直、外露、乐观、浪漫的民族性格对干警进行引导和熏陶。三要通过建立完善《干警八小时内外行为标准规定》、开展典型人物教育等，从仪容仪表、言谈举止等方面进行规范，引导干警在与同事、群众交往中做到举止文明、谈吐优雅。体现检察职业特征的标志性设施、办公室等也要营造出干净整洁、庄严肃穆、高雅简约的法律监督工作氛围。四要抓紧抓牢队伍素质作风。秉承传统文化中"廉者民之表也，贪者民之贼也"的廉洁文化精华做好纪律作风建设和反腐倡廉工作，通过开展批评和自我批评的专题生活会，恪守检察职业道德、促进公正廉洁的主题实践活动，落实廉政责任制，完善一案三卡，健全党风廉政建设工作台账等，增强职业作风建设。吸收民族文化中如土家族"重道义、贵正直、讲团结、尚礼让、乐于助人"的团队凝聚精神，通过开展体育竞赛等团队活动，增强队伍团结协作的精神气质。综合以上举措，促使干警养成符合检察机关职业特点的行为习惯。

（三）固检之路——务实做好制度文化建设

检察制度规范离不开检察文化的理论指导，而检察文化需要制度规范予以保障。要实现完成任务式的走形式向制度规范落到实处的转变，需要做到：一在领导体制、组织机构确定前，明确统领理念，吸收民族优秀文化精髓，如蒙古民族中顺从长生天的可持续发展理念，汲取地域文化精华，如"不拘一格，兼收并蓄"的草原文化特色等，吸收西方法律文化中崇尚民主、崇尚法治的精神，实现规范性、法制化、约束性。同时要遵循以人为本的科学发展观这一时代发展的主流理念，通过召开征求意见研讨会、大论坛等方式，征求干警意志、个性与发展，尊重广大基层检察人员的主体地位和首创精神，实现软硬结合、走群众路线的管理技巧。二在制度制定时，大兴调研之风，切忌为完成任务式的"假、大、空"，立足检察工作实际细化党风廉政建设制度、业务办案流程规定、办案质量考评实施办法、车辆使用等后勤管理制度等，明确做什么、怎么做，做到事事、时时、处处有规定，为检察工作规范、有序进行提供制度保障。三要完善保障机制。制度依靠执行力赋予生命力。通过建立"谁承办，谁负责"的逐级问责机制、案件质量与绩效考核制度、公示制度如设立电子屏、张贴公示单等，实现以制度律人。同时，建立健全人才选拔与激励保障机制。杜绝唯学历、唯资历论资排辈的错误用人观念，选拔政治理论过硬、业务素质过强、热爱检察文化的优秀人才到文化建设岗位，设立优惠条件吸引民族人才增加少数民族干警的比例。在有语言文字的少数民族地区，还应将制度译成少数民族文字，增强干警对制度的内心亲和力，达到内植于心、外化于行的效果。

（四）亮检之路——全体动员加大环境文化建设

环境文化建设分为硬件设施建设与"软"实力建设。

一要加强硬件设施建设。在建设展现检察文化窗口的办公场所时，要本着量力而行，体现时代性、实用性、民族性的原则，同时贯穿地方特色主流，如借鉴白族地区中"清清白白做事，堂堂正正做人，干干净净做官"的职业操守，外观上体现出庄严大方、儒雅和谐、公正权威的精神风貌。在上级给予经费帮扶下，加大对科技装备的资金投入，提高科技含量，利用信息化技术提高侦查能力和办公效率。做好检察业务新系统的网络维护和技术支撑，保障办案质量。

二要进一步提高文化软实力。设置楼道文化，张贴体现法治精神、民族英雄如蕴含开拓进取、崇信义、务实用的千年风云第一人成吉思汗等图文并茂的海报图片；建设办公室文化，如在控申科、案件管理办公室、职务犯罪预防展室张贴少数民族检察干警事迹、与法制相关的民族精神字画，教育干警的同时拉近群众距离，达到息诉罢访，实现和合的良好愿景；号召有书法、绘画天赋等特长的干警，撰写民族语言与汉语并行的警示标语、良言警句展板，让干警在耳濡目染中接受熏陶；悬挂体现和谐文化、地域风情、人文景观的摄影作品，展现检察文化的开发性、包容性、亲和力；举办具有民族特色的文艺演出、演讲比赛、专业知识竞赛等，丰富干警业余及精神生活；建设图书室、电子阅览室、学习角、与高校联合展开研讨等，促使干警养成多学习、勤学习、终身学习的全机关大兴学习之风的文化氛围。设立地方特色的廉政谈话室，借助环境文化具有的极强渗透力，在特定的文化氛围中潜移默化地影响干警形成新的思维理念、行为模式，促成全机关从上至下改进工作作风。

总之，少数民族地区要在遵循检察文化建设共性规律的基础上，以开放包容的态度，积极与西方法律文化、民族文化、地域文化、传统文化、现代法治理念相融合，突出特色，通过"精神文化育检、行为文化兴检、制度文化固检、环境文化亮检"的检察文化建设，促使干警产生强烈的自豪感和归属感，进而达到法律与民族、内心认可与法律强制的共荣。促使干警增强纪律意识，提高法律素养，提升检察机关的法律监督能力，实现和合氛围的哲学愿景与和谐社会的价值追求。

以内蒙古检察文学塑造内蒙古检察形象

——在故土风情中张扬内蒙古检察工作的人文内涵

苏 和*

内蒙古自治区检察院在 2012 年 12 月 16 日召开了"抓党建带队伍，强素质树形象"实践活动动员大会。马永胜检察长在动员大会上提出，"我们建设内蒙古检察文化，就是要立足和扎根社会主义核心价值观、政法干警核心价值观和检察职业精神，充分吸纳草原文化的精髓，深入总结和提炼富有时代气息，具有草原特色，检察人员普遍认同的检察文化精神，构成检察人员共同的价值追求和行动指南"。马永胜检察长所述的"内蒙古检察文化"，就是要把检察文化纳入一个有浓郁特色的文化领域，这种检察文化就是要带有浓郁的草原特色、民族特色、法律人文特色。要真正营造出这些独具特色的文化氛围，就必须充分吸纳草原文化的精髓。

一、把内蒙古检察文化的根，植入蒙古文化的高天厚土

要使内蒙古检察文化真正拥有浓郁的草原特色，首先应该了解蒙古文化独有的特色。在我们 960 万平方公里的土地上，繁衍生息着约 500 万蒙古民族，并且主要聚居于内蒙古自治区。蒙古民族有着本民族千百年传承的语言语系，主要语系以阿尔泰语系为主。因为中华民族的大团结与亲密融合，在蒙古族聚居地区，蒙汉两种语言语系融合构成了繁荣的文学氛围。

蒙古文学的思想千百年来传承的是一个美好的主题，这个主题总是和理想主义、乐观主义结合在一起。例如法治文学主要凸显的是恢宏的英雄主义主题，而蒙古文学是用传统的审美理念追求崇高与壮美。在蒙古史诗《江格尔》中，表

---

* 作者单位：内蒙古自治区锡盟西乌旗人民检察院。

现了蒙古草原人寿年丰，是通过勇士的浴血奋战赢得了和平安宁。在《格斯尔》里则是引来大海之水灌溉沙漠，求长生天施法力"把远山变近，把近山变远"，让游牧民族毫不费力地逐水草丰美的牧场而生息，让五畜覆盖住苍茫的原野。这种理想的归宿，往往表现为喜剧的结局。以国家民族团聚、部落安宁、人畜两旺的美好勾勒出草原生动的景色。蒙古族传统的文学理念，往往会从一个雍莽奔突的开端走向秀美、阴柔、纤巧的结尾。这种秀美和阴柔，正好恰当地和检察职业的以竹喻检相吻合。轻歌曼舞、竹之韵态、不俏也争春，典雅透超俗。青枝翠叶，静谧中摇响天籁之音，摇曳、婆娑、飘荡……静动之间，尽显园之独韵。无论是初露尖角，还是成熟挺拔，全然是节气凌然，正气昭然。柔韧间蕴含坚毅，手挽手，迎旭日，战风寒。真正的虚怀若谷，谦谨并含。这种美学趣味是由游牧民族特定的历史条件和自然环境塑造的。

大体上来说，蒙古族的文学由民族的民间文学和作家文学两个组成部分。真正使蒙古文学以文字的形式繁荣的，应当从《蒙古秘史》开始。《蒙古秘史》是一部记述蒙古民族形成发展、壮大之历程的历史典籍，是蒙古民族现存最早的历史文学长卷。它从1240年成书至今，阅760多年的沧桑岁月，是一部内涵丰富厚重、充满草原生活气息的书典。它以民族英雄的传奇，涉猎游牧民族的历史变迁、文学风俗、宗教信仰和审美理想，保存了蒙古民族神话、传说、宗教、故事、寓言、诗歌、格言、谚语等，几乎是以文学百科全书的方式，站立成游牧民族的文学高峰。蒙古族文学的特色是以脍炙人口的口头文学呈现出来的。就是说在普通民间艺术传承的古老形式中提炼出来，最适于表现蒙古民族的草原生活，也非常乐于被牧民群众普遍接受，从中传达出一个民族特有的理念素质。这种丰富多样的文学感染力和表现力，能够激发牧民群众的亲切感和接受感。神话、传说、民间故事、史传文学、小说、剧本、电影文学、诗歌、摄影、歌谣、祝词、赞词、好力宝、格言、谚语等，都是我们繁荣检察文化可以借鉴和创新的平台。

但是，民族特色不能掩盖民族的本色，更不能掩盖检察职能。总是说：只有民族的，才是世界的。其实：只有民族的、发展的，才是世界的。

二、内蒙古检察文学与检察文化

我认为，目前检察文学的姿态与起点，站得太高，还没有真正走进基层、走进真正反映检察特色的生活、走进草原民族的深处。内蒙古检察文学的眼界还局限在华贵、高雅、深奥的高度，没有真正俯下身来探索传统的民族文学、草原文化中让牧民群众喜闻乐见的文学形式。

自改革开放以来，我国的文学领域得到了飞速的开发与耕耘，从"改革文学"的异军突起，到法治文学中的"警坛文学"独立门派首先为法治文学增光添彩。更多的"知青文学"、"黄土高坡的文学"、"高原文学"、"草根文学"、"军营文学"等，春笋般萌芽壮大。然而，检察文学依然以默默无闻的精神探索和努力耕耘着。

其实，本人以文学爱好者自居30余载，但确实没有真正弄明白文学与文化的关系。通常的时候，普遍认为检察文学即检察文化，把文学与文化混为一谈。为了弄明白两者之间的关系，我特意翻了翻词典，在词典中，我有了这样的理解，文化就是人类社会历史过程中所创造的物质财富和精神财富的总和。教育、科学、文艺等，全都属于文化的东西。在现实生活中，还有很多复杂的东西都可以归纳到文化的一部分，如：检察机关的各种制度、党的建设、文明建设、检察官的调研文章、理论探索、主诉、主办检察官制度，还有检察机关的各种文娱、体育等，都可以组成检察文化的一部分。检察文化就是基本上涵盖检察工作的任何一项职能任务，都可以与文化相提并论，甚至可以成为一个独立的、具有鲜明特色的文化领域。

而文学的特征就是用思想审视社会的特征，既审美也审丑，既审好也审坏，既揭露社会的阴暗也弘扬社会的正能量。文学展现的是人生的态度，主要表现思想意识，赞美人性的光辉，凝聚与塑造检察官形象，充分地把检察语言和执法理念融合到草原民族语言和民族意识中，更高地彰显检察机关执法人文思想。所以笔者也认为，检察文化是检察文学的基础，检察文学是检察文化的升华。检察文化是检察机关在实践中创造的制度文化、精神文化乃至物质文化的总和。从广义上讲，检察文化是指检察官在行使宪法和法律赋予的职权过程中形成的价值观念、思维模式、道德准则、精神风范等一系列抽象的精神成果，乃至包括检察信息化建设等科技强检内容在内的检察机关物质建设成果。

获得诺贝尔文学奖的作家莫言曾在《检察日报》工作，对于检察文学有着不解的情缘。莫言曾在2009年参加阆中检察文学笔会时说："检察文化应包括检察文学。检察文学的创作应该关注法治建设、检察工作中的难题和法律盲点；关注于法律与道德、情感的冲突，把这些作为检察文学的突破口。"

2001 年 11 月 12 日,《检察日报》社文艺副刊组织了反腐败重大案件文学创作研讨会,时任社长刘佑生不无遗憾地指出:"目前的文艺作品中,还没有一个家喻户晓的检察官形象。"

中央电视台的"天网"、"法治在线"、"法律讲堂"等栏目所播放的剧目,也多以警察、刑警案例和法院民事案例为主,唯独关于检察机关办理的实际案件及宣传普法案例少之又少,甚至可以说是凤毛麟角。而这些能在国家级电视媒体上播放的普法宣传案例百分之九十以上都是针对平民百姓弱势群体上的普法教育课,根本涉及不到或者是不愿意涉及较高阶层强势群体,来为这个较高的强势群体敲响警钟。

《检察文学》是目前由中国当代检察文学研究会主管,诞生于我国改革开放时期,是全国检察系统唯一的纯文学读物。但是,《检察文学》依然是以检察官或者法律工作者为核心读者群的综合性读物,远不像《检察日报》一样,贴近时代、贴近社会、贴近群众,尤其是贴近最基层的老百姓,真正成为独树一帜的检察文学读物。

但近年来,也有很多被人们熟知熟悉的检察文学佳作,如四川成都市检察院创作的音乐剧《爸爸的集结号》;江苏昆山市检察院制作的系列漫画《琨琨和珊珊》;内蒙古自治区检察院赵如意的摄影作品等,以及《李六如与六十年的变迁》、《女检察官手记》;赵晓锐以内蒙古土默特右旗检察官张章宝为原型创作的长篇通讯《乡村检察官》等。歌曲如《人民检察官之歌》、《光荣的检察官》、《国徽下的我》、《赤诚的心》等。

原最高人民检察院常务副检察长、中国检察官文学艺术联合会主席张耕提出了做好检察文联工作的九项任务:抓好检察文学艺术创作;抓好检察文化和法治文化理论研究;抓好各类文化艺术活动;抓好载体创新;抓好检察文化艺术人才建设;抓好舆论宣传;抓好检察文联组织体系建设;抓好检察文化艺术交流合作;抓好检察文联自身建设。

三、以内蒙古检察文学塑造内蒙古检察形象

《检察日报》社记者对内蒙古自治区检察院马永胜专访时,马永胜针对内蒙古检察机关蒙汉双语人才建设提出了规划和构想。他提出主要从五个途径加强蒙汉双语人才培养,即:师资培养;培训专职翻译;观摩座谈;翻译相关法律法

规；工作经验交流。这也是马永胜从内蒙古实际民族地域的特点出发，为进一步做好民族地区检察工作，提出的融民族语言特点、民族文字特点为检察实践的规划和构想。这个规划和构想，也正是内蒙古检察文学、文化发展繁荣的一个必要条件，指出了内蒙古检察文学和文化繁荣必由之路。首先，内蒙古自治区是一个以蒙古族为主体的少数民族聚居区域。在内蒙古自治区的广袤草原上生息着约420余万蒙古族，约占内蒙古自治区总人数的17.11。应用好少数民族语言文字，掌握和发展好民族特色的文学、文化，是扩大检察机关在民族聚居地域声誉和塑造检察机关形象的重要渠道，从全区6000多名检察人员来看，蒙古族检察人员约占30%左右，在个别基层院，蒙古族检察人员可达到50%—60%左右。在前几年《内蒙古检察》栏目中，还有着蒙文形式的《刊中报》，但是后来也被删减。也就是说，自治区的检察人员中有相当一部分不能用母语欣赏自己的检察刊物。所以，在创新内蒙古检察文学、文化发展上，大力应用好民族文学、民族文化是一个很好的优势，也是全区检察人员普遍认可的检察文化精神。从纯文学的角度出发，内蒙古检察文学还没有建立一个属于自己独特领域的平台，还没有把蒙古文学独特的形式应用到检察文学领域。充分应用和尊重少数民族语言文字，无论在宪法还是民事诉讼法、刑事诉讼法都做了明确的规范，内蒙古各级检察机关可以说是模范地遵守了法律原则，我们也完全可以将内蒙古民族文学作为提升内蒙古检察文学高度的阶梯。

好的文学作品，首先是真情的流露，是作者内心真实情感的抒发。优秀的作品是永恒的，它能够流传千古。在几百年、几千年之后，仍然能绽放出璀璨的光芒。文学与文化之间存在有机的内在联系，文化是一个大的系统，在这个大系统中包含着文学，文化作为涵盖面较文学更宽泛的科学，在许多方面呈现为文学作品。其实简单地理解，就是文化是文学的大背景。尤其是文化深层的蕴含，会在历史的长河里沉淀为民族意识，这种意识会在不朽的文学作品中得到升华。

内蒙古检察文学的前进与发展，必将置身于蒙古族文化博大的背景之下。

基层检察文化阵地建设之我见

肖忠民*

坚持弘扬检察文化，努力提高基层检察文化，是新时期检察工作发展的必由之路。检察文化是基层全面建设的重头戏，只有抓住了基层检察文化建设，才能更好地促进和改善基层检察工作。基层政工人员，必须致力于探索基层检察文化阵地建设的新途径、研究新方法、解决新问题，这不仅是当前基层检察面临和亟待解决的问题，也是基层检察政治工作的长远追求。

一、用先进思想文化占领基层检察文化阵地

用先进思想文化占领基层检察文化阵地，是基层检察宗旨思想文化实现的根本保证。

（一）通过思想文化教育，巩固马克思主义在意识领域的指导地位

没有先进的理论，就没有先进的思想，也就没有科学的行动；没有科学理论的前提，就没有政治上的成熟。我们的指导思想是马克思列宁主义、毛泽东思想、邓小平理论、"三个代表"论述、科学发展观和群众路线教育实践活动等重要思想，是指导检察工作的主要先进思想和先进理论。这就要求检察机关必须认真学习和钻研原著，掌握基本理论和基本观点，联系检察工作实际，融会贯通，学以致用，这是检察复兴、振兴的精神动力。从思想上用先进思想教育引导干警树立正确的世界观、人生观、价值观，必须做到"两手硬"。为适应新形势、新任务、新特点，思想工作必须落实"三抓、三个增强、三个贴近"要求，即抓思想认识，增强思想教育的自觉性，贴近老检察传统；抓教育内容，增强思想教

---

* 作者单位：辽宁省葫芦岛市龙港区人民检察院。

育的针对性，贴近检察生活现实；抓组织形式，增强思想教育的实效性，贴近检察工作实际，从而造就基层检察机关能够担当重任、经得起风浪考验的高素质检察干部队伍。

（二）通过科学文化教育，用社会主义先进文化武装检察队伍

如订阅党报党刊、检察刊物，必须在思想上占领文化科学阵地。再如用实事求是精神的科学教育、组织计算机等级考试的培训工作并组织干警迎接国家计算机等级考试、抓好学历教育工作，鼓励本科以上学历的自学，从而提高队伍科学文化水平。鼓励干警司法考试，通过法律规范和制度规范的学习，增强法律文化水平。

（三）通过历史文化教育，用民族先进文化丰富检察队伍

笔者认为，要突出"四个弘扬"、坚持"四个并举"：检察宣传工作要突出"四个弘扬"，即弘扬正气、弘扬正面报道、弘扬先进典型和弘扬公平正义。同时坚持"四个并举"，即正反案例并举、宣扬与鞭挞并举、中心工作与部门业务工作并举、检察宣传与检察研究并举。历史文化教育可采取形式多样的活动，如到江西瑞金"寻根"就很有必要，参观工农检察人民委员会旧址，了解工农检察由来，看看老检察的原型，学学老检察的传统，这也是历史文化教育的重要途径。

二、用先进思想道德引擎基层检察文化阵地

用先进思想道德引擎基层检察文化阵地，是维护公平正义思想文化意识的根本要求。

（一）恪守检察官职业道德

按照《检察官职业道德》标准，建设一支"爱检敬业、恪尽职守；严格执法、文明办案；遵纪守法、清正廉明；刚正不阿、护法为民"的检察队伍。树立公正执法的职业道德，发扬艰苦奋斗的优良传统，才能保证队伍健康成长，才能保证检察机关政治合格，才能在工作上做到紧跟检察工作走、围绕中心工作转。鼓励检察人员立足岗位成才，让他们在岗位上成长，让人切实感受到充满凝聚力、战斗力的检察官队伍和与时俱进的精神风貌。

（二）维护司法职业道德

基层检察院要从大司法考试资格入手，对未取得检察官资格的，司法考试前给适当假期复习；取得资格证书的，给报销合理学习费用。良好的司法道德，首先取决于资格，其次是环境，最终还是主观因素，造就基层检察机关的钢铁队伍，以构筑良好的环境和优化的条件。

（三）宣传和落实检察干警行为规范

检察官的魅力在于严格，在于认真执行和贯彻落实中央、最高检规定的检察人员行为规范，如中央八项规定、"八不准"、"六项规定"、《检察官纪律处分规定》、"四条禁令"、"九条硬性规定"、"六个必须"和"廉洁从检十项纪律"等，严格用规定约束干警的行为，落实各种岗位负责制及相关领导分工负责制，严格要求，严格管理。以德治官，树检德靠管理，这是造就检察队伍成长的必由之路。此外，主观上靠自我管理和自我调整，检察人员还必须具备"四个自我控制能力"，即语言自我控制能力，善于用正规语言控制法言法语；情感自我控制能力，善于用理智控制喜怒哀乐；欲望自我控制能力，善于用平常心态控制七情六欲；行为自我控制能力，善于用检察规范控制举止形象。

三、用先进精神文明巩固基层检察文化阵地

用先进精神文明巩固基层检察文化阵地，是基层检察文化建设的精神动力。

（一）弘扬历史文化精神

在历史悠久的中国，形成了很多历史文化精神，如"五四精神"、"长征精神"、"延安精神"、"南泥湾精神"、"雷锋精神"及"钉子精神"、"大庆精神"及"铁人精神"、"爱国主义精神"、"革命英雄主义精神"、"压倒一切、一往无前、大无畏精神"、"艰苦奋斗精神"等，这些精神是鼓舞检察干警的强大精神动力。另外，从民族精神来讲，一个国家要自立于世界民族之林，不被欺辱，受到尊重，就必须有一种爱国主义和革命英雄主义精神，新中国的建立是无数英雄先烈的鲜血和生命换来的，我们今天在世界上之所以有较高的国际地位，就是靠爱国主义和革命英雄主义的精神。如学习和发扬抗美援朝战争中的爱国主义和英雄主义精神、解放战争中的爱国主义和英雄主义精神等，也可以通过参观纪念馆的方式进行爱国主义和英雄主义教育，如龙港区检察院组织检察干警到塔山辽沈

战役纪念馆、张学良筑港遗址参观学习，重温爱国主义和英雄主义精神，也能更好地鼓舞检察斗志。

（二） 弘扬时代精神

新时期，特别需要在全党和全社会大力宣传和弘扬"五种精神"，即解放思想、实事求是的精神；紧跟时代、勇于创新的精神；知难而进、一往无前的精神；艰苦奋斗、务求实效的精神；淡泊名利、无私奉献的精神。[①] 基层检察系统也是如此，日复一日、年复一年地不断用这些精神武装检察干警，那将是无穷无尽的巨大的精神动力。还可以用检察典型引导干警开展"志在检察、建功立业"活动，号召向伊笑天等"十佳检察官"学习，用本系统的先进人物和身边典型的先进事迹鼓舞干警，要求从工作做起，从我做起，从现在做起，从小事做起。

（三） 弘扬现代民族精神

当前国家需要时代民族精神，基层检察系统也需要时代民族精神，以杨利伟为代表的航天人实现了中国人的伟大梦想，靠的就是"特别能吃苦、特别能战斗、特别能忍耐、特别能奉献"的航天精神。再如现代民族精神中"抗洪精神"、"抗击非典精神"[②]，这些都是应该主要弘扬的现代民族精神，同时要把握正确的政治方向和政治导向，鼓励干警大胆开拓创新，紧跟时代步伐。

四、用先进政治文明建设基层检察文化阵地

用先进政治文明建设基层检察文化阵地，是基层检察文化建设的实践需要。

（一） 要提高"班长"的"六种能力"

俗话说：火车跑得快，全靠车头带！即提高基层检察院检察长的"六种能力"：一是加强领导班子建设，提高领导班子的政治能力；二是加强检察队伍专业化建设，提高检察队伍履行职责能力；三是加强检察业务建设，提高检察机关的办案能力；四是深入推进检察改革，提高检察工作的创新能力；五是加强基层基础工作，提高检察机关的整体能力；六是加强基础设施和技术装备建设，提高

---

① 人民日报社论：《爱国主义和革命英雄主义的不朽丰碑》，载《检察日报》2000 年 10 月 25 日第 8 版。

② 2001 年 1 月 10 日全国宣传部长会议的同志座谈时指出的"五种精神"，载《时事政策》2001 年第 2 期。

检察机关的保障能力。① 检察长要倾听干警呼声，关心干警疾苦，落实从优待警政策，做凝聚人心的好事，办解决问题的实事，以增强集体荣誉感，创造良好的检察工作环境，促进工作效率。这也是检察长文明素质的体现。

（二）要提高班子成员、支部委员整体的"六种能力"

骨干要发挥模范带头作用，班子要争当"六个模范"：一是提高"把方向"能力，做理论学习的模范；二是提高"管党建"能力，做坚持党性原则的模范；三是提高"搞监督"能力，做法律监督的模范；四是提高"搞协调"能力，做内外团结的模范；五是提高"抓落实"能力，做求真务实的模范；六是提高"反腐蚀"能力，做廉洁勤政的模范。②

（三）要提高检察干警"六种能力"

一是努力提高依法执法能力，二是提高分析决策能力，三是提高公正执法能力，四是提高解决突出问题能力，五是提高综合管理能力，③ 六是提高动用自动化促进科技强检和高技术办案能力。努力建设一支政治坚定、业务精通、作风优良、执法公正的检察队伍。

（四）要加强管理，奖惩分明，弘扬正气

主要依靠精神鼓励与表彰先进的形式进行。严格落实《检察机关奖励办法》，切实从政治上让干警感受到组织的关心和爱护，切切实实为干警办实事、办好事，要正面宣传与弘扬，表彰奖励要与时俱进，无论评比办案能手还是奖励先进工作者，或者惩处有问题的干警，都要做到"三个贴近"：贴近检察生活注意要做到晋升晋级与物质奖励结合，贴近革命传统要做到精神鼓励与福利待遇挂钩，贴近工作实际要把监督能力与综合素养作为参照。还要以人为本，创建以事业留人、以正气留人、以感情留人、以环境留人的大人才战略。

五、用先进执法理念创建基层检察文化阵地

用先进执法理念创建基层检察文化阵地，是基层检察文化与时俱进的根本保证。

---

① 柯汉民：《提高检察机关能力》，载《检察日报》2004 年 12 月 3 日第 5 版。
② 周春生：《党委书记五种能力》，载《军械》1998 年 12 月。
③ 李庆发：《"五种能力"提高执法水平》，载《检察日报》2004 年 8 月 30 日第 3 版。

理念决定意识，理念决定思想，理念决定行动。理念对基层检察工作、对基层检察文化建设的作用更是不可估量的。检察干警要做到"十二个理念"转向：一是从一元的片面的价值观念转向多元平衡的价值观；二是从权力本位的执法观转向权利本位的执法观；三是从长官至上的执法观转向法律至上的执法观；四是从局部本位的执法观转向全局本位的执法观；五是从军事斗争的执法观转向文明公正的执法观；六是从"暗箱操作"的执法观转向开放透明的执法观；七是从偏重实体的公正观转向程序并重的执法观；八是从有罪推定的办案观转向无罪推定的办案观；九是从查明事实的办案观转向证明事实的办案观；十是从侦查中心的程序观转向审判中心的程序观；十一是从依赖人证的证明观转向重视科学证据的证明观；十二是从不计成本的办案观转向注重效益的办案观。① 这样才能在办理案件中形成正确思维、正确推断、正确执行法律法规，科学地、客观地司法和公正地进行法律监督。

六、用先进文体活动丰富基层检察文化阵地

用先进文化活动丰富基层检察文化阵地，是基层检察文化建设的重要载体。

（一）建设"五好检察院"是基层检察院的永恒追求

无论是否曾经达到"五好检察院"的标准，无论是否取得"五好检察院"荣誉，这都应该是一个永恒追求。葫芦岛市龙港区人民检察院狠抓制度建设和队伍规范化管理，曾经进入辽宁省"五好检察院"行列，当时建立健全了 40 多项规章制度，编印成册发给每个干警，做到用制度规范人、约束人、管理人。检察工作的发展是不以人的意志为转移的，在出现很多新特点、新情况、新变化后，也会出现新问题。这就要求在管理机制建设上进行更新，制度也需要更新。

（二）建设"人民满意的检察院"是基层检察院的更高追求

在创建"五好检察院"中，应该计划更高的目标即"人民满意的检察院"或"先进人民检察院"，开展创建活动，全面落实《人民检察院基层建设纲要》，从中能锻炼检察队伍，调动基层检察院积极性，更能体现很好的积极、向上的环境氛围。龙港区人民检察院在保持辽宁"人民满意的检察院"的基础上，开展

---

① 刘佑生：《理念决定通道》，载《检察日报》2005 年 1 月 6 日第 5 版。

全力争创全国"人民满意的检察院"活动，把争创的落脚点放在基层检察院的建设和发展上，努力做到执法思想上有新的提高、履行职能上有新的加强、队伍建设上有新的进展、检察改革上有新的突破，提高基层检察院的正规化建设水平，全面夯实基层检察院建设基础。

（三）创建学习型、进取型的"先进基层检察院"是基层检察院的始终追求

现代科技发展的今天，多媒体教学和网络教育更应该发挥更大的作用，给思想文化教育以更广阔的空间及形式。基层检察文化的发展离不开科技生产力，离不开科技强检，要突破科技强检，光有高科技设备也不行，还得需要有懂技术、会应用的干警把其运用到具体办案中去，这就需要创建学习型、进取型的先进基层检察院。读书活动生命力强，深受检察干警的欢迎，效果也卓有成效，读书活动也是进行爱国主义教育的成功实践，读书是学习实践。龙港区人民检察院以"公正执法，加强监督，依法办案，从严治检，服务大局"为工作指导方针，以《人民检察院基层建设纲要》为建院依据，以辽宁省人民检察机关"两大考评标准"（《辽宁省市、县级人民检察机关执法质量考评标准》和《辽宁省市、县级人民检察机关队伍建设考评办法》）为主线，以维护法律统一、公平、正义为出发点，以人民群众满意为标准，在落实"两大考评标准"内容的基础上，努力争创先进检察院，把争创的落脚点放在基层检察院的建设和发展上，全面提升基层检察文化和全面建设的基础。连续四年获得辽宁省人民检察院授予的"先进基层检察院"称号并荣记集体二等功，也被葫芦岛市人民检察院连续四次记三等功。

（四）建设"三位一体"务实型的"基层检察文化示范院"是基层检察院的长远追求

龙港区人民检察院在检察文化阵地建设工作中努力务实，被辽宁省人民检察院授予"基层文化建设示范院"，也被辽宁省委、省政府授予"文明单位"，文化育检工作视频被《中国检察文艺网》转载。这是他们狠抓队伍建设、业务建设和基础设施建设的三项基础工作，不断践行科学发展观、"立检为公、执法为民"思想最具体最直接的体现。文化阵地建设也要做到四个方面：一是建设一支高素质的干警队伍。没有一支叫得响、拉得出、打得赢的队伍，那么基层检察院

的一切工作就无从谈起，从这个意义上说队伍建设是生命线。二是打造一个坚强的领导集体。领导班子是否具有高素质、是否团结、是否有战斗力，决定着全院干警队伍整体素质和执法水平、执法质量。加强领导班子建设，造就一个团结、高素质、有战斗力的领导班子，成为基层检察院队伍建设工作中的一项重要内容。使领导班子向"团结、向上、清廉、公正、高效"的坚强集体迈进。要坚持"八个坚持、八个反对"的要求，按照高起点、高标准、高要求建设好党组班子，强化党支部建设，充分发挥党支部的战斗堡垒作用和先锋模范作用，进一步增强凝聚力、战斗力、创造力。三是狠抓业务建设，提高执法水平。加强业务工作，执法办案是检察机关的中心任务，也是一切工作的落脚点，基层检察院建设的成效最终要用业务工作实绩来体现和检验。在努力造就一支充满凝聚力、战斗力的干警队伍的同时，狠抓干警的业务建设工作，为履行法律监督职能奠定坚实基础。四是加大基础设施和保障机制建设，不断增强综合实力。基层检察文化工作发展离不开物质保障，必须大力加强基础设施和科技装备建设。

关于加强南通检察文化建设的思考

房 栋 邵 婧*

党的十八大报告指出，文化是民族的血脉，是人民的精神家园。文化是精神旗帜，是引领各项事业发展进步的动力源泉。检察机关作为国家的法律监督机关，是服务和保障中国特色社会主义事业的重要力量，在建设社会主义文化强国的伟大征程中承担着重要职责。南通是全国历史文化名城，有悠久的人文传统和深厚的文化积淀，为我们发展检察文化提供了得天独厚的地域优势。在这样的大背景下，2011年，南通在江苏省检察机关率先成立了市级和县区级检察官文联。2012年，全市两级院均成立了检察官文联，南通市检察院正式出台《关于加强检察文化建设的实施意见》，全面规划和启动南通检察文化建设工程，全年组织开展了"通检讲坛"、第十届检察业务技能大赛、"林洋杯"歌唱大赛、"迎接十八大、岗位做贡献"演讲比赛、"聚焦南通检察"优秀摄影作品评比、"濉水检韵"笔会暨段国圣文学作品研讨会、向先进检察官马俊欣和林志梅学习等一系列文化活动，举行了全市检察文化建设推进大会暨如东检察文化园开园仪式，中国检察官文联主席张耕亲自为全国检察机关最大的主题文化公园——如东检察文化园揭牌。2013年和2014年，我们在总结过去成功经验的基础上，又先后出台了年度《全市检察机关检察文化建设指导意见》，对新一年的检察文化建设工作进行了总体规划和部署。同时，明确检察文化建设要坚持三个基本原则，重点抓好六大文化，培育十大文化品牌，力争达到"来人跨进南通检察院大门感受到文化气息较浓，走进办公大楼感受到文化底蕴较深，看到九楼检察文化中心感受到文化品位较高，与干警交流感受到文化素养较好"的检察文化建设长远目标。

---

* 作者单位：江苏省南通市人民检察院。

一、南通检察文化建设坚持的三个基本原则

中国特色社会主义检察文化是检察机关在长期法律监督实践和管理活动中逐步形成的与中国特色社会主义检察制度相关的思想观念、职业精神、道德规范、行为方式以及相关载体和物质表现的总和，是中国特色社会主义先进文化的重要组成部分，是检察事业不断发展的重要力量源泉。检察文化作为一种特殊群体的文化，必然具有这个群体独特的内涵。近年来，我们在南通检察文化建设中始终坚持三个基本原则：

首先，彰显时代特征。当前，我国正处在经济转轨、社会转型的关键时期，人民群众和社会各界对检察机关进一步发挥职能作用、切实维护人民合法权益、维护社会公平正义、促进社会和谐稳定、促进经济平稳较快发展充满期待，大力加强检察文化建设，充分发挥检察文化对检察事业的精神支撑、舆论支持和文化保障作用，正当其时。党的十七届六中全会提出建设社会主义文化强国的战略目标，检察机关既要成为社会主义先进文化的建设者、推动者，又要成为社会主义先进文化的保障者、捍卫者。检察文化必须始终坚持马克思主义在检察意识形态领域的指导地位，坚持用中国特色社会主义理论体系武装头脑，始终坚持"三个至上"、"四个在心中"，确保检察文化建设正确的政治方向。新时期检察文化建设必须紧紧围绕构建社会主义和谐社会这个主题进行，用和谐的价值观及执法理念来指导检察干警的个体行为以及检察机关的整体行为，促进检察机关正确运用司法手段，加强和创新社会治理方式，最大限度地增加社会和谐因素。同时，在检察干警中积极倡导社会主义核心价值观和检察官职业道德，凝聚检察人员共识。新时期南通检察文化建设注重同迅猛发展的现代传媒手段相结合，着力发展新型检察文化形态，促进检察文化和现代科技相融合，提高检察文化建设集约化、专业化水平，构建和发展现代检察文化传播体系，提高检察文化的传播能力和社会影响力。

其次，融入南通特色。南通的江海文化、近代文化、博物馆文化等底蕴深厚，为我们发展具有南通特色的检察文化提供了丰富的本土资源和深厚的文化积淀。一百年前，以清末状元张謇为代表的近代南通人开风气之先，以"祈通中西"为理念，创造性地开展城市建设，使南通成为中国人最早按照先进理念规划和建设的城市典范，现代建筑学大家、清华大学教授吴良镛先生将南通誉为"中

国近代第一城"。南通城市精神——"包容会通，敢为人先"这八个字概括了南通人的胸襟气度和生存发展的智慧，也体现了南通人引领时代风骚、善开风气之先的胆识魄力。南通检察文化深深根植于南通的地域文化，南通检察精神——"崇法明察，敬业争先"就是对南通城市精神的传承和升华。南通检察人坚持崇尚法律，执法文明，爱岗敬业，敢于迎接挑战，在实践中不断自我加压、负重奋进、锐意进取、开拓创新。南通检察精神充分展现了南通检察人打造一流检察队伍、争创一流检察业绩的决心和气魄。南通地处南北文化板块的交界处，"精豪并蓄"是南通检察文化标志性的特色之一。南通检察人既有敢想敢干、敢为人先、敢做大做强的豪气，努力争当全国检察机关科学发展"排头兵"和全省检察机关科学发展标兵，又力求每个细节精细、精准、精致，在每个项目上都制定具体细致的操作方案，在组织活动中周密策划、尽善尽美。

第三，体现检察特点。服务党和国家工作大局，服务检察中心工作，是南通检察文化建设始终坚持的根本原则，要坚持把检察文化建设设置于检察事业发展的全局来思考和谋划，切实把检察文化建设融入检察工作的全过程，善于用战略思维、开放视野、发展观点来统筹协调好检察工作发展、人才队伍发展和检察文化发展。公平正义是社会主义法治的本质要求，也是检察机关履行法律监督职能的永恒主题，公平正义应成为南通检察文化内涵中标志性的核心内容。依法治国方略为推进公平正义创造了良好的外部条件，检察文化的积累和创新为实现公平正义提供了强有力的内在动力。只有坚持公平正义，正确运用宽严相济的刑事司法政策依法打击各类刑事犯罪、积极查处各类职务犯罪，为社会安定、经济繁荣扫清障碍，才能维护国家和人民的根本利益。南通检察文化建设坚持以人为本，突出检察官的主体地位，以满足检察人员精神文化需求、促进检察人员的全面发展为出发点和落脚点，贴近检察人员思想、工作和生活实际，把生动的检察实践作为检察文化发展的不竭之源，形成共谋共建共享、全员参与的文化建设格局。南通检察文化建设突出坚持解放思想、改革创新、重心向下、因地制宜，尊重基层的首创精神，充分发挥基层文化建设的主观能动性和创造性，依托地方文化、历史等特色资源，展现特色、形成品牌、发挥效能，不断增强检察文化的吸引力和感染力。

二、做实做大做强南通六大检察文化

近年来，南通市检察院检察文化建设进行了有益的探索和实践，初见成效。我们以"文化亮检、文化立检、文化兴检、文化育检、文化聚检、文化塑检"为主线，以打造"江海文化、理念文化、素质文化、环境文化、和谐文化、廉政文化"六大检察文化为抓手，通过检察文化多层次、全方位的潜移默化作用，培养和造就了一支党和人民群众满意的检察队伍。

（一）江海文化亮检——激流奋进

南通地处长江入海口北岸，东濒黄海，南临长江，与上海、苏州等市隔江相望，是江苏沿海南北交通的枢纽、中国首批 14 个沿海开放城市之一。南通"据江海之会、扼南北之喉"，素有"江海明珠"、"扬子第一窗口"之美誉，先后经历了多次沙洲大并接和多次移民大迁徙，每一次大规模的并接和迁徙都会招引并移来一种新的文化，在境内形成四大文化圈，即海陵文化圈、胡逗洲文化圈、沙地文化圈、通东文化圈，千年以来共存于同一地域而不同化，既相互联系、相互影响，又相对独立、各具风采，构成了"多元并存"的南通文化格局。伴随着文化的交流和融合，"多元共存"已逐步向"一体多元"发展，"江海文化"成为整个南通文化特色品牌的代名词，是南通文化的核心内涵。南通的地域文化与南通优越的地理位置和独特的文化圈现象紧密相连，既力求精进、勇立潮头，又襟怀宽广、团结和谐。近年来，我们精心培育南通检察工作已有品牌，如检调对接、社会管理创新"三网十格"项目化载体建设、"一站式"群众工作区、岗位大练兵、检察文化建设等，又注重发现和改进自身存在的不足，虚心听取社会各界的批评、意见和建议，善于学习吸纳、总结提炼检察同行的先进经验做法，全面发挥南通检察工作在服务经济发展、保障改善民生、推进反腐倡廉、提高监督质效等方面的推动作用。通过内涵丰富的检察文化建设，铸人以魂、授人以道、育人以才，全面提升检察干警的奉献力、凝聚力和竞争力。

（二）理念文化立检——崇法惟民

我们注重教育引导干警牢固树立社会主义法治理念、以人为本理念、终身学习理念、快乐工作理念，树立全心全意为人民服务的人生观、清正廉明恪尽职守的执法观和献身检察事业、实现自我价值的价值观，把"强化法律监督、维护公平正义"转化为检察人的自觉追求。市院政治部牵头加强对检察文化基础理论的研究，重点围绕检察文化的基本内涵、性质特征、功能作用、发展规律等深入研究，科学回答"什么是南通特色检察文化"、"为什么建设南通特色检察文化"、"怎样建设南通特色检察文化"等基础理论问题，推出了一批有深度、高质量的检察文化理论成果。市院政治部还将全市检察机关院训、部门训和干警座右铭汇编成册，供干警学习交流，同时还开展了南通检察精神大学习大讨论活动，让南通检察精神内化为检察干警的理念信念和职业信仰。定期开展检察官宣誓活动，统一规范检察职业礼仪，以文明的举止、规范的用语开展执法工作，提升检察机关职业形象和执法公信力。

（三）素质文化兴检——根深叶茂

开展检察文化建设的根本目的是提高人的素质、促进人的全面发展。我们十年如一日坚持不懈开展岗位练兵，在全市检察机关营造浓烈的学习氛围：自2003年起连续11年举办"检察业务技能竞赛"，探索总结了"岗位练兵十法"；2008年成功举办了全省检察机关全员岗位练兵现场观摩交流推进会；2009年、2010年先后组队参加全省检察机关岗位练兵法律文书竞赛、法警业务技能比赛、公文写作竞赛和检察文书总决赛，连续四次荣获全省团体总分第一名；2011年承办了全国教育培训改革与规划研讨会及岗位练兵汇报演示会；2012年被评为全省检察机关三年全员岗位大练兵先进单位和南通市"十一五"时期公务员培训工作先进集体；2013年南通市院加强队伍建设的做法先后在全市公务员管理工作会议、全市组织工作会议、全市政法队伍建设工作会议上作专题经验介绍；最高检曹建明检察长、姜建初副检察长，省院徐安检察长均对南通市检察机关的岗位练兵工作给予高度评价。我们还以定期开展通检讲坛、法学社活动、"百庭考核"活动等为主要形式，以学习贯彻修改后的刑事诉讼法、民事诉讼法为重要任务，举行研讨会、专题讲坛、热点评议、疑案会商、模拟审讯等多种活动，为资深检察官"传帮带"年轻干警搭建桥梁和纽带，培育干警的法学思辨能力和组织协调能力。继续与全国知名高校法学院合作举办全市检察业务工作培训班，打造专家型检察人才。紧紧围绕党的十八大精神、新党章、习近平总书记系列重要讲话、修改后"两法"举办全市检察机关知识竞赛，围绕检察机关执法工作基本规范举办第十一届检察业务技能竞赛。我们以开展检察官文联活动为载体，鼓励检察文艺创作，采用征稿、采风、笔会等形式，广泛开展作家基层行、文化论坛、文艺会演等活动，推动检察文学和艺术作品的创作。通过开展一系列文化活动，培育干警各种能力，提升人格品位，树立良好形象。

（四）环境文化育检——濡染浸润

环境文化是提高检察文化建设的外在表现，能够使干警产生强烈的归属感和自豪感。全市两级院都有适当的文化活动场地，有必要的文化活动设施，有便捷的文化交流载体。市院重点建设含检察文化展示室、电子阅览室、院史荣誉室、多功能厅等在内的检察文化中心，广泛调动全市检察人员的积极性和能动性，参与设计、规划，使检察文化中心"可学、可看、可用"，具有丰富的展示内容和多样化的实用功能，能够呈现检察特色、法治内涵和文化底蕴。市院还在办公区域进行文化设施建设，设置文化宝鼎、宣传栏、法谚墙、部门职责说明板、干警身份告示牌等，突出办公环境的司法氛围和检察特色。各基层院也都结合实际，因地制宜，充分利用现有条件，通过建立文化展示区、文化长廊、文化橱窗、文化墙、文化活动室、警示教育基地等形式，使办公环境充盈浓厚的检察文化气息，让广大干警在潜移默化中受到激励和熏陶、教育和鼓舞。

（五）和谐文化聚检——凝心聚力

一方面树立公平正义、执法为民的外部和谐形象。通过积极查办和预防职务犯罪，强化检察机关反腐倡廉、规范办案的清正形象；通过严厉打击各类刑事犯罪，强化检察机关维护社会稳定的正义形象；通过发挥检察机关的监督作用，强化检察机关保障法律统一正确实施的公正形象；通过切实做好来信来访工作，强化检察机关亲民、便民、为民的公平形象；通过不断拓宽法律服务渠道，强化检察机关自觉融入服务大局的主人翁形象；通过深入开展"三解三促"（了解民情民意、破解发展难题、化解社会矛盾，促进干群关系融洽、促进基层发展稳定、促进机关作风转变），"一评五制"（千人评议、首问负责制、服务承诺制、效能公示制、干部交流轮岗制），党代表个人工作室，选派优秀青年干警赴新疆挂职和担任驻村"第一书记"等活动，切实转变机关作风，加强检察机关与社会各界和基层群众的密切联系。另一方面，积极营造规范而宽松、严格而宽厚、严明而宽怀的内部和谐形象。把尊重人、关心人、理解人、培育人作为检察文化建设的基本出发点，在"从严治检"的同时，坚持"从优待检"，制定科学合理的工作目标和考核标准，落实好检察人员休假、定期体检、心理健康疏导等各项规定，帮助解决干警在工作和生活中遇到的实际困难，从多方面为检察人员鼓劲减压。广泛开展和谐处室创建活动，切实加强机关思想政治工作，不断增强检察机关的战斗力、感召力和向心力。

（六）廉政文化塑检——清廉高效

2012 年，南通市检察院在市级机关综合绩效考评中获评"全市最佳办事单位"，南通市海安县院和港闸区院分别荣获"南通市落实党风廉政建设责任制示范点"，通州区院成为"南通市第三批廉政教育示范基地"。我们以此为契机，加强对干警自律意识和廉政意识的培养，强化干警廉洁从检意识，筑牢检察人员拒腐防变的思想防线。开展廉政文化"六个一"活动，即每年进行一次党风廉政主题教育、观看一次警示教育录像片、组织一次风险点再排查、举行一次思廉践廉大讨论、撰写一篇反腐倡廉心得体会、征集一项打造廉洁检察建议；深入开展"5·10"思廉日、9 月廉政算账月、"12·9"反腐败日等专题教育活动。继续深化检务督察、检务公开，推行"阳光检察"、"检察开放日"等活动，不断提高检察工作的透明度。着力抓好廉洁从检先进个人、先进典型的培养、挖掘工作，通过广播电视、报刊、网络等各种媒体平台宣传其先进事迹，进一步提升检察机关的社会形象。

南通检察文化建设的进军号角已经吹响。通过开展多姿多彩的检察文化建设，扩大南通检察文化品牌影响力，提高南通检察机关的文化软实力，发挥检察文化引领机关风气、培养教育干警、服务中心工作、推动科学发展的巨大作用，塑造爱岗敬业、业务过硬、自信自律、求真务实的南通检察人，不断开创南通检察文化建设新局面，为推动南通检察机关争当科学发展"排头兵"的目标作出新贡献。

新形势下西部地区基层检察文化建设
面临的困境与出路

——以广西基层检察文化建设实践为视角

罗兆丹[*]

党的十八大对建设社会主义文化强国作出了重大部署，党的十八届三中全会提出要进一步深化文化体制改革，新的形势赋予了检察文化建设新的内涵和使命。地处经济欠发达西部地区的检察基层文化建设，因其经济物质基础、地域文化的差异性，呈现出不同的特点，也面临不少困境。本文立足西部地区检察机关实际，对西部地区检察文化建设存在的问题、广西检察文化建设实践进行了分析和总结，旨在推动西部地区检察文化建设的繁荣发展。

一、新形势下检察文化内涵的再认识

近年来，在全社会致力于提升文化软实力的背景下，检察文化建设也被各级检察机关摆到重要位置。特别是 2010 年最高人民检察院印发《关于加强检察文化建设的意见》后，全国各地的检察机关也纷纷出台具体指导意见，有力地促进了检察文化建设的繁荣发展。从理论层面对检察文化的内涵、价值功能进行界定和解读的论述也不少。[①] 检察文化属于法文化的范畴，既具有以公平正义和法律权威为核心的法律文化的共性，也具有自身的个性。一般认为，检察文化是检察机关在长期法律监督实践和管理活动中逐步形成的与中国特色社会主义检察制度相关的思想观念、职业精神、道德规范、行为方式以及相关载体和物质

---

[*] 作者单位：广西壮族自治区钦州市人民检察院。

① 参见陈剑虹：《检察文化的价值功能与实现路径》，载《人民检察》2008 年第 4 期；徐苏林：《检察文化的界定、结构与功能》，载《北京政法职业学院学报》2008 年第 1 期；刘斌：《检察文化概论》，载《人民检察》2009 年第 1 期。

表现的总和，由检察精神文化、检察组织文化、检察制度文化、检察物质文化、检察行为文化等方面的内容组成，检察文化具有导向、渗透、融合、规范、塑造等功能。

党的十八大召开后不久，最高人民检察院即制定出台了《关于深入贯彻落实党的十八大精神进一步加强检察文化建设的决定》，对检察文化建设的政治方向、目标要求、载体机制、基础设施建设等作出了详细部署。最高人民检察院 2013 年 12 月印发的《2014—2018 年基层人民检察院建设规划》，提出要以铸造职业精神为核心，将检察文化建设列为基层检察院重点规划建设内容。2014 年 3 月，最高人民检察院下发《关于检察机关培育和践行社会主义核心价值观的意见》，明确提出，要坚持用社会主义核心价值观引领检察文化建设，通过鲜活、生动、多样的文化活动载体，传递积极人生理念、崇高思想境界和法治信仰追求。当前，按照中央统一部署，全国省级以下检察机关正在开展以"为民、务实、清廉"为主题的党的群众路线教育实践活动（第二批），对检察文化建设也提出了新的要求。面对新的形势，检察机关检察文化建设也应当赋予新的内容和使命。笔者认为，在新形势下，检察文化建设应以社会主义核心价值观为引领，以铸造职业精神为核心，以弘扬公平正义和检察权威、增强队伍凝聚力为目标，突出"为民、务实、清廉"的主要内容，为全面深化改革提供精神动力。

二、西部地区检察文化建设面临的困境

从近年来各地检察文化建设的实践看，不同地区结合自身实际探索出了不少成熟的检察文化建设实践模式，如广州"海珠模式"、山东"济宁模式"、武汉"汉阳模式"、重庆"渝北模式"等。① 西部地区基层检察院的检察文化建设现状，因对检察文化的思想认识不够深刻，当地物质经济基础薄弱、体制机制不健全，与上述检察文化建设示范地区的成熟模式还存在较大差距。如果将检察文化塑造和发展过程划分为"朦胧期、活动期、固化期"三个时期的

---

① 上述检察文化模式的详细介绍，参见吴世文、翟兰云、曹烨琼：《基层检察文化采访记》，载《检察日报》2013 年 8 月 28 日第 3 版。

话，① 笔者认为，西部地区基层检察文化建设大体上仍处于随机的、不系统的朦胧发展期。

（一）对检察文化建设的理解不够深刻，缺乏正确认识，得不到检察人员的积极支持

一些基层检察院把检察文化建设看成是软任务，思想上重视程度不够，对检察文化的认识仅仅停留在物质形态表现方面，推进工作也仅仅从物质文化建设方面着手，认为挂个字画、写个名言、贴个标语、弄一条文化长廊、制作一部影视宣传片、组织开展一次文艺体育活动就是在搞检察文化建设。检察文化建设仅停留于物质形态，呈现出来的效果不佳，检察人员普遍认为做这些是练花拳绣腿、做官样文章、搞花架子，是搞形象工程、不务正业，对检察中心工作没有帮助，得不到广大检察人员的支持和拥护。

（二）基层人少案多矛盾突出，经费紧张、基础建设薄弱，没有精力搞检察文化建设

一些基层院普遍反映，80%的案件集中在基层办案一线，办案压力和责任大，服务当地党委政府的中心工作又很多，检察文化建设既花钱又浪费时间，对正常的工作秩序形成冲击。同时，西部地区基层检察院公用办公经费紧张、财政保障乏力，基层基础建设相对薄弱，把有限的资金用在机关环境美化、组织文化娱乐活动上是奢侈浪费，也不切实际，集中精力抓好执法办案才是正业。

（三）西部基层检察院人才流失严重，检察文化建设人才缺乏，检察文化建设缺乏系统性谋划

检察文化建设是一个系统工程，需要从精神、物质、行为等方面推进。要把检察文化建设开展得有声有色、促进检察文化建设长足发展，需要一支富有激情和活力，又敢于创新、有思路能干事、有良好组织协调管理能力的检察文化建设人才队伍。而西部地区大多数属于经济欠发达地区和"老少边穷"地区，由于保障状况差、工资待遇低、工作环境差，吸引不了人才，甚至导致人才严重匮

---

① 刘荣九：《检察文化的塑造及其途径》，载《政治与法律》2007 年第 1 期。

乏。① 能够招录并留住踏踏实实在岗位上工作的人实属不易，对于那些具有一定能力和本事的拔尖人才，即使培养成长、能够独当一面了，当遇到上级或经济发达地区检察院遴选检察官等更好的发展机遇时，难以阻挡这些拔尖人才向上级院或经济条件优越地区的检察院会聚，更是难以留住人才。以笔者所在的广西钦州市某基层检察院为例，近10年的时间里，从该院调出人员近30人，占了人员编制近一半之多，人才流失问题十分突出。这种局面导致西部地区基层检察队伍建设本身缺乏稳定性，作为专项工作的检察文化建设更加缺乏系统性和全面性，只能停留在表层，应付性开展。

三、西部地区基层加强检察文化建设的着眼点

基于西部地区基层检察文化建设的上述现状，推进西部地区检察文化建设，必须结合西部地区基层检察机关的实情来推进，方能使检察文化的价值功能契合西部地区实际，发挥其应有作用。

（一）增强干警认同感和归属感，提升基层检察队伍凝聚力和战斗力

西部地区基层检察院人才流失严重，从一定层面反映了这些地区检察文化环境的缺失。实践表明，但凡检察文化建设搞得好的地区，对人才吸引力就越大。检察文化的几大功能中的重要一项就是凝聚功能。因此，西部地区检察文化建设，应该以如何增强队伍凝聚力和检察官归属感为重心。一方面，要组织开展具有地域特色的检察文化活动，从精神层面丰富检察人员的生活，帮助基层检察官排解案多人少、工作压力大、离城市距离远、回家乡难②等现实问题带来的烦闷心理，丰富生活，增强归属感。另一方面，更要注重培育"敬业、忠诚、感恩、奉献"为主题的基层检察文化，增强基层检察人员的价值认同，使其安于职守，甘于奉献，在基层岗位上实现自我价值。

（二）提升检察人员职业素质，促进执法办案水平提升

深入推进检察职业素质建设，提升检察官职业素养，是检察文化建设的重要目标。在西部地区基层检察院，通过检察文化建设提升检察人员素质能力，更显

---

① 参见徐汉明：《中国检务保障理论与应用研究》，知识产权出版社2012年版，第205—206页。
② 在现行公务员招录体制下，西部地区基层检察院每年都招录了一定数量的客籍检察人员，这些客籍检察官身处异乡，因平时工作繁忙，一年难回家乡几次。

必要。由于国家对西部地区在司法考试等方面采取特殊优惠政策，许多基层检察人员有了执法办案的法律资格，很大程度上缓解了具有检察官资格人员短缺的问题，但由于准入门槛相对较低，其执法办案能力和水平却仍有所欠缺。① 因此，西部地区基层检察院应当以检察文化建设为契机，围绕重点岗位和关键环节，建立完善长效学习机制，形成善于学习、终身学习的良性机制，创建学习型检察院，引导检察人员及时更新知识结构，提高西部基层检察队伍的执法办案能力和法律监督水平。

（三）挖掘地域特色，提升西部地区整体形象，增强人才吸引力

西部地区经济发展相对落后，西部基层检察院工作条件较为艰苦，这是西部基层检察工作的现状。但随着检察体制改革的逐步推进，实行省院直管和检察人员分类管理以后，基层检务保障条件和工作环境必将会有改观，人才流失严重的问题将得以缓解。因此，西部地区应当开展挖掘、培育具有地域特色的检察文化品牌，发挥检察文化建设的辐射功能，充分反映西部地区检察文化特色，展示出检察机关和检察人员的良好形象，增进外界对西部基层检察工作的了解，吸引更多的人才到具有民族地域特色的基层检察院工作。

四、西部地区加强检察文化建设的几点建议——以广西基层检察文化建设实践为视角

（一）发挥检察文化建设示范院的引领作用，以点带面推动检察文化建设

虽然地处西部地区，但西部各基层检察院的物质经济基础和地域文化特点又有较大的地域差别，各基层检察院的检察文化建设水平差异性也较大。因此，西部地区省一级检察院应当选取检察文化基础较好的部分基层检察院进行重点指导，深入挖掘和创新文化载体，以建设检察文化示范院的形式，重点扶持培育，打造检察文化品牌，在塑造西部地区基层检察院良好形象方面先行一步，同时对示范院实行动态管理监督，激励创新，从而以点带面，发挥示范院的引领作用，带动西部地区其他基层检察院开展检察文化建设，推动西部地区检察文化建设蓬

---

① 张培中：《西部地区检察官短缺问题研究》，载《人民检察》2010 年第 20 期。

勃发展。如广西检察机关自 2008 年以来，以检察文化示范院形式开展检察文化建设活动，先后重点扶持培育了河池山歌检察文化、崇左边关检察文化、百色红色检察文化、桂林山水检察文化等检察文化品牌，有效推动了全区检察文化建设的繁荣发展。①

（二）营造"拴心留人"的精神形态文化，发挥检察文化的凝聚功能，增强队伍凝聚力

检察文化如同检察工作的"心理水泥"，是凝聚检察团队履行职责使命的无形力量。而检察精神形态文化，是检察机关在法律监督和执法办案活动中形成的独具检察特色的意识形态和文化理念，是检察人员素质、个性、精神面貌的集中反映。西部地区基层物质经济基础较差，文化长廊、活动场所等看得见、摸得着的物质环境文化建设受经济条件限制。但是，可以从精神形态文化方面着手，营造干警感受得到、体会更深的"拴心留人"的基层精神形态文化，发挥检察文化的凝聚功能，增强检察干警的归属感、责任感和使命感，做到团队同心、目标同向、工作同步。因此，西部基层检察文化创建活动，可以创建"心齐、气顺、风正、人和"的基层人文环境文化为目标，多关心青年干警，多与其谈心，了解他们的顾虑和想法，健全完善公平、公开、透明的人才选拔任用机制，有针对性地培育、发展优秀青年人才、优化检察人才成长环境，积极搭建人才发展平台，帮助解决检察人员的后顾之忧，激发他们的工作热情，使基层检察人员发自内心地感受到单位人文环境对个人发展的促进作用，提升基层的凝聚力。笔者所在的广西钦州市检察机关近年来通过在全国范围内公开招录检察人员的方式引进客籍青年检察人才 50 余人，针对客籍年轻检察人员不断增加的现状，为使客籍检察人员安心工作，该市检察院通过搭建本土认知、关心爱护、教育培养三个平台，增强客籍检察官对当地的认同感，缓解他们的异乡飘零感，帮助他们感受自身价值，积极打造客籍年轻检察人员"安心工程"，取得了较好的效果，有力地推动了该院各项检察业务工作的全面发展。

---

① 参见正义网：《广西检察机关以示范院形式开展检察文化建设活动》，2012 年 12 月 18 日报道。

（三）加强基层检察组织建设，丰富检察文化载体，充分发挥检察官团体组织在检察文化建设中的引领作用

检察官团体组织在发展、培养检察文化艺术人才，繁荣发展检察文化，提升检察队伍文化素养方面发挥着不可磨灭的作用。针对西部地区基层检察院此类检察官团体组织不健全、检察文化活动缺乏必要的载体、文化建设整体层次不高的问题，西部地区检察机关应当加强检察官协会、检察官文联、检察官专业性协会等检察官团体组织的建设，将基层检察院的检察官吸纳到组织体系中。如定期不定期组织检察人员参观革命教育基地、体验本地风土人情和民俗文化，组织书画摄影比赛、座谈演讲，开展检察文学艺术创作活动、与有关部门联合举行联谊等方式，带动基层检察院营造浓厚的检察文化氛围，在丰富基层检察官业余文化生活的同时，培养基层检察文学艺术人才，积极为广大基层检察人员搭建更为广阔的检察文化平台。

（四）因地制宜，发掘优势，提升西部基层检察院的文化底蕴

西部地区大多数是少数民族聚居地区、革命老区、边关地区，这些地区经济虽然欠发达，但具有独特的地域文化特色。因此，西部地区的检察文化建设必须根植于西部地区的乡土文化之中，因地制宜，挖掘、提炼地方文化底蕴，将传承具有浓厚乡土气息的地域文化作为培育检察精神的根基，通过潜移默化的影响，提升西部地区检察工作发展的"软实力"。如地处红色革命老区的广西百色市检察机关，依托当地丰富的红色教育资源和厚重的革命历史，将红色文化、老区精神作为推进检察文化建设的精髓，培育出"崇节守廉、公平正义、创新思变、团结奋进"的精神文化，坚定了检察人员扎根基层、忠于职守、奉献检察的信念，塑造了当地基层检察院自强不息、公正无私、甘于奉献的精神，增强了检察队伍的向心力。[1] 而作为少数民族聚居地区的河池市检察机关，把检察知识用少数民族语言编写成歌词，在少数民族群众中开展欢乐歌圩活动，将检察文化建设的触角延伸到乡镇、农村、社区，在群众中开展形式多样的各类活动，加深与群众的感情，打造出独具地域特色的"山歌检察文化"品牌，当地的罗城仫佬族自治

---

① 《市检察机关加强文化育检工作：检察文化 花开百色》，载《右江日报》2012 年 3 月 5 日。

县检察院还被评为首届全国检察机关文化建设示范院。[①] 而地处祖国南疆的崇左市检察机关在检察文化建设活动中，定期组织干警参观九大名关之一的友谊关，讲述镇南关大捷、镇南关起义、龙州起义等，运用边关文化独有的精神内涵来教育、激励检察人员干事创业的动力，自觉为边疆的社会和谐稳定和富民强市贡献自己的力量，形成了具有浓郁边关特色的检察文化体系，成为当地有影响力的检察文化品牌。[②] 广西检察机关近年来结合各基层检察院地域特点着力扶持的上述检察文化品牌，有效带动和推进了西部地区检察文化建设整体水平，对其他西部地区检察文化建设也起到了一定的示范促进作用。

---

① 广西新闻网：《让文化形成一种力量 广西检察机关加强检察文化建设》，2012 年 4 月 13 日报道。
② 正义网：《广西崇左：边关检察文化建设结硕果》，2011 年 12 月 26 日报道。

基层检察机关文化建设创新与实践

罗志青[*]

党的十八大以来，全国范围内开展了党的群众路线教育实践活动，基层检察机关与人民群众联系最密切，工作好坏直接影响到人民群众对检察工作的印象，更应开展好党的群众路线教育实践活动。新的形势也使基层检察机关的文化建设具有了新的内容和使命，最高人民检察院出台的《关于深入贯彻落实党的十八大精神进一步加强检察文化建设的决定》，对基层检察机关文化建设提出了新的要求和指导意见，为基层检察文化创新实践提供了崭新的平台。新形势、新任务对基层检察机关提出了新要求，大力加强检察文化建设，对于推进基层检察事业科学发展意义重大。

一、检察文化的定义

检察文化是法律文化的一个分支，"从广义上讲它是指检察官在行使宪法和法律赋予的职权的过程中形成的价值观念、思维模式、道德准则、精神风范等一系列抽象的精神成果。简单地说，检察文化是检察机关在检察实践中创造的制度文化、精神文化乃至物质文化的总和"。[①] 检察文化不是凭空产生自发形成的，它是检察人员在长期的执法活动中，由其特有的价值观、执法理念行为规范等性质决定而逐步形成的一种个性文化。基层检察文化建设是检察机关全部工作的基础，以先进的检察文化指导基层检察院建设，有利于提高基层检察机关的软实力，树立检察机关良好的公关形象，提升人民群众对检察机关的信任感；有利于

---

  * 作者单位：福建省浦城县人民检察院。

  ① 刘佑生：《在竞争中发展检察文化》，载刘佑生、严正华、王松苗：《基层建设与检察文化》，中国检察出版社 2005 年版。

发挥纽带作用，凝聚人心、激励士气，在检察机关营造一种积极向上的精神力量和广泛认同的价值取向；有利于优化检察机关管理，强化公正执法理念，为建设一支刚正不阿、执法为民的检察专业化队伍提供思想保证。[①]

二、检察文化的价值功能及现实意义

（一）检察文化的价值功能

检察文化的价值功能包括自身功能和社会功能。检察文化的自身功能，主要是强调检察文化的专业属性和对检察活动的直接功能。所谓检察文化的社会功能，是指其在社会文化的大视野下，基于检察活动对社会关系、人际关系的调整，在社会发展、公共管理、文化教化等过程中发挥的作用。具体来说，检察文化的功能体现在以下五个方面：

一是价值导向功能。检察文化决定着检察人员的价值目标取向，是检察人员价值体系的内在塑造机制。先进的检察文化，通过思想引领、价值引导、道德规范等途径，既培育和确立符合中国特色社会主义理论体系、符合社会主义核心价值体系、体现社会主义法治理念和检察工作规律的检察人员的共同价值体系，促进检察人员奋发向上的精神力量和团结一致的精神纽带的形成，又潜移默化地促进这一共同价值体系在检察人员内心的认知与认同，使之转化为检察人员的群体意识，实现在政治信仰、时代精神、正义理想、执法理念、道德追求等方面的思想共识，并进而成为凝聚团队履行职责使命的无形力量。[②]

二是行为规范功能。检察文化的行为规范功能体现在两个方面：一方面是约束功能。检察文化建设倡导的群体共同意识在人的价值观念中内化，使其在精神理念上确立一种内在的自我控制的行为标准，进而约束干警的行为。另一方面是激励功能。是指检察文化通过用崇高的精神力量满足检察干警的精神需要，发挥每个人潜在的或者是已经表现出来的对检察工作的促进作用，不仅能够满足人们对实现自身价值的心理需求，还能够着眼于整体文化建设和人性而不断完善，进而产生职业荣誉感和崇高的使命感，使每位检察干警的内心自觉产生为检察事业拼搏的献身精神，以高昂的士气，自觉为检察事业的发展而勤

---

① 王能宪：《文化建设论》，人民出版社 2006 年版。
② 徐汉明：《检察文化建设理论更新与实践创新》，载《法学评论》2011 年第 3 期。

奋工作。

三是形象塑造功能。检察机关的形象特指检察机关展现给外界的精神面貌、思想作风、管理水平和工作效率等印象。简言之，就是指检察机关的公信力。检察形象是检察文化作用于社会的外观表现，检察机关形象的塑造在很大程度上取决于检察文化的塑造。检察文化的形象塑造功能主要是通过提升检察机关的公信力和扩大检察机关的影响力来体现：一方面，检察机关及其检察人员不懈追求"公平、正义、秩序"的价值理念，从而增强检察机关整体形象的认同感和说服力。另一方面，提高检察机关公信力的过程，也是先进检察文化的价值理念、思维方式、行为作风等传达给周围其他社会成员的过程，从而不断地扩大其社会影响力。①

四是团队凝聚功能。检察文化的凝聚作用主要是通过塑造检察干警积极向上的共同的价值观，在检察人员的内心深处形成一种内在的、深层的心理目标和精神力量，使广大检察干警的思想、行为自觉地统一到积极工作的总体目标上来，这样就形成了一个团结协作、荣辱与共的有机整体，去追求共同的目标和价值，从而在检察人之间形成强大的凝聚力。

五是辐射传播功能。通过检察群体的各种执法活动和真实感人的事迹反映出检察文化倡导的整体价值观念、文化特点和内涵，展示出检察机关和检察人员的良好形象，增进社会对检察工作的理解信任和支持。②

（二）检察文化建设的现实意义

1. 加强检察文化建设，是检察工作创新发展的精神动力。检察文化通过培养检察干警的集体荣誉感、团结合作意识等主流精神和基本理念，使其内化为检察干警的共同价值取向，外化为检察干警的文化自觉行为，从而充分发挥检察干警的主体作用，全面提升检察干警素质和文化品位，增强检察机关凝聚力、向心力，进而有利于检察机关积极适应社会主义市场经济发展和社会全面进步的新形势，解放思想，创造性地领会法律精神，科学地理解和执行法律，敢于、善于强化法律监督，以检察文化软实力助推检察工作创新发展。

2. 加强检察文化建设，是建设高素质、专业化队伍的基本保证。先进的检

---

① 徐汉明：《检察文化建设理念更新与实践创新》，载《法学评论》2011 年第 3 期。
② 钟敬一：《检察机关文化建设研究》，载《法制与经济》2010 年第 5 期。

察文化具有忠诚于法律、忠诚于事实、忠诚于党、忠诚于人民的职业精神，具有严谨求实、拼搏奉献、团结协作的团队精神，能够切实提高广大检察干警的思想道德素质，激发工作热情，凝聚工作合力，增强队伍的凝聚力、战斗力。开展检察文化建设，针对检察队伍履职需要，培养理论思维、科学思维、法律思维，增强依法解决实际问题的能力，使检察干警通过执法实践，将蕴含的高尚品德及良好的价值观展现到检察工作中。

3. 加强检察文化建设，是提升检察机关执法公信力的有效途径。当前，人民群众对司法不公甚至司法腐败的反响比较强烈。检察干警的素质不高、能力不强、为检不廉，人民群众又怎会信任？为此，在检察环节，如何最大限度提高检察干警的个人素质、执法能力和清廉为检就成为一个关键。而检察文化建设尤其是廉政文化建设恰恰可以推动检察人员由内而外地提升素质能力，使检察人员把公正司法自觉作为价值追求和行为准则，从而从根本上保证在执法过程中做到公正司法、廉洁司法、执法为民，进而不断提高检察机关在全社会的执法公信力。

三、创新基层检察文化建设的途径

检察文化来源于检察实践，检察文化的深入发展也必须立足于检察实践，以打造先进的检察理念文化为前提，以优化环境文化为基础，以创新文化载体为动力，以培养检察团队为重点，以树立良好检察形象为目标，不断推动检察文化建设的繁荣发展。如何创新检察文化建设途径？笔者认为，可从以下几方面进行探索和研究。

（一）注重打造理念文化，发挥检察文化的导向作用

基层检察机关文化建设应当以组织开展"忠诚、为民、公正、廉洁"政法干警核心价值观、"为民、务实、清廉"为主要内容的党的群众路线教育实践活动为契机，通过采取专家辅导、座谈研讨、青年读书论坛、征文演讲比赛、红色传统教育活动、下基层"四走进"活动等形式，用中国特色社会主义理论武装干警头脑，用民族精神和时代精神鼓舞斗志，用政法干警核心价值观引领风尚，引导干警树立推动科学发展、促进社会和谐的大局观，忠诚、为民、公正、廉洁的核心价值观，理性、平和、文明、规范的执法观，办案数量、质量、效率、效

果、安全相统一的业绩观，监督者更要自觉接受监督的权力观，统筹兼顾、全面协调可持续的发展观。坚持用先进检察理念文化指引执法工作实践，引导干警转变执法理念，把公平正义、保障人权、关注民生、和谐执法等理念自觉运用到执法办案之中。

（二）注重优化环境文化，增强干警的归属感和自豪感

干警的工作环境和生活环境是检察文化重要的外在表现形式。加强环境文化建设，首先，将无形的文化理念有形化，利用办公大楼走廊、会议室、办公室等地方，设置体现不同检察文化主题的各种书法、绘画、剪纸、标识、书籍，营造浓厚的检察文化氛围。其次，丰富干警的文娱活动，组织成立书法、摄影、写作、篮球等兴趣小组，广泛开展形式活泼、寓教于乐的文艺活动，培养检察干警健康的工作生活情趣，增强检察干警集体主义荣誉感。最后，因地制宜，充分利用法律文化和地域特色文化，建造具有时代性、实用性和群众性的庭院文化设施和活动场所，使干警工作有心情、休闲有去处、娱乐有空间，以体现检察机关的精神追求和文化品位，激励检察干警奋发进取、干事创业。

（三）注重创新文化载体，建立检察文化建设的长效机制

检察文化是一种隐含在各个检察工作环节中的无形的内在动力，发挥着标杆、引导作用，因此，必须与检察实际工作紧密结合，通过不断创新文化载体来显现其成效，并形成检察文化建设的长效机制。一是要紧密结合检察工作主题和中心任务，按照上级院的部署，大力开展形式新颖、内涵丰富、主题鲜明的文化体育活动，不断拓展载体，丰富活动内容，增强干警的责任意识、主人翁意识和集体主义精神，[①] 建立宽容谦和的文化氛围，打造浓郁热烈的文化品牌，创造底蕴深邃的文化产品，使检察干警释放潜能与智慧，升华情操与品位，潜移默化地形成一种良好的文化氛围，进而为检察中心工作的深入健康发展提供服务和保障。二是要通过积极开展"创学习型检察院、做学习型检察官"等活动，不断加强检察文化的载体建设和方式方法创新，不断增强检察文化的吸引力、感染力，使检察精神文化内化于心，检察制度文化外化于行，检察物质文化稳步推

---

① 韩清：《基层检察院检察文化建设路径探析》，载《山东行政学院山东省经济管理干部学院学报》2010年第3期。

进，不断拓展检察文化建设的深度和广度，为检察事业的科学发展提供强大的精神动力和智力支持。

（四）注重培养以精诚团结、无私奉献为精髓的检察团队，发挥检察文化的凝聚作用

精诚合作的团队精神是检察文化的精髓。因此，基层检察机关要把弘扬以团结奉献为目标的团队精神作为推进基层检察文化建设的一条重要途径，用社会主义法治理念、价值观念来规范干警的思想认识，以人为本，注重调动和发挥干警的积极性和创造性，通过广泛开展各种形式的社会实践活动等集体活动，激发干警的工作热情。从而在思想上形成统一，在行动上默契配合，形成凝聚力和战斗力。

（五）注重加强内在动力建设，发挥检察文化的激励作用

积极探索新思路和新方法，紧扣检察文化建设的时代性、创新性、针对性和时效性特征。要加强内部管理建设，强化目标管理和考核，增强干警的进取心，要坚持以制度管人、管事、管物、管案件。要加强"细化文化"建设，规范办案工作流程。让检察人员充分认识到细枝末节影响大局，自己的行为不仅是个人的行为，更代表着一种职业责任，从而增强干警的集体责任感。要加强"学习型检察院"建设，提高干警的文化知识和文化水平，增强干警的创造力。通过营造学习氛围，树立学习风气，引导干警树立崇高的理想信念、创新发展理念，最大限度地发挥检察干警的内在动力。[①]

检察文化是社会主义文化的重要组成部分，是检察事业发展的重要源泉，是全体检察人员的精神家园。检察文化建设是一项全方位、长期的、基础性的、前瞻性的系统工程，需要全员参与、全方位配合。新的时期，检察文化建设要抓住社会主义文化大发展大繁荣的历史机遇，大力实施"文化育检、文化兴检"战略，进一步强化检察文化价值功能，以先进的文化理念引导人，以高尚的文化精神鼓舞人，以浓厚的文化氛围塑造人，努力提升检察队伍素质，不断推动基层检察事业科学跨越发展。

---

① 刘占瑶、樊海平：《如何深入推进检察文化创新工作》，载《党史博采》2011 年第 10 期。

基层检察院推进检察文化建设要处理好六个关系

罗　洁　何　如*

　　文化是一个民族、一个地区的灵魂，独特的检察文化是检察院区别于其他单位的显著标志，是贯穿于全部检察实践的价值基础和核心理念。各地基层检察院在地区文脉、院史传承、人员结构等方面有各自不同的特点，由此在文化建设的思考谋划、推进策略等方面面临更具个性化特征的路径选择。本文试结合四川省成都市高新技术产业开发区人民检察院的探索实际，从正确处理"共性与特质、业态与文态、承继与创新、内在与外在、用才与育才、基础与亮点"六对关系的角度作一些初步探讨。

一、正确处理共性与特质的关系

　　检察文化根植于检察实践，文化建设必须体现检察实践的价值追求。习近平总书记在 2014 年 1 月召开的中央政法工作会议上强调："政法机关要把维护社会公平正义作为核心价值追求。"检察机关具有"国家法律监督机关"的宪法地位，检察文化建设必须始终坚持突出"公平正义"这一核心价值追求，因此，崇尚公平正义应当是检察机关必须始终保持的共性精神文化特征，是统领其他文化建设理念的"主心骨"，是全国检察机关各自描绘文化建设画卷的共同底色。

　　基层院的检察文化建设，同样必须紧紧围绕"公平正义"这一核心价值追求来谋篇布局，注意防止理念上的过于西化、方法上的过于自由化，坚持提出与"公平正义"理念一脉相承的文化理念，但同时也要适当打破传统机关文化建设固有的封闭性、凝重性和一元性局限，开展有利于引导检察人员涵养高尚情操的特色文化活动，营造有利于培育检察人员公仆情怀的机关文化环境，创作有利于

---

　　* 作者单位：四川省成都市高新区检察院。

展示检察人员执法为民品格的文化作品，打造契合本地本院实际的文化特色。

以成都市高新区检察院为例，该院是成都市检察院的派出机构，地处古蜀文明与现代科技文化融会下最"年轻"又最"国际"的区域，建院历史短，人员编制精干，队伍年龄呈两极分化，高学历人才集中。基于对现实的分析和近年丰富的实践探索，该院确定了"打造厚重与朝气兼备，兼具检察特色、高新特质和时代特征的检察文化"的发展定位，把提升履职素能作为本院检察文化建设的切入点与着力点。

坚持把多样态的文化元素自然融入传统的思想政治教育、职业精神培育和专业素能培训之中，为"规定动作"、"常规工作"贴上高新标签。比如通过组织参观、座谈、研讨、经典图片展、廉政漫画展等丰富多彩的活动寓教于乐；坚持实行新任中层干部公开承诺、领导干部季度述职与点评；推行办公办案文明用语和检察人员行为礼仪规范，规范办公场所物件摆放标准、环境卫生标准等；持续开展年度主题读书活动，通过赠书、荐书、沙龙、论坛等活动营造浓厚学风；坚持全员正规化培训，为检委会委员、中层干部、成长期人才、新进人员、一线办案人员、调研宣传骨干量身定制个性化培训，利用局域网专栏、博客、微博、座谈、汇报等平台共享培训成果、放大培训效果；致力于培养拓展与高新区发展相适应的开放视野，先后选派33人次赴外地接受高端业务培训，42人次赴全国先进院考察，15人次到上级机关跟班学习，在全市首试派员赴全国"十佳"深圳市南山区院进行为期2周的"体验式"学习等，有效地激发了高新区检察人员的自豪感、使命感、责任感和职业尊荣感，引导其胸怀大局，树立正确的法律信仰和价值取向，坚守职业道德与底线，不断提升学习能力并持续转化为工作动力。

二、正确处理业态与文态的关系

实现与所在城市、区域业态与文态的相融共生，是基层检察院文化建设的必然选择。例如在以发展新兴产业为主要使命的"新区"、"开发区"，外来投资企业聚集，从业人员来源地更加多元，文化背景差异化程度更高，文化传播上流动性更强、文化符号的国际化现代化程度更高，更倾向于接受文化差异、倡导文化多元，形成比"老城区"相对自由和开放的城市文化空间。成都市高新区检察院正是基于对所在区域独特的业态背景的深入分析，在检察文化建设工作中充分考虑多元文化共生的特点，坚持开放包容、兼收并蓄。

在理念思路上，充分吸收并进一步阐发现代商业交往和企业管理运作中的诚信、务实、创新、专业、卓越、竞争、合作等核心理念，大力倡导增强诚信意识、鼓励真抓实干、自觉求新求变、追求专业职业、不断争创一流、积极奋勇争先、协作互利共赢等理念，倡导健康生活方式、和谐人际关系、友好公共关系，拓展检察文化建设的精神内涵。在载体设计上，借鉴吸纳企业文化建设的优秀成果，较多地运用了项目管理、志愿服务、拓展训练、绿色骑游、单身派对、英语演讲、周末亲子活动、了解城市规划、参观国际艺术展览、社区共建等更具时代气息、更加生动活泼的形式，进一步增强吸引力与参与度。

三、正确处理承继与创新的关系

对高新产业开发区而言，新城之"新"更多在于发展模式、服务体系、产业结构、城市景观等显性层面，在这种新气象与新面貌的深层，往往既得益于一个城市源远流长的文脉传承，又得益于富有时代特征的创新精神。同理，对高新区检察院而言，一方面需要深入挖掘成都、高新和本院的优秀文化基因，对其进行契合社会主义法治精神和现代法治理念的阐发，不断发扬光大。另一方面需要立足当下，大力弘扬创新精神，着眼基层检察事业的继往开来，实事求是地面对检察人员关心关注的问题，积极顺应外部环境和条件的新变化，构筑立体的、开放的检察文化概念，在文化建设的理念、方法、制度、载体上作出新开拓，以更加灵活的方式，多层次、多角度、多媒介地实施检察文化建设，持续有效地提升文化精神的凝聚力、文化活动的吸引力、文化作品的感染力和文化品牌的影响力，力求养成厚重底蕴和蓬勃朝气兼具的文化个性，使本院的检察文化建设永不停滞、永葆生动。

最近几年，成都高新区院在充分挖掘基层院结对共建、对口援助藏区检察院等常规工作的文化内涵方面作了一些有益尝试。联合结对子的甘孜康定、成都青白江和深圳南山区院共同编印画册《万里检影》，收录四院检察人员反映家乡风情、检察风貌、结对风采的原创摄影作品近 200 幅，开创了汉藏地区之间、内地与沿海之间检察文化交流分享的新形式，并进而拓展至业务交流、信息互通、人才交流等方方面面，形成了跨地区基层检察院文化共建的生动局面。

四、正确处理内在与外在的关系

成都高新区检察院非常注重发挥文化建设内外两个层面的功用。

对内，坚持用好检察文化建设对队伍的教育、引导、规范、凝聚、激励的功能。比如通过加强院内文化组织建设，成立读书、羽毛球、乒乓球、篮球、摄影、英语等文化社团，有计划地开展群众性文体活动，增强文化活动的趣味性和吸引力，借助文化建设潜移默化的力量，培养检察人员健康的心智与体魄，引导他们树立清正廉洁的职业操守、执法公正的优良作风品格、献身法治的使命意识，在有力提升检察人员专业化、职业化水平和检察机关软实力的同时，将执行纪律等内部管理行为与关爱型人性化举措相结合，比如坚持多种形式的节日、生日、伤病慰问；定制个性化纪念册送与退休人员作为职业生涯留念；建成图书室、健身房、淋浴房、洗衣房、食堂"五小工程"等，寓管理于服务，增强干警的集体荣誉感与归属感。

对外，持续实施三项工程，充分发挥检察文化建设的名片功能。一是实施志愿工程，通过组建以"80后"为主体的检察官志愿者服务队，结合履职开展"法律四进"活动，引导青年检察人员增强社会责任感。二是实施会友工程，组织干警创作来源于检察工作、具有本院特质的优秀文化作品向社会推介，比如编排舞蹈与社区群众联欢，创作诗歌朗诵参加"廉政文化进社区"文艺晚会，原创音乐快板剧《检心民心紧相连》在全市演出等，既展示了高新检察人员的人文素养和精神风貌，又活跃了与企事业单位、基层组织和人民群众的联络交往方式，丰富了普法宣传等工作的实现形式。三是实施添彩工程，以具备较好群众基础的读书、摄影、志愿者服务队等文化社团为载体，推动文化项目品牌化、优质化、精品化，在检察系统内外形成一定品牌效应。

五、正确处理用才与育才的关系

成都高新区检察院自2009年以来确立了"文化育检、共建共享"的发展思路，其中最为重要的一点是明确"主角"，坚持用才与育才并举，扩大文化建设的参与度与辐射面，不搞少数人自娱自乐，使每位检察人员真正成为检察文化建设的主体并共享文化建设成果。

近几年，该院在充分挖掘本地文化资源的同时，激发院内现有文化人才的干事热情，充分利用文化人才的文艺才华，通过创造条件、提供保障、搭建平台、营造氛围，先后组织青年干警创作了音乐快板剧《检心民心紧相连》、诗歌串烧《同心邀明月》、微电影《高起点、新跨越》、原创摄影作品集《万里检影》和文化画册《春雨润物望秋实》等优秀作品，使检察人员自我实现的心理需求得以充分满足，同时在编创过程中，使青年检察人员的组织、协调、创作、编排、演出、欣赏、评论等综合能力得到全面锻炼与展示，在发掘本院文化领军人才，引导文艺新锐不断涌现，探索打造具有比较优势、具备代际传承特征的文化人才梯队，逐步形成本院检察文化建设原生动力方面收到了良好效果。

六、正确处理基础与亮点的关系

推进检察文化建设，要在坚持做实基础工作的同时，积极打造特色亮点。"基础"是推进检察文化建设的各类基础性工作和常规文化活动，"亮点"是指品牌文化项目，二者不可偏废。

成都高新区院在认识上，克服打造品牌文化项目是为了"扯眼球"、"出成绩"的想法，从提升本院文化影响力和检察人员文化自信、文化自觉的高度来认识品牌文化项目的培育和打造。在方法上，优先做好文化建设的基层基础工作，实现文化建设的广泛参与和有序推进，满足最广大检察人员的精神需求。

该院 2009 年出台《关于进一步加强队伍建设的决定》，提出加强检察文化建设的目标和培育职业风尚、丰富文化活动、营造文化氛围三项任务，要求组建 6 个文化社团和志愿者服务队进行广泛深入、丰富多元的实践探索和经验总结。在实践培育的基础上，2011 年出台《检察文化建设规划》，设定了实现物质承载、培育良性机制、熔铸高新检察精神的工作目标，并明确建设周期，引导检察文化建设经历一个从主要依靠人为推动到形成完整的制度规范，再到具备高度文化自觉的渐进发展过程。此后分年度制定《检察文化建设工作方案》和《文化活动预安排》，使规划中的各项措施落实到位。结合文化社团运行的具体情况，适时出台了本院《文化社团管理办法》，进一步明确社团权利义务和组织形式，增强活动组织性和计划性，实现载体建设、社团设置、品牌项目培育任务的细化、实化和规范化，积极稳妥、持之以恒地将检察文化建设引向深入。

与此同时，在把握本院文化传统与特质的基础上，发挥本院优势项目资源，充分利用文化领军人才的辐射作用，打造一个或多个"有特色、叫得响、能持续"的品牌文化项目，提升全院检察人员的文化自信。比如本院的检察官志愿者服务队，经过历时 5 年的培育和塑造，在普及法律知识、服务产业发展、服务基层群众、关爱青少年成长、打造廉洁政务环境等方面作出了积极有效的贡献，赢得社会各界的赞誉与欢迎，被《检察日报》等主流媒体报道 30 余次，得到原成都市人大常委会主任王东洲等领导的充分肯定，"成长·关爱"等 3 个志愿服务项目先后获得表彰推广，8 人次被评为区级优秀志愿者，在整个高新区的志愿文化中占有重要一席，并逐渐成为高新检察院的一张文化名片。

得益于正确处理六个方面的关系，成都高新区检察院初步探寻到一条适合自身发展的文化建设路径，实现了检察文化建设与业务工作、队伍管理、精神文明建设、服务中心大局等有机融合，队伍软实力明显提升，各项工作健康发展。全院 65 名工作人员中，博士 2 名、硕士 26 名，占总人数的 43%，在全省基层院中位居前列；培养了 1 名全国侦监优秀检察官暨省、市十佳办案能手并入选全国侦监人才库，1 名省、市级优秀控申举报接待员，5 名市级侦监、公诉、监所办案能手，26 人入选省市级人才库；1 人当选全省检察文联第一届委员会委员，4 人当选全市检察文联理事或专业协会理事。2009 年以来获得 50 项集体荣誉，99 人次受到各级各类表彰，被省委、省政府命名为四川省最佳文明单位，连续 4 年被评为全市先进基层院和综合目标考评先进单位，被评为全省先进基层检察院、全省检察文化建设示范院、全省基层院"四化"建设示范院。通过自身的科学发展，为打造平安和谐高新、推动高新区"三次创业"和建设世界一流高科技园区作出了积极贡献。

"三元二维"模式下的基层检察文化建设路径探析

周一心　江　浩　许　樱*

文化作为一种重要的软实力，是通过长期积累、历经去粗取精的选择，最终形成的一种观念，具有"春风化雨，润物无声"的作用，在悄无声息中对人产生潜移默化的影响，引导人的精神需求。正所谓"人人生活在文化之野，业业兴旺于文化之治"，因此，全社会各行各业都注重文化建设。检察文化对于规范检察官执法行为，加快检察队伍专业化、职业化建设有着重要意义。2010 年 12 月，最高人民检察院颁发了《关于加强检察文化建设的意见》，就指导思想、基本原则、总体目标、方向和重点等问题对检察文化建设提出了指导性意见。在最高人民检察院的部署下，各级检察机关开展了形式多样的检察文化建设活动。经过几年的研究与实践，无论是检察文化理论研究，还是检察文化实践都取得了一定的成就，当然也存在相当的不足。本文从基层检察文化理论研究与实践入手，通过对基层检察文化建设的梳理，分析存在的问题，提出具体的构建模式，以期为基层检察文化建设贡献薄力。

一、当前基层检察文化建设现状分析

检察文化建设，具体包括检察文化理论研究与检察文化建设实践，职是之故，笔者将从这两个方面对基层检察文化建设的现状作出分析。

（一）基层检察文化建设的理论研究

理论来源于实践又高于实践，通过对实践的总结和升华而形成，能够指导实践，为实践操作打下坚实的基础，因此，基层检察文化的建设必须有丰富的检察

---

* 作者单位：海南省三亚市城郊人民检察院。

文化理论基础。

1. 基层检察文化理论研究现状

基层检察文化从属于检察文化,因此,对于基层检察文化理论研究必然在检察文化理论的整体框架内进行。从当前检察文化理论研究的成果来看,没有针对基层检察文化理论的专门研究,都是将检察文化作为一个整体进行研究。而关于检察文化理论的研究,可谓成果丰硕,关于检察文化的内涵、结构、功能、特征、价值、性质等都作了深入研究,在这里无须笔者做详细介绍。

2. 基层检察文化理论研究存在的问题分析

通过对检察文化理论研究成果的总结和分析,笔者认为,当前基层检察文化理论研究中主要存在以下几个方面的问题:

一是缺乏具有地方特色的基层检察文化理论研究。正如前面所述,当前并没有针对基层检察文化理论的专门研究,即使在相关以"基层检察文化建设"为题的理论研究成果中,也未曾寻找到关于基层检察文化建设的蛛丝马迹。每个地方都有各自的地域特点和文化特色,对基层检察文化理论研究,不能脱离地方文化,否则就会丧失自己的本色。

二是检察文化的内涵研究缺乏规范性。当前关于检察文化的内涵定义大多以描述性为主,缺乏规范性。所谓描述性检察文化定义主要是指通过列举的方式将检察文化基本内涵周延,如检察文化"是检察机关和检察人员在履行法律监督职能中形成的价值观念、思维模式、行为准则以及与之相关的物质表现的总和,是法治文化的组成部分,体现检察制度的基本属性,传承、吸收中外优秀法律文化,是本质上的统一性与表征上的多样性的有机结合,具有导向、凝聚、约束、激励等价值功能"。[①] 这种描述性的定义将检察文化分解成各个具体的部分,缺乏检察文化的根本属性的认定,从而不能准确把握其内涵。

三是检察文化结构的划分呈现线型结构模式。在描述性检察文化的定义下,由于缺乏理论基础,因此检察文化的结构划分主要以经验为主,呈现出"线型"结构模式,[②] 也就是说,根据检察文化内涵的组成部分来依次罗列检察文化的组成部分,如检察文化包括"检察理念文化、检察组织文化、检察设施文化、检察

---

① 魏启敏:《检察文化建设研究》,载《中国刑事法杂志》2010 年第 7 期,第 78—80 页。
② 彭圣坤、吕昊:《刍议检察文化的研究与建设》,载《中南大学学报》(社会科学版)2012 年第 5 期,第 82 页。

行为文化、检察制度文化、检察法律语言和文本文化"。① 这种划分缺乏逻辑性，显得不够严谨。

四是对于检察文化性质界定的单一性。关于检察文化的性质，大多数人认为检察文化是法律文化的组成部分，是检察权运作制度的总和②、是检察制度的法律文化性格③、是法治文化的有机组成部分④……这些关于检察文化性质的界定，都体现了其法律属性，但是法律属性并未完全涵盖检察文化的本质，如检察机关在管理中形成的管理文化，很显然就不属于法律文化的组成，而应该属于管理文化。

（二）基层检察文化建设的实践

1. 基层检察文化建设现状

相比缺位的基层检察文化理论研究，在检察文化建设的实践操作方面，基层检察机关可谓有着丰富的经验。一是积极开展检察物质文化建设，提供物质基础。如建立篮球场、阅览室、办公楼浮雕、名言警句等；二是建设制度文化，完善制度创新。通过完善工作、管理等方面的制度，并将制度以上墙、汇编出版等方式，加快规范建设，使检察工作规范化；三是开展文化活动，丰富行为文化。如成立形形色色的兴趣小组、参观革命圣地、开展沙龙论坛等。通过这一系列的建设，在各个基层院形成了较为浓厚的文化氛围。

2. 基层检察文化建设实践上存在的问题

尽管全国上下各级院都风风火火地从事检察文化建设，但是当前基层检察文化建设实践中还是存在一些问题。

一是基层检察文化建设实践中主体不明确。基层检察文化在建设过程中，以谁为主体，似乎缺乏一个明确的界定。从实践来看，主要围绕检察官这一职业群体和检察机关展开，将检察文化看作检察官群体和检察机关独享的。但是检察机关在作为监督者的同时，也同样处于社会公众的监督之下，因此，基层检察机关在建设检察文化的过程中不能忽视社会公众作为主体的参与。

---

① 刘斌、张建伟、徐苏林：《大力加强检察文化建设积极推动检察工作深入开展》，载《人民检察》2011 年第 17 期，第 42 页。

② 徐苏林：《检察文化的界定、结构与功能》，载《北京政法职业学院学报》2008 年第 1 期，第 69 页。

③ 顾小琼：《检察文化在现代法治语境下的再思考》，载《犯罪研究》2006 年第 2 期，第 68 页。

④ 魏启敏：《检察文化建设研究》，载《中国刑事法杂志》2010 年第 7 期，第 77 页。

二是基层检察文化建设缺乏广泛的参与。在基层检察文化建设过程中，有部分干警认为检察文化建设与己无关，是政工部门和领导的事情，不热衷参与。

三是基层检察文化建设流于形式，缺乏精神内涵。从当前的实践来看，基层检察文化建设大多停留在表面，重形式、轻实质，更多的是贴贴标签，如以宣传为目的举办的相关体育活动，关于检察人员业务素质的提高、职业荣誉感的培养、检察公信力等精神内涵则有待加强。

四是方法措施趋同，缺乏地方特色。从相关的研究成果以及新闻报道来看，当前基层检察文化建设的形式趋同，内容趋同，与本地区、本院的自身特点联系不够紧密，缺乏地方特色。以海南省为例，在国际旅游岛建设的大潮下，检察文化建设应当显出本地海洋、旅游的主题，但是从实践来看，与全国其他基层检察院检察文化建设区别不大。

通过上面的分析，当前基层检察文化建设无论是理论研究方面，还是实践操作方面都存在一定的问题。造成实践中存在问题的原因很多，笔者认为最主要的原因是由于对检察文化理论研究不足造成的，因为理论对实践具有重要的指导作用，在对检察文化的内涵、性质等都缺乏明确界定的情况下，要求规范实践操作不具有期待可能性，如基层检察实践主体不明确，是因为对检察文化的内涵认识不明确，基层检察文化建设缺乏地方特色的情况，是因为检察文化理论研究未与地方文化结合。因此，需要为基层检察文化建设寻求合适的理论依据。

二、三元二维模式的检察文化理论概述

正如前文所述，当前关于检察文化内涵的表述采取的是列举式的描述性定义，这种描述性定义缺乏对检察文化根本属性的界定。那么检察文化的根本属性到底是什么？有人认为是"一种整体的检察生活，这种整体的检察生活能够体现检察群体的价值观念、规范制度、行为方式、思维方式、法治精神、法律语言、文学作品及有关上述的物质表现"。[①] 笔者深以为然，因为从文化本身的含义来说，文化就是"人类各方面各种各样的生活总括汇合起来"。[②] 检察文化就是对

---

① 彭胜坤、吕昊：《刍议检察文化的研究与建设》，载《中南大学学报》（社会科学版）2012 年第 5 期，第 84 页。

② 钱穆：《中国文化史导论》，商务印书馆 2009 年版，第 231 页。

检察生活的概括反映。

检察文化就是一种整体的检察生活，那么检察文化的主体该如何确定？笔者认为，检察文化的主体首先应当是检察机关。检察机关作为整体对机关的人、财、物、事进行系统管理，这就形成了检察管理文化。其次检察文化的主体应当包含检察官群体。检察机关作为国家的法律监督机关，这是检察机关与其他单位最本质的区别，检察官群体在依法履行职权的过程中，必须对检察制度、检察理念、检察工作性质的相关知识有清楚的认识，这就形成了检察理念文化。最后检察文化的主体不能脱离社会公众。检察权的设立归根结底是为人民服务，社会公众对于检察制度、检察活动、检察人员的态度、评价直接影响了检察权行使的效果，因此在检察文化建设过程中必须有社会公众的参与，这就形成了检察公众文化。因此，检察文化应当包括检察管理文化、检察理念文化、检察公众文化，既然如此，检察文化的性质就应当是管理文化、法律文化和社会文化。

文化是物质成果和精神成果的总和，检察文化也不例外，据此，有人将检察文化精神成果称之为"检察文化价值"，将检察物质成果称之为"检察文化模式"。[①] 检察文化价值强调的是内在的价值，检察文化模式强调的是内在价值的物质载体，在检察文化建设中，检察文化价值是重点、精髓，检察文化模式同样必不可少，需要内外兼修。

以检察管理文化、检察理念文化、检察公众文化为"三元"和以检察文化价值、检察文化模式为"二维"重新界定检察文化，"三元"之间并非泾渭分明，只是重点明确，具有不同的检察文化价值，具有较强的针对性，"二维"之间分工明确，结构严谨，逻辑清晰，对于基层检察文化的重构具有重要的借鉴意义。

三、三元二维模式下基层检察文化重构

检察文化的"三元"之间可能存在一定的重合、交叉，但是由于侧重点不同，基层检察机关在检察文化建设中也应当有所侧重，重视个性，突出重点，以便更好地发挥文化的作用。

---

① 彭胜坤、吕昊：《刍议检察文化的研究与建设》，载《中南大学学报》（社会科学版）2012 年第 5 期，第 84 页。

（一）检察管理文化的构建

检察管理文化的主体是检察机关，其所要解决的主要问题是对检察群体①的管理问题，通过一系列的管理活动形成的检察管理文化，能够对检察群体具有约束、凝聚、激励、导向功能，从这个层面上来说，检察管理文化应当因地制宜、因时制宜、因人而异，因此，基层检察管理文化建设必须体现自身的特色。检察管理文化的主要文化价值在于规范对检察群体的管理，确立和引导检察群体树立正确的人生价值观，其文化模式可以是多样化的，如营造氛围、制服、礼仪等。

一是加强规范化建设。通过完善相关规章制度，如考勤制度、考核制度等，促进检察机关的模式化运行，约束检察群体的行为，从而实现对检察群体管理的由人管理到制度管理的转变，由"他律"到"自律"的转变，使各项检察工作在法律的框架内走向程序化、科学化。

二是完善物质基础建设，做好后勤保障。检察管理文化的核心并不是如何实现对检察人员的管理，而是如何更好地服务检察人员。这就要求基层检察机关在构建管理文化过程中树立"兵马未动，粮草先行"的意识，积极完善相关物质基础建设，为检察群体的工作、学习等提供充足的保障，如对于有深造意向的干警，要充分尊重并鼓励，并且从时间、政策上给予充分的保障，从优待检。

三是营造良好氛围，塑造健康人格。在检察管理文化建设中，物质方面的保障容易实现，但是考虑到每个检察群体的个性不一，要因材施教地实现对检察群体健康人格的塑造则不是那么容易。这是一个相对复杂和漫长的过程，需要借助其他文化形式来熏陶和培训，如通过参观革命圣地、阅读、听取他人的先进事迹等，从中汲取养分。

四是建立全方位的激励机制。要坚持以人为本，通过对人的内在需求方面的研究，采取不同的激励机制，充分调动检察群体的积极性、主动性和创造性。美国著名心理学家马斯洛将人的需求从低到高分为五个层次，即生理需要、安全需要、爱的需要、尊重需要和自我实现的需要，② 不同的群体内心需求有所差别，对于年轻人而言，更多注重的是自我价值的实现，因此需要通过一些激励措施为

---

① 需要说明的是：这里所说的检察群体与检察官群体并非同一概念，检察官群体只是检察群体的一部分，检察群体还包括工勤人员、书记员等。

② 时蓉华：《社会心理学》，上海人民出版社1986年版，第95页。

其创造一个脱颖而出的环境和机会，而对于老同志而言，他们则更多的希望得到应有的尊重，因此在日常工作中要注重关爱老同志，帮助他们树立主人翁精神，发挥他们经验丰富的优势。

（二）检察理念文化的构建

检察理念文化主要是检察官群体在依法行使检察权的过程中，对检察理念、检察制度、检察工作性质等的认知，这也是检察理念文化建设的文化价值之所在，至于其文化模式则主要表现为理论调研成果、举办研讨会、评选业务专家等。对于基层检察院而言，在检察理念文化建设方面，可以从以下几个方面着手。

一是积极开展理论调研，深入研究检察制度。理论调研并非无病呻吟，无论是从宏观上对整个检察制度进行研究，还是从微观上对每个细节进行研究，无论是单纯地从学理上进行分析，还是在实地调研的基础上总结分析，都或多或少地对检察官群体认识检察制度、了解检察制度有帮助，再加上基层检察机关与人民群众接触最密切这一得天独厚的优势，因此，基层检察机关在检察理念文化的构建过程中，要将理论调研放在一个相当重要的位置。

二是开展各种形式的交流，激发智慧火花。如果说理论调研是个人或者小群体对检察制度检察理念的认知，那么检察官之间的交流则是大家共同来探讨检察理念，交流检察心得。当前各基层检察院从人员的结构、文化层次上来看，基本呈现了年轻化、高学历的趋势，因此，应当充分利用这一优势，开展各种形式的文化沙龙活动，就相关专业理论展开交流、争辩，在碰撞中加强对检察制度、检察理念的认知。

三是提炼具有地域特色的检察文化理念，构建共同价值体系。作为社会主义法治理念的重要组成部分，社会主义核心价值观已经逐渐在检察官群体中内化于心、外化于行，"立检为公、执法为民"的执法观，"强化法律监督、维护公平正义"的检察工作主题，"忠诚、公正、清廉、文明"的检察官职业道德也在全国范围内得以树立。这些具有普适性的检察文化理念更多的只是一个指引性的作用，基层检察机关应当根据本地的地域特色，结合本地文化，提炼出具有地域特色的检察文化理念，这种具有地域特色的检察文化理念，更能获得基层检察官群体的共鸣。如广西河池市检察院提炼了"永远追求更好"的检察文化理念，都江堰市检察院充分发挥都江堰水利工程以及其境内的青城山作为道教文化发祥地的文化地理优势，总结出"都检文化"的五字象征——"山、水、堰、道、情"，逐步确立了"都检文化"的主题——"传承治水精神，弘扬公平正义"，广西恭城瑶族自治县检察院依据其茶文化的传统，提出了"清风育检、我伴清廉"的"茶文化理念"。①

（三）检察公众文化的构建

与检察理念文化中检察官群体的参与、检察管理文化中检察机关主导不同的是，在检察公众文化建设中，公众并非是直接的参与者或者主导者，社会公众仅仅是一个评价者，但是社会公众对于检察机关和检察官群体的态度、评价等直接影响了检察事业的发展，因此，基层检察院必须注重检察公众文化的建设，这是我国的国体和政体决定的。检察公众文化的文化价值主要是检察官群体在依法行使检察权过程中所产生的社会效果，其能够对检察官及检察机关产生导向和约束功能，其文化模式也可以是多样性的，如典型人物、优秀事迹的宣传，具体个案等都可以成为检察公众文化的载体。基层检察机关在检察文化构建过程中，可以从以下几个方面着手，构建检察公众文化。

一是加强检察职业道德建设。检察职业道德建设是检察机关及检察官群体在执法办案中所必须遵守的职业道德，通过职业道德的约束和导向，能够直接引导检察机关及其人员的行为，社会公众评价检察机关及其人员也主要是通过行为进行的，因此，职业道德建设就是首要的检察公共文化建设。各基层检察院必须通过廉政教育专题、党的群众路线教育活动等加强检察职业道德建设。

二是转变执法理念，凸显执法特色。执法理念体现了社会公众对检察机关执法办案形成的直观感受，直接关系社会公众对检察工作的认知和评价。曹建明检察长在 2009 年的学习贯彻全国政法工作会议精神电视电话会议上针对执法环境的变化提出了"理性、平和、文明、规范"的执法理念，对于全国检察机关执法理念的树立具有重要的借鉴意义。基层检察院应当根据本地区的执法现状，提出适合本地区的执法理念。

三是加强检察队伍建设，提升检察干警素质。首先以检察业务素质的提高为基础。过硬的业务素质是检察机关工作人员正确行使法律监督职能的基础，因此检察官群体应当从"练手"、"练嘴"、"练脑"等方面入手，夯实法律基本功、

---

① 陈茜倩：《我国检察文化建设现状及其完善建议》，广西师范大学 2012 年，第 12 页。

提高语言表达能力、激发干警潜能。其次以职业形象的塑造为依托。检察人员的职业形象是检察机关对外的门面，是检察人员内在素质的外化，因此，加强检察人员形象的塑造极其重要。这里的职业形象，既包括检察人员自身的职业仪表、社交礼仪，同时也包括检察人员的工作礼仪，如在案件办理过程中，无论是对犯罪嫌疑人，还是其他的诉讼参与人，不使用带有侮辱性的语言等。

　　检察文化建设是一个复杂的课题，也是一个长期的过程，需要各级检察机关不懈努力。基层检察机关作为检察文化建设的"排头兵"，需要充分运用其身处基层的优势，进行不断的探索和实践，打造具有地域特色和彰显自身本色的检察文化，为丰富我国检察文化建设承担应尽的责任。

检察文化建设评价体系研究

——以基层检察院为视角的考察

郑　锴　孙莉婷　李小倩*

梳理近年检察文化建设理论和各地实践发展脉络，检察文化建设大致经历了两个阶段，即文化建设的起步阶段和发展阶段。起步阶段，对文化建设的概念内涵、价值功能等基本达成统一认识；① 发展阶段，一些检察机关从实践层面出发，将文化建设的内容划分为精神文化、制度文化、物质文化等几个部分，各部分相互影响、协调运转，以实现对文化建设的全面管理。② 可以说前两个阶段分别解决了检察文化"是什么"和"做什么"的问题，有宏观的目标，但缺乏微观体系考量，不利于及时发现实践中存在的问题，易导致文化建设成效减弱。笔者认为，要实现检察文化建设的跨越式发展，需要在以往发展思路的基础上进行突破，构建细致、全面、系统的考核评价体系，运用检察文化建设评价体系对检察文化进行相对客观的评价并指导实践。

---

　　* 作者单位：北京市朝阳区检察院。
　　① 此类文章参见：《大力加强检察文化建设，积极推动检察工作深入发展》，载《人民检察》2011年第 17 期，第 41—48 页；刘荣九、刘正：《检察文化的塑造及其途径》，载《政治与法律》2007 年第 1期，第 83—88 页；徐汉明：《检察文化建设：理念更新与实践创新》，载《法学评论》2011 年第 3 期，第109—114 页；魏启敏：《检察文化建设研究》，载《中国刑事法杂志》2010 年第 7 期，第 77—82 页；钟长鸣：《略论检察文化建设的重要性》，载《人民检察》2007 年第 14 期，第 50—51 页。
　　② 我院之前的观点是将检察文化划分为精神文化、制度文化、行为文化、物质文化四个层面，构建检察文化建设"四位一体"的管理模式。参见郗琳、梁奥博：《检察文化管理模式刍议》，载《北京政法职业学院学报》2011 年第 4 期，第 61—65 页。

文化建设起步	→	文化建设发展	→	文化建设繁荣

↓ ↓ ↓

理论探析阶段 （明确内涵、厘清价值）	→	实践管理阶段 （构建模式、管理分类）	→	成效检验阶段 （设置因子、建立体系）

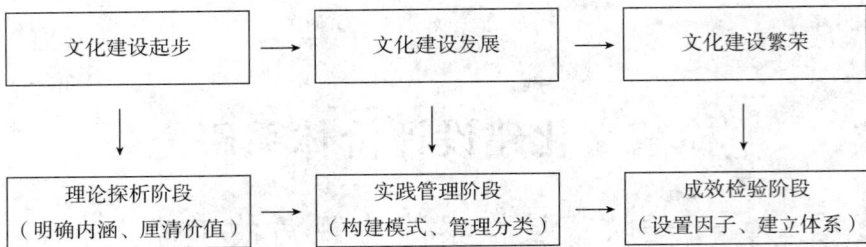

检察文化建设发展脉络图

一、检察文化建设评价体系概述

检察文化建设评价体系设立评价因子对文化建设进行分类评价和综合评价，旨在构建一个层次分明、要素齐全、科学均衡的由指标要素构成的完整系统，以实现检察文化建设内容的指标化，从而最大限度地发挥检察文化建设的价值功能。

检察文化建设评价体系的概念，是检察文化建设发展到一定阶段的产物，是推动检察文化建设实现未来长远发展的重要保障。它的提出和构建，将推动检察文化建设进入纵深化、细化发展时期。检察文化评价体系通过对检察文化建设过程和结果的有效控制、评价和反馈，以期不断提高检察管理工作水平。

（一）检察文化建设评价体系提出的背景

近年来，随着我国文化强国战略的兴起，文化建设的突出作用越来越得到重视，各级检察机关高度重视检察文化发展，检察文化建设呈现蓬勃发展的良好态势。当检察文化建设经过前期积累、拥有一定基础、发展得较为成熟之后，对文化建设的成效也经常通过考核、评优评选等展开评估，且各种评判和考核越来越趋于科学和细致。构建一个要素全面、目标明确、项目广泛、程序规范的检察文化考核评价体系，对检察文化建设的未来发展影响至关重要。

（二）构建检察文化建设评价体系的意义

1. 是检察文化建设进一步发展的需要

综观我国检察文化建设的发展历程，在检察制度及检察机关产生和发展的大背景中，文化建设工作很长时间里只占据非主流的位置，只是作为检察机关的特色和亮点来发展，没有上升到制度规范层面。党的十七届六中全会以来，在文化强国战略的大背景下，检察文化从上到下均得到了蓬勃发展，越来越需要系统化、规范化和标准化的考评体系和指标出台，以指引文化建设的发展方向。同时，也应看到，检察文化建设虽取得了一定的成果，但尚有很大的发展空间，各地区区域发展还很不均衡，因此，建立科学完善的评价体系，会对检察文化建设的进一步发展起到指引和促进作用。

2. 是建立完整的检察考评体系的需要

完整的检察考核考评体系是由一组既相互独立、又相互关联并能够较为完整地表达评价要求的考核考评指标所组成的评价系统。目前，最高检自上而下已逐步制定了一套检察考核考评制度，且该体系是开放的。最高检在《关于贯彻落实党的十八大精神进一步加强检察文化建设的决定》中亦提出强化奖惩激励，把文化发展成效纳入检察工作考核体系的要求。文化建设评价体系作为队伍管理考核的一环，如纳入基层检察考评体系中去，将大力推动整体检察考核体系的完善。

3. 是实现检察机关自身科学发展的需要

检察文化评价不仅包括对既有成效的评判，而且应对下一步工作提出方向性的预断。检察文化建设评价体系将各项检察文化建设的职责内容进行明确和规范，以客观、量化的方法明确文化建设的各项具体标准，以考评项目、指标之间的权重设置明确工作导向和重点，将会进一步加强检察机关的凝聚力和向心力，有效调动广大检察干警工作的积极性与主动性，提高检察管理水平和成效，促进检察工作全面、协调、可持续发展。

（三）检察文化建设评价体系的目标、原则

1. 检察文化建设评价体系的目标

检察文化建设评价体系是文化建设管理的最直接、最有效手段，构建检察文化建设评价体系的目的是更好地作用和服务于检察文化建设工作，从而发挥检察文化建设的价值功能，促进检察管理水平和整个检察工作。通过对文化建设事前、事中、事后进行全方位的考量而施加督促和影响，检察文化建设评价体系将实现对文化建设的诊断和监督，找准文化建设的立足点和落脚点，明晰自身文化现状、引领文化建设方向、指导和规范文化建设过程。

2. 检察文化建设评价体系的基本原则

检察文化建设涉及的内容十分广泛，对它的评价是一个较为复杂的课题，为使对检察文化建设进行的评价更加客观、准确，首先需要科学确定检察文化建设

评价的原则。

（1）全面性与系统性原则

检察文化是一个庞杂的系统，是由检察机关内部相互联系、相互依赖、相互作用的不同层次、不同部分结合而成的有机整体，检察文化的各个构成要素，既有相对的独立性，又以一个严密有序的结合体出现，其中任何一种因素发生变化都将引起其他因素发生连锁反应，进而影响整个检察文化系统的变化。故检察文化指标体系应尽可能全面反映检察文化各方面的情形。此外，检察文化指标评价旨在将检察工作目标内化为检察机关统一的价值系统，通过价值系统的深化运动来带动具体目标的实现。

（2）可比性与可操作性原则

检察文化建设评价应包含横向可比与纵向可比，横向可比要求指标体系在不同检察机关、检察部门的统一性，纵向可比要求评价指标在不同时期保持相对一贯性。构建合理的评价指标体系是进行科学评价的前提，要设计出具体可行的指标要素，通过严格的优选方法和程序，避免对同一评价对象给出相去甚远的评价标准，从构建原则出发，提出构建方法，给出指标体系建立的程序。

（3）定量与定性相结合原则

在设计评价指标时，要尽可能用可统计的量化指标，但检察文化的内涵十分丰富，并非所有评价因素都可以量化、适合量化，有的进行定性描述更合适、更易把握。因此面对许多指标只存在有或无两种情形的情况，在设计检察文化建设评价指标时使用更多的是定性指标，要根据实际需要采取相对模糊的标准进行检察文化建设评价。

（4）动态性与开放性原则

检察工作处于不断的动态之中，根据文化建设总体形势的变化，所需的考核指标也处于不断的调整和变动之中。对于同一评价对象，由于结果所运用的场合、用途不同，需要设置不同的指标因子。同时，随着对评价对象认识的加深和与之相关的核算方法的变化，评价同一对象的指标因子也会随之变化，因此应根据需要更新评价指标体系。由此决定了检察文化建设评价体系应当是开放的，处于不断的除旧布新的过程中。

二、检察文化建设评价体系的内容

在构建检察文化建设评价指标体系时，从便于划分和概念清晰、指标周延等方面考虑，笔者从理念层面、行为层面、保障层面、结果层面四方面，将文化建设工作的衡量指标层层分解，力求使涵盖的项目全面反映文化建设工作的各个方面，并使分解出的指标易于获取和量化。

（一）理念层面

1. 把握政策精神

①系统性：是否系统学习社会主义特色检察制度理论和机制运行规律

②及时性：是否及时学习传达上级文化建设的相关政策、会议精神

③全面性：对检察文化的内涵是否有全面、准确的认识和理解

④落实程度：是否在实际工作中深入贯彻落实文化建设政策

2. 明确发展方向

①导向性：检察文化建设是否以社会主义核心价值体系、社会主义法治理念为引领

②务实度：文化建设是否务实，契合检察工作实际

3. 确定发展目标

①愿景：是否形成统一的价值理念和共同愿景，如院训

②目标：是否形成了文化建设发展的长短期目标

③知晓率：上述愿景、目标在单位内部是否被广泛知晓

4. 突出发展重点

①出台文件：检察文化建设是否紧跟检察整体工作形势和趋势，是否出台文化建设阶段性工作重点和要点

②抓住重点：检察文化建设是否具有本单位特色和亮点，有所侧重，在重点项目上形成发展模式和品牌效应

（二）行为层面

1. 制定工作规划和实施意见

①大局意识：是否将文化建设纳入检察工作全局进行安排部署，检察文化建设是否围绕服务全局和保障中心工作进行

②规划性：是否针对检察文化建设专门出台远近规划、实施意见，并不断健全

③落实程度：是否制定切实可行的配套步骤、措施

④机制探索：是否探索目标管理、考核评价和激励保障机制

2. 深化理论研究

①系统性：是否注重对文化基本内涵、基本范畴、基本特征及文化建设与检察事业科学发展的关系等基础理论开展系统研究

②指导作用：是否积极探索文化建设规律，为文化建设和创建活动提供理论支撑和科学指导

③转化度：是否用理论指导实践，并将理论成果转化为实践

④广泛性：是否注重调动检察人员参与文化建设调研积极性

3. 深入文化实践

（1）一般性文化活动

①普及率和参与率：可从检察人员参与文化活动的范围、比重等指标来判断

②认可度和满意度：检察人员参与文化活动是否积极，是否认可和满意

③创新性：文化活动是否注重在形式、内容等方面不断创新

④与实际工作贴合度：开展的文化活动是否与检察工作相关

（2）文学艺术创作

①繁荣度：是否注重更多优秀的、贴近检察实际工作和生活、凝聚检察精神的文艺作品的投入产出

②成效性：艺术创作是否弘扬了维护公平正义的检察工作主题，营造了浓厚的检察文化氛围，鼓励检察人员加强文学艺术素养，提高了检察人员的精神风貌

③品牌、影响力：艺术创作是否结合区域特色和优势，打造自身文化品牌，增强文化的感染力和影响力

（3）文化建设载体平台建设情况

①种类：是否开辟了专门用于文化展示的平台，如刊物、展板、网络空间等

②内容：载体、平台是否定期更新内容，内容是否即时反映文化建设情况

③形式：载体、平台的形式是否具有时代感和创新性

④影响：载体、平台是否得到检察人员的认可，影响力如何

（4）繁荣文化社团

①是否建章立制：对于社团的成立、活动频次、人员管理等是否出台相关制度、规范

②活动频率次数：各类社团是否保持了一定的活动频率

③参与度与认可度：检察人员参与社团活动是否积极，认可度如何

④是否转化为品牌：各社团是否有典型活动等转化为文化品牌

（三）保障层面

1. 组织保障

①机构：是否成立领导机构，并确立日常文化建设的督导部门

②机构作用：是否定期召开例会，讨论和决定文化建设议题

③发挥合力：是否能够充分发挥党支部、共青团、工会、女检协等党群组织优势积极开展文化建设活动，形成党、团等机构活动与文化建设共同繁荣的局面

2. 人才保障

①文化人才：是否注重点面结合，挖掘和培养检察文化人才，充分发挥文化骨干人才的带头作用

②文化工作者：是否注重建立检察文化工作者队伍，提高文化建设工作水平

3. 经费保障

①资金设立：是否设立专项、充足的文化建设资金，是否列入预算

②资金使用：各项资金是否及时到位并合理使用

4. 设施保障

①多样性：是否建立多种形式的文化活动场所（如图书馆、健身中心、多功能厅等）

②实用性：文化基础设施是否随文化建设发展而不断更新、完善，满足文化建设工作需求

（四）结果层面

对于文化建设的结果进行评价，可以分为自我评价和外部评价两部分。

1. 自我评价

（1）干警满意度调查

①认知度：检察人员对本单位文化工作的知晓程度如何

②认可度：检察人员对本单位文化工作是否认可

③正面/负面评价率：收集的对单位的意见、建议，支持、鼓励为主，还是负面意见多

（2）内部组织机构的自我评价

①内容：本单位文化建设的内容是否紧贴检察工作实际

②形式：本单位文化建设活动形式是否新颖、多样，富有时代感

③示范性：本单位文化建设整体水平如何，在同级机关中横向站位

④薄弱环节：本单位文化建设是否存在薄弱环节，具体体现在哪些方面

2. 外部评价

（1）获得荣誉情况

①荣誉数量：获得荣誉部门、人次情况（与同级别单位比较折算权重）

②荣誉级别：获得荣誉层级情况（是否获得全国级、省部级以上荣誉）

③专项荣誉：是否获得过文化建设、精神文明建设（共建）等专项奖励

（2）业务考评成绩

①纵向比较：将本年度成绩与上年度成绩进行比较

②横向比较：将本年度成绩与兄弟单位成绩进行比较

③执法规范化情况：是否依据专门的执法规范化考核办法就检察人员执法情况进行科学评价，结果如何

（3）群众随机调查问卷

①知晓度：对本区域检察工作的了解程度

②满意度：对本区域检察工作的满意程度

③正面/负面评价率：收集的对本区域检察工作的意见、建议以支持、鼓励为主，还是负面意见多

三、检察文化建设评价体系的运作

（一）检察文化建设评价指标的获取方法

由于检察文化建设评价体系是一个多层次的综合体系，因此，在处理多层次问题上具有不可替代优势的模糊综合评价法，是检察文化建设评价的首选方法。评价指标体系中所选取的不少指标诸如满意度、认可度等具有较强的主观性，这

些指标很难用数学方法加以精确描述，这时可以配合使用问卷、座谈等方式取得主观指标的客观数据。

基层检察机关文化建设评价指标的获取，通常有以下几种方法：

1. 自我检测：对检察文化建设评价指标体系中客观可测（只需回答是或否）的指标因子，按照指标体系逐项进行测量评价。

2. 征求意见：检察文化建设评价指标体系中有需要征求专家、学者、上级机关及其他特定机构、人员的意见时，通过发送征求意见函或者个别考察等方式获取。

3. 召开座谈会：在有些指标因子的确定有疑问时，可以召集相关部门和人员，共同探讨和确定。

4. 问卷调查：在征求检察人员和群众意见时，可进行问卷调查，为保证测量结果的可信度，调查采取不记名方式，并保证问卷回收率，使过程更加可控。

5. 材料审核：有些文化建设指标可以以书面文件、材料作为印证和支撑，这些需要调集、收取，从文件中得出指标数据。

6. 网络意见征集：对相关网站报道的文化建设活动的效果，如群众的评论、意见、建议等进行收集，以此作为一种辅助调查手段。

7. 实地考察：可组织或邀请相关机构负责文化建设的部门进行实地考察，对文化建设的软硬件设备、设施、文化活动的平台、载体、成果等进行综合评价，并与其他指标的评价结果加以综合运用。

（二）检察文化建设评价体系运用的几点说明

1. 检察文化建设评价体系的运用方法

在评价体系的运用过程中，应综合运用多种评价方法，将综合评价与重点评价、集中评价与日常评价、自评与他评、单项评价与整体评价结合起来，进行多角度、全方位的经常性评价。在文化建设的全过程引入考评体系，既可以使检察文化建设过程和结果更加可控，又可以反过来充分检验评价体系的科学性、合理性，做到两者相互促进和提高。

2. 检察文化建设评价体系的运用重点

检察文化建设评价应当把重点放在自我评价和管理上，根据评价结果，不断调整文化建设的重点和方向，探索符合本单位实际的检察文化建设发展之路。检察文化建设的他评，应更多地带有调研、引导性质，在作出评价的同时，对今后开展检察文化建设提出有针对性的建议。

3. 检察文化建设评价体系的运用局限

检察文化建设是一个不断改进、不断完善和不断创新的过程，检察文化评价体系也应根据检察文化的发展方向、发展水平和现实需求而不断进行自我完善、自我调整。由于检察文化建设的复杂性、主观性、动态性与多因性，要将其静态化、简单化、统一化为单纯的客观性标准并非易事，只能根据已有经验确定大致的评价框架，再将现有指标体系运用到实践中探索求证，反复修正完善，循环往复，以求更加科学和合理。

以教育活动为载体 提高基层检察文化建设水平

宗永恒[*]

引 言

文化是民族的根，是民族的血脉，是人民的精神家园，更是引领时代前进的旗帜。"全面建成小康社会，实现中华民族伟大复兴，必须推动社会主义文化大发展大繁荣，兴起社会主义文化建设新高潮，提高国家文化软实力，发挥文化引领风尚、教育人民、服务社会、推动发展的作用"。[①]

习近平总书记在巴黎联合国教科文组织总部的演讲中指出，"实现中国梦，是物质文明和精神文明均衡发展、相互促进的结果。没有文明的继承和发展，没有文化的弘扬和繁荣，就没有中国梦的实现"。[②] 文化的力量是无穷的。随着我国经济社会不断发展，中华文化的传承和建设也必将顺应时代发展焕发出更加蓬勃的生命力。

检察文化是检察事业的重要精神支撑，是检察工作发展的内在动力。[③] 最高检出台的《关于深入贯彻落实党的十八大精神进一步加强检察文化建设的决定》，对检察机关文化建设提出了新的具体的要求和指导性意见，为基层检察文化创新实践提供了崭新的平台和良好的机遇。在新的时代，大力加强基层检察文化建设，对推进检察事业全面科学发展意义重大。

---

[*] 作者单位：河南省通许县人民检察院。

① 胡锦涛：《坚定不移沿着中国特色社会主义道路前进为全面建成小康社会而奋斗——在中国共产党第十八次全国代表大会上的报告》（2012年11月8日），载《人民日报》2012年11月18日。

② 习近平：《在巴黎联合国教科文组织总部的演讲》2014年3月27日。

③ 参见贾春旺：《在全国检察机关政治工作会议上的讲话》，载2007年《中国检察年鉴》，中国检察出版社2008年版。

一、基层检察机关加强文化建设的必要性

实现中华民族伟大复兴的中国梦是华夏儿女的共同梦想和热切期盼。说到底，实现中华民族伟大复兴的中国梦，就是要实现国家富强、民族振兴、人民幸福。这个梦想的实现需要强大稳定的国家做后盾，需要团结和谐的民族做支柱，更需要维护社会和谐稳定的司法保障和法律保障。

检察机关作为国家的法律监督机关，作为人民利益的代表者、维护者、实践者，不仅肩负着捍卫国家法律尊严、维护社会公平正义的重大历史使命，更是无时无刻不在用自己的实际行动守护着国计民生、和谐稳定。因此，建成一支政治坚定、业务精湛、作风优良、执法公正的检察队伍显得尤为重要。

队伍建设是基层检察院工作的核心，它事关基层检察工作的发展动力和后劲。检察队伍建设是一项宏大的系统工程，涉及方方面面。在基层检察院面临经费不足、人员短缺和工作任务繁重等境况下，要想逐步解决基层院队伍结构不合理、人员流动大、干警素质不高等问题更是一个新的挑战。

笔者认为，要走出这一困境，必须实事求是地面对问题和困难，把握检察工作发展规律，从业务能力、思想政治、文化感染等方面加强队伍建设。如果把业务建设和政治建设比作检察工作的"硬件"，那么，文化建设就是检察工作的"软件"。

加强基层院检察文化建设，着力培养干警的执法品质，是全面提升检察队伍整体素质的关键所在。检察干警在良好的职业操守、文化品质、价值取向的熏陶下会潜移默化地树立起司法正义的执法理念，从而更稳更好地践行"立检为公，执法为民"的办案宗旨。

基层检察机关处于检察工作的第一线，与群众接触面最广，与案件当事人接触也最多，最能反映出人民群众对检察工作的印象，也事关人民群众合法权利的最基本实现。因此，加强基层检察机关文化建设就显得尤为迫切和必要。

二、基层检察机关文化建设的主要内容

党的十八大报告中提出，"围绕保持党的先进性和纯洁性，在全党深入开展以为民务实清廉为主要内容的党的群众路线教育实践活动，着力解决人民群众反

映强烈的突出问题，提高做好新形势下群众工作的能力"。①

"为民、务实、清廉"不仅是党的群众路线教育实践活动的主要内容，更是新时期基层检察机关文化建设的主要内容。这是由检察人员的职业特点决定的，检察人员不仅是党员干部，更是直接参与和受理各种刑事案件的监督者、责任人，是维护社会公平正义的最后一道防线。所以，检察机关把"为民、务实、清廉"作为基层检察文化建设的内容是加强队伍建设的最基本要求。

（一）"为民"是基层检察文化建设的根本宗旨

为民，就是要坚持立党为公、执政为民，以人为本、人民至上。中国共产党的宗旨是全心全意为人民服务。全心全意为人民服务的宗旨，要求共产党员把党和人民的利益摆在高于一切的位置上，任何时候、任何情况下都应当首先想到党和人民群众的整体利益。"为人民服务"是共产党人永远的职责和使命。党员干部要坚持人民创造历史，人民是真正的英雄；坚持立党为公、执政为民；坚持一切为了群众，一切依靠群众，从群众中来，到群众中去，做一个与人民同呼吸共命运的好干部。

如何才能做到密切联系群众呢？笔者认为，关键是心灵的沟通、亲民的行动。要想听到百姓的真话，了解民众的真实境况，就要学会放下架子、俯下身子，与老百姓拉家常、聊农事，设身处地去与人民交心。只有与群众在促膝长谈中"交交心"，在共同劳动中"出出汗"，才能体会到群众的不易，体验到亲民的魅力。

共产党来自人民群众，是人民群众的党。党爱人民，人民才能支持拥戴这个执政党。"得民心者得天下"讲的就是这个道理。我们领导干部要始终牢记，权力是党和人民给予的。权力是一种责任，不是谋私的工具，只有将"权力"用在为人民服务上，才能历久弥新、长治久安，否则，将会"腐化"变质，脱离民众，甚至走到人民的对立面，到那时，就会有亡党亡国的危险。

检察机关的权力自然也是人民赋予的，行使检察权归根结底是为了最广大人民群众的根本利益。检察人员只有树立并贯彻好"立检为公，执法为民"的宗旨意识，才能秉持好法律监督这把利剑，将检察权长久持续地执行下去。

---

① 胡锦涛：《坚定不移沿着中国特色社会主义道路前进　为全面建成小康社会而奋斗——在中国共产党第十八次全国代表大会上的报告》（2012 年 11 月 8 日），载《人民日报》2012 年 11 月 18 日。

中国的检察文化植根于中华传统文化的沃土，也是社会主义先进文化土壤的组成部分。基层检察文化的建设和发展更离不开人民群众的理解、支持和参与。因此，"为民"是基层检察文化建设的根本宗旨。

（二）"务实"是基层检察文化建设的根本途径

务实，就是要真抓实干、求真务实、实事求是，是发扬理论联系实际、崇尚实干精神的体现。全体党员干部要坚持问政于民、问需于民、问计于民，发扬密切联系群众之风；要谦虚谨慎、戒骄戒躁，厉行勤俭节约、反对铺张浪费，发扬艰苦奋斗之风。

自古以来，讲究实际、实事求是就是中国传统文化中的一种民族精神。古人曰："道虽迩，不行不至；事虽小，不为不成。"① 路程虽近，不行动就达不到目的地；事情虽小，不身体力行就成功不了。任何一项事业都要靠实践去完成，成功的路只能在自己的脚下。

明代哲学家王守仁在《传习录》中说："名与实对，务实之心重一分，则务名之心轻一分。"陆游在《冬夜读书示子聿》中说"纸上得来终觉浅，绝知此事要躬行"。这些思想，都是中国文化注重现实、崇尚实干精神的体现。它排斥虚妄，拒绝空想，鄙视华而不实，追求充实而有活力的人生，共同培育了中国古代社会璀璨的文明之花。务实精神作为传统美德，在当下仍需大力弘扬，在治国执政中更是弥足珍贵的金玉良言。

"空谈误国，实干兴邦"，这是千百年来人们从历史经验教训中总结出来的治国理政的一个重要结论。习近平同志强调，各级领导干部要带头发扬劳模精神，出实策、鼓实劲、办实事，不图虚名，不务虚功，坚决反对干部群众反映强烈的形式主义、官僚主义、享乐主义和奢靡之风"四风"，以身作则带领群众把各项工作落到实处。他还强调，抓落实是领导工作中一个非常重要的环节，是党的思想路线和群众路线的根本要求。

检察工作就是要求广大检察干警灵活运用所学的各种检察理论，依据法律法规的规定，履行各项检察职能。基层检察机关是执法办案的第一线，办案数量大，涉及面广，也最是事关广大人民群众的切身利益。可以这样说，基层检察机关能否真正发扬求真务实的精神，提高执法办案的科学性，是检验基层检察文化

---

① 出自《荀子·修身》。

建设成败的关键因素之一。所以，务实可以说是基层检察文化建设的根本途径。

（三）"清廉"是基层检察文化建设的根本保障

清廉，就是为政清白廉洁，做到清正廉洁、奉公守法。全体党员干部要严格贯彻执行廉政准则，主动接受社会各界监督，自觉净化朋友圈、社交圈，带头约束自己的行为，增强反腐倡廉和拒腐防变自觉性，严格规范权力行使，把权力关进制度的笼子，坚决反对一切消极腐败现象，做到干部清正、政府清廉、政治清明。

"清廉"，自古以来被仁人志士奉为立身处世的根本和洁身自好的至高节操。提到"清正"，就不得不让人想到善于断案、清廉正直、铁面无私，专为百姓伸冤的宋代清官包拯。为官 20 多年，包拯以断狱英明、廉洁刚直著称。他执法严峻，不畏权贵、不避亲党。当时京城流传着这样的谚语："关节不到，有阎罗包老。"包拯开一代清官之风范，后人称其为"包青天"、"包公"。其为官的"清廉刚正"之名，也成为清廉的象征，赢得了后人的无限崇敬。

廉政就是要求全体党员干部在履行职能时不以权谋私，办事公正廉洁。"廉政"的对立面是"腐败"。腐败已经成了阻碍党和国家长治久安的第一大敌，是全社会的公敌。习近平同志强调，党风廉政建设和反腐败斗争是一项长期的、复杂的、艰巨的任务。反腐倡廉必须常抓不懈，拒腐防变必须警钟长鸣，关键就在"常"、"长"二字，一个是要经常抓，另一个是要长期抓。要坚定决心，有腐必反、有贪必肃，不断铲除腐败现象滋生蔓延的土壤，以实际成效取信于民。①

检察机关肩负着依法履行监督职能，保证国家法律统一正确实施的重要职责。要履行好这份神圣的职责，前提是首先保持好自身的清正廉洁，"打铁还需自身硬"就是这个道理。清廉的检察文化建设可以使广大检察干警从主观上约束自己的言行举止，严守法律的界线，秉持好"预防职务犯罪"这把利剑。总之，基层检察队伍廉洁与否直接影响国家反腐倡廉是否见成效，直接关系到人民群众对检察机关的评价。因此，清廉可以说是基层检察文化建设的根本保障。

（四）基层检察机关文化建设的创新实践

检察文化是一种"软实力"，检察文化建设是一种全新的管理理念，对促进

---

① 习近平：《在中国共产党第十八届中央纪律检查委员会第二次全体会议上发表重要讲话》2013 年 1 月 22 日。

检察工作全面发展有着重要作用。基层检察机关要做到一切从工作实际出发，不断探索文化建设新思路，激发全体检察干警的工作热情和创业激情，提升检察事业创新发展的软实力，推动检察工作再上新台阶。

1. 强化知识性文化建设，丰富检察文化新内容

知识是人类的认识成果，来自社会实践，又在社会实践中不断积累和发展。英国哲学家培根提出"知识就是力量"，这一论断已被无数事实证明。中国共产党代表中国先进文化的前进方向，这种先进性就必然要求共产党人首先必须富有先进的知识文化。强化知识性文化建设，就是要积极倡导、大力弘扬求真务实的学习调研风气，激发广大检察干警的求知欲，在基层检察院营造成全院学习、终身学习的学习型检察院，全力打造"书香检察"。我们通过办案能手大评比、岗位练兵大比武、理论研讨大展示、法律知识大擂台、文化教育大讲堂等平台来培育广大检察干警爱岗敬业、忠于职守的工作热情，不断提高他们的业务素质和科学文化水平，为最终实现检察事业科学发展奋力拼搏。

2. 强化思想性文化建设，树起坚定的理想信念

思想是魂，行动是根，思想往往决定行动。"补精神之钙，筑思想之魂"是群众路线教育实践活动对全体党员干部的要求，只有补好精神之钙，筑牢思想之魂，才能炼就"金刚之身"。强化思想性文化建设，就是要在检察机关筑立起一座以共同的文化理念、统一的理想信念、明确的目标蓝图为鲜明特征的精神家园。"立检为公、执法为民"是全体检察人员的根本宗旨，"强化法律监督，维护公平正义"是检察工作永恒的主题和任务，也是我们检察人的天职。我们通过升旗宣誓仪式、学雷锋青年志愿者活动、"学英模，岗位建功比奉献"演讲比赛、"文明科室""文明干警"评优活动，激发了广大干警的工作激情，使检察干警的执法理念、服务理念和管理理念不断增强和提升。

3. 强化娱乐性文化建设，营造良好的生活环境

劳逸结合不仅可以提高工作效率，达到事半功倍的效果，还可以缓解工作压力，避免不必要的劳苦，保存更大的工作劲头。基层检察工作，往往要在保证不出现冤、假、错案的压力下，在工作量超负荷运转的情况下，在各种新型犯罪不断出现的当下，甚至在案件的定性以及证据的认定上面临诸多不确定因素的情况下开展，致使部分一线检察官在工作和家庭双重压力下出现了一些心理健康方面的问题。强化娱乐性文化建设，就是要通过各种活动的开展，释放检察干警工作

上的压力，营造一种健康的积极的充满正能量的工作生活环境。我们通过定期召开运动会、文艺汇演、红色影视作品展播、美术书法作品展等活动，使广大干警的精神面貌有了很大的改观，工作积极性也得到明显提高。

4. 强化教育性文化建设，塑造干警干事新形象

教育是培养新生一代准备从事社会生活的整个过程，也是人类社会生产经验得以继承发扬的关键环节。检察队伍也是新老干警不断更新的团队，新干警自然要多受教育，不断充实和完善自我，坚守廉洁自律底线。强化教育性文化建设，就是要把廉政文化教育纳入廉洁自律、遵纪守法的长效机制，坚持从源头防起，从细微处改起，加强对检察干警爱岗敬业方面的职业道德教育，在思想上筑起检察人员的道德防线，增强检察人员拒腐防变的能力和干事创业魄力。我们通过在县城主干道设置廉政文化教育橱窗、在单位开设廉政文化墙、举办廉洁自律征文比赛等形式，切实提高广大干警的清正廉洁形象。

（五）强化实践性文化建设，培养优良的工作作风

实践是检验真理的唯一标准，也只有通过实践，才能正确区分真理和谬误。检察工作是否得到广大群众的认可，是否客观公平、深入人心，关键要看能否经得住群众的评议。强化实践性文化建设，就是要求广大干警要深入基层，服务群众，甘当学生，向老百姓求经验。我们通过政法干警下基层、科级以上干部"联村联户"、与贫困户开展"一对一"结对帮扶、为"留守儿童"援建"爱心家园"等活动，拉近了检察人员与人民群众的距离，使老百姓更加理解、支持检察工作。

三、结语

党的十八届三中全会《决定》指出"建设社会主义文化强国，增强国家文化软实力，必须坚持社会主义先进文化前进方向，坚持中国特色社会主义文化发展道路，培育和践行社会主义核心价值观，巩固马克思主义在意识形态领域的指导地位，巩固全党全国各族人民团结奋斗的共同思想基础"。[①]

检察文化是检察机关在长期法律监督实践和管理活动中逐步形成的与中国特

---

① 《中共中央关于全面深化改革若干重大问题的决定》（中国共产党第十八届中央委员会第三次全体会议通过），2013 年 11 月 12 日。

色社会主义检察制度相关的思想观念、职业精神、道德规范、行为方式以及相关载体和物质表现的总和，是社会主义先进文化的重要组成部分，是检察事业不断发展的重要力量源泉。①

积极健康的检察文化，对于提高全体检察干警的综合素质，规范制约权力运行机制，全面提升检察机关执法公信力具有重要的作用和意义。因此，基层检察机关要以这次党的群众路线教育实践活动为载体，大力繁荣基层检察文化建设，使其成为加强基层检察队伍建设，全面推动检察工作的"软实力"。

---

① 《最高人民检察院关于加强检察文化建设的意见》，载正义网 2010 年 12 月 13 日。

基层检察文化建设的若干思考

柳立武*

近年来，各地检察机关围绕加强检察文化建设，进行了许多有益的实践和探索。由于目前对检察文化的概念、内涵没有一个明确的界定，争论较多，理解不一，各地在开展检察文化建设时缺乏必要的理论指导，有的地方存在一定的盲目性。如何认真落实最高人民检察院进一步加强检察文化建设决定的指示精神，促进基层检察文化建设健康发展，当前要重点厘清关于检察文化建设的几个基本问题。

一、检察文化的本质内涵

目前对"文化"二字比较权威的定义是：人类生存和繁衍的模式叫文化，如通常讲的古代文化、现代文化、东西方文化等。什么是检察文化？有的认为应该以此为基点进行定义，认为凡是与检察制度相关联，从物质到精神、从有形到无形、从实务到理论、从检察体制到检察权力运行，都应归于检察文化的范畴。也有的认为检察文化是检察机关履行法律监督职能过程中产生的法律文化，是理念形态文化、物质形态文化和制度形态文化的复合体。有的则把检察文化简单地归于法治文化、廉政文化范围。目前关于检察文化相对一致的认识是：基于中国特色社会主义检察制度而形成的价值观念、执法理念、职业精神、行为规范以及相关的载体和物质表现的总和。

站在不同的角度，对检察文化有不同的理解很正常，不能简单地评价对与错。但是，对于基层检察院而言，理解、把握检察文化的内涵，应该立足于基层检察工作科学发展的现实需要，清晰、简单、明了地界定检察文化的内涵，更有

---

* 作者单位：湖南省常德市武陵区人民检察院。

利于把握检察文化的本质要求，更有利于有针对性地抓好检察文化建设。

检察文化对于检察人员而言，是指导一切检察实践活动的无形的理念体系，对于检察机关而言，它是无处不在发挥作用的强大磁场，对于检察事业而言，它是推动发展的内生动力。检察文化在形式上表现为意识性的特征，它完全属于思想意识的范畴，看不见、摸不着，通过影响人的思想意识发挥作用。从构成上看，它具有组织性特征，依附于检察组织而存在，是检察组织的思想灵魂，是全体检察人员思想观念的总和，各地检察文化互相影响，互相渗透，构成一个有机的整体。从性质上看，它具有鲜明的政治性，属于检察机关意识形态的范畴，坚持党的领导既是检察机关必须始终坚持的政治立场，也是检察文化建设的根本要求。从内容上看，它具有社会性的特征，与检察工作一样需要与时俱进，适应时代的发展，反映人民群众对司法的期待和需求。从属性上看，它具有法律性的特征。检察文化源于检察工作实践，检察工作中的法律属性和法律要求在检察文化中需要得到充分体现。

二、基层检察文化建设的目标任务

检察文化的价值在于它对检察人员的导向作用、凝聚作用、激励作用和约束作用。检察文化建设就是将先进的检察文化进行提炼、培育，同时内化于检察人员心灵，并影响和规范检察人员行为。检察文化建设的过程，其实质就是用先进的检察理念改造、置换检察人员陈旧的、不合时宜的思想观念的过程。开展检察文化建设，最根本的目标就是运用优秀的检察文化武装检察人员头脑，为检察事业的健康发展提供强大的精神动力和思想保证。只有当先进的检察文化思想融入检察人员的血脉，检察人员才能在各种环境条件下都能真正表现出坚定的职业信仰，表现出良好的法律素养和高度的道德自觉。

（一）要通过检察文化建设培育检察人员的核心价值观

一个人的价值观从出生开始，在家庭和社会的影响下逐步形成，其所处的社会环境及其经济地位对价值观的形成有决定性影响。目前个别检察人员执法不严格、不公正、不规范、不文明，究其根本原因还是忠诚、为民、公正、廉洁的核心价值观树立得不牢。有了正确的价值观才能形成正确的思维方式，才能逐步养成良好的行为习惯，才能提升自身的道德水准，也才能少一些浮躁和功利，获得心灵的安宁和快乐。因此，核心价值观是防止检察人员误入歧途的导航系统，是解决检察队伍中存在的突出问题的总钥匙，培育检察人员的核心价值观是检察文化建设的首要任务，是检察工作的第一要务，贯穿检察文化建设的全过程。

（二）要通过检察文化建设，提升检察人员的执法理念

执法理念是执法人员在执法实践中对法律精神的理解和对法的价值的评价而形成的一种观念模式。执法理念作为执法实践的指南和实现司法公正的思想基础，在整个检察执法活动中处于基础性地位、支配性地位，是检察文化建设十分重要的价值取向。不同的执法理念会导致不同的执法方式，产生不同的执法效果，只有用先进的执法理念武装头脑，才能使善法之治得以实现，没有先进的执法理念作指导就不可能实现真正意义上的公正司法，也不可能真正树立执法的公信和权威。目前提升检察人员的执法理念就是要帮助他们转变过时的、陈旧的、僵化的执法理念，用正确的执法理念引领、规制检察人员的执法行为，真正做到打击犯罪与保障人权并重，实现"立检为公、执法为民"的根本目标。

（三）要通过检察文化建设，增强检察人员对组织愿景的思想认同和情感认同

组织愿景是指组织成员共同认可、接受并内化于自身追求的组织使命、任务目标以及价值理念的体系。组织成员只有从思想上、情感上认同组织愿景，对组织才会有一种归属感、使命感。检察文化建设的一个十分重要的任务，就是通过检察文化的熏陶和潜移默化的影响，让组织愿景和个人信守的价值观相一致，让组织目标与个人发展目标相一致，让全体检察人员在共同的价值观的引领下，团结一心，步调一致，共同推动检察事业的发展。这既是检察队伍建设的根本要求，也是衡量评价检察文化建设成效的一个重要标准。

三、实现基层检察文化建设目标任务的路径选择

检察文化建设涵盖思想政治建设、执法理念建设、行为规范建设、职业道德建设、职业形象建设等方面，抓好检察文化建设必须正确把握检察工作规律和检察文化建设规律，积极创新工作举措，多管齐下，运用综合的手段和方法，科学部署，整体推进。

（一）要充分发挥物态文化对人的熏陶作用

物态文化建设看得见、摸得着，最能直观展示单位形象和文化建设成果。从整个文化建设的角度而言，物态文化不是文化建设的重心，但也不是可有可无的。通过一定的文化艺术形式，如书法、绘画、盆景、雕塑等，赋予工作环境和设施检察人文色彩，构建能够展示单位精气神的物态环境，让检察人员在文化的氛围中耳濡目染、潜移默化，是检察文化建设不可缺少的内容。物态文化要突出检察文化的特征，切合检察文化建设的主题，做到表现形式与主题内容协调一致。不能单纯为追求感官效果，脱离主题建设一些似是而非的文化阵地，把文化建设演变为"文化秀"。

（二）要充分发挥言行规范对人的引导作用

言行举止是检察人员文化素质、品德修养的动态表现，也是一个单位工作作风、精神风貌的集中反映。在检察工作中，每一个人、每一份法律文书都是检察工作的一个窗口，都反映检察机关的整体形象，加强检察文化建设必须重视对检察人员履职过程中的言行举止、仪态仪容进行规范、引导，尤其是对与群众打交道时的不文明行为，要作出禁止性规定。从点滴抓起，长时间地通过外力约束人的行为，人的思想观念也会随之改变，文明行为就会逐渐成为检察人员的自觉意识和行为习惯。

（三）要充分发挥规章制度对人的约束作用

规章制度是行动的准则和依据，对检察事业的发展和管理秩序维护有着十分重要的作用，具有规范性、指导性和约束性。在组织成员还没有形成高度的文化自觉的条件下，用严格的制度管人管事，实现对组织成员的控制是十分必要的。尤其是在文化建设的初级阶段更需要刚化制度的约束力，真正做到用制度管人、管事、管案，确保管理的规范、有序、高效。

（四）要充分发挥团队活动对人的凝聚作用

没有活动，团队就没有活力，没有活动就很难有成员对组织的认同。开展积极、健康的团队活动，有利于培育组织人员共同的集体观。人是社会性动物，有很多的社会性需求，加强检察文化建设要立足于检察人员的兴趣爱好和思想、情感的需要，开展丰富多彩、形式多样的活动，并以此培养组织成员的团队精神、拼搏意识、协作意识、竞争意识和集体荣誉感。

（五）要充分发挥教育培训对人的提升作用

管理不能简单地靠制度管、卡、压，再完善的制度都有它的局限性，都有它触及不到的地方。加强对人的思想教育和精神培育，让检察人员自觉自愿、心甘情愿地服从团队的目标，忠实履行职责，这是管理的最高境界。开展检察文化建设要善于把政治观念、执法理念、职业道德等诸多思想政治教育内容与爱心、责任、良知、思想等普世价值"糅合"，引导检察人员提升思想境界，真正把核心价值观作为自己履职的基本准则和价值追求。

四、加强基层检察文化建设必须坚持的基本原则

目前，基层检察文化建设缺乏科学、系统的理论指导，需要切实把握检察文化建设内在的本质性、规律性要求，结合本地、本单位实际，创造性开展工作，切不可简单照搬他人做法。

（一）要坚持以人为本、科学建设的原则

基层检察文化建设是一项系统工程，需要进行科学、系统的部署、规划，认为检察文化就是提出几种精神、列出几条宗旨、总结几条经验，写到纸上、贴到墙上、编到书上，或是把检察文化建设等同于开展检察人员的业余文化生活，跳跳舞、唱唱歌、搞体育比赛，这是以偏概全、本末倒置，是检察文化建设表面化、简单化、功利化的表现。检察文化建设必须始终注重人文关怀，从检察人员深层次的心理需要出发，研究、谋划检察文化建设的措施、办法，坚持把重视人、尊重人、关心人、成就人贯穿于检察文化建设的各个环节。

（二）要坚持求真务实、循序渐进的原则

优秀检察文化的培育、形成、发展过程，是一个渐进的过程，是一个逐步积累的过程，它需要长期不懈的努力，检察文化建设的重中之重是改造人的价值观，提升检察人员的文化内涵。一个检察官只有具备了正确的价值观，具备了较高的人文素养，才能具有强烈的正义感、责任感、使命感。因此检察文化建设绝不能急功近利，或专注于形式，做应景文章。要根据检察文化建设的目标任务，科学规划，细化、量化工作责任，特别是要针对检察人员的个体差异，有针对性地开展工作，方式方法不能搞"一刀切"、"一锅煮"。

（三）要坚持领导示范、全员参与的原则

检察长和其他院领导班子成员既是文化建设的决策者，更是先进文化的引领者，其表率示范作用对整个检察文化建设的成败至关重要。班子成员要用自己的模范行为去影响、感染其他检察人员。同时，也要注重发挥其他检察人员的主观能动性，让全体人员在文化建设的过程中自觉参与、受到教育。

基层检察院检察文化建设路径分析

——以江西萍乡市安源区检察院检察文化建设为视角

胡晨琳[*]

引　言

近年来，检察机关内部从上至下运行了一套目标管理绩效量化考核机制，极大地促进了基层检察院的各项建设，但同时也凸显出了其自身无法克服的缺陷：一是刚硬有余而柔和不足。年终仅以考核结果论成败，在一些基层院和干警中形成了唯考核论、唯结果论，给机关和干警带来了无形的压力。二是严谨有余但灵活不够。如对于一些不捕、不诉、追诉等办案指标的硬性规定和限制，使得干警在指标考核的压力下办案，束缚了办案的手脚，无法实现办案的法律效果与社会效果的有机统一，甚至出现了唯指标考核论导致的凑数案，影响了案件质量。三是强调并促成了各基层检察院建设的趋同性和规范化，忽视和放弃了基层院建设的丰富性和特色化。因此亟须探索实践一种新的管理模式和管理机制，与目前的绩效考核相互补充，共同作用。[①]

笔者认为，检察队伍是检察工作的主体，是检察工作不断进取开拓的原动力。新时期基层检察院建设应大力培育检察文化，向文化要驱动力、向文化要凝聚力、向文化要创造力、向文化要执行力，以先进检察文化推进检察队伍管理，指导检察业务实践，引领基层院的各项检察工作。检察机关有了自己的文化，工作就有了生机与活力，队伍就有灵气与正气。在崇尚和谐执法、创建和谐检察机关的今天，这种激励方式更是一种符合时代主题和形势要求的检察工作的全新的

---

* 作者单位：江西省萍乡市安源区人民检察院。

① 王红玲：《搞好十个结合，创新检察文化建设》，载《政府法制》2008 年第 1 期。

管理理念和管理模式，是推进基层院建设的有益尝试，是对目标管理绩效考核机制的有机补充。实现二者的相辅相成、相得益彰，对于充分把握新形势下检察工作的特点和规律，提升检察机关自身建设和服务大局水平有着独特的现实意义。

一、以价值观打造为核心，建构检察精神文化

精神文化是检察文化的核心，是检察之魂，是建设其他三项文化的基石。根据我国检察职能的特点，精神文化可以细化为科学发展观、社会主义法制理念、检察官职业道德、检察干警核心价值观等一系列理念群。塑造检察精神文化具体要注意以下三点：

（一）着力打造核心价值观

价值观是检察文化核心的核心，起着提纲挈领、统帅全局的作用。近年来，安源区检察院按照上级的统一部署和要求，积极开展了"忠诚、为民、公正、廉洁"的检察干警核心价值观教育实践活动和"为民、务实、清廉"的党的群众路线教育实践活动，集中解决检察干警的理想信念、宗旨意识、公正执法、纪律作风等方面存在的突出问题，引导检察干警树立正确的世界观、人生观和价值观，使检察干警在执法司法实践中始终把为人民服务放在最高位置，真正在思想上尊重群众、感情上贴近群众、工作上依靠群众，切实维护人民群众合法权益，始终做到党的事业至上、人民利益至上、宪法法律至上，永葆忠于党、忠于祖国、忠于人民、忠于法律的政治本色。

（二）结合地域文化特色

检察机关不是孤立存在的，检察人员也不是生活在真空当中。地域文化总会给检察人员带来或多或少的影响。充分提取地域文化中的积极成分，不仅可以为建设独具特色的检察文化注入独特的魅力，也会加快检察人员对精神文化的认知进程，起到事半功倍的效果。安源区检察院坚持开展革命传统教育，立足安源纪念馆、卢德铭烈士纪念碑等爱国主义教育基地，坚持革命传统教育，不断增强干警的责任感和使命感。

（三）注重提炼本单位的优秀传统

精神文化不是空中楼阁，它需要与时俱进、吐故纳新。任何一家检察院在长期发展历程中，都会自觉不自觉地形成独特的优良传统。如安源区检察院积极开

展文化育检活动，坚持用廉政文化培育干警廉洁从检的意识，不断建立健全涵盖反腐倡廉和执法规范化建设的制度体系，形成用制度规范从检行为、按制度办事、靠制度管人的有效机制，着力建设检察廉政文化园地，形成了独具特色的安源检察廉政文化体系，大力促进了公正廉洁执法。与此同时，该院还通过素质强检，打造学习型党组织；惠民亲检，打造服务型党组织；特色亮检，打造创新型党组织；监督正检，打造廉洁型党组织，逐步形成了独特的"四检四型"党建文化。

二、以建设和谐机关为目标，丰富检察物质文化

检察物质文化建设涵盖的内容相当多，大到现代化的办公大楼，精致的院内环境，小至手头的纸笔便签。"久居芝兰之室不觉其香，久居鲍鱼之肆不觉其臭"。[①] 物质文化具有极强的渗透力，会潜移默化地影响人们的价值取向和行为方式。丰富检察物质文化具体要注意以下三点：

（一）营造良好的环境文化

加强检察文化的基础设施建设，如整洁、庄严、素雅的办公环境，墙壁上的励志、廉政等格言的立体化展示，处处营造可视化的文化环境。如安源区检察院投入 100 多万元建立了干警之家，内设图书资料室、荣誉室、健身房、瑜珈室、棋牌室、电子阅览室，修建了篮球场、羽毛球场，形成了以人为本、快乐工作、幸福生活的幽雅环境。制作了 24 块图文并茂的廉政警示教育牌，安挂在办公大楼两边楼道的墙面上，教育干警在监督他人的同时也要警钟长鸣；在大厅电子屏幕每周播放一条格言警句，营造"人人、时时、事事"不忘勤廉从检的氛围。

（二）着力打造科技文化

增加办公设备的科技含量，提高办案能力和效率。运用网上论坛、短信、博客等科技文化平台，引导干警开展思想、业务等讨论，充分发挥先进科技文化的导向作用。安源区检察院扎实推进网上一体化办案，实现了自侦、侦查监督、公诉办案资源共享，大大减轻了干警工作量，提高了办案效率。同时，充分利用信息化手段，开辟了网上文化建设平台，改革安源检察内网栏目，新设安检广角

---

① 韩清：《基层检察院检察文化建设路径探析》，载《山东行政学院山东省经济管理干部学院学报》2010 年 6 月，第 126 页。

镜，干警自己撰写的理论研讨文章、案例分析、读书心得、散文随笔等均可挂在该栏目，并开设评论框，实现共享互动。

（三）加强经费和物资装备保障

检察机关 80% 的人员在基层，80% 的业务量在基层，80% 的经费困难也在基层。在坚持"分级负责、分级管理"的现行财政管理体制的前提下，上级检察院和当地政府要加大对基层检察院的支持和指导力度，切实帮助基层解决实际问题，以稳定检察队伍，确保检察院各项工作正常开展，推动检察机关不断发展。为了有效解决经费保障困难问题，安源区检察院广开资金筹集渠道，积极邀请区委、区政府的主要领导来院里检查指导工作，让他们了解检察经费保障存在的实际困难；主动走访区人大代表、政协委员，向他们汇报检察工作面临的经费保障困难，争取他们的理解和支持。与此同时，该院还注重规范装备、财政资金的管理，以确保装备和经费的高效运行。

三、以规范执法为重点，构筑检察制度文化

制度文化是以检察官为活动载体，记录检察官的活动过程，主要有检察业务、工作研究、教育培训、人际关系以及业余文体活动、社会活动等内容，以种种制度规章来约束。规范执法是检察机关实现检察业务、队伍、检务保障等诸项工作标准化的重要手段，同时也是塑造检察制度文化的重要抓手。构筑检察制度文化具体要注意以下三点：

（一）建立健全一套完备的规章制度

检察制度是检察工作得以开展的保障。侦查监督制度、公诉制度、审判监督制度、检察建议制度、量刑建议制度等一系列检察制度已经成为长效工作机制。但时代在发展，检察制度的内涵也需要不断充实和完善，赋予检察工作更多的生命力。[1] 安源区检察院把健全制度作为规范执法行为的中心环节，针对执法环节的各种漏洞和问题，制定和完善了《全员信访工作责任制度》、《自侦案件线索审查评析制度》、《安全办案责任分工制度》、《关于进一步规范侦查监督、公诉工作的补充规定》、《量刑建议制度操作规程（试行）》等，力求做到标本兼治。

---

① 黄晖丽：《基层检察院检察文化建设问题研究》，载《法制与社会》2011 年 8 月（下），第 247 页。

（二） 增强制度的执行力

制度的生命力在于执行。有制度不执行或不严格执行，产生的后果要比没有制度更坏。增强制度执行力，领导干部是关键。院领导班子要做遵守规章的带头人，自觉用规章制度来管事、管人、管物，引领干警养成遵规守纪的良好风气。安源区检察院大力加强班子建设，带动队伍的执法作风不断改进。该院班子历来注重学习，在树立良好学风方面做表率；加强自律，在廉洁守纪方面做表率；加强团结，在互助互爱方面做表率；加强履职，在爱岗敬业方面做表率。该院班子始终不脱离具体的检察工作，班子成员领办职务犯罪案件，审查批捕的案件，出庭支持公诉，起草工作报告，在全院兴起了求真务实的工作作风。

（三） 建立制度执行的监督保障机制

制度要具有监督保障机制才会有刚性，否则就是纸老虎和稻草人，是无本之木、无水之源。因此，要建立配套的考核评价机制和责任追究机制，通过督察问责问效。对模范遵守规章制度的，要及时表扬激励；对违反规章制度的，要严格进行惩处。一张一弛，在机关内部形成令行禁止、违令必究的良好风气。安源区检察院建立健全了执法责任制和责任追究制，按照法律规定和岗位要求，制定了目标岗位责任考评标准和办法，对各个执法环节的责任作出具体规定，分解细化办案人员、部门负责人、主管领导的责任，把责任落实到人。严格责任追究制度，明确规定了在各项业务工作中应当追究执法责任的情形和范围，明确了责任的种类、处理程序和处罚办法。该院还对一些重要制度的执行情况通过采取自查自纠、交叉检查、上级检察院抽查等方式，查找漏洞和薄弱环节，对存在的问题及时加以纠正。健全办案考核评价机制，建立起审查逮捕、审查起诉、查办职务犯罪等各项执法工作的考评机制，并将办案考核和干部考核结合起来，对提高办案质量、推动制度落实和规范执法行为起到了促进作用。

四、以素质工程为引领，塑造检察行为文化

行为文化的载体是检察人员，是检察文化中可塑性最强的一部分，也是最鲜活的一部分。一名优秀的检察官，面对犯罪分子时要做到铁面无私、执法如山，但是在和同事、群众交往中要做到举止文明、谈吐优雅、热情周到，体现当代检察官的儒雅形象。这些都是行为文化建设的内容。要开展行为文化建设，关键是

要靠素质工程的引导。① 塑造检察行为文化具体要注意以下三点：

（一）积极开展文体娱乐活动

健康积极的文化娱乐活动，对于提高干警素质、增强干警体质、促进检察机关集体主义荣誉观，都有着非常积极的作用。安源区检察院历来重视干警的业余文化生活，该院根据个人兴趣、爱好与特长，成立了由 71 名干警参加的摄影、书画、读书等 10 个不同类型的文化活动小组，并配有专人负责。该院检察长认为，"文化建设投入后的收益将是无形和长期的。开展一系列有益身心的文化活动，不仅有助于形成干警们健康而富有情趣和品位的生活方式，对培养干警的进取心、荣誉感和集体主义精神还将产生潜移默化的作用。同时对于形成单位良好的外部形象也将大有裨益。如果大家八小时以外都参加健康的文体活动，干警'出事'的概率自然就小，队伍也就好带了"。近三年来，该院参与的各类文体活动近 20 余场，在乒乓球、篮球、演讲、文艺表演方面的水平在区里甚至市里都实力强劲。

（二）积极开展学习文化活动

在当前知识爆炸的时代，只有树立终身学习的理念，提倡建设学习型检察院，做一名学习型检察官，才能始终保持在时代前列。通过建立图书室、电子阅览室，组织干警集体学习、专家辅导、业务骨干传授、业务技能竞赛等形式，形成良好的学习文化氛围，从而提升干警文化层次、提高文化修养。安源区检察院坚持加大人才培养力度，通过"一对一"、"多对一"的以老带新方法，帮助年轻干警迅速成长；安排年轻干警列席检委会，鼓励他们发表意见，调动他们的工作积极性；每年开展诉辩对抗赛、庭审观摩、优秀法律文书、精品案件等业务竞赛活动，不断提高干警办案质量和业务技能；以培养"学者型"检察官为目的大兴理论研究之风，量化科室和个人的调研任务，实行成果奖励制度。

（三）规范日常工作生活和行为

在执法办案活动中，检察干警应当谨记自己的检察官身份和工作职责，自觉依法办案、文明办案，维护司法公正，提高检察机关的公信力。在生活中，自觉遵守党纪国法和社会公德，继承和弘扬中华民族优良传统美德，培养健康的生活

---

① 韩清：《基层检察院检察文化建设路径探析》，载《山东行政学院山东省经济管理干部学院学报》2010 年 6 月，第 126 页。

情趣，时刻保持良好精神面貌。① 安源区检察院每名干警的办公桌上都摆放着设计新颖的警示牌，"三个至上"、"四个在心中"等不时映入眼帘，时刻自警、自省、自励、自勉；该院还制定了《检察人员行为规范》，将规范细化到干警的每个工作、执法环节；建立完善《干警八小时内外行为准则》等制度，要求干警从行为、仪容仪表、言谈举止等方面遵守行为准则，形成优良的作风。

五、结语

基层检察院检察文化在当前大力提倡、弘扬民主和法治的视域下，面临着建构、培育和发展的良好机遇——在方兴未艾的法治现代化进程中，中外法制的碰撞、融合与借鉴，政府对法治文明的重视，以及检察机关影响力的增强。中国走向法治国家与检察文化现代化是一个已经发生和正在发生的实际过程。在法治化进程中，完善检察制度与运行机制、丰富检察理念、建构独具特色的检察文化，不仅是完全可能的，而且有着极其广阔的前景。

近年来，不少基层检察院在检察文化建设过程中，许多美好设想难以化为现实，导致效果各有差异。因此，在检察文化建构过程中，我们需要着力于调查、借鉴和总结，及时调整，不断巩固检察文化成果；也需要不断创新和坚持自己的个性，使检察文化更具有生命力。这，不仅需要我们每一个检察人的努力，更需要我们整个检察职业群体的努力！

---

① 黄晖丽：《基层检察院检察文化建设问题研究》，载《法制与社会》2011年8月（下），第247页。

新时期检察基层文化建设刍议

聂旭光　高　静*

　　文化是一个国家和民族的灵魂和血脉，是实现国家富强、民族振兴、人民幸福的不竭动力。党的十八大以来，以习近平同志为总书记的党中央围绕新时期社会主义文化建设提出了一系列新思想和新要求。习近平总书记指出："要弘扬社会主义先进文化，深化文化体制改革，推动社会主义文化大发展大繁荣，增强全民族文化创造活力，推动文化事业全面繁荣、文化产业快速发展，不断丰富人民精神世界、增强人民精神力量，不断增强文化整体实力和竞争力，朝着建设社会主义文化强国的目标不断前进。"这标志着我们党和国家对文化建设的认识和把握达到了一个新的高度，也意味着一系列新的制度优化的开始。检察文化是中国特色社会主义先进文化的重要组成部分，是检察工作发展的价值引领和精神动力，建设新时期检察文化，对于推动基层检察事业发展具有重要的理论和实践意义。

　　笔者认为，① 基层检察院占全国检察机关的88%，办理全国检察机关约90%的案件，是检察工作的基础，检察文化建设重点在基层。近年来，人民群众对检察机关反腐肃贪、公共安全、权益保障、司法公正的期待越来越高，如何顺应新形势下人民群众对检察工作的新期待，是全国各级检察机关研究的重要课题。加强检察基层文化建设，不断提升基层检察队伍综合素能，是提高人民群众认同感和满意度的重要抓手。

一、检察文化的概念与内涵

---

　　*　作者单位：河南省驻马店市驿城区人民检察院。

　　①　参见《最高人民检察院关于加强基层检察院建设情况的报告》，载中国人大网，http：//www. npc.gov. cn/wxzl/gongbao/2004－12/26/content_ 5337516. htm。

（一） 检察文化的概念①

文化有广义和狭义之分。广义的文化指人类创造的，经过历史沉淀下来的一切物质财富和精神财富的总和。狭义的文化特指意识形态所创造的精神财富，包括宗教、信仰、风俗习惯、道德情操、学术思想、文学艺术、科学技术、各种制度等。② 检察文化是检察机关及全体检察人员在长期工作、生活及其他社会实践中所创造的精神财富和物质财富的集中体现，是检察机关思想理念建设、执法能力建设、制度规范建设等方面的高度概括。

（二） 检察文化的内涵

基层检察文化是检察文化的重要部分，它将中国的法治、检察体制与地方特色相结合，发源于基层检察干警，通过培育干警大局意识和群众观念，使其内化为法治信仰，外化为自觉行动，以执法理念、宗旨意识的不断提升，道德观念、行为准则的不断规范，凝聚力、向心力的不断增强，集中反映出基层检察机关的良好形象和检察干警的精神风貌。

二、检察基层文化建设的重要意义

加强检察基层文化建设对于实现"强化法律监督、维护公平正义"，提高检察机关的整体素养具有重要意义，检察文化一经形成，便会在检察机关内部产生一种强大的凝聚力和推动力，并成为促进检察机关发展的精神力量。

（一） 有利于促进基层检察机关自觉服务大局

加强检察基层文化建设，要求检察干警不断提高理论素养和政治敏锐性，自觉坚持大局观念，把履行法律监督职能与服务和谐社会建设紧密结合，努力拓宽服务渠道，创新服务方式，提高服务水平，准确把握党和国家工作大局对检察工作的要求，有针对性地加强和改进检察工作，始终把工作重点放在人民群众对检察工作的新要求新期待上，把工作标准定位在促进社会和谐稳定上，为构建和谐社会提供重要的法律保障。

---

① 参见《百度百科》，载 http：//baike.baidu.com/subview/3537/6927833.htm？fr＝aladdin。
② 徐财启：《基层检察文化的改革与完善》，载《河南检察论坛》2013 年第 4 期。

（二） 有利于坚定基层检察干警的公正执法理念

在检察基层文化的发展过程中，通过培育正确价值取向，在潜移默化和陶冶情操中促使检察干警树立正确的价值观和执法观，强化"立检为公、执法为民"的宗旨观念和"忠诚、公正、清廉、文明"的职业道德观念，把"强化法律监督，维护公平正义"转化为检察干警的自觉追求，坚持正确的政治方向，为改革开放和经济建设发展服务。

（三） 有利于提高基层检察机关和干警的综合素能

当前，维护社会和谐稳定、保障和改善民生、强化法律监督的新形势对基层检察机关提出了新要求，对检察队伍建设和检察人员的素质能力提出了新要求，加强检察基层文化建设是加强检察队伍建设、提升检察人员法律监督能力的客观需要。

三、检察基层文化建设现状

近年来，许多基层检察院坚持以检察文化建设为抓手，文化育检、文化兴检，使检察文化建设真正成为基层院建设核心竞争力的重要组成部分和推动基层检察工作科学发展的有效途径。但是，也有相当一部分基层检察院对检察文化建设的重要性和必要性存在认识不清楚、学习不深入、目标不明确、理解不深刻等问题。主要体现在：

（一） 思想重视不高，认识不够准确

一些基层检察院和检察干警对检察文化内涵的认识不够准确，认为检察机关的中心工作就是执法办案，只有办好案、有效果、出成绩、领导放心、群众满意才是"正事"。开展各种检察文化创建活动，把有限的时间、人力和财力投入到检察文化建设上，是领导搞"形象工程"、"政绩工程"，是铺张浪费、华而不实，是"歪门邪道"。

（二） 偏重外在形式，忽视精神内涵

部分基层检察院和检察干警狭隘地将检察文化建设等同于物质文化建设加检察宣传，认为只要把办公环境美化好、干警生活丰富好、机关形象宣传好，就说明检察文化建设得"好"。毋庸置疑，检察文化要实现其目的和意义，物质文化建设和检察宣传是不可或缺的重要环节，但是，如果不领会检察文化的精神内

涵，缺少精神文化建设的支撑，所有检察文化的建设都是空洞的、干瘪的、没有生命力的。

（三）盲目模仿照搬，欠缺地方特色

有的基层检察院在推进检察文化建设过程中，不结合本县区的经济、社会、文化发展和特殊地理位置实际，不注重本院历史传统、发展趋势实际，奉行"拿来主义"，盲目照搬照抄其他检察院的先进经验，导致检察文化建设同类化、形式化、表面化、庸俗化，不能发挥出检察文化所具有的独特作用。

（四）思维僵化陈旧，缺乏创新观念

不能及时适应新时期新形势下检察文化建设的新要求，不能很好地把握时代脉搏，缺乏与时俱进精神和开拓创新意识。特别是党的十八大以来，有些基层检察院在文化建设上思维僵化，观念陈旧，行动迟缓，未能把司法体制改革、党的群众路线教育、新媒体信息时代与检察工作实际有机结合起来。

四、驻马店市驿城区人民检察院检察文化建设实践与探索

驻马店市驿城区人民检察院是笔者就职的基层检察院。近几年来，该院把"人本文化"作为检察文化建设的核心，全力打造"人本检察"，通过"三心工程"① 提高凝聚力，读书竞赛提升战斗力，大力弘扬服务精神、拼搏精神、公仆精神、进取精神、人本精神和创新精神，使之成为全院干警共同遵循的价值信仰，让检察文化这只"看不见的手"，为检察工作科学发展提供"原动力"，成为检察事业创新发展的有力"推手"。2010 年以来，该院全面启动检察文化建设，从软、硬两个方面入手：一方面强化文化制度建设，制定了文明礼仪、文艺活动等加强精神文化建设的一系列制度，依托制度硬性规定，定期或不定期组织开展检察文化建设活动，逐步提高检察人员的精神文化素养；另一方面强化文化设施建设，相继建成了图书室、电子阅览室、娱乐活动室、廉政壁画长廊等一批检察文化的有形载体，为丰富检察文化建设提供了坚实的物质保障。近 4 年来，该院检察文化建设从无到有、从"清淡"到"多味"、从简单粗陋到系统多元，取得了丰硕的成果，形成了驿城检察文化特色，成为驻马店市检察文化建设的

---

① "三心工程"即"交心工程"理顺干警情绪、"暖心工程"解除后顾之忧、"舒心工程"打造快乐"检察"。

亮点。

（一）检察文化紧密结合检察制度，彰显特色

制度也是生产力。制度的约束和推动力比起思想教育、道德规范、自觉践行来具有更具体、更长久、操作性更强的优点。根据检察工作实际制定出程序规范管理科学、内容详细分工具体、责任明确奖惩分明的检察制度，对检察文化建设提供了强劲的制度保障。该院在检察文化建设中，通过紧密结合检察制度建设，体现检察工作特色，使整个检察文化显现旺盛的生命力。通过制定着装规范、文明出行、会风会貌的检察人员形象制度；完善车辆管理、工作餐饮、值班卫生等后勤保障制度；健全各科室岗位职责、业务流程、办案安全工作制度等一系列检察制度，有效提醒、约束和规范每一位检察干警的行为。以驿城区检察院发展的历史、先进人物、各类荣誉为基础，建成检察院史室、检察荣誉室，激发全体干警以院为荣的满腹豪情，有力促进各项检察工作的开展，使检察文化展现出独特的检察魅力。

（二）检察文化与廉政文化两者互相包容、一脉相承

该院在开展检察文化建设工作中，积极探索廉政文化建设新途径、新方法，注重发挥廉政文化的感染力、传导力和说服力，将廉政文化的内容融入检察文化建设中，努力将两个文化建设有机结合，同步构思、同步推进。通过探索实践，确立了"三个坚持"促进党风廉政建设深入开展。一是坚持氛围塑廉，增强廉政文化的感染力。利用办公大楼走廊、大厅等建设廉政文化长廊，围绕德、忠、廉、勤等方面内容，布置廉政警句牌 156 块。在每位干警办公桌上放置"七个禁止"、"十个不准"和带有个人信息的廉政提示牌。采取"读廉"、"写廉"、"说廉"、"唱廉"、"传廉"的五步工作法把廉政文化融入每位干警的工作和生活当中。二是坚持教育倡廉，增强廉政文化的传导力。开展"三个三"教育，即开展"三观教育"，组织干警认真学习政规党纪，不断端正干警的世界观、人生观、价值观；开展"三职"教育，组织干警学习《八小时外行为禁令》等职业纪律规定，不断增强干警的廉洁自律意识和公正执法自觉性；开展"三好教育"，教育干警在机关做一个好干警、在社会做一个好公民、在家庭做一个好成员。三是典型引廉，增强廉政文化的说服力。采取用英模事迹引领、用身边先进人物引导、用反面典型警示等方法教育干警廉洁从检。该院平均每年都要组织全

院干警观看一次勤政廉政正面典型专题片，先后开展"我向先进人物学什么，我该怎么办"等大讨论 10 余次。充分发挥身边先进廉洁典型人物的榜样和示范作用，使干警学有动力、学有目标、学有榜样。组织干警到监狱开展警示教育，听服刑人员现身说法，切实增强干警自身反腐倡廉意识，充分认识到远离腐败这根高压线对个人、家庭和组织的重要意义，增强了廉政文化的说服力。在检察文化中，凸显廉政内涵，在廉政文化中，体现检察特色，取得了良好效果。

（三）检察文化引导干警健康文化生活，深化内涵

文化建设是一个潜移默化的过程，非一朝一夕可成，必须通过日常性、开放性的宽松引导与熏陶，才会真正显现出其特有的效果。该院在检察文化建设中，积极结合干警的业余文化生活，多次组织干警参加全民健身运动会、登山、演讲、写作、书法等活动；积极参加"我的奉献　我的收获"红歌会，为建党 90 周年献赞礼活动；组织青年干警参观革命根据地、瞻仰烈士陵墓、接受红色教育，增强年轻干警的政治责任感和服务大局意识。通过这些形式多样、丰富多彩的文化活动，提高了广大检察干警的执法理念、行为方式和工作作风，提升了整体检察队伍素质，让每位干警时刻感受着检察文化的熏陶，以外在形式影响内在。

五、新时期推进检察基层文化建设的几点建议

检察基层文化建设是一项长期、复杂的系统工程，并非一朝一夕就能完成，既需要立足当前，认真探索，又需要着眼长远，常抓不懈。新时期，要站在新的起点上，在实践中探索，在经验中总结，在继承中创新，才能使检察基层文化建设工作日渐繁荣。笔者认为，可以通过以下"三加强"进行探索和改进：

（一）树立人本理念，加强检察精神文化建设

检察精神文化是检察先进文化的核心和精髓，是检察基层文化建设重中之重。对于基层检察机关而言，检察基层文化是间接地、潜移默化地对检察干警产生影响，因此要坚持"以人为本"理念，着力打造"人本文化"，注重凝聚人心，把干警的喜怒哀乐放在首位，突出检察干警的"主人翁"地位。采用教育、启发、诱导、吸引、熏陶和激励等多种方式提高干警的思想道德修养，积极培养复合型人才，促进干警的全面发展和进步。通过组织开展各种文明向上、格调高雅的文化活动，开阔广大干警的视野、充实文化育检的内涵，陶冶

干警情操，提升文化品位，从而实现心理健康、内心和谐。坚持以人为本，在严格管理的同时，弘扬民族文化内涵中以情化人的优良传统，增强队伍的凝聚力和战斗力，从深层次的检察文化建设入手，突出抓好从优待检，在强化干警事业心上下功夫。

（二）夯实物质基础，加强检察物质文化建设

经济基础决定上层建筑。物质基础是经济基础的"硬"表现，建设先进的检察基层文化，必须有坚强的物质后盾作为基础。基层检察院要完善检察物质文化就要不断完善文化设施和硬件建设，紧紧围绕执法现代化的需要，以基础设施建设为载体，改善办公环境和办案条件。一是尽量创造一个美观大方、令人赏心悦目的工作环境，办案要做到交通便利、通讯畅通、环境舒心，使检察干警能心情舒畅、精神饱满地投入工作。二是推进科技装备和信息化建设，不断提高基层检察工作的科技含量，以科技创新带动机制创新、工作创新和素质创新，切实将先进的科技转化为文化力。

（三）突出创新意识，加强检察制度文化建设

制度文化建设是检察文化建设的重要环节，检察制度的作用是通过对检察人员群体的行为设定一定的准则，对执法行为和心理进行合乎要求的调整，以达到规范执法行为之目的。要注重机制创新与检察文化建设相结合，在新时期深入推进以"群众路线"为核心，以履职办案为基础，在大力促进各项检察业务制度逐步完善落实的同时，全面推动检察工作机制创新，提高执法办案效率和执法科学化、规范化水平，不断满足人民群众对检察工作的新要求、新期盼，不断增强检察机关的执法公信力。

新时期，全国各地基层检察院已经兴起了以"群众路线"为核心的检察文化建设热潮，许多基层检察院因地制宜，不断学习借鉴、探索实践，创新总结出了大量的基层检察文化建设先进经验。但需要指出的是，检察基层文化建设是一项长期而复杂的系统工程，不可能一蹴而就，各基层检察机关仍需坚持"百花齐放，百家争鸣"，广大基层检察干警仍需积极参与检察文化建设，自觉地将检察文化内化于心、外践于行，积极推动检察事业持续、和谐、健康、稳定发展。

检察基层文化建设任重而道远，永无休止符，永远在路上。

浅析基层检察院检察文化建设

唐　莉*

检察机关是国家的法律监督机关，担负着维护宪法和法律正确实施的职责，要实现检察事业的科学发展，离不开先进检察文化的支撑。检察文化是检察机关在履行法律监督职能过程中衍生的法律文化，先进的检察文化对提升检察队伍软实力和检察工作执行力起着积极的推动作用。下面，笔者就基层检察院的检察文化建设进行粗浅探索。

一、基层检察院在检察文化建设实践中的误区

目前基层检察院对于检察文化建设还存在认识不清、重视不够等问题，简单地认为检察文化只是舒缓工作压力的文化娱乐活动，属于检察业务工作的附属品。因此，基层检察院在开展检察文化建设工作时，要着重避免以下有失偏颇的做法，使检察文化真正起到引导、激励、约束和辐射的作用。

一是避免重形式轻内涵。有些基层检察院认为只要简单地举行几次文体活动，或者是在走廊、墙壁布置上文化作品，就是检察文化了，而内容却游离于检察内涵之外，起不到凝聚和引导作用。开展检察文化建设要注重体现检察内涵，营造精神振奋、朝气蓬勃、开拓进取的良好风气，激发干警的创新热情和正能量，培养职业尊荣感和崇高的使命感。

二是避免重自娱乐轻宣传。把检察文化建设当作检察机关内部人员的娱乐活动，使检察文化的社会功能没有有效发挥，影响力小。应该将检察文化建成向社会和人民群众展现检察官风采、提升检察公信力的有力平台，增进社会对检察工作的理解、信任和支持，不断提高检察亲和力。

---

* 作者单位：吉林省梅河口市人民检察院。

三是避免重展示轻挖掘。文化的功效在于"润物细无声",文化展示的功能当然必不可少,但要防止简单的堆砌和应付。应该深挖检察文化倡导的整体价值观念、文化特点和内涵,发挥检察文化的辐射作用。

四是避免重借鉴轻创新。文化借鉴是开展检察文化建设的途径之一,但过分照搬照抄,只会出现形式呆板、千篇一律的现象。基层检察院要结合地方的文化特点,创新出属于本院特色的检察文化品牌。

二、基层检察文化建设的表现形式

从检察文化的表现形式分析,基层检察文化建设主要集中表现为以下五个方面:

一是意识形态方面。指检察人员的世界观、人生观、价值观、政治素养、执法理念、道德修养等思想意识领域。

二是业务能力方面。指检察人员所具有的履行检察工作所必须具备的法律专业知识、业务技能,特有的工作能力、职业素养,与工作相关的各种知识、技能,以及从事检察工作所积累的各种经验。

三是科学管理方面。指检察机关制度建设,要求检察人员执法规范化,强化内、外部监督等,将绩效量化考核作为执法行为评价标准。

四是反腐倡廉方面。指通过浓厚的廉政文化氛围使思想得到升华,素质得到提升,建设一支公正、高效、清廉、严格执法的检察队伍。

五是行为表现方面。指检察人员在日常工作、学习、生活中,体现出来的与检察职业工作相适应的态度和行为;在检察机关中开展各种文艺、体育等活动;通过各种媒体传播有关检察事业、工作的信息等,不断弘扬崇高精神,增强先进检察文化的认同感、归属感。

三、基层院检察文化建设之探索途径

基层检察院应以"文化求素质、文化求质量、文化求发展"的理念为指导,坚持以先进的文化理念引导人、以高尚的文化精神鼓舞人,以浓厚的文化氛围塑造人,全方位构建理念文化、监督文化、管理文化、廉政文化、行为文化五个层面的检察文化体系建设。

（一）强化理念文化建设，促进检察干警树立正确的价值取向

理念是检察文化的核心和灵魂，是检察文化的精神支柱，是指导一切的思想源泉。培育检察理念，就是要坚持教育和引导检察干警牢固树立依法治国、执法为民、公平正义、服务大局、党的领导的法治理念，坚持正确的法律信仰和价值取向，从而使全体检察干警的理想、信念和价值追求相融合，以切实保证检察工作的正确发展方向。

一是提炼检察文化理念，构建检察人员共同价值体系。在检察文化建设中，以共同价值体系为核心的理念文化是核心，价值文化的提炼是检察文化建设的核心，核心价值文化是检察干警工作生活的坐标。① 根据十七大报告中关于"大力建设社会主义核心价值体系"的要求，基层检察院应以"社会主义核心价值体系的内容"和"强化法律监督，维护公平正义"为检察工作目标，归纳提出执法理念、执法追求、检察精神等内容的检察机关核心价值体系。并结合本地区的地域特征，提炼出可以体现法律精神和检察职能的院训，以"执法求公、管理求序、服务求质、工作求为、学习求博"为工作理念，以"平和文明、有容广涵、持续改进、公正公开"为工作行为准则，将检察工作本质和地域特色较好地结合，为检察干警树立起精神标杆，构建具有特色的精神价值体系。

二是以主题教育实践活动为载体，打造"忠诚、为民、公正、廉洁"队伍。检察理念文化不仅要树立检察干警个体的精神标杆，更要提升整个检察队伍的软实力。基层检察院要充分发挥政法干警核心价值观、党的群众路线等主题教育实践活动的载体作用，与检察干警的工作、学习、生活牢牢结合在一起，形成一个长效性的教育与融合。要以形式丰富的各项活动为学习载体，使主题教育实践活动不再是枯燥的学习教育，而是融入到检察干警工作、学习的方方面面，使政法干警核心价值观、党的群众路线活动真正做到外化于行、内化于心。并采取自查、互查、上下帮查、面向社会开门查等形式，进一步梳理排查本院、本部门以及个人存在的突出问题，深挖思想根源，提高教育实践活动的针对性和有效性。针对查找出来的问题，要逐一梳理分类，深刻剖析原因，提出切实可行的整改方案，进一步建立健全培育和践行政法干警核心价值观和服务群众的长效机制，引导全体干警树立起全心全意为人民群众服务的人生观、清正廉明恪尽职守的执法

① 刘伟发：《关于检察文化核心价值观之探析》，载《陕西日报》2012 年 3 月 20 日。

观和献身检察事业实现自我价值的价值观。

三是以宣传学习先进人物为目标，营造创先争优氛围。基层检察院应广泛开展选树先进典型活动，评选出先进集体和优秀个人，对先进检察干警进行表彰，进一步凝聚蓬勃朝气、昂扬锐气和浩然正气的正能量。加强"老"典型宣传，继续发挥模范引领、示范作用，引导干警树立正确的奋斗目标和价值取向；积极选树"新"典型，抓住先进典型的精神实质和闪光点，深入挖掘动人事迹和鲜活事例，不断扩大先进典型的影响力和感召力，激发干警创先争优意识。

（二）强化监督文化建设，提升检察机关的执法公信力

检察机关的职能是法律监督。只有正确履行职能，才能更好地为经济和社会发展创造优质的法制环境。基层检察院要不断强化法律监督职能，坚持以执法办案为中心，以实施修改后的刑事诉讼法和民事诉讼法为主线，提高监督质量，保证监督效果，积极服务经济发展，大力推进法制建设。

一是建立监督工作流程化管理体系，进一步规范检察权的运行。对捕诉督联动的范围和启动程序作出明确规定，严格按规定操作，强化监督实效，提高办案质量和效率。不断加强控告申诉工作，主动深入集体访、越级访较多的企业和社区，积极做好人民内部矛盾的排查调处工作。

二是积极探索检察工作新途径，完善和建立侦查一体化、大预防格局、社区矫正等工作机制。综合运用多种监督手段，大力开展监外执行罪犯脱管漏管常态性检查监督、对基层派出所实行监督新方式等创新工作的探索。

三是迅速接轨"两法"实施，注重知识体系更新与转化。努力适应修改后"两法"的新要求，优化配置检察资源，提升专业化、职业化水平，提高检察干警的业务素质和办案质量。

四是强化实训转变理念，提升检察干警业务能力。基层检察院要把教育实训作为提高检察干警素质的战略性工程，以提高检察业务能力为方向，认真强化法律专业素质培训。采取点餐式网络课堂、计算机技能培训、演讲比赛、观摩法庭、知识测试等多种形式的岗位练兵活动，不断提高检察干警的业务素质和办案技能。

（三）强化管理文化建设，有效保障检察工作的执行力

科学的管理体系是提升检察机关整体工作实力的有力保障。基层检察院要从

强化检察效能入手，以信息化平台和案管中心建设为依托，建立健全业务工作运行机制、内外监督制约机制、检务管理机制、专业化管理机制、创新激励机制等，进一步规范工作流程，强化过程控制，做到凡事有准则、凡事有章可循、凡事有人负责、凡事有人监督、凡事有案可查，切实用制度与机制来规范、激励、约束检察干警的行为，推动各项检察工作规范运行、有序开展。

一是严格流程管理，确立规范执法行为体系。基层检察院应从工作实际出发，针对业务特点，以实用性和可操作性为基础，对原有制度进行评估和改进，形成独具特色的标准化制度模式。

二是细化目标，明确制度执行进度。实行"分级负责制"，明确各层级工作主体职责，案件质量考评流程和办案流程相互交织，确保案件质量。

三是强化督查，保证制度执行力度。建立重要动态日报告、业务数据月通报、整体工作季调度等机制，对各项工作随时督导，对存在的问题进行分级预警谈话，限时整改。

四是提升效果，实现制度推动发展。开展标准化建设，各项工作实现由"粗放"向"精细"转化。成立案件管理中心，使案件质量管理由静态变为动态，由松散变为集中，由事后监督变为事前、事中监督，确保案件质量。

五是确定标准，健全绩效考核体系。进一步完善《岗位目标责任考核办法》，把干警的执法质量、工作绩效及廉洁从检情况纳入绩效考核。严格执行制度化管理，明确各项业务工作的考核标准，与年底考评、升职挂钩；规范人才选拔竞争机制，建立科学合理的评价体系，激发干警的工作热情和创造力。

（四）强化廉政文化建设，营造检察机关风清气廉的工作氛围

廉政文化建设是检察文化建设的一项最基本内容。基层检察院要以廉政文化入手，打造反腐倡廉的舆论氛围。通过开展集中警示教育、落实一岗双责、加大督促检查力度等措施，健全干警八小时以外的自警、自律、监督和约束机制，进一步营造风清气正、廉洁高效的廉政文化氛围。

一是开展集中警示教育。以法律法规教育与运用反面典型、进行案例分析、通报、播放警示片、到监狱听服刑人员现身说法等进行警示教育相结合，及时掌握检察干警的思想动态，警示教育干警，使全体干警的纪律观念、廉政意识进一步强化，抵御腐败能力得到增强。

二是坚持落实一岗双责。检察长与分管领导、分管领导与部门负责人、部门

负责人与本部门干警分别签订《党风廉政建设责任书》，形成一级抓一级、层层抓落实的良好局面。

三是加大督促检查力度。强化落实"六个严禁"，健全干警八小时以外的自警、自律、监督和约束机制，促进全院上下形成风清气正、廉洁高效、公正执法的廉政文化氛围。

四是加强重大节日教育宣传活动。以春节、青年节、国庆节等重大节日为平台，通过瞻仰烈士陵园、开展廉政文化进机关、评选"检察廉政好家属"等活动，丰富干警的文化生活，从优待警，提升干警的荣誉感、责任感和归属感。

（五）强化行为文化建设，增强检察队伍的凝聚力和向心力

检察行为文化是检察理念和检察制度共同作用的结果。检察干警是检察文化建设的主体，其表现出的品行修养、精神风貌、工作作风、执法行为等都是行为文化建设的重要内容。开展行为文化建设，要强化检察干警的素质教育，通过培育干警的集体主义思想、协作精神、团队意识等，使其内化为干警的共同愿望和价值取向，外化为全体人员的追求和自觉行动，进而影响到检察干警的执法作风、执法形象和执法效果，达到全面提升干警素质和文化品位的目标。

一是以群体文化为抓手，打造蓬勃向上的工作氛围。基层检察院不仅应购置设施齐全的健身器材，为检察干警提供强身健体的锻炼条件，还应注重干警精神生活的丰富，配备功能先进的图书电子阅览室，可以为干警提供各种信息查询、阅读图书等精神食粮。同时，还应创立新闻宣传机制，及时宣传检察工作和干警风采。成立检察官文学艺术联合会，组建歌舞协会、摄影协会、文学协会、体育协会等文化组织，大力支持干警参与有益身心的文化活动，倡导健康、和谐、文明的生活方式。通过开展春节联欢会、棋类、爬山、联谊球赛、演讲等各类文体活动，提升干警文化品味，潜移默化地激励干警的进取心，从而树立起健康、文明、高素质的检察官群体形象。建立各项从优待检制度，如走访干警家庭制度、干警体检制度、探望退休干警制度、重大节日举行相关活动等，可以增强检察干警的集体责任感、荣誉感。

二是以作风建设为立足点，促进工作全面科学发展。加强行为文化建设，还要教育干警时刻注意自身行为对检察机关和检察事业的影响，禁止警容不整、举止粗俗、乱讲粗话。禁止对待来人来访粗暴蛮横、态度生冷、作风霸道。检察干警在办公时间和执法活动中，着装规范，仪表端庄，举止稳重，接待来访群众热

情礼貌，言语和蔼等。检察干警在八小时以外，也要注意自身言行，不酗酒，不参加有损检察官形象的各种活动，举止文明，行为检点。以良好的行为模式，时刻维护检察官的良好形象。

总之，检察文化建设工作不是一蹴而就的，需要一个长期发展、渐渐渗透、慢慢融合、逐步发酵的过程。基层检察院在未来的发展行程中，应把检察文化放在检察事业和地域文化的大背景下来建设，根据检察机关所辖区域实际情况和检察干警的自身特点，创造以人为本的文化氛围，培养干警的检察文化意识，激励干警扎实工作，从而充分发挥检察文化在检察事业中的推动作用。

浅议检察机关的文化建设

梁建福*

"文化"是一个动态的概念，是指属于人类社会遗产的人物、产物、商品、技术过程、理念、习惯和价值等。文化是一个民族的血脉，是人类的精神家园，常常被赋予时代的特征，文化引领未来。

检察文化，是在检察事业长期发展过程中形成的以检察精神和管理理念为核心的实践结晶；是调动广大干警积极性和创造性，凝聚干警力量，深化检察体制改革，促进检察事业长足发展的重要力量源泉；是与检察机关的服务态度、执法水平、办案质量息息相关的"软环境"建设。"品牌"的背后是管理，管理的背后是文化，倡导什么样的理念就形成什么样的文化，形成什么样的文化就引领什么样的愿景，实现什么样的梦想。优秀的检察文化要以群众满意为追求，以促进检察事业的发展为重点，以公正执法为基石，以人本管理为核心，以学习创新为动力，不断深化"以司法公正为中心"的执法理念。培育优秀的检察精神，树立严谨的检察作风，努力建设符合检察事业发展方向，具有鲜明检察文化时代特色和丰富人文建设管理内涵的检察文化，为进一步强化执法理念，创新工作思路，改进执法方式，提升执法办案水平，构建和谐社会提供有力的思想保证和精神文化动力。本文就检察机关文化建设的理念、文化实践、文化环境，浅谈一些粗浅看法，管中窥豹，以供商榷。

一、检察文化建设的目标

检察机关是国家的法律监督机关，是执行国家法律的具体执行者和捍卫者，在"让人民生活的更加幸福，更有尊严"的民主社会中处于十分重要的位置。

---

* 作者单位：青海省西宁市城北区人民检察院。

检察文化的改革和发展是全国、省、市、区文化改革发展的重要组成部分。检察文化的改革和发展，就是要继承和发扬检察机关特有的价值、标志和信仰，形成自己的技术过程、理念、习惯和价值等，从而增强广大干警的凝聚力和创造力，更好地执行法律、强化监督、发展自己。因此，检察文化建设的根本目标就在于把检察机关建设成为一个干警有依附感、工作有成就感、人身有安全感、相互有温暖感、上下有尊重感的，拥有检察机关特有的检察特色和全体干警共同行为标志的组织，检察文化建设的终极目标是建设有中国特色社会主义和谐社会。

二、检察文化建设的原则

一是领导带头，全员参与。毛泽东同志说过，"政治路线确定之后，干部就是决定性的因素"。被誉"全球第一 CEO"的杰克·韦尔奇有一个著名的观点："当你是一个员工时，你要对自己的成长负责；当你是一个领导时，要对团队的成长负责。"一个单位、一个集体，领导非常关键，犹如火车头，众所周知，火车跑得快，全靠车头带。领导的理念、领导的决策，决定团队的发展方向，就像臣子看着君主的背影做事一样。干警也往往是看着领导的背影做事做人，尤其是当前的领导体制特点是"一把手"说了算，权力相对集中、决策责任重大，但是缺乏监督。"一把手"对一个单位发展的重要性越来越突出，一项工作只要"一把手"重视安排就非常容易解决。当然，一马当先，不如万马奔腾，检察文化建设既要发挥检察长的引领作用，更要普遍发挥全体检察干警的积极性和创造性，这才是根本。

二是问计于民、开门纳谏。秀景藏在深山，智慧藏于民间。三人行，必有吾师。一个好的管理者往往把群众作为老师，虚心听取群众的呼声，问计于民，问政于民，最真实的第一手资料往往掌握在群众手中。群众解决问题的方式可能更接近问题的实质，也是最直接最简单的。如果领导疏远了群众，脱离了实际，一味指责部下，其结果会适得其反。韩非子认为，"指责只会激怒于上，积怨于下"。人的本性是喜欢被人赏识的。激励方式系物质和精神两个方面，但精神的激励作用远远大于物质的，得到领导的尊重、认可和赏识，对干警的激励鼓舞是巨大的。干警最伤心的就是领导态度简单粗暴、偏听偏信（诡言），主观武断，一意孤行，伤人自尊。曾经有人说过：部下的素质低，不是你的责任，但不能提高部下的素质，就是你的责任。是否知人善任，有一个十分重要的标志，就是能不能最大限度地激发团队的活力。干警要最大限度地为本院做贡献，院里就必须为干警提供必要的成长环境。我们不追求完全的平等，但我们需要公正的不平等，只要领导尊重全体干警，干警的力量就是无穷无尽的。

三是勤勤恳恳、执法为民。检察文化建设的最终目的是强化法律监督，依法独立行使检察权、公正司法、文明办案，让人民生活得更加幸福，更有尊严，社会更加和谐，其前提是全体干警明确树立执法者必须首先要接受监督的理念，即接受人大的法律监督，政协的民主监督，社会公众、新闻媒体的舆论监督。子贡问孔子曰："有一言而可以终身行之者乎？"子曰："其恕乎！己所不欲，勿施于人。"说话做事要站在别人的立场上看问题，往往极易得到别人的理解和支持。检察文化建设就是要从广大干警和人民群众的所思、所想、所盼入手，千方百计了解干警、了解群众，为干警、为群众办好事、办实事。当事人的言行可能有过激行为，但我们要学会换位思考，坚决克服门难进、脸难看、事难办，不给好处不办案、给了好处乱办案的现象，常衡责任之重，勤勤恳恳、任劳任怨、用心用脑，工作就会无往而不胜。

四是尊重知识、尊重人才。人们常说："信息就是生产力"、"人脉决定成败"。但"知识就是生产力"是永恒的真理，这是基础、是根本。一个人、一个团队，若缺乏最基本的业务知识和文化素养，就只能是人浮于事，工作不能沉到底，很难涉及本质、根基松动、无以远行。尤其是"检察院"这个特殊的服务行业，工作对象是人，每办理的一个案件都"人命关天"，来不得半点差错和虚假。因此，必须要从严谨的科学的态度来"治检"、"强检"、"兴检"。在检察文化建设中，要以"尊重知识、尊重人才"为原则，科技强检、人才兴院，不断完善发展新业务、新技术和人才激励机制，倡导干警学习，在全院范围内积极营造浓厚的学习氛围，营造尊老爱幼、团结友爱、合力拼搏的良好风气。充分发挥党支部、共青团、工会、妇委会等团队力量，坚决杜绝拉帮结伙、妒贤嫉能、相互拆台的歪风邪气。

五是彰显时代特征，着眼未来发展。建立一个以检察官为主体的执法办案体系，是检察队伍改革的基础和核心，也是检察体制改革的主攻方向。检察文化建设就是要紧紧围绕这个核心开展工作，不仅如此，检察文化建设还要有发展的前瞻性。一位管理大师有一个形象的比喻，没有战略的单位就像流浪汉一样无家可归。下一步怎样发展？发展的重点是什么？主攻方向是什么？特别是基层院该如何定编、定员、定位？检察长一定要对全局性、长期性和根本性的问题，提前有分析、判断和预见。不然就会不可避免地出现先拍脑袋、再拍胸脯、后拍大腿的事情发生，这是一个在矛盾中求生存、在创新中求发展的时期，是一个依靠正确理念引领，凭借团队的力量和激情，脚踏实地去抢抓机遇、谋求发展的年代，机不可失、时不再来。

三、检察文化的内容

文化理念：

——信仰、价值和价值观。信仰和价值问题，始终是事关人类生存发展的重大理论和实践问题。检察院的价值就是我国宪法的定位，属国家的法律监督机关。价值观是通过人们日常的习惯、技能和行为反映出来的人类的品行和美德。有什么样的价值观，就有什么样的世界观和方法论，继之会有相应的为人处世的行为习惯。检察干警的核心价值观就是"忠诚、为民、公正、廉洁"，要深入开展忠诚履职教育、执法为民教育、公正执法教育、廉洁从检教育，引导检察干警全面把握核心价值观的丰富内涵和基本要求，切实加强思想政治建设，下大力气真正解决是否牢固树立正确的发展理念和执法理念问题，促进检察人员牢固树立"六观"，自觉践行"六个有机统一"，切实做到"四个必须"，要加强以检察干警核心价值观为精髓的检察文化建设，坚持眼睛向内、重心向下，以"人一之，我十之"的精神，充分发挥检察机关文化陶冶情操、鼓舞士气、凝聚人心的作用。因此，倡导和建设什么样的信仰、价值和价值观问题，始终是检察文化建设的首要问题，首先要解决好"为谁执法"的问题。

——约束、敬畏和慎独。一个人只有真正懂得敬畏，才能做到有所为、有所不为，才能约束自己的言行，少走弯路。明朝皇帝朱元璋曾问群臣："天下什么人最快活？"有一个大臣说："畏法度者最快活。"朱元璋大加赞赏。人有时候得到的越多，失去的就越快。在所有的答案里，对什么是"幸福"的答案可能是最不统一的、最无标准的，但人要学会敬畏、畏天、畏地、畏法律。戒律不只是约束自己的，更是保护自己的，安宁快乐的人生来源于懂法、知法、守法、遵法，静思生智慧、静思生自律，人只有在静心思考中，才能滤清思路、找到方位，不迷失自我。

——团队精神。任何一个行业要想干好事业，团队精神非常重要。尤其是检察干警，团队精神可以说起着举足轻重的作用。我们每办理一个案件都需要团队精神，凭一个人的力量是不可能的，法律规定也是不允许的。如提审犯罪嫌疑人、出庭公诉都是二人以上方有法律效力，否则就属于违法办案，所以说，离开了团队，工作将无法开展，更别说取得什么成绩。当前检察机关的改革和创新正处于关键时期，这就要求我们每一位检察干警要团结一致，心往一处想、劲往一处使，要团结奋进，戒骄戒躁、互相学习、互相帮助，决不能妒贤嫉能、拉帮结伙、互相拆台，要谨记"堡垒最容易从内部攻破"的道理。如果没有风清气正、团结互助、共同进步的良好风气，团队和个人工作都不会顺利，都不会有好成绩。

文化实践：

——知识、执法和责任。知识就是力量，科学技术是第一生产力，在知识密集的法律条文繁多的检察行业，必须对干警不断进行继续教育，使其不断吸收新鲜血液，及时"充电"。如每年进行一次的公务员培训，在职干警除自学外，每年必须进行一至两次的专业培训，如前往内地先进院或国家检察官学院（分院）进行短期培训，从而丰富检察干警各方面的知识，提升干警的综合能力和业务水平，使检察队伍以特有的优势始终保持处于法律领域的前沿。诚然，培养、留住、壮大检察队伍，发挥每个干警自身的特长及优势是检察文化建设的重中之重。法律监督，责任重于泰山。责任心是做好工作最基本的前提，我们不一定能为广大人民群众提供最好的执法环境，但可以为他们创造最优质的服务。爱心、细心、耐心、热心、责任心显得尤为重要。因此，加强检察官的职业道德和责任心教育管理成为检察机关管理的首要课题。

——制度、程序和多样性需求。制度，通俗地讲，就是一个单位内部制定的团体成员都必须遵守的规矩。俗话说："没有规矩，不成方圆。"这个规矩不能乱。文凭、职称、工资等可以倒挂，但下级服从上级这个规矩一定不能倒挂，否则就会天下大乱，要懂得尊重领导、服从领导。

制度实体建设和程序非常重要，但制度一旦形成，便重在落实。程序就是工作中要遵循上下、先后、内外等规则。"下级学习的是上级的背影"，领导要做好领导的事情，下级也要安守本分，谁都不可以越权越级，领导亲历亲为，身体力行，做了下级没做的事，或者下级做了领导的事，其结果可想而知。领导干部，干事领导就要先干起来。榜样的力量是无穷的，做事多一些力度，做人多一些温暖，在制度容许的范围内，尽量满足多样性需求，照顾少数人需求，以和谐促发展，方法多样、目标一致，管理才是硬道理。

文化环境：

——标识、设备和建筑。众所周知，1931 年检察机关创建于江西瑞金时，办公地点设在一个地主家的四合院内，80 多年的发展经历了曲折的不懈追求与集体的智慧，但是新中国成立后又经过十年"文化大革命"的冲击，使检察机关、检察制度发展滞后。改革开放后，检察事业的发展可谓是突飞猛进。全国各地基层院的办公条件、基础设施得到不断改善。有一些院从基础设施到人才培养都舍得大投入，人才济济，造成了"孔雀东南飞"的现状，道理很简单，"栽下梧桐树，引来金凤凰"。诚然，投入是一个方面，重要的是成千上万个有志人士对公平正义追求的梦想。特有的标识、先进的设备、优美安全的建筑，环境和办公条件等对提升检察机关的形象，稳定干部队伍，鼓舞士气，提高办案质量，吸引人才都具有十分重要的作用。

——记录、展览和历史。传承历史是为了再续辉煌。回忆录是精神的延迹，展览之橱里的历史，每一个检察院就像每一个人一样，都是独特而不可复制的，每一个检察队伍都有其传奇的历史，把它记录下来，把它的历史用曾经的物品展览出来，牢记历史，珍惜现在，谋划未来。

——院风。每一个组织都有一定的气质特征和精神风貌。良好的组织风气，对其成员有着向上的激励和鼓舞作用，反之会给人以负面影响。优良的院风是以共同的理想、信念，共同的奋斗目标为基础，并以绝大多数干警能接受和认可的价值观念为前提，综合反映检察院干警群体意识和精神风貌。国外管理家十分重视"组织气氛"和独特"精神"的培育，借以振奋"士气"，调节行为，作为实现组织目标的有效手段。这对我们都有一定的借鉴意义。要把树立优良的检风作为精神文明和检察管理的重要内容来抓。通过树立优良的检风，不断激发干警向上的精神，调动全体干警的积极性和创造性，提高检察干警的政治素质和业务素养，提升检察机关精神文明程度，构建和谐社会，推动检察改革和发展。

——廉政文化。党的十七大提出了"标本兼治、综合治理、惩防并举、注重预防"的方针，检察机关作为反腐倡廉的特殊窗口和"排头兵"，廉政文化建设更为重要和突出，其厚重根基在于服务对象和社会的认可、传播，所以加强检察机关自身的廉政文化建设，是新形势下反腐倡廉的客观要求，也是检察机关反腐倡廉的永恒主题。打造一支高素质的检察队伍，塑造检察机关良好的执法形象，对促进党风廉政建设具有重要意义。

四、检察文化的主要做法

——挖掘检察文化的底蕴，传承检察文化历史，培育检察文化精神。深刻挖掘继承检察历史文化遗产，注入时代特征，凝练形成检察机关院训、办院宗旨和全体检察干警共同认知的执法、办案、办公、办事理念，开拓检察发展前景，以共同的目标、共同的工作为准则，将全体干警凝聚到一起，提升整个团队的战斗力。在日常工作中，广大检察干警尽忠职守、秉公办案、文明执法，为检察事业的发展呕心沥血。在平安建设、"扫黄打非"、专项治理、平息纠纷、化解矛盾等工作中，以自己的实际行动诠释了检察官的神圣职责，体现了新时代检察官的执法风采，这些都是检察文化的精髓，是检察廉政文化建设的基石，是一种高尚的思想培养、道德修养和价值观，对促进检察机关和谐、健康、平稳、可持续发展起着十分重要的作用。

——发挥"三力"精神，方能推进文化建设。所谓"三力"就是能力、动力和定力。"能力"是干事的基础，能力不强干不了事，提升能力是一个持续不断的过程。内强素质，练就一身硬功夫、真本事，是业务之需、业务之急。"动力"是干事的条件，动力不足不想干事，动力就是激情，是人的一种精神状态。一个人只有劲头十足，动力强劲，始终保持旺盛而充沛的精力，才能保持昂扬而积极的精神。"定力"是干事的保证，定力不稳容易出事。什么是定力？不分心、不走神，不为所谓的七情六欲所惑，不被私心杂念所扰，不因个人名利所累。在纷繁复杂的社会里，始终保持内心那份执着和坚定，恪守内心那份从容和淡定。定力源于内心的那份信念和纯净。一个有大方向、大目标、大追求的人必定会有坚强的定力。"能力"决定"能做什么"，"动力"决定"想做什么"，"定力"决定"敢或不敢做什么"，三者共同决定"做成什么"，能力、动力、定力三者兼备，才能成为一个真正想干事、能干事、干成事又不出事的好干警。

——只有做好，才算做了。检察文化建设工作不一定轰轰烈烈，见于平常、琐碎，基层检察院的一草一木、一桌一椅，侦查人员每侦破一起案件，公诉人每一次出庭公诉，全院每一次培训，每一份调研报告、论文，每一篇公诉词，每一期简报、学习园地都是文化建设的小浪花，从一开始，从点滴做起、从细节做起，做好每一件事。

综上所述，检察文化建设的内容丰富多彩、形式多种多样，没有规定的程序和标准范围，只要我们与时俱进，紧紧围绕建设社会主义和谐社会的主题，从现在做起，任何能发展和建设检察文化的方式，都是值得尝试的。千里之行始于足下，九层之台起于累土，含抱之木生于毫米。只要我们抱着只争朝夕的精神，检察文化就一定能迎来百花齐放的春天。

浅谈"文明检察"建设的价值功能与实现途径

葛现国*

湖北省检察院检察长敬大力在第十三次全省检察工作会议上指出，湖北检察事业要积极融入"五个湖北"建设，按照五个方面的要求谋划和推动检察工作自身科学发展，大力推进"实力检察"、"创新检察"、"法治检察"、"文明检察"、"人本检察"建设。笔者理解，"五个检察"的提出，不仅仅是对"五个湖北"建设的简单呼应，更是基于对湖北检察事业与全省经济与社会发展共生共长、密不可分关系充分认识的基础上所作出的战略性思考。本文摘其一翼，仅就"文明检察"建设谈点粗浅认识。

一、"文明检察"释义

何为"文明检察"？以笔者浅见，在以前关于检察工作的论述中鲜见提及，多表述为"检察文明"。这里，笔者认为，欲准确理解敬大力检察长"文明检察"提法的用意，似应从以下三个层面意思去解读。

（一）"文明检察"提法是对"文明湖北"的呼应

敬大力检察长指出，"五个湖北"建设，构建了全省经济与社会发展总体格局。检察机关服务大局，就是要紧紧围绕"五个湖北"建设，找准切入点、结合点，增强针对性和实效性。要围绕文明湖北建设，推进"文明检察"。把"文明检察"作为"文明湖北"建设的重要内容，推动严格、规范、文明执法水平的新提升。这里，敬大力检察长直接把"五个检察"建设与"五个湖北"建设相联系，体现了积极呼应、服务湖北经济与社会发展大局的思想。

---

* 作者单位：湖北省人民检察院。

（二）"文明检察"是指文明的检察工作

"文明检察"一词，其实是一个由偏正词组组成的集和概念的合成词语。其中，"文明"作为"文明检察"一词的定语可理解为是对检察工作所应呈现的状态或表现的规定。而"检察"作为主语则是本词组意义所在的指向。二者的合意是指检察工作所应有的状态，即文明的检察工作。因而"文明检察"一词可反过来表述为"检察文明"。

对于"文明检察"或曰"检察文明"的内涵，可从中国司法文明创新协同中心联席主任、吉林大学资深教授、吉林省高级人民法院院长张文显关于司法文明的论述中去找答案。张文显院长曾提出，当代中国的司法文明应有三个支点：一是科学的司法理论，二是先进的司法制度，三是公正的司法运作。把张文显的司法文明三个支点论移植过来解读"检察文明"，其内涵应包括：科学的检察理论（含检察理念）、先进的检察制度（含检察规范）、公正的检察行为三要素。

（三）"文明检察"是社会法治文明的必然要求

按照系统论的等级原理，检察文明是司法文明的一个子系统，司法文明是法治文明的一个子系统，法治文明是政治文明的一个子系统，政治文明是社会文明的一个子系统。因而，要谈"检察文明"，必须从文明谈起。

何为"文明"？按照马克思的说法，"文明是个历史概念，是和蒙昧、野蛮相对的，它是人类社会发展到一定阶段的进步状态"。原始社会，社会的物质与文化生产皆不发达，因而被称为蒙昧时代。从奴隶社会开始，才进入文明时代。人类社会进入文明时代的标志不仅是有了比较丰富的物质文明，同时也有了比较发达的社会精神文明和政治文明。

以社会的法治文明为例。从法治发展的历史进程来看，社会走过了一个从无法律到有法律、从法律惩罚主义到法律走向文明这么一个成长历程。如在法律的行使方面，社会越往前，惩罚犯罪的方式方法越表现为追求对罪犯人身实行酷刑，如古代有所谓"剖肝、挖眼、凌迟、车裂、炮烙"等残酷刑种。随着社会文明程度的不断发展进步，刑罚也不断趋向文明化，不但惨不忍睹的酷刑早已被历史废除，在整个从侦查到羁押再到服刑，无不以追求文明化为司法的价值追求。

从政治学的角度看，文明可以用来说明一种良好的社会政治秩序。马克思说："社会主义和文明是不可分割的。一方面文明发展需要社会主义制度来保障，另一方面社会主义也需要高度的文明，因为它是人类社会历史上更高阶段的社会制度，没有高度发展的文明，社会主义是不能巩固的。"

建设社会主义政治文明，离不开法治的文明；建设社会主义法治文明，离不开司法文明。检察机关作为国家的法律监督机关，担负着对社会生活的管理者及社会运行过程中的一切法律活动进行监督检查、制约和惩戒的职责，在司法文明系统中扮演着极其重要的角色，可以说检察机关在司法活动中处于中心环节的位置。因而，加强"检察文明"建设，是实现司法文明的必然要求，也是实现社会主义法治文明的必然要求。

二、"文明检察"在建设社会主义和谐社会中的价值功用

文明作为人类社会不懈追求的永恒目标和推动社会前进的精神动力，在检察工作中，其价值功能主要在以下几个方面。

(一) 文明检察是检察机关服务构建和谐社会的重要保证

党的十六届四中全会提出构建和谐社会的目标。构建社会主义和谐社会，要求执政者最大限度地调动一切社会积极因素，最大限度地消除不和谐因素，以达到使全体社会所有成员和谐相处共同发展和生存的理想目标。在建设社会主义和谐社会中，检察机关如何发挥作用？就是切实落实以人为本的科学发展观，通过文明执法，增强案件当事人对执法工作的认同感、对法律的遵从感，保障办案工作顺利进行；有助于密切检察机关与人民群众的联系，提高执法办案的法律效果和社会效果；有助于化解执法中产生的矛盾对立情绪，减少各种矛盾"苗头"的产生，使检察工作更好地体现促进社会和谐的积极作用。

(二) 文明检察是提高检察机关执法公信力所在

检察机关作为从事法律监督的专门机关，在行使法律监督权过程中，有什么样的表现，便会向社会公众展示一个什么样的形象，这就是社会公信力问题。执法公信力作为检察机关在行使法律监督权过程中的一种据以赢得社会公众信任的资格展示，同时作为社会公众对检察机关、检察工作及检察人员的一种主观评价和心理反映，主要取决于三个方面因素：

一是执法人员的执法态度和执法理念。理念决定行动，有什么样的执法理念

就会有什么样的执法行为。二是办案质量。检察执法中,公众评价执法活动最直观的就是案件质量。案件质量高,公众对案件的处理结果自然就会信服,也就不会频繁申诉上访,从而提升了执法公信力。反之,如果案件质量差,事实不清、证据不足、适用法律错误,就会导致冤假错案发生,不仅损害当事人合法权益,也会降低执法公信力。三是释法说理是否到位。检察机关每一个执法环节虽不是终局裁定,但案件事实的查明、证据的采信、适用法律以及量刑建议,都对案件的最终裁决以及当事人权益产生影响。因此,检察机关在执法办案过程中,只有秉持平和的执法理念,做到公正执法、文明执法,才具有执法公信力。

(三) 文明检察是有效履行检察职能的应有价值追求

在建设社会主义和谐社会语境下,要求整个检察工作要做到"坚持打击与保护并重、惩罚与教育并重、惩治与预防并重,宽严相济,以人为本,弘扬人文精神,体现人文关怀;做到执法理念文明,执法行为文明,执法作风文明,执法语言文明"。

强调严格执法、文明办案,做到坚持法律面前人人平等的法治原则,正确运用法律赋予的权力,秉公执法,严格依法办案,不滥用权力,不枉不纵,执法行为要文明规范。这是文明检察的价值追求。

最大限度地追求"以和为贵、和谐无讼"的价值理念,"惩恶扬善、定分止争"的司法效果;强调"德、法、礼、刑"相互为用、相辅相成,以德教化于民,"导民向善",以礼约束于民,预防犯罪,"禁于将然之",以法惩罚犯罪,"禁人为非",双管齐下,标本兼治的政治理念。这既是中国优良的司法传统,也是与我们现在强调的不以简单的惩罚为目的,而是注重惩防结合,打击与教育改造相结合,最大限度地创造有利于社会和谐的因素的刑罚指导思想相一致的。

三、"文明检察"的实现途径

如前所述,既然检察文明有如此重要的意义和目标价值,那么,应如何实现它呢?笔者认为,在前边所列的构成"检察文明"内涵三要素中,显然像检察理论、检察规范、检察制度等是另一层面意义上的东西,不应是作为履行检察实务职能的各级检察机关以过多的精力关注的,我们能做到的,似应是在检察行为这一层面。因此，我们的着眼点应在以下几个方面。

（一）加强对检察人员的教育，培育文明执法理念和素养

俗话说"行以识为先"。实践证明，共同的理想信念、良好的道德规范、正确的价值取向，不仅是广大检察干警奋发向上的精神动力，也是公正文明执法的思想基础。因此，加强以社会主义法治理念和核心价值观为主要内容的职业道德教育，内化检察人员的执法品德，进一步巩固全体检察干警的共同精神支柱和思想道德基础，并转化为全体检察干警的自觉精神追求和实际行动，是重要的基础工程。

一是加强社会主义法治理念教育，提升文明执法理念。凡是从事法律工作的人都懂得一个道理，即：法治，对一个国家和一个社会来说，不仅是指其要具有完备的法律体系，还包括一个国家司法的公正程度，以及人民对法律的信仰和遵守程度。也就是说，一个国家的立法、执法水平和全体公民的法律意识，决定着这个社会总的法的作用。而社会法律意识是社会作为一个整体对法律现象的意识，是一个社会中的个人法律意识、群体法律意识相互交融的产物，因此社会法律意识往往是一个国家法治状况的总的反映。鉴于此，坚持不懈地开展社会主义法治理念教育，把理性、平和、文明、规范的执法理念化为检察人员的理想信仰和自觉追求，对实现文明检察无疑具有决定性的意义。

二是深入开展以政法干警核心价值观为主要内容的职业道德教育，提升文明素养。以"忠诚、为民、公正、廉洁"为内容的政法干警核心价值观，是新时期检察人员的立身之本。其中，"忠诚"是检察人员的政治立场，"为民"是检察工作的根本宗旨，"公正"是检察工作的核心价值，"廉洁"是检察工作的公信所在。实现文明检察，就要站稳执法态度，切实做到"权为民所用"，把执法过程当成为人民服务的过程，以平等谦和的态度对待群众，用群众信服的方式执法办案，使群众不仅感受到法律的尊严和权威，而且能感受到法律的温暖和公平所在；实现文明检察，就要进一步端正执法作风，在具体的办案中，切实做到以理性思维去分析矛盾、化解矛盾，切实做到以法服人、以理服人、以情待人，真正地融法、理、情于一体，达到群众满意的社会效果，树立文明检察的良好形象。

罗斯金（英国）曾说："文明就是要造就有修养的人。"所谓"修养"，也就是古人所强调的"修身"。因为只有先修身，然后才能以"忠诚"的立场、"公

正"的态度、"清廉"的品格、"文明"的作风去"治国"。因此，作为一名人民检察官，自觉加强以"忠诚、公正、清廉、文明"八字箴言为主要内容的职业道德修养，无疑是最根本也是最基础的。

（二）加强执法规范建设，确保执法文明

能否实现检察文明，除了检察人员必须具有良好的执法理念之外，更体现在检察人员在实际执法过程中，能否秉持"理性、平和、文明、规范"的执法要求，去应对和解决执法中的各种问题，将"四个统一"的辩证思想贯彻到执法办案过程的始终，切实做到执法目的明确、执法行为文明。

一是在执法过程中贯彻以人为本的方针，突出对人权的保护。尊重人权和保护人权是人类社会文明进步的标志，也是刑事司法文明的重要标志。和谐社会是以人为本的社会，尊重和保障人权是和谐社会基本特征。将犯罪控制在不对社会构成严重威胁的范围内，既是构建和谐社会的重要目标，也是构建和谐社会的必要途径。在刑事检察活动中，以人为本的司法理念，则多体现在对犯罪嫌疑人实行无罪推定、尊重和保护犯罪嫌疑人的人权、把犯罪嫌疑人当犯罪嫌疑人看待，而不是当罪犯看待，维护其尊严等方面。

二是贯彻宽严相济政策，强调罚当其罪。宽严相济刑事政策的基本含义就是：针对犯罪的不同情况，区别对待，当宽则宽，该严就严，有宽有严，宽严适度。"宽"不是法外施恩，"严"也不是无限加重，而是要严格依照刑法、刑事诉讼法及相关的刑事法律条款，根据具体的案件情况惩治犯罪，做到"宽严相济，罚当其罪"。

三是行为上要做到文明办案，提升职业形象。文明办案是检察官良好职业道德素质、职业纪律观念和职业形象的综合展现，它与严格执法既相互联系，又相对独立。严格执法是约束检察官职权活动的行为准则，文明办案是对检察官职权行为的态度、作风和形象的伦理要求。《检察官职业道德基本准则》要求，检察官应当做到执法理念文明，执法行为文明，执法作风文明，执法语言文明。坚决纠正简单执法甚至粗暴执法的问题，坚决纠正居高临下的冷漠态度，坚决纠正冷、横、硬的语言习惯。以良好的执法形象树立文明的检察形象。不仅如此，在职务行为之外，检察官亦应当约束言行，避免公众对检察官公正执法和清正廉洁产生合理怀疑，避免对检察机关的公信力产生不良影响。

四是充分发挥检察优势，积极开展法律援助活动。检察工作要延伸执法路

径，积极开展进社区、进学校、进企业活动，通过各种方式体察民意，了解民情，认真倾听不同层面的诉求，有针对性地提供法律服务，做好矛盾排查化解工作。特别是与有关部门协作，探索建立刑满释放人员司法救助机制，帮助其融入社会，防止重新犯罪，意义非常重大。

（三） 加强检察文化建设，塑造文明和谐风尚

检察文化是整个检察事业不可或缺的重要组成部分，是社会主义文化建设的有机组成部分。"文以教化"，实现文明检察，当然离不开检察文化在引领价值、陶冶情操、启迪情感、聚合内力、激励人心、约束行为，提升干警内在素养方面所具有的"润物细无声"的作用。因此，要切实增强文化自觉和文化自信，更加自觉地把检察文化建设纳入社会主义文化建设的总体布局，大力推动检察文化事业不断繁荣发展。

第一，准确把握检察文化建设的目标。首先要把铸造检察职业精神作为检察文化建设的首要任务，以构建检察人员的共同价值体系为核心，以推进精神文化、行为文化为一体的检察文明建设为目标，强化教育引导，增强理论共识和感情认同，着力培育符合科学发展观、社会主义核心价值体系要求，体现社会主义法治理念和检察工作规律的检察职业精神，构建检察人员共同的价值追求和行动指南。

第二，倾力打造检察文化建设平台。一是打造环境文化氛围，如建设富有司法理念和廉政特色的文化长廊，使检察干警随时随地在耳濡目染中受到熏陶，激励其人格。二是打造阅读文化阵地，如建设图书室、阅览室、编辑内部专刊以及建立网络文化书屋等，以此传播检察文化星火，提升干警的文化和业务素养。三是打造素质文化平台，如采取各种方式组织业务培训、岗位练兵活动，提高干警的业务素质和执法能力。四是打造激励文化载体，如建立院史室（荣誉室）、开展革命传统教育等，激励干警的荣誉感。五是打造文体活动平台，通过丰富多彩的文体活动，让干警在轻松愉快的氛围中加强沟通，增强队伍的凝聚力和战斗力。

总之，提倡和加强检察文明建设，努力实现文明检察，为建设幸福湖北、文明湖北做贡献，就必须不折不扣地加强对检察干警的社会主义法治理念教育、核心价值观教育、检察职业道德教育，努力提升广大检察人员的职业素养和执法理念，提高行动的自觉性；就必须做到严格规范执法，把文明贯穿在整个执法过程中，通过真正的"理性、平和、文明"执法行为，实现文明检察；还必须注重检察文化建设，通过文化"润物细无声"的功能，来促进检察文明建设。

突出地方特色 构建基层检察文化初探

——以广东省阳西县检察院为例

曾超锐*

阳西县位于广东省西南沿海，建县于 1988 年，隶属阳江市，下辖 8 个镇，总人口 50.5 万人，是一个人口小县、农业大县。当前全县上下正朝着建设滨海工业基地、电力能源基地、"双转移"示范地、旅游休闲度假胜地、宜居创业的滨海新城目标阔步迈进。山海情怀，魅力阳西，阳西县检察院如何把握时代脉搏，突出检察特色，弘扬阳西文化，实施文化强检，建设过硬队伍，推进工作创新，是一个值得深入研究、探索和实践的重大课题。

一、正确认识检察文化的内涵

所谓检察文化，是指检察机关及全体检察人员在长期的工作、生活及其他社会实践中创造的物质财富和精神财富的集中体现。原最高人民检察院常务副检察长张耕同志指出："检察文化是中国特色社会主义文化的重要组成部分，是检察机关履行法律监督职能过程中衍生的法律文化，伴随着中国特色社会主义检察事业的发展而不断丰富完善。检察文化建设涵盖检察思想政治建设、执法理念建设、行为规范建设、职业道德建设、职业形象建设等，是一项宏大的系统工程，需要我们深入研究，精心实践，大力推进。"① 因此，我们必须深刻而全面地领悟检察文化丰富的内涵，不能片面地认为检察文化就是搞文体活动，或者是简单地等同于开展一些琴棋书画、体育活动，导致对检察文化内涵认识的表层化、简单化、娱乐化，表现在检察文化建设上的形式单一，内容空洞，缺乏独特性，削

---

* 作者单位：广东省阳江市阳西县人民检察院。

① 《全国检察机关文化建设巡礼活动在广州举行》，载《检察日报》2007 年 11 月 28 日。

弱了检察文化对干警的引领、凝聚、规范、激励等功能。

二、阳西检察文化建设的思路和定位

从当前广东省检察文化建设发展来看，凡检察文化搞得比较有成就的检察机关，大都结合自身所处地域或业务特长形成了独特的检察文化特色。如佛山，文化传统悠久，文化底蕴深厚，是岭南文化的发源地，佛山市检察院结合广东文化强省建设、佛山建设文化名城和新时期检察工作改革发展的需要，提出"以文化育队伍，以队伍促业务"的工作思路；珠海市香洲区检察院立足香洲特色，将地域文化融入香检文化；英德检察建设"四位一体"检察文化等。因此，检察文化要创出特点，就必须在深入调查研究的基础上，结合检察特点，积极探索出属于自己的鲜明个性，才能使检察文化具有生命力，不断增强检察干警的巨大号召力、感召力。

（一）充分挖掘阳西本土特色文化

阳西地处祖国南疆，深受古楚文化影响，人民淳朴勤劳，注重传统和谐文化；阳西是广东省"山歌之乡"、"体育先进县"，地方人民热爱文化，喜爱体育；"广东省古村落"大洲村古村落彰显灿烂农耕文明；"省级文物保护单位"七贤书院、上洋文笔塔、塘口古堡等历史文化古迹，都显示了当地人民重视文化、追求公正的思想。近年来，面对市内兄弟县发展势头迅猛，区域竞争愈加激烈，阳西县在发展方面明显感到挑战，必须奋起直追。

（二）结合实际明确阳西检察文化的定位

检察文化是一个单位思想理念、价值取向的集中体现。先进的检察文化引领着干警的精神和灵魂，先进的检察文化也决定着队伍的综合素质。检察文化建设要取得实效，在与业务工作相结合的同时，也要与该地区的文化相适应。针对阳西县独具的文化与所处区位优势和干警日趋年轻化的实际，在深入调查研究的基础上，该院将检察文化建设的主题确定为"公正、为民、和谐、奋进"。这一共同价值追求的提出，不仅进一步明确了阳西检察文化的科学定位，浓缩了阳西检察文化的精神，也突出了检察机关"为民、务实、清廉"的职业道德，更集中展现了检察机关队伍的精神风貌和目标追求。

（三）进一步理顺阳西检察文化建设的思路

围绕"公正、为民、和谐、奋进"阳西检察文化主题，该院进一步明确检察文化建设的总体思路和载体在五方面着力：一是在"理念文化"上着力，通过理想、信念、情操教育，引导检察干警树立正确的人生观、世界观和价值观，塑造出检察队伍团结、和谐、文明、进取的精神风貌；二是在"专业文化"上着力，通过各种激励措施，开展各类业务和岗位练兵活动，引导干警加强学习，努力提高检察人员的综合素质；三是在"精神风貌"上着力，通过积极开展各类文明健康、积极向上的文化活动，培养健康的生活情趣和倡导和谐的文化；四是在"文化载体"上着力，通过机关软、硬件环境建设，使检察干警工作环境优雅、舒适，身心健康、向上；五是在"信息文化"上着力，以信息化助力检察文化建设。

三、阳西检察文化建设的探索与实践

检察文化具有导向、凝聚和激励作用，塑造检察文化，既要体现全院干警的共同价值取向，又要树立外在的公众形象。我们从检察工作的性质和特点出发，围绕检察文化建设的主题"公正、为民、和谐、奋进"，在检察文化的内容设计上，注重以人为本，贴近实际、贴近业务、贴近生活、贴近群众，为提高检察队伍的思想政治素质奠定基础，推进检察工作科学发展。

（一）在理念文化建设上着力

积极推动社会主义法制文化建设，不断提高检察队伍的思想境界。牢固树立社会主义法治理念，加强检察公信力建设，维护宪法的尊严和权威。[①] 发扬传统、坚定信念、执法为民，以为民务实清廉为主要内容，切实加强干警的马克思主义群众观点和党的群众路线教育，把贯彻落实中央八项规定等作为切入点，进一步突出作风建设，坚决反对形式主义、官僚主义、享乐主义和奢靡之风，着力解决人民群众对检察工作和司法公信力方面反映强烈的突出问题，提高做好新形势下群众工作的能力，保持与人民群众的血肉联系。在执法办案中注重融"法、理、情"于一体，坚持理性、平和、文明、规范执法，注重司法的人文关怀，注重化解社会矛盾，完善检调对接机制，加强对敏感案件、事件和社会热点问题的正面舆论引导，促进社会和谐，努力实现法律效果、政治效果、社会效果的

---

① 最高人民检察院树立社会主义法治理念调研组：《关于"树立社会主义法治理念"的调研报告》，载《检察队伍建设》2006 年第 2 期。

统一。

（二）在专业文化上着力

推进检察文化建设，必须持之以恒、循序渐进地进行现代法治精神的熏陶和涵养。深入开展创建学习型检察院、学习型科室、学习型检察官活动，适时组织理论研讨、学术交流、知识竞赛、演讲比赛、专题征文等活动，大力倡导检察人员学习法律、钻研业务，大兴学习之风，积极营造浓厚的学习氛围，引导检察人员增强终身学习理念。重视继续教育，不断更新知识结构，开展专业化标准培训、考核检察人员，培养引导检察人员逐步具备与其岗位职责相适应的专业理念、专业知识、专业技能和职业操守。以专业化建设为方向，加强和改进教育培训，实现教育培训由学历教育向专业培训的转变，由知识灌输向能力培养的转变，使培训内容紧贴不同岗位的特点和需求。广泛开展练、学、用相结合的岗位练兵、业务竞赛、技能培训活动，在实践中不断提高检察人员的执法办案本领。通过建立学习奖励制度，积极引导、鼓励和支持干警办理一些大案要案，从中提升自己办理疑难大案的水平和能力。

（三）在精神风貌上着力

在实践的基础上，不断总结检察文化建设规律，利用各种活动丰富检察文化。一是开展各类便于检察人员参与、适合机关工作特点的文化活动。组织干警参加县里组织的各类演讲比赛、文艺汇演、全县运动会等赛事，培养检察人员良好的生活作风和健康的生活情趣，向社会展示检察干警的良好形象，推动群众性文化活动蓬勃开展。二是繁荣检察文艺创作，加强与文化界等社会各界的沟通联系。鼓励检察文艺作品创作，通过组织有写作才能的干警深入办案一线，体验生活，汲取养分，创作出主题鲜明、内涵深刻、表现形式新颖、感召力强的优秀检察文艺作品，弘扬主旋律，扩大检察机关的影响力和受众面。三是倡导和谐文化，加强检察机关办公场所法治文化建设。组织检察人员用身边人、身边事、自己的语言精心设计制作反映检察工作理念、廉政勤政要求的文化橱窗，展示检察文化的深厚底蕴和文化传承。

（四）在文化载体上着力

在检察文化建设过程中，该院充分利用板报、漫画、图片、雕塑、媒体、网络和文艺活动等载体，加强软、硬件环境建设，着力把检察文化的内容多样化渗透，营造出诗情画意、意境高雅的检察文化氛围，使人在潜移默化中接受教育，得到启迪。

一是精心创作阳西检察文化作品，以优秀的作品鼓舞人。精心编写《阳西检察名片》、《略论阳西检察文化建设》、《阳西检察制度汇编》等书籍，拍摄《阳西检察文化建设》专题片，大力宣传检察文化建设的成果，以增强检察文化的感染力和渗透力。

二是全方位构建阳西检察文化平台，以正确的舆论引导人。通过挖掘、提炼历史文化资源中有启迪意义的人物、事件，与阳西检察文化建设有机结合，精心设计《十大人生境界》、《十条影响人生的名言警句》等名言警句，邀请名家书写绘画，建成检察文化宣传走廊。精心编印《十位学习标兵》、《检察人员十项行为规范》，以图文并茂的形式装框上墙，挂在显眼的位置，以起到鼓舞、提醒的作用。并利用内、外检察网站和报刊、媒体加强宣传，以推动检察文化在社会上的传播。

三是开展丰富多彩的检察文化活动，以高尚的精神塑造人。充分利用干警易于参加、易于接受的形式，开展丰富多彩的检察文化活动，组织了羽毛球队、乒乓球队、篮球队、足球队、舞蹈队等多个文体运动兴趣小组，干警之间经常以活动促交流，还适时与其他单位进行业余比赛，增强团队协作精神，让全院干警在轻松的气氛中受到检察文化的熏陶。充分发挥检察机关服务社会、服务大局的作用，深入到社区、企业、学校、机关，通过组织干警参加植树造林、无偿献血、扶困助学、法律咨询等公益活动，提升干警的道德情操。

（五）在信息文化上着力

21 世纪是信息化的时代，检察工作走上信息化道路是时代发展的必然。[①] 在检察文化建设工作中，要善于利用信息化技术，提高办公设备的科技含量，利用信息化技术助力检察文化建设。阳西县检察院把检察网络作为检察机关重要文化阵地来建设，提高干警的思想文化素质，充分利用网上论坛的功能，开辟丰富多彩的法律热点、社会焦点、文化思想等网页，传播有关检察文化的信息，发挥先进科技文化对干警的潜移默化作用和正确的导向作用；在犯罪预防和检务公开方

---

① 韩清：《基层检察院检察文化建设路径探析》，载《山东行政学院山东省经济管理干部学院学报》2010 年第 3 期。

面，该院充分利用网络、微博、微信等方式，与时俱进地结合阳西经济发展的各种社会现实，向群众推介检察形象，传播检务资讯；同时，充分利用检察网络，真正做到检务公开，使之成为检察机关对外交流的窗口，成为方便干警之间、干警与领导之间的个人学习交流的平台，更深层次上实现无纸化办公，使各类信息平台成为建设检察文化的强大阵地。

梦想照进现实：基层检察文化建设的路径选择

——以"中国梦"主题教育活动的开展为视角

谢关星*

文化的生命力，源于其精神内核。这种精神内核往往贯穿整个文化体系，决定着文化样态的特质，引领着文化发展的方向。文化建设作为特定群体自觉进行的文化创造活动，以特定的精神内核为导向，并以回应社会生活的现实需要为依归。"中国梦"思想是中国特色社会主义先进文化的集中体现和高度概括，主导着社会主义先进文化的类型和发展方向。检察文化建设作为中国先进文化建设的重要组成部分，是一项庞大复杂的系统工程，要确保检察文化建设的正确方向，必须坚持"中国梦"思想的导向作用，以社会主义核心价值观和社会主义法治理念为核心，积极推进具有检察机关法律监督职能特点的文化建设。

一、科学内涵：检察精神文化建设的必然和契合

2012年11月29日，习近平总书记在参观《复兴之路》展览时深情讲道："实现中华民族伟大复兴，就是中华民族近代以来最伟大的梦想。"在第十二届全国人大第一次会议上，习总书记进一步讲道："实现中华民族伟大复兴的中国梦，就是要实现国家富强、民族振兴、人民幸福。"实现中华民族伟大复兴的中国梦，凝聚了几代中国人的夙愿，是百年来中华儿女矢志不渝的执着梦想。中国梦的提出道出了千百万中华儿女的集体心声，是中华民族整体意识和奋斗目标的庄严宣告。任何模糊的梦想一旦成为特定群体整体性的思想意识和目标指向，便会激发出无限的渴望和能量。中国梦作为中华民族凝心聚力、团结奋斗的共同理想，具有丰富的意蕴和内涵。它不仅包含着国家经济发展的富强梦，蕴含着民族

---

* 作者单位：天津市人民检察院第二分院。

自强有为的振兴梦，而且寄托着中国人民安居乐业的幸福梦。

中国梦是对实现中华民族伟大复兴梦想的高度概括，中国梦对社会主义现代化建设具有重要的统领指导作用，是当代中国发展进步的旗帜。梦想是人们在社会实践过程中，对所欲实现目标的追求和向往，是人的意识自我超越的成果。中国梦作为描绘国家未来发展的宏伟愿景，具有强大的价值引领和力量凝聚作用，它将激发全国人民以饱满的热情和昂扬的斗志投身于实现中华民族伟大复兴的历史征程。作为文化深层结构中的中国梦，是检察精神文化的重要价值目标。中国梦富有理想主义元素，在检察精神文化中表现为最强烈的使命感、神圣感和远大志向。[①]

中国梦是检察精神文化的灵魂和精髓，体现着检察精神文化质的规定性，主导着检察精神文化的实质和发展方向，是检察精神文化建设的首要目标和最高境界。推进检察精神文化建设，必然要求坚持中国梦的引领作用，把中国梦作为检察精神文化建设的灵魂和指针，从理想信念、职业宗旨、执法理念及职业道德等多方面着手，紧紧围绕实现中国梦的总体目标，在全体检察干警中加强理想信念教育，使中国梦成为全体检察干警的内在信念和行动追求，确保检察事业朝着实现中国梦的方向健康发展。

推进检察文化建设，要从中国梦的丰富内涵中汲取动力源泉。实现中国梦必须建设法治政府、责任政府、廉洁政府，维护社会公平正义。检察文化建设必须围绕实现中国梦的具体要求，大力弘扬法治文化、监督文化、廉政文化，加强以公平正义为目标的检察干警核心价值体系建设。实现中国梦必须走中国特色社会主义道路，实现中国梦必须从中国的实际出发，不照抄照搬别国经验、模式，要坚持走适合自身特点的道路。中国的检察文化具有自身的基因特点，检察文化建设应当符合中国的国情和文化传统，应当具有中国特色和中国气派。实现中国梦必须弘扬中国精神，中国精神是凝心聚力的兴国之魂、强国之魂。推动检察文化建设，应当将检察精神文化放在首要位置，突出文化建设的精神内涵，防止检察文化建设的表面化和形式化倾向。

---

① 孙光骏编著：《检察文化概论》，法律出版社 2012 年版，第 105 页。

二、现实困境：主题教育活动的片面和不足

自"中国梦"主题教育活动开展以来，各级检察机关紧密结合自身实际，采取扎实有效的措施，深入推动活动开展，取得了很大的成效。但与此同时，由于受到内外部诸多因素的影响，"中国梦"主题教育活动在开展过程中存在一些问题与不足。

（一）认识的偏颇性

"文化是后天习得的，而非与生俱来。它源于个体所处的社会环境，而不是个体的基因"。① 文化氛围的形成非一朝一夕能够完成，而是实践主体长期积累的结果。推动检察文化建设，应当构建长效机制，坚持不懈地长期搞下去。有些检察院认为检察文化是务虚的东西，不搞检察文化照样能够办案。有些检察院认为检察文化就是思想政治工作，存在业务部门对文化建设不够重视的现象。有些检察院将检察文化建设简单异化为组织文体娱乐活动，认为举办一些文体活动，丰富干警的业余文化生活就是检察文化建设。② 有些检察院把检察文化建设等同于物质文化建设，只注重外在的检察物质条件建设，而不注重精神方面的建设，特别是检察干警理想信念的培养和塑造，殊不知精神文化建设才是检察文化建设的核心。

（二）活动的形式化

"中国梦"主题教育活动的根本目的在于教育广大检察干警牢固树立理想信念，结合工作实际将"中国梦"内化为自身的"法治梦"、"检察梦"，努力提高执法办案能力，切实增强检察职业的神圣感、使命感，进而推动检察工作科学发展。当前有些检察院将主题教育活动与其他业务工作完全割裂开来，没有将"中国梦"思想与检察干警的职业信仰、执法办案、行为规范等方面紧密结合起来，仅仅是为了活动而搞活动，导致活动过程流于形式，难以保证活动效果。检察文化是在长期的检察实践过程中逐渐形成的，脱离检察实际工作的文化建设无法获

---

① ［荷］吉尔特·霍夫斯泰德、格特·扬·霍夫斯泰德：《文化与组织——心理软件的力量（第二版）》，李原、孙健敏译，中国人民大学出版社 2010 年版，第 4 页。

② 陈平：《当代中国检察文化内涵的再界定及建设途径研究》，载《中国检察官》2011 年第 10 期，第 16 页。

得广大干警的认同和接受，注定成为无源之水、无本之木。

（三） 载体的一般化

人类生活地域的不同决定了文化类型的差异，只有与社会群体的生活环境及实际需求关联起来，文化发展才能彰显出强大的生命力。"文化的民族性和地域属性决定了检察文化建设必然内蕴国家与社会制度要素与承载民族文化要素"。[①]作为精神文化的"中国梦"思想，其表现的载体及内容也应当根据地域的不同而不同。实践中一些检察院完全不考虑自身的特点和条件，采取照抄照搬的方式，一味模仿先进地区的经验和做法，导致文化活动移植过来后出现水土不服的结果。检察文化具有鲜明的职业文化属性，检察文化建设也应当与文化主体即检察干警的本位角色及实际工作相契合。有些检察院将本院的文化建设与其他国家机关的文化建设相混同，没有抓住检察职业文化的特点，导致文化建设活动趋于一般化，难以体现出文化建设的应有效果。

（四） 成果的封闭性

检察文化建设不仅能够发挥规范干警行为、凝聚检察队伍和塑造检察机关形象等作用，而且承载着辐射传播和社会教化功能。[②] 检察机关的形象和影响力，不仅体现在检徽、检察制服、办公大楼等外在的器物层面，而且表现于检察干警的言行举止、精神风貌，更是彰显于检察工作所追求的价值理念和目标愿景。检察干警在与社会成员间的互动过程中，通过对法治理念、正义理想、行为规范等价值观念的传播，能够对普通民众产生人文"教化"效应。[③] 在现实中，有些检察院不注重贯彻群众路线原则，关起门来搞活动，将各项文化活动局限在检察机关内部，局限于本院检察干警之间，忽略了与人民群众的交往和互动，隔断了向人民群众信息的传达，使检察文化建设的效果大打折扣。

三、路径选择：检察精神文化的培养和塑造

检察文化，从本质上属于法治文化、监督文化、廉政文化、职业文化。[④] 检

---

① 张启江、王俊波：《检察文化建设的"变"与"不变"》，载《时代法学》2013 年第 4 期，第 74 页。
② 陈剑虹：《检察文化的价值功能与实现路径》，载《人民检察》2008 年第 4 期，第 42—43 页。
③ 徐汉明：《检察文化建设的价值功能与发展路径》，载《检察日报》2011 年 10 月 18 日第 3 版。
④ 孙光骏编著：《检察文化概论》，法律出版社 2012 年版，第 23—27 页。

察文化的属性和特点决定了检察文化建设对"中国梦"思想发挥作用的方向和路径。针对新形势下检察工作面临的新情况、新问题，通过加强检察文化建设，将检察工作与主题教育活动有机结合起来，将"中国梦"思想的科学内涵渗透到检察工作的各个环节和方面，使检察干警牢固树立"检察梦"、"法治梦"、"中国梦"，不断激发全体检察干警的职业认同感、归属感和使命感，切实形成推动检察工作全面发展的强大合力。

（一）强教育，转观念，促成实现公平正义之梦

历史经验告诉我们，成功的社会治理必然建立在实现公平正义的基础之上，否则，即便是再美好的社会梦想也只能成为水中之花、镜中之月。维护社会的公平正义是实现中国梦的必要前提，中国梦同时也是社会的公平正义之梦。公平正义是人类社会的共同追求，是检察干警核心价值体系的重要组成部分。要始终坚持将思想政治工作融入检察文化建设，加强社会主义法治理念和职业理想教育，将"中国梦"学习纳入干警理论学习计划，通过专题讨论、撰写心得体会、举办演讲比赛等活动，深入开展学习交流，促进转变思想观念，切实提高检察干警的思想觉悟。坚持开展形式多样、内容丰富、贴近实际、为干警喜闻乐见的精神文化活动，通过理论研讨、专家讲座、学术调研等多种形式，使检察干警牢固树立公平正义的价值理念。坚持开门搞活动，广泛征求群众意见建议，努力搭建活动平台，让普通民众了解检察机关，让检察机关文化发展的果实惠及普通民众。在主题教育活动开展过程中，笔者所在的检察院通过与社区开展"中国梦，我们共同的梦"合作共建系列活动，充分发挥各自优势，凝聚双方智慧和力量，使"中国梦"思想在检察干警和社区居民中得到广泛传播。

（二）促学习、提技能，促成实现权力监督之梦

习近平总书记讲到，要加强对权力运行的制约和监督，把权力关进制度的笼子里。任何不受监督制约的权力都存在被滥用的风险。只有以权力监督权力，以权力制约权力，才能保证公权力的良性运作。各国现行有效的权力运作模式无不暗含着对权力行使的深深忧虑，并执着于对权力运作的严密控制。中国梦的实现过程，必将是对现行权力加以监督制约并实现有效控制的过程。检察机关作为法律监督机关，在监督法律实施、维护法律权威的同时，更是对特定的国家权力运作情况进行监督。推进检察文化建设，充分发挥其文化育检作用，为检察机关强

化法律监督提供坚实的人才保障。一方面加强检察干警职业道德教育，通过教育培训、座谈交流、典型示范等形式，将"忠诚、公正、清廉、文明"的理念与检察工作紧密结合起来，不断丰富检察职业道德规范的深刻内涵，使之成为全体检察干警的价值追求和道德自觉。另一方面深入开展"争做学习型干警、争创学习型检察院"活动，引导检察干警牢固树立终身学习的理念，通过采取演讲比赛、业务竞赛、检察论坛、庭审观摩等多种形式，不断提高检察干警的业务技能和素质。大力倡导检察调研之风，号召检察干警争做专家型、学者型检察官，在检察机关努力营造浓厚的学习氛围。

（三）抓管理，健制度，促成实现廉洁司法之梦

建设廉洁政治是党和国家一贯坚持的政治主张，也是人民群众强烈关注的重要政治问题。官员清正、政府清廉、政治清明历来是为政者治国理政的奋斗目标，实现中国梦必然包含了对廉洁政治的向往和追求。廉洁司法是廉洁政治的有机组成部分，是维护社会公平正义的必要保障，也是检察文化建设的重要价值目标。通过举办廉政讲座、组织观看廉政展览、播放警示宣传片等形式，大力开展反腐倡廉和警示教育活动，将其作为一项长期性工作抓紧抓好，努力营造"遵章守纪、风清气正"的良好工作氛围。建立健全廉政建设的各项规章制度，将其作为检察机关开展廉政建设的重要抓手，通过制度建设加强对检察机关权力行使的监督与控制，逐步形成用制度管权、按制度办事、靠制度管人的长效机制。[①] 推进检察权内部监督机制创新，将其作为促进检察机关公正廉洁执法的关键环节，切实提升检察机关内部监督工作的实效性，不断增强检察机关的司法公信力和良好形象。

（四）树典型，明导向，着力打造素质过硬的检察队伍

任何伟大的事业归根结底都要归结于人的因素，素质过硬的干部队伍将为中国梦的实现提供充分的人力保障。检察文化作为一种职业文化，来源于检察官这一特定群体的文化实践和文化生产活动，同时，又会对该群体的成员产生重要的作用和影响。文化建设的这种文化育人功能主要表现在价值引导、行为规范和驱动激励等方面。通过评选表彰在理想信念、干事创业、勤勉工作等方面成绩明

---

① 赵伟光：《探索检察文化建设新途径》，载《中国检察官》2013 年第 1 期，第 14 页。

显、示范作用强的优秀检察干警，充分发挥先进典型的引领示范作用。运用简报、报刊、多媒体、微电影等多种形式，教育引导广大检察干警对照先进典型，找准自身差距，明确努力方向，努力营造学先进、赶先进、争做先进的浓厚氛围。加强检察干警行为规范建设，建立和完善规范检察行为的规章制度，强化对检察干警的行为约束和引导，有效推动规章制度的落实，严查检察干警的违法违规行为，切实增强行为规范的确定性和实效性，努力形成有规可依、有规必依、违规必究的良好局面。

对西部欠发达地区基层检察院
培育和践行社会主义核心价值观的浅析

——以甘肃省金塔县检察院为例

谢宝玉*

新形势下，最高人民检察院《关于检察机关培育和践行社会主义核心价值观的意见》要求检察机关要依法严格履行打击、预防、教育、监督、保护职责，不断提升运用法治思维和法治方式履行职责、化解矛盾、服务群众、促进发展的能力，切实把社会主义核心价值观落实到法律监督实践中。重在落实，难在落实，出路也在落实的共识成为基层检察院和一线干警经常碰到、回避不了的问题。作为"当事人"，无论是谁，不管是有心还是无意，在践行社会主义核心价值观的探索中，都有一个价值评价和价值排序。价值排序往往决定人非常现实的行动和行为。我们在每次条线考核后，尤其是得到服务群众和社会评价后，经常要考虑"值不值得"、"有没有效果"、"与期望值有多大差距"，这里的"值"、"效果"、"差距"实际上就是一种价值判断和价值排序。

简单地说，所谓价值，就是指有意义的、值得我们珍惜并去追求的；所谓价值观就是指关于什么是有意义的、值得我们珍惜并去追求的根本观点，它是世界观的重要组成部分。价值观是称量、调整、校正人的思想和行为的准则，决定人们在面临或处理各种矛盾、冲突、关系时的基本立场、态度和倾向。人类的历史表明由于社会生活、利益需求、利益群体、生活背景、看问题的多样性，决定了人类社会的价值观从来都是多元的，多元价值观需要"价值共识"作为基础，需要"核心价值观"的引领。社会发展如此，检察干警践行"忠诚、为民、公正、廉洁"的政法干警核心价值观同样如此。

---

* 作者单位：甘肃省酒泉市金塔县人民检察院。

　　甘肃省酒泉市金塔县位于酒泉市东北 47 公里处，酒泉卫星发射中心、空军实验基地坐落境内，总面积 1.88 万平方公里，辖 5 乡 5 镇，1 个城市社区管委会，89 个行政村，总人口 15 万人。笔者所在的金塔县检察院现有干警 24 人，检察官 15 人，是名副其实的西部欠发达地区的基层小院，但小院展示出的是团结协作、积极进取、开拓创新的良好氛围，凸显出的是心齐气顺、和谐融洽、相互支持的良好局面，尤其是"甘肃省十佳公诉人"和"甘肃省侦查监督十佳检察官"彰显出的自信让人印象深刻，这种自信源自西部检察官特有的底气和学习的状态。追其缘由，培育和践行社会主义核心价值观的实践探索，最根本的是踏踏实实走好来时路，坚持解放思想、实事求是、与时俱进，把社会的要求、群众的期望和基层检察院的实际结合起来，把激活内力和借助外力结合起来，创造性地开展工作。抛开所有的表象层面暂且不论，作为践行政法干警核心价值观主力军，检察官所能掌控的就是法律监督，而法律监督"价值共识"的本质就是如何体现"公平、正义"。

　　从个体层面来看，个体人生需要主导价值观作为人生的天平；从社会特点来看，社会的有序运行需要明确的价值支撑和价值引导。由个体组成的社会，之所以不再是众多个体的简单组合，而成其为社会，一个重要的原因是它拥有将众多个体凝聚起来、规范起来、动员起来的价值追求和价值准则。而其中占主导地位、最为根本的价值观念，则构成社会的核心价值观。通过构建核心价值观，发展主流意识形态，整合社会意识，是社会系统得以正常运转的基本途径。

　　近年来，"案多人少"是基层检察院面临的窘境，金塔县院也不例外。倒逼机制迫使其尝试"小院大部制"改革，从外地改革眼光来看，各个地方都重视检察理念建设，特别是非常明确改革的首要任务是检察干警观念的更新。在新的环境下，创新是时代的主旋律，也是催生人民检察事业生机与活力的主题。检察官必须牢固树立坚强的政治意识，自觉把检察工作置于党和国家的改革发展和稳定的工作大局，去实现检察办案服务效应的最大化、社会负面效应的最小化，从而使检察工作与社会发展大局同频共振，为社会发展提供和谐稳定的法治环境。从历史视野来看，任何创新都应该是"扬弃"的过程，是一个肯定和否定相统一、继承和发展相结合的过程。基层检察院须在"全院一盘棋"思想的指导下，强化分工与配合的有机协调，变以往单兵作战模式为发挥"尖兵"作用与集体优势相得益彰的模式，形成办案合力。内部机构的优化组合目的是各个工作单元溪水汇成洪流，合是聚力的中坚，分是特能的彰显，形成了一种高效有序的运行状态，真正体现出精悍的"检察卫士"风范。从现实需要来看，制度的创新浸透了各个岗位的问责关系，带来了管理的科学化、程序的规范化，使各条块运行紧张而有续、繁忙而不乱、严肃而便捷。管理层按照"强化职能发挥，满足工作需求，提升工作质效"的原则，打破部门和条块界限，激活了"全院联动一体化"。

现实情况是不同的基层院因其所处的区域环境、人口、经济、文化等特定因素，客观上导致了基层院规模大小的区别、检察业务量大小的区别、服务对象上的区别等，这些区别决定了不同区域基层检察院的发展模式和履职方式应当有所区别。同样，检察官是一个抽象的概念，但每一个检察官都是具体的、真实的、特殊的，基层检察建设问题，落实到具体的每一个基层检察院，则都会遇到现实的、具体的困难和矛盾。西部欠发达地区基层检察院建设发展的模式，必须在中国特色检察制度、检察工作规律的本质要求下，坚持本地区的特殊情况，因地制宜确定。因此，在新旧交替、革故鼎新的内部机制改革大潮中，作为西部欠发达地区的检察官必须要有"壮士断腕"的勇气迈过这个废旧立新的阶段，这或许是非常痛苦的抉择，但却能避免"东施效颦"、"邯郸学步"的历史尴尬。

党的十八大报告在总结历史经验、顺应时代要求、回应人民期待的基础上，分别从国家、社会、个人三个层面，高度概括社会主义核心价值观，清晰而凝练，让社会公众找到核心价值观里的"主心骨"，为多元时代凝聚思想共识指明了方向。检察机关维护公平正义，最重要的是要始终站在人民群众的立场上考虑问题、谋划工作，诚心诚意为群众办实事、解难事、做好事，让群众切身感受到公平正义就在身边，这是检察机关践行党的群众路线的最好解释。因此，党的群众路线为检察干警重新审视践行社会主义核心价值观赋予了新的内涵，也更加坚定了其进行改革的信心、勇气和改革创新的力量。其关键在于培育和践行。

首先，要在思想上提高觉悟，在行动上加大力度。正视和治理各类价值混乱的问题，一个重要的先决条件，就是要在思想上进一步觉醒起来，绝不能对培育和践行社会主义核心价值观有丝毫的轻视和懈怠；就是要在行动上进一步加大力度，绝不能说起来重要、做起来次要。培育和践行社会主义核心价值观，要做实功而不要务虚名，要日积月累而不能急功近利。金塔县院是西部欠发达地区的人口只有15万的一个小院，一年办不了几个案子。但该院从一个普通的基层检察院成长为全省基层检察院的先进典型，而且始终保持领先发展的趋势，个中原因值得我们细细探究。一是追求卓越的"扛旗"精神。"全国检察机关'百优'预防职务犯罪警示教育基地"、"甘肃省先进检察院"、"甘肃省司法考试先进单位"、甘肃省首批科技强检示范院等，这一系列荣誉的取得，靠的是金塔检察人励精图治，不断追求新目标，不断实现新超越，从而实现了全面发展、全面提升。二是脚踏实地的"务实"精神。金塔检察始终坚持争先创优，在忠诚履职上作表率；始终坚持锐意进取，在开拓创新上作表率；始终坚持改进作风，在优化服务上作表率；始终坚持强化素能，在树立公信上作表率。荣誉的背后，是一连串扎实的数据和过硬的业绩。三是代代相传的"接力赛"精神。这是金塔检察最宝贵的品质。金塔检察的发展目标，既有阶段性，更有连续性，契合了检察事业可持续发展的要求。这既是金塔检察始终保持领先发展优势的根本所在，也是永葆先进典型"新鲜度"的奥秘所在。

其次，要和行政推动结合起来。价值观主要依靠良心的自觉发挥作用。人的良心不是天生的，而是后天形成的。从根本上说，良心就是内化的社会价值规范。在这个过程中，符合社会主义核心价值观的言行会受到肯定和奖励，违反社会主义核心价值观要求的言行会受到否定和相应程度的惩罚，人们在激励与约束相辅相成的机制中培育和践行社会主义核心价值观。从某种意义上来说，正确价值观的形成需要奖励和引导，也需要约束和强制。为打造高效的执法壁垒，金塔县院组织和引导干警重点查找在"法律监督、服务大局、队伍建设"等方面存在的问题和不足，努力提升干警业务素质。采取"培训＋竞赛"的模式，组织开展了形式多样的练兵活动，激励干警争当学习型检察官。通过组织开展庭审观摩、案例分析、法律研讨、计算机操作技能竞赛、业务部门规范制作法律文书竞赛等活动，培养了一批检察业务尖子，全面提升了检察队伍整体法律监督能力、公正执法能力和开拓创新能力。机制的创新营造了"创先争优"的氛围。年初将各项业务工作进行量化，逐层分解落实到科室、人头，每半年进行一次检查、考核，"奖优罚劣"、"奖勤罚懒"，对实绩突出的干警及时给予表彰奖励，优先安排外出学习、考察；对未完成工作任务的进行诫勉谈话。对机构进行整合的同时，对检察人员进行科学合理的配置，在培育和践行社会主义核心价值观的过程中真正实现了人尽其才，物尽其用，"优秀资源共享"、创先争优的目标。

再次，培育和践行社会主义核心价值观，既要内化于心，又要外化于行。内化于心，就是将社会主义核心价值观转化为"我的价值观"，外化于行就是将社会主义核心价值观转化为"我的行为、我的习惯"。金塔县院大力实施"文化育检"战略，构建"理性平和、规范文明、团结进取、创新发展"的金塔检察文化体系。购置业务书籍，征订报纸、杂志，规范图书室管理，为干警提供良好的学习环境。着手在新办公楼各楼层及院墙，设置文化宣传栏，以展览板、图片等多种形式，阐述政法干警核心价值观、检察职业道德、廉政文化，营造浓厚的文化氛围。开展了学雷锋、植树造林、环境整治、慰问贫困户、法制宣传等活动，树立良好检察形象。组织了"三八"妇女节座谈会、篮球、乒乓球等文体娱乐活动，提高干警的审美情趣，增强队伍凝聚力。以先进的检察文化引导广大检察人员深入践行核心价值观，认真履行检察职责。检察文化是检察官核心价值形成的基础，它既是这一群体精神及物质文化水平的高度概括，又体现着这一群体精神和物质文明建设的成就和标准。

最后，要从我做起，从现在做起，从小事做起。培育和践行社会主义核心价值观，是一项全民共建共享的民心工程、铸魂工程，需要全社会共同担当。每一位检察干警都应该成为培育和践行社会主义核心价值观的实践者，而不能只当旁观者；都应该成为善良价值规范的维护者，而不能只当享受者；都应该成为以身证道的实践者，而不能只当评头论足的"批评家"、"空谈者"。践行社会主义核心价值观，尤其需要克服价值问题上的矛盾心态，不能讥讽别人搞不正之风，自己办事却忙找关系；不能痛恨"潜规则"，却又希望自己是"潜规则"的受益者；不能嘴上抨击不良价值观，但自己又是不良价值观的实践者。一是树立法律至上的意识。建立法治社会，必须在全社会树立崇尚法律权威的意识。检察机关履行维护法律统一正确实施的使命，这就要求检察人员必须做遵守、崇尚法律的模范，必须确立唯法是从的职业品格，依法独立行使检察权，做到不唯权重、不唯情扰、不唯利诱，树立以身护法、为法献身的崇高精神。二是树立保障人权的意识。要更新思维观念，转变过去单向、传统的专政和惩罚职能。对法律的认识要从绝对的工具主义向保护人权转变，彻底摒弃"重实体、轻程序，重打击、轻保护"的倾向，在维护法律尊严的同时体现人文关怀。三是树立公平正义的意识。司法是社会公平正义的最后一道防线，司法公正是司法活动的目标要求，是司法文明的核心和社会主义法治的本质体现。

为此，检察人员在执法过程中，首先要坚持以法律效果为基础，通过适用法律的公正来体现主体保护上的平等。其次要坚持效率优先的原则，缩短办案周期，降低诉讼成本，减少当事人的诉累，保证司法公正及时得以实现。再次要坚持民主公开的原则，拓展检务公开的领域，引入体外监督机制，实现执法活动的阳光操作，最大限度地将检察权的行使置于社会和公众的监督之下，只有这样才能确保公正执法和社会的认同度，提高执法的公信力。最后要树立执法为民的意识。"立检为公、执政为民"是检察机关的基本宗旨，也是构建社会主义和谐社会的重要方面。树立执法为民的观念，就是要求检察人员在执法活动中，必须把以人为本的价值取向始终贯穿于检察工作的各个方面、各个环节。把人民群众关切的热点和难点问题作为自己工作的切入点，把实现好、维护好人民群众最现实、最关心、最直接的根本利益作为检察工作的出发点和落脚点。

浅谈基层检察院检察文化建设

蓝燕华*

一、从文化到检察文化，寻基层检察文化建设的意义

（一）基层检察院建设检察文化，是发展使然，是顺应社会进程的必然要求

文化是一个内涵十分丰富的范畴。在《现代汉语词典》中，"文化"一词指的是人类在社会发展过程中所制造的物质财富和精神财富的总和，并偏指精神财富，它具有同其他形态所不能替代的价值和影响力。当代，文化在一个国家、一个民族、一个集体的凝聚力和创造力中起着越来越重要的作用，先进的文化符合人类社会发展的方向，体现了先进生产力的发展要求，代表着最广大人民的根本利益。在长期的革命、建设和改革的奋斗过程中，中国共产党一直十分重视文化建设，毛泽东同志就曾经论述了文化与政治、经济的关系，认为任何社会，没有文化就建设不起来；邓小平同志更是创造性地阐述了社会主义精神文明建设的思想，他提出要培育"有理想、有道德、有文化、有纪律"的社会主义"四有"新人；江泽民同志指出中国特色社会主义文化是综合国力的重要标志；胡锦涛同志则在党的十八大报告中提出："文化是民族的血脉，是人民的精神家园。"而以习近平为总书记的党中央，更是进一步强调了文化的重要位置，习近平在中共中央政治局第十三次集体学习时强调："把培育和弘扬社会主义核心价值观作为凝魂聚气、强基固本的基础工程，继承和发扬中华优秀传统文化和传统美德，广泛开展社会主义核心价值观宣传教育，积极引导人们讲道德、尊道德、守道德，

* 作者单位：福建省漳州市云霄县人民检察院。

追求高尚的道德理想，不断夯实中国特色社会主义的思想道德基础。"可见，文化在社会发展过程中的影响力是不容小觑的，一个国家、一个民族要发展、要进步，必须重视文化建设。中国自改革开放以来，便一直致力于建设有中国特色的社会主义，走中国特色社会主义道路，这样的道路，势必需要中国特色社会主义先进文化的支撑。而检察文化作为中国特色社会主义先进文化当中的重要组成部分，亦具有同文化一样的职能效应，影响着检察机关乃至整个社会正义和风气，基层检察院作为检察机关执行职能的主要力量，更是不应忽视检察文化的影响力，基层检察机关加强检察文化的建设，是顺应社会发展进程的必然要求。

（二）基层检察院建设检察文化，是完善检察队伍建设、履行检察职能的必要条件

检察文化作为文化当中的一个个体，不仅同文化一样具有职能效应，并且从文化的延伸概念来看，亦是体现了检察机构精神和物质文明建设的总和，我们也可把它认为是我国检察制度在发展过程中所创造出来的物质和精神财富的总和。现今，大多研究者都认同这样的一个分类，就是从检察文化塑造的角度来看，将检察文化分为精神文化、制度文化、行为文化和物质文化。

精神文化，指的是检察机关在行使检察权的过程中，受到一定的思想、文化和意识形态等方面的影响而长期形成的一种精神和文化观念，[1] 如检察人员的职业道德、工作精神、法律思想、价值观等；而行为文化则是检察人员在执法行为、活动中表现或创造出来的文化；制度文化则是以检察机关特有的检察制度和制度的执行力为主要内容的文化，它约束着检察人员，同时保证着检察权的运行，是检察文化的本质特征；物质文化则是包括了检察办公环境、技术装备、设施等以物质形态为主的文化。

再回头探究检察机关职能，检察机关肩负着强化法律监督、化解社会矛盾、维护社会稳定和公平正义的艰巨任务。只有树立正确的世界观、人生观、价值观，提高检察人员的政治素养、职业道德素养，提高检察人员的综合素质和执法能力，才能增强检察队伍的凝聚力和向心力；只有促使检察机关执法规范化、队伍专业化、管理科学化，才能保证执法的理性、平和和文明规范，才能在促进公平正义、维护社会稳定上发挥更大的作用；只有强化检察人员的行为准则规范，

---

① 刘荣九、刘正：《检察文化的塑造及途径》，载《政治与法律》2007 年第 1 期。

以典型范例甚至是其他任何物质条件影响，才能推己及人，将检察机关和检察人员良好的精神风貌辐射到社会大众身边，才能扩大影响，促使正义广泛传播，社会健康发展。而这一切，都需要通过建设检察文化来影响和实现，建设检察文化，传递和完善检察精神文化、物质文化，规范和创新制度文化、行为文化，是建立一支政治过硬、责任过硬、业务过硬、纪律过硬和作风过硬的检察队伍的必然要求，是检察机关更好地履行检察职能的必要条件。基层检察院作为检察机关执行检察职能的重要主力，不仅是全部检察工作的基础，而且还是承担检察文化建设的重要载体。因此，检察文化建设要落到实处，要真正取得实效，就必须从基层入手，加强和推进基层检察院检察文化建设。

二、从检察文化建设的现状，探基层检察文化建设过程中出现的问题

近年来，基层检察院为贯彻落实最高检《关于深入贯彻党的十八大精神进一步加强检察文化建设的决定》及福建省院《关于进一步加强检察文化建设的实施意见》等文件精神，已经将检察文化建设摆上了各基层党组重要议程和热门话题，并紧跟上级脚步实施落实，取得了一定的成效。

一方面，各级领导重视，责任领导，建设工作层层递进。

福建省各级检察机关高度重视检察文化建设，省院多位领导都曾在全省检察工作会议及几次座谈会上强调要求全省检察机关要将检察文化建设摆到全局工作中的重要位置，全面落实最高检的文件精神。省院没有急功近利，而是意识到检察文化建设工作是一项长久的、必须持之以恒的任务，文化建设必须立足长远统筹规划，由此，省院不仅制定了《关于进一步加强检察文化建设的意见》，提出了目标要求和具体措施，还多次召开省、市、县座谈会，作动员部署工作，加强组织领导，强化领导责任，帮助各级检察院提高认识，此外，省院还组织各市代表奔赴省外多个兄弟院考察调研，做好经验学习工作，取长补短，组织部分基层检察院相互交流，并在此基础上，选择几个基层单位进行文化建设试点，以点带面，层层推进全省检察机关文化建设。

另一方面，全省检察机关总动员，形式丰富，主体文化和地域文化相互呼应。

近几年来，福建省各级检察院在最高检、省院的领导下，不断加大检察文化

建设力度。各地检察机关采取了丰富多彩的方式和载体来建设检察文化，如在检察办公环境方面，通过打造文化走廊、文化墙，建立检察荣誉室、阅览室，电子屏幕上播放名言警句等潜移默化的方式，营造浓厚的文化氛围；在检察活动方面，通过举办文艺晚会、主题演讲比赛、典型事例讲座、书画摄影比赛、创建报刊等形式来活跃检察机关的文化氛围，带动检察人员主动学习、主动参与、人人参与。

各地基层检察院在不断完善检察文化建设过程中，主体文化和地域特色文化相呼应。各地检察机关以社会主义核心价值体系为指导，以培育和弘扬检察职业精神为重点，牢牢把握检察文化建设的精神实质，树立正确的发展理念和执法理念，做到不偏移检察文化建设正确的政治方向，在此基础上，围绕各地地域特点，通过不同载体打造出形式多样的特色文化，比如云霄县院以云霄地域文化和本院亮点提炼出"红树林的团结精神、罗汉松的奋进风骨、'成叔'的奉献美德"作为我院检察文化建设的精神名片，激励全院检察人员团结、廉洁向上和无私奉献。

基层检察文化建设虽取得了一定的成效，但仍然存在一些问题：

1. 对检察文化建设认识不足。有些干警缺乏对检察文化建设的正确认识，敷衍甚至抵触学习，认为只要办好案，干好自己的工作就行；有些干警认为将资金用于建设检察文化是奢侈浪费，成效并不明显，是面子工程。

2. 检察文化建设内容轻重不一、成效不同。有些基层检察院开展检察文化建设，多侧重物质表层方面的建设，如将文化建设停留在建设文化基础设施，或举办几场主题活动就了事，而忽视了对干警思想上的引导，没有在培育和弘扬社会主义核心价值观上下功夫，干警参与的积极性小，发挥的效果也自然不明显。

3. 有些地方检察文化建设相对比较被动。有检查才有行动，有要求才有建设。检查过后，检察文化便形同虚设。

三、关于基层检察文化建设的一些思考

检察文化建设是一个长期的、动态的发展过程，短期的、简单的措施虽也能加深检察干警对文化必要性、重要性的认识，但这种影响是有限的。想要成功地建设检察文化，对内，能够影响检察人员各方面的思想行为活动；对外，能够让人民感受到检察的力量，就必须着眼于长远，循序渐进，打造检察文化。

（一）建设基层检察文化，应立足根本，不能本末倒置，也不能流于形式

检察机关的权威来自检察人员对法律精神的正确理解和对公平正义的孜孜以求，培育和弘扬检察的核心价值理念才是检察文化建设的根本，只有带动整个检察机关，将公平正义内化于心，才能真正影响整个检察事业；检察机关的权威还来源于最广大人民群众对检察人员的信任和尊重，只有带动全体检察人员将检察核心价值理念，将为民、清廉、务实外践于行，才能真正取信于民，为老百姓办好实事，让人民群众信服赞叹，最终实现检察机关的最高价值。建设基层检察文化，不能流于表面形式，敷衍应付了事，也不能本末倒置，对检察文化建设不清不楚，而应立足根本，脚踏实地，真真正正做好建设工作。

（二）建设基层检察文化，关键是组织领导，注重提高凝聚力和向心力

"能用众力，则无敌于天下矣；能用众智，则无畏于圣人矣"。检察文化建设，关键还是要靠整个集体、组织齐心合力，共同奋进，这个时候，领导艺术显得十分重要。只有团结协作，提高整体凝聚力和向心力，力量才会大，任务才能轻松，检察文化建设才能更好更快发展。

（三）建设基层检察文化建设，全体检察干警还应树立"文化自觉"

检察文化建设的成效，根本还是取决于检察干警本身的程度。所谓文化自觉，指的是"文化的自我觉醒，自我反省，自我创建"。① 这也是一种从认识、反思、调研、融合到创新的过程。检察文化建设不是喊喊口号，写几篇心得体会便可以，也不是只有领导就能办事，关键还在于全体检察干警，在于我们是否能有文化反省的自觉，在于我们是否有自我剖析的魄力，在于我们是否能静心学习，是否有取长补短的勇气，在于我们是否能有融会贯通之后走出自我特色的本事。将被动变为主动，将建设检察文化变成一种常规任务，从点滴做起，从改变自己做起。

---

① 来源于中国著名社会学家费孝通先生的观点。

（四）建设基层检察文化，还要跟进时代脚步，充分利用新媒体时代优势

检察文化的建设并非能够一蹴而就，且建设的内容是可以不断丰富的，建设检察文化，还可以借助新媒体时代及科技社会产品来丰富检察文化建设的载体和方式，创新工作方式。比如，善用网络平台如博客、论坛、网站来交流情感，宣传正能量，增强凝聚力。

对推进恩施州检察文化建设的思考

谭 明 熊 荃*

当今世界正处在大发展大变革大调整时期，文化越来越成为民族凝聚力和创造力的重要源泉、越来越成为综合国力竞争的重要因素、越来越成为经济社会发展的重要支撑，丰富精神文化生活越来越成为人民的热切愿望。实现社会主义文化大发展大繁荣的战略目标，是全党、全社会的共同事业，需要包括检察机关在内的各方面的积极参与。同时，检察文化是社会主义文化的重要组成部分，也是检察机关建设的重要内容。检察机关应当加强自身文化建设，特别是民主、法治文化建设，为丰富和发展当代社会主义文化作出自己的贡献。

一、当前恩施州检察文化建设的主要成效及做法

近年来，恩施州检察机关把检察文化建设作为助推检察事业发展的支撑点和动力源，通过发挥检察文化的引导、教育、凝聚、激励功能，引导干警自觉接纳先进检察文化的洗礼，着力塑造检察干警的核心价值观念，建设高品位的检察文化，通过检察文化多层次、全方位的潜移默化作用，促进了各项检察工作的科学发展。

（一）坚持"三个融合"，突出检察价值文化建设

一是融合思想教育培育检察价值文化。深入挖掘恩施地域文化与检察文化相融相通的结合点，恩施市院结合地域文化创造的"三有"检察文化，已成为全州检察文化名片，享誉恩施州内外。巴东县院先后出版了《巴山深处昭正义》、《楚峡警示录》、《法苑论坛录》、《检察风采录》等书籍；搜集大量见证该院几十

---

* 作者单位：湖北省恩施土家族苗族自治州人民检察院。

年艰辛发展历程的图片资料和实物，以艺术表现方式，建成了底蕴厚重的检察文化陈列室，使干警拥有了一个品味检察历程、展望未来发展的"精神家园"。恩施市院干警在女儿会中荣获二等奖，利川市院在"龙船调"杯利川民歌传唱大赛获三等奖。鹤峰县院组织"80后"干警学习土家方言，增强群众工作能力。

二是融合职业特点培育检察价值文化。围绕"忠诚、公正、清廉、文明"的检察职业道德标准，引导干警培育良好的职业道德价值观。恩施州检察院先后举办了"检察职业道德论坛"交流活动，从"德、才、诚、情、礼"等不同层面全方位地展开关于检察形象的讨论。把"在检察条线要有良好的业绩；在政法系统要有良好的评价；在领导心中要有良好的印象；在人民群众中要有良好的口碑"作为检察形象建设的检验标准，广大干警进一步加深了对检察职业道德的理解，恪守的自觉性进一步增强。

三是融合典型宣传培育检察价值文化。大力宣传先进典型，弘扬主旋律。选树和宣传了体现检察工作特色、反映时代精神、具有人格魅力的先进典型——全国模范检察官张启纯同志，《检察日报》、正义网、《湖北日报》相续对张启纯同志的群众工作先进典型事迹予以报道。

（二）用好"三个平台"，突出检察学习文化建设

一是用好"检校合作"平台。恩施州检察院与中南财经政法大学联合建成了法学研究生教育基地，在中南财经政法大学、江汉大学、湖北民族学院聘请了11名特约理论研究员。创办了"学者讲堂"，紧扣干警学习需求和检察实务，定期邀请专家学者传播先进理念，引领干警学习，先后邀请吴汉东、姚莉等15名全国知名法学专家进行专题讲座。

二是用好"检察官论坛"平台。开办了"检察官论坛"，形成互动交流氛围。近年来，恩施州检察院围绕"群众工作论坛"、"文化育检论坛"等主题，举办论坛23期，120余人次作了主题发言。近年全州干警在各类期刊发表理论文章120余篇，其中在国家级核心期刊等刊物发表3篇，8篇论文在省级获奖。恩施州检察院组织出版了理论专著《中国特色社会主义检察制度概论》、《检察职能研究》，成为提升检察理论研究水平的一项丰硕成果。

三是用好"岗位练兵"平台。开展了"开卷益智、行成于思"读书活动、法律宣传"五进"等十项增强履行法律监督"软实力"的学习活动。一批岗位能手、业务尖子在练兵中不断磨砺，在竞争中脱颖而出，全州检察机关涌现出了

全国全省理论研究人才、全省优秀公诉人、办案能手、信息化能手等业务尖子19名，12名干警被湖北民族学院聘为客座教授。

（三）坚持"三个强化"，突出品牌文化建设

注重发挥检察文化的激励功能，引导干警把文化建设的成效体现到检察机关的社会形象和法律监督工作中去。

一是强化"思想争先"理念，激活争创热情。恩施州作为贫困山区，部分干警看到发达地方良好的工作条件和优厚的物质基础，认为恩施州基层院建设没前途，不思进取，惯于"守摊子"。针对这一思想症结，恩施州检察院在全州开展了"贫困山区创造一流业绩"的"金点子"征集活动，通过深入剖析"区位决定成败论"等落后思想，使广大干警形成了"没有落后的检察院，只有落后的思想观念"的共识。

二是强化"勇于争先"理念，营造竞争格局。对全州检察工作提出了"高标定位、整体推进；培育亮点、争创品牌；善于创新、力求特色"的总体要求。要求每个院、每位干警调高标准、提位进位，从而使创先争优热情被激发和调动起来，形成你追我赶的良性竞争格局。

三是强化"创新创优"理念，着力"整体推进"。结合实际，规划了"亮点工程"创建活动，每年对亮点、特色、品牌工作进行奖励，引导全州检察机关把创新创优作为做大做强优势项目的重要途径，也将其作为突破薄弱环节、实现跨越发展的重要途径，引导基层院以创新创优的思维模式思考未来、谋划全局、扬长补短，形成百舸争流、朝气蓬勃的创建局面，全州检察机关先后涌现了"全国十佳检察建议"等一批亮点特色工作，亮点工作实现了多点开花。

（四）开展"三个活动"，突出品位文化建设

经常性组织各种丰富多彩的文化载体活动，积极倡导"快乐生活"、"激情工作"等检察工作新理念。

一是开展文化创作活动。邀请著名作家莫言等举办了"作家、检察官与检察文化座谈会"。组织检察文化骨干深入基层和办案一线体验生活，积极开展检察题材作品的创作。建始县院干警李在云作词的《人民监督员之歌》，入选"感动中国"、"和谐中国、盛世乐章"30首全国人民最喜爱的歌曲之一。建始县院干警郑江创作的长篇小说《棋侠》，获全国检察机关精神文明建设"金鼎奖"二

等奖。

二是积极开展兴趣协会活动。经常性组织兴趣活动，陶冶干警情操，充实业余文化生活，展示了恩施检察官的精神风貌和独特魅力。恩施市检察院干警摄影作品《恩施大峡谷》，在湖北省委外宣办主办，省新闻摄影学会、湖北日报传媒集团视界网承办的"魅力湖北"摄影大赛中获大赛一等奖。注重发挥文化的辐射作用，组织干警深入戒毒所，走进特殊人群，以健康向上的文体活动作示范，鼓励戒毒人员"远离毒品，珍爱生命"。

三是积极开展文娱活动。结合重要节庆日，经常开展丰富多彩的文体娱乐活动，活跃干警的业余文化生活，凝聚人心，焕发活力，净化心灵。

二、当前恩施州检察文化建设存在的问题

文化是民族的血脉，文化的内涵博大精深。检察文化建设作为检察工作、检察事业来抓，应该说起步时间还短。因此，我们既要看到取得的积极成果，更要意识到深入抓好检察文化建设，推动检察事业的蓬勃发展还有漫长的路要走，还要付出更加艰辛的努力。恩施州检察文化经过近年的发展虽然取得了一定成效，但受地域、经济等综合因素的影响，仍然存在对检察文化的认识不准学习不足以及建设表面化等问题。

（一）对检察文化及其建设的认识还不够到位

在检察文化及其建设的问题上，少数干警存在三种错误的观念：一是无用论，认为检察文化建设是务虚的东西，对检察机关没什么实际用处，有没有检察文化建设，检察工作照样开展；二是无关论，认为检察文化建设属于思想政治工作范畴，是领导关心的事，与自己无关，不参与、不支持；三是浪费论，将检察文化建设片面理解为系统内部开展的文艺体育娱乐活动，认为把有限的资金用在美化机关环境、建设文化设施、开展娱乐活动不仅是浪费时间，而且还浪费金钱。

（二）对检察文化及其建设学习研究不够深入

对其内涵和外延的理解还不够清晰，多数院处于唱歌、下棋、书画、打球等文体活动，或是挂几幅字画、开展几场文娱活动、出几本书等浅层文化建设上。普遍紧扣检察工作主题不紧密，形式花样百出，内容体现得却不得要领，推动工

作成效不明显。

（三）检察文化建设特色不明显

在推进检察文化建设过程中，没有整合出体现检察群体的共同愿景、核心价值观和整体精神，没有很好地体现检察特点、传统和发展趋势，检察文化建设趋于表面化、简单化，没有形成完备的检察文化体系。

三、推进恩施州检察文化建设的思考

检察文化是社会主义先进文化的重要组成部分，是社会主义法治文化的重要内容。在新的形势下，检察人员受思想认识、道德选择、价值取向多样化影响的趋势明显增强。推动恩施州检察工作科学发展，需要检察文化的精神支撑，需要从思想、精神、素质、能力等各方面提供重要保障。检察机关要充分认识肩负的重大责任，以更大的力度推动全州检察文化不断繁荣发展。

（一）提高认识，准确把握检察文化建设精神实质

1. 检察文化必须彰显检察属性。检察文化建设是一个新事物，同时也是一项庞大的系统工程。推进检察文化建设，首先必须从思想上与检察文化接轨，要摒弃错误的观念，深刻认识和准确把握推进检察文化建设的前提、关键、精髓和有效手段。准确把握检察文化内涵和定位是推进检察文化建设的前提。在现实生活中一谈到检察文化，人们往往容易把它与唱歌、下棋、书画、打球等文体活动等同起来，这是狭义的理解。检察文化是检察官在行使宪法和法律赋予的职权的过程中形成的价值观念、思维模式、道德准则、精神风范等一系列抽象的精神成果，乃至包括信息化建设等科技强检内容在内的检察机关物质建设成果。只有准确把握检察文化是"检察机关在检察实践中创造的制度文化、精神文化乃至物质文化的总和"这一内涵，才能使检察文化贴近检察事业创新发展的要求，积极探索有利于"强化法律监督，维护公平正义"的文化措施，把成果体现到对工作的推动上，实现可持续发展。同时，检察文化必须以检察工作为中心，体现对检察工作的推动作用，克服检察文化虚无化、去检察化的倾向。检察文化的检察属性是检察文化的生命和存在的价值，业务是检察工作的中心，离开业务谈检察文化是空谈。检察文化作为上层建筑的一部分，也必须自觉服从和服务于业务建设这个中心。脱离检察属性创设检察文化、推进检察文化是毫无意义的形而上学。

2. 检察文化必须符合检察工作整体性、统一性要求。我国宪法和人民检察院组织法规定："最高人民检察院领导地方各级人民检察院和专门人民检察院的工作，上级人民检察院领导下级人民检察院的工作。"检察工作整体性、统一性的要求是检察机关发挥体制优势，提高工作效率，维护宪法和法律统一正确实施的应有之义。检察人员共同价值体系在检察文化建设中处于统摄和支配地位。检察文化体现着强烈的团队意识，能够改变从个人角度建立价值观念的旧有模式，检察文化必须被检察人员群体共同认可，成为检察人员共同的目标和追求，使检察人员产生成就感和荣誉感，进而萌发对检察工作的归属感和责任感，不断凝聚力量、激发活力。推动检察文化建设，必须把检察人员共同价值体系建设作为第一位的任务，将检察人员共同价值体系融入检察队伍建设全过程，贯穿检察工作各个方面，转化为检察人员的自觉追求。在此前提下，检察文化应是体现检察特色的、统一的文化框架，笔者认为，少数人提出的地域检察文化观点与检察文化内涵相背离，充其量可称之检察文化活动。当然，在中国检察文化统一框架未形成之前，各地进行检察文化创建探索，也是为形成统一的检察文化提供成功经验。

3. 必须突出人文素养，切实提高检察队伍的整体素质。检察文化是一个兼容并蓄的形态，更应该是一种人文素养。检察事业发展的灵魂在于人，检察事业的进步依赖于人，检察事业发展的核心就是人的不断发展，而检察文化就是承载检察事业和检察官的载体。当前，我国正处在加快改革发展的重要战略机遇期，也处于人民内部矛盾凸显、刑事犯罪高发、对敌斗争复杂的时期，滋生和诱发犯罪的因素大量存在，检察机关维护稳定、推动发展、促进和谐的任务十分繁重。同时，随着知识的日新月异，社会管理、经济管理等领域的新情况、新问题不断出现，对检察人员公正执法的能力和水平提出了新的更高要求。因此要着力加强素质文化建设，进一步提高检察队伍的整体素质。坚持以专业化为方向，树立人才是第一资源、以人为本的理念，从有利于调动人才积极性的角度出发，为人才的成长创造宽松的发展空间。紧紧围绕增强法律监督能力，进一步探索建立检察人员素质养成机制，着力提高检察人员职业化、专业化水平，形成系统化、规范化教育培训机制、人才成长机制、人才使用机制，营造钻研探讨、研究法律和检察理论与业务良好风气。同时，要采取教育、启发、吸引、熏陶和激励等多种方式，帮助检察人员树立终身学习的理念，使工作学习化、学习工作化成为检察人员自觉的工作状态和生活方式，不断提高和培养检察干警的工作积极性和创新精神，引导检察人员不断提高自身素质和执法水平。紧紧把握检察文化建设的核心内容，切实提高实践的自觉性，把个人价值追求转化为励志图强、创造崭新业绩的自觉行动。

（二）把握规律，确保检察文化建设的方向

1. 把握时代性特点，处理好继承与创新的关系。要紧扣时代主题，放宽眼界，既要主动汲取传统文化中的精髓，同时又要大胆创新，按照新形势、新任务的要求，探索检察文化建设的新内容、新形式和新方法，不断增强检察文化的影响力和渗透力，使检察文化建设更具科学性、时代性，永远生机勃勃。

2. 把握职业性特点，处理好形式与内容的关系。检察文化不能脱离检察工作而单摆浮搁，要着眼于提高广大干警的执法能力和水平，着眼于通过文化建设提高执行力，形成凝聚力，打造强大的团队精神和发展动力。要注意克服那种把检察文化简单地等同于文体活动的认识，注重知和行的统一，不能只是喊口号，更要扎根在干警思想深处，落实在干警的自觉行动中。

3. 要把握群众性特点，处理好主体与领导的关系。广大检察干警既是检察文化建设的主体，更是检察文化建设的践行者。必须树立人人是文化创新主体、人人是文化建设主人、人人是检察形象代表的观念，充分依靠和发动每一名检察干警，共同建设检察文化，共同享有检察文化的成果。

4. 要把握渐进性特点，处理好速度与效率的关系。检察文化建设是一个不断充实、完善和发展的过程，需要长期的积累。要树立长期建设的思路，认真设计文化的目标和要素，不能急于求成，拔苗助长，要立足长远，做到春风化雨、润物无声，一步一个脚印地扎实抓好检察文化建设。

（三）强化统筹规划，循序渐进推进检察文化建设

1. 科学提炼文化建设理念，形成检察文化价值观。干警的价值观、信条、作风、礼仪等文化要素有一个形成、发展、积累的过程，这不仅需要很长的时间，而且需要不断强化。要对检察文化进行广泛深入的调查研究，发掘出在历史发展中沉积和现实工作中创造出的有价值的精神内涵，结合文化建设提倡的价值导向，集思广益，提炼符合实际的核心价值观和价值体系，通过各种渠道和方式向广大检察干警宣传。同时科学设计出检察文化符号标识以及检察文化颜色标

识，并运用于牌匾制作、图书印制中，通过耳濡目染渐入干警心中。

2. 加强环境文化建设，营造良好检察文化氛围。检察文化建设需要在健康的舆论环境和良好的氛围中进行。要通过文化壁画、文化雕塑、文化长廊、文化标识等活泼生动的文化设施，使无形的文化有形化、环境化，更好地展示检察文化丰富的内涵。要充分认识互联网、专线网在检察文化建设方面的巨大潜能和影响，要充分利用机关局域网这个阵地，用心谋划，精心设计，投入更大的精力，加强网络思想文化阵地建设，唱响网上思想文化主旋律，打造检察网络文化精品，促进干警文化品位的不断提高。高度重视检察门户网站的建设、运用和管理，努力使互联网、专线网成为传播检察文化的新阵地、新平台、新空间。要充分发挥已形成多种检察文化等载体的作用，使之成为广大检察干警学习的园地、沟通的桥梁、情趣的舞台、精神的托所。有条件的基层检察院，要注重加强电子阅览室、图书资料室、书画室、摄影室等文化阵地建设，加强文体活动设备等硬件建设，为深入开展检察文化活动搭建硬件平台。要努力营造舒心雅致的办公环境，增强检察机关的亲和力。

3. 大力开展活动文化建设，不断提升检察文化建设品位和活力。深入开展学习型检察院创建活动。积极倡导全员学习、终身学习、团队学习，完善学习机制，实行激励考核，丰富学习平台，深化学习效果，形成工作学习化、学习工作化的良好氛围，努力做到学以立德、学以增智、学以致用。深入开展争先创优活动，丰富活动内容、完善活动办法，把它作为激励干警奋发向上的有力抓手，推进检察工作全面发展，推动业务工作上档升级，提炼先进经验，形成好的工作机制或模式。充分发挥检察文化的凝聚、引导、激励、约束等管理功能，紧密结合法律监督工作，广泛开展不同形式、不同层次的检察文化活动，搭建文化建设平台，丰富文化建设内容，增强文化建设实效，扩大文化建设影响。积极开展丰富多彩、健康向上的文化生活，组织办案技能、科技技能竞赛，组建表演艺术、文学创作、书法、美术、摄影、体育兴趣协会，组织开展读书活动、理论研讨和摄影、书画、文体等比赛以及具有地域、民族特色的文化活动，充实业余生活，提高干警素养，增强干警体质，陶冶干警情操，营造"心齐、力聚、风正、气顺、人和"的和谐氛围。使干警在潜移默化中陶冶情操，提高修养，达到"随风潜入夜，润物细无声"的效果。

4. 加强管理文化建设，提高科学管理水平。进一步建立健全专业、科学的绩效管理体系，运用先进的业务工作运行机制、内外监督制约机制、检务管理机制、专业化管理机制、创新激励机制等增强管理的科学性、有效性、实效性，切实用制度与机制来规范、激励、约束检察人员的行为，推动各项检察工作规范运行、有序开展。充分认识科技进步对检察文化的助推作用，通过移动视频、手机报纸、短信、网络出版、博客、微博等新的文化传播手段，丰富检察文化内容，拓展检察文化传播渠道。加强文化宣传资料和设备建设，探索制作检察职能微电影、FLASH 宣传片，使检察文化宣传阵地拓展到公共场所楼宇内的数字电视，提高检察工作的透明度。同时，以信息化建设为契机，加快绩效管理信息化步伐。大力推进网上办公办案、业务管理、绩效考核，实现目标考核向绩效考核的转变。

注重理念先行　构筑五条途径
推动检察文化建设取得新成效

——基层检察机关检察文化建设的多维度探析

薛海龙*

20世纪90年代初，全国各地兴起了文化建设热潮，这股热潮发端于企业文化的崛起，进而浸透到政府机关和各行各业，以致引发了"检察文化"的研讨和实践。迄今的20余年里，有关检察文化的理论认识和实践探索从未止步，并且对检察事业产生了不可估量的影响。基于这样的认识，有必要进一步探讨检察文化在基层检察机关的建构。

一、理念植入先行，为检察文化建设提供正确导向

检察文化意在创设一种精神、一种理念，通过理想信念、道德情操的培育，树立新时期检察官公正司法的良好形象。[①] 思想是行动的先导，没有了文化的导入，理念建树不起来或者理念建树方向偏失，都会影响到后来的实践和效果。因此，就基层检察机关的文化建设问题，必须从文化导入、理念培树做起。

（一）检察文化秉承主旨的研判

党的十八大报告对社会主义核心价值观进行了诠释："倡导富强、民主、文明、和谐，倡导自由、平等、公正、法治，倡导爱国、敬业、诚信、友善。"检察文化建设亦不例外，秉承"强化法律监督、维护公平正义"的主旨，同时又要秉承社会主义核心价值观。从整个检察机关履职出发，要求坚守司法正义，维护"自由、平等、公正、法治"；从个体修身出发，要求注重理想信念、职业素养、职业操守和个人良好品行的建树。因此，要重提检察文化维护司法正义的这

---

* 作者单位：北京市人民检察院第一分院。

① 李立、薛海龙：《检察文化的理性思考》，载《法制日报》2003年3月20日。

一秉性，这是旗帜问题；要重提检察官个体的人文精神塑造，这是中心环节问题；要重提司法公信力的维护和提升，这是历史和现实对检察文化建设的诉求问题。上述三要素，可以说是检察文化在基层建设尤其在广大检察官思想认识上需要不断深化和巩固的内容。

（二） 简析检察文化的传统内容

笔者认为，检察文化的传统内容与中国司法体系的发展息息相关。其一是道德教化。在传统中国，司法是德治的一个环节，在司法的各个环节都体现了儒家"正人心，厚风俗"的政治抱负，宣教构成了中国司法的主要特色，当然宣教不光是和风细雨式的循循善诱，它还包括斥责、用刑。作为中国古代地方司法官的州县行政官员，在其职责中行教化都是最重要的一项。[①] 其二是司法观念。中国传统司法文化中秉持的"伸张正义"、"抑强扶弱"、"公平公正"、"息诉求和"、"顺应天时" 等特质，都为我们弘扬传统司法文化精华提供了可以借鉴的内容。其三是正面代表形象。传统司法文化的另一个突出表征就是人物的塑造，从狄仁杰到包青天、从海瑞到七品芝麻官，即便是民众口口相传中赋予历史人物本身以一种理想司法精神，也更加印证了检察文化借鉴传统司法文化时不可忽略的形象塑造。

（三） 当代检察文化的更新内容

对当代检察文化的更新内容进行简要归纳可以得出这样的结论：第一层面是对自由的保障。要树立人权保障高于一切的理念，围绕"人"这一核心问题，无论检察机关履行法律监督职能，抑或检察官在具体的执法办案中，都必须而且始终应当把对每一个个体权利的维护作为重中之重，这不仅是法律层面的基本要求，也是建构检察文化时最起码的意识自觉。第二层面是对秩序的尊崇。遵循诉讼制衡原理，树立平等守法、平等司法、公平司法、平等保护的理念，这是解决司法不公、司法擅权、司法不作为、司法乱作为的要求，也是文化建构赋予检察官群体的历史使命。第三层面是对正义的维护。要树立恪守监督职责的理念，做到不越位、不缺位、不错位。当然，还要解决中国社会当下存在的一定程度上"法内无法、法外有法"现象，前者是指司法官员（包括检察官）有法不执，后

---

① 陈煜：《青蓝集：张晋藩先生指导的法学博士论文粹编（2002—2010）续编》，法律出版社2010年版，第201页。

者是指行政权对司法权的掣肘，在一定程度上还包含了人情案、关系案、金钱案等法外开恩给司法运行造成的不良影响。

二、遵循客观实际，开辟检察文化建设的多元化途径

在解构检察文化的层面问题时，曾经有一种较为普遍的观点提出：检察文化的建构包括浅层的物质文化、中层的行为文化、高层次的制度文化、深层次的精神文化，甚至还提出了注重公诉部门的文化提炼、开阔自侦部门视野，广开案源、文明侦查，以及控告申诉检察、民事行政检察等部门要培养干警"诚心、公心、细心、良心"意识等。① 从客观上讲，这种零散的认识或者代表了不同地区检察文化建构的实践，在认识上具有积极的意义。但从另外一方面讲，还有必要与时俱进，深挖检察文化建设理论与实践的应然内容。

（一）加强教育，立足检察职能和检察机关职权，以责任担当来增强检察文化建设的使命感

解决教育问题，是检察文化建设的前提。从目前检察机关人员构成看，一部分来源于高等院校毕业的学生，另一部分来源于从军队转业的复转军人，还有一部分是从其他单位调入人员等。抛开基本的思想品德教育不说，主要是对检察精神的领悟以及司法人格塑造。中国古书上说："一年之际树谷，十年之计树木，百年之际树人。"可见教育的成效不是一时能达到的。加强教育教化：一是重点在于检察职业道德的教化。所谓秉公执法、秉公办案、坚守司法底线，以及执法为民等，这是解决怎么样执法的问题，还要解决为什么要这样的问题。因为要遵循法律面前人人平等，因为要坚持权为民所授、权为民所用，故此必须把法律职业道德教化作为长远任务。二是核心在于检察理念的培树。没有理念的引导，是不能担纲检察重任的，这其中还关乎对检察自由裁量权的运用，为什么可捕可不捕的案件一定不捕、可诉可不诉的案件一定不诉。这就需要检察官秉持司法良心理念，能动而非被动的执法办案。某地一个检察长曾在大会上问检察官办案凭的是什么？几个检察官均答曰：以事实为根据，以法律为准绳。后来，该检察长谈到：应该凭良心。笔者认为，在现实检察语境下，要达到此良心境界，非得经过

---

① 李立、薛海龙：《探索检察文化的实现形式》，载《法制日报》2003 年 11 月 13 日。

持之以恒的理念培树不可。否则，就会出现擅用自由裁量权、简单执法、机械办案的现象。三是最终在于检察官人格塑造和检察精神形成。坚持价值取向引导、检察职业道理念培树、帮助检察官个人职业生涯正确设计等，最终会形成检察官个人独具魅力的人格精神，由个体而团体，检察责任担当定会与宪法法律赋予的职责相匹配。

（二）突出创新，着力检察理论研究和实践创新，为检察文化建设提供足够空间

检察文化是制度文化和精神文化的融生物。在制度文化里，牵扯到理论和实践的不断创新。检察制度的创新不只是顶层设计——最高层就法律层面的不断改革，也牵扯到大量基层检察机关在实践中的微观操作。当然，创新不能逾越现有法律的内容。一要在重点实践领域有新突破。检察机关基本上担负着五项权能：维护宪法、法律统一实施权，审查批捕权和决定逮捕权，国家公诉权，诉讼监督权，自行侦查权。这五项权能浑然一体，构成了当代中国检察制度体系的主要内容。[①] 如对于履行反贪污贿赂侦查职权这方面，究竟实现什么样的侦查模式较为有效，是传统的二人办案模式好，还是实行"队建制"办案效果更好。[②] 再如，实行主任检察官办案机制下，公诉部门的处长（科长）到底应该肩负什么样的责任等。二要在检察文化理论方面有新建树。检察文化理论研究理应坚持百花齐放、百家争鸣，这是文化繁荣的应然局面。因此，对各地自行开展的检察文化理论探讨和研究应持包容心态，同样也要正确引导，反对检察文化建设中的实用主义、庸俗主义甚至照搬照抄现象。否则，就会出现千篇一律的抓物质文化、抓行为文化、抓制度文化、抓精神文化，避免形成物质上的浪费、实践上的雷同、机制上的泛滥、精神上的空洞。

（三）着力自省，建设专业化的检察官队伍，提升检察文化建设的驱动力

研究检察文化建设时，不能不提及检察队伍专业化建设，这同样是司法正义最后一道防线的内容。检察队伍专业化建设也将反作用于检察文化建设。一方

---

① 李士英主编：《中国当代检察制度》，中国社会科学出版社 1987 年版，第 38 页。

② 队建制办案：如北京市人民检察院第一分院反贪局自 2006 年以来实行队建制办案，将反贪局检察官分为几个办案队，民主决策、互相监督，减少了案件线索的流失，杜绝了搜查扣押中的乱作为。

面，可以把检察文化所倡导的理念、精神嫁接检察队伍专业化建设；另一方面，检察队伍专业化建设可以把检察精神、价值取向直观地反映和体现在诉讼全过程。因此，我们将专业化建设称之为自省过程。一要增强检察官的专业公信力。检察官履职的技术水平如何，将直接影响检察机关担当的法律监督重任。舆论和实践皆有呼声，检察官专业技术不过硬，无异于让不懂医术的医生为患者动手术，其后果可谓盲人骑瞎马，夜半临深池，如若长此以往，治国理政的法治大厦将会摇摇欲坠。为此，必须把专业技术建构放在重中之重。二要提升检察官的职业道德公信力。良好的法律需要有良好道德操守的司法官员来推行。在日益开放的社会，媒体监督、舆论监督、群众监督的力度不断加大，履行法律监督职能的检察机关所承载的具体任务必然要体现在检察官个体的履职中，职业道德操守的自我建构无疑是必不可少的。三要重塑检察官的执法公信力。让检察权在阳光下运行，让检务公开的意识贯穿执法办案始终，要求检察官履行职责必须具有强化法律监督和强化自身监督并重的意识，同时也要具备将静态的法律动态地展示于执法办案全过程，增强释法说理、做群众工作、息诉罢访等具体能力，切实实现执法办案让社会放心、让群众满意，取得立体动态的效果。

（四）注重融合，扩大区域交流和借鉴域外经验，推进检察文化建设呈开放态势

加大国内不同区域检察文化建设的交流与合作，既具有必要性，实践中也多为各地检察机关积极采纳。

就域外文化吸纳方面，历来就有争论，亦即检察文化建设与西方司法文化思潮的关系，要坚持走中国特色的司法道路包括中国特色的司法文化。党的十八大报告可以说是历史性的贡献，它解决了意识形态研究领域纷争不息的问题，把自由、平等、民主、法治、公正等列进社会主义核心价值观，无疑是最高决策层进一步解放思想的表现，为我们研究检察文化提供了相当宽松的氛围。

检察文化的理论和实践探讨也必须根植于世界司法现代化潮流以及中国司法向现代化转型嬗变的生动过程。现代刑事司法具有走向统一、走向文明、走向科学、走向法治、走向人权、走向公正、走向和谐、走向规范等趋势。[①] 先哲蔡元培早在"五四"运动前就提出"以人道主义去君权之专制，以科学知识去神权

---

① 何家弘主编：《刑事司法大趋势》，中国检察出版社 2005 年第一版，第 2 页。

迷信"。在蔡元培看来，"更为根本和重要的问题是教育和文化的问题"，"要建设现代中国文化，必须会通吸收中西两种文化的优秀成果方能有所成就"。① 囿于中国特色现代检察制度，我们不妨把检察文化更新内容定位于巩固本民族的司法特色，吸纳外来优秀司法文化。所谓"各美其美，美人之美，美美与共，天下大同"，② 便是我们建构检察文化时，吸纳世界先进司法文化精华的最好解释。

（五）深化宣传，扩大与社会及公众的沟通联系，争取检察文化建设的广义认知范围

宣传的功用在于被认知。检察文化建构中所指的"宣传"亦不例外，当然还有一个对宣传的选择。简言之，要走什么样的宣传途径？不妨把它归结为"三二一"工程。首先要把好三个维度。把好检察机关"强化法律监督、维护公平正义"的法律监督定位维度，把好检察机关是司法机关的定位维度，把好检察机关检务公开的维度。使社会和公众产生对应的三种反响——检察机关行使法律监督权、检察机关是司法机关、检察机关奉行阳光检务，避免相当多的一些群众还不知道检察机关到底是干什么的现象永久存在下去。其次要选择好两个支点。要选择执法办案、与社会公众沟通两个支点，前者是特殊的宣传，可以是以案说法、以案析理，教育引导公众增强法治意识。后者是衍生出的法律服务，所谓让社会和公众关注检察机关，实践中的"检察开放日"、"检察长接待日"、"检察热线"、"检察微博"、"检察宣传"等，都属于和社会公众的近距离沟通。最后要突出对形象的宣传。这是检察宣传至关重要的环节，一个检察机关，看其检察文化建设成果如何，有一项鲜明的指标——即是否具有代表性的先进人物。"相信个人，对个人有信心"，③ 这是塞缪尔·亨廷顿就"看法上相对立的 20 种文化因素"这个主题而谈的。从而引出了检察文化建构时，必须注重形象塑造这一任务。

三、检察文化建设的几个重要元素

我们不赞同赋予检察文化建设以一种既定的模式，如堆砌物质，在一些地

---

① 张汝伦编选：《文化融合与道德教化》，上海远东出版社 1994 年第一版，第 4 页、第 5 页。
② 1990 年 12 月，在就"人的研究在中国——个人的经历"主题进行演讲时，著名社会学家费孝通先生总结的十六字"箴言"。
③ ［美］塞缪尔·亨廷顿主编：《文化的重要作用》，新华出版社 2002 年第一版，第 85 页。

区，认为把过去的旧服装、旧装备等聚集起来，来展示检察物质文化；甚至认为建图书馆、搞一些机关日常体育比赛、征文活动等就是检察文化建设。如前所述，检察文化理论与实践的应然内容归根结底是什么？它所昭示的应该是精神，是一种永不磨灭的"司法正义"精神。在上述实践的基础上，要遵循认识论规律，从实践、认识、再实践再认识出发，形成检察文化建设理论和实践的良性循环及不断升华。

（一）　关于检察精英塑造

好的文化必然有其代表性人物，这是各地在检察文化建设方面始终如一要承担的重任。培植检察精英、培树先进典型，非独要求必须在全国著名，但必须在本地区有一定影响；非独要求必须有精英个体，而且必须形成精英团体。因为，检察精英，代表的是检察机关这一团体的精神追求，所谓弘扬正能量、弘扬新风正气，这对于遏制司法腐败、对于走向现代法治的国家是幸事，亦无疑是社会和公众期盼的，是中国法治的福音。

（二）　关于司法人文关怀

检察文化的建构必须依托民生维护。"民生"即是人的生存与发展。孙中山先生曾在 1924 年北伐前的一次演讲中谈道："民生就是人民的生活，社会的生存，国民的生计，群众的生命。"① 司法人文关怀就是检察文化最具体、最赋有社会担当的价值所在。假如脱离了司法人文关怀，检察文化断然不能为社会和公众所接受，其生命力也会受到毁灭性挫伤。在司法人文关怀方面，是从单纯的履行法律监督的视角点跳跃出来，对所有的诉讼参与人都应持人文关怀心态。因为从法律的初衷出发，是规制社会关系，从诉讼的角度出发，是康复社会关系，是修弥被破坏了的社会成员之间的关系。当下，社会矛盾日益突出、民生领域纠纷大量出现，将司法人文关怀贯穿于检察文化建设始终，是检察文化具有鲜活生命力的表现。

（三）　关于检察机关院训

谈院训，毋宁说是基层检察机关检察文化建设的精神表征，它是一个检察机关最直观的文化建设反映。正像先哲梅贻琦先生所言："大学者，非有大楼之谓

---

① 周大鸣、秦红增：《中国文化精神》，广东省人民出版社 2007 年第一版，第 57 页。

也，有大师之谓也。"大师是大学精神典范的代表，有鉴于此，检察机关院训应该是对检察文化精神的高度浓缩和概括。院训的内容正是本院习习相传、薪火传承的精神升华。在全国数以千计的基层检察机关，设想一下，倘若没有院训，则是一件不可思议的事情。

（四）关于检察文化建设与检察工作现代化

我们谈文化建设，不能忽略科技的影响，也要从传统文化的藩篱中脱离出来。仅仅强调对个体修为、个体规制，忽略了对现代文化理念和现代科技的借鉴，则会使检察文化建设步入衰退之势。因此，要运用现代科技手段增强检察文化建设的时代感，运用人本管理增强检察官的职业尊荣感，进而开辟检察文化建设新前景。

限于篇幅，本文从检察文化的理念植入、路径选择以及基层检察文化建设的重要元素，进行了粗浅探讨，对于一个具体的文化系统，其本身的建构就是一个复杂的系统工程，无论理论与实践，都不是一蹴而就的物事。但我们可以得出一个重要结论，基层检察文化建设重在探索、重在实践。

浅谈八师检察机关开展文化建设的现状、问题和改进措施

薛洪山*

检察文化建设作为一种新的管理思想和形式，对增强检察队伍的凝聚力和战斗力，锻造检察人员的修养和情操，更新执法理念，密切检群关系，扩大检察机关的社会影响以及构建和谐检察机关等，都有着十分重要的作用，如何发展好基层检察院检察文化，努力培育一支忠诚、为民、公正、廉洁的检察队伍，以此推动检察工作科学发展，八师分院党组在兵团检察院党组的领导下，结合兵团军垦文化特点积极探索兵、地文化建设对队伍建设发挥的重要作用，下面就我院近年来检察文化建设的现状、问题和改进措施谈点粗浅认识。

一、检察文化建设的现状

近年来我院紧紧结合军垦文化特色，以公正、规范、文明执法为核心，以提高干警素质为目的，以创新机关管理为手段，以营造机关良好人文环境为形式，在建设军垦检察文化的大框架下，积极开展不同形式、不同层次的八检检察文化构建活动。

（一）加强领导，夯实基础

检察文化建设是检察工作的重要组成部分，是促进检察工作科学发展的重要动力。近年来，党组高度重视检察文化建设，把检察文化建设列入党组重要议事日程，研究完善检察文化建设规划，精心部署检察文化建设工作，并成立了以党组书记、检察长为组长和政治部、办公室、监察室等处室负责人为成员的"八师

---

* 作者单位：新疆生产建设兵团第八师检察分院。

检察官文学艺术联合会"、"文化育检"领导小组（下设文学、书法、摄影等8个小组），负责检察文化建设的理论研究、组织协调及各项活动的开展；通过动员会、报告会、演讲等形式，鼓励和引导干警参与到检察文化建设中，充分调动检察干警参与检察文化建设的积极性；建成了文体活动室、图书活动室，建设了机关局域网，并为干警人手配备了一台电脑，精心制作了板报、电子墙报，还添置了多媒体、录像、照相器材等完善的文化设施；在办公区制作文化育检宣传墙、悬挂宣传标语，张贴宣传图片和名言、警句以及各项规章制度，在美化环境的同时，让干警时时受到文化熏陶。

（二）更新理念、体现特色

我院紧紧围绕履行职能的要求，更新理念，充分体现自身检察文化特色。一是把政治建检与检察文化建设结合起来。组织干警深入学习科学发展观，广泛开展政法干警核心价值观主题教育实践活动，用党的最新理论成果武装干警头脑，打牢干警"立检为公、执法为民"的思想基础，树立"理性、平和、文明、规范"的执法理念。二是把能力强检与检察文化建设结合起来。开展学习型党组、学习型机关和学习型干警活动，通过选送培训、岗位练兵、个人自学等依托学历教育和职业资格教育等方法，提高干警知识文化素质和专业素质，目前我院92名干警中本科以上学历91人，占总人数的99%。三年来，在新招录的15名干警中有10名干警通过司法考试，全院干警撰写调研文章120篇，其中13篇调研文章在《人民检察》等省级以上刊物上发表，5篇调研成果在兵团级和师市级获奖，检察文化宣传连续3年在兵检院考核中名列前5名。三是把廉洁从检与检察文化结合起来。深入开展反腐倡廉和警示教育，让干警时刻绷紧党风廉政这根弦，做到警钟长鸣。认真落实重大事项报告、述职述廉、诫勉谈话、检务公开、民主评议、交流轮岗等制度。通过签订廉政责任书，将反腐倡廉工作任务进行细化分解，使每位干警都明确自己的责任和要求，连续多年保持"无违纪、无错案"。四是把从优待检与检察文化建设结合起来。在政治上、工作上、生活上关心干警，充分调动干警工作积极性。近年来，有6名干警走上团、处级领导岗位，10名干警走上正科领导岗位，6名干警走上副科领导岗位，解决了8名干警、正、副科级待遇。在干警或家属生病及家庭发生重大变故时，院领导都及时看望和慰问；重大节日，院领导会登门看望和慰问离退休老干部；每两年组织全院干警体检，将对干警的关心和爱护落在实处。

（三）围绕职能、注重实效

检察文化建设围绕法律监督职能开展，是检察文化建设的生命力所在。因此，我院在检察文化建设中，倡导干警在检察业务上要有所作为，体现实效。一是推进制度化管理。相继制定和完善了有关规章和工作流程，完善了职务犯罪侦查、侦查监督工作、公诉办案质量考评标准等制度，科学细化办案流程，对每个办案环节都作出具体有效的规范，从制度上保证干警依法正确执法。二是建立办案绩效考评机制。制订了《办案绩效考评实施细则》，确立全院年度总体目标和任务，并结合各业务不同的特点，将任务分解到各处室和各办案人员。年度考评结果与处室和干警的利益直接挂钩，以办案绩效为依据，评选优秀侦查员、优秀公诉人和精品案件，年度评优和干部使用办案绩效明显的干警优先考虑，使办案干警办案有目标、有压力、有动力。三是强化内外监督。形成了党组重视，纪检监察组织协调，部门各负其责，干警共同参与的良好局面。院还成立了专门检务督察机构，加强以纠正违法办案、保证案件质量为中心的案件督察，以执法作风、工作作风为主要内容的检风检纪督察，工作中要求干警紧紧围绕"严守办案程序，严肃办案纪律，严保办案质量"，实行办案责任制、错案责任追究制，同时积极推行检务公开，向社会作出"五项公开承诺"，不断加强与人大代表、政协委员、人民监督员和执法执纪监督员的联络工作，认真听取意见和建议，增强接受外部监督的主动性和自觉性。2014 年以来，业务建设又有明显进展，1—6月，职务犯罪立案查处 1 件 1 人，提起公诉 101 件 139 人。分院出席二审案件 11件 27 人，其中支持市检抗诉 1 件 2 人，受理案件数同比上升 18%，涉案人数同比上升 37%。受理民事申请监督案件 10 件，同比增加 150%，经审查后，作出不支持监督决定 7 件，同比增加 75%，其他 3 件正在审查中。

（四）主题教育，意识引导

以"警民亲"、"实现伟大中国梦、建设美丽繁荣和谐石城"、党的群众路线等主题教育活动为契机，通过不同阶段的学习、讨论、交流、整改，促使干警进一步坚定理想信念，改进工作作风。通过集中学习、上党课、参加宣讲报告、组织专题讲座等形式，提高干警的理论素质，引导树立正确的职业道德观念。按月开展道德讲堂活动，把张飚等全国检察机关先进人物以及院内干警的优秀事迹改编成一个个鲜活的道德小故事，由故事讲解员进行生动讲述，引导干警在聆听故事中感悟爱岗敬业、为民奉献等职业美德，自觉向身边的典型看齐。建立对优秀干警的激励机制，对于取得荣誉的干警及时在内网上公布，在全院大会上通报表扬，并给予一定的物质奖励，在晋职晋级、竞争上岗等方面给予优先考虑，在院内形成积极向上的舆论导向和创先争优的良好氛围。通过系列措施，干警对检察工作的服务意识、敬业意识、责任意识进一步增强，并转化成提高工作热情、促进工作发展的有效"推动力"。

（五）加强培训，提升能力

深入开展创建学习型检察机关活动，引导干警牢固树立终身学习的观念，通过持之以恒的学习提高个人业务素质和技能，以此促进业务水平的提升。教育培训上，建立三级联动的培训体系，一是组织干警认真参加上级检察机关举办的各类业务培训，以法学理论为主要内容，提高干警业务素养；二是院内认真制订全院教育培训年度计划，包含政务管理、经济形势、时事热点等社会学常识，提高干警综合素能；三是各部门根据干警特点组织开展部门内部培训，以岗位需求为基础，提高干警业务水平。2013 年，全院干警共参加各类培训 200 余人次，受训率达 100%。岗位练兵上，强化检察人才的业务实战技能，积极组织干警参加练、学、用相结合的练兵竞赛活动，通过庭审观摩、办案竞赛、模拟审讯、优秀法律文书评比等形式，锻炼干警的基本功和应变能力，提高他们的实战技能。2013 年，我院 1 名干警参加了第二届中国检察官文化论坛获得二等奖，在中国检察官文学艺术联合会举办的第三届"迎新春 送文化"春联征集活动中再次获得二等奖；1 名干警参加兵团检察机关侦查监督业务竞赛，获得兵团检察机关侦查监督业务标兵称号。

（六）强化服务，规范行为，增进检察文化"约束力"

组织干警参加各类社会公益服务活动，对口联系东城 38 社区、133 团、147 团，定期开展法制宣传、卫生清扫、困难群众慰问等活动；借助师市党委民政局、团委帮扶平台，对困难群众提供资金、物质以及心理鼓励等力所能及的帮助；落实干警担任中、小学等学校的法制辅导员，定期举办普法课堂，并对未成年人特别是留守儿童进行人生引导和关爱；结合检察工作职责大力开展法律"三进"活动，为企业员工、社区群众、团场职工和在校学生普及法律常识、提供法律援助等。2013 年以来，开展各类法律宣传 12 余次、公益帮扶 6 余次，通过这些活动，干警宗旨意识进一步强化，日常工作作风和效能也明显改进提高。加强干警行为礼仪规范，邀请老师举办专门的培训课程，组织干警学习了解行为礼仪、会议礼仪、接人待物等基本常识，使干警行为在制度管理之外依然保持大方得体，有效避免了警容不整、举止粗俗、对待群众态度生、冷、硬等不文明行为，提高了检察队伍的文明素养和对外形象。同时，重视发挥领导干部的带头示范作用。院党组喊出"跟我学、向我看"的口号，工作中身先士卒，率先垂范，带头参加主题教育、培训练兵，带头执法办案、亲民为民，带头遵规守纪、廉洁从检，以实际行动感染干警、带动干警，真正成为干警政治上的引路人、工作上的带头人、生活上的贴心人。

二、目前检察文化建设存在的问题

由于受传统思想因素的影响，一些人目前仍然存在对检察文化认识不够，对检察文化内在本质把握不准，以及检察文化建设表层化、简单化等方面的问题。主要表现在：

（一）对检察文化建设重要性和必要性的学习研究不够，认识不深刻

我院一般工作任务繁重，压力较大，有一些部门及相当一部分人对上级检察院关于开展检察文化建设的文件精神学习研究不够，对检察文化建设的认识肤浅，理解不够全面、准确。有的认为，只要把业务工作抓上去、把队伍带好了就行，搞不搞检察文化建设意义不大，没有真正认识到检察文化建设的重要性和必要性。

（二）把检察文化建设停留在检察文化的物质外在形式上，对精神文化建设不是十分重视

把检察文化建设停留在检察文化的物质外在形式上，只是注重搞一些单纯的物质文化，忽视精神文化建设。物质文化只是检察文化的载体，精神文化才是检察文化的核心内涵。美化、亮化机关环境和开展积极的娱乐文化没有错，但不能把检察文化建设等同于美化检察机关内部环境和丰富干警的业余生活，不能为完成任务搞建设，追求时髦搞建设。

（三）照搬照抄较多，对本院、本地的特色体现不明显

在推进检察文化建设过程中，有的没有注重体现本院、本地的特点、传统和

发展趋势，只是依样画葫芦，简单照搬其他机关的经验和做法，使检察文化建设趋于表面化、简单化，未能发挥检察文化所具有的独特作用。

（四）开展检察文化建设，缺少人才、技术和经费方面的支撑

目前我院仍然缺少计算机专业人才、新装备维护人才等，另外经费保障不足。形势在发展，装备在更新，物价在上涨，机关运行成本在增大，干警待遇也在逐步改善，不变的只是公务经费，师财政转移支付的增幅也很小。因此，目前两级三院仍然不能充分发挥先进装备的强大优势和重要作用，对干警的教育培训，改善居住、办公环境，开展检察文化建设等经常受到经费方面的掣肘。

三、加强和改进检察文化建设的意见和措施

检察文化是间接地、潜移默化地对检察干警——检察文化的主体产生影响的，这对检察机关进行检察文化整体设计和建设提出了较高的要求。推进检察文化的建设、营造先进检察文化氛围的过程，就是以人为本理念和司法公正价值观在检察干警群体中形成的过程。笔者结合基层检察院的实际情况，就如何加强物质文化、行为文化、法治理念文化、素养文化四个方面的建设，浅谈培育先进的检察文化建设。

（一）充分认识检察文化建设的重要性

加强检察文化建设，是检察机关高举中国特色社会主义伟大旗帜，坚定走中国特色社会主义道路的必然要求；是检察机关服务党和国家工作大局，促进社会主义文化大发展、大繁荣战略目标实现的必然要求；是检察机关坚持社会主义法治理念，深入践行"强化法律监督、维护公平正义"的检察工作主题，进一步推动检察工作科学发展的必然要求；也是加强检察队伍建设，提升检察干警素质，巩固和完善社会主义检察制度的必然要求。只有认识上去了，才能自觉地把不断推进检察文化建设作为一项重要的工作任务来抓，才能充分发挥检察文化在引领向上、促进和谐、凝聚力量、激励斗志、陶冶情操等方面的功能作用，推动检察工作科学发展。

（二）制定发展规划明确目标

多点计划性就会少点盲目性。垦区院应当结合实际制定出构建检察文化的近远期规划，做到胸有成竹：一是要分阶段发展，分层次开展，结合实际，全员参

与，循序渐进；二是要加强领导明确责任，成立领导小组和工作专班，制定实施方案，工作专班应切实担负起组织实施和督促推动的作用；三是要明确构建目标，即提高队伍整体素质，彰显检察工作法律权威，塑造检察机关良好形象，不断推动检察工作和检察文化建设科学发展。

（三）围绕后勤物质保障，着力推进检察物质文化建设

检察物质文化是司法理念的一种外在的物质表现，是社会公众可以直接通过感官感受的具体实物，其所表达的意义或象征应能凸显国家检察机关的庄重、庄严与神圣，体现检察机关法律监督的权威性、独立性和便民性。这不仅是维护检察院法律监督权威和形象的需要，更是捍卫法律尊严之必需。检察物质文化包括检察机关的场地、建筑、设施、装备、制式服装，以及检察人员工作、学习、生活的环境。办公大楼是向社会公众展示检察文化的重要窗口，所以在选址规划和建设过程中要规模适宜、经济实用，在外观上体现出庄严、大方和尊崇，要用多种形式体现出检察机关建筑与其他建筑的区别。办公楼内部房间构造和装饰要尽量创造出一个美观大方、令人赏心悦目的工作环境，使检察干警能心情舒畅、精神饱满地投入工作。

（四）围绕形象塑造，着力推进检察行为文化建设

检察机关是行使国家法律监督权力的国家机关，检察官是直接行使法律监督权的国家工作人员。因此，检察机关、检察官需要有良好的外在形象。检察机关办公环境要体现职业特征，办公室、执法标志性设施、荣誉陈列室都要体现庄严、肃穆、整洁、高雅，积极营造具有现代气息、法律监督工作的特有氛围。要积极创造条件，规划建设各种文化设施，适时组织开展干警喜闻乐见的文化活动，在内容和形式上要有思想性、知识性、娱乐性、实践性，兼顾学习与情趣、知识与娱乐、活动与安闲，既丰富干警的业余生活，又提高干警的实践创新能力，并创造出宽松和谐的人际环境。同时，检察干警应大处着眼，小处入手，于细微处见功夫，着重体现在检察官的职业形象上，工作时一律着制服、佩戴检徽，避免衣冠不统一的不严肃现象。要注重规范个人的仪表、言谈、举止、交往，努力符合检察官的职业要求。要从整洁穿戴、诚挚微笑、讲求时效、热心助人、客气待人等点滴小事做起，总结体现本职特点、内容简明扼要、便于记忆操作的文明用语和礼貌用语，并贯彻到实践中去，从而养成符合检察机关职业特点

的行为习惯。

（五）围绕思想政治教育，着重推进检察法治理念文化建设

检察法治理念文化，是检察机关精神文明建设的灵魂与核心，它是整体行为方式和物质表现的统一，追求的是依法治国、执法为民、公平正义、服务大局、党的领导的社会主义法治理念文化，以实现奋发向上、拼搏进取、公正诚信、浩然正气的作风转变，达到建设一支政治坚定、业务精通、作风优良、执法公正的检察队伍，凸显出检察机关的时代精神。随着经济社会的发展，必须坚持与时俱进，从传统的思维、观念、做法中解放出来，不断适应形势变化，遵循历史客观发展规律和变化趋势，切实转变思维观念和工作方式。实践工作中，要端正执法思想，甘当公仆，把实现好、维护好、发展好广大人民群众根本利益作为执法工作的出发点、切入点和落脚点，认真履行法律监督职能，坚决革除以管人者自居、自认为高人一等的特权思想，坚决杜绝为体现自己存在而执法的恶习，坚决肃清为小团体利益、个人利益和经济利益而执法的本位意识。要转变执法观念，廉洁执法，牢固树立法律至上的思想，在运用执法权力时必须自觉接受法律的约束和控制，切实严格依法办事，在工作、生活的方方面面都要严格要求自己，做到清正廉洁，不以权谋私，任何时候都经得住权力、金钱、人情和美色的考验和诱惑。要增进执法感情，文明执法，通过深入开展宗旨观念和群众观念教育，打牢广大检察干警执法为民的感情基础，时刻以和谐执法的理念来展现人民检察院和谐执法、为民执法。在工作中做到对待人民群众说话和气，态度热情，服务周到，考虑细致，尽可能多地为群众提供便利，尽可能少给、不给群众添麻烦，并要尊重当事人的人格尊严，做到不侮辱、不挖苦、不嘲讽当事人。开展专项整治活动，规范执法行为，加强对八小时外生活的约束和自律，注重执法形象，时刻注重维护执法形象，严格按照检察机关管理规章制度及有关行为规范要求去做，做到服从命令、听从指挥、令行禁止。

（六）围绕司法公正，着重推进检察素养文化建设

影响司法公正的因素有内因和外因。外因主要是法律建设、司法体制和检察官制度的不完善性，内因主要是检察干警的素质尚不达到最大限度公正的要求。检察干警本人的素质如何，对是非的评断、法律的理解和适用关系极大，直接影响到法律监督的质量和司法公正。检察干警的素质包括职业道德素质、人文素

养、专业素质、心理素质等。提高检察官的职业道德、加强检察职业道德教育，必须首先注重培养检察官的人品，重视每位检察官的道德修养建设，使其时刻自重、自省、自警、自励，勤政为民，廉洁奉公，使其真正树立全心全意为人民服务的思想。人文素养的主题是人文精神，人文精神是泛指人文科学体现出的对人类生存意义和价值的关怀，追求人生美好的境界，推崇感性和情感，注重想象性和多样化的生活，使一切追求和努力都归结为对人本身的关怀。由于检察工作的特殊性，加上理想与现实的矛盾冲突、磨难与困扰的严峻挑战、不良人际关系的持续刺激、外界压力的过重期望等因素，部分心理承受能力不强的检察干警可能会出现偏激、抑郁、自暴自弃，甚至是对社会产生敌对情绪、悲观厌世的心理疾病。因此，检察干警需要经常性地通过心理激励法、心理咨询法、心灵陶冶法、面谈咨询法等方式，有针对性地进行心理矫正，增强自我适应能力，调节好心理状态，积极去适应社会的发展，主动接受社会发展带来的挑战。要提高检察干警的专业素质，就需要实现检察队伍的职业化、高学历化，加大职业培训投入，着力加快人才队伍建设，狠抓预备检察干警培训，完成基层检察干警轮训任务，把检察干警职业素养全面提高到一个新水平。同时，还要有稳定现有人才、引进急需人才、借用外地人才、培养后备人才的工作思路和举措，实现"人才助检"、"人才兴检"、"人才强检"。

　　总之，多年的检察文化建设实践使我们认识到：检察文化是检察机关的一个重要组成部分，是检察事业发展的重要载体；检察文化建设是一个复杂的系统工程，需要全员参与、全方位配合。我们要以马列主义、毛泽东思想、邓小平理论和"三个代表"重要思想为指导，牢固树立和深入贯彻科学发展观，强化"依法治国、执法为民、公平正义、服务大局、党的领导"的价值观，采取行之有效的措施，统筹协调，与时俱进，开拓创新，建设优秀和谐的检察文化，提高检察队伍的整体素质，从而增强检察机关的法律监督能力，实现社会的公平正义。

关于对检察文化建设的思考

潘　路[*]

一、文化的概念

文化是一个非常广泛的概念，给它下一个严格和精确的定义是一件非常困难的事情。笼统地说，文化是一种社会现象，是人们长期创造形成的产物，同时又是一种历史现象，是社会历史的积淀物。确切地说，文化是指一个国家或民族的历史、地理、风土人情、传统习俗、生活方式、文学艺术、行为规范、思维方式、价值观念等，是人类之间进行交流的普遍认可的一种能够传承的意识形态。

（一）文化的层次

因为文化具有的多样性和复杂性，很难将文化给出一个准确、清晰的分类标准。有些人类学家将文化分为三个层次：大众文化，指习俗、仪式以及包括衣食住行、人际关系各方面的生活方式；高级文化，包括哲学、文学、艺术、宗教等；深层文化，主要指价值观的美丑定义，时间取向、生活节奏、解决问题的方式以及与性别、阶层、职业、亲属关系相关的个人角色。大众文化和高级文化均植根于深层文化，而深层文化的某一概念又以一种习俗或生活方式反映在大众文化中，又以一种艺术形式或文学主题反映在高级文化中。广义的文化包括四个层次：

一是物态文化层，由物化的知识力量构成，是人的物质生产活动及其产品的总和，是可感知的、具有物质实体的文化事物。

二是制度文化层，由人类在社会实践中建立的各种社会规范构成。包括社会

---

* 作者单位：青海省西宁铁路运输检察院。

经济制度、婚姻制度、家族制度、政治法律制度、家族、民族、国家、经济、政治、宗教社团、教育、科技、艺术组织等。

三是行为文化层，以民风民俗形态出现，见之于日常起居动作之中，具有鲜明的民族、地域特色。

四是心态文化层，由人类社会实践和意识活动中经过长期孕育而形成的价值观念、审美情趣、思维方式等构成，是文化的核心部分。心态文化层可细分为社会心理和社会意识形态两个层次。

（二）文化的作用

人类由于共同生活的需要才创造出文化，文化在它所涵盖的范围内和不同的层面发挥着主要的功能和作用：

一是整合。文化的整合功能是指它对于协调群体成员的行动所发挥的作用，就像蚂蚁过江。社会群体中不同的成员都是独特的行动者，他们基于自己的需要、根据对情景的判断和理解采取行动。文化是他们之间沟通的中介，如果他们能够共享文化，那么他们就能够有效地沟通，消除隔阂、促成合作。

二是导向。文化的导向功能是指文化可以为人们的行动提供方向和可供选择的方式。通过共享文化，行动者可以知道自己的何种行为在对方看来是适宜的、可以引起积极回应的，并倾向于选择有效的行动，这就是文化对行为的导向作用。

三是维持秩序。文化是人们以往共同生活经验的积累，是人们通过比较和选择认为是合理并被普遍接受的东西。某种文化的形成和确立，就意味着某种价值观和行为规范的被认可和被遵从，这也意味着某种秩序的形成。而且只要这种文化在起作用，那么由这种文化所确立的社会秩序就会被维持下去，这就是文化维持社会秩序的功能。

四是传续。从世代的角度看，如果文化能向新的世代流传，即下一代也认同、共享上一代的文化，那么，文化就有了传续功能。

二、检察文化

检察文化是以检察官为主体的全体检察人员在行使宪法和法律赋予的法律监督职能过程中，在制度、环境、物质等因素影响下，逐渐形成并共同遵循的理想信念、执法理念、价值判断、道德涵养、兴趣品味等精神生活的抽象集合，以及由此而表现出来的行为、形象、仪式、氛围和效果等。检察文化的内涵应包括以下内容：

（一） 检察文化的主体是检察人员

对检察文化而言，以检察官为代表的全体检察人员是它的缔造者和传播者。他们本身是有思维、有道德、有美感的社会学意义上的"人"，具有进行文化活动的必需的能力，并且由于职业的归属，与一切检察活动存在必然的联系，在检察文化建设中具有不可替代性。同时，检察人员也是检察文化的服务对象，实施检察文化建设必须突出"以人为本"的思想，实行人性化管理，把握人的发展需求，采用教育、启发、引导、熏陶和激励等多种方式，培养检察人员的命运共同感、工作责任心、道德规范以及行为准则，最大限度地挖掘其内在潜力。

（二） 检察文化的核心是检察精神文化

一般来讲，可以把检察文化分为三个层次：即检察器物文化、检察制度文化和检察精神文化。检察器物文化是指检察建筑、设备、服饰等具体存在的物质所表现出的文化，是一种表层次的文化；检察制度文化是指各类检察管理制度所透视出的文化，它们随着时事的变迁或兴或废，是一种中层次的文化；检察精神文化则是检察人员的思维方式和价值体系中蕴含的文化，介于哲学和意识形态之间，是一种深层次的文化。检察精神文化是检察文化的核心，检察器物文化和检察制度文化往往是检察精神文化的客观反映。

（三） 检察文化的集中表现是执法行为

检察人员的工作内容和根本义务是履行检察机关的法律监督职能，具体实施各种检察执法行为，社会对检察机关的评判集中体现在对检察人员执法行为的评判上。检察文化通过长期的潜移默化来培育检察人员的道德品质，内化为共同理念和价值取向，同时规范检察人员的言行举止，外化为自我约束和自觉行动，进而影响检察人员的执法作风、执法形象和执法效果，并最终借助社会对检察人员执法行为的评判，来完成检察文化作用和效果的审定。

（四） 检察文化的基础是检察机关物质文明建设

检察文化尽管主要表现为精神文化，但无可置疑离不开物质的土壤。根据美国心理学家马斯洛对"健康人的需要"的研究分析，人必须首先满足基本的生理物质需要，才能进而追求归属的需要、尊重的需要、自我实现的需要，越高层次的需要，其文化特征就越鲜明。对检察机关而言，其建筑风格、环境布置等，烘托了检察文化的氛围，也从某一方面反映了检察文化建设的成果；文化经费、文化设施具备与否，决定检察文化建设内容付诸实践的可能性；检察人员的工作条件、福利待遇等物质内容，则直接影响到检察人员参与检察文化活动的积极性。

当前，检察文化建设方面存在诸多薄弱环节。首先，检察文化近年来虽然是一个比较热的话题，但面对繁重的办案任务，各检察机关对检察文化课题研究不够重视，对检察文化的价值理解不深。许多同志认为检察文化建设仅仅是上级检察机关的一种形式要求。检察机关面对检察文化建设，更多的是将其作为上级检察机关布置的任务来完成，大部分是根据上级检察机关的具体建设措施和方案进行检察文化建设，以满足上级检察机关对检察文化建设的形式要求。其次，对检察文化建设定位不准确，认识存在偏差。笔者曾就检察文化一词与多位同事共同探讨，其中大部分人对它的理解限于两点，一是检察政治业务的学习；二是检察文体活动的开展。故而，众多检察机关现有的检察文化建设，大多不外乎政治业务学习、传统文化艺术创作、文艺汇演、体育竞赛等，对检察文化的内涵认识还不够全面、准确，由此导致检察文化成为只有文化普遍性而没有自身特殊性。再次，过于重视检察文化的物质外在形式，忽视精神内涵和地方特色。物质文化只是检察文化的载体，精神文化才是检察文化的核心内涵。美化、亮化机关环境和开展积极的娱乐文化没有错，但不能把检察文化建设简化为美化机关内部环境，或照搬其他检察机关的经验和做法，使检察文化建设趋于表面化、简单化，未能发挥检察文化所具有的独特作用。最后，检察设施的现代化进展缓慢，难以跟上工作的需要。随着检察事业的发展、条件的改善及队伍结构的日趋合理化和高素质化，对检察设施的现代化要求也日益明显。目前检察设施的现代化建设正面临瓶颈，有些检察机关对现代化建设的资金投入、教育培训力度、深度不足，普遍存在网上办公办案没有全面形成，单位内部公文的流转处理、综合管理事务等方面还靠人工运作，举报电话受理系统未实现电脑自动化等。

三、如何培育检察文化

（一）培养检察人文精神

人文精神说到底是一种以人为本的精神和原则，它蕴含的是一种尊重人的价值和尊严，维护人的权利，实现人的目的和理想的人本意识。检察官具有丰厚的人文底蕴，有助于其本身更深刻地了解社会、认识人生、增添自身的人格魅力，并在严肃的司法活动中体现较为广泛的人文关怀。检察文化的形成，不是一朝一夕、一纸政令或是一个活动就能够完成的，而是一个领导班子带领这个集体为了一个共同热爱的职业理想而培养全体干警的职业荣誉感、自信心，逐步孕育干警对集体的归属感。通过常年一贯的坚持、毫不妥协的过程，甚至几届、几代人的不懈追求，干警个人所热爱的、共同呵护形成的生活、学习和职业习惯，也可理解为这个集体中每个个体的价值取向和世界观，通过这个集体最后汇聚、成长、展现。长此以往，最后所积淀形成的，就是这个集体向外界自觉或不自觉展现出来的人文精神，这是检察文化的心态体现，更是一种文明的体现。

（二）培养检察干警敬畏之心

"敬畏"是人们对待事物的一种态度，又敬重又畏惧。其中，"敬"体现出一种认识态度、一种价值追求，促使人们"有所作为"。"畏"表示一种界限、一种自省，警示人们"有所不为"。一个人，立身处世，心存敬畏，就会"思有所思，行所当行，止所当止"。如果没有敬畏之心，为所欲为，就会越"雷池"、闯"红灯"、踩"底线"，于己于人、于家于国都可能带来可怕的恶果。只有心存敬畏，才能坚守底线，清白做人。

《明史杂俎》里有这么一则典故：一日早朝，太祖朱元璋忽然向群臣提出一个问题："天下何人最快活？"有言功高盖世的，有言金榜题名的，有言富甲一方的……朱元璋听了均不满意。沉默了一会儿，一个叫万钢的大臣答道："天下守法者最快活。"朱元璋顿时大悦，夸赞万钢的见解"甚是独到"。法规制度是约束人们行为规范的，只有畏惧法度者才会"不逾矩"，其自由、权利才会得到法度的保护。

要敬畏道德。道德规范是每个人自律能力的集中体现，是正确行为的"指挥官"，监督行为的"检察官"，不良行为的"审判官"。敬畏职业操守，坚守清廉操守，永远存有一种惧怕自己良心谴责意识，时时处处问心无愧，是自律的最高境界。

要敬畏社会管理的职责。每一名检察干警都必须对法律心怀敬畏，尤其要对所肩负的对法律实施的监督之责更加敬畏。作为国家司法的监督者、法律的捍卫者、社会的管理者，检察干警要具备对法律、对社会、对民众利益的敬畏之心，体现法律的公正、公平。不如此，则会"官不畏民、民不畏法"。这一点是我们追求的检察文化的核心。

要敬畏制度。面对制度时，我们要始终心存敬畏，将其内化为崇高的信念、遵守的信条，要把制度当作一条不可逾越的高压线，信仰它、敬重它、畏惧它。其一是自觉遵守制度。遵守制度是一种意识、一种习惯，人们习惯于用法制维护自己的权益，这样一种传统容易造就自觉守法的习惯，而我们的法律传统主要是严刑峻法，忽视个人权利的保障，这种传统不利于法律习惯的养成。所以，尽管现在我们的法律内容和法律精神正在逐步转变，但法制习惯短时间内难以改变，因此要养成自觉遵守制度的风气。当我们对制度抱有一颗敬畏之心，形成了自觉遵守的习惯，那么制度的执行到位也就顺理成章、水到渠成了。其二，促进制度建设，体现了一个集体自身建设和发展的程度，并决定其履职的能力和效果。在制定制度的过程中，文化因素对决策者产生根本影响，具有较高文化层次的决策者往往善于敏锐地发现制度的缺失，善于把握事情的轻重缓急，善于构建完整协调的制度体系，从而积极运用领导力量从根源上解决问题。其三，促进制度实施。制度不被执行或执行不力，往往不在于制度本身，而是由于注重就制度论制度，造成制度的约束力被漠视、被抵触，最终导致制度枯萎。而检察文化的体现恰是以干警对制度的敬畏。因此，只有我们把执行制度当作一种自觉自愿，形成一种习惯，制度才会具有真正的意义和作用。也就意味着某种价值观和行为规范被干警认可和被遵从，也意味着某种秩序的形成，由此形成的文化才有生命力，才能被传承，这是检察文化的制度体现。

（三）培养检察干警的学习力

马克思曾说："良心是由人的知识和全部生活方式来决定的。"今天我们生活在历史上一个令人惊叹的时刻，正值人类知识的全部结构又一次随着古老障碍的消失而剧烈变化。我们身边的社会在日新月异地发展，人们的思想在前所未有的活跃和丰富地支配着人们的行为，作为管理社会的工具——法律，也在不断进步与完善。方方面面的发展与进步无不挑战着检察干警的司法理念与习惯。这就要求干警不仅必须不断地精研法理，更要注重悉心观察社会现象，广泛汲取检察工作所涉及的各类学科领域的知识，不断提高运用所学知识研究和解决新问题的能力，力求达到法律追求的最高境界。干警要在自我修炼中增强人文素养，增加人类学、社会学、文学、社会心理学、法律心理学等内容的学习培训，做到博览群书，充实知识提升文化素养；检察干警要融入社会之中，感受生活经历、风土人情、世间冷暖及周围环境，在工作中以更加包容的心态和超然的境界，达到鞭挞不义、定分止争的效果。泰戈尔有句诗说道："只有热爱人的人才可以审判人。"可见，干警应当强化爱心、热心、诚心、耐心的人性化司法理念。基于此，在维护社会公平正义的职责实践中，干警首先要有思考的习惯。思考，是理性思维指导司法实践的前提，如果不反思所犯的错误，我们注定会重蹈覆辙。相反，如果反思这些错误，找出做错的地方，并找寻改进的方法，我们就能从错误中学习，并做得更好。错误不是让我们感到难堪或者烦恼的事情，相反，错误是非常宝贵的学习工具。思考是从错误中学习的重要方法，任何知识的价值都无法与自己的思考力相媲美。其次，干警要有自我启迪思考空间的能力，既能够向中国传统文化学习，又能够向世界先进文化取经。因此，既要有学习的能力和欲望，又要有学习内容的民族性、时代性。以上干警们点滴的积累、相互的影响，使我们的精神文化产品转化为物质文化产品，最终形成法律的政治效果和社会效果的统一。

　　文化是潜移默化的深层次积淀，坚持检察文化的培育、建设，就是要把检察文化的价值开发和利用摆在重要位置，通过坚持不懈、持之以恒地培育主流精神和基本理念，才能使其内化为全体检察干警的共同价值取向，外化为社会各界对检察事业的理解和认同。

后　记

　　2014 年 7 月，中国检察官文联与国家检察官学院、最高人民检察院检察理论研究所、内蒙古自治区检察官文联在呼和浩特市共同举办了第三届中国检察官文化论坛。这次论坛深入学习贯彻党的十八大、十八届三中全会精神，深入学习习近平总书记系列重要讲话，认真落实最高检《关于深入贯彻落实党的十八大精神，进一步加强检察文化建设的决定》要求，以"检察基层文化建设的理论与实践"为主题，从理论层面总结基层检察机关加强文化建设的经验，配合全国检察机关开展的以"为民、务实、清廉"为主要内容的党的群众路线教育实践活动，进一步繁荣检察文化，加强检察队伍建设，推动检察工作科学发展。

　　举办论坛前，中国检察官文联组织开展了论文征集活动，各级检察机关和检察官文联高度重视、精心组织，广大检察人员积极参与，共推荐论文 222 篇。由最高检机关、国家检察官学院、最高人民检察院检察理论研究所有关专家和中国人民大学、中国政法大学、中国社会科学院法学研究所的知名学者组成评委会，对论文认真进行评审，共评出一等奖 5 篇，二等奖 10 篇，三等奖 20 篇，优秀论文 68 篇。中国检察官文联将这些获奖论文和 5 篇特约论文编辑成《检察基层文化建设的理论与实践》一书。这些被编入的论文观点鲜明、论证深刻、富有理论价值，对于加强检察队伍建设，推动检察工作科学发展具有一定的参考和借鉴价值。

　　该书的编辑出版得到了国家检察官学院、最高人民检察院检察理论研究所、中国检察出版社和内蒙古自治区检察官文联的热情帮助和大力支持。

　　由于研究水平有限，该书的不足之处在所难免，恳请各位读者批评指正。

编者

2014 年 12 月 17 日